KĀLI GAND
MORIY
Kapilavatthu I
SAKIYA
Sāvatthi
Lumbinī
Kapilavatthu II
KOLIYA
ACIRAVATĪ
Sāketa
(Ayojjhā)
KOSALA
Kusināra
Lucknow
Gorakhpur
GHĀGARA
VAMSĀ
GOMATI
KĀLĀMA
GANGES
KĀSI
GANGES
YAMUNĀ
Prayāga
(Allāhabād)
Sārnāth
Kosambī
Benares
M
AVANTI
부처님 당시의 도시들
부처님 이후의 도시들
네팔 국경선
부처님 당시의 강줄기
무역로

Kathmandu
VIDEHA
SUN KOSI
ARUN
Mithilā
NEPAL
INDIA
VAJJI
Darbhanga
Muzaffarpur
LICCHAVI
Vesāli
BĀGHMATI
SAPTI KOSI
utta(Patna)
SONA
Monghyr
Bhāgalpur
Campā
Nālandā
Rājagaha
AṄGA
GADHA
Gayā
Uruvelā
NERAÑ-
JARĀ
PHALGU

한권으로 읽는 디가니까야

신들과 인간의 스승

디가니까야 앤솔로지

초판

ॐ सत्यमेव जयते ॐ

譯註 · 退玄 全在星

철학박사. 서울대학교를 졸업했고,
한국대학생불교연합회 13년차 회장을 역임했다.
동국대학교 인도철학과 석·박사과정을 수료하고,
독일 본대학에서 인도학 및 티베트학을 연구했으며,
독일 본대학과 쾰른 동아시아 박물관 강사,
동국대 강사, 중앙승가대학 교수, 경전연구소
상임연구원, 한국불교대학(스리랑카 빠알리불교대학
분교)교수, 충남대 강사, 가산불교문화원 객원교수를
역임했고, 현재 한국빠알리성전협회 회장을 역임하고
있다. 역서로는 ‹인도사회와 신불교›(일역, 한길사),
저서에는 ‹거지성자›(선재, 안그라픽스),
그리고 저서 및 역서로 ‹빠알리어사전› ‹티베트어사전›
‹금강경-번개처럼 자르는 지혜의 완성›
‹붓다의 가르침과 팔정도› ‹범어문법학›
‹쌍윳따니까야 전집› ‹오늘 부처님께 묻는다면›
‹맛지마니까야 전집› ‹명상수행의 바다›
‹디가니까야 전집› ‹신들과 인간의 스승›
‹앙굿따라니까야 전집› ‹생활 속의 명상수행›
‹법구경-담마파다› ‹법구경-진리의 말씀›
‹숫타니파타› ‹숫타니파타-붓다의 말씀›
‹우다나-감흥어린 싯구› ‹이띠붓따까-여시어경›
‹마하박가-율장대품› ‹쭐라박가-율장소품›
‹빅쿠비방가-율장비구계› ‹빅쿠니비방가-율장비구니계›
‹천수다라니와 붓다의 가르침› ‹초기불교의 연기사상›
(이상, 한국빠알리성전협회)이 있다.
주요논문으로 ‹初期佛敎의 緣起性 硏究›
‹中論歸敬偈無畏疏硏究›
‹學問梵語의 硏究› ‹梵巴藏音聲論› 등 다수 있다.

우리말 빠알리대장경 개정본

신들과 인간의 스승

दीघनिकाय

전 재 성 역주

한국빠알리성전협회
Korea Pali Text Society

신들과 인간의 스승

값 35,000 원

발행일 2011년 6월 1일 초판발행
2016년 4월 1일 개정초판

발행인 도 법

역주자 전재성

편집위원 최훈동 김규원 이명길 최민철

발행처 한국빠알리성전협회

1999년5월31일(신고번호:제318-1999-000052호)

서울 서대문구 모래내길430, 102동102호

전화 02-2631-1381, 070-7767-8437
전자우편 kptsoc@kptsoc.org
홈페이지 www.kptsoc.org
Korea Pali Text Society
Moraenaekil 430, #102-102
Seoul 120-090 Korea
TEL 82-2-2631-1381 FAX 82-2-735-8832
전자우편 kptsoc@kptsoc.org

홈페이지 www.kptsoc.org

ISBN 978-89-8996-669-2 04220

산들과 인간의 스승

ॐ सत्यमेव जयते ॐ

दीघनिकाय

translated by **Jae-Seong Cheon**
Published and Distributed by
Korea Pali Text Society ©2011

발 간 사

이 책은 ≪디가니까야≫의 앤솔로지로 2011년도에 출간되었다가 7년 만에 재판에 들어가면서 몇몇 구절을 좀 더 쉬운 말로 윤문하여 개정판을 내게 된 것입니다.

여기에는 예순두 가지에 잘못된 견해와 수행자의 삶의 결실에 대한 성찰, 땅·물·불·바람의 세계의 기반과 연기의 원리, 세계의 기원 등의 불교의 핵심사상에 대한 정밀한 탐구를 비롯해서, 초기불교의 수행체계를 집대성한 「새김의 토대의 큰 경」과 재가자의 윤리를 종합한 「씽갈라까에 대한 교훈의 경」 그리고 감동적인 부처님의 마지막 여로에서의 유훈을 담은 「완전한 열반의 큰 경」이 담겨져 있습니다.

≪디가니까야≫의 구조는 잘못된 견해를 먼저 분석한 뒤에 올바른 견해를 확립하고 이를 바탕으로 계행의 다발을 지키고 삼매의 다발을 닦아서 앎과 봄을 통해 지혜의 다발을 완성한다는 프레임으로 되어 있습니다. 그 과정이 매우 정밀하게 그려져 있는 것이 다른 초기경전과는 구별되는 점이며, 그 가운데서도 계행의 스펙트럼에 대한 분석적 고찰은 매우 상세하고도 광범위합니다. 특히 계행이 일상생활의 일체의 미신적 행위를 제어하고 근절함을 함축하고 있어 재가자들에게 계행의 중요성을 사뭇 일깨워줍니다.

특히 제게 인상적이었던 것은 신들과 세계의 생성에 대한 언급입니다. 신들이 어떻게 출현하게 되었으며 그들이 자신과 세상에 대한 형성을 어떻게 잘못 인식하게 되었는지에 대한 설명이 있어, 세간의 여타 종교를 불교체계 내에서 평화롭게 이해하고 통섭할 수 있는 장이 제공되고 있다는 것입니다. 늘 종교 사이에서 고민을 가진 다른 불자들에게도 설득력 있는 이해를 제공해주기에 충분하리리라고 생각합니다.

그 동안 한국빠알리성전협회의 전재성 박사님께서 불교역사상 처음으로 이 땅에 한역을 거치지 않은 부처님 원음을 한글로 번역하여 널리 대중에 알려온 불사에 존경을 표하고 감사의 말씀을 드립니다. 역경의 시작 시기를 보거나 번역의 질적인 내용의 우수성을 볼 때 이루 말할 수 없는 고통과 인내가 따랐을 것이라 생각하며, 희유한 정진력으로 출간하신 하나하나의 책에 함부로 대할 수 없는 숙연함이 듭니다.

젊은 날 신(神)을, 그리고 세월이 지나서는 이 몸의 안과 밖에서 영원한 것을 찾아 헤매다가 우연히 손에 들게 된 박사님의 책에서 '모든 형성된 것은 무상하고, 괴롭고, 변화하는 것이다.'라는 부처님 원음을 읽고 뜨거운 눈물을 토해내었던 기억이 새롭습니다. 그 후로 『디가니까야』를 읽으며 내가 찾으려 했던 그것들이 모두 사견이었음을 깨달았고, 세세생생을 거듭해온 무명을 보았고 그것에서 벗어날 수 있는 길도 보았습니다.

이 땅의 부처님의 말씀에 귀의한 불자라면, 부처님께서 마지막 유훈으로 남기신 '모든 형성된 것은 부서지고야 마는 것이니, 방일하지 말고 정진하라.'는 말씀이 감동으로 닦아오게 하여, 늘 올바른 알아차림을 갖추고 새김을 확립하며, 오늘도 부처님 말씀대로 살고자 노력하는 불자가 되기를 가슴깊이 서원하며, 이 책이 모든 불자들에게 소중한 길잡이가 될 것이라 믿어 의심치 않습니다.

2016, 벚꽃 필 무렵
조일알미늄 상무 김현수 합장

머 리 말

우리는 세상 사람들을 두 가지 종교를 가진 부류로 나눌 수 있습니다. 하나는 유물론이라는 종교이고 또 하나는 유신론이라는 종교입니다.

유물론은 궁극적 대상과 관련하여 한계를 갖고 있음에도 불구하고, 유신론보다 사유하고 행동하는데 확실한 기반을 갖고 있고, 명령적인 신념에 묶이지 않고 행위에서 보다 자유롭지만, 유일한 목표가 과학과 기술을 통해서 물질을 정복하는 것인데, 그 결과 인간의 가치는 물질적 사회 속에 매몰되어 버립니다.

반면에 유신론은 인간의 본성이나 궁극적 대상에 대해서 일치하는 견해가 없이 전지전능한 신이라는 맹목적인 믿음을 받아들임으로써, 이성을 억압하고 우리를 명령적인 신념에 묶이게 하고, 급기야 지식의 수준에 맞는 적절한 합리적 행동의 선택을 모호하게 만듭니다.

『신들과 인간의 스승』에서 부처님은 이 두 종교 사이에서 방황하는 세속적 철학의 혼돈의 심연을 예리한 분석을 통해 보여줍니다.

그리고 부처님은 계 · 정 · 혜 삼학을 닦는 수행자의 삶을 통해 그 혼돈 속에 쳐진 그물에서 벗어나는 길을 제시하고 스스로 그 길을 어떻게 걸어서 마지막 여로에 까지 이르렀는가를 실천적으로 보여줍니다.

이 『신들과 인간의 스승』은 ≪디가니까야≫ 전집의 34개 경전 가운데 9개를 최훈동 원장과 함께 엄선하여 실은 앤솔로지입니다. '신들과 인간의 스승'이라는 말은 부처님의 십대명호 가운데 하나입니다. 신들은 마음에서 홀연히 생겨나는 화생의 존재들로서, 우리가 삼계를 뛰어 넘지 않는 한, 우리 마음의 그림으로서 탐욕·성냄·어리석음의 세계내에 존재하는 자들입니다. 부처님은 인간들에게만 가르침을 설한 것이 아니라, '신들과 인간의 안녕과 이익과 행복'을 위하여 가르침을 설했습니다. 부처님은 천신들과 신들의 제왕인 제석천뿐만 아니라 '영원한 젊은이'라는 이름을 가진 최상의 하느님인 싸낭꾸마라와도 대화를 나누고 가르침을 전합니다.

신들의 세계를 부정할 수 없는 것은 마음에서 홀연히 생겨나는 고통스러운 지옥의 세계와 같은 화생의 세계를 부정할 수 없는 것과 같은 이치입니다. 감각적 쾌락의 욕망계의 천신들의 세계는 인간의 믿음과 보시와 지계에 상응하여 전개되는 세계이고, 하느님의 세계는 인간의 명상수행을 통한 선정과 상응하여 전개되는 세계입니다.

심지어 땅·물·불·바람이 기반을 잃어버리고 정신과 물질이 남김없이 소멸하는 열반의 세계에서 조차 '의식은 불가견이고 무한이고 모든 곳에서 빛난다.'라는 부처님의 말씀은 인간뿐만 아니라 천신들과 하느님들의 영적 세계의 무한한 가능성을 열어 놓는 가르침이라고 볼 수 있습니다.

그러나 신들은 있지만 절대자로서의 신은 없으며, 텅 빈 하느님의 궁전에 가장 먼저 도래한 신이 '나는 하느님, 위대한 하느님, 정복자, 정복되지 않는 자, 모든 것을 보는 자, 지배자, 주재자, 작자, 창조주, 최상자, 조물주, 전능자, 존재하는 것과 존재할 것의 아버지이다.'라고 생각하는 이유는 그가 예전에 '다른 뭇삶이라도 이곳에 오면 얼마나 좋을까?'라고 바랬는데, 그러한 그의 마음의 서원 때문에 다른 뭇삶들이 여기에 태어났기 때문이다. 절대자나 조물주는 이름만이 그러할 뿐, 텅 빈 하느님의 궁전에 가장 먼저 도래한 신에게 주어진 명칭에 불과할 뿐이라고 부처님은 밝히고 있습니다.

감각적 쾌락의 욕망계의 천신들은 인간처럼 탐욕과 분노를 완전히 여의지 못한 세계에 살고 있습니다. 서른셋 하늘나라의 신들의 제왕 제석천이 부처님을 찾아와서 질문을 합니다. 그는 신들과 인간이 원한을 여의고 폭력을 여의고 적을 만들지 않고 분노 없이 증오 없이 지내고 싶어도, 그러지 못하고 원한에 매이고 폭력에 매이고 적을 만들고 분노하고 증오하며 지내는 이유를 물었습니다. 부처님은 질투와 인색에 결박되어 그렇다고 대답합니다. 그리고 계속되는 제석천의 질문에, 질투와 인색은 좋아함과 싫어함을 조건으로 하고, 좋아함과 싫어함은 욕망을 조건으로 하고, 욕망은 사유를 조건으로 하고 사유는 희론에 의해 생겨난 지각과 관념을 조건으로 한다고 대답합니다. 그러자 제석천은 부처님께 희론(=망상)에 의해 생겨난 지각과 관념을 소멸하는 길을 묻습니다. 부처님은 쾌락과 불쾌와 평정에 관하여 섬겨야 할 것과 섬기지 말아야 할 것을 구분하여 실천하는 것이 희론에 의해 생겨난 지각과 관념의 소멸로 이끄는 길이라고 말합니다.

이러한 신들과 인간의 세계에서 절대적인 어떤 것은 없으며, 모두 심오한 조건적으로 생성하고 소멸하며, 연기의 법칙에 따라 유전연기합니다. 아난다가 하루는 '조건적 발생의 법칙인 연기는 얼마나 깊고, 얼마나 심오하게 출현하는지 저에게는 아주 명백한 것으로 보입니다.'라고 고백했는데, 부처님은 아난다에게 '그렇게 말하지 말라.'라고 그의 연기의 천박한 이해에 경종을 올리고 그것이 얼마나 심오한 것인가를 여러 관점에서 시설하십니다.

그리고 이 『신들과 인간의 스승』은 연기의 법칙의 심오성을 드러내는데, 그치지 않고 연기의 조건성을 소멸시켜 대자유로 이르게 하는 명상수행으로 새김의 토대를 어떻게 닦을 것인가를 묻습니다. 그것에 대한 가르침은 바로 윗빠싸나 수행에서 핵심이 되는 것입니다. 여기에 명상수행의 모든 필수적인 가르침이 모두 요약되어 있습니다. 그리고 부처님의 마지막 여로를 배경으로 밧지족의 일곱 가지 불퇴전의 원리, '진리의 거울'이라는 법문 등의 가르침과 '모든 형성된 것들은 부서지고야 마는 것이니, 방일하지 말고 정진하라.'라는 유훈 등을 가르칩니다.

이 책에서 아주 흥미로운 것은 부처님은 세계의 괴멸과 생성에 대해서 설하시면서 신들과 인간의 상호관계에 대하여 언급하고 있다는 점이다. 세계가 괴멸할 때에 뭇삶들은 빛이 흐르는 신들의 하느님 세계에 신들로 태어나 거기서 정신으로 이루어진 자로서 기쁨을 먹고 지내고 스스로 빛을 내고 허공을 날며 영광스럽게 오랜 세월을 삽니다. 그리고 세계가 생성되는 시기가 오면, 그들은 칠흑 같은 어둠의 물의 존재만이 있는 세상에 옵니다. 그들은 맛있는 땅조각을 자양으로 그 맛에 매료되어 갈애를 일으킵니다. 그러면 그들에게 스스로 빛나던 광명이 사라집니다. 스스로 빛나던 광명이 사라지자, 달과 태양이 나타나고, 균류 등의 식물이 나타나고, 야생쌀이 나타나고, 남녀의 특징이 나타나고 소유가 나타나고 계급이 갈라지면서, 이 세계가 전개되었다는 것입니다.

또한 재미있는 것은 신들에 의해서 인간의 행위가 제약되는 것이 아니라 인간에 의해서 신들의 세계의 안위가 영향을 받는다는 사실입니다. 당시 신들을 향해 여섯 방향을 섬기는 바라문에게 부처님은 그 방향을 인간으로 전환하여 부모·스승·처자식·친구·고용인·수행자를 섬기는 것이 고귀한 자의 계율에 비추어 옳은 일이라고 설합니다. 거기서 부처님은 부모·스승·처자식·친구·고용인·수행자와 관련된 재가자의 윤리를 상세하게 설합니다. 이러한 재가의 윤리를 지키는 것이 여섯 방향의 신들을 섬기는 진정한 의의가 되는 것입니다.

이 책의 원전 ≪디가니까야≫(1911년 간행) 번역의 두 해 동안 물심양면으로 후원하여 주신 도현 스님, 매안 스님, 한별병원 최훈동 원장님, 서울대 김규원 교수님, 박승관 교수님 그리고 진양유조선의 황경환 사장님, 그리고 교정에 힘써주신 최민철 선생, 이명길 선생께 심심한 감사의 말씀을 드립니다. 그리고 이번에 그 앤솔로지인 『신들과 인간의 스승』(1911년 간행)의 발간 특별히 후원하신 장경숙 보살님과 그 가족 서재경 거사님과 서준혁 선생님, 그리고 실상화 보살님과 2011년 초판 발간사를 써주신 황경남 변호사 님께도 깊은 감사를 드립니다.

그리고 그 동안 한국빠알리성전협회를 꾸준히 후원하신 조일알미늄의 김현수 상무님께서 이번 『신들과 인간의 스승』의 2016년 개정본 출간에 진솔한 발간사를 써주신 것에 대해서 깊은 감사를 드립니다.

2016. 벚꽃 필 무렵
退玄 전재성 합장

일 러 두 기

1. 빠알리경전의 원본 대조는 로마나이즈한 빠알리성전협회본을 그대로 사용했다. 빠알리성전협회본의 권수는 주석에 페이지는 본문 가운데 괄호 [ ]에 밝혀 놓아 누구나 쉽게 원본과 대조할 수 있도록 했다. 주석에서 로마나이즈된 원문의 행이 바뀔 때의 하이픈은 기술적으로 어려운 이유로 생략한다.
2. 한글세대를 위해 가능한 한, 쉬운 우리말을 사용했으며, 어의를 분명히 하기 위하여 원전에는 없는 화자를 괄호 안에 삽입하고 연결사나 부사를 가감해서 번역했고, 내용에 대한 파악을 용이하게 하기 위해 파래그래프 번호를 매겨 문단을 분류하였고 법수의 분류를 위해 별도의 소번호를 매겼다.
3. 시문에 내한 파악을 위해 빠알리 원문을 주석으로 달고 반복되는 시문은 빠알리어 원문의 주석을 생략하였고, 이 책의 시의 고유번호를 부가했다.
4. 주석은 빠알리 대장경의 붓다고싸의 주석을 위주로 했으며, 그 외에도 현대의 모든 번역서를 참고해서 가능한 한, 완벽한 번역이 되도록 했다. 특히 시(詩)에 대한 번역은 학자 마다 번역의 차이가 심하고 다양한 해석의 가능성이나 오역의 가능성이 많기 때문에 빠알리 원문을 주석에 병기하였다.
5. 주석에서 인용하는 참고 문헌은 약어로 표기해서 독자들의 쓸 데 없는 혼란을 피할 수 있도록 하였고, 필요할 경우 약어표를 조회하여 참고문헌과 대조하면 관련된 책을 찾을 수 있도록 만들었다.
7. 경전의 이름은 임의로 내용에 따른 질문형식으로 바꾸었고, 대신 원래 이름과 유사한 내용의 한역 경전을 대조할 수 있도록 한역 아함경의 고유 번호를 주석으로 달았다. 그리고 참고 문헌은 직접 인용되지 않은 경우라도 역자가 번역 과정에서 필요했던 문헌들을 가급적 밝혀두었다.
8. 구전되어 반복되어 온 정형구와 부분적으로 변이되어 확장되는 정형구는 가능한 통일을 기했으며, 모든 경에서 생략된 내용들은 모두 복원해서 독자가 알기 쉽게 했다.
9. 부록에는 빠알리 표기법과 불교의 세계관 그리고 고유명사와 비유색인을 포함시켰다. 그리고 전집 마지막 권의 부록에는 전집 전체의 교정쇄를 싣는다.

목 차

발 간 사 ········· 7
머 리 말 ········· 9
일 러 두 기 ········· 13
목 차 ········· 14

신들과 인간의 스승

1. 예순두 가지의 잘못된 견해란 무엇인가?[Brahmajālasutta] ········· 17
2. 수행자의 삶의 결실이란 어떠한 것인가?[Sāmaññaphalasutta] ········· 109
3. 땅·물·불·바람은 어디서 기반을 잃어버리는가?[Kevaḍḍhasutta] ········· 190
4. 연기의 원리는 얼마나 심오한가?[Mahānidānasutta] ········· 246
5. 부처님은 마지막 여로에서 무엇을 가르쳤는가?[Mahāparinibbānasutta] ········· 281
6. 신들의 제왕은 부처님께 무엇을 질문했는가?[Sakkapañhasutta] ········· 470
7. 어떻게 새김의 토대를 닦을 것인가?[Mahāsatipaṭṭhānasutta] ········· 519
8. 세계는 어떻게 시작되었는가?[Aggaññasutta] ········· 581
9. 재가자의 윤리는 어떻게 정립될 수 있는가?[Siṅgalakovādasutta] ········· 614

부록

약 어 표 / 647 참 고 문 헌 / 648
빠알리어 한글표기법 / 657 불교의 세계관 / 659
주요번역술어 / 662 고유명사 및 법수·비유색인 / 673
한국빠알리성전협회 / 678 빠알리대장경 / 679

신들과 인간의 스승

दीघनिकाय

1. 예순두 가지의 잘못된 견해란 무엇인가?

[Brahmajālasutta][1]

(유행자들의 이야기)

1. 이와 같이[1] 나는 들었다.[2] 한 때 세존께서 라자가하[3] 시에서 날란다[4] 시로 가는 사이의 대로를 오백 명의 많은 수행승들의 무리와 함께 가고 계셨다. 그 때 유행자 쑵삐야[5]도 라자가하 시에서 날란다 시로 가는 사이의 대로를 제자인 바라문 학인 브라흐마닷따[6]와 함께 가고 있었다.

그 도중에 유행자 쑵삐야는 여러 가지 이유로 부처님을 비난하고 가르침을 비난하고 참모임을 비난했다. 그러나 제

---

1) DN. I. 1 ; 하느님의 그물의 경(Brahmajālasutta); 장아함14 (21), 梵動經(大正1 88b-94a) 佛說梵網六十二見經(大正1 264a-270c) 참조.

2) evaṃ me sutaṃ : 여기서 '나'는 부처님께서 완전한 열반에 드신 이후 마하 깟싸빠가 주재하는 제일결집에서 경을 송출한 아난다(Ānanda)를 말한다.

3) Rājagaha : 한역으로 왕립 왕사성(王舍城)이라 하며 부처님 당시 마가다(Magadha) 국의 수도였다. 지금은 라즈기르(Rājgir)라고 불리며 비하르(Bihār)의 남쪽에 위치하고 있다.

4) Nālandā : 마가다 국에 있는 도시로 라자가하에서 1요자나(= 약 14km) 거리에 떨어진 곳으로 유명한 대학이 세워진 곳이다. 오늘날의 바라가온(Baragaon)이 여기에 해당한다. 부처님께서는 여러 차례 이곳에 머물렀고 싸리뿟따도 최후의 열반에 들기 전에 사자후를 하던 곳이다. 날란다는 부처님 당시에 이미 영향력이 있는 번영하는 도시였고 많은 인구를 가지고 있었다. 날란다는 부처님 당시에는 자이나교의 중심지였다. 우빨리는 날란다에 살던 장자로 자이나교 신자였는데 부처님의 설법을 듣고 개종했다. 우빨리가 불교도가 되었다는 소식을 듣고 자이나교의 교주였던 니간타 나타뿟따는 입에서 피를 토했다.

5) Suppiya : Smv. 35에 따르면, 회의주의론자 싼자야(Sañjaya)의 제자로 나형외도(裸形外道)가 아닌 유행자였다.

6) Brahamadatta : 쑵삐야의 바라문 청년제자이다.

자인 바라문 학인 브라흐마닷따는 여러 가지 이유로 부처님을 칭찬하고 가르침을 칭찬하고 참모임을 칭찬했다. 이와 같이 그 스승과 제자 두 사람은 서로 정반대의 말을 하면서 세존과 수행승들의 무리의 뒤를 따르고 있었다.

2. 그런데 세존께서는 암바랏티까[7] 왕립별장에서 수행승들의 무리와 함께 하룻밤을 묵으셨다. 그러자 유행자 쑵삐야도 암바랏티까 왕립별장에서 제자인 바라문 학인 브라흐마닷따와 함께 묵었다. 그 때에도 유행자 쑵삐야는 여러 가지 이유로 부처님을 비난하고 가르침을 비난하고 참모임을 비난했다. 그러나 유행자 쑵삐야의[2] 제자인 바라문 학인 브라흐마닷따는 여러 가지 이유로 부처님을 칭찬하고 가르침을 칭찬하고 참모임을 칭찬했다. 이와 같이 그 스승과 제자 두 사람은 서로 정반대의 말을 했다.

3. 마침 많은 수행승들이 밤이 지나 이른 아침에 일어나 원형당[8]에 모여 앉아서 이와 같이 화제를 꺼냈다.

[수행승들] "벗들이여, 아주 놀라운 일입니다. 벗들이여, 예전에 없었던 일입니다. 세존께서는 아는 님, 보는 님,[9] 거룩한

7) Ambalaṭṭhikā : 입구 근처에 망고 나무가 있어 암바랏티까라고 불린 것이다.

8) maṇḍalamāla : Smv. 43에 따르면, 이층첨탑에 아조형(鵞鳥形)의 옥근(屋根)을 가진 중각강당(重閣講堂)이나 일층첨탑에 기둥으로 둘러싸여 만들어진 원형강당(圓形講堂)을 의미했다.

9) jānatā passatā : Smv. 43에 따르면, 뭇삶의 의도와 경향을 아는 님이고, 손바닥에 아말라까(āmalaka : 餘甘子)를 보듯이 모든 원리를 보는 님이고, 과거의 삶을 아는 님이고, 하늘눈으로 보는 님이고, 세 가지 명지(tivijjā)와 여섯 가지 곧바른 앎(chaḷaviññā)으로 아는 님이고, 어디서든 장애가 없는 보편의 눈(samantacakkhu)으로 보는 님이고, 모든 사실에 대한 분명한 앎의 지혜(sabbadhammajānanasamatthapaññā)로 아는 님이고, 일체 뭇삶의 시야를 넘어서고 경계를 넘어선 미세한 물질계를 아주 청정한 육신의 눈(ativisuddhamaṃsacakkhu : 눈의 종류에 대한 상세한 설명은 이 책(DN. II. 123)과 그 주석을 보라)으로 보는 님이고, 자신의 이익을 위한 삼매를 토대로 한 꿰뚫음의 지혜(paṭivedhapaññā)로 아는 님이고, 타인의 이익을 위한 자애를 토대로 한 가르침

님, 올바로 원만히 깨달은 님으로 모든 뭇삶의 다양한 의향을 잘 꿰뚫고 계십니다. 그런데도 유행자 쑵삐야는 여러 가지 이유로 부처님을 비난하고 가르침을 비난하고 참모임을 비난합니다.[10] 그러나 제자인 바라문 학인 브라흐마닷따는 여러 가지 이유로 부처님을 칭찬하고 가르침을 칭찬하고 참모임을 칭찬합니다. 이와 같이 그 스승과 제자 두 사람은 서로 정반대의 말을 하면서 세존과 수행승들의 무리의 뒤를 따르고 있습니다."

4. 그러자 세존께서는 그 수행승들의 화제에 대하여 알고 집회당이 있는 곳을 찾아오셨다. 가까이 다가와서 마련된 자리에[11] 앉으셨다. 자리에 앉아서 세존께서는 수행승들에게 말씀하셨다.

[세존] "수행승들이여, 여기서 모여 앉아 어떠한 이야기를 하고 있는가? 무슨 이야기를 하다가 중단했는가?"

이처럼 말씀하자 그 수행승들은 세존께 이와 같이 대답했다.

[수행승들] "세존이시여, 여기 저희들은 밤이 지나 이른 아침에 일어나자 집회당에 모여 앉아서 이와 같이 화제를 꺼냈습니다. '벗들이여, 아주 놀라운 일입니다. 벗들이여, 예전에 없었던 일입니다. 세존께서는 아는 님, 보는 님, 거룩한 님, 올바로 원만히 깨달은 님으로 모든 뭇삶의 다양한 의향을 잘 꿰뚫고 계십니다. 그런데도 유행자 쑵삐야는 여러 가지 이유로 부처님을 비난하고 가르침을 비난하고 참모임을

의 지혜(karuṇāpadaṭṭhānadesanāpaññā)로 보는 님이다.

10) buddhassa avaṇṇaṃ bhāsati, dhammassa avaṇṇaṃ bhāsati, saṅghassa avaṇṇaṃ bhāsati : Smv. 36에 따르면, '그대의 스승은 일체지자가 아니고, 가르침은 잘 설해지지 않았고, 참모임은 잘 실천되지 않았다.'라고 비난하는 것이다. 칭찬은 그 반대로 말하는 것이다.

11) paññatte āsane : Smv. 48에 따르면, 부처님 당시에는 한 수행승이 머물더라도, 반드시 부처님을 위한 자리를 따로 마련했다.

비난합니다. 그러나 제자인 바라문 학인 브라흐마닷따는 여러 가지 이유로 부처님을 칭찬하고 가르침을 칭찬하고 참모임을 칭찬합니다. 이와 같이 그 스승과 제자 두 사람은 서로 정반대의 말을 하면서 세존과 수행승들의 무리의 뒤를 따르고 있습니다.' 세존이시여, 이와 같은 이야기를 하다가 중단했습니다."

5. [세존] "수행승들이여, 다른 자들이 나를 비난하고, 가르침을 비난하고, 참모임을[3] 비난하더라도, 그것에 대하여 그대들은 적대하지 말고 낙담하지 말고 마음으로 분개하지 말아야 한다.

수행승들이여, 다른 자들이 나를 비난하고, 가르침을 비난하고, 참모임을 비난한다고, 그것에 대하여 그대들이 적대하고 화내고 불쾌하게 여긴다면, 그대들에게 그것이 장애가 된다.

수행승들이여, 다른 자들이 나를 비난하고, 가르침을 비난하고, 참모임을 비난한다고, 그것에 대하여 그대들이 적대하고 화내고 불쾌하게 여긴다면, 다른 자들이 말을 잘했는지 말을 잘못했는지 그대들이 알 수 있겠는가?"

[수행승들] "세존이시여, 알 수 없습니다."

[세존] "수행승들이여, 다른 자들이 나를 비난하고, 가르침을 비난하고, 참모임을 비난하더라도, 그것에 대하여 그대들은 사실이 아닌 것에 대해서는 사실이 아니라고 이와 같이 '그것은 사실이 아닙니다. 그것은 진실이 아닙니다. 우리에게 그것은 없습니다. 우리에게 그것은 존재하지 않습니다.'라고 설명해 주어야 한다.

6. 수행승들이여, 다른 자들이 나를 칭찬하고, 가르침을 칭찬하고, 참모임을 칭찬하더라도, 그것에 대하여 그대들은 기뻐하지 말고 환희하지 말고 마음으로 환호하지 말아야 한다.

수행승들이여, 다른 자들이 나를 칭찬하고, 가르침을 칭찬하고, 참모임을 칭찬하더라도, 그것에 대하여 그대들은 기뻐하고 환희하고 환호한다면, 그대들에게 그것이 장애가 된다.

수행승들이여, 다른 자들이 나를 칭찬하고, 가르침을 칭찬하고, 참모임을 칭찬한다면, 그것에 대하여 그대들은 사실인 것에 대해서는 사실이라고 이와 같이 '그것은 사실입니다. 그것은 진실입니다. 우리에게 그것은 있습니다. 우리에게 그것은 존재합니다.'라고 설명해 주어야 한다."

[계행의 다발]

(1. 짧은 크기의 계행)

7. [세존] "그런데 수행승들이여, 일반사람들[12]이 여래[13]를 칭찬하더라도, 그것은 기초적이고 단순한 계행에 관한 것뿐이다. 수행승들이여, 일반사람들이 여래를 칭찬하더라도, 그것은 기초적이고 단순한 계행에 관한 것뿐이라는 것은 무엇을 말하는가?

---

12) puthujjana : Smv. 59에 따르면, 범부(凡夫)를 말한다. 범부는 다섯 가지 존재의 다발[五蘊]이나 여섯 가지 감역[六入]이나 열여덟 가지 인식의 세계[十八界](蘊處界: khandha-āyatana-dhātu) 등에 대한 학습, 질문, 청문, 새김, 관찰이 없는 어리석은 범부와, 그것이 있는 선한 범부의 이종이 있다.

13) tathāgata : Smv. 59-60에 따르면, 여래(如來)는 여덟 가지 이유에서 그렇게 불린다. '이렇게 오신 님'이라 여래이고, '이렇게 가신 님'이라 여래이고, '이러한 특징을 지니고 오신 님'이라 여래이고, '여여한 원리를 확실히 올바로 깨달은 님'이라 여래이고, 여여하게 보여진 님이라 여래이고, 여여하게 설하는 님이라 여래이고, 여여하게 행하는 님이라 여래이고, 승리하는 님이라 여래이다.

8. [올바른 행위]

1) 수행승들이여,[4] 일반사람들은 여래에 대하여 '수행자[14] 고따마는 살아있는 생명을 죽이는 것을 버리고, 살아있는 생명을 죽이는 것을 떠나서 몽둥이를 버리고 칼을 버리고, 부끄러워하고, 자애로운 마음으로 모든 살아있는 생명을 가엾고 불쌍히 여긴다.'라고 칭찬할 수 있다.

2) 혹은 또한 수행승들이여, 일반사람들은 여래에 대하여 '수행자 고따마는 주지 않는 것을 빼앗는 것을 버리고, 주지 않는 것을 빼앗는 것을 떠나고, 주는 것을 받고, 주는 것에 따르고, 훔치지 않고, 깨끗한 존재로 살아간다.'라고 칭찬할 수 있다.

3) 혹은 또한 수행승들이여, 일반사람들은 여래에 대하여 '고결하지 못한 삶을 버리고, 고결한 삶을 영위하면서, 청정하지 못한 삶을 멀리하고, 음욕을 일삼는 세속적인 것을 떠났다.'라고[15] 칭찬할 수 있다.

9. [올바른 언어]

1) 혹은 또한 수행승들이여, 일반사람들은 여래에 대하여 '수행자 고따마는 거짓말을 버리고, 거짓말을 떠나고, 진실을 말하고, 신뢰할 만하고, 의지할 만하고, 세상을 속이지 않는다.'라고 칭찬할 수 있다.

---

14) samaṇa : 음사하면 사문(沙門)이다. 사문은 부처님 당시에 정통 바라문교의 사제에 대항하는 새로운 세력의 수행자를 말한다. 역자는 수행자라고 번역한다. 역자주 : 바라문교의 사제는 외면적인 제사를 지내는 데 비해, 그들의 특징은 내면적인 제사를 지내는 것이었다. 사문은 불교의 사문과 이교의 사문인 육사외도(六師外道)로 나눌 수 있다.

15) abrahmacariyaṃ pahāya brahmacārī samaṇo gotamo ārācārī virato methunā gāmadhammā'ti : 고결한 삶은 범행(梵行: 하느님의 행위)을 번역한 것이고, 음욕은 성교(性交)를 의역한 것이다.

2) 혹은 또한 수행승들이여, 일반사람들은 여래에 대하여 '수행자 고따마는 중상을 버리고, 중상에서 떠나고, 여기서 듣고 저기로 옮겨 사람들 사이를 이간함이 없이, 저기서 듣고 여기로 옮겨서 사람들 사이를 이간함이 없이, 사이가 멀어진 자를 화해시키고, 화해한 자를 돕고, 화해에 흐뭇해하고, 화해를 즐기고, 화해를 기뻐하고, 화해하는 말을 한다.'라고 칭찬할 수 있다.

3) 혹은 또한 수행승들이여, 일반사람들은 여래에 대하여 '수행자 고따마는 욕지거리를 버리고 욕지거리에서 떠나고 온화하여 귀에 듣기 좋고 사랑스럽고 흐뭇하고 우아하고 많은 사람이 좋아하고 많은 사람이 마음에 들어하는 그러한 말을 한다.'라고 칭찬할 수 있다.

4) 혹은 또한 수행승들이여, 일반사람들은 여래에 대하여 '수행자 고따마는 꾸며대는 말을 버리고, 꾸며대는 말을 떠나고, 적당한 때에 말하고, 사실을 말하고, 유익한 말을 하고,[16] 가르침을 말하고,[17] 계율을 말하고,[18] 새길 가치가 있고,[5] 이유가 있고, 신중하고, 이익을 가져오는 말을 때에 맞춰 한다.[19]'라고 칭찬할 수 있다.

---

16) atthavādī : Smv. 76; Pps. II. 208에 따르면, 그는 '현세와 내세를 위하여 목표와 관련된(diṭṭhadhammikasamparāyika-attha-sannissitam)' 말을 한다.

17) dhammavādī : Smv. 76; Pps. II. 208에 따르면, '아홉 가지 출세간의 원리(九出世間法 : navalokuttaradhamma : 四向四果와 涅槃)와 관련된 것'에 관해 말한다.

18) vinayavādī : Smv. 76; Pps. II. 208에 따르면, 그는 '수호의 계율(律儀毘尼 : saṃvaravinaya)'과 '버림의 계율(捨斷毘尼 : pahānavinaya)'에 관해 말한다.

19) nidhānavatiṃ vācaṃ bhāsitā kālena sāpadesaṃ pariyantavatiṃ atthasaṃhitaṃ : Smv. 76; Pps. II. 208에 따르면, 'nidhānavatiṃ'는 마음에 간직해야 할 것을 말하고 'sāpadesaṃ'은 비유를 들 수 있거나 이유가 있는 것을 뜻하고, 'pariyantavatiṃ'은 확정지을 수 있는 것을 말하고 'atthasaṃhitaṃ'은 이익을 가져오는 것을 말한다.

10. [올바른 생활]

혹은 또한 수행승들이여, 일반사람들은 여래에 대하여,

1) '수행자 고따마는 종자나 식물을 해치는 것을[20] 여의었다.

2) 수행자 고따마는 하루 한 번 식사하고,[21] 밤에는 식사하지 않으며, 때 아닌 때에 먹는 것을 여의었다.

3) 수행자 고따마는 춤 · 노래 · 음악 · 연극 등을 보는 것을 여의었다.[22]

4) 수행자 고따마는 꽃다발 · 향료 · 버터로 치장하고 장식하는 것을 여의었다.

5) 수행자 고따마는 높은 침대, 큰 침대에서 자는 것을 삼간다.

6) 수행자 고따마는 금은을 받는 것을 여의었다.

7) 수행자 고따마는 날곡식[23]을 받는 것을 여의었다.

8) 수행자 고따마는 날고기를 받는 것을 여의었다.[24]

---

20) bījagāmabhūtagāmasamārambhā : Smv. 81에 따르면, 종자에는 ① 뿌리종자(mūlabīja) ② 줄기종자(khandhabīja) ③ 가지종자(aggabīja) ④ 마디종자(phalubīja) ⑤ 씨앗종자(bījabīja)가 있다. 종자류(bījagāma)는 수목에서 분리되어 생장하는 것을 말하고, 식물류(bhūtagāma)는 수목에서 분리되지 않고 바싹 마르지 않는 것이 식물류이다. 식물류의 벌채는 고백참회죄(波逸罪 : pācittiya : 비교적 경미한 죄로 4인 이상의 수행승에게 고백하여 참회하는 죄)에 해당하고, 종자류의 벌채는 단순참회죄(惡作 : dukkaṭa : 단지 참회하여 해소가 되는 죄)이다.

21) ekabhattika : 글자 그대로 번역하자면 '한 번 식사하는 자'이지만 Pps. II. 208에 따르면, 아침식사(pātarāsabhattaṃ)와 저녁식사(sāyamāsabhattan)의 두 가지 가운데 한 번을 말한다. 아침식사는 오전 중에 하는 것이고, 저녁식사는 오후에 해가 질 때까지 하는 것이다. 그러므로 오전 중에 열 번 식사하더라도 '한 번 식사하는 자(ekabhattika)'이다. 율장(Vinaya)에서는 수행자에게는 새벽에서 정오 사이의 식사를 권하고 있고 오후부터 다음날 새벽까지는 음료만을 권한다.

22) naccagītavāditavisūkadassanā paṭivirato hoti : Vin. II. 108에서 수행승에게는 단순참회죄(惡作 : dukkaṭa)의 죄과이고 Vin. IV. 267에서 수행녀에게는 고백참회죄(波逸罪 : pācittiya)의 죄과에 해당한다.

23) āmakadhañña : Smv. 77에 따르면, 날곡식은 쌀리미(sāli米), 비히미(vīhi米), 대맥(yava), 소맥(godhūma), 깐구패(kaṅgu稗), 바라까콩(varaka豆), 꾸드루싸까패(kudrūsaka稗)이다. 수행승들은 그것을 받는 것뿐만 아니라 접촉해서도 안 된다.

24) āmakamaṃsapaṭiggahaṇā paṭivirato hoti : Vin. III. 208에서 수행녀 우빨라반나(Uppalavaṇṇ

9) 수행자 고따마는 여인이나 여자아이를 받는 것을 여의었다.
10) 수행자 고따마는 하녀나 하인을 받는 것을[25] 여의었다.
11) 수행자 고따마는 염소나 양을 받는 것을 여의었다.
12) 수행자 고따마는 닭이나 돼지를 받는 것을 여의었다.
13) 수행자 고따마는 코끼리나 소나 암말, 숫말을 받는 것을 여의었다.
14) 수행자 고따마는 경지나 황지를[26] 받는 것을 여의었다.
15) 수행자 고따마는 심부름을 보내거나 가는 것을 여의었다.
16) 수행자 고따마는 사고 파는 것을 여의었다.
17) 수행자 고따마는 저울을 속이고, 화폐를 속이고, 도량을 속이는 것을 여의었다.[27]
18) 수행자 고따마는 사기 · 기만 · 간계 · 부정을 여의었다.
19) 수행자 고따마는 절단하고 살육하고 포박하고 노략하고 약탈하고 폭행하는 것을 여의었다.'라고 칭찬할 수 있다."

(2. 중간 크기의 계행)

11. [세존] "혹은 또한 수행승들이여, 일반사람들은 여래에 대하여 '어떤 존귀한 수행자들이나 성직자들은 신자들이 보시한 음식을 향유하면서 이와 같이 예를 들어, 뿌리를 종자로

ā)는 스승에게 날고기를 제공하기 전에 그 날고기를 굽는다.

25) dāsidāsapaṭiggahaṇā : Smv. 78에 따르면, 남녀 노예를 받는 것은 금지되어 있으나 사원의 일꾼인 정인(淨人: kapiyakāraka)이나 원림인(園林人: ārāmika)을 받을 수 있다.

26) kettavatthupaṭiggahaṇā : Smv. 78에 따르면, 경지(耕地)는 칠곡(七穀: pubbaṇṇa)을 생산하는 땅이고, 황지(荒地)는 칠채(七菜: aparaṇṇa)가 나는 땅이다. 혹은 경지는 양자가 생산되는 곳이고 황지는 호수나 연못을 포함하는 경작되지 않은 곳을 말한다.

27) tulākūṭakaṃsakūṭamānakūṭā paṭivirato hoti : Pps. II. 210에 따르면, 세 가지 도량(度量)의 방법이 있다. ① hadayabheda : 액상버터, 기름 등을 재는 것 ② sikhābheda : 참깨나 쌀 등을 재는 것 ③ rajjubheda : 장소나 부지 등을 재는 것.

하는 것, 줄기를 종자로 하는 것, 열매를 종자로 하는 것, 싹을 종자로 하는 것, 씨앗을 종자로 하는 것과 같은 종자[28]와 식물을 해치면서 생활하고 있다. 그러나 수행자 고따마는 종자와 식물을 해치는 것을 여의었다.'라고 칭찬할 수 있다.

12. 혹은 또한 수행승들이여,[6] 일반사람들은 여래에 대하여 '어떤 존귀한 수행자들이나 성직자들은 신자들이 보시한 음식을 향유하면서 이와 같이 예를 들어, 먹을 것을 축적하는 것, 마실 것을 축적하는 것, 옷가지를 축적하는 것, 탈 것을 축적하고, 침구를 축적하는 것, 향료를 축적하는 것, 재물을 축적하는 것과 같은 축적을 향유하면서 생활하고 있다.[29] 그러나 수행자 고따마는 축적을 향유하는 것을 여의었다.'라고 칭찬할 수 있다.

13. 혹은 또한 수행승들이여, 일반사람들은 여래에 대하여 '어떤 존귀한 수행자들이나 성직자들은 신자들이 보시한 음식을 향유하면서 이와 같이 예를 들어, 춤 · 노래 · 음악 · 연극 · 낭송 · 박수갈채 · 바라치기[30] · 드럼의 연주 · 전시회 · 쇠구슬

---

28) mūlabījaṃ khandhabījaṃ phalubījaṃ aggabījaṃ bījabījameva pañcamaṃ : Srp. II. 272에 따르면, ① 뿌리종자(mūlabīja) : 향료식물의 뿌리(vaca, vacattha), 심황(haliddi), 생강(siṅgi)이 있고 ② 줄기종자(khandhabīja) : 무화과 나무(assatho), 보리수(nigrodha)가 있고 ③ 가지종자(aggabīja) : 앗주까(ajjuka), 넝쿨식물(phaṇijjaka)이 있고 ④ 마디종자(phalubīja) : 사탕수수(ucchu), 대나무(veḷu), 갈대(naḷo)가 있고 ⑤ 씨앗종자(bījabīja) : 쌀, 벼 등의 곡류(sālivīhiādipubbaṇṇa)와 강낭콩, 콩 등의 두류(mugga-māsādi-aparaṇṇañca)가 있다.

29) sannidhikāraparibhogaṃ anuyuttā viharanti : Smv. 81에 따르면, 계율(vinaya)에 의한 것과 '버리고 없애는 것(salleka: 削減)'에 의한 것이 있다. 계율에 의한 것이란, 어떤 음식을 오늘 얻어서 내일 먹는 것인데, 그것은 고백참회죄(波逸罪 : pācittiya)에 해당한다. 그리고, 스스로 얻은 것을 사미에게 보관시키고 내일 먹는 것에는 '버리고 없애는 것'이 없다.

30) vetāla : Smv. 84에 따르면, 심벌즈와 같은 바라를 치면서 주문으로 사체를 일으켜 세우는 것을 말한다.

놀이 · 대나무놀이 · 세정31) · 코끼리싸움 · 말싸움 · 물소싸움 · 황소싸움 · 숫양싸움 · 닭싸움 · 메추리싸움 · 봉술 · 권투 · 씨름 · 군사훈련 · 군대점호 · 군사행진 · 열병과 같은 오락을 관람하면서 생활하고 있다. 그러나 수행자 고따마는 오락을 관람하는 것을 여의었다.'라고 칭찬할 수 있다.

14. 혹은 또한 수행승들이여, 일반사람들은 여래에 대하여 '어떤 존귀한 수행자들이나 성직자들은 신자들이 보시한 음식을 향유하면서 이와 같이 예를 들어, 팔목장기 · 십목장기 · 허공장기32) · 금넘기33)· 체스놀이34)· 주사위놀이35) · 자치기36) · 산가지손던지기37) · 공놀이38) · 풀피리 · 쟁기질 · 재주넘기 · 풍차놀이 · 저울놀이39) · 수레놀이[7] · 활쏘기 · 글자맞추기 · 생각맞추기 · 불구자 흉내내기와 같은 놀이와 나태에 빠져 생활하고 있다. 그러나 수행자 고따마는 놀이와

---

31) dhovana : Smv. 84에 따르면, 해골에 대한 세정(洗淨)을 말한다. 어떤 지방에서는 친족이 죽으면, 화장을 하지 않고 매장을 한다. 거기서 그들은 시체가 부패한 것을 알면, 그것을 꺼내서 해골을 씻고 향료를 발라 둔다. 그들은 성제(星祭)가 열리면, 한 장소에 해골을 안치하고 술 등을 따르고 한탄하고 울면서 술을 마신다.

32) ākāsa : Smv. 85에 따르면, 팔목장기나 십목장기처럼 허공에서도 하는 놀이이다.

33) parihārapatha : Smv. 85에 따르면, 지면에 여러 가지 길이나 원을 그리고 그것을 뛰어넘는 놀이.

34) santika : Smv. 85에 따르면, 체스의 말이나 작은 돌을 같은 곳에 놓아두고 움직이면서 손톱만으로 가져가거나 가져오면서, 만약 거기에 무엇인가 움직임이 있다면, 지게 되는 놀이를 말한다.

35) khalika : Smv. 85에 따르면, 도박대에서의 주사위놀이이다.

36) ghaṭika : Smv. 85에 따르면, 긴 막대로 짧은 막대를 때리는 놀이이다.

37) salākahattha : Smv. 85에 따르면, 락 등의 액체에 산가지손을 적셔서 '무엇이 될까'라고 지면이나 벽에 던져 코끼리나 말의 형상 등을 보는 놀이이다. 또는 많은 산가지 가운데 특징이 없는 하나의 산가지를 뽑아 그것을 그 가운데로 던져 다시 그것만을 뽑는 놀이이다.

38) akkha : Smv. 85에 따르면, 공던지기이다.

39) pattāḷhaka : Smv. 85에 따르면, 나뭇잎으로 만든 저울로 그것으로 모래 등을 재면서 노는 놀이이다.

나태에 빠지는 것을 여의었다.'라고 칭찬할 수 있다.

15. 혹은 또한 수행승들이여, 일반사람들은 여래에 대하여 '어떤 존귀한 수행자들이나 성직자들은 신자들이 보시한 음식을 향유하면서 이와 같이 예를 들어, 아주 긴 침상, 다리에 동물문양이 있는 것, 긴 양털 담요가 있는 것, 울긋불긋한 이불이 있는 것, 흰 양털이불이 있는 것, 꽃을 수놓은 양털이불이 있는 것, 솜을 채운 이불이 있는 것, 동물을 수놓은 양털이불이 있는 것, 양쪽에 털이 달린 모피이불이 있는 것, 한쪽에 털이 달린 모피이불이 있는 것, 보석을 수놓은 이불이 있는 것, 비단이불이 있는 것, 융단덮개가 있는 것, 코끼리의 등에 까는 깔개가 있는 것, 말의 등에 까는 깔개가 있는 것, 수레에 까는 깔개가 있는 것, 염소가죽의 깔개가 있는 것, 카달리사슴가죽의 깔개가 있는 것, 차양이 있는 것, 양쪽에 붉은 방석이 있는 침상과 같은 높은 침대, 큰 침대를 사용하며 생활하고 있다. 그러나 수행자 고따마는 그러한 높은 침대, 큰 침대를 사용하는 것을 여의었다.'라고 칭찬할 수 있다.

16. 혹은 또한 수행승들이여, 일반사람들은 여래에 대하여 '어떤 존귀한 수행자들이나 성직자들은 신자들이 보시한 음식을 향유하면서 이와 같이 예를 들어, 향료바르기,40) 기름맛사지, 목욕, 사지안마, 거울보기, 눈화장, 꽃다발치장, 얼굴분칠,41) 얼굴크림, 팔찌, 머리띠, 장식용 지팡이, 장식용 약

40) ucchādana : Smv. 88에 따르면, 모태에서 생겨난 자식 등의 체취는 12년이 경과하면 소멸하지만, 그 체취를 소멸시키기 위한 향료 등을 바른다.

41) mukhacuṇṇaka : Smv. 88에 따르면, 얼굴의 검은 반점을 제거하기 위해 점토분을 사용한다. 그것으로 피부가 붉은 기운을 띠면, 겨자를 갠 연분을 바른다. 그것으로 독소가 제거되면 참깨의 연분을 바른다. 그것으로 붉은 기운이 탈락하면, 심황을 갠 연분을 바른다. 그것으로 피부의

통, 칼, 양산, 울긋불긋한 신발, 터번, 보석, 야크꼬리의 불자(拂子), 긴 술이 달린 흰옷과 같은 것으로 치장하고 장식하면서 생활하고 있다. 그러나 수행자 고따마는 그러한 치장과 장식을 하는 것을 여의었다.'라고 칭찬할 수 있다.

17. 혹은 또한 수행승들이여, 일반사람들은 여래에 대하여 '어떤 존귀한 수행자들이나 성직자들은 신자들이 보시한 음식을 향유하면서 이와 같이 예를 들어, 왕에 대한 이야기, 도적에 대한 이야기, 대신들에 대한 이야기, 군사에 대한 이야기, 공포에 대한 이야기, 전쟁에 대한 이야기, 음식에 대한 이야기, 음료에 대한 이야기, 의복에 대한 이야기, 침대에 대한 이야기, 꽃다발에 대한 이야기, 향료에 대한 이야기, 친척에 대한 이야기, 수레에 대한 이야기, 마을에 대한 이야기, 부락에 대한 이야기, 도시에 대한 이야기, 지방에 대한 이야기, 여자에 대한 이야기,[8] 영웅에 대한 이야기, 도로에 대한 이야기,42) 우물가에서의 이야기,43) 망령에 대한 이야기, 사소한 것들에 대한 이야기, 세계의 기원에 대한 이야기,44) 바다의 기원에 대한 이야기, 그리고 시시비비 거리에 대한 이야기45)와 같은 세속적 이야기를46) 하면서 생활하고

색이 나타나면, 백분을 얼굴에 바른다.

42) visikhākathā : Srp. III. 295에 따르면, '이와 같은 거리는 잘 확립되었다든가 이와 같은 거리에 사는 자는 용감하다든가 재미로 말할 수 없다.'라는 이야기이다.

43) kumbhaṭṭhānakatha : Smv. 90에 따르면, 수욕장(水浴場)의 이야기 또는 물을 긷는 하녀의 이야기를 말한다.

44) lok'akkhāyika : Srp. III. 295.에 따르면, '누구에 의해서 이 세상이 창조되었는가. 이러한 자에 의해 창조되었다.' 또는 '까마귀는 희다. 그 뼈가 희기 때문이다.' 또는 '두루미는 붉다. 그 피가 붉기 때문이다.'는 등의 세속철학적인 궤변의 담론이다.

45) itibhavābhavakatha : 글자 그대로 존재(是)비존재(非)에 대한 이야기를 말한다. Srp. III. 295에 따르면, '여기서 존재(是)는 영원주의적이고, 비존재(非)는 허무주의적인 것이다. 존재는 성장

있다. 그러나 수행자 고따마는 그러한 세속적 이야기를 여의었다.'라고 칭찬할 수 있다.

18. 혹은 또한 수행승들이여, 일반사람들은 여래에 대하여 '어떤 존귀한 수행자들이나 성직자들은 신자들이 보시한 음식을 향유하면서 이와 같이 예를 들어, '그대는 이 가르침과 계율을 알지 못합니다. 나는 이 가르침과 계율을 압니다. 그대가 어떻게 가르침과 계율을 알겠습니까? 그대의 방식은 틀립니다. 그러나 나의 방식이 맞습니다. 나는 앞뒤가 맞지만 그대는 앞뒤가 맞지 않습니다. 그대는 앞에서 말해야 할 것을 뒤에서 말했고 뒤에서 말해야 할 것을 앞에서 말했습니다. 그대가 생각해낸 것은 전도된 것이고, 그대의 이론은 논파되었고 그대는 틀렸다는 것이 입증되었습니다. 가서 더 배우시오. 그렇지 않고 그대가 할 수 있다면, 스스로 해명하시오.'라고 논쟁을 일삼으며 생활하고 있다. 그러나 수행자 고따마는 이와 같은 논쟁을 여의었다.'라고 칭찬할 수 있다.

19. 혹은 또한 수행승들이여, 일반사람들은 여래에 대하여 '어떤 존귀한 수행자들이나 성직자들은 신자들이 보시한 음식을 향유하면서 이와 같이 예를 들어, 왕, 대신, 왕족, 장자, 젊은이들을 향하여, '여기로 가시오. 저기로 가시오. 이것을 가져가시오. 저기서 그것을 가져오시오.'와 같은 심부름을 시키는 일을 하면서 생활하고 있다. 그러나 수행자 고따마는 그러한 심부름을 시키는 일을 여의었다.'라고 칭찬할 수 있다.

이고 비존재는 포기이다. 존재는 감각적 쾌락의 욕망에 관한 향락이고 비존재는 자신에 대한 학대이다.'

46) tiracchānakathaṁ : Srp. III. 294에 따르면, '천상이나 해탈의 길로 이끌지 않는 이야기'를 말한다.

20. 혹은 또한 수행승들이여, 일반사람들은 여래에 대하여 '어떤 존귀한 수행자들이나 성직자들은 신자들이 보시한 음식을 향유하면서 이와 같이 예를 들어, 기만하고[47] 요설하고 점괘를 보고 함정에 빠뜨려 탐욕적으로 이익을 추구하면서 생활하고 있다. 그러나 수행자 고따마는 이와 같은 기만과 요설을 여의었다.'라고 칭찬할 수 있다."

(3. 긴 크기의 계행)

21. [세존] "혹은[9] 또한 수행승들이여, 일반사람들은 여래에 대하여 '존귀한 수행자들이나 성직자들은 신자들이 보시한 음식을 향유하면서 이와 같이 예를 들어, 수족에 의한 점괘, 전조에 의한 점괘, 조짐에 의한 점괘, 해몽, 관상, 쥐가 갉아먹은 옷의 모양에 따라 치는 점괘, 불의 헌공,[48] 국자의 헌공, 왕겨의 헌공, 쌀겨의 헌공, 쌀의 헌공, 버터의 헌공, 기름의 헌공, 입을 통한 헌공,[49] 피의 헌공, 사지에 의한 점술,[50] 집터에 의한 점술,[51] 왕족을 위한 점술,[52] 묘지의

---

47) kuhakā : Smv. 91-92에 따르면, 세 가지 즉, 넌지시 하는 말로 기만하는 것, 행주좌와(行住坐臥)의 위의(威儀)에 의존하여 기만하는 것, 욕심이 적은 것처럼 필수품(資具)을 수용하여 기만하는 것이 있다.

48) aggihoma : Smv. 93에 따르면, '이와 같은 땔나무의 불에 의해서 이와 같이 헌공되면, 이와 같은 일이 있다.'라고 말하며 행해지는 불의 헌공을 말한다. 이하의 헌공은 이와 같은 방식의 헌공을 말한다.

49) mukhahoma : Smv. 93에 따르면, 겨자 등을 입에 품고 불에 던져 넣거나 혹은 주문을 외우는 헌공을 말한다.

50) aṅgavijjā : Smv. 93에 따르면, 신체를 보고 주문을 불러 그자가 가장인지 아닌지 행운이 있는지 없는지 등의 예언에 의한 지체의 주술을 말한다.

51) vatthuvijjā : Smv. 93에 따르면, 택지나 정원 등의 길흉을 흙 등의 특징을 통해 관찰하는 주술을 말한다.

52) khattavijjā : Smv. 93에 따르면, 아베야(abbheya), 마수락카(māsulakkha)등의 제왕학(nītisat

주술,[53] 정령에 대한 주술,[54] 흙에 대한 주술,[55] 뱀에 대한 주술,[56] 독에 대한 주술,[57] 전갈에 대한 주술,[58] 쥐에 대한 주술,[59] 새에 의한 점술,[60] 까마귀에 의한 점술,[61] 수명의 판단,[62] 화살을 막는 수호주술,[63] 짐승의 울음소리에 의한 점술[64]와 같은 저속한 지식으로 삿된 삶을 산다. 그러나 수행자 고따마는 이러한 저속한 지식에 의한 삿된 삶을 여의었다.'라고 칭찬할 수 있다.

22. 혹은 또한 수행승들이여, 일반사람들은 여래에 대하여 '어떤 존귀한 수행자들이나 성직자들은 신자들이 보시한 음식을 향유하면서 이와 같이 예를 들어, 보석의 길흉상,[65] 지팡이의 길흉상, 의복의 길흉상, 칼의 길흉상, 화살의 길흉

---

tha)을 말한다.

53) sivavijjā : Smv. 93에 따르면, 묘지에 살면서 진무(鎭撫)하는 주술, 또는 재칼의 울음소리의 주술이다.

54) bhūtavijjā : Smv. 93에 따르면, 정령에 대한 주술적 진언이다.

55) bhurivijjā : Smv. 93에 따르면, 흙집에 살면서 마음의 안정을 얻기 위한 주술 또는 풍작을 기원하는 주술이다.

56) ahivijjā : Smv. 93에 따르면, 뱀에 물렸을 때에 치유의 주술 또는 뱀을 청하는 주술을 말한다.

57) visavijjā : Smv. 93에 따르면, 예전의 독을 보호하고 새로운 독을 만드는 주술을 말한다.

58) vicchikavijjā : Smv. 93에 따르면, 전갈에 물렸을 때에 치유의 주술 또는 전갈을 청하는 주술을 말한다.

59) mūsikavijjā : Smv. 93에 따르면, 쥐에 물렸을 때에 치유의 주술 또는 쥐를 청하는 주술을 말한다.

60) sakuṇavijjā : Smv. 93에 따르면, 새의 울음소리나 행방 등에 의한 점술을 말한다.

61) vāyasavijjā : Smv. 93에 따르면, 까마귀의 울음소리나 행방 등에 의한 점술을 말한다.

62) pakkajjhāna : Smv. 94에 따르면, '지금 이분은 이정도로 살 것이다.'라는 수명의 성숙에 대한 지식을 말한다.

63) saraparittāṇa : Smv. 94에 따르면, 화살이 자신의 머리 위에 오지 않게 하는 주술을 말한다.

64) migapakkhaṃ : Smv. 94에 따르면, 일체의 짐승의 울음소리에 의한 점술을 말한다.

65) maṇilakkhaṇa : Smv. 94에 따르면, 이러한 보석은 상찬(賞讚)된다 상찬되지 않는다, 소유자의 건강, 권력 등의 원인이 된다 원인이 되지 않는다는 등, 그 색깔이나 형태나 성질 등에 관한 특징을 말한다.

상, 활의 길흉상, 무기의 길흉상, 여성의 길흉상, 남성의 길흉상, 소년의 길흉상, 소녀의 길흉상, 남자노예의 길흉상, 여자노예의 길흉상, 코끼리의 길흉상, 말의 길흉상, 물소의 길흉상, 황소의 길흉상, 암소의 길흉상, 염소의 길흉상,66) 양의 길흉상, 닭의 길흉상, 메추리의 길흉상, 도마뱀의 길흉상,67) 귀장식의 길흉상,68) 거북이의 길흉상,69) 짐승의 길흉상70)과 같은 저속한 지식으로 삿된 삶을 산다. 그러나 수행자 고따마는 이러한 저속한 지식에 의한 삿된 삶을 여의었다.'라고 칭찬할 수 있다.

23. 혹은 또한 수행승들이여, 일반사람들은 여래에 대하여 '어떤 존귀한 수행자들이나 성직자들은 신자들이 보시한 음식을 향유하면서 이와 같이 예를 들어, '왕들이 진격할 것이다.71) 왕들이 퇴각할 것이다. 아군의 왕들이 도착하고 적군의[10] 왕들이 물러갈 것이다. 적군의 왕들이 도착하고 아군의 왕들이 물러갈 것이다. 아군의 왕들이 승리하고 적군의 왕들이 패배할 것이다. 적군의 왕들이 승리하고 아군의 왕들이 패배할 것이다.'라고 이 자는 승리하고 이 자는 패배하리

---

66) ajalakkhaṇa : Smv. 94에 따르면, 이러한 염소의 고기는 먹을 수 있다 먹을 수 없다는 등의 특징을 말한다.

67) godhālakkhaṇa : Smv. 94에 따르면, 그림이나 장식에 그러한 도마뱀이 있다면, 그러한 일이 일어난다는 특징을 말한다.

68) kaṇṇikālakkhaṇa : Smv. 94에 따르면, 깐니까(kaṇṇikā)는 귀의 장식이나 집의 옥상을 의미한다. 역자는 귀의 장식의 의미를 취한다.

69) kacchapalakkhaṇa : Smv. 94에 따르면, 이러한 거북이의 고기는 먹을 수 있다 먹을 수 없다는 등의 특징을 말한다.

70) migalakkhaṇa : Smv. 94에 따르면, 모든 네발 달린 짐승의 특징을 통한 것이다.

71) raññaṃ niyyānaṃ bhavissati : Smv. 94에 따르면, 이러이러한 날에 이러이러한 별자리에 이러한 이름의 왕이 진군할 것이다라고 제왕의 진군을 예언하는 것을 말한다.

라와 같은 저속한 지식으로 삿된 삶을 산다. 그러나 수행자 고따마는 이러한 저속한 지식에 의한 삿된 삶을 여의었다.'라고 칭찬할 수 있다.

24. 혹은 또한 수행승들이여, 일반사람들은 여래에 대하여 '어떤 존귀한 수행자들이나 성직자들은 신자들이 보시한 음식을 향유하면서 이와 같이 예를 들어, '월식이 있을 것이다.[72] 일식이 있을 것이다. 성식[73]이 있을 것이다. 달과 태양이 궤도에 진입할 것이다. 달과 태양이 궤도를 벗어날 것이다. 별들이 궤도에 진입할 것이다. 별들이 궤도를 벗어날 것이다. 유성이 떨어질 것이다. 사방이 불탈 것이다.[74] 지진이 일어날 것이다. 천둥이 칠 것이다. 달과 태양과 별들이 뜨거나 지고 어두워지거나 밝아질 것이다. 월식이 있어 이러한 결과가 있을 것이다. 일식이 있어 이러한 결과가 있을 것이다. 성식이 있어 이러한 결과가 있을 것이다. 달과 태양이 궤도에 진입하여, 이러한 결과가 있을 것이다. 달과 태양이 궤도를 벗어나, 이러한 결과가 있을 것이다. 별들이 궤도에 진입하여, 이러한 결과가 있을 것이다. 별들이 궤도를 벗어나, 이러한 결과가 있을 것이다. 유성이 떨어져, 이러한 결과가 있을 것이다. 사방이 불타서, 이러한 결과가 있을 것이다. 지진이 일어나, 이러한 결과가 있을 것이다. 천둥이 쳐서, 이러한 결과가 있을 것이다. 달과 태양과 별들이 뜨거나 지고

72) candaggāho bhavissati : Smv. 95에 따르면, 이러이러한 날에 라후 신이 달을 잡아먹을 것이다라고 예언하는 것을 말한다.

73) nakkhattaggāho : 성식(星蝕)은 Smv. 95에 따르면, 별 가운데 화성(火星: aṅgaraka) 등의 접촉이나 결합에 의한 것이다.

74) disāḍāho bhavissati : Smv. 95에 따르면, 화염이나 연기불꽃 등에 의해서 혼돈되어 사방이 오염되는 것을 말한다.

어두워지거나 밝아져서, 이러한 결과가 있을 것이다.'와[11] 같은 저속한 지식으로 삿된 삶을 산다. 그러나 수행자 고따마는 이러한 저속한 지식에 의한 삿된 삶을 여의었다.'라고 칭찬할 수 있다.

25. 혹은 또한 수행승들이여, 일반사람들은 여래에 대하여 '어떤 존귀한 수행자들이나 성직자들은 신자들이 보시한 음식을 향유하면서 이와 같이 예를 들어, '비가 잘 올 것이다. 가뭄이 들 것이다. 음식이 넉넉할 것이다. 굶주릴 것이다. 안전할 것이다. 위험할 것이다. 질병이 들 것이다. 건강할 것이다.'라든가 손가락셈, 계산술, 목산술, 시작술,[75] 궤변술[76]과 같은 저속한 지식으로 삿된 삶을 산다. 그러나 수행자 고따마는 이러한 저속한 지식에 의한 삿된 삶을 여의었다.'라고 칭찬할 수 있다.

26. 혹은 또한 수행승들이여, 일반사람들은 여래에 대하여 '어떤 존귀한 수행자들이나 성직자들은 신자들이 보시한 음식을 향유하면서 이와 같이 예를 들어, 결혼에서 들이기와 보내기의 택일을 하거나,[77] 화해를 주술적으로 조장하거나

---

75) kāveyya : 시작술(詩作術)에 대하여 주석서는 간접적으로 언급하고 있다. Smv. 95에 따르면, 시인(kavi)에는 사유시인(cintākavi), 학습시인(sutakavi), 의미시인(atthakavi), 즉흥시인(paṭibhāṇakavi)이 있다.

76) lokāyata : 로까야따(lokāyata)라는 말 속에는 물질주의적이고 세속적이라는 뜻이 함축되어 있다. 그들은 자신의 결론을 논리적 귀결에 종속시키지 않고 변증적으로 끌어내려고 했기 때문에 많은 사람으로부터 비난을 받았다. Smv. 91에 따르면, 그들은 예를 들어 '까마귀는 희다. 왜냐하면 그의 뼈가 희기 때문이다. 백조는 붉다. 왜냐하면 그의 피가 붉기 때문이다.' 식의 허무맹랑한 이론까지 증명해 보이려고 시도했다. Srp. II. 76에 의하면 그들은 궤변술사(vitaṇḍasattha)이다. 자야띨레께(Jayatileke)의 Early Buddhist Theory of Knowledge pp. 48-57에 따르면, 이들은 주로 우주론을 다루고 있었다.

77) āvāhanaṃ vivāhanaṃ : Smv. 96에 따르면, 들이기(āvāhana)는 이 청년을 위해 '어떤 집안에

분열을 주술적으로 조장하거나,78) 부채를 거두어들이거나 대출을 하기 위한 점괘를 보거나, 행운을 가져오거나 불행을 가져오는 주문을 외우거나, 유산된 모태의 치유를 위해 약을 처방하거나,79) 혀를 굳게 하거나,80) 턱을 움직이지 못하게 하거나, 손을 들지 못하게 하거나, 턱으로 말하지 못하게 하거나, 귀로 듣지 못하게 하거나,81) 거울에 물어보거나,82) 동녀에게 물어보거나,83) 신에게 물어보거나,84) 태양을 섬기거나, 위대한 자를 숭배하거나,85) 입에서 불을 토하거나, 행운의 여신을 청하는 것86)과 같은 저속한 지식으로 삿된 삶을 산다. 그러나 수행자 고따마는 이러한 저속한 지식에 의한 삿된 삶을 여의었다.'라고 칭찬할 수 있다.

27. 혹은[12] 또한 수행승들이여, 일반사람들은 여래에 대하여 '어떤 존귀한 수행자들이나 성직자들은 신자들이 보시한 음식을 향유하면서 이와 같이 예를 들어, 신을 달래는 의례,87) 신에게 맹세하는 의례,88) 흙집에서 주문외우는 의

서 어떤 별자리에 딸을 데려오는 것이 좋겠다.'라고 말하는 중개를 말하고, 보내기(vivāhana)는 이 딸을 '그 청년을 위해 어떤 별자리에 맞추어 보내 주는 것이 좋겠다.'는 중개를 뜻한다.

78) saṃvadanaṃ vivadanaṃ : Smv. 96에 따르면, 화해나 분열을 조장하기 위한 주술적 행위를 말한다.

79) viruddhagabbhakaraṇa : Smv. 96에 따르면, 유산하여 죽은 태아를 처치하고, 또한 다시 유산하지 않도록 약을 처방하는 것을 말한다.

80) jivhānitthambhana : Smv. 96에 따르면, 주문(manta)에 의해 혀가 굳어지게 하는 것을 말한다.

81) kaṇṇajappana : Smv. 97에 따르면, 귀로 소리를 들을 수 없게 하는 주술을 말한다.

82) ādāsapañha : Smv. 97에 따르면, 거울에 신을 하강시켜 물어보는 것을 말한다.

83) kumārikapañha : Smv. 97에 따르면, 소녀의 몸에 신을 하강시켜 물어보는 것을 말한다.

84) devapañha : Smv. 97에 따르면, 하녀의 몸에 신을 하강시켜 물어보는 것을 말한다.

85) mahatupaṭṭhāna : Smv. 97에 따르면, 위대한 하느님(大梵天: mahābrahmā)의 숭배를 말한다.

86) sirivhāna : Smv. 97에 따르면, '행운의 여신이여, 오십시오 우리의 머리위에 자리하소서'라고 청하는 것을 말한다.

87) santikamma : Smv. 97에 따르면, 신이 있는 곳으로 가서 '만약 저에게 이것을 성취하게 해주시

례,89) 정력을 왕성하게 하는 의례, 정력을 잃게 하는 의례,90) 택지화의례,91) 택지살포의례,92) 구강세척,93) 목욕시키기,94) 헌공하기,95) 구토하기, 설사하기, 상부의 정화,96) 하부의 정화,97) 머리의 정화,98) 귀에 사용하는 기름을 끓이는 것, 눈에 사용하는 기름을 끓이는 것, 코를 씻어내는 것, 연고를 바르기, 연고를 문지르기, 안과적 치료, 외과적 치료, 소아과적 치료, 그리고 원래 치료했던 약을 제거하는 것99)과 같은 저속한 지식으로100) 삿된 삶을 산다. 그러나 수행자 고따마는 이러한 저속한 지식에 의한 삿된 삶을 여의었다.'라고 칭찬할 수 있다. 수행승들이여, 이것이 바로 일반 사람들이 여래에 대하여 칭찬할 수 있는 기초적이고 단순한

면, 당신에게 이것을 헌공하겠습니다.'라고 성공할 때의 행운약속의 의례를 말한다.

88) paṇidhikamma : Smv. 97에 따르면, 소원이 이루어졌을 때, 그 약속을 가져오게 하는 의례를 말한다.

89) bhūrikamma : Smv. 97에 따르면, 흙집에 살면서 터득한 주문을 외우는 의례를 말한다.

90) vassakamma, vossakamma : Smv. 97에 따르면, 정력(精力)은 남성이고 무정력(無精力)은 허세자이다. 그러므로 무정력을 정력으로 만드는 것이 정력회복의 의례이고, 정력을 무정력으로 만드는 것이 정력감퇴의 의례이다.

91) vatthukamma : Smv. 97에 따르면, 자연의 토지에 집을 건설하는 것을 말한다.

92) vatthuparikamma(vatthuparikiraṇa) : Smv. 97에 따르면, '이것저것을 드십시오.'라고 말하면서 발리(bali)의례를 행하는 것을 말한다. 발리의례는 '화를 제거하기 위해 또는 번영하기 위해' 귀신들이나 생류에게 음식을 살포하는 의식을 말한다.

93) ācamanaṃ : Smv. 97에 따르면, 물로 입을 청결하게 하는 의식을 말한다.

94) nahāpana : Smv. 97에 따르면, 다른 자들을 목욕시키는 것을 말한다.

95) juhana : Smv. 97에 따르면, 그들을 위해 불을 헌공하는 것을 말한다.

96) uddhavirecana : Smv. 97에 따르면, 상부의 병소(病素)를 제거하는 것을 말한다.

97) adhovirecana : Smv. 97에 따르면, 하부의 병소를 제거하는 것을 말한다.

98) sīsavirecana : Smv. 97에 따르면, 담(痰)의 제거를 말한다.

99) mūlabhesajjānaṃ anuppadānaṃ osadhīnaṃ paṭimokkho : Smv. 97에 따르면, 몸에 치료했던 약을, 양잿물 등을 넣어 적당한 상처가 나면, 그것들을 제거한다.

100) tiracchānavijjāya : 원래 축생의 학문이라는 뜻으로 출가자에게 저속하고 부적절하고 무익한 지식을 말한다.

계행에 관한 것이다.”

[사견에 대한 고찰]

28. [세존] “수행승들이여, 여래가 스스로 곧바로 알고 깨달아 선언한, 심오하고, 보기 어렵고, 깨닫기 어렵고, 고요하고, 탁월하고, 사고의 영역을 뛰어넘고, 극히 미묘하여 슬기로운 자들에게만 알려지는 것으로, 그것으로써 여래를 있는 그대로 올바로 칭찬할 수 있는 다른 가르침이 있다. 수행승들이여, 여래가 스스로 곧바로 알고 깨달아 선언한, 심오하고, 보기 어렵고, 깨닫기 어렵고, 고요하고, 탁월하고, 사고의 영역을 뛰어넘고, 극히 미묘하여 슬기로운 자들에게만 알려지는 것으로, 그것으로써 여래를 있는 그대로 칭찬할 수 있는 다른 가르침이란 무엇인가?”

[과거와 관련된 견해]

29. [세존] “수행승들이여, 어떤 수행자들이나 성직자들은 과거를 생각하고[101] 과거에 대한 견해를 갖고 과거에 대하여 [13] 열여덟 가지 근거를 통해서 여러 가지 망설을[102] 주장한다. 수행승들이여, 그 존귀한 수행자들이나 성직자들

---

101) pubbantakappikā : 정확히 번역하자면 전제(前際)이다. Smv. 103에 따르면, 전제를 생각하고 분별하고 집착하기 때문에 혹은 전제의 생각이 있기 때문에 전제를 생각하는 자이다. 그 가운데 제(際)는 ‘장(anta), 내부(abbhantara), 한계(mariyāda), 열악(lāmaka), 궁극(parabhāga), 부분(koṭṭhāsa)’의 의미를 지닌다. 여기서는 부분을 의미한다. 그리고 깝빠(kappa)는 수명, 유사, 계율 등의 의미가 있으나 여기서는 갈애와 사견을 의미한다. 그러므로 갈애와 사견에 의해서 과거의 존재의 다발(khandha : 蘊)의 부분을 생각하고 분별한다는 의미이다.

102) adhivuttipadāni : Smv. 103에 따르면, 유사언어(adhivacanapada)로 있는 그대로의 본질을 취하지 않고 사견의 언어를 말한다.

은 무엇 때문에 무엇에 의거하여 과거를 생각하고 과거에 대한 견해를 갖고 과거에 대하여 열여덟 가지 근거를 통해서 여러 가지 망설을 주장하는가?"

(1. 영원주의 – 네 가지)

30. [세존] "수행승들이여, 어떤 수행자나 성직자들은 영원주의자들[103]인데, 네 가지 근거로서 자아와 세계가 영원한다고 주장한다.[104] 수행승들이여, 그 존귀한 수행자들이나 성직자들은 무엇 때문에 무엇에 의거하여 영원주의자로서 네 가지 근거로서 자아와 세계가 영원한다고 주장하는가?

31. 수행승들이여, 세상에 어떤 수행자나 성직자는 열심히 노력하고 정근하고 수행하고 방일을 여의고 올바로 이치에 맞게 정신활동을 일으켜서 마음의 삼매를 경험하여 전생의 여러 가지 삶을 기억하기 때문이다. 예를 들어 '한 번 태어나고 두 번 태어나고 세 번 태어나고 네 번 태어나고 다섯 번 태어나고 열 번 태어나고 스무 번 태어나고 서른 번 태어나고 마흔 번 태어나고 쉰 번 태어나고 백 번 태어나고 천 번 태어나고 십만 번 태어나고, 수 백 번 태어나고, 수 천 번 태어나고, 수 십만 번 태어나면서, 당시에 나는 이러한 이름과 이러한 성을 지니고 이러한 용모를 지니고 이러한 음식을 먹고 이러한 괴로움과 즐거움을 맛보고 이러한 목숨을 지녔었고, 나는 그 곳에서 죽은 뒤에 나는 다른 곳에 태어났는데, 거기서 나

---

103) sassatavādā : 한역에서는 상주론자(常住論者)라고 한다.

104) sassataṃ attānañca lokañca paññāpenti : Smv. 104에 따르면, 물질 등의 어떤 것이 나이다라고 또는 세계이다라고 파악하여 그 상주(常住), 불사(不死), 항상(恒常), 영주(永住)를 주장하는 것을 말한다.

는 이러한 이름과 이러한 성을 지니고 이러한 용모를 지니고 이러한 음식을 먹고 이러한 괴로움과 즐거움을 맛보고 이러한 목숨을 지녔었다. 그 곳에서 죽은 뒤에 여기에 태어났다.' 라고 그는 전생의 여러 가지 삶에 대한 기억을[14] 구체적으로 상세히 기억한다.

그는 이와 같이 말한다. "자아와 세계는 영원한 것으로 새로운 것을 낳지 못하고, 산봉우리처럼 확립되어 있고, 기둥처럼 고정되어 있어, 뭇삶들은 유전하고 윤회하며 죽어서 다시 태어나지만, 영원히 존재한다. 그것은 무슨 까닭인가? 나는 열심히 노력하고 정근하고 수행하고 방일을 여의고 올바로 이치에 맞게 정신활동을 일으켜서 마음의 삼매를 경험하여 전생의 여러 가지 삶을 기억하기 때문이다. 예를 들어 '한 번 태어나고 두 번 태어나고 세 번 태어나고 네 번 태어나고 다섯 번 태어나고 열 번 태어나고 스무 번 태어나고 서른 번 태어나고 마흔 번 태어나고 쉰 번 태어나고 백 번 태어나고 천 번 태어나고 십만 번 태어나고, 수 백 번 태어나고, 수 천 번 태어나고, 수 십만 번 태어나면서 당시에 나는 이러한 이름과 이러한 성을 지니고 이러한 용모를 지니고 이러한 음식을 먹고 이러한 괴로움과 즐거움을 맛보고 이러한 목숨을 지녔었고, 나는 그 곳에서 죽은 뒤에 나는 다른 곳에 태어났는데, 거기서 나는 이러한 이름과 이러한 성을 지니고 이러한 용모를 지니고 이러한 음식을 먹고 이러한 괴로움과 즐거움을 맛보고 이러한 목숨을 지녔었다. 그 곳에서 죽은 뒤에 여기에 태어났다.'라고 나는 전생의 여러 가지 삶에 대한 기억을 구체적으로 상세히 기억하기 때문이다. 그러므로 나는 이와 같이 '자아와 세계는 영원한 것으로 새로운 것을 낳지 못하고, 산봉우리처럼 확립되어 있고, 기둥처럼 고정되어 있어, 뭇삶들은 유전하고 윤회하며 죽어서 다시 태어나지만, 영원히 존재한다.'라고 안다."

수행승들이여, 이것이 어떤 수행자들이나 성직자들이 영원주의자로서 그것 때문에 그것에 의거하여 자아와 세계가 영원한다고 주장하는 첫 번째 근거이다.

32. 수행승들이여, 두 번째로 존귀한 수행자들이나 성직자들이 무엇 때문에 무엇에 의거하여 영원주의자로서 자아와 세계가 영원한다고 주장하는가?

수행승들이여, 세상에 어떤 수행자나 성직자는 열심히 노력하고 정근하고 수행하고 방일을 여의고 올바로 이치에 맞게 정신활동을 일으켜서 마음의 삼매를 경험하여 전생의 여러 가지 삶을 기억한다. 예를 들어 '괴멸과 생성의 일 우주적 주기[105]에도, 괴멸과 생성의 이 우주적 주기에도, 괴멸과 생성의 삼 우주적 주기에도, 괴멸과 생성의 사 우주적 주기에도, 괴멸과 생성의 오 우주적 주기에도, 괴멸과 생성의 육 우주적 주기에도, 괴멸과 생성의 십 우주적 주기에도, 당시에 나는 이러한 이름과 이러한 성을 지니고 이러한 용모를 지니

105) saṁvaṭṭavivaṭṭa : 한역의 각각 괴겁(壞劫 : saṁvaṭṭakappa)과 성겁(成劫 : vivaṭṭakappa)을 말한다. 이것은 네 가지 우주적 주기를 압축한 것이다. 이것에 관해서는 AN. IV. 156과 VII. 62에 상세히 나온다. 네 가지 우주적 주기는 아래와 같다. ① 우주소멸기(壞劫 : saṁvaṭṭakappa) ② 우주혼돈기(空劫 : saṁvaṭṭaṭṭhāyikappa) ③ 우주생성기(成劫 : vivaṭṭakappa) ④ 우주유지기(住劫 : vivaṭṭaṭṭhāyikappa) 각각의 우주적 주기에서 우주기(劫 kappa)는 가로 · 세로 · 높이가 각각 1요자나(=약 14km)의 갈라진 곳이나 구멍이 없는 단단한 바위를 사람이 100년에 한 번 베나레스 산 비단으로 닿게 하여, 그 일로 바위가 마멸하여도 충분하지 않을 정도의 긴 시간을 말한다.

고 이러한 음식을 먹고 이러한 괴로움과 즐거움을 맛보고 이러한 목숨을 지녔었고, 나는 그 곳에서 죽은 뒤에 나는 다른 곳에 태어났는데, 거기서 나는 이러한 이름과 이러한 성을 지니고 이러한 용모를 지니고 이러한 음식을 먹고 이러한 괴로움과 즐거움을 맛보고[15] 이러한 목숨을 지녔었다. 그 곳에서 죽은 뒤에 여기에 태어났다.'라고 그는 전생의 여러 가지 삶에 대한 기억을 구체적으로 상세히 기억한다.'

그는 이와 같이 말한다. "자아와 세계는 영원한 것으로 새로운 것을 낳지 못하고, 산봉우리처럼 확립되어 있고, 기둥처럼 고정되어 있어, 뭇삶들은 유전하고 윤회하며 죽어서 다시 태어나지만, 영원히 존재한다. 그것은 무슨 까닭인가? 나는 열심히 노력하고 정근하고 수행하고 방일을 여의고 올바로 이치에 맞게 정신활동을 일으켜서 마음의 삼매를 경험하여 전생의 여러 가지 삶을 기억하기 때문이다. 예를 들어 '괴멸과 생성의 일 우주적 주기에도, 괴멸과 생성의 이 우주적 주기에도, 괴멸과 생성의 삼 우주적 주기에도, 괴멸과 생성의 사 우주적 주기에도, 괴멸과 생성의 오 우주적 주기에도, 괴멸과 생성의 육 우주적 주기에도, 괴멸과 생성의 십 우주적 주기에도, 당시에 나는 이러한 이름과 이러한 성을 지니고 이러한 용모를 지니고 이러한 음식을 먹고 이러한 괴로움과 즐거움을 맛보고 이러한 목숨을 지녔었고, 나는 그 곳에서 죽은 뒤에 나는 다른 곳에 태어났는데, 거기서 나는 이러한 이름과 이러한 성을 지니고 이러한 용모를 지니고 이러한 음식을 먹고 이러한 괴로움과 즐거움을 맛보고 이러한 목숨을 지녔었다. 그 곳에서 죽은 뒤에 여기에 태어났다.'라고 나는 전생의 여러 가지 삶에 대한 기억을 구체적으로 상세히 기억하기 때문이다. 그러므로 나는 이와 같이 '자아와 세계는 영원한 것으로 새로운 것을 낳지 못하고, 산봉우리처럼 확립되어 있고, 기둥처럼 고정되어 있어, 뭇삶들은 유전하고 윤회하며 죽어서 다시 태어나지만, 영원히 존재한다.'라고 안다."

수행승들이여, 이것이 어떤 수행자들이나 성직자들이 영원주의자로서 그것 때문에 그것에 의거하여 자아와 세계가 영원한다고 주장하는 두 번째 근거이다.106)

33. 수행승들이여, 세 번째로 존귀한 수행자들이나 성직자들은 무엇 때문에 무엇에 의거하여 영원주의자로서 자아와 세계가 영원한다고 주장하는가?

수행승들이여, 세상에 어떤 수행자나 성직자는 열심히 노력하고 정근하고 수행하고 방일을 여의고 올바로 이치에 맞게 정신활동을 일으켜서 마음의 삼매를 경험하여 전생의 여러 가지 삶을 기억한다. 예를 들어 '괴멸과 생성의 십 우주적 주기에도, 괴멸과 생성의 이십 우주적 주기에도, 괴멸과 생성의 삼십 우주적 주기에도, 괴멸과 생성의 사십 우주적 주기에도, 당시에 나는 이러한 이름과 이러한 성을 지니고 이러한 용모를 지니고 이러한 음식을 먹고 이러한 괴로움과 즐거움을 맛보고 이러한 목숨을 지녔었고, 나는 그 곳에서 죽은 뒤에 나는 다른 곳에 태어났는데, 거기서 나는 이러한 이름과 이러한 성을 지니고 이러한 용모를 지니고 이러한 음식을 먹고 이러한 괴로움과

---

106) idaṃ bhikkhave paṭhamaṃ ṭhānaṃ yaṃ āgamma yaṃ ārabbha eke samaṇabrāhmaṇā sassatavādā ssasataṃ attānañca lokañca paññāpenti : Smv. 106에 따르면, 이들은 지혜가 중간 정도여서 십(10) 우주적 주기까지 사유할 수 있다.

즐거움을 맛보고 이러한 목숨을 지녔었다. 그 곳에서 죽은 뒤에 여기에 태어났다.'라고 그는 전생의 여러 가지 삶에 대한 기억을 구체적으로 상세히 기억한다.'

그는 이와 같이 말한다. "자아와 세계는 영원한 것으로 [16] 새로운 것을 낳지 못하고, 산봉우리처럼 확립되어 있고, 기둥처럼 고정되어 있어, 뭇삶들은 유전하고 윤회하며 죽어서 다시 태어나지만, 영원히 존재한다. 그것은 무슨 까닭인가? 나는 열심히 노력하고 정근하고 수행하고 방일을 여의고 올바로 이치에 맞게 정신활동을 일으켜서 마음의 삼매를 경험하여 전생의 여러 가지 삶을 기억하기 때문이다. 예를 들어 '괴멸과 생성의 십 우주적 주기에도, 괴멸과 생성의 이십 우주적 주기에도, 괴멸과 생성의 삼십 우주적 주기에도, 괴멸과 생성의 사십 우주적 주기에도, 당시에 나는 이러한 이름과 이러한 성을 지니고 이러한 용모를 지니고 이러한 음식을 먹고 이러한 괴로움과 즐거움을 맛보고 이러한 목숨을 지녔었고, 나는 그 곳에서 죽은 뒤에 나는 다른 곳에 태어났는데, 거기서 나는 이러한 이름과 이러한 성을 지니고 이러한 용모를 지니고 이러한 음식을 먹고 이러한 괴로움과 즐거움을 맛보고 이러한 목숨을 지녔었다. 그 곳에서 죽은 뒤에 여기에 태어났다.'라고 나는 전생의 여러 가지 삶에 대한 기억을 구체적으로 상세히 기억하기 때문이다. 그러므로 나는 이와 같이 '자아와 세계는 영원한 것으로 새로운 것을 낳지 못하고, 산봉우리처럼 확립되어 있고, 기둥처럼 고정되어 있어, 뭇삶들은 유전하고 윤회하며 죽어서 다시 태어나지만, 영원히 존재한다.'라고 안다."

수행승들이여, 이것이 어떤 수행자들이나 성직자들이 영원주의자로서 그것 때문에 그것에 의거하여 자아와 세계가 영원한다고 주장하는 세 번째 근거이다.107)

34. 수행승들이여, 네 번째로 존귀한 수행자들이나 성직자들은 무엇 때문에 무엇에 의거하여 영원주의자로서 자아와 세계가 영원한다고 주장하는가?

수행승들이여, 세상에 어떤 수행자나 성직자는 추론자이자 탐구자이다.108) 그는 추론으로 두드리고 탐구로 뒤쫓아서 스스로 이해한 것을 이와 같이 '자아와 세계는 영원한 것으로 새로운 것을 낳지 못하고, 산봉우리처럼 확립되어 있고, 기둥처럼 고정되어 있어, 뭇삶들은 유전하고 윤회하며 죽어서 다시 태어나지만, 영원히 존재한다.'라고 말한다.

수행승들이여, 이것이 어떤 수행자들이나 성직자들이 영원주의자로서 그것 때문에 그것에 의거하여 자아와 세계가 영원한다고 주장하는 네 번째 근거이다.

35. 수행승들이여, 이러한 네 가지 근거를 통해서 그 수행자들이나 성직자들은 영원주의자로서, 자아와 세계가 영원한다고 주장한다. 수행승들이여, 어떠한 수행자들이나 성직자들이 영원주의자로서, 자아와 세계가 영원한다고 주장한다

---

107) idaṃ bhikkhave dutiyaṃ ṭhānaṃ yaṃ āgamma yaṃ ārabbha eke samaṇabrāhmaṇā sassata vādā sassatā attānañca lokañca paññāpenti : Smv. 106에 따르면, 이들은 지혜가 예리하여 40 우주적 주기까지 사유할 수 있다.

108) Idha bhikkhave ekacco samaṇo vā brāhmaṇo vā takkī hoti vīmaṃsī : Smv. 106에 따르면, 추론가는 네 종류가 있다. 들어서 추론하는 자(anussutikatakkika), 삼생(三生)을 사유하여 추론하는 자(jātissaratakkika), 얻을 수 있는 것에서 추론하는 자(lābhītakkika), 순수한 추론가(suddh atakkika)가 있다. 탐구자는 예를 들어 막대기로 물을 재는 것처럼 측량하고(tulayitvā) 기뻐하고(r uccitvā) 인지하고(khamāpetvā) 견해를 얻는(ditthim gaṇhāti) 자를 말한다.

면, 모두 이러한 네 가지 근거나 그들 가운데 어느 하나에 의해서 주장하는 것이다. 그밖에 다른 근거는 없다.

36. 수행승들이여, 여래는 '이와 같이 파악되고 이와 같이 집착된 견해의 토대는[109] 이와 같은 운명, 이와 같은 미래로 이끌 것이다.'라고 분명히 안다. 여래는 그것을 분명히 알 뿐만 아니라 그 이상도 분명히 안다. 그러나 여래는 그 분명히 아는 것에 집착하지 않는다.[17] 집착을 여의고 여래는 적멸을 자각한다. 수행승들이여, 느낌들의 생성과 소멸과 유혹과 위험과 여읨을 있는 그대로 알아서 여래는 집착 없이[110] 해탈한다.

37. 수행승들이여, 이것들이, 여래가 스스로 곧바로 알고 깨달아 선언한, 심오하고, 보기 어렵고, 깨닫기 어렵고, 고요하고, 탁월하고, 사고의 영역을 뛰어넘고, 극히 미묘하여 슬기로운 자들에게만 알려지는 것으로, 그것으로써 여래를 있는

---

109) ime kho diṭṭhiṭṭhānā evaṃgahitā evaṃparāmaṭṭhā evaṃgatikā bhavissanti evaṃabhisamparāyā'ti : Smv. 107에 따르면, '이와 같이 파악되고'는 자아와 세계가 영원한다고 파악하는 것이고 '이와 같이 집착된'은 '이것이야말로 진리이고 다른 것은 거짓이다.'라고 집착하는 것이고 '견해의 토대'는 잘못된 견해를 말한다. 여기에는 여덟 가지 견해의 토대가 있다. 존재의 다발(khandha), 무명(avijjā), 접촉(phassa), 지각(saññā), 사유(vitakka), 이치에 맞지 않는 정신활동(ayoniso manasikāra), 악한 친구(pāpamitta), 타자의 소리(paratoghosa)이다.

110) anupādā : Smv. 512에 따르면, 네 가지 집착(cattari upādānāni : 四取)에서 벗어난 것이다. Sdk. 15에 따르면, 네 가지 집착의 형태란 ① 감각적 쾌락의 욕망에 관한 집착(kāmupādāna : 欲取) : 형상, 소리, 냄새, 맛, 감촉을 대상으로 정신에서 일어나는 감각적 쾌락의 욕망으로 인한 오염을 말한다. ② 견해에 대한 집착(diṭṭhupādāna : 見取) : 예순 두 가지 견해(dvāsaṭṭhidiṭṭhigatamaggā; 六十二見 : Dhp. 398의 주석 참조)에 대한 집착을 말한다. ③ 규범과 금계에 대한 집착(sīlabbatupādāna : 戒禁取) : 염소처럼 사는 맹세, 소처럼 사는 맹세, 박쥐처럼 사는 맹세와 같은 이러한 규범과 금계를 통해 청정해진다고 생각하는 것을 말한다. ④ 실체의 이론에 대한 집착(attavādupādāna : 我語取) : 다섯 가지 존재의 다발(pañcakkhandha : 五蘊)이 각각의 윤회를 통해서 이어진다고 생각하는, 영원한 자아에 대한 이론을 말한다. 분명히 무상한 존재의 다발 안에 영원한 것이 있다고 생각하는 것은, 어떠한 논리와도 일치하지 않는 근거 없는 공허한 믿음이다.

그대로 올바로 칭찬할 수 있는, 그 가르침이다.”

(2. 부분적 영원주의 · 부분적 비영원주의 – 네 가지)

38. [세존] “수행승들이여, 어떤 수행자들이나 성직자들은 부분적 영원주의자 · 부분적 비영원주의자로서,111) 네 가지 근거를 통해서 자아와 세계가 부분적으로는 영원하고 부분적으로는 영원하지 않다고 주장한다. 수행승들이여, 그 존귀한 수행자들이나 성직자들이 무엇 때문에 무엇에 의거하여 부분적 영원주의자 · 부분적 비영원주의자로서, 네 가지 근거를 통해서 자아와 세계가 부분적으로는 영원하고 부분적으로는 영원하지 않다고 주장하는가?

39. 그러면 첫 번째로 존귀한 수행자들이나 성직자들이 무엇 때문에 무엇에 의거하여 부분적 영원주의자 · 부분적 비영원주의자로서, 자아와 세계가 부분적으로는 영원하고 부분적으로는 영원하지 않다고 주장하는가?

수행승들이여, 언제 어느 땐가 오랜 세월이 지나가면, 세계는 괴멸되는 때가 있다. 세계가 괴멸될 때에 대부분의 뭇삶들은112) 빛이 흐르는 신들의 하느님 세계113)에 태어난

111) ekaccasassatikā ekaccaasassatikā : Smv. 109에 따르면, 여기에는 두 가지가 있다. 뭇삶에 대한 부분적 영원주의자(sattekaccasassatikā)와 형성된 것에 대한 부분적 영원주의자(saṁkhārekaccasassatikā)이다. 이하의 네 가지 설 가운데 첫 번째에서 세 번째 까지는 뭇삶에 대한 부분적 영원주의자에 속한 것이고, 네 번째 설은 형성된 것에 대한 부분적 영원주의자에 속한 것이다.

112) yebhuyyena sattā : Smv. 110에 따르면, 작은 영광의 신들의 하느님 세계(Parittasubhā devā : 小淨天) 이상의 높은 하느님 세계와 비물질계에 태어나 남아있던 뭇삶을 말한다.

113) ābhassara: 두 번째 선정과 상응하는 세계의 신들로 극광천(極光天) 또는 광음천(光陰天)이라고 한다. Smv. 110에 따르면, 선정의 정신(jhānamana)에 의해서 생겨난 존재로 ‘정신으로 만들어진 자(manomaya)’, 기쁨이라는 음식을 먹고 사는 존재로 ‘기쁨을 먹는 자(pītibhakkha)’, 자신의 광명이 있으므로 ‘스스로 빛나는 자(sayampabha)’, 허공을 날아다니므로 ‘공중을 나는 자(antalik

다. 그들은 거기서 마음으로 만들어진 존재로서 기쁨을 먹고 살고 스스로 빛나고 공중으로 날아다니고 영광스럽게 살면서 오랜 세월을[114] 지낸다.

수행승들이여, 언제 어느 땐가 오랜 세월이 지나가면, 세계가 생성되는 때가 있다. 세계가 생성될 때에 텅 빈 하느님의 궁전[115]이 나타난다. 그 때 어떤 뭇삶이 수명이 다하고 [18] 공덕이 다하여[116] 빛이 흐르는 신들의 하느님 세계에서 죽어서 텅 빈 하느님의 궁전에 태어난다. 그는 거기서 마음으로 만들어진 존재로서 기쁨을 먹고 살고 스스로 빛나고 공중으로 날아다니고 영광스럽게 살면서 오랜 세월을 지낸다.

그는 그곳에서 오랜 세월 홀로 살았기 때문에 '오 다른 뭇삶들이 이곳에 오면, 얼마나 좋을까.'라고 불만을 갖고 동요를 일으킨다.[117] 그러자 다른 뭇삶들이 수명이 다하고 공덕이 다하여 빛이 흐르는 신들의 하느님 세계에서 죽어서

---

khacara)', 청정한 궁원이나 궁전의 여의수에 살므로 '청정한 곳에 사는 자(subhaṭṭhāyin)'라고 불린다.

114) ciraṃ dīgham addhānaṃ : Smv. 110에 따르면, 8겁(劫)을 말한다.

115) suññaṃ brahmavimānaṃ : Smv. 110에 따르면, 원래 태어난 존재가 없기 때문에 텅 빈 하느님의 궁전이다. 하느님의 무리인 신들의 하느님 세계(Brahmakāyikā devā : 梵身天)의 땅에 태어난다는 뜻이다. 그것을 만드는 자도 만들게 하는 자도 없다. 단지 Vism. 421에 설명된 대로 업연과 시절의 인연에 의해서 보물의 땅이 생겨난다.

116) āyukkhayā vā puññakkhayā : Smv. 110에 따르면, 큰 공덕을 지어서 수명이 짧은 천계에 태어나는 자들은 자신의 힘으로 계속 살 수 없고, 그 천계의 수명량에 따라서 사몰하기 때문에 천계의 수명이 다해야만 죽는다. 또한 작은 공덕을 짓고 수명이 긴 천계에 태어난 자들은 천계의 수명의 한도까지 살 수가 없고, 도중에 죽기 때문에 공덕이 다하면 죽는다.

117) anabhirati paritassanā uppajjati : Smv. 111에 따르면, '불만'은 '다른 뭇삶이 오는 것을 원하는 것이고, 단지 분노와 결합한 불만은 천상계에는 없다.'라고 설명한다. 그리고 '동요'에는 네 가지 즉, 공포에 의한 동요, 갈애에 의한 동요, 사견에 의한 동요, 앎에 의한 동요(여래가 설한 연기법 등에 감동을 받아 동요하는 것)가 있다.

그 뭇삶의 권속으로서 하느님의 궁전에[118] 태어난다. 그들은 거기서 마음으로 만들어진 존재로서 기쁨을 먹고 살고 스스로 빛나고 공중으로 날아다니고 영광스럽게 살면서 오랜 세월을 지낸다.

수행승들이여, 거기에 먼저 태어난 한 뭇삶이 있는데, 그는 이와 같이 '나는 하느님, 위대한 하느님, 정복자, 정복되지 않는 자, 모든 것을 보는 자, 지배자, 주재자, 작자, 창조주, 최상자, 조물주, 전능자, 존재하는 것과 존재할 것의 아버지이다.[119] 이 뭇삶들은 나에 의해서 창조되었다. 그것은 무슨 까닭인가? 나는 예전에 '다른 뭇삶이라도 이곳에 오면 얼마나 좋을까?'라고 바랬는데, 그러한 내 마음의 서원 때문에 이 뭇삶들이 여기에 태어났기 때문이다.'라고 생각한다.

수행승들이여, 나중에 태어난 한 뭇삶들이 있는데, 그들은 이와 같이 '이 존귀한 자는 하느님, 위대한 하느님, 정복자, 정복되지 않는 자, 모든 것을 보는 자, 지배자, 주재자, 작자, 창조주, 최상자, 조물주, 전능자, 존재하는 것과 존재할 것의 아버지이다. 우리는 이 존귀한 하느님에 의해서 창조되었다. 그것은 무슨 까닭인가? 우리는 여기 먼저 태어난 자를 보았고 우리는 나중에

---

118) brahmavimānaṃ : Smv. 110에 따르면, 최초의 재생자가 있기 때문에 텅 빈 하느님의 궁전이 아니다.

119) ahamasmi brahmā mahābrahmā abhibhū anabhibhūto aññadatthudaso vasavattī issaro kattā nimmātā seṭṭho sajitā vasī pitā bhūtabhavyānaṃ : Smv. 111-112에 따르면, '지배자'는 '모든 생물을 권력아래 둔다.'라는 뜻이고, '주재자'는 '나는 세계의 절대자이다.'라는 뜻이고, '작자'라는 것은 '나는 세계를 만든 자이다.'라는 뜻이고, '창조주'라는 것은 '나는 대지, 히말라야, 수미산, 철위산(cakkavāḷa : 鐵圍山), 대해, 달, 태양을 창조한 자이다.'라는 뜻이고, '조물주'라는 것은 '그대는 왕족이 되어라. 바라문이 되어라. 평민이 되어라. 노예가 되어라. 재가자가 되어라. 출가자가 되어라.' 내지는 '그대는 낙타가 되어라. 소가 되어라.'라고 그러한 뭇삶들을 내보내는 자를 뜻한다. 전능자는 '나는 권력을 지배하기 때문에 전능자이다.'라는 뜻이다.

태어났기 때문이다.'라고 생각한다.

수행승들이여, 거기서 뭇삶이 먼저 태어나면, 더 수명이 길고 더 용모가 아름답고 더 힘이 세다. 그러나 뭇삶이 나중에 태어나면, 더 수명이 짧고 더 용모가 추하고 더 힘이 약하다. 수행승들이여, 그런데 어떤 뭇삶은 그 무리에서 죽어서 이 세상에 오는 경우가 있다. 이 세상에 와서 집에서 집 없는 곳으로 출가한다. 집에서 집 없는 곳으로 출가하여 열심히 노력하고 정근하고 수행하고 방일을 여의고 올바로 이치에 맞게 정신활동을 일으켜서 마음의 삼매를 경험하여 바로 전생의 삶의 형태를 기억하지만 그 이상은 기억하지 못한다. 그는 이와 같이 '이 존귀한 자는 하느님, 위대한 하느님, 정복자, 정복되지 않는 자, 모든 것을 보는 자, 지배자, 주재자, 작자, 창조주, 최상자, 조물주, 전능자, 존재하는 것과 존재할 것의 아버지이다. 우리를 창조한 이 존귀한 하느님은 항상하고 견고하고 영원하여 전변하는 것이 없이 영구적으로 그대로 존속할 것이다. 그러나 이 존귀한 하느님에 의해서 [19] 창조된 우리는 무상하고 견고하지 않고 오래 살지 못하고 죽어야만 하는 존재로 여기에 온 것이다.'라고 말한다.

수행승들이여, 이것이 어떤 수행자들이나 성직자들이 그것 때문에 그것에 의거하여 부분적 영원주의자·부분적 비영원주의자로서, 자아와 세계가 부분적으로는 영원하고 부분적으로는 영원하지 않다고 주장하는 첫 번째 근거이다.

40. 그러면 두 번째로 존귀한 수행자들이나 성직자들이 무엇 때문에 무엇에 의거하여 부분적 영원주의자·부분적 비영원주의자로서, 자아와 세계가 부분적으로는 영원하고 부분

적으로는 영원하지 않다고 주장하는가?

수행승들이여, 킷다빠도씨까[120]라는 신들이 있는데, 그들은 오랜 세월 웃고 놀고 쾌락을 즐기는데 빠져 지낸다. 오랜 세월 웃고 놀고 쾌락을 즐기는데 빠져 지내면서 그들은 새김을 잃어버린다. 새김을 잃고 그 신들의 무리에서 죽는다. 수행승들이여, 그런데 어떤 뭇삶은 그 무리에서 죽어서 여기에 오는 경우가 있다. 여기에 와서 집에서 집 없는 곳으로 출가한다. 집에서 집 없는 곳으로 출가하여 열심히 노력하고 정근하고 수행하고 방일을 여의고 올바로 이치에 맞게 정신활동을 일으켜서 마음의 삼매를 경험하여 바로 전생의 삶의 형태를 기억하지만 그 이상은 기억하지 못한다. 그는 이와 같이 '이 킷다빠도씨까가 아닌 존귀한 신들은 오랜 세월 웃고 놀고 쾌락을 즐기는데 빠져 지내지 않는다. 오랜 세월 웃고 놀고 쾌락을 즐기는데 빠져 지내지 않으므로 그들은 새김을 잃어버리지 않는다. 새김을 잃어버리지 않아서 그들은 그 무리에서 죽지 않으며, 항상하고 견고하고 영원하여 전변하는 것이 없이 영구적으로[20] 그대로 존속할 것이다. 그러나 우리는 킷다빠도씨까였는데, 오랜 세월 웃고 놀고 쾌락을 즐기는데 빠져 지냈다. 오랜 세월 웃고 놀고 쾌락을 즐기는데 빠져 지내면서 우리는 새김을 잃어버렸다. 새김을 잃어버려서 우리는 그 무리에서 죽어서 무상하고 견고하지 않고 오래 살지 못하고 죽어야만 하는 존재로 여기에

120) Kiḍḍāpadosika : 의미상 유희의 퇴락을 겪는 자를 뜻한다. 욕계의 여섯 하늘나라 가운데 다섯 번째 창조하고 기뻐하는 하늘나라의 신들(Nimmānaratī devā : 化樂天)과 여섯 번째의 다른 신들이 만든 존재를 향유하는 하늘나라의 신들(Paranimmitavasavattino devā : 他化自在天)을 말한다.

온 것이다.'라고 말한다.

수행승들이여, 이것이 어떤 수행자들이나 성직자들이 그것 때문에 그것에 의거하여 부분적 영원주의자 · 부분적 비영원주의자로서, 자아와 세계가 부분적으로는 영원하고 부분적으로는 영원하지 않다고 주장하는 두 번째 근거이다.

41. 그러면 세 번째로 존귀한 수행자들이나 성직자들이 무엇 때문에 무엇에 의거하여 부분적 영원주의자 · 부분적 비영원주의자로서, 자아와 세계가 부분적으로는 영원하고 부분적으로는 영원하지 않다고 주장하는가?

수행승들이여, 마노빠도씨까[121]라는 신들이 있는데, 그들은 오랜 세월 서로 질시하며 지낸다. 오랜 세월 질시하며 지내면서 그들은 서로 마음을 퇴락시킨다. 서로 마음이 퇴락되자 몸이 피로해지고 마음이 피로해져서 그들은 그 신들의 무리에서 죽는다. 수행승들이여, 그런데 어떤 뭇삶은 그 무리에서 죽어서 여기에 오는 경우가 있다. 여기에 와서 집에서 집 없는 곳으로 출가한다. 집에서 집 없는 곳으로 출가하여 열심히 노력하고 정근하고 수행하고 방일을 여의고 올바로 이치에 맞게 정신활동을 일으켜서 마음의 삼매를 경험하여 바로 전생의 삶의 형태를 기억하지만 그 이상은 기억하지 못한다. 그는 이와 같이 '이 마노빠도씨까가 아닌 존귀한 신들은 오랜 세월 서로 질시하지 않고 지낸다. 오랜 세월 질시하지 않고 지내기 때문에 그들은 서로 마음을 퇴락시키지 않고 서로 마음이 퇴락하지 않아서 몸이 피로해지지 않고

121) Manopadosika : 의미상 마음의 퇴락을 겪는 자를 말한다. Smv. 114에 따르면, 욕계의 여섯 하늘나라에서 가장 하층의 네 위대한 왕들의 하늘나라의 신들(Cātummahārājikā devā : 四王天)을 말한다.

마음이 피로해지지 않는다. 몸이 피로해지지 않고 마음이 피로해지지 않아서 그들은 그 신들의 무리에서 죽지 않으며, 항상하고 견고하고 영원하여 전변하는 것이 없이 영구적으로[21] 그대로 존속할 것이다. 그러나 우리는 마노빠도씨까였는데, 오랜 세월 서로 질시하며 지냈다. 오랜 세월 질시하며 지내면서 우리는 서로 마음을 퇴락시켰다. 서로 마음이 퇴락하자 몸이 피로해지고 마음이 피로해졌다. 우리는 그 무리에서 죽어서 무상하고 견고하지 않고 오래 살지 못하고 죽어야만 하는 존재로 여기에 온 것이다.'라고 말한다.

수행승들이여, 이것이 어떤 수행자들이나 성직자들이 그 것 때문에 그것에 의거하여 부분적 영원주의자·부분적 비영원주의자로서, 자아와 세계가 부분적으로는 영원하고 부분적으로는 영원하지 않다고 주장하는 세 번째 근거이다.

42. 그러면 네 번째로 존귀한 수행자들이나 성직자들이 무엇 때문에 무엇에 의거하여 부분적 영원주의자·부분적 비영원주의자로서, 자아와 세계가 부분적으로는 영원하고 부분적으로는 영원하지 않다고 주장하는가?

수행승들이여, 세상에 어떤 수행자나 성직자는 추론자이자 탐구자이다. 그는 추론으로 두드리고 탐구로 뒤쫓아서 스스로 이해한 것을[122] 이와 같이 '시각이라고도 하고 청각이라고도 하고 후각이라고도 하고 미각이라고도 하고 촉각

122) takkapariyāhataṃ vimaṃsānucaritaṃ sayampaṭibhānaṃ : Smv. 114에 따르면, 시각 등의 파괴를 본다. 그러나 마음은 그때마다 앞서며, 뒤따르는 조건(paccaya)을 부여하고 사라지기 때문에 시각 등의 파괴보다 강하더라도 마음의 파괴를 볼 수가 없다. 그는 그것을 볼 수가 없기 때문에 '새가 한 나무를 버리고 다른 곳에 내려앉는 것처럼 그 자체가 파괴될 때에 마음은 다른 곳으로 간다.'라고 파악하여 말한 것이다.

이라고도 하는 그 자아는 무상하고 견고하지 않고 영원하지 않아서 전변하는 것이다. 그러나 마음이라거나 정신이라거나 의식이라고 하는 그 자아는 항상하고 견고하고 영원하여 전변하는 것이 없이 항구적으로 그대로 존속할 것이다.'라고[123] 말한다.

수행승들이여, 이것이 어떤 수행자들이나 성직자들이 그 것 때문에 그것에 의거하여 부분적 영원주의자 · 부분적 비영원주의자로서, 자아와 세계가 부분적으로는 영원하고 부분적으로는 영원하지 않다고 주장하는 네 번째 근거이다.

43. 수행승들이여, 이와 같이 그 수행자들이나 성직자들은 부분적 영원주의자 · 부분적 비영원주의자로서, 네 가지 근거를 통해서 자아와 세계가 부분적으로는 영원하고 부분적으로는 영원하지 않다고 주장한다. 수행승들이여, 어떠한 수행자들이나 성직자들이 부분적 영원주의자 · 부분적 비영원주의자로서, 자아와 세계가 부분적으로는 영원하고 부분적으로는 영원하지 않다고 주장한다면, 모두가 이러한 네 가지 근거나 그들 가운데 어느 하나에 의해서 주장하는 것이다.

---

123) yaṃ ca kho idaṃ vuccati cittanti vā mano'ti vā viññāṇanti vā ayaṃ attā nicco dhuvo sassato avipariṇāmadhammo sassatisamaṃ tatheva ṭhassatī ti : 역자주 : '마음(心 : citta)과 정신(意 : mano)과 의식(識 : viññāṇa)은 초기불교의 주석적 전통이나 아비달마 불교에서는 같은 것으로 본다. 그러나 '마음'은 심리적인 측면에서의 마음을 뜻하는 것으로 우리의 정서적 측면뿐만 아니라 사유 속에 내포되어있는 인지적인 측면의 중심을 의미한다. 그래서 마음은 인도철학에서 사유의 중심이기도 하지만, 일반적으로는 의도 · 충동 · 기분 · 성격 · 마음의 상태 · 인상에 대한 반응을 대변한다. 그리고 마음은 '심장'으로 구체화된 요소적인 특성을 갖고 있다. 그에 비해서 '정신'은 우리의 이지적이고 추론적이고 합리적인 측면의 중심을 말하며, 우리의 의식의 지적 · 사유적 기능을 대변한다. 그 정신은 마음에 비해 보다 미세한 요소적 특성 즉, 보다 미세한 느낌이나 사유를 대변한다. 그리고 '의식'은 감각과 감각적 반응인 지각의 중심으로 순수한 알아차림을 대변하다.

그밖에 다른 근거는 없다.

44. 수행승들이여, 여래는 '이와 같이 파악되고 이와 같이 집착된 견해의 토대는 이와 같은 운명, 이와 같은 미래를 가져올 것이다.'라고 분명히 안다. 여래는 그것을 분명히 알 뿐만 아니라 그 이상도 분명히 안다. 그러나 그는 그 분명히 아는 것에 집착하지 않는다. 집착을 여의고 그는 적멸을 자각한다. 수행승들이여, 느낌들의 생성과 소멸과 유혹과 위험과 여읨을 있는 그대로 알아서 여래는 집착 없이 해탈한다.

45. 수행승들이여, 이것들이, 여래가 스스로 곧바로 알고 깨달아 선언한, 심오하고, 보기 어렵고, 깨닫기 어렵고, 고요하고, 탁월하고, 사고의 영역을 뛰어넘고, 극히 미묘하여 슬기로운 자들에게만 알려지는 것으로, 그것으로써 여래를 있는 그대로 올바로 칭찬할 수 있는 그 가르침이다."

(3. 유한·무한론 – 네 가지)

46. [세존] "수행승들이여, 어떤 수행자들이나 성직자들은 유한 · 무한론자124)로서 네 가지 근거를 통해서 세계가 유한하거나 무한하다고 주장한다. 그 고귀한 수행자들이나 성직자들이 무엇 때문에 무엇에 의거하여 유한 · 무한론자로서 네 가지 근거를 통해서 세계가 유한하거나 무한하다고 주장하는가?

47. 그러면, 첫 번째로 그 고귀한 수행자들이나 성직자들이 무엇 때문에 무엇에 의거하여 유한 · 무한론자로서 세계가

---

124) antānantikā : Smv. 115에 따르면, 유한하다거나 · 무한하다거나 · 유한하기도 하고 무한하기도 하다던가 · 유한하지도 않고 무한하지도 않다는 이론을 주장하는 자를 말한다.

유한하거나 무한하다고 주장하는가?

수행승들이여, 세상에 어떤 수행자나 성직자는 열심히 노력하고 정근하고 수행하고 방일을 여의고 올바로 이치에 맞게 정신활동을 일으켜서 마음의 삼매를 경험하여 세계에 관하여 유한하다고 지각한다.125) 그는 이와 같이 '이 세계는 유한하고 둘레를 갖는다. 그것은 무슨 까닭인가? 내가 열심히 노력하고 정근하고 수행하고 방일을 여의고 올바로 이치에 맞게 정신활동을 일으켜서 마음의 삼매를 경험하여 세계에 관하여 유한하다고 지각을 하기 때문이다. 그러므로 나는 이 세계가 유한하고 둘레를 갖는 사실을 그대로 분명히 안다.'라고 말한다.

수행승들이여, 이것이 그 고귀한 수행자들이나 성직자들이 그것 때문에 그것에 의거하여 유한 · 무한론자로서 세계가 유한하거나 무한하다고 주장하는 첫 번째 근거이다.

48. 그러면, 두 번째로 그 고귀한 수행자들이나 성직자들이 무엇 때문에 무엇에 의거하여 유한 · 무한론자로서 세계가 유한하거나 무한하다고 주장하는가?

수행승들이여, 세상에 어떤 수행자나 성직자는 열심히 노력하고 정근하고 수행하고 방일을 여의고 올바로 이치에 맞게 정신활동을 일으켜서 마음의 삼매를 경험하여 세계에

125) antasaññī lokasmiṃ viharati : Smv. 115에 따르면, 유한하다고 생각하는 자는 모사인상(paṭibhāganimitta : 似相)을 철위산(cakkavāḷa : 鐵圍山)의 주변으로 까지 확장하지 않고 그것을 세계라고 파악하여 세계에 관하여 유한하다고 생각하고, 무한하다고 생각하는 자는 철위산의 주변을 확장하여 그것을 세계라고 파악하여 세계에 관하여 무한하다고 생각하고, 유한하기도 하고 무한하기도 하다고 생각하는 자는 상하로 확장하지 않고 횡으로 확장하여 상하는 유한하고 횡으로는 무한다고 생각하고, 추론자(유한하지도 않고 무한하지도 않다고 생각하는 자)는 이미 기술한 방법으로서 알 수 있다. 이러한 네 가지는 자기가 이전에 본 것과 관련된 견해에 의해서 파악된 것이므로 과거를 생각하는 것들 가운데 들어간다.

관하여 무한하다고 지각한다. 그는 이와 같이 '이 세계는 무한하고 한계가 없다. 수행자들이나 성직자들이 '이 세계는 유한하고 둘레를 갖는다.'라고 말한다면, 그것은 거짓이다. 이 세계는 무한하고 한계가 없다. 그것은 무슨 까닭인가? 내가 열심히 노력하고 정근하고 수행하고 방일을 여의고 올바로 이치에 맞게 정신활동을 일으켜서 마음의 삼매를 경험하여 세계에 관하여 무한하다고 지각을 하기 때문이다. 그러므로 나는 이 세계가 무한하고 한계가 없다는 사실을 그대로 분명히 안다.'라고 말한다.

수행승들이여, 이것이 그 고귀한 수행자들이나 성직자들이 그것 때문에 그것에 의거하여 유한·무한론자로서 세계가 유한하거나 무한하다고 주장하는 두 번째 근거이다.

49. 그러면, 세 번째로 그 고귀한 수행자들이나 성직자들이 무엇 때문에 무엇에 의거하여 유한·무한론자로서 세계가 유한하거나 무한하다고 주장하는가?

수행승들이여, 세상에 어떤 수행자나 성직자는 열심히 노력하고 정근하고 수행하고 방일을 여의고 올바로 이치에 맞게 정신활동을 일으켜서 마음의 삼매를[23] 경험하여 세계에 관하여 위아래로 유한하다고 지각하고 옆으로 무한하다고 지각한다. 그는 이와 같이 '이 세계는 유한하기도 하고 무한하기도 하다. 수행자들이나 성직자들이 '이 세계는 유한하고 둘레를 갖는다.'라고 말한다면, 그것은 거짓이다. 수행자들이나 성직자들이 '이 세계는 무한하고 한계가 없다.'라고 말한다면, 그것도 거짓이다. 이 세계는 유한하기도 하고 무한하기도 하다. 그것은 무슨 까닭인가? 내가 열심히 노력하고 정근하고 수행하고 방일을 여의고 올바로 이치에 맞게 정신활동을 일으켜서 마음의 삼매를 경험하여 세계에 관하여 위아래로 유한하다고 지각하고 옆으로 무한하다고 지각하기 때문이다. 그러므로 나는 이 세계가 유한하기도 하고 무한하기도 하다는 사실을 그대로 분명히 안다.'라고 말한다.

수행승들이여, 이것이 그 고귀한 수행자들이나 성직자들이 그것 때문에 그것에 의거하여 유한·무한론자로서 세계가 유한하거나 무한하다고 주장하는 세 번째 근거이다.

50. 그러면, 네 번째로 그 고귀한 수행자들이나 성직자들이 무엇 때문에 무엇에 의거하여 유한·무한론자로서 세계가 유한하거나 무한하다고 주장하는가?

수행승들이여, 세상에 어떤 수행자나 성직자는 추론자이자 탐구자이다. 그는 추론으로 두드리고 탐구로 뒤쫓아서 스스로 이해한다. 그는 이와 같이 '이 세계는 유한한 것도 아니고 무한한 것도 아니다. 수행자들이나 성직자들이 '이 세계는 유한하고 둘레를 갖는다.'라고 말한다면, 그것은 거짓이다. 수행자들이나 성직자들이[24] '이 세계는 무한하고 한계가 없다.'라고 말한다면, 그것도 거짓이다. 수행자들이나 성직자들이 '이 세계는 유한하기도 하고 무한하기도 하다.'라고 말한다면, 그것도 거짓이다. 이 세계는 유한한 것도 아니고 무한한 것도 아니다.'라고 말한다.

수행승들이여, 이것이 그 고귀한 수행자들이나 성직자들이 그것 때문에 그것에 의거하여 유한·무한론자로서 세계가 유한하거나 무한하다고 주장하는 네 번째 근거이다.

51. 수행승들이여, 이와 같이 그 수행자들이나 성직자들은 유한·무한론자로서, 네 가지 근거를 통해서 세계가 유한하거나 무한하다고 주장한다. 수행승들이여, 어떠한 수행자들이나 성직자들이 유한·무한론자로서, 세계가 유한하거나 무한하다고 주장한다면, 모두가 이러한 네 가지 근거나 그들 가운데 어느 하나에 의해서 주장하는 것이다. 그밖에 다른 근거는 없다.

52. 수행승들이여, 여래는 '이와 같이 파악되고 이와 같이 집착된 견해의 토대는 이와 같은 운명, 이와 같은 미래를 가져올 것이다.'라고 분명히 안다. 여래는 그것을 분명히 알 뿐만 아니라 그 이상도 분명히 안다. 그러나 그는 그 분명히 아는 것에 집착하지 않는다. 집착을 여의고 그는 적멸을 자각한다. 수행승들이여, 느낌들의 생성과 소멸과 유혹과 위험과 여읨을 있는 그대로 알아서 여래는 집착 없이 해탈한다.

53. 수행승들이여, 이것들이, 여래가 스스로 곧바로 알고 깨달아 선언한, 심오하고, 보기 어렵고, 깨닫기 어렵고, 고요하고, 탁월하고, 사고의 영역을 뛰어넘고, 극히 미묘하여 슬기로운 자들에게만 알려지는 것으로, 그것으로써 여래를 있는 그대로 올바로 칭찬할 수 있는, 그 가르침이다."

(3. 회의주의 - 네 가지)

54. [세존] "수행승들이여, 어떤 수행자들이나 성직자들은 회의주의자로서[126] 이러저러한 것에 관하여 질문을 받으면

---

126) amarāvikkhepikā : 회의주의론자(懷疑主義論者)란 말이다. ≪디가니까야≫주석은 아마라빅케빠(懷疑論 amarāvikkhepa)에 대해서 유사언어학적인 해석을 하고 있다. Smv. 115에 따르면,

네 가지 근거를 통해서 말의 꼬리를 잡아 궤변을 늘어놓는다. 그 고귀한 수행자들이나 성직자들이 무엇 때문에 무엇에 의거하여 회의주의자로서 이러저러한 것에 관하여 질문을 받으면 네 가지 근거를 통해서 말의 꼬리를 잡아 궤변을 늘어놓는가?

55. 그러면, 첫 번째로 어떤 수행자들이나 성직자들이 회의주의자로서 무엇 때문에 무엇에 의거해서 이러저러한 것에 관하여 질문을 받으면 말의 꼬리를 잡아 궤변을 늘어놓는가?

수행승들이여, 세상에 어떤 수행자나 성직자는 '이것은 착하고 건전한 것이다.'라고[127] 있는 그대로 분명히 알지 못하고 '이것은 악하고 불건전한 것이다.'라고 있는 그대로 분명히 알지 못한다. 그는 이와 같이 '나는 '이것은 착하고 건전

다음과 같다: 죽지 않기 때문에 아마라(不死)이다. 그것은 무엇인가? 나에게 이것이 없다는 등의 방식으로 한계가 없는 견해의 길을 가진 자의 견해와 말이다. 그러나 UdA. 340에 따르면, 이 용어는 '뱀장어를 잡듯이 혼란스러운 이론'을 말하는데, 회의주의자인 싼자야 벨랏티뿟따(Sañjaya Belaṭṭhiputta)의 주장이다. 그러나 명확한 근거는 없다. 자야띨레께(Jayatilleke, K. N., 『The Theory of Knowlege』 249~250)에 의하면 이러한 견해는 존재도 비존재도 사후의 성인을 서술할 수 없다고 주장하는 학파의 학설이다. 그에 의하면 이러한 주장을 한 사람은 야냐발끼야(Yājñavalkya)와 중기, 후기 우빠니샤드의 사상가들이다. 그들은 인격적인 존재를 수식하는 형용사는 '아니다. 아니다.(neti. neti)'의 자아 – 어떠한 현상으로도 설명될 수 없는 진아(眞我) – 와 같은 비인격적 존재자를 수식할 수 없다는 비인격주의에 바탕을 두고 있는 것이다. 야냐발끼야는 다음과 같이 주장한다 : '당신은 보는 작용의 주체인 보는 자(見者)를 볼 수 없다. 당신은 듣는 작용의 주체인 듣는 자(聞者)를 들을 수 없다. 당신은 생각하는 작용의 주체인 생각하는 자(意者)를 생각할 수 없다. 당신은 안다는 작용의 주체인 아는 자(識者)를 알 수는 없다. 그러나 만유내재의 자아이다.'(Bṛhad. III. 4. 2) 이러한 사상은 『까우시타끼 우빠니샤드』에서도 관념론적으로 전개되며 자아일원론 (自我一元論)을 확립시키고 『마이뜨리 우빠니샤드』나 『쁘라스나 우빠니샤드』에서도 정형구처럼 반복된다.

127) idaṃ kusalanti : Smv. 115에 따르면, 열 가지 착하고 건전한 행위의 길[十善業道 : dasa kuslakammapathā] – ① 불살생(不殺生) ② 불투도(不偸盜) ③ 불사음(不邪淫) ④ 불망어(不妄語) ⑤ 불양설(不兩說) ⑥ 불기어(不綺語) ⑦ 불악구(不惡口) ⑧ 불탐(不貪) ⑨ 부진(不瞋) ⑩ 정견(正見) – 을 말한다.

한 것이다.'라고 있는 그대로 분명히 알지 못하고[25] '이것은 악하고 불건전한 것이다.'라고[128] 있는 그대로 분명히 알지 못한다. 만약 내가 '이것은 착하고 건전한 것이다.'라고 있는 그대로 분명히 알지 못하고 '이것은 악하고 불건전한 것이다.'라고 있는 그대로 분명히 알지 못하면서 '이것은 착하고 건전한 것이다.'라고 해명하거나 '이것은 악하고 불건전한 것이다.'라고 해명하면, 그것은 나에게 거짓이 될 것이다. 나에게 거짓인 것은 나에게 고뇌가 될 것이고 나에게 고뇌가 되는 것은 나에게 장애가 될 것이다.'라고 생각한다. 이처럼 그는 거짓을 말하는 것을 두려워하고 거짓을 말하는 것을 혐오하여 '이것은 착하고 건전한 것이다.'라고 해명하지 못하고 '이것은 악하고 불건전한 것이다.'라고 해명하지 못하고 이러저러한 것에 관하여 질문을 받으면 '나는 이러하다고도 생각하지 않고, 그러하다고도 생각하지 않고, 다르다고도 생각하지 않고, 아니라고도 생각하지 않고, 아닌 것이 아니라고도 생각하지 않는다.'라고[129] 말의 꼬리를 잡아 궤변을 늘어놓는다.

수행승들이여, 이것이 어떤 수행자들이나 성직자들은 회

---

128) idaṃ akusalanti : Smv. 115에 따르면, 열 가지 악하고 불건전한 행위의 길[十不善業道 : dasa akuslakammapathā] – ① 살생(殺生) ② 투도(偸盜) ③ 사음(邪淫) ④ 망어(妄語) ⑤ 양설(兩說) ⑥ 기어(綺語) ⑦ 악구(惡口) ⑧ 탐욕(貪欲) ⑨ 성냄(瞋恚) ⑩ 사견(邪見) – 을 말한다.

129) evampi me no. tathā'ti'pi me no. aññathā'ti'pi me no. no'ti'pi me no. mo no'ti'pi me no"ti : Smv. 1115-116에 따르면, '이러하다고도 생각하지 않고'는 회의주의(aniyamitavikkhepa)적이라는 것을 말하고, '그러하다고도 생각하지 않고'는 나와 세계가 영원하다는 영원주의(sassata)를 부정하는 것이고, '다르다고도 생각하지 않고'라는 것은 부분적 영원주의(ekaccasassata)를 부정하는 것이고, '아니라고도 생각하지 않고'는 여래는 사후에 존재하지 않는다는 허무주의(ucchеda)를 부정하는 것이고, '아닌 것이 아니다라고도 생각하지 않는다.'는 것은 추론설(takkīvāda)를 부정하는 것이다.

의주의자로서 그것 때문에 그것에 의거해서 이러저러한 것에 관하여 질문을 받으면 말의 꼬리를 잡아 궤변을 늘어놓는 첫 번째 근거이다.

56. 그러면, 두 번째로 어떤 수행자들이나 성직자들이 회의주의자로서 무엇 때문에 무엇에 의거해서 이러저러한 것에 관하여 질문을 받으면 말의 꼬리를 잡아 궤변을 늘어놓는가?

수행승들이여, 세상에 어떤 수행자나 성직자는 '이것은 착하고 건전한 것이다.'라고 있는 그대로 분명히 알지 못하고 '이것은 악하고 불건전한 것이다.'라고 있는 그대로 분명히 알지 못한다. 그는 이와 같이 '나는 '이것은 착하고 건전한 것이다.'라고 있는 그대로 분명히 알지 못하고 '이것은 악하고 불건전한 것이다.'라고 있는 그대로 분명히 알지 못한다. 만약 내가 '이것은 착하고 건전한 것이다.'라고 있는 그대로 분명히 알지 못하고 '이것은 악하고 불건전한 것이다.'라고 있는 그대로 분명히 알지 못하면서 '이것은 착하고 건전한 것이다.'라고 해명하거나 '이것은 악하고 불건전한 것이다.'라고 해명하면, 그것은 나에게 욕망이나 탐욕이나 성냄이나 분노를 일으킬 것이다. 나에게 욕망이나 탐욕이나 성냄이나 분노가 일어나면, 그것은 나에게 집착이 될 것이고 나에게 집착이 되는 것은 고뇌가 될 것이고 나에게 고뇌가 되는 것은 나에게 장애가 될 것이다.'라고 생각한다. 이처럼[26] 그는 집착을 두려워하고 집착을 혐오하여 '이것은 착하고 건전한 것이다.'라고 해명하지 못하고 '이것은 악하고 불건전한 것이다.'라고 해명하지 못하고 이러저러한 것에 관하여 질문을 받으면 '나는 이러하다고도 생각하지 않고, 그러하다고도 생각하지 않고, 다르다고도 생각하지 않고, 아니라고도 생각하지 않고, 아닌 것이 아니라고도 생각하지 않는다.'라고 말의 꼬리를 잡아 궤변을 늘어놓는다.

수행승들이여, 이것이 어떤 수행자들이나 성직자들은 회의주의자로서 그것 때문에 그것에 의거해서 이러저러한 것에 관하여 질문을 받으면 말의 꼬리를 잡아 궤변을 늘어놓는 두 번째 근거이다.

57. 그러면, 세 번째로 어떤 수행자들이나 성직자들이 회의주의자로서 무엇 때문에 무엇에 의거해서 이러저러한 것에 관하여 질문을 받으면 말의 꼬리를 잡아 궤변을 늘어놓는가?

수행승들이여, 세상에 어떤 수행자나 성직자는 '이것은 착하고 건전한 것이다.'라고 있는 그대로 분명히 알지 못하고 '이것은 악하고 불건전한 것이다.'라고 있는 그대로 분명히 알지 못한다. 그는 이와 같이 '나는 '이것은 착하고 건전한 것이다.'라고 있는 그대로 분명히 알지 못하고 '이것은 악하고 불건전한 것이다.'라고 있는 그대로 분명히 알지 못한다. 만약 내가 '이것은 착하고 건전한 것이다.'라고 있는 그대로 분명히 알지 못하고 '이것은 악하고 불건전한 것이다.'라고 있는 그대로 분명히 알지 못하면서 '이것은 착하고 건전한 것이다.'라고 해명하거나 '이것은 악하고 불건전한 것이다.' 라고 해명하면, 생각건대 박식하고 총명하고 논쟁에 밝고 털끝을 맞추어 쪼갤 정도의 수행자들이나 성직자들이 지혜로써 사견을 척파하면서 돌아다니는데, 그들이 나에게 그것에 관하여 반대로 힐문하고 이유를 묻고 질책할 것이다.[130]

---

130) samanuyuñjeyyuṃ samanugāheyyuṃ samanubhāseyyuṃ : Smv. 117에 따르면, '반대로

그들이 나에게 그것에 관하여 반대로 힐문하고 이유를 묻고 질책하면, 나는 그들에게 대답하지 못할 것이다. 내가 그들에게 대답하지 못한다면, 고뇌가 될 것이고 나에게 고뇌가 되는 것은 나에게 장애가 될 것이다.'라고 생각한다. 이처럼 그는 힐문을 두려워하고 힐문을 혐오하여 '이것은 착하고 건전한 것이다.'라고 해명하지 못하고 '이것은 악하고 불건전한 것이다.'라고 해명하지 못하고 이러저러한 것에 관하여 질문을 받으면 '나는 이러하다고도 생각하지 않고, 그러하다고도 생각하지 않고, 다르다고도 생각하지 않고, 아니라고도 생각하지 않고, 아닌 것이 아니다라고도 생각하지 않는다.'라고 말의 꼬리를 잡아 궤변을 늘어놓는다.

수행승들이여, 이것이 어떤 수행자들이나 성직자들은 회의주의자로서 그것 때문에 그것에 의거해서[27] 이러저러한 것에 관하여 질문을 받으면 말의 꼬리를 잡아 궤변을 늘어놓는 세 번째 근거이다.

58. 그러면, 네 번째로 어떤 수행자들이나 성직자들이 회의주의자로서 무엇 때문에 무엇에 의거해서 이러저러한 것에 관하여 질문을 받으면 말의 꼬리를 잡아 궤변을 늘어놓는가?

수행승들이여, 세상에 어떤 수행자나 성직자는 우둔하고 몽매하다. 그는 우둔하고 몽매해서 이러저러한 것에 관하여 질문을 받으면 말의 꼬리를 잡아 이와 같이 궤변을 늘어놓는다.

1) '만약 그대가 나에게 '저 세상은 있는가?'131)라고 묻는다

힐문하고'는 '무엇이 선하고 무엇이 불선한가 자신의 견해를 말해보라.'라고 견해를 묻는 것을 말하고, '이유를 묻고'란 '이것이다.'라고 말해도 '어떠한 근거를 통해서 그러한 의미를 갖는가?'라고 이유를 묻는 것을 말하고, '질책할 것이다.'라는 것은 '이러한 이유이다.'라고 말하여도 그 근거의 오류를 지적하여 '당신은 그것을 알지 못한다.'는 등의 질책을 하는 것을 말한다.

면, 내가 '저 세상은 있다.'고 생각한다면, 나는 '저 세상은 있다.'라고 대답해야 할 것이다. 그러나 나는 이러하다고도 생각하지 않고, 그러하다고도 생각하지 않고, 다르다고도 생각하지 않고, 아니라고도 생각하지 않고, 아닌 것이 아니라고도 생각하지 않는다.

2) 만약 그대가 나에게 '저 세상은 없는가?'[132]라고 묻는다면, 내가 '저 세상은 없다.'고 생각한다면, 나는 '저 세상은 없다.'라고 대답해야 할 것이다. 그러나 나는 이러하다고도 생각하지 않고, 그러하다고도 생각하지 않고, 다르다고도 생각하지 않고, 아니라고도 생각하지 않고, 아닌 것이 아니라고도 생각하지 않는다.

3) 만약 그대가 나에게 '저 세상은 있기도 하고 없기도 한 것인가?'[133]라고 묻는다면, 내가 '저 세상은 있기도 하고 없기도 한 것이다.'라고 생각한다면, 나는 '저 세상은 있기도 하고 없기도 한 것이다.'라고 대답해야 할 것이다. 그러나 나는 이러하다고도 생각하지 않고, 그러하다고도 생각하지 않고, 다르다고도 생각하지 않고, 아니라고도 생각하지 않고, 아닌 것이 아니라고도 생각하지 않는다.

4) 만약 그대가 나에게 '저 세상은 있는 것도 아니고 없는 것도 아닌 것인가?'[134]라고 묻는다면, 내가 '저 세상은

---

131) atthi paro loko : Daṭ. I. 215에 따르면, 이것은 영원주의(常見 sassatadassana)에 입각하여 질문하는 것이거나 올바른 견해에 입각하여 질문하는 것이다.

132) natthi paro loko : Daṭ. I. 215에 따르면, 이것은 존재주의(有見 atthikadassana)에 입각하여 질문하는 것이거나 올바른 견해에 입각하여 질문하는 것이다.

133) atthi ca natthi ca paro loko : Daṭ. I. 215에 따르면, 이것은 허무주의(斷見 ucchedadassana)에 입각하여 질문하는 것이거나 올바른 견해에 입각하여 질문하는 것이다.

134) nev'atthi ca na natthi ca paro loko : Daṭ. I. 215에 따르면, 앞서 세 가지의 거절이 서술되면,

있는 것도 아니고 없는 것도 아닌 것이다.'라고 생각한다면, 나는 '저 세상은 있는 것도 아니고 없는 것도 아닌 것이다.'라고 대답해야 할 것이다. 그러나 나는 이러하다고도 생각하지 않고, 그러하다고도 생각하지 않고, 다르다고도 생각하지 않고, 아니라고도 생각하지 않고, 아닌 것이 아니라고도 생각하지 않는다.

5) 만약 그대가 나에게 '홀연히 생겨나는 화생의 뭇삶이 있는가?'[135]라고 묻는다면, 내가 '홀연히 생겨나는 화생의 뭇삶이 있다.'라고 생각한다면, 나는 '홀연히 생겨나는 화생의 뭇삶이 있다.'라고 대답해야 할 것이다. 그러나 나는 이러하다고도 생각하지 않고, 그러하다고도 생각하지 않고, 다르다고도 생각하지 않고, 아니라고도 생각하지 않고, 아닌 것이 아니라고도 생각하지 않는다.

6) 만약 그대가 나에게 '홀연히 생겨나는 화생의 뭇삶이 없는가?'라고 묻는다면, 내가 '홀연히 생겨나는 화생의 뭇삶이 없다.'라고 생각한다면, 나는 홀연히 생겨나는 화생의 뭇삶이 없다.'라고 대답해야 할 것이다. 그러나 나는 이러하다고도 생각하지 않고, 그러하다고도 생각하지 않고, 다르다고도 생각하지 않고, 아니라고도 생각하지 않고, 아닌 것이 아니라고도 생각하지 않는다.

다른 종류는 생겨나지 않기 때문에 있는 것과 없는 것으로 서술할 수 없는 다른 세계를 서술할 수 없으므로 혼란(vikkhepa: 懷疑)에 입각하여 질문하는 것이거나 올바른 견해에 입각하여 질문하는 것이다.

135) atthi sattā opapātikā : Daṭ. I. 215에 따르면, 이하의 4가지 씩 12가지 질문은 상기의 4가지 질문의 분류처럼 영원주의, 존재주의, 허무주의, 혼란이 적용될 수 있다. 그리고 화생(化生)은 네 가지 종류의 생명(四生) 즉, 태생(胎生: 인간 등), 난생(卵生: 조류), 습생(濕生: 곤충류), 화생(化生: 신들, 지옥의 뭇삶 등)의 하나로 홀연히 업력에 의해 생겨난 것을 말한다.

7) 만약 그대가 나에게 '홀연히 생겨나는 화생의 뭇삶이 있기도 하고 없기도 한 것인가?'라고 묻는다면, 내가 '홀연히 생겨나는 화생의 뭇삶이 있기도 하고 없기도 한 것이다.'라고 생각한다면, 나는 '홀연히 생겨나는 화생의 뭇삶이 있기도 하고 없기도 한 것이다.'라고 대답해야 할 것이다. 그러나 나는 이러하다고도 생각하지 않고, 그러하다고도 생각하지 않고, 다르다고도 생각하지 않고, 아니라고도 생각하지 않고, 아닌 것이 아니라고도 생각하지 않는다.

8) 만약 그대가 나에게 '홀연히 생겨나는 화생의 뭇삶이 있는 것도 아니고 없는 것도 아닌 것인가?'라고 묻는다면, 내가 '홀연히 생겨나는 화생의 뭇삶이 있는 것도 아니고 없는 것도 아닌 것이다.'라고 생각한다면, 나는 '홀연히 생겨나는 화생의 뭇삶이 있는 것도 아니고 없는 것도 아닌 것이다.'라고 대답해야 할 것이다. 그러나 나는 이러하다고도 생각하지 않고, 그러하다고도 생각하지 않고, 다르다고도 생각하지 않고, 아니라고도 생각하지 않고, 아닌 것이 아니라고도 생각하지 않는다.

9) 만약 그대가 나에게 '선업과 악업의 업의 성숙으로서의 과보가 있는가?'라고 묻는다면, 내가 '선업과 악업의 업의 성숙으로서의 과보가 있다.'라고 생각한다면, 나는 '선업과 악업의 업의 성숙으로서의 과보가 있다.'라고 대답해야 할 것이다. 그러나 나는 이러하다고도 생각하지 않고, 그러하다고도 생각하지 않고, 다르다고도 생각하지 않고, 아니라고도 생각하지 않고, 아닌 것이 아니라고도 생각하지 않는다.

10) 만약 그대가 나에게 '선업과 악업의 업의 성숙으로서의 과보가 없는가?'라고 묻는다면, 내가 '선업과 악업의 업의 성숙으로서의 과보가 없다.'라고 생각한다면, 나는 '선업과 악업의 업의 성숙으로서의 과보가 없다.'라고 대답해야 할 것이다. 그러나 나는 이러하다고도 생각하지 않고, 그러하다고도 생각하지 않고, 다르다고도 생각하지 않고, 아니라고도 생각하지 않고, 아닌 것이 아니라고도 생각하지 않는다.

11) 만약 그대가 나에게 '선업과 악업의 업의 성숙으로서의 과보가 있기도 하고 없기도 한 것인가?'라고 묻는다면, 내가 '선업과 악업의 업의 성숙으로서의 과보가 있기도 하고 없기도 한 것이다.'라고 생각한다면, 나는 '선업과 악업의 업의 성숙으로서의 과보가 있기도 하고 없기도 한 것이다.'라고 대답해야 할 것이다. 그러나 나는 이러하다고도 생각하지 않고, 그러하다고도 생각하지 않고, 다르다고도 생각하지 않고, 아니라고도 생각하지 않고, 아닌 것이 아니라고도 생각하지 않는다.

12) 만약 그대가 나에게 '선업과 악업의 업의 성숙으로서의 과보가 있는 것도 아니고 없는 것도 아닌 것인가?'라고 묻는다면, 내가 '선업과 악업의 업의 성숙으로서의 과보가 있는 것도 아니고 없는 것도 아닌 것이다.'라고 생각한다면, 나는 '선업과 악업의 업의 성숙으로서의 과보가 있는 것도 아니고 없는 것도 아닌 것이다.'라고 대답해야 할 것이다. 그러나 나는 이러하다고도 생각하지 않고, 그러하다고도 생각하지 않고, 다르다고도 생각하지 않고, 아니라고도 생

각하지 않고, 아닌 것이 아니라고도 생각하지 않는다.

13) 만약 그대가 나에게 '여래는 사후에 존재하는가?'136) 라고 묻는다면, 내가 '여래는 사후에 존재한다.'라고 생각한다면, 나는 '여래는 사후에 존재한다.'라고 대답해야 할 것이다. 그러나 나는 이러하다고도 생각하지 않고, 그러하다고도 생각하지 않고, 다르다고도 생각하지 않고, 아니라고도 생각하지 않고, 아닌 것이 아니라고도 생각하지 않는다.

14) 만약 그대가 나에게 '여래는 사후에 존재하지 않는가?'라고 묻는다면, 내가 '여래는 사후에 존재하지 않는다.'라고 생각한다면, 나는 '여래는 사후에 존재하지 않는다.'라고 대답해야 할 것이다. 그러나 나는 이러하다고도 생각하지 않고, 그러하다고도 생각하지 않고, 다르다고도 생각하지 않고, 아니라고도 생각하지 않고, 아닌 것이 아니라고도 생각하지 않는다.

15) 만약 그대가 나에게 '여래는 사후에 존재하기도 하고 존재하지 않기도 하는 것인가?'라고 묻는다면, 내가 '여래는 사후에 존재하기도 하고 존재하지 않기도 하는 것이다.'라고 생각한다면, 나는 '여래는 사후에 존재하기도 하고 존재하지 않기도 하는 것이다.'라고 대답해야 할 것이다. 그러나 나는 이러하다고도 생각하지 않고, 그러하다고도 생

136) hoti tathāgato parammaraṇā : Smv. 118에 따르면, 이것과 이하의 '여래(如來)'는 '뭇삶(衆生 = 有情 : satta)'을 의미한다. 역자주 : '여래는 사후에 존재한다.'라든가 '여래는 사후에 존재하지 않는다.'라든가 '여래는 존재하기도 하고 존재하지 않기도 하다.'라든가 '여래는 존재하는 것도 아니고 존재하지 않는 것도 아닌 것이다.'라는 명제와 관계될 때 여래라는 말은 부처님이라는 특수한 인격체를 의미하는 것이 아니라 일반적인 존재로서의 중생을 뜻한다. 여래는 협의로는 부처님 스스로 자신을 지칭할 때 주로 쓰이지만, 광의로는 일반적으로 중생을 지칭할 때도 있다는 사실을 염두에 두어야 한다.

각하지 않고, 다르다고도 생각하지 않고, 아니라고도 생각하지 않고, 아닌 것이 아니라고도 생각하지 않는다.

16) 만약 그대가 나에게 '여래는 사후에 존재하는 것도 아니고 존재하지 않는 것도 아닌 것인가?'라고 묻는다면, 내가 '여래는 사후에 존재하는 것도 아니고 존재하지 않는 것도 아닌 것이다.'라고 생각한다면, 나는 '여래는 사후에 존재하는 것도 아니고 존재하지 않는 것도 아닌 것이다.'라고 대답해야 할 것이다. 그러나 나는 이러하다고도 생각하지 않고, 그러하다고도 생각하지 않고, 다르다고도 생각하지 않고, 아니라고도 생각하지 않고, 아닌 것이 아니라고도 생각하지 않는다.'

수행승들이여, 이것이 어떤 수행자들이나 성직자들은 회의주의자로서 그것 때문에 그것에 의거해서 이러저러한 것에 관하여 질문을 받으면 말의 꼬리를 잡아 궤변을 늘어놓는 네 번째 근거이다.

59. 수행승들이여, 이와 같이 그 수행자들이나 성직자들은 회의주의자로서[28] 이러저러한 것에 관하여 질문을 받으면 말의 꼬리를 잡아 궤변을 늘어놓는다. 수행승들이여, 어떠한 수행자들이나 성직자들이 회의주의자로서 이러저러한 것에 관하여 질문을 받으면 말의 꼬리를 잡아 궤변을 늘어놓는다면, 모두가 이러한 네 가지 근거나 그들 가운데 어느 하나에 의해서 주장하는 것이다. 그밖에 다른 근거는 없다.

60. 수행승들이여, 여래는 '이와 같이 파악되고 이와 같이 집착된 견해의 토대는 이와 같은 운명, 이와 같은 미래를 가져올 것이다.'라고 분명히 안다. 여래는 그것을 분명히 알

뿐만 아니라 그 이상도 분명히 안다. 그러나 그는 그 분명히 아는 것에 집착하지 않는다. 집착을 여의고 그는 적멸을 자각한다. 수행승들이여, 느낌들의 생성과 소멸과 유혹과 위험과 여읨을 있는 그대로 알아서 여래는 집착 없이 해탈한다.

61. 수행승들이여, 이것들이, 여래가 스스로 곧바로 알고 깨달아 선언한, 심오하고, 보기 어렵고, 깨닫기 어렵고, 고요하고, 탁월하고, 사고의 영역을 뛰어넘고, 극히 미묘하여 슬기로운 자들에게만 알려지는 것으로, 그것으로써 여래를 있는 그대로 올바로 칭찬할 수 있는, 그 가르침이다."

(4. 우연론 – 두 가지)

62. [세존] "수행승들이여, 어떤 수행자들이나 성직자들은 우연론자[137]로서 두 가지 근거를 통해서 자아와 세계는 우연히 생겨난다고 주장한다. 그 고귀한 수행자들이나 성직자들이 무엇 때문에 무엇에 의거하여 우연론자로서 두 가지 근거를 통해서 자아와 세계는 우연히 생겨난다고 주장하는가?

63. 그러면, 첫 번째로 어떤 수행자들이나 성직자들이 우연론자로서 무엇 때문에 무엇에 의거해서 자아와 세계는 우연히 생겨난다고 주장하는가?

수행승들이여, 지각을 여읜 뭇삶이라는 이름의 신들이 있는데, 그런데 지각이 생겨나면 그들은 그 신들의 무리에서 죽는다.[138] 수행승들이여,그런데 어떤 뭇삶은 그 무리에서

137) adhiccasamuppannika : 우연론자(偶然論者)는 '자아와 세계는 원인없이 생겨난다.'는 견해, 즉 무인생기론(無因生起論)을 지닌 자를 말한다.

138) santi bhikkhave asaññasattā nāma devā. saññuppādā ca pana te devā tamhā kāyā cavanti : 아쌍냐쌋따(asaññasattā)는 '지각을 여읜 신들(asaññasattā devā : 無想有情天)'을 말한다. Smv.

죽어서 여기에 오는 경우가 있다. 여기에 와서 집에서 집 없는 곳으로 출가한다. 집에서 집 없는 곳으로 출가하여 열심히 노력하고 정근하고 수행하고 방일을 여의고 올바로 이치에 맞게 정신활동을 일으켜서 마음의 삼매를 경험하여 지각이 생겨난 것을 기억하지만 그[29] 이상은 기억하지 못한다. 그는 이와 같이 '자아와 세계는 우연히 생겨난다. 그것은 무슨 까닭인가? 나는 전에는 존재하지 않았기 때문이다. 그 내가 존재하지 않다가 지금은 현존의 상태로 전변한 것이기 때문이다.'라고 말한다.

수행승들이여, 이것이 어떤 수행자들이나 성직자들은 우연론자로서 그것 때문에 그것에 의거해서 자아와 세계는 우연히 생겨난다고 주장하는 첫 번째 근거이다.

64. 그러면, 두 번째로 어떤 수행자들이나 성직자들이 우연론자로서 무엇 때문에 무엇에 의거해서 자아와 세계는 우연히 생겨난다고 주장하는가?

118에 따르면, 마음이 없이(acitta) 생기하는 미세한 물질적인 몸만을 갖는 자들을 의미한다. 그들의 생기는 이와 같이 이해되어야 한다. 즉, 어떤 자는 이교의 땅에서 출가하여, 바람의 두루채움(風遍 : vāyokasiṇa) 등에 대한 준비명상(準備定 : parikamma)을 하여 네 번째 선정을 일으키고, 선정에 들어 마음의 오염을 본다. '마음이 있으면, 손의 절단 등의 괴로움이 모든 두려움을 생겨나게 한다. 이러한 마음을 사용하지 않는 무심의 상태에 적정(寂靜)이 있다.'라고. 이러한 마음의 오염을 보고 퇴전하지 않는 선정을 갖추면, 죽은 뒤에 지각을 여읜 뭇삶들(無想有情 : asaññasattā) 가운데 태어난다. 그의 마음에는 죽음의 마음(死心 : cuticitta)의 소멸에 의해서 그것만이 생겨나는 것이다. 그 때 물질의 다발(色蘊) 만이 거기에 나타난다. 방금 활의 현의 힘으로 쏘아진 화살이 현의 힘에 의해서 허공을 나는 것처럼, 그들은 선정(無想定)의 힘에 의해서 조준된 업력에 의해서 쏘아져, 선정의 힘에 응하는 시간만 머무는 것이다. 그래서 선정의 힘이 쇠퇴하면 그 때에 물질의 다발이 소실된다. 여기서 결생에 대한 지각(結生想 paṭisandhisaññā)이 생겨난다. 그러나 여기에 생기한다는 지각에 의해서 죽음이 시설된다. 그래서 지각이 생겨나면 그들은 '그 신들의 무리에서 죽는다.'라고 말해지는 것이다. Lba. IV. 241에 따르면, 이 존재들은 네 비물질적인 세계의 선정[四無色禪]과 관계된 존재를 포함하는 의식의 주처에 포함되지 않는데, 이 이유는 의식의 경계선에 있는 존재이기 때문이다.

수행승들이여, 세상에 어떤 수행자나 성직자는 추론자이자 탐구자이다. 그는 추론으로 두드리고 탐구로 뒤쫓아서 스스로 이해한다. 그는 이와 같이 '자아와 세계는 우연히 생겨난다.'라고 말한다.

수행승들이여, 이것이 어떤 수행자들이나 성직자들은 우연론자로서 그것 때문에 그것에 의거해서 자아와 세계는 우연히 생겨난다고 주장하는 두 번째 근거이다.

65. 수행승들이여, 이와 같이 그 수행자들이나 성직자들은 우연론자로서 두 가지 근거를 통해서 자아와 세계는 우연히 생겨난다고 주장한다. 수행승들이여, 어떠한 수행자들이나 성직자들이 우연론자로서 자아와 세계는 우연히 생겨난다고 주장한다면, 모두가 이러한 두 가지 근거나 그들 가운데 어느 하나에 의해서 주장하는 것이다. 그밖에 다른 근거는 없다.

66. 수행승들이여, 여래는 '이와 같이 파악되고 이와 같이 집착된 견해의 토대는 이와 같은 운명, 이와 같은 미래를 가져올 것이다.'라고 분명히 안다. 여래는 그것을 분명히 알 뿐만 아니라 그 이상도 분명히 안다. 그러나 그는 그 분명히 아는 것에 집착하지 않는다. 집착을 여의고 그는 적멸을 자각한다. 수행승들이여, 느낌들의 생성과 소멸과 유혹과 위험과 여읨을 있는 그대로 알아서 여래는 집착 없이 해탈한다.

67. 수행승들이여, 이것들이, 여래가 스스로 곧바로 알고 깨달아 선언한,[30] 심오하고, 보기 어렵고, 깨닫기 어렵고, 고요하고, 탁월하고, 사고의 영역을 뛰어넘고, 극히 미묘하여 슬기로운 자들에게만 알려지는 것으로, 그것으로써 여래를 있는 그대로 올바로 칭찬할 수 있는, 그 가르침이다.

68. 수행승들이여, 이와 같이 그 수행자들이나 성직자들은 과거를 생각하고 과거에 대한 견해를 갖고 과거에 대하여 열여덟 가지 근거를 통해서 여러 가지 망설을 주장한다. 수행승들이여, 어떠한 수행자들이나 성직자들이라도 과거를 생각하고 과거에 대한 견해를 갖고 과거에 대하여 여러 가지 망설을 주장한다면, 모두가 이러한 열여덟 가지 근거나 그들 가운데 어느 하나에 의해서 주장하는 것이다. 그밖에 다른 근거는 없다.

69. 수행승들이여, 여래는 '이와 같이 파악되고 이와 같이 집착된 견해의 토대는 이와 같은 운명, 이와 같은 미래를 가져올 것이다.'라고 분명히 안다. 여래는 그것을 분명히 알 뿐만 아니라 그 이상도 분명히 안다. 그러나 그는 그 분명히 아는 것에 집착하지 않는다. 집착을 여의고 그는 적멸을 자각한다. 수행승들이여, 느낌들의 생성과 소멸과 유혹과 위험과 여읨을 있는 그대로 알아서 여래는 집착 없이 해탈한다.

70. 수행승들이여, 이것들이, 여래가 스스로 곧바로 알고 깨달아 선언한, 심오하고, 보기 어렵고, 깨닫기 어렵고, 고요하고, 탁월하고, 사고의 영역을 뛰어넘고, 극히 미묘하여 슬기로운 자들에게만 알려지는 것으로, 그것으로써 여래를 있는 그대로 올바로 칭찬할 수 있는, 그 가르침이다."

[미래와 관련된 견해]

71. [세존] "수행승들이여, 어떤 수행자들이나 성직자들은 미래를 생각하고 미래에 대한 견해를 갖고 미래에 대하여

마흔네 가지 근거를 통해서 여러 가지 망설을 주장한다. 수행승들이여, 그 존귀한 수행자들이나 성직자들은 무엇 때문에 무엇에 의거하여 미래를 생각하고 미래에 대한 견해를 갖고 미래에 대하여 마흔네 가지 근거를 통해서 여러 가지 망설을 주장하는가?"

(1. 사후유지각론 – 열여섯 가지)

72. [세존] "수행승들이여, 어떤 수행자나 성직자들은 영혼에 대한[31] 사후유지각론자[139]로서 열여섯 가지 근거를 통해서 사후에도 자아에게 지각이 있다고 주장한다. 수행승들이여, 그 존귀한 수행자들이나 성직자들은 무엇 때문에 무엇에 의거하여 사후의 영혼에 대한 지각론자로서 열여섯 가지 근거를 통해서 사후에도 자아에게 지각이 있다고 주장하는가?

73. 그들은,

1) '자아는 물질을 지니며, 죽은 후에 지각이 있고, 질병을 여읜다.'라고[140] 주장한다.

2) '자아는 물질을 지니지 않으며, 죽은 후에 지각이 있고, 질병을 여읜다.'라고[141] 주장한다.

---

139) uddhamāghātanika : Smv. 119에 따르면, 사후에 자아가 있다고 설하기 때문에 사후유지각론자(死後有知覺論者)라고 한다.

140) rūpī attā hoti arogo parammaraṇā saññī ti : Smv. 119에 따르면, 미세한 물질계의 선정에서 두루채움의 물질(遍色: kasiṇarūpa)을 '나'라고, 또는 거기에 생긴 지각을 '그것의 지각'이라고 파악하여 사명외도 등처럼 추론함으로써 '나는 '자아는 물질을 지니며, 죽은 후에 지각이 있고, 질병을 여읜다.'라고 주장한다.'는 뜻이다. 여기서 무병(無病)이란 항상(恒常 nicca)을 뜻한다.

141) arūpī attā hoti arogo parammaraṇā saññī ti : Smv. 119에 따르면, 비물질계의 선정의 성취에서의 인상을 '나'라고, 또는 거기에 생긴 지각을 '그것의 지각'이라고 파악하여 니간타(자이나교도)

3) '자아는 물질을 지니기도 하고 물질을 지니지 않기도 하며, 죽은 후에 지각이 있고, 질병을 여읜다.'라고[142] 주장한다.

4) '자아는 물질을 지니는 것도 아니고 물질을 지니지 않는 것도 아니며, 죽은 후에 지각이 있고, 질병을 여읜다.'라고[143] 주장한다.

5) '자아는 유한하며, 죽은 후에 지각이 있고, 질병을 여읜다.'라고[144] 주장한다.

6) '자아는 무한하며, 죽은 후에 지각이 있고, 질병을 여읜다.'라고 주장한다.

7) '자아는 유한하기도 하고 무한하기도 하며, 죽은 후에 지각이 있고, 질병을 여읜다.'라고 주장한다.

8) '자아는 유한한 것도 아니고 무한한 것도 아니며, 죽은 후에 지각이 있고, 질병을 여읜다.'라고 주장한다.

9) '자아는 단일한 것에 대한 지각을 지니며, 죽은 후에 지각이 있고, 질병을 여읜다.'라고[145] 주장한다.

10) '자아는 다양한 것에 대한 지각을 지니며, 죽은 후에 지각이 있고, 질병을 여읜다.'라고[146] 주장한다.

등처럼 추론함으로써 "나는 '자아는 물질을 지니지 않으며, 죽은 후에 지각이 있고, 질병을 여읜다.'라고 주장한다."는 뜻이다.

142) rūpī ca arūpī ca attā hoti arogo parammaraṇā saññī ti : Smv. 119에 따르면, 상기의 1)과 2)가 혼합되어 생겨난 견해를 말한다.

143) n'eva rūpī na rūpī attā hoti arogo parammaraṇā saññī ti : Smv. 119에 따르면, 이 네 번째 주장은 추론에 의한 파악(takkagāha)일 뿐이다.

144) antavā attā hoti arogo parammaraṇā saññīti : Smv. 119에 따르면, 이하의 네 주장은 이미 언급한 유한·무한론자의 경우와 같다.

145) ekattasaññī attā hoti arogo parammaraṇā saññī ti : Smv. 119에 따르면, 입정(入定 samāpannaka)에 의해서 단일한 지각을 갖는 것을 말한다.

146) nānattasaññī attā hoti arogo parammaraṇā saññī ti : Smv. 119에 따르면, 입정하지 않는

11) '자아는 한정된 것에 대한 지각을 지니며, 죽은 후에 지각이 있고, 질병을 여읜다.'라고[147] 주장한다.
12) '자아는 무한한 것에 대한 지각을 지니며, 죽은 후에 지각이 있고, 질병을 여읜다.'라고[148] 주장한다.
13) '자아는 오로지 즐거운 것이며, 죽은 후에 지각이 있고, 질병을 여읜다.'라고 [149]주장한다.
14) '자아는 오로지 괴로운 것이며, 죽은 후에 지각이 있고, 질병을 여읜다.'라고[150] 주장한다.
15) '자아는 즐겁기도 하고 괴롭기도 한 것이며, 죽은 후에 지각이 있고, 질병을 여읜다.'라고[151] 주장한다.
16) '자아는 괴로운 것도 아니고 즐거운 것도 아닌 것이며, 죽은 후에 지각이 있고, 질병을 여읜다.'라고[152] 주장한다.

74. 수행승들이여, 이와 같이 그 수행자들이나 성직자들은 사후의 영혼에 대한 지각론자로서 열여섯 가지 근거를 통해서 사후에도 자아에게 지각이 있다고 주장한다. 수행승들이

것(未入定 asamāpannaka)에 의해서 다양한 지각을 갖는 것을 말한다.

147) parittasaññī attā hoti arogo parammaraṇā saññī ti : Smv. 119에 따르면, 한정된 두루채움(kasiṇa)에 의해서 한정된 것에 대한 지각을 갖는다.

148) appamāṇasaññī attā hoti arogo parammaraṇā saññī ti : Smv. 119에 따르면, 무한한 두루채움(kasiṇa)에 의해서 무한한 것에 대한 지각을 갖는다.

149) ekantasukhī attā hoti arogo parammaraṇā saññī ti : Smv. 119에 따르면, 하늘눈을 통해서 세 번째 선정과 네 번째 선정의 땅에 태어난 자들을 보고 '오로지 즐거운 것이다.'라고 파악한다.

150) ekantadukkhī attā hoti arogo parammaraṇā saññī ti : Smv. 119에 따르면, 지옥에 태어나서 괴로워하는 뭇삶을 보고 '오로지 괴로운 것이다.'라고 파악한다.

151) sukhadukkhī attā hoti arogo parammaraṇā saññī ti : Smv. 119에 따르면, 인간 가운데 태어나서 즐거워하고 괴로워하는 뭇삶을 보고 '즐겁기도 하고 괴롭기도 한 것이다.'라고 파악한다.

152) adukkhamasukhī attā hoti arogo parammaraṇā saññī ti : Smv. 119에 따르면, 즐거운 것도 없고 괴로운 것도 없이 평온하게 지내는 '탁월한 과보로 얻은 신들의 하느님의 세계'(Vehapphalā devā : 廣果天)의 하느님들을 보고 '즐거운 것도 아니고 괴로운 것도 아니다.'라고 파악한다.

여, 어떠한 수행자들이나 성직자들이라도 사후의 영혼에 대한 지각론자로서 사후에도 자아에게 지각이 있다고 주장한다면, 모두가 이러한 열여섯 가지 근거나 그들 가운데 어느 하나에 의해서 주장하는 것이다. 그밖에 다른 근거는 없다.

75. 수행승들이여, 여래는 '이와 같이 파악되고 이와 같이 집착된 견해의 토대는 이와 같은 운명, 이와 같은 미래를 가져올 것이다.'라고 분명히 안다. 여래는 그것을 분명히 알 뿐만 아니라 그 이상도 분명히 안다. 그러나 그는 그 분명히 아는 것에 집착하지 않는다. 집착을 여의고 그는 적멸을 자각한다. 수행승들이여, 느낌들의 생성과 소멸과 유혹과 위험과 여읨을 있는 그대로 알아서 여래는 집착 없이 해탈한다.

76. 수행승들이여, 이것들이, 여래가 스스로 곧바로 알고 깨달아 선언한, 심오하고, 보기 어렵고, 깨닫기 어렵고, 고요하고, 탁월하고, 사고의 영역을 뛰어넘고, 극히 미묘하여 슬기로운 자들에게만 알려지는 것으로,[32] 그것으로써 여래를 있는 그대로 올바로 칭찬할 수 있는, 그 가르침이다."

(2. 사후무지각론 – 여덟 가지)

77. [세존] "수행승들이여, 어떤 수행자나 성직자들은 영혼에 대한 사후무지각론자[153]로서 여덟 가지 근거를 통해서 사후에는 자아에게 지각이 없다고 주장한다. 수행승들이여, 그 존귀한 수행자들이나 성직자들은 무엇 때문에 무엇에 의거하여 사후의 영혼에 대한 무지각론자로서 여덟 가지 근거

153) uddhamāghātanika : 사후무지각론자(死後無知覺論者)는 사후유지각론자(死後有知覺論者) 등에서 기술된 2종4설에 의해서 기술된다.

를 통해서 사후에는 자아에게 지각이 없다고 주장하는가?

78. 그들은

1) '자아는 물질을 지니며, 죽은 후에 지각이 없고, 질병을 여읜다.'라고 주장한다.
2) '자아는 물질을 지니지 않으며, 죽은 후에 지각이 없고, 질병을 여읜다.'라고 주장한다.
3) '자아는 물질을 지니기도 하고 물질을 지니지 않기도 하며, 죽은 후에 지각이 없고, 질병을 여읜다.'라고 주장한다.
4) '자아는 물질을 지니는 것도 아니고 물질을 지니지 않는 것도 아니며, 죽은 후에 지각이 없고, 질병을 여읜다.'라고 주장한다.
5) '자아는 유한하며, 죽은 후에 지각이 없고, 질병을 여읜다.'라고 주장한다.
6) '자아는 무한하며, 죽은 후에 지각이 없고, 질병을 여읜다.'라고 주장한다.
7) '자아는 유한하기도 하고 무한하기도 하며, 죽은 후에 지각이 없고, 질병을 여읜다.'라고 주장한다.
8) '자아는 유한한 것도 아니고 무한한 것도 아니며, 죽은 후에 지각이 없고, 질병을 여읜다.'라고 주장한다.

79. 수행승들이여, 이와 같이 그 수행자들이나 성직자들은 사후의 영혼에 대한 무지각론자로서 여덟 가지 근거를 통해서 사후에는 자아에게 지각이 없다고 주장한다. 수행승들이여, 어떠한 수행자들이나 성직자들이라도 사후의 영혼에 대한 무지각론자로서 사후에는 자아에게 지각이 없다고 주장한다면, 모두가 이러한 여덟 가지 근거나 그들 가운데 어느

하나에 의해서 주장하는 것이다. 그밖에 다른 근거는 없다.

80. 수행승들이여, 여래는 '이와 같이 파악되고 이와 같이 집착된 견해의 토대는 이와 같은 운명, 이와 같은 미래를 가져올 것이다.'라고 분명히 안다. 여래는 그것을 분명히 알 뿐만 아니라 그 이상도 분명히 안다. 그러나 그는 그 분명히 아는 것에 집착하지 않는다. 집착을 여의고 그는 적멸을 자각한다. 수행승들이여, 느낌들의 생성과 소멸과 유혹과 위험과 여읨을 있는 그대로 알아서 여래는 집착 없이 해탈한다.

81. 수행승들이여, 이것들이, 여래가 스스로 곧바로 알고 깨달아 선언한, 심오하고, 보기 어렵고, 깨닫기 어렵고, 고요하고, 탁월하고, 사고의 영역을 뛰어넘고, 극히 미묘하여 슬기로운 자들에게만 알려지는 것으로,[33] 그것으로써 여래를 있는 그대로 올바로 칭찬할 수 있는, 그 가르침이다."

(3. 사후비유비무지각론 – 여덟 가지)

82. [세존] "수행승들이여, 어떤 수행자나 성직자들은 영혼에 대한 사후비유비무지각론자154)로서 여덟 가지 근거를 통해서 사후에는 자아에게 지각이 있는 것도 아니고 지각이 없는 것도 아니다고 주장한다. 수행승들이여, 그 존귀한 수행자들이나 성직자들은 무엇 때문에 무엇에 의거하여 사후의 영혼에 대한 비유비무지각론자로서 여덟 가지 근거를 통해서 사후에는 자아에게 지각이 있는 것도 아니고 지각이 없는

154) uddhamāghātanikanevasaññīnāsaññīvāda : 이것도 사후유지각론자(死後有知覺論者)의 경우와 동일한데, 단지 '자아는 지각이 있는 것도 아니고 지각이 없는 것도 아니다.'라고 파악하는 것이 다를 뿐이다.

것도 아니다라고 주장하는가?

83. 그들은

1) '자아는 물질을 지니며, 죽은 후에는 지각이 있는 것도 아니고 지각이 없는 것도 아니고, 질병을 여읜다.'라고 주장한다.
2) '자아는 물질을 지니지 않으며, 죽은 후에는 지각이 있는 것도 아니고 지각이 없는 것도 아니고, 질병을 여읜다.'라고 주장한다.
3) '자아는 물질을 지니기도 하고 물질을 지니지 않기도 하며, 죽은 후에는 지각이 있는 것도 아니고 지각이 없는 것도 아니고, 질병을 여읜다.'라고 주장한다.
4) '자아는 물질을 지니는 것도 아니고 물질을 지니지 않는 것도 아니며, 죽은 후에는 지각이 있는 것도 아니고 지각이 없는 것도 아니고, 질병을 여읜다.'라고 주장한다.
5) '자아는 유한하며, 죽은 후에는 지각이 있는 것도 아니고 지각이 없는 것도 아니고, 질병을 여읜다.'라고 주장한다.
6) '자아는 무한하며, 죽은 후에는 지각이 있는 것도 아니고 지각이 없는 것도 아니고, 질병을 여읜다.'라고 주장한다.
7) '자아는 유한하기도 하고 무한하기도 하며, 죽은 후에는 지각이 있는 것도 아니고 지각이 없는 것도 아니고, 질병을 여읜다.'라고 주장한다.
8) '자아는 유한한 것도 아니고 무한한 것도 아니며, 죽은 후에는 지각이 있는 것도 아니고 지각이 없는 것도 아니고, 질병을 여읜다.'라고 주장한다.

84. 수행승들이여, 이와 같이 그 수행자들이나 성직자들은

사후의 영혼에 대한 비유비무지각론자로서 여덟 가지 근거를 통해서 사후에는 자아에게 지각이 있는 것도 아니고 지각이 없는 것도 아니다고 주장한다. 수행승들이여, 어떠한 수행자들이나 성직자들이라도 사후의 영혼에 대한 비유비무지각론자로서 사후에는 자아에게 지각이 있는 것도 아니고 지각이 없는 것도 아니다고 주장한다면, 모두가 이러한 여덟 가지 근거나 그들 가운데 어느 하나에 의해서 주장하는 것이다. 그밖에 다른 근거는 없다.

85. 수행승들이여, 여래는 '이와 같이 파악되고 이와 같이 집착된 견해의 토대는 이와 같은 운명, 이와 같은 미래를 가져올 것이다.'라고 분명히 안다. 여래는 그것을 분명히 알 뿐만 아니라 그 이상도 분명히 안다. 그러나 그는 그 분명히 아는 것에 집착하지 않는다. 집착을 여의고 그는 적멸을 자각한다. 수행승들이여, 느낌들의 생성과 소멸과 유혹과 위험과 여읨을 있는 그대로 알아서 여래는 집착 없이 해탈한다.

86. 수행승들이여, 이것들이, 여래가 스스로 곧바로 알고 깨달아 선언한, 심오하고, 보기 어렵고, 깨닫기 어렵고, 고요하고, 탁월하고, 사고의 영역을 뛰어넘고, 극히 미묘하여 슬기로운 자들에게만 알려지는 것으로, 그것으로써 여래를 있는 그대로 올바로 칭찬할 수 있는, 그 가르침이다."

(4. 허무주의 - 일곱 가지)

87. [세존] "수행승들이여,[34] 어떤 수행자나 성직자들은 허무주의자155)로서 일곱 가지 근거를 통해서 현존하는 뭇 삶은 단멸하고 파멸하고 멸망한다고156) 주장한다. 수행승

들이여, 그 존귀한 수행자들이나 성직자들은 무엇 때문에 무엇에 의거하여 사후의 영혼에 대한 허무주의자로서 일곱 가지 근거를 통해서 현존하는 뭇삶이 단멸하고 파멸하고 멸망한다고 주장하는가?

1) 수행승들이여, 세상에 어떤 수행자나 성직자는 이와 같은 이론을 갖고 이와 같은 견해를 갖고 있다. '벗이여, 이 자아는 물질로 이루어지고, 네 가지 광대한 존재157)로 만들어지고, 부모에게서 생겨난 것으로158) 몸이 파괴되어 단멸하면 사후에는 더 이상 존재하지 않게 된다. 벗이여, 이러한 한, 이 자아는159) 완전히 단멸하는 것이다.' 이와 같이 어떤 자들은 뭇삶이 단멸하고 파멸하고 멸망한다고 주장한다.

2) 또한 다른 자는 그것에 관하여 이와 같이 말한다. '벗이여, 그대가 말한 자아는 있는 것이라고 나는 말하지, 없는 것

---

155) ucchedavāda : 한역의 단멸론자(斷滅論者)를 말한다. Smv. 120에 따르면, 여기에는 두 종류가 있다. 하늘눈을 얻은 자와 하늘눈을 얻지 못한 자이다. ① 하늘눈을 얻은 자로서 거룩한 님(阿羅漢)의 죽음을 보지만 다시 태어남을 볼 수 없거나, 혹은 단순한 죽음 – 아직 배울 것이 남아 있는 학인이나 범부의 죽음 – 을 보지만 다시 태어남은 볼 수 없어서 허무주의를 갖는다. ② 하늘눈을 얻지 못한 자로서 '아무도 내세를 알지 못한다.'라고 쾌락을 추구함으로써 또는 '나무에서 떨어진 잎사귀가 다시 성장하지 않는 것처럼 나도 또한 그렇다.'라는 등의 추론에 의해서 허무주의를 갖는다. 이러한 경우 갈애와 사견에 의해서 분별하고 망상하여 일곱 가지 근거에 의한 허무주의를 갖게 된다.

156) ucchedaṃ vināsaṃ vibhavaṃ : Smv. 119-120에 따르면, '단멸'은 단절을 의미하고 '파멸'는 '보이지 않음'의 뜻이고 '멸망' '본성의 소멸'을 뜻하며 모두 서로 동의어이다.

157) cātummahābhūtiko : 네 가지 광대한 존재(四大 : cattāri mahābhūtāni)는 지수화풍(地・水・火・風)을 말하지만, 또한 물질의 일차적 속성으로 각각 견고성, 유동성, 열성, 확산성을 말한다. 상세한 설명은 Vism. XI. 27-117을 참고하기 바란다.

158) mātāpettikasambhavo : Smv. 120에 따르면, 부모에게서 생겨난 것이란 '정액과 피(sukkasoṇita)'에서 생겨난 것이란 뜻이다.

159) ayaṃ attā : Smv. 120에 따르면, 물질적인 몸을 위주로 하는 인간자체(manussattabhāva)의 자아를 말한다.

은 아니라고 나는 말한다. 그러나 그 정도로는 자아가 완전히 단멸하는 것은 아니다. 벗이여, 천상에 있고 물질로 이루어졌고 아직 감각적 쾌락의 욕망계에 속하고[160] 물질적인 자양[161]을 먹는 다른 자아가 있는데, 그대는 그것을 알지 못하고 보지 못하지만, 나는 그것을 알고 또한 본다. 벗이여, 바로 그 자아가 몸이 파괴되어 단멸하면 사후에는 더 이상 존재하지 않게 된다. 벗이여, 이러한 한, 이 자아는[162] 완전히 단멸하는 것이다.' 이와 같이 어떤 자들은 뭇삶이 단멸하고 파멸하고 멸망한다고 주장한다.

3) 또한 다른 자는 그것에 관하여 이와 같이 말한다. '벗이여, 그대가 말한 자아는 있는 것이라고 나는 말하지, 없는 것은 아니라고 나는 말한다. 그러나 그 정도로는 자아가 완전히 단멸하는 것은 아니다. 벗이여, 천상에 있고 물질로 이루어지고 정신으로 만들어지고[163] 일체의 수족을 갖추고 감각능력에 결함이 없는 자아가 있는데, 그대는 그것을 알지 못하고 보지 못하지만, 나는 그것을 알고 또한 본다. 벗이여, 바로 그 자아가 몸이 파괴되어 단멸하면 사후에는

---

160) kāmāvacaro : Smv. 120에 따르면, 감각적 쾌락의 욕망계의 여섯 하늘나라(六欲天 chakāmāvacaradeva)를 말한다.

161) kabaliṅkārāhāra : 네 가지 자양의 하나이다. 한역에서는 사식(四食)이라고 하며, 그 네 가지의 자양은 ① 거칠거나 미세한 물질적 자양(kabaliṅkāro āhāro oḷāriko sukhumo : 麤摶食) ② 접촉의 자양(phasso āhāro : 細觸食) ③ 의도의 자양(manosañcetanā āhāro : 意思食) ④ 의식의 자양(viññāṇa āhāro(識食)이 있는데 그 가운데 첫 번째 것을 말한다.

162) ayaṃ attā : Smv. 120에 따르면, 인간자체(manussattabhāva)를 버리고 천신자체(dibbattabhāva)의 자아를 말한다.

163) manomayo : '정신으로 만들어지고'는 선정의 정신(jhānamana)에서 생겨난 것이라는 뜻이다.

더 이상 존재하지 않게 된다. 벗이여, 이러한 한, 이 자아는[164] 완전히 단멸하는 것이다.' 이와 같이 어떤 자들은 뭇삶이 단멸하고 파멸하고 멸망한다고 주장한다.

4) 또한 다른 자는 그것에 관하여 이와 같이 말한다. '벗이여, 그대가 말한 자아는 있는 것이라고 나는 말하지, 없는 것은 아니라고 나는 말한다. 그러나 그 정도로는 자아가 완전히 단멸하는 것은 아니다. 벗이여, 미세한 물질계에 대한 지각을 완전히 뛰어넘어 감각적 저촉의 지각이 사라진 뒤에[165] 다양성의 지각에[166] 정신활동을 여읨으로써 '공간이 무한하다.'라는 무한공간의 세계[167]를 성취한 자아가 있는데, 그대는 그것을[35] 알지 못하고 보지 못하지만, 나는 그것을 알고 또한 본다. 벗이여, 바로 그 자아가 몸이 파괴되어 단멸하면 사후에는 더 이상 존재하지 않게 된다. 벗이여, 이러한 한, 이 자아는 완전히 단멸하는 것이다.' 이

---

164) ayaṃ attā : Smv. 120에 따르면, 감각적 쾌락의 욕망계의 여섯 하늘나라(六欲天 chakāmāva caradeva) 보다 위의 미세한 물질계의 신들 즉, 하느님의 세계(梵天界)의 신들을 말한다.

165) sabbaso rūpasaññānaṃ samatikkamā paṭighasaññānaṃ atthagamā : 미세한 물질계에서의 선정(色界禪)에서의 지각을 초월하여, 감각적 저촉 즉, 다섯 가지 감관과 그 대상의 접촉에 의해 생겨나는 지각 즉, 형상에 대한 지각, 소리에 대한 지각, 냄새에 대한 지각, 맛에 대한 지각, 감촉에 대한 지각이 사라진 뒤에'라는 뜻이다. 감각적 저촉(paṭigha)을 한역에서 장애(障碍), 유대(有對)라고 번역하기도 하는데, 반감이나 분노의 의미도 지닌다. 이것은 다섯 가지 선정을 방해하는 장애와 혼동되므로 역자는 감각적 저촉을 사용한다. Srp. I. 50에 따르면, 감각적 저촉은 감각적 쾌락의 욕망의 대상에 대한 지각을 뜻한다. Vibh. 261, Vism. 329에 따르면, 감각적 저촉은 다섯 가지 감역에서의 그 감각적 쾌락의 욕망의 대상의 충격을 말한다.

166) nānattasaññānaṃ : 미세한 물질계(色界)의 다양성에 대한 지각을 말한다.

167) ākāsānañcāyatanaṃ : 이하 무한공간의 세계는 공무변처(ākāsānañcāyatana : 空無邊處), 무한의식의 세계는 식무변처(viññāṇāñcāyatana : 識無邊處), '아무 것도 없는 세계'는 무소유처(akiñcaññāyatana : 無所有處), '지각하는 것도 아니고 지각하지 않는 것도 아닌 세계'는 비상비비상처(nevasaññānāsaññāyatana : 非想非非想處)를 말한다. 여기서 역자가 세계로 번역한 것은 정신영역(處)을 말한다. 이들 네 가지 세계는 명상의 단계에서의 비물질적 세계의 선정에서 전개되는 세계이다. 이 책의 부록 <불교의 세계관>을 참조.

와 같이 어떤 자들은 뭇삶이 단멸하고 파멸하고 멸망한다고 주장한다.

5) 또한 다른 자는 그것에 관하여 이와 같이 말한다. '벗이여, 그대가 말한 자아는 있는 것이라고 나는 말하지, 없는 것은 아니라고 나는 말한다. 그러나 그 정도로는 자아가 완전히 단멸하는 것은 아니다. 벗이여, 무한공간의 세계를 완전히 뛰어넘어 '의식이 무한하다.'라는 무한의식의 세계를 성취한 자아가 있는데, 그대는 그것을 알지 못하고 보지 못하지만, 나는 그것을 알고 또한 본다. 벗이여, 바로 그 자아가 몸이 파괴되어 단멸하면 사후에는 더 이상 존재하지 않게 된다. 벗이여, 이러한 한, 이 자아는 완전히 단멸하는 것이다.' 이와 같이 어떤 자들은 뭇삶이 단멸하고 파멸하고 멸망한다고 주장한다.

6) 또한 다른 자는 그것에 관하여 이와 같이 말한다. '벗이여, 그대가 말한 자아는 있는 것이라고 나는 말하지, 없는 것은 아니라고 나는 말한다. 그러나 그 정도로는 자아가 완전히 단멸하는 것은 아니다. 벗이여, 무한의식의 세계를 완전히 뛰어넘어 '아무것도 없다.'라는 아무것도 없는 세계를 성취한 자아가 있는데, 그대는 그것을 알지 못하고 보지 못하지만, 나는 그것을 알고 또한 본다. 벗이여, 바로 그 자아가 몸이 파괴되어 단멸하면 사후에는 더 이상 존재하지 않게 된다. 벗이여, 이러한 한, 이 자아는 완전히 단멸하는 것이다.' 이와 같이 어떤 자들은 뭇삶이 단멸하고 파멸하고 멸망한다고 주장한다.

7) 또한 다른 자는 그것에 관하여 이와 같이 말한다. '벗이여,

그대가 말한 자아는 있는 것이라고 나는 말하지, 없는 것은 아니라고 나는 말한다. 그러나 그 정도로는 자아가 완전히 단멸하는 것은 아니다. 벗이여, 아무것도 없는 세계를 완전히 뛰어넘어 '이것은 적정하고 이것은 승묘하다.'라는 '지각하는 것도 아니고 지각하지 않는 것도 아닌 세계'를 성취한 자아가 있는데, 그대는 그것을 알지 못하고 보지 못하지만, 나는 그것을 알고 또한 본다. 벗이여, 바로 그 자아가 몸이 파괴되어 단멸하면 사후에는 더 이상 존재하지 않게 된다. 벗이여, 이러한 한, 이 자아는 완전히 단멸하는 것이다.' 이와 같이 어떤 자들은 뭇삶이 단멸하고 파멸하고 멸망한다고 주장한다.

88. 수행승들이여, 이와 같이 그 수행자나 성직자들은[36] 허무주의자로서 일곱 가지 근거를 통해서 현존하는 뭇삶은 단멸하고 파멸하고 멸망한다고 주장한다. 수행승들이여, 어떠한 수행자들이나 성직자들이라도 허무주의자로서 현존하는 뭇삶은 단멸하고 파멸하고 멸망한다고 주장한다면, 모두가 이러한 일곱 가지 근거나 그들 가운데 어느 하나에 의해서 주장하는 것이다. 그밖에 다른 근거는 없다.

89. 수행승들이여, 여래는 '이와 같이 파악되고 이와 같이 집착된 견해의 토대는 이와 같은 운명, 이와 같은 미래를 가져올 것이다.'라고 분명히 안다. 여래는 그것을 분명히 알 뿐만 아니라 그 이상도 분명히 안다. 그러나 여래는 그 분명히 아는 것에 집착하지 않는다. 집착을 여의고 여래는 적멸을 자각한다. 수행승들이여, 느낌들의 생성과 소멸과 유혹과 위험과 여읨을 있는 그대로 알아서 여래는 집착 없이 해탈한다.

90. 수행승들이여, 이것들이, 여래가 스스로 곧바로 알고 깨달아 선언한, 심오하고, 보기 어렵고, 깨닫기 어렵고, 고요하고, 탁월하고, 사고의 영역을 뛰어넘고, 극히 미묘하여 슬기로운 자들에게만 알려지는 것으로, 그것으로써 여래를 있는 그대로 올바로 칭찬할 수 있는, 그 가르침이다."

(5. 현세열반론 – 다섯 가지)

91. [세존] "수행승들이여, 어떤 수행자나 성직자들은 현세열반론자[168]로서 다섯 가지 근거를 통해서 현존하는 뭇삶은 현세에서 최상의 열반을 성취한다고 주장한다. 수행승들이여, 그 존귀한 수행자들이나 성직자들은 무엇 때문에 무엇에 의거하여 현세열반론자로서 다섯 가지 근거를 통해서 현존하는 뭇삶은 현세에서 최상의 열반을 성취한다고 주장하는가?

1) 수행승들이여, 세상에 어떤 수행자나 성직자는 이와 같은 이론을 갖고 이와 같은 견해를 갖고 있다. '벗이여, 이 자아는 다섯 가지 감각적 쾌락의 대상[169]을 소유하고 구족하여 즐긴다. 벗이여, 이러한 한, 그 자아는 현세에서 최상의 열반에 도달해 있는 것이다.' 이와 같이 어떤 자들은 현존하는 뭇삶은 현세에서 최상의 열반을 성취한다고 주장한다.

---

168) diṭṭhadhammanibbānavāda : Smv. 121에 따르면, 현세(diṭṭhadhamma)라는 것은 직접 경험에 의해 보여지는 것(paccakkhadhamma)을 말한다. 또는 그때그때 경험되는 자기존재(attabhāva)와 동의어이다. 현세열반이란 이 자기존재 안의 괴로움의 지멸을 말한다.

169) pañca kāmaguṇā : 한역에서는 오묘욕(五妙欲)이라고 한다. Smv. 403에 따르면, 감각적 쾌락의 대상이라는 의미에서 까마(kāma)이고 속박(束縛)이라는 의미에서 구나(guṇa)이다. ① 형상(色 : rūpa) ② 소리(聲 : sadda) ③ 냄새(香 : gandha) ④ 맛(味 : rasa) ⑤ 감촉(觸 : phoṭṭhabba)의 다섯 가지를 뜻한다. 상세한 설명은 전집(DN. I. 245)을 참조하라.

2) 또한 다른 자는 그것에 관하여 이와 같이 말한다.[170] '벗이여, 그대가 말한 자아는 있는 것이라고 나는 말하지, 없는 것은 아니라고 나는 말한다. 그러나 그 정도로는 현세에서 최상의 열반에 도달한 것이 아니다. 그것은 무슨 까닭인가? 벗이여, 감각적 쾌락의 욕망은 무상하고 괴롭고 변화하는 것으로[171] 그 변화하고 달라지는 것을 원인으로 태어남, 늙음, 죽음, 슬픔, 비탄, 고통, 근심, 절망[172]이 생겨나기 때문이다. 벗이여, 그래서[37] 이 자아는 감각적 쾌락의 욕망을 여의고 악하고 불건전한 상태를 떠나서, 사유를 갖추고 숙고를 갖추어, 멀리 여읨에서 생겨나는 희열과 행복으로 가득한 첫 번째 선정을 성취한다. 벗이여, 이러한 한, 그 자아는 현세에서 최상의 열반에 도달한 것이다.' 이와 같이 어떤 자들은 현존하는 뭇삶은 현세에서 최상의 열반을 성취한다고 주장한다.

3) 또한 다른 자는 그것에 관하여 이와 같이 말한다. '벗이여, 그대가 말한 자아는 있는 것이라고 나는 말하지, 없는 것은 아니라고 나는 말한다. 그러나 그 정도로는 현세에서 최상의 열반에 도달한 것이 아니다. 그것은 무슨 까닭인가? 거기에 사유가 있고 숙고가 있는 한, 그것은 거친 것이

---

170) tam añño evam āha : 이하의 네 가지 근거는 미세한 물질계의 네 가지 선정[色界四禪] 즉, ① 첫 번째 선정[初禪 : pathamaṁ jhānaṁ], ② 두 번째 선정[二禪 : dutiyaṁ jhānaṁ], ③ 세 번째 선정[三禪 : tatiyaṁ jhānaṁ], ④ 네 번째 선정[四禪 : catutthaṁ jhānaṁ]에 의한 것이다.

171) aniccā dukkhā vipariṇāmadhammā : Smv. 121에 따르면, 무자성(無自性 : abhāva)의 뜻이므로 '무상하고', 억압(paṭipiḷana)의 뜻이므로 '괴롭고', 본성을 버리는 것(pakatijahana)의 뜻이므로 '변화하는 것'이다.

172) sokaparidevadukkhadomanassupāyāsā : Smv. 121에 따르면, 슬픔은 안으로의 불태움(antonujjhāna), 비탄은 그것에 의한 한탄(lālappana)을, 고통은 신체적 압박(kāyapaṭipiḷana)을, 근심은 정신적 파괴(manovighāta)를, 절망은 낙담(visāda)을 나타낸다.

라 일컬어지기 때문이다. 벗이여, 그래서 이 자아는 사유와 숙고가 멈추어진 뒤, 내적인 평온과 마음의 통일을 이루고, 사유를 뛰어넘고 숙고를 뛰어넘어 삼매에서 생겨나는 희열과 행복으로 가득한 두 번째 선정을 성취한다. 벗이여, 이러한 한, 그 자아는 현세에서 최상의 열반에 도달한 것이다.' 이와 같이 어떤 자들은 현존하는 뭇삶은 현세에서 최상의 열반을 성취한다고 주장한다.

4) 또한 다른 자는 그것에 관하여 이와 같이 말한다. '벗이여, 그대가 말한 자아는 있는 것이라고 나는 말하지, 없는 것은 아니라고 나는 말한다. 그러나 그 정도로는 현세에서 최상의 열반에 도달한 것이 아니다. 그것은 무슨 까닭인가? 거기에 희열이 있고 마음의 환호가 있는 한, 그것은 거친 것이라 일컬어지기 때문이다. 벗이여, 이 자아가 희열이 사라진 뒤, 새김을 확립하고 올바른 알아차림을 갖추고 평정하게 지내고 신체적으로 행복을 느끼며, 고귀한 님들이 평정하고 새김있는 행복한 삶이라 부르는 세 번째 선정을 성취한다. 벗이여, 이러한 한, 그 자아는 현세에서 최상의 열반에 도달한 것이다.' 이와 같이 어떤 자들은 현존하는 뭇삶은 현세에서 최상의 열반을 성취한다고 주장한다.

5) 또한 다른 자는 그것에 관하여 이와 같이 말한다. '벗이여, 그대가 말한 자아는 있는 것이라고 나는 말하지, 없는 것은 아니라고 나는 말한다. 그러나 그 정도로는 현세에서 최상의 열반에 도달한 것이 아니다. 그것은 무슨 까닭인가? 벗이여, 거기에 즐거움이라는 마음의 향수가 있는 한,

그것은 거친 것이라 일컬어지기 때문이다. 벗이여, 이 자아가, 즐거움과 괴로움이 버려지고 만족과 불만도 사라진 뒤, 괴로움도 뛰어넘고 즐거움도 뛰어넘어,[38] 평정하고 새김있고 청정한 네 번째 선정을 성취한다. 벗이여, 이러한 한, 그 자아는 현세에서 최상의 열반에 도달한 것이다.' 이와 같이 어떤 자들은 현존하는 뭇삶은 현세에서 최상의 열반을 성취한다고 주장한다.

92. 수행승들이여, 이와 같이 그 수행자나 성직자들은 현세열반론자로서 다섯 가지 근거를 통해서 현존하는 뭇삶은 현세에서 최상의 열반을 성취한다고 주장한다. 수행승들이여, 어떠한 수행자들이나 성직자들이라도 현세열반론자로서 현존하는 뭇삶은 현세에서 최상의 열반을 성취한다고 주장한다면, 모두가 이러한 다섯 가지 근거나 그들 가운데 어느 하나에 의해서 주장하는 것이다. 그밖에 다른 근거는 없다.

93. 수행승들이여, 여래는 '이와 같이 파악되고 이와 같이 집착된 견해의 토대는 이와 같은 운명, 이와 같은 미래를 가져올 것이다.'라고 분명히 안다. 여래는 그것을 분명히 알 뿐만 아니라 그 이상도 분명히 안다. 그러나 여래는 그 분명히 아는 것에 [39] 집착하지 않는다. 집착을 여의고 여래는 적멸을 자각한다. 수행승들이여, 느낌들의 생성과 소멸과 유혹과 위험과 여읨을 있는 그대로 알아서 여래는 집착 없이 해탈한다.

94. 수행승들이여, 이것들이, 여래가 스스로 곧바로 알고 깨달아 선언한, 심오하고, 보기 어렵고, 깨닫기 어렵고, 고요하고, 탁월하고, 사고의 영역을 뛰어넘고, 극히 미묘하여 슬기로운 자들에게만 알려지는 것으로, 그것으로써 여래를 있는

그대로 올바로 칭찬할 수 있는, 그 가르침이다.

95. 수행승들이여, 이와 같이 그 수행자들이나 성직자들은 미래를 생각하고 미래에 대한 견해를 갖고 미래에 대하여 마흔네 가지 근거를 통해서 여러 가지 망설을 주장한다. 수행승들이여, 어떠한 수행자들이나 성직자들이라도 미래를 생각하고 미래에 대한 견해를 갖고 미래에 대하여 여러 가지 망설을 주장한다면, 모두가 이러한 마흔네 가지 근거나 그들 가운데 어느 하나에 의해서 주장하는 것이다. 그밖에 다른 근거는 없다.[173)]

96. 수행승들이여, 여래는 '이와 같이 파악되고 이와 같이 집착된 견해의 토대는 이와 같은 운명, 이와 같은 미래를 가져올 것이다.'라고 분명히 안다. 여래는 그것을 분명히 알 뿐만 아니라 그 이상도 분명히 안다. 그러나 여래는 그 분명히 아는 것에 집착하지 않는다. 집착을 여의고 여래는 적멸을 자각한다. 수행승들이여, 느낌들의 생성과 소멸과 유혹과 위험과 여읨을 있는 그대로 알아서 여래는 집착 없이 해탈한다.

97. 수행승들이여, 이것들이, 여래가 스스로 곧바로 알고 깨달아 선언한, 심오하고, 보기 어렵고, 깨닫기 어렵고, 고요하고, 탁월하고, 사고의 영역을 뛰어넘고, 극히 미묘하여 슬기로운 자들에게만 알려지는 것으로, 그것으로써 여래를 있는 그대로 올바로 칭찬할 수 있는, 그 가르침이다.

98. 수행승들이여, 이와 같이 그 수행자들이나 성직자들은 과거를 생각하고 미래를 생각하고 과거와 미래를 생각하고

---

173) natthi ito bahiddhā : Smv. 123에 따르면, 이상으로 62견해가 모두 설해진 것이다. 그 가운데 7가지만 허무주의에 속하고 나머지 55견해는 영원주의에 속한다.

과거와 미래에 대한 견해를 갖고 과거와 미래에 대하여 예순두 가지 근거를 통해서 여러 가지 망설을 주장한다. 수행승들이여, 어떠한 수행자들이나 성직자들이라도 과거를 생각하고 미래를 생각하고 과거와 미래를 생각하고 과거와 미래에 대한 견해를 갖고 과거와 미래에 대하여 여러 가지 망설을 주장한다면, 모두가 이러한 예순두 가지 근거나 그들 가운데 어느 하나에 의해서 주장하는 것이다. 그밖에 다른 근거는 없다.

99. 수행승들이여, 여래는 '이와 같이 파악되고 이와 같이 집착된 견해의 토대는 이와 같은 운명, 이와 같은 미래를 가져올 것이다.'라고 분명히 안다. 여래는 그것을 분명히 알 뿐만 아니라 그 이상도 분명히 안다. 그러나 여래는 그 분명히 아는 것에 집착하지 않는다. 집착을 여의고 여래는 적멸을 자각한다. 수행승들이여, 느낌들의 생성과 소멸과 유혹과 위험과 여읨을 있는 그대로 알아서 여래는 집착 없이 해탈한다.

100. 수행승들이여, 이것들이, 여래가 스스로 곧바로 알고 깨달아 선언한, 심오하고, 보기 어렵고, 깨닫기 어렵고, 고요하고, 탁월하고, 사고의 영역을 뛰어넘고, 극히 미묘하여 슬기로운 자들에게만 알려지는 것으로, 그것으로써 여래를 있는 그대로 올바로 칭찬할 수 있는, 그 가르침이다."

(번민과 동요)

101. [세존] "수행승들이여, 그 가운데 영원주의자인 수행자들이나 성직자들은 네 가지 근거를 통해서[40] '자아와 세계는 영원하다.'라고 주장하지만, 그것은 그 존귀한 수행자들이

나 성직자들이 알지 못하고 보지 못하고, 갈애에 사로잡혀 번민하고 동요한 결과, 자신들에게 감지된 것일 뿐이다.[174]

102. 수행승들이여, 그 가운데 부분적 영원주의자 · 부분적 비영원주의자인 수행자들이나 성직자들은 네 가지 근거를 통해서 '자아와 세계는 부분적으로 영원하고 부분적으로 영원하지 않다.'라고 주장하지만, 그것은 그 존귀한 수행자들이나 성직자들이 알지 못하고 보지 못하고, 갈애에 사로잡혀 번민하고 동요한 결과, 자신들에게 감지된 것일 뿐이다.

103. 수행승들이여, 그 가운데 유한 · 무한론자인 수행자들이나 성직자들은 네 가지 근거를 통해서 '세계는 유한하거나 무한하다.'라고 주장하지만, 그것은 그 존귀한 수행자들이나 성직자들이 알지 못하고 보지 못하고, 갈애에 사로잡혀 번민하고 동요한 결과, 자신들에게 감지된 것일 뿐이다.

104. 수행승들이여, 그 가운데 회의주의자인 수행자들이나 성직자들은 이러저러한 것에 관하여 질문을 받으면 네 가지 근거를 통해서 말의 꼬리를 잡아 궤변을 늘어놓지만, 그것은 그 존귀한 수행자들이나 성직자들이 알지 못하고 보지 못하

---

174) tatra bhikkhave ye te samaṇabrāhmaṇā sassatavādā sassataṃ attānañca lokañca paññāpenti catūhi vatthūhi, tadapi tesaṃ bhavataṃ samaṇabrāhmaṇānaṃ ajānataṃ apassataṃ vedayitaṃ taṇhāgatānaṃ paritasitavipphanditameva : Smv. 123-124에 따르면, '수행승들이여, 그 가운데'는 단락의 구분을 위한 것이다. 그리고 견해에 매혹되고 견해의 즐거움에 의해서 견해의 감지에 의해서 기뻐하는 그들은 네 가지 근거를 통해서 영원한 자아와 세계를 주장하지만, 그들 존귀한 수행자나 성직자들이 여실하게 있는 그대로의 자성을 알지 못하고 보지 못한 채 감지하는 것이며, 그것은 단지 갈애에 사로잡힌 자들이 감지한 것에 지나지 않는 것이다. 단지 견해라고도 갈애라고도 불리는 번민에 의해서 동요한 결과일 뿐이다. 왕겨더미 속에서 파낸 통나무와 같다. 흐름에 든 님(預流者 : sotāpanna)의 견해와 같은 부동(不動)은 아니라는 것을 나타내고 있다. 그것은 부분적 영원주의자의 경우에도 마찬가지이다.

고, 갈애에 사로잡혀 번민하고 동요한 결과, 자신들에게 감지된 것일 뿐이다.

105. 수행승들이여, 그 가운데 우연론자인 수행자들이나 성직자들은 두 가지 근거를 통해서 '자아와 세계는 우연히 생겨난다.'라고 주장하지만, 그것은 그 존귀한 수행자들이나 성직자들이 알지 못하고 보지 못하고, 갈애에 사로잡혀 번민하고 동요한 결과, 자신들에게 감지된 것일 뿐이다.

106. 수행승들이여, 그 가운데 과거를 생각하는 자로서 수행자들이나 성직자들이 과거에 대한 견해를 갖고 과거에 대하여 열여덟 가지 근거를 통해서 여러 가지 망설을 주장하지만, 그것은 그 존귀한 수행자들이나 성직자들이 알지 못하고 보지 못하고, 갈애에 사로잡혀 번민하고 동요한 결과, 자신들에게 감지된 것일 뿐이다.

107. 수행승들이여, 그 가운데 사후지각론자인 수행자들이나 성직자들이 열여섯 가지 근거를 통해서 '사후에도 자아에게 지각이 있다.'라고 주장하지만, 그것은 그 존귀한 수행자들이나 성직자들이 알지 못하고 보지 못하고, 갈애에 사로잡혀 번민하고 동요한 결과, 자신들에게 감지된 것일 뿐이다.

108. 수행승들이여, 그 가운데 사후무지각론자인 수행자들이나 성직자들이 여덟 가지 근거를 통해서 '사후에는 자아에게 지각이 없다.'라고 주장하지만, 그것은 그 존귀한 수행자들이나 성직자들이 알지 못하고 보지 못하고, 갈애에 사로잡혀 번민하고 동요한 결과, 자신들에게 감지된 것일 뿐이다.

109. 수행승들이여, 그 가운데 사후비유비무지각론자인 수

행자들이나 성직자들이 여덟 가지 근거를 통해서 '사후에는 자아에게 지각이 있는 것도 아니고 지각이 없는 것도 아니다.'라고 주장하지만, 그것은 그 존귀한 수행자들이나 성직자들이 알지 못하고 보지 못하고, 갈애에 사로잡혀 번민하고 동요한 결과, 자신들에게 감지된 것일 뿐이다.

110. 수행승들이여, 그 가운데 허무주의자인 수행자들이나 성직자들이 일곱 가지 근거를 통해서 '현존하는 뭇삶은 단멸하고 파멸하고 멸망한다.'라고 주장하지만, 그것은 그 존귀한 수행자들이나 성직자들이 알지 못하고 보지 못하고, 갈애에 사로잡혀 번민하고 동요한 결과, 자신들에게 감지된 것일 뿐이다.

111. 수행승들이여, 그 가운데 현세열반론자인 수행자들이나 성직자들이 다섯 가지 근거를 통해서 '현존하는 뭇삶은 현세에서 최상의 열반을 성취한다.'라고 주장하지만, 그것은 그 존귀한 수행자들이나 성직자들이 알지 못하고 보지 못하고, 갈애에 사로잡혀 번민하고 동요한 결과, 자신들에게 감지된 것일 뿐이다.

112. 수행승들이여, 그 가운데 미래를 생각하는 자로서 수행자들이나 성직자들이 미래에 대한 견해를 갖고 미래에 대하여 마흔네 가지 근거를 통해서 여러 가지 망설을 주장하지만, 그것은 그 존귀한 수행자들이나 성직자들이 알지 못하고 보지 못하고, 갈애에 사로잡혀 번민하고 동요한 결과, 자신들에게 감지된 것일 뿐이다.

113. 수행승들이여, 그 가운데 과거를 생각하고 미래를 생

각하고 과거·미래를 생각하는 자로서 수행자들이나 성직자들이 과거와 미래에 대한 견해를 갖고 과거와 미래에 대하여 예순두 가지 근거를 통해서 여러 가지 망설을 주장을 주장하지만, 그것은 그 존귀한 수행자들이나 성직자들이 알지 못하고 보지 못하고, 갈애에 사로잡혀 번민하고 동요한 결과, 자신들에게 감지된 것일 뿐이다."

(접촉을 조건으로)

114. [세존] "수행승들이여, 그 가운데 영원주의자인[42] 수행자들이나 성직자들은 네 가지 근거를 통해서 '자아와 세계는 영원하다.'라고 주장하지만, 그것은 단지 접촉을 조건으로 시설한 것일 뿐이다.[175]

115. 수행승들이여, 그 가운데 부분적 영원주의자 · 부분적 비영원주의자인 수행자들이나 성직자들은 네 가지 근거를 통해서 '자아와 세계는 부분적으로 영원하고 부분적으로 영원하지 않다.'라고 주장하지만, 그것은 단지 접촉을 조건으로 시설한 것일 뿐이다.

116. 수행승들이여, 그 가운데 유한 · 무한론자인 수행자들이나 성직자들은 네 가지 근거를 통해서 '세계는 유한하거나 무한하다.'라고 주장하지만, 그것은 단지 접촉을 조건으로 시설한 것일 뿐이다.

---

175) tatra bhikkhave ye te samaṇabrāhmaṇā sassatavādā sassataṃ attānañca lokañca paññāpenti catūhi vatthūhi, tadapi phassapaccayā : Smv. 124에 따르면, 견해에 매혹되고 견해의 즐거움에 의해서 견해의 감지에 의해서 기뻐하는 그들은 네 가지 근거를 통해서 영원한 자아와 세계를 주장하지만, 그것 또한 접촉을 조건으로 갈애와 견해에 동요되어 감지하는 것이다.

117. 수행승들이여, 그 가운데 회의주의자인 수행자들이나 성직자들은 이러저러한 것에 관하여 질문을 받으면 네 가지 근거를 통해서 말의 꼬리를 잡아 궤변을 늘어놓지만, 그것은 단지 접촉을 조건으로 시설한 것일 뿐이다.

118. 수행승들이여, 그 가운데 우연론자인 수행자들이나 성직자들은 두 가지 근거를 통해서 '자아와 세계는 우연히 생겨난다.'라고 주장하지만, 그것은 단지 접촉을 조건으로 시설한 것일 뿐이다.

119. 수행승들이여, 그 가운데 과거를 생각하는 자로서 수행자들이나 성직자들이 과거에 대한 견해를 갖고 과거에 대하여 열여덟 가지 근거를 통해서 여러 가지 망설을 주장하지만, 그것은 단지 접촉을 조건으로 시설한 것일 뿐이다.

120. 수행승들이여, 그 가운데 사후지각론자인 수행자들이나 성직자들이 열여섯 가지 근거를 통해서 '사후에도 자아에게 지각이 있다.'라고 주장하지만, 그것은 단지 접촉을 조건으로 시설한 것일 뿐이다.

121. 수행승들이여, 그 가운데 사후무지각론자인 수행자들이나 성직자들이 여덟 가지 근거를 통해서 '사후에는 자아에게 지각이 없다.'라고 주장하지만, 그것은 단지 접촉을 조건으로 시설한 것일 뿐이다.

122. 수행승들이여, 그 가운데 사후비유비무지각론자인 수행자들이나 성직자들이 여덟 가지 근거를 통해서 '사후에는 자아에게 지각이 있는 것도 아니고 지각이 없는 것도 아니다.'라고 주장하지만, 그것은 단지 접촉을 조건으로 시설한

것일 뿐이다.

123. 수행승들이여, 그 가운데 허무주의자인 수행자들이나 성직자들이 일곱 가지 근거를 통해서 '현존하는 뭇삶은 단멸하고 파멸하고 멸망한다.'라고 주장하지만, 그것은 단지 접촉을 조건으로 시설한 것일 뿐이다.

124. 수행승들이여, 그 가운데 현세열반론자인 수행자들이나 성직자들이 다섯 가지 근거를 통해서 '현존하는 뭇삶은 현세에서 최상의 열반을 성취한다.'라고 주장하지만, 그것은 단지 접촉을 조건으로 시설한 것일 뿐이다.

125. 수행승들이여, 그 가운데 미래를 생각하는[43] 수행자들이나 성직자들이 미래에 대한 견해를 갖고 미래에 대하여 마흔네 가지 근거를 통해서 여러 가지 망설을 주장하지만, 그것은 단지 접촉을 조건으로 시설한 것일 뿐이다.

126. 수행승들이여, 그 가운데 과거를 생각하고 미래를 생각하고 과거 · 미래를 생각하는 자로서 수행자들이나 성직자들이 과거와 미래에 대한 견해를 갖고 과거와 미래에 대하여 예순두 가지 근거를 통해서 여러 가지 망설을 주장하지만, 그것은 단지 접촉을 조건으로 시설한 것일 뿐이다."

(접촉이 없는 인식의 불가능)

127. [세존] "수행승들이여, 그 가운데 영원주의자인 수행자들이나 성직자들은 네 가지 근거를 통해서 '자아와 세계는 영원하다.'라고 주장하지만, 그들이 접촉 없이 그것을 인식한다고 한다면 그것은 불가능하다.[176]

128. 수행승들이여, 그 가운데 부분적 영원주의자 · 부분적 비영원주의자인 수행자들이나 성직자들은 네 가지 근거를 통해서 '자아와 세계는 부분적으로 영원하고 부분적으로 영원하지 않다.'라고 주장하지만, 그들이 접촉 없이 그것을 인식한다고 한다면 그것은 불가능하다.

129. 수행승들이여, 그 가운데 유한 · 무한론자인 수행자들이나 성직자들은 네 가지 근거를 통해서 '세계는 유한하거나 무한하다.'라고 주장하지만, 그들이 접촉 없이 그것을 인식한다고 한다면 그것은 불가능하다.

130. 수행승들이여, 그 가운데 회의주의자인 수행자들이나 성직자들은 이러저러한 것에 관하여 질문을 받으면 네 가지 근거를 통해서 말의 꼬리를 잡아 궤변을 늘어놓지만, 그들이 접촉 없이 그것을 인식한다고 한다면 그것은 불가능하다.

131. 수행승들이여, 그 가운데 우연론자인 수행자들이나 성직자들은 두 가지 근거를 통해서 '자아와 세계는 우연히 생겨난다.'라고 주장하지만, 그들이 접촉 없이 그것을 인식한다고 한다면 그것은 불가능하다.

132. 수행승들이여, 그 가운데 과거를 생각하는 자로서 수행자들이나 성직자들이 과거에 대한 견해를 갖고 과거에 대

176) tatra bhikkhave ye te samaṇabrāhmaṇā sassatavādā sassataṃ attānañca lokañca paññāpenti catūhi vatthūhi, te vata aññatra phassā paṭisaṃvedissantīti netaṃ ṭhānaṃ vijjati : Smv. 124에 따르면, 이제 접촉의 조건이 견해의 감지(견해를 조건으로 하는 감지)에서 강력하게 작용하는 것임을 나타내기 위해 '수행승들이여, 그 가운데'라고 말한 것이다. 그들 수행자들이나 성직자들이 접촉 없이 감지한다고 하면 그 근거는 존재하지 않는다. 기둥이라는 것이 넘어지는 집을 지탱하는 강한 조건이라 기둥이 받치지 못하면 그것은 서있지 못하는 것처럼, 접촉 또한 감지의 강한 조건이라 그것이 없이는 이러한 견해의 감지는 존재하지 않는다는 것을 보여준다.

하여 열여덟 가지 근거를 통해서 여러 가지 망설을 주장하지만, 그들이 접촉 없이 그것을 인식한다고 한다면 그것은 불가능하다.

133. 수행승들이여, 그 가운데 사후유지각론자인 수행자들이나 성직자들이[44] 열여섯 가지 근거를 통해서 '사후에도 자아에게 지각이 있다.'라고 주장하지만, 그들이 접촉 없이 그것을 인식한다고 한다면 그것은 불가능하다.

134. 수행승들이여, 그 가운데 사후무지각론자인 수행자들이나 성직자들이 여덟 가지 근거를 통해서 '사후에는 자아에게 지각이 없다.'라고 주장하지만, 그들이 접촉 없이 그것을 인식한다고 한다면 그것은 불가능하다.

135. 수행승들이여, 그 가운데 사후비유비무지각론자인 수행자들이나 성직자들이 여덟 가지 근거를 통해서 '사후에는 자아에게 지각이 있는 것도 아니고 지각이 없는 것도 아니다.'라고 주장하지만, 그들이 접촉 없이 그것을 인식한다고 한다면 그것은 불가능하다.

136. 수행승들이여, 그 가운데 허무주의자인 수행자들이나 성직자들이 일곱 가지 근거를 통해서 '현존하는 뭇삶은 단멸하고 파멸하고 멸망한다.'라고 주장하지만, 그들이 접촉 없이 그것을 인식한다고 한다면 그것은 불가능하다.

137. 수행승들이여, 그 가운데 현세열반론자인 수행자들이나 성직자들이 다섯 가지 근거를 통해서 '현존하는 뭇삶은 현세에서 최상의 열반을 성취한다.'고 주장하지만, 그들이 접촉 없이 그것을 인식한다고 한다면 그것은 불가능하다.

138. 수행승들이여, 그 가운데 미래를 생각하는 자로서 수행자들이나 성직자들이 미래에 대한 견해를 갖고 미래에 대하여 마흔네 가지 근거를 통해서 여러 가지 망설을 주장하지만, 그들이 접촉 없이 그것을 인식한다고 한다면 그것은 불가능하다.

139. 수행승들이여, 그 가운데 과거를 생각하고 미래를 생각하고 과거·미래를 생각하는 자로서 수행자들이나 성직자들이 과거와 미래에 대한 견해를 갖고 과거와 미래에 대하여 예순두 가지 근거를 통해서 여러 가지 망설을 주장하지만, 그들이 접촉 없이 그것을 인식한다고 한다면 그것은 불가능하다."

(견해에 의한 유전연기론)

140. [세존] "수행승들이여, 그 가운데[177]

1) 영원주의자로서 네 가지 근거를 통해서 자아와 세계는 영원하다라고 주장하는 수행자들이나 성직자들도,

2) 부분적 영원주의자·부분적 비영원주의자로서 네 가지 근거를 통해서 자아와 세계는 부분적으로 영원하고 부분적으로 영원하지 않다고 주장하는 수행자들이나 성직자들도,

3) 유한·무한론자로서 네 가지 근거를 통해서 세계는 유한하

---

177) tatra bhikkhave : Smv. 124에 따르면, '수행승들이여, 그 가운데 영원주의자로서 네 가지 근거를 통해서 자아와 세계는 영원하다라고 주장하는 수행자들이나 성직자들도, 부분적 영원주의자·부분적 비영원주의자로서 네 가지 근거를 통해서'라는 방식으로 모든 견해의 감지를 통합한다. 왜냐하면 나중에 접촉 가운데 포함시키기 위해서 이다. 어떻게 해서 인가? '그들 모두는 여섯 가지 접촉의 감역을 통해서 잇따라 접촉하면서 그것들을 감지한다.'라고 말하기 위해서이다.

거나 무한하다라고 주장하는 수행자들이나 성직자들도,

4) 회의주의자로서 이러저러한 것에 관하여 질문을 받으면 네 가지 근거를 통해서 말의 꼬리를 잡아 궤변을 늘어놓는 수행자들이나 성직자들도,

5) 우연론자로서[45] 두 가지 근거를 통해서 자아와 세계는 우연히 생겨난다고 주장하는 수행자들이나 성직자들도,

6) 과거를 생각하는 자로서 과거에 대한 견해를 갖고 과거에 대하여 열여덟 가지 근거를 통해서 여러 가지 망설을 주장하는 수행자들이나 성직자들도,

7) 사후지각론자로서 열여섯 가지 근거를 통해서 사후에도 자아에게 지각이 있다고 주장하는 수행자들이나 성직자들도,

8) 사후무지각론자로서 여덟 가지 근거를 통해서 사후에는 자아에게 지각이 없다고 주장하는 수행자들이나 성직자들도,

9) 사후비유비무지각론자로서 여덟 가지 근거를 통해서 사후에는 자아에게 지각이 있는 것도 아니고 지각이 없는 것도 아니다고 주장하는 수행자들이나 성직자들도,

10) 허무주의자로서 일곱 가지 근거를 통해서 현존하는 뭇삶은 단멸하고 파멸하고 멸망한다고 주장하는 수행자들이나 성직자들도,

11) 현세열반론자로서 다섯 가지 근거를 통해서 현존하는 뭇삶은 현세에서 최상의 열반을 성취한다고 주장하는 수행자들이나 성직자들도,

12) 미래를 생각하는 자로서 미래에 대한 견해를 갖고 미래

에 대하여 마흔네 가지 근거를 통해서 여러 가지 망설을 주장하는 수행자들이나 성직자들도,

13) 과거를 생각하고 미래를 생각하고 과거·미래를 생각하는 자로서 과거와 미래에 대한 견해를 갖고 과거와 미래에 대하여 예순두 가지 근거를 통해서 여러 가지 망설을 주장하는 수행자들이나 성직자들도,

그들 모두는 여섯 가지 접촉의 감역을 통해서 잇따라 접촉하면서 그것들을 감지한다. 그것들에 대한 느낌을 조건으로 갈애가 생겨나고, 갈애를 조건으로 집착이 생겨나고, 집착을 조건으로 존재가 생겨나고, 존재를 조건으로 태어남이 생겨나며, 태어남을 조건으로 늙고 죽음, 슬픔, 비탄, 고통, 근심, 절망이 생겨난다."[178]

(윤회의 환멸론)

141. [세존] "수행승들이여, 수행승이 여섯 가지 접촉의 감역의 발생과 소멸과 유혹과 위험과 여읨을 있는 그대로 분명히 알 때,[179] 이 모든 것을 초월하는 것에 대해서 분명히 안다.[180]

---

178) sabbe te chahi phassāyatanehi phussa phussa paṭisaṃvedenti. tesaṃ vedanāpaccayā taṇhā, taṇhāpaccayā upādānaṃ, upādānapaccayā bhavo, bhavapaccayā jāti, jātipaccayā jarāmaraṇaṃ sokaparidevadukkhadomanassupāyāsā sambhavanti : 십이연기(十二緣起 : dvādasapaṭiccasamuppāda) – ① 무명(avijjā : 無明) ② 형성(saṅkhārā : 行) ③ 의식(viññāṇa : 識), ④ 명색(nāmarūpa : 名色) ⑤ 여섯 감역(saḷāyatana : 六入) ⑥ 접촉(phassa : 觸) ⑦ 느낌(vedanā : 受) ⑧ 갈애(taṇhā : 愛) ⑨ 집착(upādāna : 取), ⑩ 존재(bhava : 有), ⑪ 태어남(jāti : 生), ⑫ 늙음과 죽음(jarāmaraṇa : 老死) –의 유전문(流轉門)의 일부(⑤ ~ ⑫)를 소개하고 있다. 이 각각의 고리에 대해서 상세히 설명은 MN. 9를 참조하라.

179) yato kho bhikkhave bhikkhu channaṃ phassāyatanānaṃ samudayaṃ ca atthagamaṃ ca assādaṃ ca ādīnavaṃ ca nissaraṇaṃ ca yathābhūtaṃ pajānāti : 여섯 가지 접촉의 장[六觸入處]을 말하며, ① 시각의 접촉(cakkhusamphassa : 眼觸) ② 청각의 접촉(sotasamphassa : 耳觸) ③ 후각의 접촉(ghānasamphassa : 鼻觸) ④ 미각의 접촉(jivhāsamphassa : 舌觸) ⑤ 촉각의 접

142. 수행승들이여, 과거를 생각하고 미래를 생각하고 과거·미래를 생각하는 자로서 어떠한 수행자들이나 성직자들이라도 과거와 미래에 대한 견해를 갖고 과거와 미래에 대하여 여러 가지 망설을 주장한다면, 모두가 이러한 예순두 가지 그물코를 가진 그물에 사로 잡혀, 거기에서 빠져나가려고 오르락내리락 하면 할수록, 거기에 갇힌 채 그물에 조여 발버둥 치게 될 뿐이다. 수행승들이여, 예를 들어, 숙련된 어부[181]와 그의 도제가 미세한 구멍을 가진 그물을 작은 호수에 던지면, 그는 '이 호수의 어떠한 거친 생명체가 있다면, 그 모두는 그물에 사로 잡혀, 거기에서 빠져나가려고 오르락내리락 하면 할수록, 거기에 갇힌 채[46] 그물에 조여 발버둥 치게 될 뿐이다.'라고 생각할 것이다. 이와 같이 수행승들이여, 과거를 생각하고 미래를 생각하고 과거·미래를 생각하는 자로서 어떠한 수행자들이나 성직자들이라도 과거와 미래에 대한 견해를 갖고 과거와 미래에 대하여 여러 가지 망설을 주장한다면, 모두가 이러한 예순 두 가지 그물코를 가진 그물에 사로 잡혀, 거기에서 빠져나가려고 오르락내리락 하면 할수록, 거기에 갇힌 채 그물에 조여 발버둥 치게 될 뿐이다.

촉(kāyasamphassa : 身觸) ⑥ 정신의 접촉(manosamphassa : 意觸)의 활동영역을 말한다.

180) imehi sabbeheva uttaritaraṃ pajānāti : Smv. 126에 따르면, 사견을 지닌 자는 견해만 알지만, 그는 견해와 견해보다 탁월한 것 즉 거룩한 경지에 까지 이르게 하는 계행과 삼매와 지혜와 해탈을 분명히 안다. 누가 아는 것인가? 돌아오지 않는 님, 한번 돌아오는 님, 흐름에 든 님이 알고, 많이 배운 자, 학인(gandhadhara) 수행승이 안다. 정근통찰자(āraddhavipassaka)가 안다.

181) kevaṭṭo : Smv. 127에 따르면, 여기서 어부는 부처님을 비유한 것이다. 그물은 가르침(說示 desanā)을 비유한 것이다. 작은 호수는 '일만 세계(dasa sahassī lokadhātu)'의 비유, 거친 생명체는 '62가지 견해에 빠진 자'와 같고 그물에 갇힌 상태를 나타내는 것은 '일체의 견해의 그물 안에 들어가 있는 상태'를 나타낸다. 여기서 이와 같이 비유의 결합을 알 수 있다.

143. 수행승들이여, 여래는 몸에서 존재로 이끄는 밧줄[182]을 끊었다. 몸이 지속하는 한, 신들과 인간들은 그것을 본다. 몸이 부수어지고 목숨이 다하면, 신들과 인간들은 그것을 보지 못한다. 수행승들이여, 예를 들어, 망고가 한 아름 달린 나뭇가지를 자르면, 가지에 달린 어떠한 망고라도 모두 자르는 것이다. 이와 같이 수행승들이여, 여래는 몸에서 존재로 이끄는 밧줄을 끊었다. 몸이 지속하는 한, 신들과 인간들은 그것을 본다. 몸이 부수어지고 목숨이 다하면, 신들과 인간들은 그것을 보지 못한다.

144. 이처럼 말씀하시자 존자 아난다[183]는 세존께 이와 같이

182) bhavanetti : Smv. 127에 따르면, 그것에 의해 존재로 이끌어지는 것으로 이끈다는 것은 머리를 묶어 잡아 끈다는 것이다. 그것은 밧줄의 이름이다. 이끄는 자는 존재에 대한 갈애[有愛 : bhavataṇhā]이다. 왜냐하면 많은 사람들의 머리를 묶어서 존재로 이끄는 것은 존재에 대한 갈애이기 때문이다.

183) Ānanda : 부처님의 제자 수행승 가운데 '많이 배운 자 가운데 제일(bahussutānaṃ aggaṃ)'이고, '새김 있는 님 가운데 제일(satimantānaṃ aggaṃ)'이고, '행동거취가 분명한 님 가운데 제일(gatimantānaṃ aggaṃ)'이고, '의지가 확고한 님 가운데 제일(dhitimantānaṃ aggaṃ)'이고, '시중드는 님 가운데 제일(upaṭṭhākānaṃ aggaṃ)'이다. 그는 부처님과 같은 나이의 사촌이었으며, 나중에 부처님의 시자가 되었다. 그는 도솔천(兜率天)에서 내려와 보살로 태어났다. 그의 아버지는 싸끼야 족의 아미또다나(Amitodana)였다. 그의 형제로는 이복형제인지 분명하지 않지만 쑷도다나(Suddhodana), 마하나마(Mahānāma), 아누룻다(Anuruddha)가 있었다. 그는 부처님께서 법륜을 굴리기 시작한 이듬해에 싸끼야 족의 왕자 밧디야(Bhaddiya), 아누룻다, 바구(Bhagu), 낌빌라(Kimbala), 데바닷따와 함께 교단에 들어갔다. 그의 친교사(親教師)는 벨랏타씨싸(Belaṭṭhasīsa)였고 뿐나 만따니뿟따(Puṇṇa Mantāniputta)의 설법을 듣고 흐름에 든 님[豫流者 : sotāpaṇṇa]의 경지에 이르렀다. 깨달은 뒤 20년간 부처님에게는 시자가 없었다. 그러나 20년 뒤 모든 위대한 제자들이 부처님을 시봉하길 원했을 때 부처님께서는 말없이 앉아 있던 아난다를 시자로 택했다. 아난다는 가사나 생필품이나 잠자리를 마련하고 방문객을 맞거나 여행을 준비하는 등의 일을 맡기로 하고 마지막으로 자신의 부재중에 한 설법을 자신에게 반복해주길 요청해서 허락을 받았다. 그 후 25년간 아난다는 부처님을 그림자처럼 따라다니며 씻을 물을 준비하고 발을 씻어드리고 방청소를 하고 모든 곳으로 따라다녔다. 그는 언제나 스승의 손이 닿는 곳에 있다가 스승에게 필요한 것은 미리 알아서 조치했다. 밤에는 단단한 지팡이와 커다란 등불을 들고 부처님의 향실(香室 : Gandhakuṭi) 주변을 아홉 번이나 돌았다. 그 이유는 필요하면 부처님을 깨우고 때로는

여쭈었다.

[아난다] "세존이시여, 놀라운 일입니다. 세존이시여, 예전에 없었던 일입니다. 세존이시여, 이 법문의 이름을 무엇이라고 하겠습니까?"

[세존] "아난다여, 그렇다면, 그대는 그 법문에 대하여 의미의 그물이라고도 새길 수 있고 진리의 그물이라고도 새길 수 있고 하느님의 그물이라고도 새길 수 있고 견해의 그물이라고도 새길 수 있고, 전쟁에서의 위없는 승리라고 새길 수도 있다."184)

주무시는 데 장애가 되는 요인을 제거하기 위해서였다. 그는 부처님이 열반에 드신 이후에 아라한의 경지를 얻어 칠엽굴(七葉窟 : Sattapaṇṇaguhā)에서 경전을 결집할 당시에 참여할 수 있었다. 그 때 아난다가 대부분의 경을 송출하여 후대에 대장경으로 남게 되었다.

184) tasmātiha tvaṃ ānanda imaṃ dhammapariyāyaṃ atthajālanti'pi naṃ dhārehi. dhammajālanti'pi naṃ dhārehi. brahmajālanti'pi naṃ dhārehi. diṭṭhijālanti'pi naṃ dhārehi. anuttaro saṅgāmavijayo'ti'pi naṃ dhārehī'ti : Smv. 129에 따르면, 이 법문에 이러저러한 의미가 시설되어 있기 때문에 '의미의 그물'이라고 할 수 있고, 많은 경전의 진리가 설해져 있으므로 '진리의 그물'이라고 할 수 있고, 최상의 상태의 하느님의 일체지가 시설되어 있기 때문에 '하느님의 그물'이라고 할 수 있고, 62가지의 견해가 시설되어 있기 때문에 '견해의 그물'이라고 할 수 있고, 이 법문을 듣고 하늘의 악마(devaputtamāra)도, 죽음의 악마(maccumāra)도, 오염의 악마(kilesamāra)도 쳐부술 수 있기 때문에 '전쟁에서의 위없는 승리'라고 할 수 있다.

145. 이와 같이 세존께서 말씀하시자, 그 수행승들은 세존께서 하신 말씀에 만족하여 기뻐했다. 또한 이와 같은 해설이 설해지자, 일만의 세계가 진동했다.185)

---

185) imasmiṃ ca pana veyyākaraṇasmiṃ bhaññamāne dasasahassī lokadhātu akampitthāti : Smv.130에 의하면, 일만 세계는 일만 철위산(cakkavāḷa : 鐵圍山)의 세계(lokadhātu)에 해당하는 우주를 말한다. 진동에 관해서는 경전이 끝났다고 진동한 것이 아니라, 일체 견해의 해설이 끝나자, 62가지 견해의 토대에 의해서 진동한 것이다. 여덟 가지 근거에 의한 대지의 진동이 있다. 세계(界)의 진동, 신통자의 위력, 보살의 입태, 보살의 출산, 성도, 초전법륜, 수명의 방기, 완전한 열반이다. 그리고 별도의 여덟 가지 근거에 의한 대지의 진동이 있다. 보살의 욕망의 여읨, 보리좌에 접근, 분소의의 획득, 분소의의 세정, 「깔라까라마 경」(Kāḷakārāmasutta)의 설법, 「고따마까 경」(Gotamakasutta)의 설법, 「베싼다라자따까」(Vessantarajātaka)의 설법, 「하느님의 그물의 경」(Brahmajālasutta)의 설법이다. 이 가운데 보살의 욕망의 여읨과 보리좌에 접근은 정진력에 의한 진동을, 분소의의 획득은 하기 어려운 일을 행한 것에 의한 진동을, 분소의의 세정은 공덕력에 의한 진동을, 「깔라까라마 경」의 설법과 「고따마까 경」의 설법은 부처님의 증명에 의한 진동을, 「베싼다라자따까」의 설법은 바라밀원만공덕력에 의한 진동을, 「하느님의 그물의 경」의 설법은 62견해의 해명을 함으로써 잘 설해졌다는 갈채에 의한 진동을 야기한 것이다.

2. 수행자의 삶의 결실이란 어떠한 것인가?

[Sāmaññaphalasutta][186]

(아자따쌋뚜 왕과 대신의 이야기)

1. 이와 같이[47] 나는 들었다. 한 때 세존께서 라자가하 시에 있는 지바까 꼬마라밧짜[187]의 망고 숲에서 천이백오십 명의 수행승의 무리와 함께 계셨다. 그 때 마가다[188] 국의 왕이자

---

186) DN. I. 47 : 수행자의 삶의 결실의 경(Sāmaññaphalasutta); 장아함17 (27) 沙門果經(大正1 107a-109c); 증일아함39 · 7 佛說寂志果經(大正1 270c-276b).

187) Jīvaka Komārabhacca : 부처님의 제자인 재가의 남자 신자 가운데 '사람들에게 사랑받는 님 가운데 제일(puggalappasannānaṃ aggaṃ)'이다. 지바까의 완전한 이름은 지바까 꼬마라밧짜(Jīvaka Komārabhacca)였다. 그는 마가다(Magadha) 국 라자가하(Rājagaha) 시에서 태어났다. 고급 창부의 버려진 아이로 태어났다. 왕자 아바야(Abhaya)가 발견하고는 키웠다. 마가다 국의 빔비싸라(Bimbisāra) 왕과 부처님의 시의(侍醫)로서 지바까에 얽힌 재미있는 일화가 있다. 그는 의사가 되려고, 딱까실라(Takkasilā)에 왔다. 거기에 도착해서 그는 앗떼이야(Atteya)라는 의사 앞에 나아갔는데 그 스승이 '의술에 대하여 어떠한 댓가를 지불할 수 있는가?'라고 묻자 그는 이와 같이 대답했다. '선생님, 저는 학문을 원하여, 마가다 국에서 이처럼 먼 거리를 왔습니다. 저의 집에서 떠나오면서 저는 저의 의도를 부모나 친구들에게 이야기하지 않았습니다. 그래서 저는 돈으로 어떠한 보답을 할 수가 없습니다. 그러나 저의 배움이 끝나면 제 자신이 당신의 의지처가 될 것입니다.'고 말했다. 이 말에 만족해서 앗떼이야는 그를 자신의 제자로 삼았다. 지바까는 그 스승 앞에서 칠년간을 치료술과 의학을 배웠다. 최종시험에서 딱까실라 시 주변의 15마일지역에 자라는 푸성귀, 덩쿨, 풀, 뿌리 등의 모든 초목들 가운데 약이 될만한 것을 기술하라고 요청받고 지바까는 4일 동안 그 곳에서 나는 모든 약초의 종류를 조사한 결과 '약에 사용되지 못할 푸성귀는 하나도 없다.'라고 자신의 스승에게 밝혀 시험에 합격했다. 그는 당대에 가장 유명한 의사가 되었다. 그는 부처님의 가르침을 듣고 '흐름에 든 님(豫流者)'이 되었다.

188) Magadha : 부처님 당시의 인도의 꼬쌀라(Kosala), 방싸(Vaṃsa), 아반띠(Avanti)와 더불어 사대강국의 하나. 수도는 라자가하(Rājagaha) – 나중에 빠딸리뿟따(Pāṭaliputta)로 천도되었다. – 였고 당시의 왕은 빔비싸라(Bimbisāra)와 그의 아들 아자따쌋뚜(Ajātasattu)였다. 앙가(Aṅga) 국은 빔비싸라 왕 당시에 마가다 국에 합병되어 있었다. 당시 마가다(Magadha)는 팔만 개의

베데히 비의 아들인 아자따쌋뚜[189]가 사월 흰 연꽃이 피는 달의 제 십오일 포살일,[190] 만월의 보름날에 대신들에게 둘러싸여 아름다운 궁전의 상층 테라스에 앉아 있었다.

2 그런데 마가다 국의 왕이자 베데히 비의 아들인 아자따쌋

마을로 구성되었고 약 1500km에 걸쳐 크기를 자랑했다. 그 후 아자따쌋뚜 왕은 꼬쌀라(Kosala)라는 대국을 병합하였다. 나중에 아쇼까(*sk.* Aśokā; *pali.* Asoka) 대왕의 등장으로 이어진다. 마가다 국은 불교의 진정한 발생지로 삼차결집 이후에 이곳에서 불교가 전세계로 퍼져 나간다. 부처님의 수제자 싸리뿟따(Sāriputta)와 목갈라나(Moggallāna)도 이곳 출신이었다.

189) Ajātasattu : 아자따쌋뚜(Ajātasattu)는 꼬쌀라 국의 빠쎄나디(Pasenadi) 왕의 조카이자 마가다 국의 빔비싸라(Bimbisāra) 왕의 아들이다. Smv. 135에 따르면, 그가 잉태되었을 때에 점쟁이는 그가 아버지를 살해할 것이라는 예언을 하자 어머니는 낙태를 시도했으나 실패했다. 빔비싸라는 이 소식을 듣지 못하고 아들이 태어나자 몹시 사랑했다. 그러나 나중에 이 사실을 안 아자따쌋뚜는 데바닷따(Devadatta)와 공모하여 부처님과 아버지를 살해하려고 하다가, 데바닷따는 부처님을 살해하려다 실패하고 그들의 음모는 발각되었다. 빔비싸라 왕의 대신들은 왕에게 아자따쌋뚜와 데바닷따와 관련자를 죽이라고 조언했다. 그러나 빔비싸라 왕은 아자따쌋뚜를 소환해서, 그가 권력을 원한다는 것을 듣고, 왕위를 양도했다. 그러나 데바닷따는 빔비싸라 왕을 죽여야 한다고 강요했다. 마침내 아자따쌋뚜는 아버지를 유폐하여 굶겨 죽였다. 그는 데바닷따와 공모하여 부처님을 살해하려 했던 것을 후회하고 부처님에게 귀의했으나 나중에는 부처님께서 완전히 열반에 드신 이후에 부처님이 살아생전에 허락하지 않은 밧지(Vajjī) 국을 멸망시키고 꼬쌀라 국을 병합했다. 그는 아버지를 유폐하여 굶겨죽였기 때문에 자신도 아버지를 죽인 날에 태어난 아들 우다이밧다(Udāyibhadda)에 의해서 시해당할까 항상 두려워했다. 아들이 출가하길 바랬으나 출가하지 않았고, 결국 32년간 재위한 뒤에 아버지를 죽인 업보로 자신의 아들에게 시해당했다. Ja. III. 121에 의하면, 그의 어머니는 꼬쌀라 국의 공주이지 비데하(Videha) 국의 공주는 아니다. Ggs. I. 131에 따르면, 붓다고싸가 Srp. I. 154에서 비데하 국의 공주로 규정한 것은 범어에서 아자따샤뚜루(*sk.* Ajātaśatru)를 바이데히뿌뜨라(vaidehīputra)로 표현한 것으로 보아 잘못된 언어적 해석이다. 베데히는 꼬쌀라 국 공주의 실명이며 아마도 그녀의 어머니나 조상이 비데하 족에서 유래했을 가능성이 있다.

190) uposatha : 원래는 인도 고대의 종교적인 규범을 지키는 날인데 그러한 관습이 불교에 흡수된 것이다. 불교에서는 계(戒)를 설하는 것, 혹은 그날을 우뽀싸타(uposatha) 즉, 재일(齋日), 포살(布薩)이라고 한다. 불경에 나타난 고대인도의 역법에 따르면, 인도의 일 년은 삼 계절 - 겨울, 여름, 우기 - 로 나뉘며, 각 계절은 4개월씩 계속된다. 4개월은 8개의 보름단위의 기간(pakkha)으로 나뉘고, 세 번째와 일곱 번째는 14일로 구성되고 나머지는 15일로 구성된다. 신월이나 보름달이거나 반달[상현이나 하현]의 날이 특별히 길조인 것으로 여겨진다. 불교에서는 이런 날에 포살의식(懺悔儀式)을 행한다. 보름날과 신월의 포살일에는 수행승들이 자신들의 의무계율[戒本]을 외우고, 일반신도들은 설법을 듣거나 수행을 하기 위해 승원을 방문한다.

뜨는 그 포살일에 흥에 겨워 감흥의 말을 읊었다.

[아자따쌋뚜] "벗이여, 달빛 비추는 밤은 정말 즐겁구나. 벗이여, 달빛 비추는 밤은 정말 아름답구나. 벗이여, 달빛 비추는 밤은 정말 볼만하구나. 벗이여, 달빛 비추는 밤은 정말 장엄하구나. 벗이여, 달빛 비추는 밤은 정말 상서롭구나. 오늘 같은 날 어떠한 수행자나 성직자를 방문하면 마음이 안온해질까?"

3. 이와 같이 말씀하시자 한 대신이 마가다 국의 왕이자 베데히 비의 아들인 아자따쌋뚜에게 이와 같이 말했다.

[대신] "폐하, 뿌라나 깟싸빠[191]는 교단을 갖추고, 대중을 거느리고, 무리의 스승이며, 세상에 알려져 명성이 있고, 종파의 창시자이며, 많은 사람들에게서 성자로서 존경받으며, 세월을 알고[192] 출가한 지 오래되었고 인생의 여로를 겪고 만년에 도달했습니다. 폐하께서는 그 뿌라나 깟싸빠를 방문하십시오. 아마도 폐하께서 그 뿌라나 깟싸빠를 방문하시면 마음이 안온해지실 것입니다."

이렇게 말하자 그 마가다 국의 왕이자 베데히 비의 아들인 아자따쌋뚜는 침묵했다.

4. 그러자 다른 대신이 마가다 국의 왕이자 베데히 비의 아들인 아자따쌋뚜에게 이와 같이 말했다.

[대신] "폐하, 막칼리 고쌀라[193]는[48] 교단을 갖추고, 대중을 거느리고, 무리의 스승이며, 세상에 알려져 명성이

---

191) Pūraṇa Kassapa : 그에 대한 상세한 것은 이 책(DN. I. 52)과 그 주석을 보라.
192) rattaññū : 원래는 '밤(夜)을 아는 자' 즉 '세월을 아는 자'라는 뜻이다.
193) Makkhali Gosāla : 그에 대한 상세한 것은 이 책(DN. I. 53)과 그 주석을 보라.

있고, 종파의 창시자이며, 많은 사람들에게서 성자로서 존경받으며, 세월을 알고 출가한 지 오래되었고 인생의 여로를 겪고 만년에 도달했습니다. 폐하께서는 그 막칼리 고쌀라를 방문하십시오. 아마도 폐하께서 그 막칼리 고쌀라를 방문하시면 마음이 안온해지실 것입니다."

5. 그러자 또 다른 대신이 마가다 국의 왕이자 베데히 비의 아들인 아자따쌋뚜에게 이와 같이 말했다.

[대신] "폐하, 아지따 께싸깜발린[194)]은 교단을 갖추고, 대중을 거느리고, 무리의 스승이며, 세상에 알려져 명성이 있고, 종파의 창시자이며, 많은 사람들에게서 성자로서 존경받으며, 세월을 알고 출가한 지 오래되었고 인생의 여로를 겪고 만년에 도달했습니다. 폐하께서는 그 아지따 께싸깜발린을 방문하십시오. 아마도 폐하께서 그 아지따 께싸깜발린을 방문하시면 마음이 안온해지실 것입니다."

이렇게 말하자 그 마가다 국의 왕이자 베데히 비의 아들인 아자따쌋뚜는 침묵했다.

6. 그러자 또 다른 대신이 마가다 국의 왕이자 베데히 비의 아들인 아자따쌋뚜에게 이와 같이 말했다.

[대신] "폐하, 빠꾸다 깟짜야나[195)]는 교단을 갖추고, 대중을 거느리고, 무리의 스승이며, 세상에 알려져 명성이 있고, 종파의 창시자이며, 많은 사람들에게서 성자로서 존경받으며, 세월을 알고 출가한 지 오래되었고 인생의 여로를 겪고 만년에 도달했습니다. 폐하께서는 그 빠꾸다 깟짜야나

194) Ajita Kesakambalin : 그에 대한 상세한 것은 이 책(DN. I. 55)과 그 주석을 보라.
195) Pakudha Kaccāyana : 그에 대한 상세한 것은 이 책(DN. I. 56)과 그 주석을 보라.

를 방문하십시오. 아마도 폐하께서 그 빠꾸다 깟짜야나를 방문하시면 마음이 안온해지실 것입니다."

7. 그러자 또 다른 대신이 마가다 국의 왕이자 베데히 비의 아들인 아자따쌋뚜에게 이와 같이 말했다.

[대신] "폐하, 싼자야 벨랏티뿟따[196]는 교단을 갖추고, 대중을 거느리고, 무리의 스승이며, 세상에 알려져 명성이 있고, 종파의 창시자이며, 많은 사람들에게서 성자로서 존경받으며, 세월을 알고 출가한 지 오래되었고 인생의 여로를 겪고 만년에 도달했습니다. 폐하께서는 그 싼자야 벨랏티뿟따를 방문하십시오. 아마도 폐하께서 그 싼자야 벨랏티뿟따를 방문하시면 마음이 안온해지실 것입니다."

이렇게 말하자 그 마가다 국의 왕이자 베데히 비의 아들인 아자따쌋뚜는 침묵했다.

8. 그러자 또 다른 대신이 마가다 국의 왕이자 베데히 비의 아들인 아자따쌋뚜에게 이와 같이 말했다.

[대신] "폐하,[49] 니간타 나타뿟따[197]는 교단을 갖추고, 대중을 거느리고, 무리의 스승이며, 세상에 알려져 명성이 있고, 종파의 창시자이며, 많은 사람들에게서 성자로서 존경받으며, 세월을 알고 출가한 지 오래되었고 인생의 여로를 겪고 만년에 도달했습니다. 폐하께서는 그 니간타 나타뿟따를 방문하십시오. 아마도 폐하께서 그 니간타 나타뿟따를 방문하시면 마음이 안온해지실 것입니다."

---

196) Sañjaya Belaṭṭhiputta : 그에 대한 상세한 것은 이 책(DN. I. 58)과 그 주석을 보라.

197) Nigaṇṭha Nāthaputta : 그에 대한 상세한 것은 이 책(DN. I. 57)과 그 주석을 보라. 역자주 : 이 책(DN. I. 57)의 상세한 설명에서는 앞의 싼자야 벨랏티뿟따와 니간타 나타뿟따의 설명순서가 역전되어 있는데 그 이유를 알 수가 없다.

이렇게 말하자 그 마가다 국의 왕이자 베데히 비의 아들인 아자따쌋뚜는 침묵했다.

9. 그 때 지바까 꼬마라밧짜는 마가다 국의 왕이자 베데히 비의 아들인 아자따쌋뚜가 있는 곳에서 멀지 않은 곳에 침묵하고 있었다. 마침 마가다 국의 왕이자 베데히 비의 아들인 아자따쌋뚜는 지바까 꼬마라밧짜에게 이와 같이 말했다.

[아자따쌋뚜] "벗이여 지바까여, 그대는 왜 침묵하고 있는가?"

[지바까] "폐하, 세상에 존귀하신 님, 거룩한 님, 올바로 원만히 깨달은 님께서는 저의 망고 숲에서 천이백오십 명의 수행승의 무리와 함께 계십니다. 그 세존이신 고따마는 이와 같이 '세존께서는 거룩한 님, 올바로 원만히 깨달은 님, 명지와 덕행을 갖추신 님, 올바른 길로 잘 가신 님, 세상을 이해하는 님, 가장 높은 자리에 오르신 님, 사람들을 길들이시는 님, 신들과 인간의 스승이신 님, 부처님, 세상에 존귀한 님이다.'[198]라고 훌륭한 명성을 드날리고 있습니다. 폐하께서는 그 세존을 방문하십시오. 아마도 폐하께서 그 세존을 방문하시면 마음이 안온해지실 것입니다."

---

198) itipi so bhagavā arahaṃ sammāsambuddho vijjācaraṇasampanno sugato lokavidū anuttaro purisadammasārathī satthā devamanussānaṃ buddho bhagavā'ti : 부처님을 존칭해서 부르는 이름들 - 석가족의 성자(釋迦牟尼 : Sākyamuni), 석가족의 사자(Sākyasiṅha), 올바른 길로 잘 가신 님(善逝 : sugata), 스승(satthā), 승리자(勝者 : Jina), 세존·세상에 존귀한 님(世尊 : bhagavā), 세상의 수호자(lokanātha), 전지자(sabbaññu), 진리의 제왕(法王 : dammarāja), 이렇게 오신 님(如來 : tathāgata), 거룩한 님(阿羅漢 : arahant), 올바로 원만히 깨달으신 님(正等覺者 : sammāsambudha), 명지와 덕행을 갖추신 님(明行足 : vijjācaraṇasampanna), 세상을 이해하는 님(世間解 : lokavidū), 가장 높은 자리에 오르신 님(無上師: anuttaro), 사람을 길들이시는 님(調御丈夫 : purisadammasārathī), 신들과 인간의 스승(天人師 : satthā deva manussānaṁ), 부처님(buddha : 佛) - 가운데 이 경에서 언급하고 있는 이러한 열 가지를 여래십호(如來十號)라고 부른다.

[아자따쌋뚜] "벗이여, 그렇다면 타고 갈 코끼리를 준비하시오."

10.[지바까] "폐하, 알겠습니다."

지바까 꼬마라밧짜는 마가다 국의 왕이자 베데히 비의 아들인 아자따쌋뚜에게 대답하고 오백 마리의 암코끼리와 왕이 탈 코끼리를 준비하고서 마가다 국의 왕이자 베데히 비의 아들인 아자따쌋뚜에게 알렸다.

[지바까] "폐하, 타고 갈 코끼리가 준비되었습니다. 뜻대로 하십시오."

그러자 마가다 국의 왕이자 베데히 비의 아들인 아자따쌋뚜는 오백 마리의 암코끼리 위에 각각 궁녀들을 태우고 자신은 왕의 코끼리 위에 올라 주위에 횃불을 들게 하고 위대한 왕의 위엄을 지니고 라자가하 시를 출발했다.

11. 그런데 마가다 국의 왕이자 베데히 비의 아들인 아자따쌋뚜는 망고 숲에서 멀지 않은 곳에 이르자 두려움에199) 사로잡히고 전율에 사로잡혀 몸에 털이 곤두섰다. 마가다 국의 왕이자 베데히 비의 아들인[50] 아자따쌋뚜는 두려움에 사로잡히고 전율에 사로잡혀 몸에 털이 곤두서자 지바까 꼬마라밧짜에게 이와 같이 말했다.

[아자따쌋뚜] "벗이여 지바까여, 그대가 날 속이는 것은 아니겠지? 벗이여 지바까여, 그대가 날 기만하는 것은 아니겠지? 벗이여 지바까여, 그대가 날 적에게 넘기는 것은 아니겠지? 어떻

---

199) bhaya : Smv. 149에 따르면, 두려움에는 마음의 전율에 의한 두려움, 앎에 의한 두려움, 대상에 의한 두려움, 수치스러움에 의한 두려움이 있는데, 여기서는 마음의 전율에 의한 두려움을 말한다.

게 천이백오십 명의 수행승들의 무리가 있는데, 재채기 소리나 기침소리 하나 없이 조용한가?"

[지바까] "대왕이여, 두려워하지 마십시오. 폐하, 제가 속이고 기만하고 적에게 넘길 리가 있겠습니까? 대왕이여, 가까이 가십시오. 대왕이여, 가까이 가십시오. 저 원형당에서 등불이 빛나고 있습니다."

12. 마가다 국의 왕이자 베데히 비의 아들인 아자따쌋뚜는 코끼리가 갈 수 있는 곳까지 코끼리로 가서 코끼리에서 내려와 걸어서 원형당의 문에 다가갔다. 가까이 다가가서 지바까 꼬마라밧짜에게 이와 같이 말했다.

[아자따쌋뚜] "벗이여 지바까여, 세존께서는 어디에 계신가?"

[지바까] "대왕이여, 저 분이 세존이십니다. 대왕이여, 가운데 기둥에 의지하여 동쪽을 향하고 수행승의 무리 앞에 앉아계신 저 분이 세존이십니다."

13. 그러자 마가다 국의 왕이자 베데히 비의 아들인 아자따쌋뚜는 세존께서 계신 곳으로 다가갔다. 가까이 다가가서 한쪽으로 물러섰다. 한쪽으로 물러서서 마가다 국의 왕이자 베데히 비의 아들인 아자따쌋뚜는 아주 맑은 호수처럼 침묵하여 조용히 앉아있는 수행승들의 무리를 바라보고 감탄의 시를 읊었다.

[아자따쌋뚜] '지금 이 수행승들의 무리가 적정을 갖춘 것처럼, 나의 우다이밧다도 적정을 갖추길!'200)

---

200) iminā me upasamena udāyibhaddo kumāro samannāgato hotu yenetarahi upasamena bhikkhusaṅgho samannāgato'ti : Smv. 153에 따르면, 아자따쌋뚜 왕은 승단의 적정과 평화를 보고

[세존] "대왕이여, 사랑하는 자에게 생각이 가는 법입니다."

[아자따쌋뚜] "세존이시여, 제게 사랑하는 왕자 우다이밧다가 있습니다. 세존이시여, 지금 이 수행승들의 무리가 적정을 갖춘 것처럼, 나의 우다이밧다도 적정을 갖추길 원합니다."

14. 마가다 국의 왕이자 베데히 비의 아들인 아자따쌋뚜는 세존께 인사를 드리고 수행승들의 무리에게 합장한 뒤에 [51] 한쪽으로 물러나 앉았다. 한쪽으로 물러나 앉은 마가다 국의 왕이자 베데히 비의 아들인 아자따쌋뚜는 세존께 이와 같이 말씀드렸다.

[아자따쌋뚜] "세존이시여, 세존께서 저의 질문에 대답해 주신다면, 저는 어떤 점에 관하여 질문하고자 합니다."

[세존] "대왕이여, 원하는 것에 대하여 질문하십시오."

15. [아자따쌋뚜] "세존이시여, 예를 들어 코끼리를 타는 자, 말을 타는 자, 수레를 타는 자, 궁수, 기수, 사령관, 보급전사, 왕족출신의 고위관리, 돌격병, 큰 코끼리와 같은 영웅, 용사, 흉갑을 입은 병사. 노예병사, 요리사, 이발사, 목욕사, 제과사, 화만사, 염색공, 직공, 갈대세공인, 도공, 산술가, 경리[201]와

자신의 아들 우다이밧다(udāyibhadda)를 상기하여, 자신의 아들도 적정하고 평화롭기를 바라며, 이렇게 말하게 된 것의 배후에는 부왕을 살해하고 왕이 된 아자따쌋뚜 왕 자신의 자격지심이 숨겨져 있는 것이다. 그는 아들이 '아버지는 젊은데 할아버지는 어떻게 되었을까?'라고 의문을 품다가, 조부가 부왕에 의해서 살해된 사실을 알면, '나도 부왕을 살해하여 왕국을 통치하자.'라고 생각할지 모른다고 생각했다. 그래서 그는 아들을 두려워하여 아들이 적정하고 평화롭기를 바란 것이다. 그러나 나중에 실제로 아들이 왕을 살해했다. 이 왕조에서는 부왕의 살해가 다섯 번이나 반복되었다. 아자따쌋뚜 왕이 빔비싸라 왕을 살해하고, 우다이밧다가 아자따쌋뚜 왕을 살해하고 그의 아들 마하문디까(Mahamundika)가 우다이밧다를 살해하고 그의 아들 아누룻다(Anuruddha)가 마하문디까를 살해하고 그의 아들 나가다싸(Nagadasa)가 아누룻다를 살해했다. 그러자 분노한 백성들이 '왕가의 가계는 이미 끊어져버렸다. 어찌 하랴!'라고 생각하여 나가다싸를 살해해버리고 말았다. 1

같은 다양한 기능의 분야를 지닌 자들이 있고, 그 밖에도 다른 다양한 그러한 종류의 기능의 분야를 지닌 자들이 있는데, 그들은 모두 현세에서 눈으로 볼 수 있는 기능의 결실로 생활하고 있습니다. 그들은 그것으로 자신을 안락하게 하고 행복하게 합니다. 그들은 그것으로 자신을 안락하게 하고 행복하게 하고, 그들은 그것으로 부모를 안락하게 하고 행복하게 하고, 그들은 그것으로 처자를 안락하게 하고 행복하게 하고, 그들은 그것으로 친지를 안락하게 하고 행복하게 합니다. 수행자들이나 성직자들에 대해서는 유익하고 고귀한 행복을 가져오고 천상에 태어나게 하는 보시를 지킵니다. 세존이시여, 세존께서는 이와 같이 현세에서 눈으로 볼 수 있는 수행자의 삶의 결실[202]을 보여주실 수 있습니까?"

16. [세존] "대왕이여, 그대는 이러한 질문을 다른 수행자들이나 성직자들에게도 한 적이 있습니까?"

[아자따쌋뚜] "세존이시여, 저는 이러한 질문을 다른 수행자들이나 성직자들에게도 한 적이 있습니다."

[세존] "대왕이여, 그대에게 부담스럽지 않다면, 그들이

---

201) hatthārohā assārohā rathikā dhanuggahā celakā calakā piṇḍadāvikā uggā rājaputtā pakkhandino mahānāgā sūrā cammayodhino dāsakaputtā āḷārikā kappakā nahāpakā sūdā mālākārā rajakā pesakārā naḷakārā kumbhakārā gaṇakā muddikā : Smv. 156에 따르면, '코끼리를 타는 자(hatthārohā)'는 코끼리 조련사와 코끼리 의사와 코끼리 관리인 등을 말한다. '경리(muddikā)'는 '수인(手印)의 계산자 즉, 손가락을 사용하여 계산함으로써 생활하는 자'를 말한다.

202) sāmaññaphala : Smv. 158에 따르면, 승의(勝義)로 말하자면, 수행자의 삶(沙門性 sāmañña)은 길(magga)을 말하고 수행자의 삶의 결실(果 phala)는 고귀한 과위(聖果 ariyaphala)를 말한다. '수행승들이여, 수행자의 삶은 무엇을 말하는가? 그것은 여덟 가지 고귀한 길(八聖道)을 말한다. 수행승들이여, 수행자의 삶의 결실은 무엇을 말하는가? 흐름에 든 경지 등을 말한다.' 그러나 왕은 그것을 모른다. 왕에게는 노예나 농부 등의 세속적인 예배를 받는 것이 출가자의 눈으로 볼 수 있는 수행자의 삶의 결실이다.

대답한 대로 말해주시겠습니까?"

[아자따쌋뚜] "세존이시여, 세존께서 앉아 계시거나 세존과 같은 분이 앉아 계시다면, 어찌 부담이 되겠습니까?"

[세존] "대왕이여,[52] 그렇다면 말해보십시오."

(뿌라나 깟싸빠의 도덕부정론)

17. [아자따쌋뚜] "세존이시여, 한 때 저는 뿌라나 깟싸빠[203]가 있는 곳을 찾아갔습니다. 가까이 다가가서 인사를 나누고 안부를 주고 받은 뒤에 한쪽으로 물러나 앉았습니다. 세존이시여, 한쪽으로 물러나 앉아 저는 뿌라나 깟싸빠 앞에 이와 같이 '존자여 깟싸빠여, 예를 들어 코끼리를 타는 자, 말을 타는 자, 수레를 타는 자, 궁수, 기수, 사령관, 보급전사,

---

203) Pūraṇa Kassapa : Smv. 142에 따르면, 뿌라나는 이름, 깟싸빠가 성이다. 그는 어떤 가문의 백에서 하나가 모자라는 노예를 채우고 태어난 자라는 의미에서 뿌라나란 이름을 갖게 되었다. 역자주 : MN. I. 404. 516. SN. Ⅳ. 349에 언급되어 있고 이 책(DN. I. 52)에도 상세히 밝혀져 있다. 그는 유물론자이자 비결정론자로 절대적인 우연론으로서의 무인론(無因論 : ahetuvāda)을 주장했고, 모든 원인과 결과는 무(無)에서 유(有)가 나오는 것처럼 초월적이고 완전히 우연적이어서 절대적으로 예측가능하지도 않고, 무법칙적으로 변화하므로 인과관계는 애초부터 성립될 수 없으며, 인과적 연속성을 담보할 수 없는 허무주의(斷滅論 : ucchedavāda)를 주장했다. 그는 살생, 도둑질, 간음, 거짓말 등을 해도 악을 행한다고 할 수 없으며 악의 과보도 없다고 주장했다. 또한 제사, 보시, 자제, 진실어를 행하여도 선을 행한다고 할 수 없고 선의 과보도 없다고 주장하였다. 그는 이처럼 도덕적 책임감을 부정하는 무작론(無作論 : akiriyavāda)을 주장했다. 따라서 인간행위에 있어서도 도덕적 책임감은 성립될 수 없다. 이것이 뿌라나 깟싸빠가 윤리적인 삶을 부정하는 도덕부정론 즉, 무작론(無作論= 無作說 : akiriyavāda; 無作說, AN. Ⅳ. 174 ; 180 ; SN. Ⅲ. 73 ; AN. I. 62)이라고 불리우는 견해를 갖게 된 이유이다. 부처님은 AN. I. 287에서 그러한 뿌라나 깟싸빠를 무작론자(akiriyavādin : 無作論者)라고 부르고, 자신은 작론자(kiriyavādin : 作論者)라고 불렀다. 사명외도 고쌀라(Gosala)가 강한 의미의 결정론자라면 뿌라나 깟싸빠는 강한 의미의 비결정론자이다. 부처님이 뿌라나 깟싸빠를 비난한 것은 도덕적 책임감에 입각한 윤리적 삶을 불가능하게 하는 그의 강한 의미의 비결정론 때문이었다. 그러나 뿌라나 깟싸빠가 주장했다는 여섯 계층에 대한 학설(AN. Ⅲ. 382)은 실제로는 사명외도인 막칼리 고쌀라(Makkhali Gosāla)의 주장일 가능성이 높다.

왕족출신의 고위관리, 돌격병, 큰 코끼리와 같은 영웅, 용사, 흉갑을 입은 병사. 노예병사, 요리사, 이발사, 목욕사, 제과사, 화만사, 염색공, 직공, 갈대세공인, 도공, 산술가, 경리와 같은 다양한 기능의 분야를 지닌 자들이 있고, 그 밖에도 다른 다양한 그러한 종류의 기능의 분야를 지닌 자들이 있는데, 그들은 모두 현세에서 눈으로 볼 수 있는 기능의 결실로 생활하고 있습니다. 그들은 그것으로 자신을 안락하게 하고 행복하게 합니다. 그들은 그것으로 자신을 안락하게 하고 행복하게 하고, 그들은 그것으로 부모를 안락하게 하고 행복하게 하고, 그들은 그것으로 처자를 안락하게 하고 행복하게 하고, 그들은 그것으로 친지를 안락하게 하고 행복하게 합니다. 수행자들이나 성직자들에 대해서는 유익하고 고귀한 행복을 가져오고 천상에 태어나게 하는 보시를 지킵니다. 존자여 깟싸빠여, 그대는 이와 같이 현세에서 눈에 볼 수 있는 수행자의 삶의 결실을 보여주실 수 있습니까?'라고 질문했습니다.

18. 세존이시여, 이처럼 말하자 뿌라나 깟싸빠는 저에게 이와 같이 '대왕이여, 업을 짓거나 업을 짓게 만들어도, 도륙하거나 도륙하게 만들어도, 학대하거나 학대하게 만들어도, 슬픔을 주거나 슬픔을 주게 만들어도, 억압하거나 억압하도록 해도, 협박하거나 협박하도록 해도, 생명을 해치고, 주지 않은 것을 빼앗고, 남의 집에 침입하고, 재산을 약탈하고, 강도질하고, 노상에서 강도질하고, 타인의 아내를 농락하고, 거짓말을 해도 악을 짓는 것이 아닙니다. 비록 이 땅의 생명체들을 면도날 테로 만든 수레바퀴로 조각내어 부수고, 한 덩어리로 만든다고 해도, 그것을 조건으로 생겨나는 악은 없으며,

악에서 오는 과보도 없습니다. 비록 갠지스 강의 남쪽에[204] 가서 살해하거나 살해하게 만들고, 도륙하거나 도륙하게 만들고, 학대하거나 학대하도록 해도, 그것을 조건으로 생겨나는 악은 없고, 악에서 오는 과보도 없습니다. 비록 갠지스 강의 북쪽 언덕에 가서 보시하거나 보시하도록 해도, 제사하거나 제사하도록 해도, 그것을 조건으로 생겨나는 공덕이 없고, 공덕의 과보도 없습니다.[53] 베풀고, 수양하고, 자제하고, 진실을 말해도,[205] 생겨나는 공덕이 없으며, 공덕의 과보도 없습니다.'라고 말했습니다.

19. 세존이시여, 이와 같이 저는 현세에서 눈에 볼 수 있는 수행자의 삶의 결실에 관하여 물었는데, 뿌라나 깟싸빠는 도덕부정론[206]으로 응답했습니다. 세존이시여, 예를 들면, 망고나무에 대하여 묻자, 빵나무라고 대답하고,[207] 빵나무에 대하여 묻자 망고나무라고 대답하는 것과 같았습니다. 세존이시여, 이와 같이 저는 현세에서 눈에 볼 수 있는 수행자의 삶의 결실에 관하여 물었는데, 뿌라나 깟싸빠는 도덕부정론을 주장했습니다. 그래서 저는 이와 같이 '어찌 짐과 같은 자가 내 영토에 거주하는 수행자나 성직자를 비난할 수 있겠

---

204) sakkhiṇañce'pi gaṅgāya tīraṃ : Smv. 160에 따르면, 갠지스 강의 남쪽 사람들은 사납고 잔혹하다.

205) saccavajjena : '진실어(眞實語)에 의해서'라는 뜻이다. Daṭ. I. 289에 따르면, 여러 가지 악한 원리들(pāpadhammā) 가운데 망어가 가장 중대한 것이고, 선한 원리들(puññadhammā) 가운데 진실어가 가장 중대한 것이다.

206) akiriya : 한역의 무작설(無作說)로 Daṭ. I. 289에 따르면, 무엇을 해도 죄악이 되지 않는다고 말하며 업을 배척하는 이론이다.

207) ambaṃ vā puṭṭho labujaṃ byākareyya : Smv. 160에 따르면, '망고란 어떠한 것인가? 망고의 줄기, 잎, 꽃, 열매 등과 같은 것이 망고인가?'라고 물으면, '빵나무가 그것과 같은 것이다. 빵나무의 줄기, 잎, 꽃, 열매 등이 그것과 같은 것이다.'라고 대답하는 것과 같은 것이다.

는가?'라고 생각했습니다. 세존이시여, 저는 뿌라나 깟싸빠가 말한 것에 대하여 환호하지도 비난하지도 않았습니다. 환호하지도 비난하지도 않고, 불만이었지만 불만을 토로하지 않고 그의 말을 듣기만 하고 유념하지 않은 채, 자리에서 일어나 그곳을 떠났습니다."

(막칼리 고쌀라의 윤회청정설)

20. [아자따쌋뚜] "세존이시여, 한 때 저는 막칼리 고쌀라[208)]가 있는 곳을 찾아갔습니다. 가까이 다가가서 인사를 나누고 안부를 주고 받은 뒤에 한쪽으로 물러나 앉았습니다. 세존이시여, 한쪽으로 물러나 앉아 저는 막칼리 고쌀라 앞에

---

208) Makkhali Gosāla : Smv. 143에 따르면, 막칼리가 이름, 고쌀라가 성이다. 외양간에서 태어난 자란 의미에서 고쌀라이다. 역자주 : 막칼리 고쌀라의 견해에 대해서는 이 책(DN. I. 53~54)과 MN. I. 516~517에도 잘 나타나 있다. 그는 사명외도(邪命外道 : Ājīvika)의 결정론자로서 모든 존재는 결정과 종과 자연의 본성(niyatisaṅgatibhāvapariṇatā)에 의해 지배된다고 주장했다. '모든 동물, 모든 유정, 모든 존재, 모든 생명은 … 결정과 종과 자연의 본성에 의해서 서로 변이하여 여섯 가지 종류에 따라서 즐거움과 괴로움을 받는다.(sabbe sattā sabbe pāṇā sabbe bhūtā sabbe jīvā.… niyatisaṅgatibhāvapariṇatā chass evābhijātisu sukhadukkhaṁ paṭisaṁ vedenti)' 고쌀라의 결정론이 유물론적이든 그렇지 않든 간에 고쌀라는 모든 사건의 원인과 결과들이 강하게 결정되어 있는 것을 너무 강조한 나머지 모든 사건들이 미리 결정되어 있으며 운명지어져 있다는 것을 강조했다. 운명은 신들의 힘과 권능뿐만 아니라 인간의 모든 노력을 넘어서는 것이다. 그러나 이러한 너무 극단적인 결정론은 무조건적 결정론으로 무인론(ahetuvāda)이며, 결과적으로 무인무연론(無因無緣論)이 될 수밖에 없었다. '유정의 염오(染汚)에는 원인도 없고 조건도 없다. 유정은 무원인, 무조건적으로 오염된다. 유정의 청정에도 원인도 없고 조건도 없다. 유정은 무원인, 무조건적으로 청정해진다.(n'atthi hetu n'atthi paccayo sattānaṁ saṁkilesāya, ahetuapccayā sattā saṁkilesanti. n'atthi hetu n'atthi paccayo sattānaṁ visuddhiyā, ahetupacca yā sa-ttā visujjhanti)' 그리고 그에 의하면 인간과 세계는 마치 실타래가 던져졌을 때 완전히 풀릴 때까지 풀려나가듯이(seyyathā pi nāma suttaguḷe khitte nibbeṭhiyamānaṁ eva phaleti) 가차없는 목적론과 일치하는 무자비한 과정의 산물이다. 고쌀라의 주장은 인과법칙의 가혹함에서 연원된 것이다. 그러나 이러한 숙명론은 결과적으로 정신적인 인과성에서 자명한 자유의지마저 부정할 수밖에 없었다.

이와 같이 '존자여 고쌀라여, 예를 들어 코끼리를 타는 자, 말을 타는 자, 수레를 타는 자, 궁수, 기수, 사령관, 보급전사, 왕족출신의 고위관리, 돌격병, 큰 코끼리와 같은 영웅, 용사, 흉갑을 입은 병사. 노예병사, 요리사, 이발사, 목욕사, 제과사, 화만사, 염색공, 직공, 갈대세공인, 도공, 산술가, 경리와 같은 다양한 기능의 분야를 지닌 자들이 있고, 그 밖에도 다른 다양한 그러한 종류의 기능의 분야를 지닌 자들이 있는데, 그들은 모두 현세에서 눈으로 볼 수 있는 기능의 결실로 생활하고 있습니다. 그들은 그것으로 자신을 안락하게 하고 행복하게 합니다. 그들은 그것으로 자신을 안락하게 하고 행복하게 하고, 그들은 그것으로 부모를 안락하게 하고 행복하게 하고, 그들은 그것으로 처자를 안락하게 하고 행복하게 하고, 그들은 그것으로 친지를 안락하게 하고 행복하게 합니다. 수행자들이나 성직자들에 대해서는 유익하고 고귀한 행복을 가져오고 천상에 태어나게 하는 보시를 지킵니다. 존자여 고쌀라여, 그대는 이와 같이 현세에서 눈에 볼 수 있는 수행자의 삶의 결실을 보여주실 수 있습니까?'라고 질문했습니다.

21. 세존이시여, 이처럼 말하자 막칼리 고쌀라는 저에게 이와 같이 '대왕이여, 뭇삶이 오염되는 데는 원인도 없고 조건도 없습니다.[209] 뭇삶은 원인 없이 조건 없이 오염됩니다. 뭇삶이 청정해지는 데도 원인도 없고 조건도 없습니다. 뭇삶은 원인 없이 조건 없이 청정해집니다. 자기에 의한 행위도 없고 타자에 의한 행위도 없고, 인간에 의한 행위도 없습니다.[210]

209) natthi mahārāja hetu natthi paccayo : Smv. 160에 따르면, 막칼리 고쌀라의 설에서 원인과 조건은 같은 동의어이다.

210) natthi attakāre natthi parakāre natthi purisakāre : 여기 막칼리 고쌀라의 설에 MN. I. 408에

거기에는 힘도 없고 애씀도 없고 사람의 노력도 없고 사람의 정진도 없습니다.[211] 모든 뭇삶, 모든 생명, 모든 존재, 모든 영혼은[212] 자유가 없이 힘도 없이 노력도 없이 결정과 종과 자연의 본성에 의하여 서로 변이하며[213] 여섯 가지 계층에 따라[214] 즐거움과 괴로움을 받습니다. 그리고 백사십만[54] 종의 생류를 비롯해서 육천의 종, 육백의 종의 생류가 있고,[215] 오백 가지 업과 다섯 가지 업과 세 가지 업이 있고 하나의 완전한 업과 그 절반의 업이 있습니다.[216] 육십이

는 없는 것이 추가된 것이다. Smv. 160-161에 따르면, '자기에 의한 행위도 없고'라는 것은 자기가 행한 행위에 의해서 이러한 뭇삶들이 천신의 세계에도 악마의 세계에도 하느님의 세계에도 학인의 깨달음에도 연각불의 깨달음에도 일체지성(一切智性)을 얻는 것이 없다는 뜻이다. '타자에 의한 행위도 없고'라는 것은 타인의 교계를 통해서 위대한 존재를 제외하고 나머지 뭇삶들이 인간의 영화를 비롯한 거룩한 경지에 이르기까지 얻는 것이 없다는 뜻이다. '사람에 의한 행위도 없다.'는 것은 '자기에 의한 행위도 없고 타자에 의한 행위도 없으므로 인간의 행위로 뭇삶들은 이러저러한 것을 얻는 것이 없다는 뜻이다.

211) natthi balaṃ natthi viriyaṃ natthi purisathāmo natthi purisaparakkamo : Smv. 161에 따르면, 뭇삶에게는 현세와 내세와 열반의 성취를 가져오는 어떠한 힘도 존재하지 않는다.

212) sabbe sattā sabbe pāṇā sabbe bhūtā sabbe jīvā : Srp. II. 341에서는 다음과 같이 구분한다. ① sattā : 낙타, 소, 당나귀 등(aṭṭha-goṇa-gadrabhādayo) ② pāṇā : 하나의 감관을 가진 것, 두 개의 감관을 가진 것 등(ek'indriyo pāṇo dvi-indriyo pāṇo ti ādivasena) ③ bhūtā : 알, 고치, 음장막(陰藏膜)에서 생겨난 것들(aṇḍa-kosa-vatthi-kosesu bhūte) ④ jīvā : 쌀, 보리, 밀 등(sāli-yava-godhūmādayo). 본래 'sattā'는 중생들, 'pāṇā'는 생물들[호흡하는 존재], 'bhūtā'는 존재들, 'jīvā'는 생명들 또는 목숨들이란 뜻이다. 그리고 경전에서 'jīva'는 신체와 대비되는 영혼이라는 의미로 자주 쓰인다. 그렇기 때문에 붓다고싸의 정의 또는 분류는 납득하기 어려운 점이 있다.

213) niyatisaṅgatibhāvapariṇatā : '결정과 종과 자연의 본성에 의해 서로 변이하여'란 뜻이다. 이 단어는 복합어의 해석 방식에 따라 학자들 간에 결정론에 대한 많은 이견이 있다. 역자의 『초기불교의 연기사상』 37쪽을 참조하라.

214) chasu eva abhijātesu : 사명외도(邪命外道 : ājīvika)는 여섯 가지로 계층을 분류했다. 상세한 것은 이 책 24 : 8의 주석을 참조하라.

215) cuddasa kho pana imāni yonippamukhasatasahassāni saṭṭhi ca satāni cha ca satāni : Hdā. 241에 따르면, 사명외도에서 이야기하는 생물종의 숫자를 말한다. 이 문장은 140만과 6천과 6백으로 따로 분류하는 체계로 읽을 수 있고 단순히 모두 140만6천6백 종류라고 읽을 수 있다. 참고로 Smv. 160-161에 따르면, '생류를 비롯해서(yonippamukha)'는 '주요한 태생'이라는 뜻이다.

216) pañca kammasatāni pañca ca kammāni tīṇi ca kammāni kamme ca aḍḍhakamme ca : Srp.

가지 업도가 있고217) 육십이 내겁이 있고218) 여섯 가지 계층이219) 있고 여덟 가지 인간의 성장단계가220) 있고 사천구백 가지 사명외도가 있고 사천구백 가지 유행자가 있고 사천구백 용의 주처가 있습니다.221) 이천 가지 감각능력이 있고 삼천 지옥이 있고 서른여섯 가지 티끌세계가222) 있고

II. 342에 따르면, 오백 가지 업 단지 사변에 의해 생겨나는 무의미한 견해의 업들을 말하고, 다섯 가지 업은 다섯 감각능력에 따른 업을 말하고 세 가지 업은 신체적, 언어적, 정신적인 삼업(三業)을 말하고, 하나의 업이란 신체나 언어의 업을 말하고, 그 절반의 업이란 정신의 업을 말한다. 필자의 생각으로는 사명외도들은 정신은 신체나 언어처럼 강력한 업을 산출하지 못한다고 생각한 것 같다.

217) dvasaṭṭhipaṭipadā : Hdā. 242에 따르면, 윤회하는 영혼이 순례에서 통과해야 하는 업도(業道)를 말한다.

218) dvaṭṭhantarakappā : antarakapp는 '내겁(內劫)'이란 뜻이다. 일 겁의 구성단위로 사명외도인 막칼리는 62 내겁으로 구성되었다고 했으나 붓다고싸는 64내겁으로 구성되어 있다고 주장한다.

219) chaḷabhijātiyo : Srp. II. 342에는 여섯 가지 부류의 명칭이 등장하는데 AN. III. 383에 더욱 상세히 나온다. 사명외도는 인간을 여섯 가지 계층유형으로 분류했다 : ① 흑색류(黑色類 : kaṇhābhijāti) : 도살꾼, 사냥꾼, 어부, 강도, 망나니 등의 잔인한 자들 ② 청색류(靑色類 : nīlābhijāti) : 고행을 일삼는 수행자와 도덕적 책임의 교리를 받아들이는 자들 ③ 적색류(赤色類 : lokitābhijāti) : 단 한 벌의 옷을 입는 니간타들 ④ 황색류(黃色類 : haliddābhijāti) : 흰 옷을 입는 평신도와 나형고행자의 제자들 ⑤ 백색류(白色類 : sukhābhijāti) : 남녀 사명외도들 ⑥ 극백색류(極白色類 : paramasukhābhijāti) : 난다(Nanda)와 밧차(Vaccha), 끼싸(Kisa), 쌍낏차(Saṅkicca) 및 막칼리 고쌀라(Makkhali Gosala)

220) aṭṭhāpurisabhūmiyo : Srp. II. 343에 따르면, 여덟 가지 인간의 성장단계를 나타낸다. ① 유아의 단계(mandabhūmi) ② 놀이의 단계(khiḍḍābhūmi) ③ 탐구의 단계(vīmaṁsabhūmi) ④ 직립의 단계(ujugatabhūmi) ⑤ 학인의 단계(sekhabhūmi) ⑥ 수행자의 단계(samaṇabhūmi) ⑦ 승리자의 단계(jinabhūmi) ⑧ 성취자의 단계(pannabhūmi)

221) ekūnapaññāsa ājivasate ekūnapaññāsa paribbājakasate ekūnapaññāsa nāgāvāsasate : 사명외도(邪命外道)란 잘못된 생활을 영위하는 자란 뜻으로 불경에서 번역한 용어인데, 부처님 당시의 막칼리 고쌀라가 이끌던 강한 의미의 운명론자이자 결정론자들이고 벌거벗은 유행자(裸形外道)였다. Hdā. 241에 따르면, 사명외도는 4,900 종류이지만, 유행자는 4,900번 윤회하는 것을 뜻하고, 용의 주처가 있다. 사명외도인 고쌀라는 공격하는 자들을 죽이는 커다란 용에 자신을 비유했다.

222) chattiṁsa rajodhātuyo : Srp. II. 344에 따르면, '먼지가 모이는 영역(rajaokiraṇaṭṭhānāni)'이다. 그러나 '손이나 발의 먼지에 대해서 말한다.(hatthapiṇḍapādapiṇḍādīni sandāya vadati)'라고 해설하고 있다. 이러한 붓다고싸의 해석은 이해하기 힘들다. Hdā. 248에 따르면, 쌍키야 철학의

일곱 가지 지각 있는 존재의 세계가[223] 있고 일곱 가지 지각 없는 존재의 세계가[224] 있고 일곱 가지 묶이지 않은 존재의 세계가[225] 있고 일곱 가지 신들과 일곱 가지 사람들과 일곱 가지 귀신들이 있고,[226] 일곱 가지 하늘,[227] 일곱 가지 인간의 몸, 칠백 가지 인간의 몸,[228] 일곱 가지 돌기, 칠백 가지 돌기가 있고,[229] 일곱 가지 절벽, 칠백 가지 절벽이 있

격질(激質)과 관계된 것으로 부정(不淨)한 요소를 의미한다.

223) sattasaññigabbhā : 이하 '존재의 세계'란 '모태(gabbha)'를 번역한 것이다. Srp. II. 344에 따르면, '낙타, 소, 당나귀, 염소, 가축, 사슴, 물소(oṭṭhā-goṇa-gadrabha-aja-pasu-mīgamahise)'를 말한다. 그러나 Hdā. 249에 따르면, 사명외도의 세계관에서 보는 팔백사십만 대겁의 윤회의 막바지에 거치게 되는 단계적인 지각이 있는 하늘나라 존재를 의미한다.

224) satta asaññigabbhā : Srp. II. 344에 따르면, '쌀, 보리, 밀, 강낭콩, 기장, 콩, 꾸두루싸까(sāli-yava-godhūma-mugga-kaṅgu-varaka-kudrūsake)'를 말한다. 그러나 Hdā. 249에 따르면, 사명외도의 세계관에서 보는 팔백사십만 대겁의 윤회의 막바지에 거치게 되는 단계적인 지각이 없는 하늘나라의 존재를 의미한다.

225) satta nigaṇṭhigabbhā : Srp. II. 344에 따르면, '태(胎)가 마디에서 생겨난(gaṇṭhimhi jātagabbhā) 것으로, 사탕수수, 대나무, 갈대 등(ucchu-veḷu-naḷādayo)'을 말한다. 그러나 Hdā. 249에 따르면, 이것은 '묶이지 않은 존재(nigaṇṭhigabbhā)'인 야차나 요정 등 반신(半神)을 의미하는 것이다.

226) satta dibbā, satta mānusā, satta pesacā : Srp. II. 344에 따르면, 여기서 일곱이란 단지 '많은 것'을 뜻하고 각각 하늘사람과 인간과 귀신을 뜻한다. 그러나 Hdā. 251에 따르면, 일곱 가지 신들은 사명외도의 하늘나라에 윤회의 마지막 과정에서 영혼이 해탈하기 전에 겪어야 하는 신적인 상태나 인간의 상태나 귀신의 상태로 현현되는 것을 의미한다. 그렇지만 여기서 인간(mānusā)은 인간이 아니라 윤회의 마지막 과정에서의 마나싸(māṇasa) 또는 마누쑷따라(māṇusuttara)라고 하는 사명외도의 하늘나라의 이름을 뜻할 수도 있다.

227) satta sarā : 원래의 싸라(sara)의 의미는 '호수'이다. Srp. II. 344에 따르면, 일곱 개의 큰 호수(mahāsarā) — 깐나문다(Kaṇṇamuṇḍa), 라타까라(Rathakāra), 아노땃따(Anotatta), 씨합빠따(Sīhappapāta), 띠야갈라(Tiyaggaḷa), 찻단따(Chaddanta), 무짤린다(Mucalinda), 꾸날라다하(Kuṇāladaha) — 에 대한 것이다. Hdā. 25-252에 따르면, 사명외도의 하늘 이름이다. 그밖에 싸라는 사명외도의 시간단위로 대겁(大劫)의 1/30만의 기간을 말한다.

228) satta pavudhā satta pavudhasatāni : 'pavudhā'는 '성숙, 시기'를 나타내는데 Srp. II. 344는 'pabbā'라고 읽고 매듭(gaṇṭhikā)이라고만 해석하고 있다. 이 책(DN. I. 54)에서는 'paṭuvā'로 되어 있고 리스 데이비즈(W. T. Rhys Davids)는 'pacuṭa'로 읽었으나 불분명하다. Krs. III. 171에서는 고행자의 일곱 매듭의 대나무를 뜻하는 것으로 요가 수행자의 척추에 있는 일곱 차크라를 상징한다고 주장했다. 그러나 Hdā. 251에 따르면, 일곱 종류 신들은 윤회의 마지막 과정에서 영혼이 일곱 번 인간의 몸으로 육화되는 것을 의미한다.

고,[230] 일곱 가지 꿈, 칠백 가지 꿈이 있습니다.[231] 그리고 팔백사십만 대겁이 있는데,[232] 그 동안 어리석은 자도 슬기로운 자도 유전하고 윤회한 뒤에 괴로움의 종극에 이릅니다. 그러므로 '내가 규범이나 금기나 고행이나 청정행으로 아직 익지 않은 업을 익게 하고 이미 익은 업을 반복적으로 접촉하여 없애겠다.'는 것은 무의미합니다.[233] 이미 결정된[234] 윤회의 괴로움과 즐거움은 끝나거나 증가하거나 감소되거나 더하거나 덜함이 없습니다. 예를 들어 실타래를 던지면 풀려질 때까지 굴러가는 것처럼 어리석은 자나 슬기로운 자나 똑같이 유전하고 윤회하다가 마침내 괴로움을 끝내게 됩니다.'라고[235] 발했습니다.

---

229) satta pavuṭā, satta pavuṭasatāni : 같은 내용의 SN. III. 211에 없는 것이 추가된 것이다. 빠부따(pavuṭā)는 Smv. 164에 따르면, 큰 종기와 많고 작은 종기를 의미한다.

230) satta papātā satta papātasatāni : 원래 '절벽'이라는 뜻이다. Srp. II. 344에 따르면, 큰 절벽과 많은 작은 절벽을 말한다. 그러나 Hdā. 252에 따르면, 윤회의 과정에서 수승한 존재에서 열등한 존재로 타락하는 상태를 말한다.

231) satta supinā satta supinasatāni : 원래 '잠이나 꿈'의 뜻이다. Srp. II. 344에 따르면, 많고 큰 꿈과 많고 작은 꿈을 뜻한다. 그러나 Hdā. 251에 따르면, 꿈이라는 것은 영혼의 최종적 해탈 이전에 전개되는 꿈의 상태를 말한다.

232) cullāsīti mahākappuno satasahassāni : 대겁(大劫)은 Srp. II. 344에 따르면, 일곱 번 큰 호수에서 백년마다 물 한 방울을 제거하면 그 물이 닳아 없어지는 기간을 말한다. 그러나 사명외도의 계산법은 그것과 다르다. Hdā. 253 참조.

233) tattha natthi: imināhaṃ sīlena vā vatena vā tapena vā brahmacariyena vā aparipakkaṃ vā kammaṃ paripācessāmi paripakkaṃ vā kammaṃ phussa phussa vyantīkarissāmī ti : '반복적으로 접촉하여 없애겠다.(phussa phussa vyantīkarissāmi)'라는 것이 무의미하다는 비판은 자이나교의 교리에 대한 비판이다.

234) doṇamite : Srp. II. 345에 따르면, '됫박으로 잰 것처럼(doṇena mitaṁ viya)'이라고 주석을 달고 있다.

235) seyyathāpi nāma suttaguḷe khitte nibbeṭhiyamānameva paleti, evamevaṃ bāle vā paṇḍite vā sandhāvitvā saṃsaritvā dukkhassantaṃ karissantīti : 앞의 견해는 이미 언급했듯, 빠꾸다 깟짜야나(Pakudha Kaccāyana)의 주장이지만, 앞의 견해를 포함한 '이미 결정된 윤회의 괴로움과 즐거움은 끝나거나 증가하거나 감소되거나 더하거나 덜함이 없다. 예를 들어 실타래를 던지면

22. 세존이시여, 이와 같이 저는 현세에서 눈에 볼 수 있는 수행자의 삶의 결실에 관하여 물었는데, 막칼리 고쌀라는 윤회청정설[236]로 응답했습니다. 세존이시여, 예를 들면, 망고나무에 대하여 묻자, 빵나무라고 대답하고, 빵나무에 대하여 묻자 망고나무라고 대답하는 것과 같았습니다. 세존이시여, 이와 같이 저는 현세에서 눈에 볼 수 있는 수행자의 삶의 결실에 관하여 물었는데, 막칼리 고쌀라는 윤회청정설을 주장했습니다. 그래서 저는 이와 같이 '어찌 짐과 같은 자가 내 영토에 거주하는 수행자나 성직자를 비난할 수 있겠는가?'라고 생각했습니다. 세존이시여, 저는 막칼리 고쌀라가 [55] 말한 것에 대하여 환호하지도 비난하지도 않았습니다. 환호하지도 비난하지도 않고, 불만이었지만 불만을 토로하지 않고 그의 말을 듣기만 하고 유념하지 않은 채, 자리에서 일어나 그곳을 떠났습니다."

(아지따 께싸깜발린의 허무주의론)

23. [아자따쌋뚜] "세존이시여, 한 때 저는 아지따 께싸깜발린[237]이 있는 곳을 찾아갔습니다. 가까이 다가가서 인사를

풀려질 때까지 굴러가는 것처럼 어리석은 자나 슬기로운 자나 똑같이 유전하고 윤회하다가 마침내 괴로움을 끝내게 된다.'라는 이러한 주장의 전체의 견해는 막칼리 고쌀라(Makkhali Gosala)의 것이다. 그러한 무인론(無因論)과 여섯 가지 세계의 분류의 통합이 숙명론자(ājivika : 邪命外道)의 지도자인 막칼리 고쌀라에게 발견되는 것이기 때문이다.

236) saṃsārasuddhiṃ : 위의 사명외도의 지도자인 막칼리 고쌀라(Makkhali Gosala)의 '어리석은 자나 슬기로운 자나 똑같이 유전하고 윤회하다가 마침내 괴로움을 끝내게 된다.'라는 학설은 윤회에 의한 청정론이라서 윤회청정설이라고 한다.

237) Ajita Kesakambalin : 아지따 께싸깜발린은 아지따 께싸깜발라(Ajita Kesakambala)라고도 불린다. Smv. 144에 따르면, 아지따는 이름, 께싸깜발린이 성이다. 인간의 모발로 만들어진 옷을 입어서 께싸깜발린이라고 불린 것이다. 그 인간의 모발로 만든 옷은 추울 때는 춥고 더울 때는

나누고 안부를 주고 받은 뒤에 한쪽으로 물러나 앉았습니다. 세존이시여, 한쪽으로 물러나 앉아 저는 아지따 께싸깜발린 앞에 이와 같이 '존자여 아지따여, 예를 들어 코끼리를 타는 자, 말을 타는 자, 수레를 타는 자, 궁수, 기수, 사령관, 보급전사, 왕족출신의 고위관리, 돌격병, 큰 코끼리와 같은 영웅, 용사, 흉갑을 입은 병사. 노예병사, 요리사, 이발사, 목욕사, 제과사, 화만사, 염색공, 직공, 갈대세공인, 도공, 산술가, 경리와 같은 다양한 기능의 분야를 지닌 자들이 있고, 그 밖에도 다른 다양한 그러한 종류의 기능의 분야를 지닌 자들이 있는데, 그들은 모두 현세에서 눈으로 볼 수 있는 기능의 결실로 생활하고 있습니다. 그들은 그것으로 자신을 안락하게 하고 행복하게 합니다. 그들은 그것으로 자신을 안락하게 하고 행복하게 하고, 그들은 그것으로 부모를 안락하게 하고 행복하게 하고, 그들은 그것으로 처자를 안락하게 하고 행복하게 하고, 그들은 그것으로 친지를 안락하게 하고 행복하게 합니다. 수행자들이나 성직자들에 대해서는 유익하고 고귀한 행복을 가져오고 천상에 태어나게 하는 보시를 지킵니다. 존자여 아지따여, 그대는 이와 같이 현세에서 눈에 볼 수 있는 수행자의 삶의 결실을 보여주실 수 있습니까?'라고 질문했습니다.

더워서 가치가 없고 감촉이 나쁘고 색깔이 추하고 악취가 났다. 그는 인도에서 가장 유명한 유물론자로 핵심 사상은 지수화풍(地·水·火·風)의 네 가지 물질적 세계만이 참된 실재라고 하여 영혼의 존재를 부정하였다. MN. I. 515와 이 책(DN. I. 55)에 따르면, 아지따 께싸깜발린(Ajita Kesakambalin)은 '인간은 네 가지 광대한 세계로 만들어졌으며 목숨이 다하고 죽으면 땅은 땅의 세계로 돌아가고 물은 물의 세계로 돌아가며 불은 불의 세계로 돌아가고 바람은 바람의 세계로 돌아가며 모든 감각기관은 허공으로 돌아간다.'고 주장했다.

24. 세존이시여, 이처럼 말하자 아지따 께싸깜발린은 저에게 이와 같이 '대왕이여, 보시도 없고, 제사도 없고, 헌공도 없고,[238] 선악의 행위에 대한 과보도 없고, 이 세상도 없고, 저 세상도 없고,[239] 어머니도 없고, 아버지도 없고,[240] 홀연히 생겨나는 화생의 뭇삶도 없습니다.[241] 이 세상과 저 세상을 스스로 곧바로 알고 깨달아서, 그것을 다른 사람들에게 알려주는, 세상에서 올바로 살고 올바로 실천하는 수행자들이나 성직자들도 없습니다. 인간은 네 가지 광대한 세계로 만들어졌으며 목숨이 다하고 죽으면 땅은 땅의 세계로 돌아가고 물은 물의 세계로 돌아가며 불은 불의 세계로 돌아가고 바람은 바람의 세계로 돌아가며 모든 감각기관은 허공으로 돌아갑니다.[242] 관을 맨 네 사람이 다섯 번째의 사람의 시체를 실어 날라도,[243] 묘지에 도착할 때까지 추모사를 말해도,[244] 뼈는 회색으로 되고 바쳐진 공물은 재가 됩니다. 보시

---

238) natthi mahārāja dinnaṃ. natthi yiṭṭhaṃ. natthi hutaṃ : Smv. 165에 따르면, 보시하고 제사 지내고 헌공을 해도 과보가 없다는 뜻이다.

239) natthi ayaṃ loko. natthi paro loko : Smv. 165에 따르면, 저 세상에 사는 자에게는 이 세상이 없고, 이세 상에 사는 자에게는 저 세상이 없다는 뜻이다.

240) natthi mātā. natthi pitā : Smv. 165에 따르면, 부모에 대한 효도나 불효에도 과보가 없다는 뜻이다.

241) natthi sattā opapātikā : Smv. 165에 따르면, 업력에 의해서 홀연히 생겨나는 뭇삶(천신이나 지옥중생 등)도 없다는 뜻이다.

242) cātummahābhūtiko ayaṃ puriso yadā kālaṃ karoti paṭhavī paṭhavīkāyaṃ anupeti anupaga cchatiṁ āpo āpokāyaṃ anupeti anupagacchati, tejo tejokāyaṃ anupeti anupagacchati, vāyo vāyokāyaṃ anupeti anupagacchati, ākāsaṃ indriyāni saṅkamanti : Smv. 165에 따르면, 내부의 지수화풍(地・水・火・風)이 외부의 지수화풍의 세계로 돌아간다는 의미이다.

243) āsandipañcamā purisā mataṃ ādāya gacchanti : Smv. 160에 따르면, '들 것을 든 사람들이 다섯 번째로 사자(死者)를 들고 간다.'는 말인데 장례를 지내러 가는 것을 묘사한 것이다.

244) yāva āḷahanā padāni paññāyanti : 빠다니(padāni)는 Smv. 160에 따르면, 그는 이와 같은 계율을 잘 지키는 자였고, 또는 계율을 지키지 않는 자였다는 등의 방식으로 덕행이나 악행을

는 실로 어리석은 자들이 행하는 것이고, 사후의 존재를 설하는[245] 사람들의 말은 오로지 공허한 거짓일 뿐입니다. 어리석은 자이건 현명한 자이건 몸이 파괴되고 죽은 후에는 괴멸하여 사라져 존재하지 않게 됩니다.'라고 말했습니다.

25. 세존이시여, 이와 같이 저는 현세에서 눈에 볼 수 있는 수행자의 삶의 결실에 관하여 물었는데, 아지따 께싸깜발린은 허무주의론[246]으로 응답했습니다. 세존이시여, 예를 들면, 망고나무에 대하여 묻자, 빵나무라고 대답하고,[56] 빵나무에 대하여 묻자 망고나무라고 대답하는 것과 같았습니다. 세존이시여, 이와 같이 저는 현세에서 눈에 볼 수 있는 수행자의 삶의 결실에 관하여 물었는데, 아지따 께싸깜발린은 허무주의론을 주장했습니다. 그래서 저는 이와 같이 '어찌 짐과 같은 자가 내 영토에 거주하는 수행자나 성직자를 비난할 수 있겠는가?'라고 생각했습니다. 세존이시여, 저는 아지따 께싸깜발린이 말한 것에 대하여 환호하지도 비난하지도 않았습니다. 환호하지도 비난하지도 않고, 불만이었지만 불만을 토로하지 않고 그의 말을 듣기만 하고 유념하지 않은 채, 자리에서 일어나 그곳을 떠났습니다."

(빠꾸다 깟짜야나의 칠요소설)

26. [아자따쌋뚜] "세존이시여, 한 때 저는 빠꾸다 깟짜야나[247]가 있는 곳을 찾아갔습니다. 가까이 다가가서 인사를

말하는 구절을 뜻한다.

245) atthikavāda : 존재주의[有論]는 영원주의를 말한다. Pps. III. 227에 따르면, 보시 등의 과보(dinnādīnaṃ phalaṃ)가 있다고 주장하는 것을 말한다.

246) ucchedavāda : 단멸론(斷滅論)을 말한다. 이 책(DN. I. 34)에서 상세하게 설명하고 있다.

나누고 안부를 주고 받은 뒤에 한쪽으로 물러나 앉았습니다. 세존이시여, 한쪽으로 물러나 앉아 저는 빠꾸다 깟짜야나 앞에 이와 같이 '존자여 깟짜야나여, 예를 들어 코끼리를 타는 자, 말을 타는 자, 수레를 타는 자, 궁수, 기수, 사령관, 보급전사, 왕족출신의 고위관리, 돌격병, 큰 코끼리와 같은 영웅, 용사, 흉갑을 입은 병사. 노예병사, 요리사, 이발사, 목욕사, 제과사, 화만사, 염색공, 직공, 갈대세공인, 도공, 산술가, 경리와 같은 다양한 기능의 분야를 지닌 자들이 있고, 그 밖에도 다른 다양한 그러한 종류의 기능의 분야를 지닌 자들이 있는데, 그들은 모두 현세에서 눈으로 볼 수 있는 기능의 결실로 생활하고 있습니다. 그들은 그것으로 자신을 안락하게 하고 행복하게 합니다. 그들은 그것으로 자신을 안락하게 하고 행복하게 하고, 그들은 그것으로 부모를 안락하게 하고 행복하게 하고, 그들은 그것으로 처자를 안락하게 하고 행복하게 하고, 그들은 그것으로 친지를 안락하게 하고 행복하게

---

247) Pakudha Kaccāyana : 빠꾸다 깟짜야나는 빠꾸다 까띠야나(Pakudha Kātiyāna)라고도 한다. Smv. 144에 따르면, 빠꾸다는 이름, 깟짜야나는 성이다. 그는 냉수를 거절했고, 대변을 보고 뒷물을 하지 않았다. 온수나 쌀죽을 얻어서 생활했다. 강물이나 물길을 건너면 '나의 계행이 깨졌다.'라고 모래탑을 만들고 계행의 결의를 다지고 다녔다. 역자주 : 그의 사상은 MN. I. 517과 이 책(DN. I. 56)에 잘 나타나 있듯, 그는 유물론적으로 7요소설(七要素說 : 地 paṭhavīkaya, 水 āpokāya, 火 tejokāya, 風 vāyokāya, 苦 dukkha, 樂 sukha, 靈魂 jīva)을 주장했는데, 영혼의 존재를 인정하고 있다는 점에서 본다면 유물론자들과는 다른 이원론적인 입장을 취하는 것같이 보이지만, 빠꾸다가 인정하는 영혼은 물질적인 것으로 지극히 유물론적이다. 이들 7요소는 이 경에 따르면 석녀(石女)처럼 불생산이며 움직이지 않고 변화하지 않고 서로 인과적으로 영향을 끼치지 않는다고 보고 있다. 거기서 또한 그는 이러한 형이상학적인 토대 위에 '심지어 누군가 날카로운 칼로 다른 사람의 목을 벤다고 해도 그 목숨은 빼앗을 수 없고 그 칼은 단지 일곱 요소 사이의 공간을 통과한 것뿐이다.(ye pi tiṇhena satthena sīsaṁ chindati, na koci kañci jīvitā voropeti, sattannaṁ tveva kāyānam antarena satthaṁ vivaram anupeti)'라고 주장했다. 이러한 가르침은 진아(眞我)의 불괴성(不壞性)과 불변성(不變性)을 주장하는 초기 베단따적인 우빠니샤드의 영원주의(常住論 : sassatavāda)에 영향을 받은 허무주의이다.

합니다. 수행자들이나 성직자들에 대해서는 유익하고 고귀한 행복을 가져오고 천상에 태어나게 하는 보시를 지킵니다. 존자여 깟짜야나여, 그대는 이와 같이 현세에서 눈에 볼 수 있는 수행자의 삶의 결실을 보여주실 수 있습니까?'라고 질문했습니다.

27. 세존이시여,[57] 이처럼 말하자 빠꾸다 깟짜야나는 저에게 이와 같이 '대왕이여, 이 일곱 가지 세계는[248] 만들어진 것이나 만든 것이 아니고, 창조된 것이거나 창조한 것이 아니고, 새로운 것을 낳지 못하고, 산봉우리처럼 확립되어 있고, 기둥처럼 고정되어 있습니다. 그것들은 움직이지 않고, 변화하지 않고, 서로 핍박하지 않습니다. 그것들은 서로에게 즐거움이나 괴로움이나 즐겁기도 하고 괴롭기도 한 상태를 야기할 수 없습니다.[249] 무엇을 일곱 세계라고 합니까? 땅의 세계, 물의 세계, 불의 세계, 바람의 세계, 괴로움의 세계, 즐거움의 세계, 영혼의 세계입니다.[250] 이 일곱 가지 세계는 만들어진 것이나 만든 것이 아니고, 창조된 것이거나 창조한 것이 아니고, 새로운 것을 낳지 못하고, 산봉우리처럼 확립되어 있고, 기둥처럼 고정되어 있습니다. 그것들은 움직이지 않고, 변화하지 않고, 서로 핍박하지 않습니다. 그것들은 서로에게

---

248) sattime kāyā : 일곱 가지 무리란 뜻으로 한역에서는 칠신(七身)이라고 하는데, 역자는 의미상 세계(dhātu)로 번역한다.

249) sattime kāyā akaṭā akaṭavidhā animmitā animmātā vañjhā kūṭaṭṭhā phasikaṭṭāyiṭṭhitā, te na iñjanti na viparinamanti na aññamaññaṃ khyākhādhenti, nālaṃ aññamaññassa sukhāya vā dukkhāya vā, sukhadukkhāya vā : MN. I. 517에서는 빠꾸다 깟짜야나(Pakudha Kaccāyana)의 이 견해가 막칼리 고쌀라의 윤회청정설과 함께 연결되어 같은 이론인 것처럼 혼동되어 등장한다.

250)katame satta. paṭhavikāyo āpokāyo tejokāyo vāyokāyo sukhe dukkhe jīve sattame : 그는 유물론적으로 7요소설(七要素說 : 地 paṭhavī, 水 āpo, 火 tejo, 風 vāyo, 苦 dukkha, 樂 sukha, 靈魂 jīva)을 주장했다.

즐거움이나 괴로움이나 즐겁기도 하고 괴롭기도 한 상태를 야기할 수 없습니다. 죽이는 자도 없고, 죽이게 하는 자도 없고, 듣는 자도 없고, 듣게 하는 자도 없고, 알려진 자도 없고, 알리는 자도 없다. 심지어 누군가 날카로운 칼로 다른 사람의 목을 벤다고 해도 그 목숨은 빼앗을 수 없고 그 칼은 단지 일곱 요소 사이의 공간을 통과한 것뿐입니다.[251]'라고 말했습니다.

28. 세존이시여, 이와 같이 저는 현세에서 눈에 볼 수 있는 수행자의 삶의 결실에 관하여 물었는데, 빠꾸다 깟짜야나는 다른 것으로 다른 것을[252] 응답했습니다. 세존이시여, 예를 들면, 망고나무에 대하여 묻자, 빵나무라고 대답하고, 빵나무에 대하여 묻자 망고나무라고 대답하는 것과 같았습니다. 세존이시여, 이와 같이 저는 현세에서 눈에 볼 수 있는 수행자의 삶의 결실에 관하여 물었는데, 빠꾸다 깟짜야나는 다른 것으로 다른 것을 주장했습니다. 그래서 저는 이와 같이 '어찌 짐과 같은 자가 내 영토에 거주하는 수행자나 성직자를 비난할 수 있겠는가?'라고 생각했습니다. 세존이시여, 저는 빠꾸다 깟짜야나가 말한 것에 대하여 환호하지도 비난하지도 않았습니다. 환호하지도 비난하지도 않고, 불만이었지만 불만을 토로하지 않고 그의 말을 듣기만 하고 유념하지 않은 채, 자리에서 일어나 그곳을 떠났습니다."

---

251) tattha natthi hantā vā ghātetā vā sotā vā sāvetā vā viññātā vā viññāpetā vā yepi tiṇhena satthena sīsaṃ chindati. na koci kañci jīvitā voropeti. sattannaṃ tveva kāyānamantarena satthaṃ vivaramanupatati : 이러한 가르침은 진아(眞我)의 불괴성(不壞性)과 불변성(不變性)을 주장하는 초기 베단따적인 우빠니샤드의 영원주의(常住論 : sassatavāda)에 영향을 받은 허무주의이다.

252) aññena aññaṃ : 이것은 동문서답을 의미한다.

(니간타 나타뿟따의 금계제어론)

29. [아자따쌋뚜] "세존이시여, 한 때 저는 니간타 나타뿟따[253]가 있는 곳을 찾아갔습니다. 가까이 다가가서 인사를 나누고 안부를 주고 받은 뒤에 한쪽으로 물러나 앉았습니다. 세존이시여, 한쪽으로 물러나 앉아 저는 니간타 나타뿟따 앞에 이와 같이 '존자여 악기벳싸나여,[254] 예를 들어 코끼리를 타는 자, 말을 타는 자, 수레를 타는 자, 궁수, 기수, 사령관, 보급전사, 왕족출신의 고위관리, 돌격병, 큰 코끼리와 같은 영웅, 용사, 흉갑을 입은 병사. 노예병사, 요리사, 이발사, 목욕사, 제과사, 화만사, 염색공, 직공, 갈대세공인, 도공, 산술가, 경리와 같은 다양한 기능의 분야를 지닌 자들이 있고, 그 밖에도 다른 다양한 그러한 종류의 기능의 분야를 지닌 자들이 있는데, 그들은 모두 현세에서 눈으로 볼 수 있는 기능의 결실로 생활하고 있습니다. 그들은 그것으로 자신을 안락하게 하고 행복하게 합니다. 그들은 그것으로 자신을 안락하게 하고 행복하게 하고, 그들은 그것으로 부모를 안락하게 하고 행복하게 하고, 그들은 그것으로 처자를 안락하게 하고 행복하게 하고, 그들은 그것으로 친지를 안락하게 하고 행복하게 합니다. 수행자들이나 성직자들에 대해서는 유익하고

---

253) Nigaṇṭha Nāthaputta : 니간타 나타뿟따는 니간타 나따뿟따(Nigaṇṭha Nātaputta)로 읽기도 한다. 자이나교의 교조이다. Smv. 144에 따르면, '우리에게 속박이 되는 오염은 없다. 장애가 되는 오염은 없다. 우리에게는 오염의 계박이 없다.'라는 뜻에서 니간타이고, 나타(Nātha)의 아들이란 의미에서 나타뿟다(Nāthaputta)이다. 역자주 : 그는 자이나교의 교조로 본명은 바르다마나(Vardhamāna)였다. 경전에서 니간타라고만 할 경우에는 자이나교도를 의미한다. 경에 자주 등장하지만 부처님께서 그를 직접 대면한 적은 없다. 그의 사상은 이 책(DN. I. 57)과 MN. I. 377에 나와 있듯, 그의 가르침의 중심은 '네 가지의 금계에 의한 제어(cātuyāmasusaṁvara)'라고 한다.

254) Aggivessana : 악기벳싸나는 니간타 나타뿟따를 족명으로 호칭한 것이다.

고귀한 행복을 가져오고 천상에 태어나게 하는 보시를 지킵니다. 존자여 악기벳싸나여, 그대는 이와 같이 현세에서 눈에 볼 수 있는 수행자의 삶의 결실을 보여주실 수 있습니까?'라고 질문했습니다.

30. 세존이시여,[58] 이처럼 말하자 니간타 나타뿟따는 저에게 이와 같이 '대왕이여, 니간타는 네 가지 금계에 의한 제어[255]로 수호됩니다. 대왕이여, 어떻게 니간타는 네 가지 금계에 의한 제어로 수호됩니까? 대왕이여, 세상에 니간타는 모든 물을 사용하지 않고, 모든 악의 여읨에 따르고, 모든 악의 여읨을 의무로 삼고, 모든 악의 여읨에 도달합니다.[256] 대왕이여, 니간타는 이와 같이 네 가지 금계에 의한 제어로 수호됩니다. 대왕이여, 니간타는 이와 같이 네 가지 금계에 의한 제어로 수호되므로, 자아의 완성자, 자아의 제어자, 자아의 확립자라고[257] 불립니다.'라고 말했습니다.

---

255) cātuyāmasaṃvara : 니간타 나타뿟따의 가르침의 중심은 이 책(DN. I. 58)과 MN. I. 377에 의하면 '네 가지의 금계에 의한 제어'이다. 부처님의 가르침인 '네 가지 금계에 의한 제어'(전집 DN. III. 48)와 비교하라.

256) idha mahārāja nigaṇṭho sabbavārivārito ca hoti, sabbavāriyuto ca, sabbavāridhuto ca, sabbavāriphuṭo ca : 이 네 가지의 금계에 의한 제어의 각각의 내용은 주석적 설명에도 불구하고 그 의미가 명확하지 않다. 번역은 Smv. 168의 다음과 같은 주석적 해석에 따른 것이다. ① '모든 물을 사용하지 않고(sabbavārivārito)'는 모든 냉수를 거절한다는 뜻으로 냉수에서 뭇삶을 지각할 수 있기 때문이다. ② '모든 악의 여읨에 따르고(sabbavāriyuto)'는 모든 악의 방지와 관계된 것이다. ③ '모든 악의 여읨을 책임으로 하고(sabbavāridhuto)' ④ '모든 악의 여읨에 도달한다.(sabbavāriphuṭṭho)'는 것은 모든 악의 방지에 접촉한다는 뜻이다. 주석적 해석에서는 물이라는 단어 '바리(vāri)'는 두 번째 항목부터 '악(pāpa)의 방지(vārita)'라는 의미로 사용되고 있는 것을 알 수 있다.

257) gatatto ca yatatto ca ṭhitatto cā'ti : Smv. 168에 따르면, '자아의 완성자'는 마음이 최상의 경지에 도달한 자를 말하고 '자아의 제어자'는 마음이 제어된 자를 말하고, '자아의 확립자'는 마음이 확립된 자를 말한다.

31. 세존이시여, 이와 같이 저는 현세에서 눈에 볼 수 있는 수행자의 삶의 결실에 관하여 물었는데, 니간타 나타뿟따는 네 가지 금계에 의한 제어론으로 응답했습니다. 세존이시여, 예를 들면, 망고나무에 대하여 묻자, 빵나무라고 대답하고, 빵나무에 대하여 묻자 망고나무라고 대답하는 것과 같았습니다. 세존이시여, 이와 같이 저는 현세에서 눈에 볼 수 있는 수행자의 삶의 결실에 관하여 물었는데, 니간타 나타뿟따는 네 가지 금계에 의한 제어론을 주장했습니다. 그래서 저는 이와 같이 '어찌 짐과 같은 자가 내 영토에 거주하는 수행자나 성직자를 비난할 수 있겠는가?'라고 생각했습니다. 세존이시여, 저는 니간타 나타뿟따가 말한 것에 대하여 환호하지도 비난하지도 않았습니다. 환호하지도 비난하지도 않고, 불만이었지만 불만을 토로하지 않고 그의 말을 듣기만 하고 유념하지 않은 채, 자리에서 일어나 그곳을 떠났습니다."

(싼자야 벨랏티뿟따의 회의주의론)

32. [아자따쌋뚜] "세존이시여, 한 때 저는 싼자야 벨랏티뿟따[258]가 있는 곳을 찾아갔습니다. 가까이 다가가서 인사를 나누고 안부를 주고 받은 뒤에 한쪽으로 물러나 앉았습니다. 세존이시여, 한쪽으로 물러나 앉아 저는 싼자야 벨랏티뿟따

258) Sañjaya Belaṭṭhiputta : Smv. 144에 따르면, 싼자야가 이름이고 벨랏티뿟따가 성이다. Pps. II. 234에 의하면, 싼자야 벨랏티뿟따(Sañjaya Belaṭṭhiputta)의 이름은 '벨랏티(Belaṭṭhi)라는 하녀의 자손'이라는 뜻을 지녔다. 그는 회의주의론을 주장했다. 원래 회의주의론을 나타내는 '아마라빅케빠바다(amarāvikkhepavāda)'란 용어는 '뱀장어를 잡는 듯이 혼란스러운 이론'을 말한다. 회의주의론자들은 형이상학적인 문제인 사구분별(catuskoti : 四句分別 : 있다, 없다, 있기도 하고 없기도 하다, 있지도 않고 없지도 않다)에 관해 어떠한 궁극적인 판단을 내리길 거부했다. 그의 사상은 이 책(DN. I. 24, 58)에 잘 나타나 있다.

앞에 이와 같이 '존자여 싼자야여, 예를 들어 코끼리를 타는 자, 말을 타는 자, 수레를 타는 자, 궁수, 기수, 사령관, 보급전사, 왕족출신의 고위관리, 돌격병, 큰 코끼리와 같은 영웅, 용사, 흉갑을 입은 병사. 노예병사, 요리사, 이발사, 목욕사, 제과사, 화만사, 염색공, 직공, 갈대세공인, 도공, 산술가, 경리와 같은 다양한 기능의 분야를 지닌 자들이 있고, 그 밖에도 다른 다양한 그러한 종류의 기능의 분야를 지닌 자들이 있는데, 그들은 모두 현세에서 눈으로 볼 수 있는 기능의 결실로 생활하고 있습니다. 그들은 그것으로 자신을 안락하게 하고 행복하게 합니다. 그들은 그것으로 자신을 안락하게 하고 행복하게 하고, 그들은 그것으로 부모를 안락하게 하고 행복하게 하고, 그들은 그것으로 처자를 안락하게 하고 행복하게 하고, 그들은 그것으로 친지를 안락하게 하고 행복하게 합니다. 수행자들이나 성직자들에 대해서는 유익하고 고귀한 행복을 가져오고 천상에 태어나게 하는 보시를 지킵니다. 존자여 싼자야여, 그대는 이와 같이 현세에서 눈에 볼 수 있는 수행자의 삶의 결실을 보여주실 수 있습니까?'라고 질문했습니다.

33. 세존이시여, 이처럼 말하자 싼자야 벨랏티뿟따는 저에게 이와 같이 '대왕이여,

1) '저 세상은 있습니까?'라고[259] 제게 질문할 때, 제가 '저 세상은 있다.'라고 생각한다면, 저는 그렇게 대답할 것입니다. 그러나 저는 '이렇다.'고도 생각하지 않고, 저는 '그렇다.'고도 생각하지 않고, 저는 '다르다.'고도 생각하지

259) 'atthi paro loko?'ti : 이하 회의주의에 대해서는 이 책(DN. I. 27) 이하의 주석을 비교참조.

않고, 저는 '아니다.'라고도 생각하지 않고, 저는 '아닌 것도 아니다.'라고도 생각하지 않습니다.

2) '저 세상은 없습니까?'라고 제게 질문할 때, 제가 '저 세상은 없다.'라고 생각한다면, 저는 그렇게 대답할 것입니다. 그러나 저는 '이렇다.'고도 생각하지 않고, 저는 '그렇다.'고도 생각하지 않고, 저는 '다르다.'고도 생각하지 않고, 저는 '아니다.'라고도 생각하지 않고, 저는 '아닌 것도 아니다.'라고도 생각하지 않습니다.

3) '저 세상은 있기도 하고 없기도 한 것입니까?'라고 제게 질문할 때, 제가 '저 세상은 있기도 하고 없기도 한 것이다.'라고 생각한다면, 저는 그렇게 대답할 것입니다. 그러나 저는 '이렇다.'고도 생각하지 않고, 저는 '그렇다.'고도 생각하지 않고, 저는 '다르다.'고도 생각하지 않고, 저는 '아니다.'라고도 생각하지 않고, 저는 '아닌 것도 아니다.'라고도 생각하지 않습니다.

4) '저 세상은 있는 것도 아니고 없는 것도 아닌 것입니까?'라고 제게 질문할 때, 제가 '저 세상은 있는 것도 아니고 없는 것도 아닌 것이다.'라고 생각한다면, 저는 그렇게 대답할 것입니다. 그러나 저는 '이렇다.'고도 생각하지 않고, 저는 '그렇다.'고도 생각하지 않고, 저는 '다르다.'고도 생각하지 않고, 저는 '아니다.'라고도 생각하지 않고, 저는 '아닌 것도 아니다.'라고도 생각하지 않습니다.

5) '홀연히 생겨나는 화생의 뭇삶은 있습니까?'라고 제게 질문할 때, 제가 '홀연히 생겨나는 화생의 뭇삶은 있다.'라고 생각한다면, 저는 그렇게 대답할 것입니다. 그러나 저는

'이렇다.'고도 생각하지 않고, 저는 '그렇다.'고도 생각하지 않고, 저는 '다르다.'고도 생각하지 않고, 저는 '아니다.'라고도 생각하지 않고, 저는 '아닌 것도 아니다.'라고도 생각하지 않습니다.

6) '홀연히 생겨나는 화생의 뭇삶은 없습니까?'라고 제게 질문할 때, 제가 '홀연히 생겨나는 화생의 뭇삶은 없다.'라고 생각한다면, 저는 그렇게 대답할 것입니다. 그러나 저는 '이렇다.'고도 생각하지 않고, 저는 '그렇다.'고도 생각하지 않고, 저는 '다르다.'고도 생각하지 않고, 저는 '아니다.'라고도 생각하지 않고, 저는 '아닌 것도 아니다.'라고도 생각하지 않습니다.

7) '홀연히 생겨나는 화생의 뭇삶은 있기도 하고 없기도 한 것입니까?'라고 제게 질문할 때, 제가 '홀연히 생겨나는 화생의 뭇삶은 있기도 하고 없기도 한 것입니다.'라고 생각한다면, 저는 그렇게 대답할 것입니다. 그러나 저는 '이렇다.'고도 생각하지 않고, 저는 '그렇다.'고도 생각하지 않고, 저는 '다르다.'고도 생각하지 않고, 저는 '아니다.'라고도 생각하지 않고, 저는 '아닌 것도 아니다.'라고도 생각하지 않습니다.

8) '홀연히 생겨나는 화생의 뭇삶은 있는 것도 아니고 없는 것도 아닌 것입니까?'라고 제게 질문할 때, 제가 '홀연히 생겨나는 화생의 뭇삶은 있는 것도 아니고 없는 것도 아닌 것입니다.'라고 생각한다면, 저는 그렇게 대답할 것입니다. 그러나 저는 '이렇다.'고도 생각하지 않고, 저는 '그렇다.'고도 생각하지 않고, 저는 '다르다.'고도 생각하지 않

고, 저는 '아니다.'라고도 생각하지 않고, 저는 '아닌 것도 아니다.'라고도 생각하지 않습니다.

9) '선행과 악행의 과보는 있습니까?'라고 제게 질문할 때, 제가 '선행과 악행의 과보는 있다.'라고 생각한다면, 저는 그렇게 대답할 것입니다. 그러나 저는 '이렇다.'고도 생각하지 않고, 저는 '그렇다.'고도 생각하지 않고, 저는 '다르다.'고도 생각하지 않고, 저는 '아니다.'라고도 생각하지 않고, 저는 '아닌 것도 아니다.'라고도 생각하지 않습니다.

10) '선행과 악행의 과보는 없습니까?'라고 제게 질문할 때, 제가 '선행과 악행의 과보는 없다.'라고 생각한다면, 저는 그렇게 대답할 것입니다. 그러나 저는 '이렇다.'고도 생각하지 않고, 저는 '그렇다.'고도 생각하지 않고, 저는 '다르다.'고도 생각하지 않고, 저는 '아니다.'라고도 생각하지 않고, 저는 '아닌 것도 아니다.'라고도 생각하지 않습니다.

11) '선행과 악행의 과보는 있기도 하고 없기도 한 것입니까?'라고 제게 질문할 때, 제가 '선행과 악행의 과보는 있기도 하고 없기도 한 것입니다.'라고 생각한다면, 저는 그렇게 대답할 것입니다. 그러나 저는 '이렇다.'고도 생각하지 않고, 저는 '그렇다.'고도 생각하지 않고, 저는 '다르다.'고도 생각하지 않고, 저는 '아니다.'라고도 생각하지 않고, 저는 '아닌 것도 아니다.'라고도 생각하지 않습니다.

12) '선행과 악행의 과보는 있는 것도 아니고 없는 것도 아닌 것입니까?'라고 제게 질문할 때, 제가 '선행과 악행의 과보는 있는 것도 아니고 없는 것도 아닌 것입니다.'라고 생각한다면, 저는 그렇게 대답할 것입니다. 그러나 저는 '이렇

다.'고도 생각하지 않고, 저는 '그렇다.'고도 생각하지 않고, 저는 '다르다.'고도 생각하지 않고, 저는 '아니다.'라고도 생각하지 않고, 저는 '아닌 것도 아니다.'라고도 생각하지 않습니다.

13) '사후에[59] 여래는 존재합니까?'라고 제게 질문할 때, 제가 '사후에 여래는 존재한다.'라고 생각한다면, 저는 그렇게 대답할 것입니다. 그러나 저는 '이렇다.'고도 생각하지 않고, 저는 '그렇다.'고도 생각하지 않고, 저는 '다르다.'고도 생각하지 않고, 저는 '아니다.'라고도 생각하지 않고, 저는 '아닌 것도 아니다.'라고도 생각하지 않습니다.

14) '사후에 여래는 존재하지 않습니까?'라고 제게 질문할 때, 제가 '사후에 여래는 존재하지 않는다.'라고 생각한다면, 저는 그렇게 대답할 것입니다. 그러나 저는 '이렇다.'고도 생각하지 않고, 저는 '그렇다.'고도 생각하지 않고, 저는 '다르다.'고도 생각하지 않고, 저는 '아니다.'라고도 생각하지 않고, 저는 '아닌 것도 아니다.'라고도 생각하지 않습니다.

15) '사후에 여래는 존재하기도 하고 존재하지 않기도 한 것입니까?'라고 제게 질문할 때, 제가 '사후에 여래는 존재기도 하고 존재하지 않기도 한 것이다.'라고 생각한다면, 저는 그렇게 대답할 것입니다. 그러나 저는 '이렇다.'고도 생각하지 않고, 저는 '그렇다.'고도 생각하지 않고, 저는 '다르다.'고도 생각하지 않고, 저는 '아니다.'라고도 생각하지 않고, 저는 '아닌 것도 아니다.'라고도 생각하지 않습니다.

16) '사후에 여래는 존재하는 것도 아니고 존재하지 않는 것도 아닌 것입니까?'라고 제게 질문할 때, 제가 '사후에 여래는 존재하는 것도 아니고 존재하지 않는 것도 아닌 것이다.'라고 생각한다면, 저는 그렇게 대답할 것입니다. 그러나 저는 '이렇다.'고도 생각하지 않고, 저는 '그렇다.'고도 생각하지 않고, 저는 '다르다.'고도 생각하지 않고, 저는 '아니다.'라고도 생각하지 않고, 저는 '아닌 것도 아니다.'라고도 생각하지 않습니다.'라고 말했습니다.

34. 세존이시여, 이와 같이 저는 현세에서 눈에 볼 수 있는 수행자의 삶의 결실에 관하여 물었는데, 싼자야 벨랏티뿟따는 회의주의론260)으로 응답했습니다. 세존이시여, 예를 들면, 망고나무에 대하여 묻자, 빵나무라고 대답하고, 빵나무에 대하여 묻자 망고나무라고 대답하는 것과 같았습니다. 세존이시여, 이와 같이 저는 현세에서 눈에 볼 수 있는 수행자의 삶의 결실에 관하여 물었는데, 싼자야 벨랏티뿟따는 회의주의론을 주장했습니다. 그래서 저는 이와 같이 '어찌 짐과 같은 자가 내 영토에 거주하는 수행자나 성직자를 비난할 수 있겠는가?'라고 생각했습니다. 세존이시여, 저는 싼자야 벨랏티뿟따가 말한 것에 대하여 환호하지도 비난하지도 않았습니다. 환호하지도 비난하지도 않고, 불만이었지만 불만을 토로하지 않고 그의 말을 듣기만 하고 유념하지 않은 채, 자리에서 일어나 그곳을 떠났습니다."

(현세에서의 수행자의 삶의 첫 번째 결실)

---

260) vikkhepa : 회의주의론(懷疑主義論)은 원래는 '혼란'을 의미한다.

35. [아자따쌋뚜] "세존이시여, 그러한 제가 세존께 여쭙니다. 예를 들어 코끼리를 타는 자, 말을 타는 자, 수레를 타는 자, 궁수, 기수, 사령관, 보급전사, 왕족출신의 고위관리, 돌격병, 큰 코끼리와 같은 영웅, 용사, 흉갑을 입은 병사. 노예병사, 요리사, 이발사, 목욕사, 제과사, 화만사, 염색공, 직공, 갈대세공인, 도공, 산술가, 경리와 같은 다양한 기능의 분야를 지닌 자들이 있고, 그 밖에도 다른 다양한 그러한 종류의 기능의 분야를 지닌 자들이 있는데, 그들은 모두 현세에서 눈으로 볼 수 있는 기능의 결실로 생활하고 있습니다. 그들은 그것으로 자신을 안락하게 하고 행복하게 합니다. 그들은 그것으로 자신을 안락하게 하고 행복하게 하고, 그들은 그것으로 부모를 안락하게 하고 행복하게 하고, 그들은 그것으로 처자를 안락하게 하고 행복하게 하고, 그들은 그것으로 친지를 안락하게 하고 행복하게 합니다. 수행자들이나 성직자들에 대해서는 유익하고 고귀한 행복을 가져오고 천상에 태어나게 하는 보시를 지킵니다. 세존이시여, 세존께서는[60] 이와 같이 현세에서 눈으로 볼 수 있는 수행자의 삶의 결실을 보여주실 수 있습니까?"

[세존] "대왕이여, 가능합니다. 그러면 대왕이여, 그 점에 관하여 제가 반대로 질문을 하고자 합니다. 폐하께서는 어떻게 생각하는 지를 말해주십시오.

36. 대왕이여, 어떻게 생각하십니까? 여기 폐하의 한 하인이 일꾼인 노복으로서 일찍 일어나고 늦게 잠자고 무슨 일에도 순종하고 유쾌하게 일하며 사랑스럽게 말하고 주인의 안색을 살필 줄 아는데, 그가 이와 같이 '공덕의 행방과 공덕의

과보라는 것은 참으로 불가사의한 일이다, 참으로 경이로운 일이다. 이 마가다 국의 왕이자 베데히 비의 아들인 아자따쌋뚜도 인간이고 나도 인간이다. 그런데 마가다 국의 왕이자 베데히 비의 아들인 아자따쌋뚜는 다섯 가지 감각적 쾌락의 대상을 갖추고 구비하여 생각건대 신처럼 즐긴다. 그러나 나는 하인이자 일꾼인 노복으로서 일찍 일어나고 늦게 잠자고 무슨 일에도 순종하고 유쾌하게 일하며 사랑스럽게 말하고 주인의 안색을 살핀다. 나도 공덕을 지어야겠다. 내가 머리카락과 수염을 깎고 가사를 입고 집에서 집 없는 곳으로 출가하면 어떨까?'라고 생각했다고 합시다. 그는 그 후 머리카락과 수염을 깎고 가사를 입고 집에서 집 없는 곳으로 출가합니다. 그는 출가하여 신체적으로 자제하고 언어적으로 자제하고 정신적으로 자제하고 최적의 음식과 의복에 만족하고[261] 멀리 여읨을[262] 즐깁니다. 그에 대하여 신하들이 폐하에게 '폐하, 폐하의 하인이자 일꾼인 노복이 일찍 일어나고 늦게 잠자고 무슨 일에도 순종하고 유쾌하게 일하며 사랑스럽게 말하고 폐하의 안색을 살폈는데, 폐하, 그러한 그가 머리카락과 수염을 깎고 가사를 입고 집에서 집 없는 곳으로 출가한 것을 혹시 아십니까. 그가 출가하여 신체적으로 자제하고 언어적으로 자제하고 정신적으로 자제하고 최적의 음식과 의복에 만족하고 멀리 여읨을 즐깁니다.'라고 알릴 것입니다. 그러면 폐하께서는 이와 같이 '여봐라, 그 일꾼인 하인을 내

---

261) ghāsacchādanaparamatāya santuṭṭho : Smv. 169에 따르면, 음식과 의복의 최상의 상태에 만족한다는 뜻이거나 구하는 것을 버리고 최상의 '버리고 없앰(sallekha)'에 만족한다는 뜻이다.

262) paviveke : Smv. 169에 따르면, 멀리 여읨에는 세 가지가 있다. 몸의 멀리 여읨(kāyapaviveka), 마음의 멀리 여읨(cittapaviveka), 의착의 멀리 여읨(upadhipaviveka)이 있다.

게로 데려오라. 다시 그 일꾼인 하인에 대하여 일찍 일어나고 늦게 잠자고 무슨 일에도 순종하고 유쾌하게 일하고 사랑스럽게 말하고 짐의 안색을 살피게 하라.'라고 말씀하시겠습니까?"

[아자따쌋뚜] "세존이시여, 그렇지 않습니다. 저는[61] 그에게 인사하고 일어나 환영하고 자리를 권하고 의복, 음식, 처소, 필수약품을 마련해 초대할 것입니다. 또한 저는 법에 따라서 그에 대한 보호와 안전에 만전을 기할 것입니다."

[세존] "대왕이여, 폐하께서는 만약 그렇다면, 현세에서의 수행자의 삶의 결실은 어떻다고 생각하십니까?"

[아자따쌋뚜] "세존이시여, 참으로 그렇다면 그것이 현세에서의 수행자의 삶의 결실입니다."

[세존] "대왕이여, 제가 폐하께 알려주는 현세에서의 첫 번째 수행자의 삶의 결실입니다."

(현세에서의 수행자의 삶의 두 번째 결실)

37. [아자따쌋뚜] "세존이시여, 현세에서 눈으로 볼 수 있는 또 다른 수행자의 삶의 결실에 대하여 알려주실 수 있습니까?"

[세존] "대왕이여, 가능합니다. 그러면 대왕이여, 그 점에 관하여 제가 반대로 질문을 하고자 합니다. 폐하께서는 어떻게 생각하는 지를 말해주십시오. 대왕이여, 어떻게 생각하십니까? 여기 폐하의 한 농부가 장자로서 세금을 바치고 나라의 부를 증진시킬 줄 아는데, 그가 이와 같이 '아, 공덕의 행방과 공덕의 과보라는 것은 참으로 놀라운 일이다. 참으로 경이로운 일이다. 이 마가다 국의 왕이자 베데히 비의 아들인 아자따쌋뚜도 인간이고 나도 인간이다. 그런데 마가

다 국의 왕이자 베데히 비의 아들인 아자따쌋뚜는 다섯 가지 감각적 쾌락의 대상을 갖추고 구비하여 생각건대 신처럼 즐긴다. 그러나 나는 농부가 장자로서 세금을 바치고 나라의 부를 증진시킨다. 나도 공덕을 지어야겠다. 내가 머리카락과 수염을 깎고 가사를 입고 집에서 집 없는 곳으로 출가하면 어떨까?'라고 생각했다고 합시다. 그는 그 후 작은 재물을 버리고 또는 큰 재물을 버리고, 적은 친지를 버리고, 또는 많은 친지를 버리고 머리카락과 수염을 깎고 가사를 입고 집에서 집 없는 곳으로 출가합니다. 그는 출가하여 신체적으로 자제하고 언어적으로 자제하고 정신적으로 자제하고 최직의 음식과 의복에 만족하고 멀리 여읨을 즐깁니다. 그에 대하여 신하들이 폐하에게 '폐하, 아무쪼록 아시겠지요. 폐하의 한 농부가 장자로서 세금을 바치고 나라의 부를 증진시켰는데, 폐하 그가 그 후 작은 재물을 버리고 또는 큰 재물을 버리고, 적은 친지를 버리고, 또는 많은 친지를 버리고 머리카락과 수염을 깎고 가사를 입고 집에서 집 없는 곳으로 출가했습니다. 그는 출가하여 신체적으로 자제하고 언어적으로 자제하고 정신적으로 자제하고[62] 최적의 음식과 의복에 만족하고 멀리 여읨을 즐깁니다.'라고 알릴 것입니다. 그러면 폐하께서는 이와 같이 '여봐라, 그 농부인 장자를 내게로 데려오라. 다시 그 농부인 장자가 세금을 바치고 나라의 부를 증진시키게 하라.'라고 말씀하시겠습니까?"

[아자따쌋뚜] "세존이시여, 그렇지 않습니다. 저는 그에게 인사하고 일어나 환영하고 자리를 권하고 의복, 음식, 처소, 필수약품을 마련해 초대할 것입니다. 또한 저는 법에

따라서 그에 대한 보호와 안전에 만전을 기할 것입니다."

[세존] "대왕이여, 폐하께서는 만약 그렇다면, 현세에서의 수행자의 삶의 결실은 어떻다고 생각하십니까?"

[아자따쌋뚜] "세존이시여, 참으로 그렇다면 그것이 현세에서의 수행자의 삶의 결실입니다."

[세존] "대왕이여, 제가 폐하께 알려주는 현세에서의 두 번째 수행자의 삶의 결실입니다."

(현세에서의 수행자의 삶의 보다 우월하고 탁월한 결실)

38. [아자따쌋뚜] "세존이시여, 현세에서 눈으로 볼 수 있는 또 다른, 수행자의 삶의 보다 뛰어나고 보다 탁월한 결실에 대하여 알려주실 수 있습니까?"

[세존] "대왕이여, 가능합니다. 그러면 대왕이여, 잘 듣고 새기십시오. 제가 말하겠습니다."

[아자따쌋뚜] "세존이시여, 알겠습니다."

마가다 국의 왕이자 베데히 비의 아들인 아자따쌋뚜는 세존께 대답했다.

39. 세존께서는 이와 같이 말씀하셨다.

[세존] "대왕이여, 세상에 이렇게 오신 님, 거룩한 님, 올바로 원만히 깨달은 님, 명지와 덕행을 갖추신 님, 올바른 길로 잘 가신 님, 세상을 이해하는 님, 가장 높은 자리에 오르신 님, 사람들을 길들이시는 님, 신들과 인간의 스승이신 님, 부처님, 세상에 존귀한 님이 출현합니다. 그는 이 신들의 세계, 악마들의 세계, 하느님들의 세계, 성직자들과 수행자들, 그리고 왕들과 백성들과 그 후예들의 세계에 관해

스스로 곧바로 알고 깨달아 가르칩니다. 그는 처음도 훌륭하고 중간도 훌륭하고 마지막도 훌륭한, 내용을 갖추고 형식이 완성된 가르침을 설하고, 지극히 원만하고 오로지 청정한 거룩한 삶을 가르칩니다.263)

40. 그래서 장자나 장자의 아들이나[63] 다른 종족의 출신자가264) 그 가르침을 듣게 됩니다. 그 가르침을 듣고 여래에 대한 확신을 얻습니다. 여래에 대한 확신을 얻게 된 그는 '집에서 사는 것은 번잡하고 티끌로 가득 차 있지만 출가는 자유로운 공간과 같다. 집에서 사는 자는 지극히 원만하고 오로지 청정한, 소라껍질처럼 잘 연마된 거룩한 삶을 살기가 어렵다. 자, 나는 머리를 깎고 가사를 입고 집에서 집 없는 곳으로 출가하여 수행승이 되는 것이 어떨까?'라고 이와 같이 생각합니다. 그는 나중에 작은 재물을 버리고, 또는 큰 재물을 버리고, 그리고 적은 친지를 버리고, 또는 많은 친지를 버리

---

263) so dhammaṃ deseti: ādikalyāṇaṃ majjhekalyāṇaṃ pariyosānakalyāṇaṃ sātthaṃ sabyañjanaṃ kevalaparipuṇṇaṃ parisuddhaṃ, brahmacariyaṃ pakāseti : Suv. 175-176에 따르면, '처음도 훌륭하고 중간도 훌륭하고 마지막도 훌륭한'에서 처음은 계행(sīla), 가운데는 멈춤과 통찰의 길(samathavipassanāmagga), 마지막은 경지와 열반(phalanibbānāni)을 말한다. 또는 처음은 계행과 삼매이고, 가운데가 통찰과 길이고, 마지막이 경지와 열반이다. 또는 처음은 계행과 삼매와 통찰이고, 가운데가 길이고, 마지막이 경지와 열반이다. 또는 가르침을 표현하는 사구게(四句偈)에서 처음은 첫 번째 시행, 가운데는 두 번째와 세 번째 시행, 마지막은 네 번째 시행이다. 오구게(五句偈)에서는 처음이 첫 번째 시행, 가운데는 두 번째에서 네 번째 시행까지이고, 마지막은 다섯 번째 시행이다. Smv. 177에 따르면, '지극히 원만하고(kevalaparipuṇṇaṃ)'는 '완전무결한, 과부족이 없는'의 뜻이고, '오로지 청정한(parisuddhaṃ)'은 오염이 없는 것을 뜻한다. 그러나 이득이나 존경을 얻기 위해 설하는 것이라면 갈애에 오염된 것이므로 부정한 것이 되기 때문에, 세존께서는 세속적인 자양을 기대하지 않고 안녕의 편만(hitapharaṇa)을 가져오는 자애의 수습(mettabhavana)에 의해서 부드러운 마음을 갖추어 도움의 성품(ullumpanasabhāva)으로 확립된 마음으로 설하는 것을 뜻한다.

264) aññatarasmiṃ vā kule paccājāto : 여기서 출신자(paccājāto)라고 번역한 것은 '재생한 자'란 의미가 아니라 Pps. II. 204에 따르면, 단순히 '태어난 자(jāto)'의 의미이다.

고, 가사를 걸치고 집에서 집 없는 곳으로 출가합니다. 그는 이와 같이 출가해서 의무계율[265]을 수호하고 지켜서 행동범주[266]를 완성하고, 사소한 잘못에서 두려움을 보고 학습계율[267]을 받아 배웁니다. 착하고 건전한 신체적 행위와 언어적 행위를 갖추고, 청정한 삶을 추구하고 계행을 구족하고 감관의 문을 수호하고 식사의 알맞은 분량을 알고 새김을 확립하고 올바로 알아차림을 갖추어 만족하게 지냅니다."

[계행의 다발]

(1. 짧은 크기의 계행)

41. [세존] "대왕이여, 어떻게 수행승이 계행을 갖춥니까?[268]

대왕이여, 여기 수행승이

1) 살아있는 생명을 죽이는 것을 버리고, 살아있는 생명을 죽이는 것을 떠나고, 몽둥이를 버리고 칼을 버리고, 부끄러워하고, 자애로운 마음으로 모든 살아있는 생명을 가엾

---

265) pāṭimokkha : '빠띠목카'는 율장에 포함된 수행승들의 의무계율들의 항목을 말하는데, 수행승이 될 때에 받아 지켜야만 하는 250계의 의무계율들을 말한다. 별해탈(別解脫)이라고도 한다. 별해탈이란 의미는 계율 하나 하나가 해탈로 이끈다는 의미를 지닌다. 전집(DN. III. 77) 참조. 그리고 Srp. V. 230에 따르면, 여기서 부처님께서는 계행 가운데 중요한 네 가지 계행(catunnaṁ sīlānaṁ jeṭṭhakasīlaṁ)을 요구했다 : ① 의무계율에 의한 제어(pāṭimokkhasaṁvaro) ② 감각능력의 제어(indriyasaṁvaro) ③ 생활의 청정(ājīvaparisuddhi) ④ 자구(資具)와 관련된 계행(paccayasannissitasīlā)

266) ācāragocara : 행동범주란 올바른 행동과 사창가나 술집을 피하는 등의 탁발의 행동반경이나 명상주제(業處 : kammaṭṭhāna)를 의미한다.

267) sikkhapadāni : 학계(學戒 : sikkhapadāni)라고 하는 것인데, 의무계율을 포함하여 그 외에 의무계율에 소속되지 않는 사소한 계율을 추가하여 배워야할 계율 또는 실천하여야 할 계율이라고 하는데, 현대적인 표현으로는 학습계율이 적당하다. 보다 상세한 것은 전집(DN. III. 78)과 그 주석을 보라.

268) kathañca mahārāja bhikkhu sīlasampanno hoti? : 이하에 대한 상세한 주석은 이 책(DN. I. 4~)의 주석을 보라.

고 불쌍히 여깁니다. 이것이 그 수행승의 계행입니다.

2) 주지 않는 것을 빼앗는 것을 버리고, 주지 않는 것을 빼앗는 것을 떠나고, 주는 것을 받고, 주는 것에 따르고, 훔치지 않은 깨끗한 것으로 살아갑니다. 이것도 또한 그 수행승의 계행입니다.

3) 순결하지 못한 삶을 버리고, 청정하지 못한 삶을 멀리하고, 음욕을 일삼는 세속적인 것을 여읩니다. 이것도 또한 그 수행승의 계행입니다.

4) 거짓말을 버리고, 거짓말을 떠나고, 진실을 말하고, 신뢰할 만하고, 의지할 만하고, 세상을 속이지 않습니다. 이것도 또한 그 수행승의 계행입니다.

5) 중상을 버리고, 중상에서 떠나고, 여기서 듣고 저기로 옮겨 사람들 사이를 이간함이 없이,[64] 저기서 듣고 여기로 옮겨서 사람들 사이를 이간함이 없이, 사이가 멀어진 자를 화해시키고, 화해한 자를 돕고, 화해에 흐뭇해하고, 화해를 즐기고, 화해를 기뻐하고, 화해하는 말을 합니다. 이것도 또한 그 수행승의 계행입니다.

6) 욕지거리를 버리고 욕지거리에서 떠나고 온화하여 귀에 듣기 좋고 사랑스럽고 흐뭇하고 우아하고 많은 사람이 좋아하고 많은 사람이 마음에 들어하는 그러한 말을 합니다. 이것도 또한 그 수행승의 계행입니다.

7) 꾸며대는 말을 버리고, 꾸며대는 말을 떠나고, 적당한 때에 말하고, 사실을 말하고, 유익한 말을 하고, 가르침을 말하고, 계율을 말하고, 새길 가치가 있고, 이유가 있고, 신중하고, 이익을 가져오는 말을 때에 맞춰 합니다. 이것

도 또한 그 수행승의 계행입니다.

42. 그는 또한

1) 종자나 식물을 해치는 것을 여읩니다.
2) 하루 한 번 식사하고, 밤에는 식사하지 않으며, 때 아닌 때에 먹는 것을 여읩니다.
3) 노래 · 춤 · 음악 · 연극 등을 보는 것을 여읩니다.
4) 꽃다발 · 향료 · 버터를 가지고 화장하고 장식하는 것을 여읩니다.
5) 높은 침대, 큰 침대를 받는 것을 여읩니다.
6) 금은을 받는 것을 여읩니다.
7) 날곡식을 받는 것을 여읩니다.
8) 날고기를 받는 것을 여읩니다.
9) 여인이나 여자아이를 받는 것을 여읩니다.
10) 하녀나 하인을 받는 것을 여읩니다.
11) 염소나 양을 받는 것을 여읩니다.
12) 닭이나 돼지를 받는 것을 여읩니다.
13) 코끼리나 소나 암말, 숫말을 받는 것을 여읩니다.
14) 경지나 황지를 받는 것을 여읩니다.
15) 심부름을 보내거나 가는 것을 여읩니다.
16) 사고 파는 것을 여읩니다.
17) 저울을 속이고, 화폐를 속이고, 도량을 속이는 것을 여읩니다.
18) 사기 · 기만 · 간계 · 부정을 여읩니다.
19) 절단하고 살육하고 포박하고 노략하고 약탈하고 폭행하는 것을 여읩니다.

이것도 또한 그 수행승의 계행입니다."

(2. 중간 크기의 계행)

43. [세존] "혹은 어떤 존귀한 수행자들이나 성직자들은 신자들이 보시한 음식을 향유하면서 이와 같이 예를 들어, 뿌리를 종자로 하는 것, 줄기를 종자로 하는 것, 열매를 종자로 하는 것, 싹을 종자로 하는 것, 씨앗을 종자로 하는 것과 같은 종자와 식물을 해칩니다. 그러나 그는 종자와 식물을 해치는 것을[65] 여읩니다. 이것도 또한 그 수행승의 계행입니다.

44. 혹은 어떤 존귀한 수행자들이나 성직자들은 신자들이 보시한 음식을 향유하면서 이와 같이 예를 들어, 먹을 것을 축적하는 것, 마실 것을 축적하는 것, 옷가지를 축적하는 것, 탈 것을 축적하고, 침구를 축적하는 것, 향료를 축적하는 것, 재물을 축적하는 것과 같은 축적을 향유합니다. 그러나 그는 축적을 향유하는 것을 여읩니다. 이것도 또한 그 수행승의 계행입니다.

45. 혹은 어떤 존귀한 수행자들이나 성직자들은 신자들이 보시한 음식을 향유하면서 이와 같이 예를 들어, 춤 · 노래 · 음악 · 연극 · 낭송 · 박수갈채 · 바라치기 · 드럼의 연주 · 전시회 · 쇠구슬놀이 · 대나무놀이 · 세정 · 코끼리싸움 · 말싸움 · 물소싸움 · 황소싸움 · 숫양싸움 · 닭싸움 · 메추리싸움 · 봉술 · 권투 · 씨름 · 군사훈련 · 군대점호 · 군사행진 · 열병과 같은 오락을 관람합니다. 그러나 그는 오락을 관람하는 것을 여읩니다. 이것도 또한 그 수행승의 계행입니다.

46. 혹은 어떤 존귀한 수행자들이나 성직자들은 신자들이 보시한 음식을 향유하면서 이와 같이 예를 들어, 팔목장기 · 십목장기 · 허공장기 · 금넘기· 체스놀이 · 주사위 · 자치기 · 산가지손던지기 · 공던지기 · 풀피리 · 쟁기질 · 재주넘기 · 풍차놀이 · 저울놀이 · 수레놀이 · 활쏘기 · 글자맞추기 · 생각맞추기 · 불구자 흉내내기와 같은 놀이와 나태에 빠집니다. 그러나 그는 놀이와 나태에 빠지는 것을 여읩니다. 이것도 또한 그 수행승의 계행입니다.

47. 혹은 어떤 존귀한 수행자들이나 성직자들은 신자들이 보시한 음식을 향유하면서 이와 같이 예를 들어, 아주 긴 침상, 다리에 동물문양이 있는 것, 긴 양털 담요가 있는 것, 울긋불긋한 이불이 있는 것, 흰 양털이불이 있는 것, 꽃을 수놓은 양털이불이 있는 것, 솜을 채운 이불이 있는 것, 동물을 수놓은 양털이불이 있는 것, 양쪽에 털이 달린 모피이불이 있는 것, 한쪽에 털이 달린 모피이불이 있는 것, 보석을 수놓은 이불이 있는 것, 비단이불이 있는 것, 융단덮개가 있는 것, 코끼리의 등에 까는 깔개가 있는 것, 말의 등에 까는 깔개가 있는 것, 수레에 까는 깔개가 있는 것, 염소가죽의 깔개가 있는 것, 카달리사슴가죽의 깔개가 있는 것, 차양이 있는 것, 양쪽에 붉은 방석이 있는 침상과 같은 높은 침대, 큰 침대를 사용합니다. 그러나 그는 그러한[66] 높은 침대, 큰 침대를 사용하는 것을 여읩니다. 이것도 또한 그 수행승의 계행입니다.

48. 혹은 어떤 존귀한 수행자들이나 성직자들은 신자들이 보시한 음식을 향유하면서 이와 같이 예를 들어, 향료바르기, 기름맛사지, 목욕, 사지안마, 거울보기, 눈화장, 꽃다발치장,

얼굴분칠, 얼굴크림, 팔찌, 머리띠, 장식용 지팡이, 장식용 약통, 칼, 양산, 울긋불긋한 신발, 터번, 보석, 야크꼬리의 불자(拂子), 긴 술이 달린 흰옷과 같은 것으로 치장하고 장식합니다. 그러나 그는 그러한 치장과 장식을 하는 것을 여읩니다. 이것도 또한 그 수행승의 계행입니다.

49. 혹은 어떤 존귀한 수행자들이나 성직자들은 신자들이 보시한 음식을 향유하면서 이와 같이 예를 들어, 왕에 대한 이야기, 도적에 대한 이야기, 대신들에 대한 이야기, 군사에 대한 이야기, 공포에 대한 이야기, 전쟁에 대한 이야기, 음식에 대한 이야기, 음료에 대한 이야기, 의복에 대한 이야기, 침대에 대한 이야기, 꽃다발에 대한 이야기, 향료에 대한 이야기, 친척에 대한 이야기, 수레에 대한 이야기, 마을에 대한 이야기, 부락에 대한 이야기, 도시에 대한 이야기, 지방에 대한 이야기, 여자에 대한 이야기, 영웅에 대한 이야기, 도로에 대한 이야기, 우물가에서의 이야기, 망령에 대한 이야기, 사소한 것들에 대한 이야기, 세계의 기원에 대한 이야기, 바다의 기원에 대한 이야기, 그리고 시시비비 거리에 대한 이야기와 같은 세속적 이야기를 합니다. 그러나 그는 그러한 세속적 이야기를 여읩니다. 이것도 또한 그 수행승의 계행입니다.

50. 혹은 어떤 존귀한 수행자들이나 성직자들은 신자들이 보시한 음식을 향유하면서 이와 같이 예를 들어, '그대는 이 가르침과 계율을 알지 못합니다. 나는 이 가르침과 계율을 압니다. 그대가 어떻게 가르침과 계율을 알겠습니까? 그대의 방식은 틀립니다. 그러나 나의 방식이 맞습니다. 나는 앞뒤가 맞지만 그대는 앞뒤가 맞지 않습니다. 그대는 앞에서 말해야

할 것을 뒤에서 말했고 뒤에서 말해야 할 것을 앞에서 말했습니다. 그대가 생각해낸 것은 전도된 것이고, 그대의 이론은 논파되었고 그대는 틀렸다는 것이 입증되었습니다. 가서 더 배우시오. 그렇지 않고 그대가 할 수 있다면, 스스로 해명하시오.'라고 논쟁을 일삼습니다. 그러나 그는 이와 같은 논쟁을 여읩니다. 이것도 또한 그 수행승의 계행입니다.

51. 혹은 어떤 존귀한 수행자들이나 성직자들은 신자들이 보시한 음식을 향유하면서 이와 같이 예를 들어, 왕, 대신, 왕족, 장자, 젊은이들을 향하여,[67] '여기로 가시오. 저기로 가시오. 이것을 가져가시오. 저기서 그것을 가져오시오.'와 같은 심부름을 시키는 일을 합니다. 그러나 그는 그러한 심부름을 시키는 일을 여읩니다. 이것도 또한 그 수행승의 계행입니다.

52. 혹은 어떤 존귀한 수행자들이나 성직자들은 신자들이 보시한 음식을 향유하면서 이와 같이 예를 들어, 기만하고 요설하고 점괘를 보고 함정에 빠뜨려 탐욕적으로 이익을 추구합니다. 그러나 그는 이와 같은 기만과 요설을 여읩니다. 이것도 또한 그 수행승의 계행입니다."

(3. 긴 크기의 계행)

53. [세존] "혹은 존귀한 수행자들이나 성직자들은 신자들이 보시한 음식을 향유하면서 이와 같이 예를 들어, 수족에 의한 점괘, 전조에 의한 점괘, 조짐에 의한 점괘, 해몽, 관상, 쥐가 갉아먹은 옷의 모양에 따라 치는 점괘, 불의 헌공, 국자의 헌공, 왕겨의 헌공, 쌀겨의 헌공, 쌀의 헌공, 버터의 헌공,

기름의 헌공, 입을 통한 헌공, 피의 헌공, 사지에 의한 점술, 집터에 의한 점술, 왕족을 위한 점술, 묘지의 주술, 정령에 대한 주술, 흙에 대한 주술, 뱀에 대한 주술, 독에 대한 주술, 전갈에 대한 주술, 쥐에 대한 주술, 새에 의한 점술, 까마귀에 의한 점술, 수명의 판단, 화살을 막는 수호주술, 짐승의 울음 소리에 의한 점술과 같은 저속한 지식으로 삿된 삶을 삽니다. 그러나 그는 이러한 저속한 지식에 의한 삿된 삶을 여읩니다. 이것도 또한 그 수행승의 계행입니다.

54. 혹은 어떤 존귀한 수행자들이나 성직자들은 신자들이 보시한 음식을 향유하면서 이와 같이 예를 들어, 보석의 길흉상, 지팡이의 길흉상, 의복의 길흉상, 칼의 길흉상, 화살의 길흉상, 활의 길흉상, 무기의 길흉상, 여성의 길흉상, 남성의 길흉상, 소년의 길흉상, 소녀의 길흉상, 남자노예의 길흉상, 여자노예의 길흉상, 코끼리의 길흉상, 말의 길흉상, 물소의 길흉상, 황소의 길흉상, 암소의 길흉상, 염소의 길흉상, 양의 길흉상, 닭의 길흉상, 메추리의 길흉상, 도마뱀의 길흉상, 귀장식의 길흉상, 거북이의 길흉상, 짐승의 길흉상과 같은 저속한 지식으로 삿된 삶을 삽니다. 그러나 그는 이러한 저속한 지식에 의한 삿된 삶을 여읩니다. 이것도 또한 그 수행승의 계행입니다.

55. 혹은 어떤 존귀한 수행자들이나 성직자들은 신자들이 보시한 음식을 향유하면서 이와 같이[68] 예를 들어, '왕들이 진격할 것이다. 왕들이 퇴각할 것이다. 아군의 왕들이 도착하고 적군의 왕들이 물러갈 것이다. 적군의 왕들이 도착하고 아군의 왕들이 물러갈 것이다. 아군의 왕들이 승리하고 적군

의 왕들이 패배할 것이다. 적군의 왕들이 승리하고 아군의 왕들이 패배할 것이다.'라고 이 자는 승리하고 이 자는 패배하리라와 같은 저속한 지식으로 삿된 삶을 삽니다. 그러나 그는 이러한 저속한 지식에 의한 삿된 삶을 여읩니다. 이것도 또한 그 수행승의 계행입니다.

56. 혹은 어떤 존귀한 수행자들이나 성직자들은 신자들이 보시한 음식을 향유하면서 이와 같이 예를 들어, '월식이 있을 것이다. 일식이 있을 것이다. 성식이 있을 것이다. 달과 태양이 궤도에 진입할 것이다. 달과 태양이 궤도를 벗어날 것이다. 별들이 궤도에 진입할 것이다. 별들이 궤도를 벗어날 것이다. 유성이 떨어질 것이다. 사방이 불탈 것이다. 지진이 일어날 것이다. 천둥이 칠 것이다. 달과 태양과 별들이 뜨거나 지고 어두워지거나 밝아질 것이다. 월식이 있어 이러한 결과가 있을 것이다. 일식이 있어 이러한 결과가 있을 것이다. 성식이 있어 이러한 결과가 있을 것이다. 달과 태양이 궤도에 진입하여, 이러한 결과가 있을 것이다. 달과 태양이 궤도를 벗어나, 이러한 결과가 있을 것이다. 별들이 궤도에 진입하여, 이러한 결과가 있을 것이다. 별들이 궤도를 벗어나, 이러한 결과가 있을 것이다. 유성이 떨어져, 이러한 결과가 있을 것이다. 사방이 불타서, 이러한 결과가 있을 것이다. 지진이 일어나, 이러한 결과가 있을 것이다. 천둥이 쳐서, 이러한 결과가 있을 것이다. 달과 태양과 별들이 뜨거나 지고 어두워지거나 밝아져서, 이러한 결과가 있을 것이다.'와 같은 저속한 지식으로 삿된 삶을 삽니다. 그러나 그는 이러한 저속한 지식에 의한 삿된 삶을 여읩니다. 이것도 또한 그 수행승

의 계행입니다.

57. 혹은 어떤 존귀한 수행자들이나 성직자들은 신자들이 보시한 음식을 향유하면서 이와 같이[69] 예를 들어, '비가 잘 올 것이다. 가뭄이 들 것이다. 음식이 넉넉할 것이다. 굶주릴 것이다. 안전할 것이다. 위험할 것이다. 질병이 들 것이다. 건강할 것이다.'라든가 손가락셈, 계산술, 목산술, 시작법, 궤변술과 같은 저속한 지식으로 삿된 삶을 삽니다. 그러나 그는 이러한 저속한 지식에 의한 삿된 삶을 여읩니다. 이것도 또한 그 수행승의 계행입니다.

58. 혹은 어떤 존귀한 수행자들이나 성직자들은 신자들이 보시한 음식을 향유하면서 이와 같이 예를 들어, 결혼에서 들이기와 보내기의 택일을 하거나, 화해를 주술적으로 조장하거나 분열을 주술적으로 조장하거나, 부채를 거두어들이거나 대출을 하기 위한 점괘를 보거나, 행운을 가져오거나 불행을 가져오는 주문을 외우거나, 유산된 모태의 치유를 위해 약을 처방하거나, 혀를 굳게 하거나, 턱을 움직이지 못하게 하거나, 손을 들지 못하게 하거나, 턱으로 말하지 못하게 하거나, 귀로 듣지 못하게 하거나, 거울에 물어보거나, 동녀에게 물어보거나, 신에게 물어보거나, 태양을 섬기거나, 위대한 자를 숭배하거나, 입에서 불을 토하거나, 행운의 여신을 부르는 것과 같은 저속한 지식으로 삿된 삶을 삽니다. 그러나 그는 이러한 저속한 지식에 의한 삿된 삶을 여읩니다. 이것도 또한 그 수행승의 계행입니다.

59. 혹은 어떤 존귀한 수행자들이나 성직자들은 신자들이 보시한 음식을 향유하면서 이와 같이 예를 들어, 신을 달래는

의례, 신에게 맹세하는 의례, 흙집에서 주문외우는 의례, 정력을 왕성하게 하는 의례, 정력을 잃게 하는 의례, 택지화의례, 택지살포의례, 구강세척, 목욕시키기, 헌공하기, 구토하기, 설사하기, 상부의 정화, 하부의 정화, 머리의 정화, 귀에 사용하는 기름을 끓이는 것, 눈에 사용하는 기름을 끓이는 것, 코를 씻어내는 것, 연고를 바르기, 연고를 문지르기, 안과적 치료, 외과적 치료, 소아과적 치료, 그리고 원래 치료했던 약을 제거하는 것과 같은 저속한 지식으로 삿된 삶을 삽니다. 그러나 그는 이러한 저속한 지식에 의한 삿된 삶을 여읩니다. 이것도 또한 그 수행승의 계행입니다.

60. 대왕이여, 이와 같이 계행을 갖춘 수행승은 계행에 수호되어 어떠한 경우에도 결코 두려워하지 않습니다. 예를 들어, 대왕이여, 왕위를 물려받은 왕으로서 적을 제압하고 있는 왕족이 적에 대하여[70] 어떠한 경우에도 결코 두려워하지 않는 것과 같습니다. 대왕이여, 이와 같이 계행을 갖춘 수행승은 계행에 수호되어 어떠한 경우에도 결코 두려워하지 않습니다. 그는 이러한 고귀한 계행의 다발을 갖추고 안으로 허물없는 행복269)을 경험합니다. 대왕이여, 이와 같이 수행승은 계행을 갖춥니다."

[삼매의 다발]
(감각능력에 대한 수호)

61. [세존] "대왕이여, 어떻게 감각능력의 문을 수호합니

---

269) anavajjasukha : 비난할 것이 없는 착하고 건전한 계행을 바탕으로 하는 후회없음, 만족, 기쁨, 경안의 원리에 의해 파악되는 정신적·신체적 안정을 의미한다.

까? 대왕이여, 세상에 수행승이

1) 시각으로 형상을 보지만[270] 그 인상에 집착하지 않고 그 연상에 집착하지 않습니다.[271] 만약 시각능력을 다스리지 않으면, 탐욕과 근심, 그리고 악하고 불건전한 상태가 자신을 침범할 것이므로, 그는 절제의 길을 따르고, 시각능력을 보호하고, 시각능력을 수호합니다.
2) 청각으로 소리를 듣지만 그 인상에 집착하지 않고 그 연상에 집착하지 않습니다. 만약 청각능력을 다스리지 않으면, 탐욕과 근심, 그리고 악하고 불건전한 상태가 자신을 침범할 것이므로, 그는 절제의 길을 따르고, 청각능력을 보호하고, 청각능력을 수호합니다.
3) 후각으로 냄새를 맡지만 그 인상에 집착하지 않고 그 연상에 집착하지 않습니다. 만약 후각능력을 다스리지 않으면, 탐욕과 근심, 그리고 악하고 불건전한 상태가 자신을 침범

---

270) so cakkhunā rūpaṃ disvā : 역자가 시각으로 번역한 것은 눈(cakkhu)을 의미하는데, 눈의 종류에 대한 상세한 설명은 이 책(DN. II. 123)과 그 주석을 보라. Smv. 183에 따르면, 보편의 눈은 일체지지(一切知智 : sabbaññutanāṇa)를 말하고, 정안(淨안)은 시각의식(視覺意識 cakkhu viññāṇa)을 지닌 것을 말하고 여기서 '시각으로 형상을 보고'에서 의미하는 시각은 정안을 말한다.

271) na nimittaggāhī hoti nānubyañjanaggāhī : 일반적으로 한역에서 니밋따(nimitta)는 상(相)이라고 번역되고 아누비얀자나(anuvyañjana)는 수상(隨相)이라고 번역되는데, 썩 만족스러운 번역이라고 보기는 힘들다. 남전장경(相應 IV. 168)에서는 니밋따를 총상(總相), 아누비얀자나는 별상(別相)이라고 했고 Krs. II. 63에서는 니밋따를 외관(its outer view)이라고 했고, 아누비얀자나를 상세(its lesser details)라고 했다. Rbg. IV. 67에서는 니밋따는 표상(表象 : Vorstellung), 아누비얀자나는 연상(聯想 : Assoziation)이라고 번역했다. Cdb. 1193에서는 인상(sign)과 특징(feature)으로 번역했다. 역자는 인상(印象)과 삼법인(三法印)이나 삼십이상(三十二相)에서의 특징(lakkhaṇa)과 구별하기 위해 특징을 피하고 연상(聯想)으로 번역한다. Vism. 20-22에 따르면, 니밋따는 주의력을 기울이지 않고 사실을 파악할 때에 오염된 사유에 불을 지필 수 있는 대상의 가장 두드러지는 표상이다. 이를테면 여자가 있으면, 여자는 인상(니밋따 : nimitta)이다. 그리고 첫 지각의 접촉이 절제되지 않았을 때에, 그 다음으로 주의를 붙잡아 두는 상세한 특징들 곧, 그녀의 손, 발, 미소, 웃음 이야기 등은 특징(아누비얀자나 : anuvyañjana)이다.

할 것이므로, 그는 절제의 길을 따르고, 후각능력을 보호하고, 후각능력을 수호합니다.

4) 미각으로 맛을 맛보지만 그 인상에 집착하지 않고 그 연상에 집착하지 않습니다. 만약 미각능력을 다스리지 않으면, 탐욕과 근심, 그리고 악하고 불건전한 상태가 자신을 침범할 것이므로, 그는 절제의 길을 따르고, 미각능력을 보호하고, 미각능력을 수호합니다.

5) 촉각으로 감촉을 느끼지만 그 인상에 집착하지 않고 그 연상에 집착하지 않습니다. 만약 촉각능력을 다스리지 않으면, 탐욕과 근심, 그리고 악하고 불건전한 상태가 자신을 침입할 것이므로, 절제의 길을 따르고, 촉각능력을 보호하고, 촉각능력을 수호합니다.

6) 정신으로 사실을 인식하지만 그 인상에 집착하지 않고 그 연상에 집착하지 않습니다. 만약 정신능력을 다스리지 않으면, 탐욕과 근심, 그리고 악하고 불건전한 상태가 자신을 침입할 것이므로, 절제의 길을 따르고, 정신능력을 보호하고, 정신능력을 수호합니다.

그는 이러한 고귀한 감각능력의 수호를 갖추고 안으로 혼탁을 여읜 행복[272]을 경험합니다. 대왕이여, 이와 같이 수행승은 감각능력의 문을 수호합니다."

(새김의 확립과 올바른 알아차림)

62. [세존] "대왕이여, 어떻게 수행승이 새김[273]을 확립하

272) abyāsekasukha : Smv. 183에 따르면, 오염이 없는, 혼탁이 없는, 청정한, 보다 탁월한 마음으로 안정된 행복을 뜻한다.

273) sati : 올바른 새김(正念)을 말한다. 올바른 정진은 올바른 새김의 기반이 되는 것으로 거기에

고 올바른 알아차림[274]을 갖춥니까? 그는 나아가거나 되돌

필요한 힘을 제공하며 올바른 새김은 주의력을 위한 안정된 기반을 제공하고 올바른 집중을 가능하게 한다. 이러한 삼매의 갈래 사이의 수반적 관계에 관해서는 Nep. 67에 따르면, 붓다고싸의 재미있는 비유가 있다. '세 소년이 놀이하러 정원에 갔다. 걸으면서 꼭대기에 꽃이 활짝 핀 나무를 보았다. 그래서 그 꽃을 따 모으기로 했다. 꽃은 제일 큰 사람의 키를 넘는 것이었으므로 친구가 엎드리고 키 큰 친구가 그 위에 올라갔으나 떨어질까 두려워했다. 그 때 또 다른 친구가 그 옆에 서서 어깨를 빌려 주어 키 큰 친구는 그 어깨에 기대어 꽃을 따 모을 수 있었다.' 여기서 꽃을 따 모으는 키 큰 친구는 올바른 집중을 의미하고 등을 제공한 친구는 올바른 정진을 의미하며, 어깨를 빌려준 친구는 올바른 새김을 뜻한다. 올바른 집중은 이와 같이 올바른 정진과 올바른 새김의 지원을 받아 그것들을 수반하여 이루어질 수 있는 것이다. 따라서 새김을 실천하는 것은 마음이 활동을 일으키지 않고 평정하게 되는 것이다. 모든 의도나 사유는 직접적인 체험을 방해하는 장애로써 작용한다. 이러한 것이 소멸되므로써 새김 속에서 대상은 있는 그대로 나타난다. 그렇다고 해서 새김은 그냥 수동적인 관찰로 머무는 것이 아니다. 오히려 새김은 강력한 기능을 발휘한다. 그것은 우리를 현실 속에 닻을 내리게 하며, 사유작용과 디불이 존재하지 않는 시간 속에 방황하게 두지 않는다. 새김이 없는 마음은 호박에 비유되고 새김을 수반하는 마음은 돌에 비유된다. 호박은 수면 위를 떠다니지만, 돌은 물 밑바닥에 이를 때까지 가라앉는다. 이처럼 강한 새김을 수반하는 마음은 대상의 겉모습 속에서 떠돌지 않고, 대상에 머물러 대상의 속성 속으로 깊이 침투해서, 있는 그대로의 대상을 통찰하는 기반을 제공한다. 이 책(DN. II. 290)에는 네 가지 새김의 토대(四念處 : cattaro satipaṭṭhānā)가 함께 주어져 있다: '무엇이 네 가지 [새김의 토대]인가? 수행승들이여, 여기 한 수행승이 열심히 노력하고 올바른 알아차림을 갖추고 새김을 확립하여 세상의 탐욕과 근심을 제거하며, 몸에 대하여 몸의 관찰을 행하는 것이다. 열심히 노력하고 올바른 알아차림을 갖추고 새김을 확립하여 세상의 탐욕과 근심을 제거하며, 느낌에 관해 느낌의 관찰을 행하는 것이다. 열심히 노력하고 올바른 알아차림을 갖추고 새김을 확립하여 세상의 탐욕과 근심을 제거하며, 마음에 관해 마음의 관찰을 행하는 것이다. 열심히 노력하고 올바른 알아차림을 갖추고 새김을 확립하여 세상의 탐욕과 근심을 제거하며, 사실에 관해 사실의 관찰을 행하는 것이다.'

274) sampajañña : Smv. 184-186에 따르면, 올바른 알아차림에는 네 가지가 있다. 의미에 대한 올바른 알아차림(sātthakasampajañña), 적절에 대한 올바른 알아차림(sappāyasampajañña), 행동범주에 대한 올바른 알아차림(gocarasampajañña), 미혹을 여읜 올바른 알아차림(asammohasampajañña)이 있다. ① 의미에 대한 올바른 알아차림이란 '나아가는 것'의 마음이 일어날 때에 마음에 따라 나아가지 않고 여기 '내가 나아가는 것에 의미가 있는 것인가 없는 것인가'라고 의미가 있는가 · 의미가 없는가를 포착하여 의미를 파악하는 것이다. 이를 테면 탑을 본다면, 부처님을 소연으로 아라한과를 얻을 수 있다는 의미를 파악할 수가 있다. ② 적절에 대한 올바른 알아차림이란 '나아가는 것'에 대하여 적절한가 · 부적절한가를 포착하여 적절을 파악하는 것이다. 이를테면 탑을 보는데 탑에서 대공양이 있을 때에 남녀가 장식을 하고 탑돌이 할 때 마음에 드는 자에게 탐욕을 일으키거나 마음 들지 않는 자에게 분노를 일으키거나, 그렇지 않은 자에게 우치를 일으킨다면, 그것은 장애이고 장애가 생겨나면 적절하지 않은 것이다. 그러나 장애가

아 갈 때에 올바른 알아차림을 갖추고, 앞을 바라보거나 뒤를 돌아볼 때에 올바른 알아차림을 갖추고, 굽히거나 펼 때에 올바른 알아차림을 갖추고, 옷을 입고 발우와 가사를 들 때에 올바른 알아차림을 갖추고, 먹고 마시고 씹고 맛볼 때에 올바른 알아차림을 갖추고, 대소변을 볼 때에 올바른 알아차림을 갖추고, 가고 서고 앉고 잠자고 깨어 있고 말하고 침묵할 때에 올바른 알아차림을 갖춥니다. 대왕이여, 이와 같이[71] 수행승은 새김을 확립하고 올바른 알아차림을 갖춥니다."

(수행생활에서의 만족)

63. [세존] "대왕이여, 어떻게 수행승이 만족275) 합니까? 대왕이여, 여기 수행승이 옷은 몸을 보호하는 것으로 족하게 하고, 식사는 배를 유지하는 것으로 족하게 하고, 어디에 가든지 오로지 이것들만을 가지고 갑니다. 마치 날개를 가진

없다면 적절한 것이다. ③ 행동범주에 대한 올바른 알아차림이란 '나아가는 것'에 대하여 이를테면 탁발식의 명상대상(業處 kammaṭṭhāna) 즉, 행동범주를 배워서 탁발식의 행동범주 안에서 '나아가는 것'을 파악하는 것을 말한다. ④ 미혹을 여윈 올바른 알아차림이란 '나아가는 것'에 미혹이 없는 것을 말한다. 이를테면, 미혹한 범부는 '나아가는 것'에 대하여 '내가 나아간다.'라고 생각한다. 미혹을 여읜 '나아가는 것'의 마음이 일어나면, 그 마음과 더불어 마음과 함께 일어나는 운동요소(風界)가 그것의 시설을 일으키는 것이다. 마음작용과 운동요소가 활동에 의해서 신체라고 생각되는 뼈의 집적이 나아가는 것이다.

275) santuṭṭho : Smv. 204에 따르면, 만족에는 네 가지 필수품(옷과 발우와 처소와 필수약품)에 대한 각각 3종의 모두 12가지 만족이 있다. 그 3종이란 이득에 따른 만족(yathālābhasantosa), 체력에 따른 만족(yathābalasantosa), 적절에 따른 만족(yathāsāruppasantosa)이다. ① 이득에 따른 만족이란 예를 들어 좋은 옷을 얻건 나쁜 옷을 얻건 그것으로 생활하고 다른 것을 구하지 않고 만족하는 것을 말한다. ② 체력에 따른 만족이란 예를 들어 원래 허약하거나 병들거나 늙어서 무거운 옷을 걸치면 피곤한데 다른 수행승과 교환하여 가벼운 옷을 입고 만족하는 것을 말한다. ③ 적절에 따른 만족이란 예를 들어 값비싼 의발을 구하거나 많은 의발을 구하여 출가한지 오랜 된 장로나 많이 배운 자등에게 보시한다든가 낡은 옷이나 넝마를 얻어서 큰 옷을 기워 만들어 가져서 만족하는 것을 말한다.

새가 어디로 날든지 날개를 유일한 짐으로 하늘을 날 듯, 이와 같이 수행승은 옷은 몸을 보호하는 것으로 족하게 하고, 식사는 배를 유지하는 것으로 족하게 하고, 어디에 가든지 오로지 이것들만 가지고 갑니다. 대왕이여, 이와 같이 수행승은 만족합니다."

(장애의 제거)

64. [세존] "그는 이러한 고귀한 여러 계행의 다발을 갖추고, 이러한 고귀한 감각능력의 수호를 갖추고, 이러한 고귀한 새김과 알아차림을 갖추고, 이러한 고귀한 만족을 갖추고 한적한 숲이나 나무아래나 산이나 계곡이나 동굴이나 묘지나 숲속이나 노지나 짚더미가 있는 외딴 곳의 처소를[276] 벗으로 삼습니다. 그는 식후에 탁발에서 돌아와,[277] 앉아서 가부좌를 틀고, 몸을 곧게 세우고, 얼굴 앞으로 새김을 확립합니다.

65. 그는 세상에서[278]

1) 탐욕을 버리고 탐욕을 여읜 마음으로 지내며, 탐욕으로부

---

276) vivittaṃ senāsanaṃ : Smv. 208에 따르면, 여기서 '외딴 곳'은 텅비고 소리가 없는 곳'을 말하고 '처소'는 수행승이 돌아오는 모든 장소로 와좌소(臥坐所)를 말한다. 여기에는 네 가지 종류 즉, ① 정사의 처소(vihārasenāsana) ② 침대와 의자의 처소(mañcapīṭhasenāsana) ③ 깔개의 처소(santhārasenāsana) ④ 기회에 따른 처소(okāsasenāsana)가 있다.

277) pacchābhattaṃ piṇḍapātapaṭikkanto : 탁발에 나갔다가 '식사후에 탁발식을 구하는 것을 마치고 돌아와서'라는 뜻이다.

278) loke : Smv. 211에 따르면, 세상(loka)은 파괴하는 것(lujjana)으로 다섯 가지 존재의 집착다발(五取蘊 pañcupādānakhandha)을 말한다. 존재의 집착다발이란 의미는 존재의 다발[五蘊] ― 물질[色 rūpa], 느낌[受 vedanā], 지각[想 saññā], 형성[行 saṅkhārā], 의식[識 viññāṇa] ― 이 '나의 소유, 나의 존재, 나의 자아'라는 유위법적 사유의 근본구조 속에서 나타날 때 성립한다. 존재의 다발과 존재의 집착다발에 대해서는 SN. III. 47을 참조하라. 그리고 존재의 집착다발에 관해서는 MN. I. 190-191에 잘 나타나 있다.

터 마음을 정화합니다.

2) 악의와 원한을 버리고 분노를 여읜 마음으로 지내며, 모든 존재를 가엾게 여기며 분노로부터 마음을 정화합니다.

3) 해태와 혼침을 버리고 해태와 혼침을 여읜 마음으로 지내며, 빛에 대한 지각을 갖추어[279] 새김을 확립하고 올바로 알아차려 해태와 혼침으로부터 마음을 정화합니다.

4) 흥분과 회한을 버리고 흥분과 회한을 여읜 마음으로 지내며, 안으로 마음을 그쳐 흥분과 회한으로부터 마음을 정화합니다.

5) 의심을 버리고 의심을 여읜 마음으로 지내며 착하고 건전한 것에 의혹을 품지 않고 의심으로부터 마음을 정화합니다.

66. 대왕이여, 예를 들어 어떤 사람이 빚을 내어 사업을 하는데, 그가 그 사업에 성공하여 예전의 빚을 청산하고 더구나 처를 부양할 만한 남은 재산이 있습니다. 그는 이와 같이 '나는 빚을 내어 사업을 시작했지만,[72] 나는 지금 그 사업에 성공하여 예전의 빚을 청산하고 처를 부양할 만한 남은 재산이 있다.'라고 생각합니다. 그는 그것을 원인으로 환희를 얻고 만족을 성취합니다.

67. 수행승들이여, 예를 들어, 어떤 사람이 병이 들어 고통스러운데 아주 심하게 고통스러워, 그에게 음식은 맞지 않고, 몸은 허약해졌지만, 나중에 병이 나아서, 그에게 음식이 맞고, 몸은 강건해졌습니다. 그는 이와 같이 '나는 병이 들어 고통스러운데 아주 심하게 고통스러워, 나에게 음식은 맞지

---

279) ālokasaññī : 한역의 광명상(光明想)을 말한다. Smv. 211에 따르면, 밤이나 낮이나 빛을 지각할 수 있기 위하여 장애가 없는 청정한 지각을 갖춘다는 뜻이다.

않고, 몸은 허약해졌지만, 지금은 병이 나아서, 나에게 음식이 맞고, 몸은 강건해졌다.'라고 생각합니다. 그는 그것을 원인으로 환희를 얻고 만족을 성취합니다.

68. 대왕이여, 예를 들어 어떤 사람이 감옥에 묶여 있었는데, 그가 나중에 안전하게 위험없이 석방되었고 그에게 재산상의 손실도 없었습니다. 그는 이와 같이 '나는 감옥에 묶여 있었는데, 지금 안전하게 위험 없이 석방되었고 나에게 재산상의 손실도 없다.'라고 생각합니다. 그는 그것을 원인으로 환희를 얻고 만족을 성취합니다.

69. 대왕이여, 예를 들어 어떤 사람이 노예가 되어 자립적이지 못하고 남에게 종속되어 있어 가고 싶은 곳도 갈 수 없었는데, 그가 나중에 그 노예상태에서 해방되어 자유민으로 가고 싶은 곳을 갈 수 있습니다. 그는 이와 같이 '나는 노예가 되어 자립적이지 못하고 남에게 종속되어 있어 가고 싶은 곳도 갈 수 없었는데, 지금은 그 노예상태에서 해방되어 자유민으로 가고 싶은 곳을 갈 수 있다.'라고 생각합니다. 그는[73] 그것을 원인으로 환희를 얻고 만족을 성취합니다.

70. 대왕이여, 예를 들어 어떤 사람이 돈과 재물을 가지고 사막을 가로질러 길을 여행하는데, 그가 나중에 안전하게 위험 없이 사막을 빠져나왔고 그에게 재산상의 손실도 없었습니다. 그는 이와 같이 '나는 돈과 재물을 가지고 사막을 가로질러 길을 여행했는데, 이제는 안전하게 위험 없이 사막을 빠져나왔고 나에게 재산상의 손실도 없었다.'라고 생각합니다. 그는 그것을 원인으로 환희를 얻고 만족을 성취합니다.

71. 대왕이여, 이와 같이 수행승은 자기에게 이들 다섯 가지 장애가 아직 버려지지 않았을 때에, 자신을 빚과 같고, 질병과 같고, 감옥과 같고, 노예와 같고, 사막의 길과 같이 봅니다.280) 대왕이여, 이와 같이 수행승은 자기에게 이 다섯 가지

---

280) evam eva kho bhikkhave bhikkhu yathā iṇaṃ yathā rogaṃ yathā bandhanāgāraṃ yathā dāsabyaṃ yathā kantāraddhānamaggaṃ ime pañca nīvaraṇe appahīne attani samanupassati : 다섯 가지 장애(pañca nīvaraṇāni : 五障)는 ① 감각적 쾌락의 욕망(愛貪 kāmacchanda) ② 분노(惡意 byāpāda) ③ 해태와 혼침(昏寢睡眠 thīnamiddha) ④ 흥분과 회한(悼擧惡作 uddhaccakukkucca) ⑤ 의심(疑 vicikicchā)을 말한다. 상세한 설명은 전집(DN. III. 234)과 그 주석을 보라. 또한 Pps. II. 318~319에 다섯 가지 장애(pañca nīvaraṇāni : 五障)에 대한 재미있는 비유적 설명이 있다 : ① 감각적 쾌락의 욕망 : 어떤 사람이 빚을 얻어다가 탕진해버린다. 그는 그 때문에 빚을 갚으라고 거친 말로 다그치며 괴롭힌다고 해도 아무런 대항도 못하고 모든 것을 참아낸다. 그가 참는 까닭은 빚 때문이다. 이와 같이 누군가 감각적 쾌락의 욕망에 물들면, 갈애로 인하여 그 대상에 집착하듯, 그 때문에 거친 말로 다그치며 괴롭힌다고 해도 아무런 대항도 못하고 모든 것을 참아낸다. 그가 참는 까닭은 감각적 쾌락의 욕망 때문이다. ② 분노 : 담즙병으로 앓고 있는 자는 꿀이나 설탕을 주어도 담즙병 때문에 그 맛을 모르고 '쓴 맛이다. 쓴 맛이다.'라고 하며 토해낸다. 이와 같이 분노하는 마음을 지닌 자는 좋은 뜻으로 스승이나 친교사가 가볍게 타일러도 충고를 받아들이지 않고, 터무니없이 나를 귀찮게 군다는 등 말하고 환속한다. 담즙병을 앓고 있는 사람이 꿀이나 설탕의 맛을 모르듯, 성내는 병에 걸린 자는 선정의 즐거움 등의 갖가지 가르침의 맛을 모른다. ③ 해태와 혼침 : 축제일에 감옥에 갇힌 사람은 축제의 시작도 중간도 끝도 보지 못한다. 그가 그 다음날에 석방되어 '어제의 축제는 참으로 재미있었네, 그 노래, 그 춤이라니'라는 등 들어도 대꾸하지 못한다. 왜? 축제를 경험하지 못했기 때문이다. 이와 같이 해태와 혼침에 떨어진 수행승은 달변의 법문을 듣더라도 그 시작도 중간도 끝도 알지 못한다. 그 법문이 끝났을 때에 '그런 법문이 있었나. 잘 설해졌지, 그런 비유가 있나'라고 법문에 대한 칭찬의 말을 들어도 대꾸하지 못한다. 왜? 해태와 혼침 때문에 법문을 경험하지 못했기 때문이다. ④ 흥분과 회한 : 축제를 즐기는 하인에게 급히 할 일이 있으니 '빨리 그곳으로 가라. 그렇지 않으면 손발이나 귀와 코를 자른다.'라고 말해서 급히 그가 그곳으로 가려하면, 축제의 시작과 중간과 끝을 체험하지 못한다. 왜? 그는 다른 것에 정신활동을 기울이기 때문이다. 이와 같이 의무계율을 잘 알지 못하면서 숲속에 들어가 홀로 지내더라도, 예를 들어 허용된 고기라도 허용되지 않은 고기라고 생각하게 되고, 멀리 여읨을 버리게 되고 계행을 정화하기 위해 의무계율에 능통한 자를 찾아야 한다. 그는 홀로 있는 즐거움을 체험할 수 없다. 왜? 흥분과 회한에 매이기 때문이다. ⑤ 의심 : 사막의 길을 가는 사람이, 강도에 의해 약탈당하기도 하고 살해당하는 것을 보고 나뭇가지 소리나 새소리를 듣고 강도가 왔다고 불안과 두려움에 떤다. 그는 가다 서다 되돌아가며, 가다 서다 되돌아가길 반복한다. 그는 간신히 어렵게 안전한 곳에 도달하거나 아예 도달하지 못한다. 이와 같이 의심이 생겨난 사람은 깨달은 님인지 깨달은 님이 아닌지 의심하기

장애가 이미 버려졌을 때에는 자신을 빚이 없는 것과 같고, 질병이 없는 것과 같고, 감옥에서 벗어난 것과 같고, 자유인과 같고, 낙원과 같이 봅니다.

72. 대왕이여, 자기에게 이들 다섯 가지 장애가 버려진 것을 보면, 희열이 생겨납니다. 희열이 생겨난 자에게 기쁨이 생겨납니다. 기쁨이 생겨난 자에게 몸이 안온해집니다. 몸이 안온해진 자에게 행복이 느껴집니다. 행복을 느끼는 자에게 마음이 집중됩니다."

(첫 번째 선정)

73. [세존] "대왕이여, 그 수행승은 감각적 쾌락의 욕망을 여의고 악하고 불건전한 상태를 떠나서, 사유를 갖추고 숙고를 갖추어, 멀리 여읨에서 생겨나는 희열과 행복으로 가득한 첫 번째 선정을 성취합니다. 그는 이 몸을, 멀리 여읨에서 생겨나는 희열과 행복으로 스며들어 배어들게 하고 가득 채움으로써, 그의 몸의 어느 곳도 멀리 여읨에서 생겨나는 희열과 행복으로 가득 차지 않은 곳이 없게 합니다.

74. 대왕이여,[74] 예를 들어, 유능한 목욕사나 그의 도제가 금속대야에 목욕용 분말을 풀어 물로 차츰 뿌려 반죽하면, 목욕용 분말덩어리는 물기로 젖고, 물기로 흠뻑 젖어, 물기로 안팎이 가득 차서, 물기가 새어 나오지 않을 것입니다. 대왕

때문에 확신하여 믿을 수 없고, 믿을 수 없으므로 길(道)과 경지(果)를 얻을 수 없다. 사막의 길을 갈 때에 '강도가 있는지 없는지' 거듭해서 의심, 의혹, 천박, 마비가 마음에 일어나 안전한 곳에 도달하는데 장애가 되듯, 이와 같이 의심이 생겨난 사람은 깨달은 님인지 깨달은 님이 아닌지 의심하기 때문에 의심, 의혹, 천박, 마비가 마음에 일어나 거룩한 경지에 도달하는데 장애가 된다.

이여, 이와 같이 이 몸을, 멀리 여읨에서 생겨나는 희열과 행복으로 스며들어 배어들게 하고 가득 채움으로써, 그의 몸의 어느 곳도 멀리 여읨에서 생겨나는 희열과 행복으로 가득 차지 않은 곳이 없게 합니다. 대왕이여, 이것이 또 다른, 현세에서 눈으로 볼 수 있는 수행자의 삶의 보다 뛰어나고 보다 탁월한 결실입니다.”

(두 번째 선정)

75. [세존] “대왕이여, 그 수행승은 또한 사유와 숙고가 멈추어진 뒤, 내적인 평온과 마음의 통일을 이루고, 사유를 뛰어넘고 숙고를 뛰어넘어, 삼매에서 생겨나는 희열과 행복으로 가득한 두 번째 선정을 성취합니다. 그는 이 몸을 삼매에서 생겨나는 희열과 행복으로 스며들어 배어들게 하고 가득 채움으로써, 그의 몸의 어느 곳도 삼매에서 생겨나는 희열과 행복으로 가득 차지 않은 곳이 없게 합니다.

76. 대왕이여, 예를 들어, 물이 샘솟는 호수는 동쪽에도 물이 유입되는 곳이 없고, 서쪽에도 물이 유입되는 곳이 없고, 남쪽에도 물이 유입되는 곳이 없고, 북쪽에도 물이 유입되는 곳이 없고, 하늘이 때맞춰 비를 내리지 않아도281), 그 호수에서는 차가운 물이 샘솟아 호수를 차가운 물로 스며들어 배어들게 하고 가득 채워질 것입니다. 대왕이여, 이와 같이 이 몸을 삼매에서 생겨나는 희열과 행복으로 스며들어[75] 배어들게 하고 가득 채움으로써, 그의 몸의 어느 곳도 삼매에서

281) devo ca na kālena kālaṃ sammā dhāraṃ anuppavecccheyya : 하늘이 때때로 바르게 보유한 것을 공급하지 않더라도‘의 뜻이다.

생겨나는 희열과 행복으로 가득 차지 않은 곳이 없게 합니다. 대왕이여, 이것이 또 다른, 현세에서 눈으로 볼 수 있는 수행자의 삶의 보다 뛰어나고 보다 탁월한 결실입니다."

(세 번째 선정)

77. [세존] "대왕이여, 그 수행승은 또한 희열이 사라진 뒤, 새김을 확립하고 올바른 알아차림을 갖추고 평정하게 지내고 신체적으로 행복을 느끼며, 고귀한 님들이 평정하고 새김 있는 행복한 삶이라 부르는 세 번째 선정을 성취합니다. 그는 이 몸을 희열 없는 행복으로 스며들어 배어들게 하고 가득 채움으로써, 그의 몸의 어느 곳도 희열 없는 행복으로 가득 차지 않은 곳이 없게 합니다.

78. 대왕이여, 예를 들어, 청련이 핀 연못이나 홍련이 핀 연못이나 백련이 핀 연못에서 청련이나 홍련이나 백련은 물 가운데서 생겨나고, 물 가운데서 성장하고, 물에서 나오지 않고, 물 속에 잠겨 자라는데, 그것들의 꼭지에서 뿌리에 이르기까지 차가운 물이 스며들어 배어들게 되고 가득 채워지므로, 그 어떠한 청련이나 홍련이나 백련이라도 차가운 물로 가득 채워지지 않는 것이 없을 것입니다. 대왕이여, 이와 같이 이 몸을 희열 없는 행복으로 스며들어 배어들게 하고 가득 채움으로써, 그의 몸의 어느 곳도 희열 없는 행복으로 가득 차지 않은 곳이 없게 합니다. 대왕이여, 이것이 또 다른, 현세에서 눈으로 볼 수 있는 수행자의 삶의 보다 뛰어나고 보다 탁월한 결실입니다."

(네 번째 선정)

79. [세존] "대왕이여, 그 수행승은 또한 즐거움과 괴로움이 버려지고 만족과 불만도 사라진 뒤, 괴로움을 뛰어넘고 즐거움을 뛰어넘어, 평정하고 새김있고 청정한 네 번째 선정을 성취합니다. 그는 이 몸을 청정한 마음으로 고결한 마음으로 채움으로써 그의 몸의 어느 곳도 청정한 마음으로[76] 고결한 마음으로 가득 차지 않은 곳이 없게 합니다.

80. 대왕이여, 예를 들어, 어떤 사람이 흰 옷으로 머리까지 덮고 앉아있다면, 그의 몸의 어느 곳에도 흰 옷으로 가득 차지 않은 곳이 없을 것입니다. 대왕이여, 이와 같이 그는 이 몸을 청정한 마음으로 고결한 마음으로 가득 채움으로써 그의 몸의 어느 곳도 청정한 마음으로 고결한 마음으로 가득 차지 않은 곳이 없게 합니다. 대왕이여, 이것이 또 다른, 현세에서 눈으로 볼 수 있는 수행자의 삶의 보다 뛰어나고 보다 탁월한 결실입니다."

[지혜의 다발]
(1. 통찰에 대한 앎 : 앎과 봄)

81. [세존] "대왕이여, 그 수행승은 이렇게 마음이 삼매에 들어 청정해지고 고결해지고 티끌없이 오염을 여의어 유연해지고 유능해지고 부동에 도달하여, 앎과 봄[282]으로 마음

282) ñāṇadassana : 한역의 지견(知見)을 말한다. 부처님의 가르침에서 앎과 봄은 가장 중요한 가르침이다. 봉사가 '붉은 신호등일 때 서고 푸른 신호등일 때 가야 한다.'는 앎이 있어도, 실제 신호등 앞에서는 봄이 없기 때문에 그의 앎은 소용이 없다. 또 어린 아이는 신호등 앞에서 붉은 신호등이나 푸른 신호등을 볼 수 있어도, '붉은 신호등일 때 서야 하고 푸른 신호등일 때 가야 한다.'는 앎이 없기 때문에 그의 봄은 아무런 소용이 없다. 한역에서는 지견(知見)이라고 번역한다.

을 지향하게 하고 기울게 하여, '이 몸은 네 가지 광대한 존재로 이루어지고, 부모에서 생겨나고, 밥과 죽으로 키워지는 이 몸은 무상하고, 떨어져 나가고, 닳아 없어지고, 부수어지고, 흩어지는 것이다. 그런데 나의 이 의식은 여기에 의존하고 여기에 묶여 있다.'라고 분명히 압니다.

82 대왕이여, 예를 들어 에메랄드[283]가 아름답고 품질이 좋고 팔면으로 잘 깎여 있고, 맑고 청정하여 오염을 여의고 모든 형태를 갖추었는데, 거기에 푸르거나 노랗거나 붉거나 희거나 담황색의 실이 꿰뚫려 있어, 그것을 눈 있는 사람이 손에 놓고 '이것이 바로 에메랄드이다. 아름답고 품질이 좋고 팔면으로 잘 깎여 있고, 맑고 청정하여 오염을 여의고 모든 형태를 갖추었는데, 거기에 푸르거나 노랗거나 붉거나 희거나 담황색의 실이 꿰뚫려 있다.'라고 관찰하는 것과 같습니다.[284] 대왕이여, 이와 같이 수행승은 이렇게 마음이 삼매에 들어 청정해지고 고결해지고 티끌없이 오염을 여의어 유연해지고 유능해지고 부동에 도달하여, 앎과 봄으로 마음을 지향하게 하고 기울게 하여, '이 몸은 네 가지 광대한 존재로 이루어지고, 부모에서 생겨나고, 밥과 죽으로 키워지는 이

그것은 Smv. 220에 따르면, 길에 의한 앎(道智 maggañāṇa), 경지에 의한 앎(果智 phalañāṇa), 일체지에 의한 앎(一切知智 sabbaññutañāṇa), 심찰에 의한 앎(審察智 paccavekkhanañāṇa), 통찰에 의한 앎(通察智 (vipassanāñāṇa)을 말한다.

283) maṇi veḷuriyo : Mdb. 657에서는 '녹주석의 보석(beryl gem)'이라고 번역하고 있다. 한역에서는 마니보주(琉璃寶珠)이다. Mls. II. 231에서는 에메랄드라고 번역한다.

284) ayaṃ kho maṇi veḷuriyo subho jātimā aṭṭhaṃso suparikammakato, accho vippasanno anāvilo sabbākārasampanno. Tatiradaṃ suttaṃ āvutaṃ nīlaṃ vā pītaṃ vā lohitaṃ vā odātaṃ vā paṇḍusuttaṃ vā'ti : Smv. 221에 따르면, 여기서 업에 의해 생겨난 신체(karajakāyo)가 에메랄드에, 앎과 봄 즉, 통찰에 의한 앎(vipassanāññāṇa)이 꿰뚫어진 실에, 통찰을 얻은 수행승(vipassanālābhībhikkhu)이 눈이 있는 사람에 비유되고 있다.

몸은 무상하고, 떨어져 나가고, 닳아 없어지고, 부수어지고, 흩어지는 것이다.[77] 그런데 나의 이 의식은 여기에 의존하고 여기에 묶여 있다.'라고 분명히 압니다. 대왕이여, 이것이 또 다른, 현세에서 눈으로 볼 수 있는 수행자의 삶의 보다 뛰어나고 보다 탁월한 결실입니다."

(2. 정신으로 이루어진 몸에 대한 앎)

83. [세존] "대왕이여, 그 수행승은 이렇게 마음이 삼매에 들어 청정해지고 고결해지고 티끌없이 오염을 여의어 유연해지고 유능해지고 부동에 도달하여, 정신으로 이루어진 몸의 창조에[285] 마음을 지향하게 하고 기울게 하여, 이 몸으로부터, 형상을 갖추고, 정신으로 만들어지고, 모든 사지를 갖추고, 감관이 결여되지 않은[286] 다른 몸을 만듭니다.

84. 대왕이여, 예를 들어 어떤 사람이 문자풀에서 갈대를 뽑아 이와 같이 '이것이 문자풀이고 이것이 갈대이다. 문자풀과 갈대는 다른 것이다. 그러나 문자풀에서 갈대가 뽑혀진 것이다.'라고 생각하는 것과 같습니다. 대왕이여, 다시 예를 들어 어떤 사람이 칼을 칼집에서 뽑아 이와 같이 '이것이 칼이고 이것이 칼집이다. 칼과 칼집은 다른 것이다. 그러나 칼은 칼

---

285) manomayaṃ kāyaṃ abhinimmināya : 한역에서는 '의소성신(意所成身)의 화작(化作)에'라고 한다. Smv. 222에 따르면, '정신에 의해서 다시 태어난(manena nibbattitaṃ) 몸의 창조에'라는 의미이다. Daṭ. 347에 따르면, '정신에 의해서 다시 태어난'이라는 것은 '곧바른 앎에 의해서 다시 태어난(abhiññāmanena nibbattitaṃ)의 뜻이다.

286) ahīnindriyaṃ : Smv. 222에 따르면, '형태상으로 감관에 결함이 없는 것'을 뜻한다. 왜냐하면 신통을 지닌 자에 의해서 창조된 몸은 만약 신통을 지닌 자가 백색이라면, 그것도 백색으로, 만약 귀가 뚫리지 않은 자라면, 그것도 귀가 관통되지 않는 것으로, 이와 같이 모든 형태상으로 그와 동일한 것이 된다.

집에서 뽑혀진 것이다.'라고 생각하는 것과 같습니다. 대왕이여, 다시 예를 들어 어떤 사람이 뱀을 뱀허물에서 뽑아 이와 같이 '이것이 뱀이고 이것이 뱀허물이다. 뱀과 뱀허물은 다른 것이다. 그러나 뱀은 뱀허물에서 뽑혀진 것이다.'라고 생각하는 것과 같습니다. 대왕이여, 이와 같이 그 수행승은 마음이 삼매에 들어 청정해지고 고결해지고 티끌없이 오염을 여의어 유연해지고 유능해지고 부동에 도달하여, 정신으로 이루어진 몸의 창조에 마음을 지향하게 하고 기울게 하여, 이 몸으로부터, 형상을 갖추고, 정신으로 만들어지고, 모든 사지를 갖추고, 감관이 결여되지 않은 다른 몸을 만듭니다. 대왕이여, 이것이 또 다른, 현세에서 눈으로 볼 수 있는 수행자의 삶의 보다 뛰어나고 보다 탁월한 결실입니다."

(3. 다양한 신통에 대한 앎)

85. [세존] "대왕이여, 그 수행승은 이렇게 마음이 삼매에 들어 청정해지고 고결해지고 티끌없이 오염을 여의어 유연해지고 유능해지고 부동에 도달하여, 다양한 신통에 마음을 지향하게 하고 기울게 하여,[78] 다양한 신통을 체험합니다. 하나에서 여럿이 되고 여럿에서 하나가 되고, 나타나기도 하고 사라지기도 하고, 자유로운 공간처럼 장애 없이 담을 통과하고 성벽을 통과하고 산을 통과하고, 물속처럼 땅속을 들어가고, 땅위에서처럼 물위에서도 빠지지 않고 걸어 다니고, 날개 달린 새처럼 공중에서 앉은 채 날아다니고, 이처럼 큰 신비를 지니고 이처럼 큰 능력을 지닌 달과 해를 손으로 만지고 쓰다듬고, 하느님의 세계에 이르기까지 육신으로 영향력

을 미칩니다.[287]

86. 대왕이여, 예를 들어 숙련된 도공이나 그의 제자가 잘 준비된 점토로서 특별한 도기를 원한다면, 바로 그것을 제조하여 생겨나게 하는 것과 같습니다. 대왕이여, 예를 들어 숙련된 상아세공사나 그의 제자가 잘 준비된 상아로써 특별한 상아세공을 원한다면, 바로 그것을 제조하여 생겨나게 하는 것과 같습니다. 대왕이여, 예를 들어 숙련된 금세공사나 그의 제자가 잘 준비된 금으로써 특별한 금세공을 원한다면, 바로 그것을 제조하여 생겨나게 하는 것과 같습니다. 대왕이여, 이와 같이 수행승은 마음이 삼매에 들어 청정해지고 고결해지고 티끌없이 오염을 여의어 유연해지고 유능해지고 부동에 도달하여, 다양한 신통에 마음을 지향하게 하고 기울게 하여, 다양한 신통을 체험합니다. 하나에서 여럿이 되고 여럿에서 하나가 되고, 나타나기도 하고 사라지기도 하고, 자유로운 공간처럼 장애 없이 담을 통과하고 성벽을 통과하고 산을 통과하고, 물속처럼 땅속을 들어가고, 땅위에서처럼 물위에서도 빠지지 않고 걸어 다니고, 날개 달린 새처럼 공중에서 앉은 채 날아다니고, 손으로[79] 이처럼 큰 신비를 지니고 이처럼 큰 능력을 지닌 달과 해를 만지고 쓰다듬고, 하느님의 세계에 이르기까지 육신으로 영향력을 미칩니다. 대왕이여, 이것이 또 다른, 현세에서 눈으로 볼 수 있는 수행자의 삶의

287) yāva brahmalokāpi kāyena vasaṃ vatteti : 이하 차례로 이하 여섯 가지 곧바른 앎(chaḷabhiññā : 六神通) – ① 여덟 가지 종류의 초월적 능력(iddhi : 神足通) ② 멀고 가까운 소리를 들을 수 있는 하늘귀(dibbasota : 天耳通) ③ 타인의 마음을 읽는 앎(parassa cetopariyañāṇa : 他心通) ④ 자신의 전생에 대한 새김(pubbenivasānussati : 宿命通) ⑤ 타인의 업과 과보를 아는 하늘눈(dibbacakkhu : 天眼通) ⑥ 번뇌 부숨에 대한 궁극적인 앎(āsavakkhayañāṇa : 漏盡通) –에 대하여 설한다. 여섯 가지 곧바른 앎에 대한 상세한 것에 관해는 Vism. XII, XIII을 보라.

보다 뛰어나고 보다 탁월한 결실입니다.”

(4. 하늘귀에 대한 앎)

87. [세존] “대왕이여, 그 수행승은 이렇게 마음이 삼매에 들어 청정해지고 고결해지고 티끌없이 오염을 여의어 유연해지고 유능해지고 부동에 도달하여, 하늘귀로 마음을 지향하게 하고 기울게 하여, 인간을 뛰어넘는 청정한 하늘귀로 멀고 가까운 하늘사람들과 인간의 두 가지 소리를 듣습니다.

87. 대왕이여, 예를 들어 강력한 나팔수가 손쉽게 사방으로 소리를 알리는 것과 같습니다. 대왕이여, 이와 같이 그 수행승은 마음이 삼매에 들어 청정해지고 고결해 지고 티끌없이 오염을 여의어 유연해 지고 유능해지고 부동에 도달하여, 하늘 귀의 세계로 마음을 지향하게 하고 기울게 하여, 인간을 뛰어넘는 청정한 하늘귀로 멀고 가까운 하늘사람들과 인간의 두 가지 소리를 듣습니다. 대왕이여, 이것이 또 다른, 현세에서 눈으로 볼 수 있는 수행자의 삶의 보다 뛰어나고 보다 탁월한 결실입니다.”

(5. 타자의 마음에 대한 앎)

88. [세존] “대왕이여, 그 수행승은 이렇게 마음이 삼매에 들어 청정해지고 고결해지고 티끌없이 오염을 여의어 유연해지고 유능해지고 부동에 도달하여, 타자의 마음을 아는 앎으로 마음을 지향하게 하고 기울게 하여, 자신의 마음으로 미루어 다른 뭇삶이나 다른 사람들의 마음을 분명히 알고, 탐욕으로 가득 찬 마음을 탐욕으로 가득 찬 마음이라고 분명

히 알고 탐욕에서 벗어난 마음을 탐욕에서 벗어난 마음이라고 분명히 알고,[80] 성냄으로 가득 찬 마음을 성냄으로 가득 찬 마음이라고 분명히 알고 성냄에서 벗어난 마음을 성냄에서 벗어난 마음이라고 분명히 알고, 어리석음으로 가득 찬 마음을 어리석음으로 가득 찬 마음이라고 분명히 알고 어리석음에서 벗어난 마음을 어리석음에서 벗어난 마음이라고 분명히 알고, 위축된 마음을 위축된 마음이라고 분명히 알고 산만한 마음을 산만한 마음이라고 분명히 알고, 계발된 마음을[288] 계발된 마음이라고 분명히 알고 계발되지 않은 마음을 계발되지 않은 마음이라고 분명히 알고, 탁월한 마음을 탁월한 마음이라고 분명히 알고 열등한 마음을 열등한 마음이라고 분명히 알고,[289] 삼매에 든 마음을 삼매에 든 마음이라고 분명히 알고 삼매에 들지 않은 마음을 삼매에 들지 않은 마음이라고 분명히 알고, 해탈된 마음을[290] 해탈된 마음이라고 분명히 알고 해탈되지 않은 마음을 해탈되지 않은 마음이라고 분명히 압니다.

89. 대왕이여, 예를 들어 장신구를 좋아하는 젊은 청춘의 남녀가 맑고 깨끗한 거울이나 투명한 물그릇에 비친 자신의

---

288) mahaggataṃ cittaṃ : '계발된(mahaggataṃ)'은 '커다란, 광대한, 높은'이란 뜻으로 Dgi. Ia. 226에 따르면, 미세한 물질계(色界)나 비물질계(無色界)의 마음을 말한다. '계발되지 않은 마음'은 감각적 쾌락의 욕망계의 마음을 말한다. 한역에서는 '계발된 마음'을 대심(大心)이라 하고, '계발되지 않은 마음'을 소심(小心)이라고 한다.

289) sauttaraṃ vā cittaṃ sauttaraṃ cittanti pajānāti. anuttaraṃ vā cittaṃ anuttaraṃ cittanti pajānāti : Dgi. Ia. 226에 따르면, 탁월한 마음은 감각적 쾌락의 욕망계(欲界)의 마음을 말하고 열등한 마음은 미세한 물질계(色界)나 비물질계(無色界)의 마음을 뜻한다. 미세한 물질계(色界)가 탁월한 마음이면, 비물질계(無色界)의 마음은 열등한 마음이 된다.

290) vimuttaṃ cittaṃ : Dgi. Ia. 226에 따르면, 해탈된 마음은 감각적 쾌락의 욕망계(欲界)의 착하고 건전한 마음과 미세한 물질계(色界)나 비물질계(無色界)의 마음을 말한다.

얼굴을 살펴보고, 검은 점이 있으면 검은 점이 있다고 알고 검은 점이 없으면 검은 점이 없다고 아는 것과 같습니다. 대왕이여, 이와 같이 수행승은 마음이 삼매에 들어 청정해지고 고결해지고 티끌없이 오염을 여의어 유연해지고 유능해지고 부동에 도달하여, 타자의 마음을 아는 앎으로 마음을 지향하게 하고 기울게 하여, 자신의 마음으로 미루어 다른 뭇삶이나 다른 사람들의 마음을 분명히 알고, 탐욕으로 가득 찬 마음을 탐욕으로 가득 찬 마음이라고 분명히 알고 탐욕에서 벗어난 마음을 탐욕에서 벗어난 마음이라고 분명히 알고, 성냄으로 가득 찬 마음을 성냄으로 가득 찬 마음이라고 분명히 알고 성냄에서 벗어난 마음을 성냄에서 벗어난 마음이라고 분명히 알고, 어리석음으로 가득 찬 마음을 어리석음으로 가득 찬 마음이라고 분명히 알고 어리석음에서 벗어난 마음을 어리석음에서 벗어난 마음이라고 분명히 알고, 위축된 마음을 위축된 마음이라고 분명히 알고 산만한 마음을 산만한 마음이라고 분명히 알고, 계발된 마음을 계발된 마음이라고 분명히 알고 계발되지 않은 마음을 계발되지 않은 마음이라고 분명히 알고, 고귀한 마음을 고귀한 마음이라고 분명히 알고 [81] 고귀하지 못한 마음을 고귀하지 못한 마음이라고 분명히 알고, 삼매에 든 마음을 삼매에 든 마음이라고 분명히 알고 삼매에 들지 않은 마음을 삼매에 들지 않은 마음이라고 분명히 알고, 해탈된 마음을 해탈된 마음이라고 분명히 알고 해탈되지 않은 마음을 해탈되지 않은 마음이라고 분명히 압니다. 대왕이여, 이것이 또 다른, 현세에서 눈으로 볼 수 있는 수행자의 삶의 보다 뛰어나고 보다 탁월한 결실입니다.”

(6. 전생의 삶의 기억에 대한 앎)

90. [세존] "대왕이여, 그 수행승은 이렇게 마음이 삼매에 들어 청정해지고 고결해지고 티끌없이 오염을 여의어 유연해지고 유능해지고 부동에 도달하여, 전생의 여러 가지 삶의 기억에 대한 앎으로 마음을 지향하게 하고 기울게 하여, 전생의 여러 가지 삶에 관하여 '한 번 태어나고 두 번 태어나고 세 번 태어나고 네 번 태어나고 다섯 번 태어나고 열 번 태어나고 스무 번 태어나고 서른 번 태어나고 마흔 번 태어나고 쉰 번 태어나고 백 번 태어나고 천 번 태어나고 십만 번 태어나고, 수많은 세계가 괴멸되고 수많은 세계가 생성되고 수많은 세계가 괴멸되고 생성되는 시간을 지나면서, 당시에 나는 이러한 이름과 이러한 성을 지니고 이러한 용모를 지니고 이러한 음식을 먹고 이러한 괴로움과 즐거움을 맛보고 이러한 목숨을 지녔었고, 나는 그 곳에서 죽은 뒤에 다른 곳에 태어났는데, 거기서 나는 이러한 이름과 이러한 성을 지니고 이러한 용모를 지니고 이러한 음식을 먹고 이러한 괴로움과 즐거움을 맛보고 이러한 목숨을 지녔었다. 그 곳에서 죽은 뒤에 여기에 태어났다.'라고 기억합니다.

91. 대왕이여, 예를 들어 어떤 사람이 자기 마을에서 다른 마을로 가고, 그 마을에서 다시 다른 마을로 가서 그 마을에서 다시 자신의 마을로 되돌아 온다고 하면, 그는 이와 같이 '나는 내 마을에서 그 마을로 갔다. 그 마을에서 나는 이와 같이 서고, 이와 같이 앉고, 이와 같이 말하고, 이와 같이 침묵했다. 나는 그 마을에서 다시 다른 마을로 갔다. 그 곳에서 나는 또한 이와 같이 서고, 이와 같이 앉고, 이와 같이 말하고,

이와 같이 침묵했다.'라고 [82]생각하는 것과 같습니다. 대왕이여, 이와 같이 수행승은 마음이 삼매에 들어 청정해지고 고결해지고 티끌없이 오염을 여의어 유연해지고 유능해지고 부동에 도달하여, 전생의 여러 가지 삶의 기억에 대한 앎으로 마음을 지향하게 하고 기울게 하여, 전생의 여러 가지 삶에 관하여 '한 번 태어나고 두 번 태어나고 세 번 태어나고 네 번 태어나고 다섯 번 태어나고 열 번 태어나고 스무 번 태어나고 서른 번 태어나고 마흔 번 태어나고 쉰 번 태어나고 백 번 태어나고 천 번 태어나고 십만 번 태어나고, 수많은 세계가 괴멸되고 수많은 세계가 생성되고 수많은 세계가 괴멸되고 생성되는 시간을 시나면서, 낭시에 나는 이러한 이름과 이러한 성을 지니고 이러한 용모를 지니고 이러한 음식을 먹고 이러한 괴로움과 즐거움을 맛보고 이러한 목숨을 지녔었고, 나는 그 곳에서 죽은 뒤에 다른 곳에 태어났는데, 거기서 나는 이러한 이름과 이러한 성을 지니고 이러한 용모를 지니고 이러한 음식을 먹고 이러한 괴로움과 즐거움을 맛보고 이러한 목숨을 지녔었다. 그 곳에서 죽은 뒤에 여기에 태어났다.'라고 기억합니다. 대왕이여, 이것이 또 다른, 현세에서 눈으로 볼 수 있는 수행자의 삶의 보다 뛰어나고 보다 탁월한 결실입니다."

(7. 하늘눈에 대한 앎)

92 [세존] "대왕이여, 그 수행승은 이렇게 마음이 삼매에 들어 청정해지고 고결해지고 티끌없이 오염을 여의어 유연해지고 유능해지고 부동에 도달하여, 뭇삶들의 생사에 대한

앎으로 마음을 지향하게 하고 기울게 하여, 인간을 뛰어넘는 청정한 하늘눈으로 뭇삶들을 관찰하여, 죽거나 다시 태어나거나 천하거나 귀하거나 아름답거나 추하거나 행복하거나 불행하거나 업보에 따라서 등장하는 뭇삶들에 관하여 '어떤 뭇삶들은 신체적으로 악행을 저지르고 언어적으로 악행을 저지르고 정신적으로 악행을 저지르고 고귀한 님들을 비난하고 잘못된 견해를 지니고 잘못된 견해에 따라 행동했다. 그래서 그들은 몸이 파괴되고 죽은 뒤에 괴로운 곳, 나쁜 곳, 비참한 곳, 지옥에[291] 태어난 것이다. 그러나 다른 뭇삶들은 신체적으로 선행을 하고 언어적으로 선행을 하고 정신적으로 선행을 하고 고귀한 님들을 비난하지 않고 올바른 견해를 지니고 올바른 견해에 따라 행동했다. 그래서 그들은 몸이 파괴되고 죽은 뒤에 좋은 곳, 하늘나라에 태어난 것이다.'라고 분명히 압니다. 이와 같이 수행승은 마음이 삼매에 들어 청정해지고 고결해지고 티끌없이 오염을 여의어 유연해지고 유능해지고 부동에 도달하여, 뭇삶들의 생사에 대한 앎으로 마음을 지향하게 하고 기울게 하여, 인간을 뛰어넘는 청정한 하늘눈으로 뭇삶들을 관찰하여,[83] 죽거나 다시 태어나거나 천하거나 귀하거나 아름답거나 추하거나 행복하거나 불행하거나 업보에 따라서 등장하는 뭇삶들에 관하여 분명히

291) apāya, duggati, vinipāta, niraya : Mrp. I. 57에 따르면, 각각 괴로운 곳(苦處 : apāya), 악한 운명(惡趣 : duggati), 타락한 곳(墮處 : vinipāta) 지옥(地獄 : niraya)은 모두 지옥의 동의어이다. 그러나 Las. I. 51에 따르면, 이 말들은 각각 서로 다른 네 가지 하층의 세계를 의미한다. 즉, 차례로 축생(畜生 : tiracchāna), 아귀의 세계(餓鬼 : pettivisaya), 아수라의 무리(阿修羅 : asuranikāya), 지옥(地獄 : niraya)을 의미한다. 지옥은 어원적으로 '산산 조각난 것'이라는 뜻이 있다. 그런데 경전상에서는 네 가지는 동의어로서 네 가지 하층의 세계를 모두 지칭하는 것으로 사용되는 것 같다.

압니다.

93. 대왕이여, 예를 들어 사거리에 높은 누각이 있는데, 눈 있는 자가 그 가운데 서서 사람들이 들어가고 나가거나 길을 걷거나 사거리에 앉아 있는 것을 보는 것과 같습니다. 대왕이여, 이와 같이 수행승은 마음이 삼매에 들어 청정해지고 고결해지고 티끌없이 오염을 여의어 유연해지고 유능해지고 부동에 도달하여, 뭇삶들의 생사에 대한 앎으로 마음을 지향하게 하고 기울게 하여, 인간을 뛰어넘는 청정한 하늘눈으로 뭇삶들을 관찰하여, 죽거나 다시 태어나거나 천하거나 귀하거나 아름답거나 추하거나 행복하거나 불행하거나 업보에 따라서 등장하는 뭇삶들에 관하여 '어떤 뭇삶들은 신체적으로 악행을 저지르고 언어적으로 악행을 저지르고 정신적으로 악행을 저지르고 고귀한 님들을 비난하고 잘못된 견해를 지니고 잘못된 견해에 따라 행동했다. 그래서 그들은 몸이 파괴되고 죽은 뒤에 괴로운 곳, 나쁜 곳, 비참한 곳, 지옥에 태어난 것이다. 그러나 다른 뭇삶들은 신체적으로 선행을 하고 언어적으로 선행을 하고 정신적으로 선행을 하고 고귀한 님들을 비난하지 않고 올바른 견해를 지니고 올바른 견해에 따라 행동했다. 그래서 그들은 몸이 파괴되고 죽은 뒤에 좋은 곳, 하늘나라에 태어난 것이다.'라고 분명히 압니다. 이와 같이 수행승은 마음이 삼매에 들어 청정해지고 고결해지고 티끌없이 오염을 여의어 유연해지고 유능해지고 부동에 도달하여, 뭇삶들의 생사에 대한 앎으로 마음을 지향하게 하고 기울게 하여, 인간을 뛰어넘는 청정한 하늘눈으로 뭇삶들을 관찰하여, 죽거나 다시 태어나거나 천하거나 귀하거나 아름

답거나 추하거나 행복하거나 불행하거나 업보에 따라서 등장하는 뭇삶들에 관하여 분명히 압니다. 대왕이여, 이것이 또 다른, 현세에서 눈으로 볼 수 있는 수행자의 삶의 보다 뛰어나고 보다 탁월한 결실입니다.”

(8. 번뇌의 부숨에 대한 궁극의 앎)

94. [세존] “대왕이여, 그 수행승은 이렇게 마음이 삼매에 들어 청정해지고 고결해지고 티끌없이 오염을 여의어 유연해지고 유능해지고 부동에 도달하여, 마음을 번뇌의 부숨에 대한 궁극의 앎으로 마음을 지향하게 하고 기울게 하여, 그는 ‘이것이 괴로움이다.’라고[84] 있는 그대로 분명히 압니다. 그는 ‘이것이 괴로움의 발생이다.’라고 있는 그대로 분명히 압니다. 그는 ‘이것이 괴로움의 소멸이다.’라고 있는 그대로 분명히 압니다. 그는 ‘이것이 괴로움의 소멸에 이르는 길이다.’라고 있는 그대로 분명히 압니다.292) 그는 ‘이것이 번뇌이다.’라고 있는 그대로 분명히 압니다. 그는 ‘이것이 번뇌의 발생이다.’라고 있는 그대로 분명히 압니다. 그는 ‘이것이 번뇌의 부숨이다.’라고 있는 그대로 분명히 압니다. 그는 ‘이것이 번뇌의 부숨에 이르는 길이다.’라고 있는 그대로 분명히 압니다. 이와 같이 알고 이와 같이 보았을 때, 그는 감각적

---

292) so idaṃ dukkhanti yathābhūtaṃ pajānāti. ayaṃ dukkhansamudayo'ti yathābhūtaṃ pajānāti. ayaṃ dukkhanirodho'ti yathābhūtaṃ pajānāti. ayaṃ dukkhanirodhagāminīpaṭipadā'ti yathābhūtaṃ pajānāti : 네 가지 거룩한 진리(四聖諦 : cattāri ariyasaccāni)를 의미한다: ① 괴로움의 거룩한 진리(苦聖諦 : dukkha-ariyasacca) ② 괴로움의 발생의 거룩한 진리(集聖諦 : dukkhasamudaya-ariyasacca) ③ 괴로움의 소멸의 거룩한 진리(滅聖諦 : dukkhanirodha-ariyasacca) ④ 괴로움의 소멸로 이끄는 길의 거룩한 진리(道聖諦 : dukkhanirodhagāminī-paṭipadā-ariyasacca)이다.

쾌락의 욕망에 의한 번뇌에서 마음을 해탈하고 존재에 의한 번뇌에서 마음을 해탈하고 무명에 의한 번뇌에서 마음을 해탈합니다. 해탈하면 '해탈했다.'라는 궁극의 앎[293]이 일어나며, 그는 '태어남은 부수어졌고[294] 청정한 삶은 이루어졌고,[295] 해야 할 일을 다 마쳤고,[296] 더 이상 윤회하지 않는다.'고[297] 분명히 압니다.

95. 대왕이여, 예를 들어, 산꼭대기에 맑고 고요하고 청정한 호수가 있는데, 그 곳에 눈 있는 자가 언덕에 서서 조개류나 모래와 자갈이나 물고기의 무리가 움직이거나 서있는 것을

293) vimuttasmiṃ vimuttam iti ñāṇaṃ : 심찰에 의한 앎(審察智 paccavekkhanañāṇa)을 말한다.

294) khīṇā jātī : Smv. 225에 따르면, 그에게 어떻게 태어남이 부수어졌는가? 어떻게 그것을 아는가?라고 묻는다면, 다음과 같이 답변할 수 있다. 즉, 그의 과거의 태어남이 부수어진 것이 아니다. 이전의 태어남이 부수어졌기 때문에 미래의 태어남이 부수어진 것이 아니다. 미래에 있어서의 정진이 없기 때문에 현재의 태어남이 부수어진 것도 아니다. 현재가 존재하기 때문이다. 그러나 길(magga)이 실천되지 않았던 것 때문에 생겨난 존재에 있어서 존재의 태어남은 이미 길이 실천되기 때문에 무생법성(無生法性 : anuppādadhammatā)에 도달하여 부서진 것이다. 길의 실천에 의해서 번뇌가 끊어진 그는 그것을 관찰하여 번뇌가 없다면, 업이 현존하더라도 미래의 재생은 없다고 분명히 안다.

295) vusitaṃ brahmacariyaṃ : 원래 범행(梵行)을 다했다라는 뜻이다. 범행은 하느님과 함께 하는 삶, 청정한 삶, 고결한 삶 등으로 번역할 수 있다. Smv. 225에 따르면, 범행은 길의 범행(道梵行 : maggabrahmacariya)으로 범부의 선행(kalyāṇaka)과 학인의 범행의 삶(barahmacariyavāsa)이 있고, 번뇌를 부순 자에게는 범행이 이루졌다(vusitaṃ brahmacariyaṃ)라고 한다.

296) kataṃ karaṇīyaṃ : Smv. 226에 따르면, 네 가지 진리(四諦 : catusacca)에 대하여 네 가지 길(四道=四向 : catumagga)과 알아야 할 것 · 버려야 할 것 · 깨달아야 할 것 · 닦아야 할 것(知 · 斷 · 證 · 修 : pariññā-pahāna-sacchikiriya-bhāvanā)을 통해서 16가지 해야 할 일을 해 마친 것을 말한다.

297) nāparaṃ itthattāyā ti : 원래 '더 이상 이러한 상태가 없다.'는 뜻이다. Smv. 226에 따르면, 이러한 상태는 앞의 16가지 해야 할 일, 오염을 부수기 위한 길을 닦기 위해 내가 해야 할 일이 있는 상태가 없다는 뜻이다. 지금 존재하는 존재의 다발(khandha)의 상속보다 후에 존재의 다발의 상속은 없다는 뜻이다. 이 다섯 가지 존재의 다발이 알려져서 뿌리가 끊어진 나무처럼, 최후심의 소멸에 의해서 연료없는 불처럼 소멸할 것이고, 또한 알려지지 않은 상태에 도달할 것이라는 뜻이다.

볼 수 있습니다. 그는 이와 같이 '이 호수는 맑고 고요하고 청정하다. 이곳에 조개류나 모래와 자갈이나 물고기의 무리가 움직이거나 서있다.'라고 생각할 것입니다. 대왕이여, 이와 같이 수행승은 마음이 삼매에 들어 청정해지고 고결해지고 티끌없이 오염을 여의어 유연해지고 유능해지고 부동에 도달하여, 마음을 번뇌의 부숨에 대한 궁극의 앎으로 마음을 지향하게 하고 기울게 하여, 그는 '이것이 괴로움이다.'라고 있는 그대로 분명히 압니다. 그는 '이것이 괴로움의 발생이다.'라고 있는 그대로 분명히 압니다. 그는 '이것이 괴로움의 소멸이다.'라고 있는 그대로 분명히 압니다. 그는 '이것이 괴로움의 소멸에 이르는 길이다.'라고 있는 그대로 분명히 압니다. 그는 '이것이 번뇌이다.'라고 있는 그대로 분명히 압니다. 그는 '이것이 번뇌의 발생이다.'라고 있는 그대로 분명히 압니다. 그는 '이것이 번뇌의 부숨이다.'라고 있는 그대로 분명히 압니다. 그는 '이것이 번뇌의 부숨에 이르는 길이다.'라고 있는 그대로 분명히 압니다. 이와 같이 알고 이와 같이 보았을 때, 그는 감각적 쾌락의 욕망에 의한 번뇌에서 마음을 해탈하고 존재에 의한 번뇌에서 마음을 해탈하고 무명에 의한 번뇌에서 마음을 해탈합니다. 해탈하면 '해탈했다.'라는 궁극의 앎이 일어나며, 그는 '태어남은 부수어졌고 청정한 삶은 이루어졌고, 해야 할 일을 다 마쳤고, 더 이상 윤회하지 않는다.'고 분명히 압니다. [85]대왕이여, 이것이 또 다른, 현세에서 눈으로 볼 수 있는 수행자의 삶의 보다 뛰어나고 보다 탁월한 결실입니다.

대왕이여, 이것과는 다른, 현세에서 눈으로 볼 수 있는 수행자의 삶의 보다 뛰어나고 보다 탁월한 결실은 없습니다.”

(아자따쌋뚜 왕의 귀의)

96. 이처럼 말씀하시자 마가다 국의 왕이자 베데히 부인의 아들 아자따쌋뚜는 세존께 이와 같이 말씀드렸다.

[**아자따쌋뚜**] “세존이시여, 훌륭하십니다.[298] 세존이시여, 훌륭하십니다. 마치 넘어진 것을 일으켜 세우듯,[299] 가려진 것을 열어 보이듯,[300] 어리석은 자에게 길을 가리켜주듯,[301] 눈 있는 자가 형상을 보라고 어둠 속에 등불을 들어 올리듯,[302] 세존께서는 이와 같이 여러 가지 방법으로 진리를 밝혀 주셨습니다. 그러므로 이제 세존께 귀의합니다. 또한 그 가르침에 귀의합니다. 또한 그 수행승의 모임에 귀의합니다. 세존께서는 재가신자로서 저를 받아주십시오. 오늘부터 목숨 바쳐 귀의하겠습니다. 세존이시여, 죄악이 저를 덮쳐 어리석고 미혹하고 악독하게도 저는 권력 때문에 정의로운 법왕이셨던 아버지의 목숨을 빼앗았습니다. 세존이시여, 제가 저의 죄악을 죄악이라고 고백하오니 세존께서는

---

298) abhikkantaṃ bhante : Smv. 227에 따르면, ‘훌륭하십니다.’라는 뜻은 잡음의 소멸 · 아름다움 · 형태의 완벽함 · 커다란 기쁨(saddokhaya-sundara-abhirūpa-abbhanumodana)의 뜻이 있다.

299) nikujjitaṃ vā ukkujjeyya : Smv. 229에 따르면, 정법에서 벗어나 비법에 빠져든 나를 비법에서 일으켜 세우는 것을 의미한다.

300) paṭicchannaṃ vā vivareyya : Smv. 229에 따르면, 과거불인 깟싸빠 부처님의 가르침이 사라진 이래로 사견에 사로잡혀 덮혀 있던 가르침을 열어 보인 것을 의미한다.

301) mūḷhassa vā maggaṃ ācikkheyya : Smv. 229에 따르면, 잘못된 길 나쁜 길을 걷던 나를 하늘의 길(saggamagga), 해탈의 길(mokkhamagga)을 명확히 한다는 뜻이다.

302) andhakāre vā telapajjotaṃ dhāreyya cakkhumanto rūpāni dakkhintī ti : Smv. 229에 따르면, 어리석음의 암흑에 빠져 부처님 등의 삼보를 볼 수 없었던 나에게 그 덮인 어리석음의 암흑을 부술 가르침의 등불을 들어 올린다는 뜻이다.

미래에 죄악을 짓지 않도록 받아주십시오."

97. [세존] "대왕이여, 죄악이 그대를 덮쳐 어리석고 미혹하고 악독하게도 그대는 권력 때문에 정의로운 법왕이셨던 아버지의 목숨을[303] 빼앗았습니다. 대왕이여, 그대는 그대의 죄악을 죄악이라고 여법하게 고백하였으니, 나는 그것을 받아들입니다. 죄악을 죄악이라고 보고 여법하게 고백하고 미래에 죄악을 짓지 않는다면, 그것이 거룩한 님의 계율 가운데[304] 성장이기 때문입니다.

98. 이처럼 말씀하시자 마가다 국의 왕이자 베데히 부인의 아들 아자따쌋뚜는 세존께 이와 같이 말씀드렸다.

[아자따쌋뚜] "세존이시여, 가보아야 할 것같습니다. 저는 바쁘고 할 일이 많습니다."

마가다 국의 왕이자 베데히 부인의 아들 아자따쌋뚜는 세존께서 하신 말씀에 만족하여 기뻐하며 자리에서 일어나 세존께 인사를 드리고 오른 쪽으로 돌아[305] 그곳을 떠났다.

99. 그러자 세존께서는 마가다 국의 왕이자[86] 베데히 부인의 아들 아자따쌋뚜가 떠난 지 얼마 되지 않아 수행승들에게 알리셨다.

[세존] "수행승들이여, 이 왕은 자신을 해쳤다. 수행승들이여, 이 왕은 자신의 파멸을 초래했다. 수행승들이여, 만약

---

303) pitaraṃ dhammikaṃ dhammarājānaṃ jīvitā coropesi : Smv. 229에 따르면, 여기서 아버지는 빔비싸라(Bimbisāra) 왕을 말한다.

304) ariyassa vinaye : Smv. 236에 따르면, '세존이신 부처님의 가르침 가운데'라는 뜻이다.

305) padakkhiṇaṃ katvā : Smv. 237에 따르면, 세 번 오른 쪽으로 돌고 나서 열 손톱을 모아서 합장하여 머리에 대고 보이는 경계까지 세존을 앞에 두고 물러나 보이지 않는 별도의 장소에서 오체투지하는 것을 말한다.

이 왕이 정의로운 법왕이셨던 아버지의 목숨을 빼앗지 않았다면, 이 자리에서 그에게 티끌 없고 때가 없는 진리의 눈[306]이 생겨났을 것이다."

100. 이와 같이 세존께서 말씀하시자, 수행승들은 세존께서 하신 말씀에 만족하며 기뻐했다.

---

306) dhammacakkhu : 법안(法眼)을 말한다. 법안은 일반적으로 네 가지 거룩한 진리(四聖諦 : cattāri ariyasaccāni)를 보는 눈을 말하지만, Smv. 237에 따르면, 여기서는 흐름에 든 길(預流向 sotāpattimagga)을 말한다.

3. 땅·물·불·바람은 어디서 기반을 잃어버리는가?

[Kevaḍḍhasutta][307]

(장자의 아들 께밧따의 이야기)

1. 이와 같이[211] 나는 들었다. 한 때 세존께서 날란다 시의 빠바리깜바 숲[308]에 계셨다. 이때 장자의 아들 께밧따[309]가 세존께서 계신 곳을 찾아왔다. 가까이 다가와서 세존께 인사를 드리고 한쪽으로 물러나 앉았다. 한쪽으로 물러나 앉은 장자의 아들 께밧따는 세존께 이와 같이 말씀드렸다.

[께밧따] "세존이시여, 이 날란다 시는 번영하고 부유하고 인구가 많고 사람이 붐비고 세존께 깊은 믿음을 갖고 있습니다. 세존이시여, 세존께서는 인간을 뛰어넘는 원리[310]를 지

---

307) DN. I. 211 : 께밧따의 경(Kevaḍḍhasutta); 장아함16 (24), 堅固經(大正1 101b-102c) 참조.

308) Pāvārikambavana : 꼬쌈비의 장자 빠바리까(Pāvārika)에 의해서 만들어진 망고 숲이다. '빠바리까'는 '옷장사'를 의미한다. 암바바나(ambavana)는 망고 숲을 뜻한다.

309) Kevaḍḍha : 경전에서는 이 경에만 등장한다. Smv. 388에 따르면, 그는 대부호장자 가문에 속한 장자의 아들로 큰 신심을 가진 재가신도였다.

310) uttarimanussadhammā : Smv. 388에 따르면, 열 가지 착하고 건전한 행위의 길[十善業道 : dasa kuslakammapathā] - ① 불살생(不殺生) ② 불투도(不偸盜) ③ 불사음(不邪淫) ④ 불망어(不妄語) ⑤ 불양설(不兩說) ⑥ 불기어(不綺語) ⑦ 불악구(不惡口) ⑧ 불탐(不貪) ⑨ 부진(不瞋) ⑩ 정견(正見) - 을 뛰어넘는 원리이고, Dgi. Ib. 321에 따르면, 선정(jhāna) · 해탈(vimokkha) · 삼매(samādhi) · 앎과 봄(ñāṇadassana) · 길의 닦음(maggabhāvanā) · 경지의 증득(phalasacchikiriyā) · 오염의 끊음(kilesapahāna) · 마음의 무애(vinīvaraṇatā cittassa) · 빈 집에서의 즐거움(suññāgāre abhirati)이다. 한편 SN. III. 430에 따르면, 인간을 뛰어넘는 원리는 고귀한 최상의 앎과 봄을 실현하는 것이다 : '수행승들이여, 이와 같은 여섯 가지 원리를 끊어버리면, 인간을 뛰어넘는 원리인, 고귀한 최상의 앎과 봄을 실현하는 것이 가능하다. 여섯 가지란 무엇인가? 수행승들이여, 새김을 잃는 것, 분명히 알아차리지 못하는 것, 감관의 문을 수호하지 못하는 것, 식사에 알맞은

니고 신통의 기적[311]을 나툴 수 있는 수행승 한 분을 지명해 주십시오. 그러면 이 날란다 시는 더욱 더 세존께 깊은 믿음을 갖게 될 것입니다."

2. 이처럼 말하자 세존께서는 장자의 아들 께밧따에게 이와 같이 말씀하셨다.

[세존] "께밧따여, 나는 수행승들에게 '수행승들이여, 오라. 흰 옷을 입은 재가자[312]들에게 인간을 뛰어넘는 원리를 지니고 신통의 기적을 나투라.'라고 가르치지 않습니다."

3. 두 번째에도 장자의 아들 께밧따는 세존께 이와 같이 말씀드렸다.

[께밧따] "세존이시여, 저는 세존을 무너뜨리고 싶지 않습니다.[313] 그래서 저는 이와 같이 말합니다. 세존이시여, 이 날란다 시는 번영하고 부유하고 인구가 많고 사람이 붐비고 세존께 깊은 믿음을 갖고 있습니다. 세존이시여, 세존께서는 인간을 뛰어넘는 원리를 지니고 신통의 기적을 나툴 수 있는[212] 수행승 한 분을 지명해 주십시오. 그러면 이 날란다 시는 더욱 더 세존께 깊은 믿음을 갖게 될 것입니다."

두 번째에도 세존께서는 장자의 아들 께밧따에게 이와 같

분량을 알지 못하는 것, 속이는 것, 쓸데없이 지껄이는 것이다. 수행승들이여, 이와 같은 여섯 가지 원리를 끊어버리면, 인간을 뛰어넘는 원리인, 고귀한 최상의 앎과 봄을 실현하는 것이 가능하다.'

311) iddhipāṭibhāriya : 기적은 한역에서 신변(神變)이라고 하는 불가사의한 힘으로 이하의 기술에 의하면, 세 가지 종류가 있다. 신통의 기적(iddhipāṭihāriya), 예지의 기적(ādesanāpāṭihāriya), 교계의 기적(anusāsanīpāṭihā-riya)이 있다.

312) odātavasana : 흰 옷을 입은 자는 재가자이고 황색 옷을 입은 자는 출가자이다.

313) nāhaṃ bhante bhagavantaṃ dhaṃsemi : Smv. 388에 따르면, '덕성을 무너뜨려 공격하고 싶지 않고, 계행을 파괴하게 하여 높은 지위에서 점차 낮은 지위로 세울 수 없고, 단지 부처님의 가르침의 번영을 위하여 말하는 것이다.'라는 뜻이다.

이 말씀하셨다.

[세존] "께밧따여, 나는 수행승들에게 '수행승들이여, 오라. 흰 옷을 입은 재가자들에게 인간을 뛰어넘는 원리를 지니고 신통을 나투라.'라고 가르치지 않습니다.

4. 세 번째에도 장자의 아들 께밧따는 세존께 이와 같이 말씀드렸다.

[께밧따] "세존이시여, 저는 세존을 무너뜨리고 싶지 않습니다. 그래서 저는 이와 같이 말합니다. 세존이시여, 이 날란다 시는 번영하고 부유하고 인구가 많고 사람이 붐비고 세존께 깊은 믿음을 갖고 있습니다. 세존이시여, 세존께서는 인간을 뛰어넘는 원리를 지니고 신통의 기적을 나툴 수 있는 수행승 한 분을 지명해 주십시오. 그러면 이 날란다 시는 더욱 더 세존께 깊은 믿음을 갖게 될 것입니다."

(신통의 기적)

5. [세존] "께밧따여, 나는 세 가지 기적을 스스로 곧바로 알고 깨달아 설합니다. 세 가지란 무엇입니까? 신통의 기적, 예지의 기적, 교계의 기적입니다.[314] 께밧따여, 신통의 기적이란 무엇입니까? 께밧따여, 세상에 수행승이 하나에서 여럿이 되고 여럿에서 하나가 되고, 나타나기도 하고 사라지기도 하고, 자유로운 공간처럼 장애 없이 담을 통과하고 성벽을 통과하고 산을 통과하고, 물속처럼 땅속을 들어가고,

---

314) iddhipāṭihāriyaṃ ādesanāpāṭihāriyaṃ. anusāsanīpāṭihāriyanti : 신통의 기적(iddhipāṭihāriya), 예지의 기적(ādesanāpāṭihāriya), 교계의 기적(anusāsanīpāṭihāriya)에 대해서는 이하에 상세하게 설명된다.

땅위에서처럼 물위에서도 빠지지 않고 걸어 다니고, 날개 달린 새처럼 공중에서 앉은 채 날아다니고, 이처럼 큰 신비를 지니고 이처럼 큰 능력을 지닌 달과 해를 손으로 만지고 쓰다듬고, 하느님의 세계에 이르기까지 육신으로 영향력을 미치는 다양한 신통을 체험하는 것입니다.

6. 그런데 어떤 믿음이 있고 청정한 자가 그 수행승이 다양한 신통 곧, 하나에서 여럿이 되고 여럿에서 하나가 되고, 나타나기도 하고 사라지기도 하고, 자유로운 공간처럼 장애 없이 담을 통과하고 성벽을 통과하고 산을 통과하고, 물속처럼 땅속을[213] 들어가고, 땅위에서처럼 물위에서도 빠지지 않고 걸어 다니고, 날개 달린 새처럼 공중에서 앉은 채 날아다니고, 이처럼 큰 신비를 지니고 이처럼 큰 능력을 지닌 달과 해를 손으로 만지고 쓰다듬고, 하느님의 세계에 이르기까지 육신으로 영향력을 미치는 것을 체험하는 것을 봅니다. 그리고 어떤 믿음이 있고 청정한 자가 믿음이 없고 청정하지 못한 자에게 이와 같이 '그 수행승의 위대한 신통과 위대한 능력은 벗들이여, 아주 놀랍습니다. 벗들이여, 예전에 없었던 일입니다. 나는 그 수행승이 다양한 신통 곧, 하나에서 여럿이 되고 여럿에서 하나가 되고, 나타나기도 하고 사라지기도 하고, 자유로운 공간처럼 장애 없이 담을 통과하고 성벽을 통과하고 산을 통과하고, 물속처럼 땅속을 들어가고, 땅위에서처럼 물위에서도 빠지지 않고 걸어 다니고, 날개 달린 새처럼 공중에서 앉은 채 날아다니고, 이처럼 큰 신비를 지니고 이처럼 큰 능력을 지닌 달과 해를 손으로 만지고 쓰다듬고, 하느님의 세계에 이르기까지 육신으로 영향력을

미치는 것을 체험하는 것을 보았습니다.'라고 알립니다. 그러면, 그 믿음이 없고 청정하지 못한 자는 그 믿음 있고 청정한 자에게 이와 같이 '벗이여, 간다리[315]라는 주문이 있습니다. 그것으로 그 수행승은 하나에서 여럿이 되고 여럿에서 하나가 되고, 나타나기도 하고 사라지기도 하고, 자유로운 공간처럼 장애 없이 담을 통과하고 성벽을 통과하고 산을 통과하고, 물속처럼 땅속을 들어가고, 땅위에서처럼 물위에서도 빠지지 않고 걸어 다니고, 날개 달린 새처럼 공중에서 앉은 채 날아다니고, 이처럼 큰 신비를 지니고 이처럼 큰 능력을 지닌 달과 해를 손으로 만지고 쓰다듬고, 하느님의 세계에 이르기까지 육신으로 영향력을 미치는 것을 체험하는 것입니다,'라고 말할 것입니다."

[세존] "께밧따여, 어떻게 생각합니까? 그 믿음이 없고 청정하지 못한 자는 그 믿음 있고 청정한 자에게 이와 같이 말하지 않겠습니까?"

[께밧따] "세존이시여, 그러할 것입니다."

[세존] "께밧따여, 나는 신통의 기적에서 이와 같은 위험을 보기 때문에 신통의 기적을 곤혹해하고 꺼려하고 싫어합니다."

(예지의 기적)

315) gandhārī : Smv. 389에 따르면, 간다라(Gandhāra)라는 이름의 선인에 의해서 만들어진 것이거나 또는, 간다라 국에서 생겨난 주술이다. 그 나라에는 많은 선인들이 살았는데, 그 가운데 한 사람이 만든 주술이다. Daṭ. I. 507에 의하면, 간다리에는 쭐라간다리(Cullagandhārī)와 마하간다리(Mahāgandhārī)가 있는데, 쭐라간다리는 삼년이내에 죽은 자의 태어난 장소를 아는 주술을 말하고, 마하간다리는 그 이상의 죽은 자의 태어난 장소를 아는 주술을 말한다.

7. [세존] "께밧따여, 그리고 또한 예지의 기적이란 어떠한 것입니까? 께밧따여, 세상에 수행승이 '그대의 마음은 이와 같고, 그대의 마음은 이러한 것이고, 그대의 마음은 이러하다.'라고 다른 뭇삶들, 다른 사람들의 마음을 읽고, 마음의 작용을 읽고, 사유를 읽고, 숙고를 읽는 것입니다.316) 그런데 어떤 믿음이 있고 청정한 자가 그 수행승이 '그대의 마음은 이와 같고, 그대의 마음은 이러한 것이고, 그대의 마음은 이러하다.'라고 다른 뭇삶들, 다른 사람들의 마음을 읽고, 마음의 작용을 읽고, 사유를 읽고, 숙고를 읽는 것을 봅니다.

8. 그리고 어떤 믿음이 있고 청정한 자가 믿음이 없고 청정하지 못한 자에게 이와 같이 '그 수행승의 위대한 신통과 위대한 능력은 벗들이여, 아주 놀랍습니다.[214] 벗들이여, 예전에 없었던 일입니다. 나는 그 수행승이 '그대의 마음은 이와 같고, 그대의 마음은 이러한 것이고, 그대의 마음은 이러하다.'라고 다른 뭇삶들, 다른 사람들의 마음을 읽고, 마음의 작용을 읽고, 사유를 읽고, 숙고를 읽는 것을 보았습니다.'라고 알립니다. 그러나 그 믿음이 없고 청정하지 못한 자는 그 믿음 있고 청정한 자에게 이와 같이 '벗이여, 마니까317)라는 주문이 있습니다. 그것으로 그 수행승은 '그대의 마음은 이와 같고, 그대의 마음은 이러한 것이고, 그대의

---

316) cittampi ādisati cetasikampi ādisati vitakkitampi ādisati vicāritampi ādisati : 마음의 작용은 심소(心所 : cetasika)를 번역한 것으로 Smv. 389에 따르면, 정서적인 측면의 유쾌함(somanassa)이나 불쾌함(domanmassa)을 의미한다. 그리고 사유와 숙고는 감각적 쾌락의 욕망에 입각한 사유나 숙고를 의미한다.

317) Maṇikā : Smv. 389에 따르면, 찐따마니(Cintāmaṇī)라는 이름으로 알려진 한 주술이 있는데, 그것으로 다른 사람의 마음을 알 수 있다는 사실을 의미한다.

마음은 이러하다.'라고 다른 뭇삶들, 다른 사람들의 마음을 읽고, 마음의 작용을 읽고, 사유를 읽고, 숙고를 읽습니다.' 라고 말할 것입니다."

[세존] "께밧따여, 어떻게 생각합니까? 그 믿음이 없고 청정하지 못한 자는 그 믿음 있고 청정한 자에게 이와 같이 말하지 않겠습니까?"

[께밧따] "세존이시여, 그러할 것입니다."

[세존] "께밧따여, 나는 예지의 기적에서 이와 같은 위험을 보기 때문에 예지의 기적을 곤혹해하고 꺼려하고 싫어합니다."

(교계의 기적)

9. [세존] "께밧따여, 그리고 또한 교계의 기적이란 어떠한 것입니까? 께밧따여, 세상에 수행승이 '이와 같이 사유하라. 이와 같이 사유하지 말라. 이와 같이 정신활동을 기울이라. 이와 같이 정신활동을 기울이지 말아라. 이것을 버리고 저것을 성취하라.'라고[318] 가르칩니다. 께밧따여, 이러한 것을 교계의 기적이라고 합니다."

10. [세존] "께밧따여, 세상에 이렇게 오신 님, 거룩한 님,

318) evaṃ vitakketha, mā evaṃ vitakkayittha, evaṃ manasikarotha, mā evaṃ manasākattha, idaṃ pajahatha, idaṃ upasampajja viharathā'ti : Smv. 389-390에 따르면, '이와 같이 사유하라.'는 욕망의 여읨의 사유 등을 일으킴으로써 사유하라는 뜻이고, '이와 같이 사유하지 말라.'는 것은 감각적 쾌락의 욕망 등을 일으킴으로써 사유하지 말라는 뜻이고, '이와 같이 정신활동을 기울이라.'는 무상에 대한 지각이나 괴로움에 지각 등에 정신활동을 기울이라는 뜻이고, '이와 같이 정신활동을 기울이지 말아라.'는 것은 영원하다 등의 방식으로 정신활동을 기울이지 말라는 뜻이다. '이것을 버리고 저것을 성취하라.'는 것은 다섯 가지 감각적 쾌락의 대상에 대한 탐욕을 버리고 출세간의 원리(lokuttaradhamma : 出世間法; 四向四果와 涅槃)를 성취하라는 뜻이다.

올바로 원만히 깨달은 님, 명지와 덕행을 갖추신 님, 올바른 길로 잘 가신 님, 세상을 이해하는 님, 가장 높은 자리에 오르신 님, 사람들을 길들이시는 님, 신들과 인간의 스승이신 님, 부처님, 세상에 존귀한 님이 출현합니다. 그는 이 신들의 세계, 악마들의 세계, 하느님들의 세계, 성직자들과 수행자들, 그리고 왕들과 백성들과 그 후예들의 세계에 관해 스스로 곧바로 알고 깨달아 가르칩니다. 그는 처음도 훌륭하고 중간도 훌륭하고 마지막도 훌륭한, 내용을 갖추고 형식이 완성된 가르침을 설하고, 지극히 원만하고 오로지 청정한 거룩한 삶을 가르칩니다.

11. 그래서 장자나 장자의 아들이나 다른 종족의 출신자가 그 가르침을 듣게 됩니다. 그 가르침을 듣고 여래에 대한 확신을 얻습니다. 여래에 대한 확신을 얻게 된 그는 '집에서 사는 것은 번잡하고 티끌로 가득 차 있지만 출가는 자유로운 공간과 같다. 집에서 사는 자는 지극히 원만하고 오로지 청정한, 소라껍질처럼 잘 연마된 거룩한 삶을 살기가 어렵다. 자, 나는 머리를 깎고 가사를 입고 집에서 집 없는 곳으로 출가하여 수행승이 되는 것이 어떨까?'라고 이와 같이 생각합니다. 그는 나중에 작은 재물을 버리고, 또는 큰 재물을 버리고, 그리고 적은 친지를 버리고, 또는 많은 친지를 버리고, 가사를 걸치고 집에서 집 없는 곳으로 출가합니다. 그는 이와 같이 출가해서 의무계율을 수호하고 지켜서 행동범주를 완성하고, 사소한 잘못에서 두려움을 보고 학습계율을 받아 배웁니다. 착하고 건전한 신체적 행위와 언어적 행위를 갖추고, 청정한 삶을 추구하고 계행을 구족하고 감관의 문을 수호하

고 식사의 알맞은 분량을 알고 새김을 확립하고 올바로 알아차림을 갖추어 만족하게 지냅니다."

[계행의 다발]
(1. 짧은 크기의 계행)

12. [세존] "께밧따여, 어떻게 수행승이 계행을 갖춥니까? 께밧따여, 여기 수행승이

1) 살아있는 생명을 죽이는 것을 버리고, 살아있는 생명을 죽이는 것을 떠나고, 몽둥이를 버리고 칼을 버리고, 부끄러워하고, 자애로운 마음으로 모든 살아있는 생명을 가엾고 불쌍히 여깁니다. 이것이 그 수행승의 계행입니다.

2) 주지 않는 것을 빼앗는 것을 버리고, 주지 않는 것을 빼앗는 것을 떠나고, 주는 것을 받고, 주는 것에 따르고, 훔치지 않은 깨끗한 것으로 살아갑니다. 이것도 또한 그 수행승의 계행입니다.

3) 순결하지 못한 삶을 버리고, 청정하지 못한 삶을 멀리하고, 음욕을 일삼는 세속적인 것을 여읩니다. 이것도 또한 그 수행승의 계행입니다.

4) 거짓말을 버리고, 거짓말을 떠나고, 진실을 말하고, 신뢰할 만하고, 의지할 만하고, 세상을 속이지 않습니다. 이것도 또한 그 수행승의 계행입니다.

5) 중상을 버리고, 중상에서 떠나고, 여기서 듣고 저기로 옮겨 사람들 사이를 이간함이 없이, 저기서 듣고 여기로 옮겨서 사람들 사이를 이간함이 없이, 사이가 멀어진 자를 화해시키고, 화해한 자를 돕고, 화해에 흐뭇해하고, 화해

를 즐기고, 화해를 기뻐하고, 화해하는 말을 합니다. 이것도 또한 그 수행승의 계행입니다.

6) 욕지거리를 버리고 욕지거리에서 떠나고 온화하여 귀에 듣기 좋고 사랑스럽고 흐뭇하고 우아하고 많은 사람이 좋아하고 많은 사람이 마음에 들어하는[180] 그러한 말을 합니다. 이것도 또한 그 수행승의 계행입니다.

7) 꾸며대는 말을 버리고, 꾸며대는 말을 떠나고, 적당한 때에 말하고, 사실을 말하고, 유익한 말을 하고, 가르침을 말하고, 계율을 말하고, 새길 가치가 있고, 이유가 있고, 신중하고, 이익을 가져오는 말을 때에 맞춰 합니다. 이것도 또한 그 수행승의 계행입니다.

13. 그는 또한

1) 종자나 식물을 해치는 것을 여읩니다.

2) 하루 한 번 식사하고, 밤에는 식사하지 않으며, 때 아닌 때에 먹는 것을 여읩니다.

3) 노래·춤·음악·연극 등을 보는 것을 여읩니다.

4) 꽃다발·향료·버터를 가지고 화장하고 장식하는 것을 여읩니다.

5) 높은 침대, 큰 침대를 받는 것을 여읩니다.

6) 금은을 받는 것을 여읩니다.

7) 날곡식을 받는 것을 여읩니다.

8) 날고기를 받는 것을 여읩니다.

9) 여인이나 여자아이를 받는 것을 여읩니다.

10) 하녀나 하인을 받는 것을 여읩니다.

11) 염소나 양을 받는 것을 여읩니다.

12) 닭이나 돼지를 받는 것을 여읩니다.
13) 코끼리나 소나 암말, 숫말을 받는 것을 여읩니다.
14) 경지나 황지를 받는 것을 여읩니다.
15) 심부름을 보내거나 가는 것을 여읩니다.
16) 사고 파는 것을 여읩니다.
17) 저울을 속이고, 화폐를 속이고, 도량을 속이는 것을 여읩니다.
18) 사기 · 기만 · 간계 · 부정을 여읩니다.
19) 절단하고 살육하고 포박하고 노략하고 약탈하고 폭행하는 것을 여읩니다.

이것도 또한 그 수행승의 계행입니다.”

(2. 중간 크기의 계행)

14. [세존] “혹은 어떤 존귀한 수행자들이나 성직자들은 신자들이 보시한 음식을 향유하면서 이와 같이 예를 들어, 뿌리를 종자로 하는 것, 줄기를 종자로 하는 것, 열매를 종자로 하는 것, 싹을 종자로 하는 것, 씨앗을 종자로 하는 것과 같은 종자와 식물을 해칩니다. 그러나 그는 종자와 식물을 해치는 것을 여읩니다. 이것도 또한 그 수행승의 계행입니다.

15. 혹은 어떤 존귀한 수행자들이나 성직자들은 신자들이 보시한 음식을 향유하면서 이와 같이 예를 들어, 먹을 것을 축적하는 것, 마실 것을 축적하는 것, 옷가지를 축적하는 것, 탈 것을 축적하고, 침구를 축적하는 것, 향료를 축적하는 것, 재물을 축적하는 것과 같은 축적을 향유합니다. 그러나 그는 축적을 향유하는 것을 여읩니다. 이것도 또한 그 수행승의

계행입니다.

16. 혹은 어떤 존귀한 수행자들이나 성직자들은 신자들이 보시한 음식을 향유하면서 이와 같이 예를 들어, 춤 · 노래 · 음악 · 연극 · 낭송 · 박수갈채 · 바라치기 · 드럼의 연주 · 전시회 · 쇠구슬놀이 · 대나무놀이 · 세정 · 코끼리싸움 · 말싸움 · 물소싸움 · 황소싸움 · 숫양싸움 · 닭싸움 · 메추리싸움 · 봉술 · 권투 · 씨름 · 군사훈련 · 군대점호 · 군사행진 · 열병과 같은 오락을 관람합니다. 그러나 그는 오락을 관람하는 것을 여읩니다. 이것도 또한 그 수행승의 계행입니다.

17. 혹은 어떤 존귀한 수행자들이나 성직자들은 신자들이 보시한 음식을 향유하면서 이와 같이 예를 들어, 팔목장기 · 십목장기 · 허공장기 · 금넘기· 체스놀이 · 주사위 · 자치기 · 산가지손던지기 · 공던지기 · 풀피리 · 쟁기질 · 재주넘기 · 풍차놀이 · 저울놀이 · 수레놀이 · 활쏘기 · 글자맞추기 · 생각맞추기 · 불구자 흉내내기와 같은 놀이와 나태에 빠집니다. 그러나 그는 놀이와 나태에 빠지는 것을 여읩니다. 이것도 또한 그 수행승의 계행입니다.

18. 혹은 어떤 존귀한 수행자들이나 성직자들은 신자들이 보시한 음식을 향유하면서 이와 같이 예를 들어, 아주 긴 침상, 다리에 동물문양이 있는 것, 긴 양털 담요가 있는 것, 울긋불긋한 이불이 있는 것, 흰 양털이불이 있는 것, 꽃을 수놓은 양털이불이 있는 것, 솜을 채운 이불이 있는 것, 동물을 수놓은 양털이불이 있는 것, 양쪽에 털이 달린 모피이불이 있는 것, 한쪽에 털이 달린 모피이불이 있는 것, 보석을 수놓은 이불이 있는 것, 비단이불이 있는 것, 융단덮개가 있는 것, 코끼리의 등에

까는 깔개가 있는 것, 말의 등에 까는 깔개가 있는 것, 수레에 까는 깔개가 있는 것, 염소가죽의 깔개가 있는 것, 카달리사슴 가죽의 깔개가 있는 것, 차양이 있는 것, 양쪽에 붉은 방석이 있는 침상과 같은 높은 침대, 큰 침대를 사용합니다. 그러나 그는 그러한 높은 침대, 큰 침대를 사용하는 것을 여윕니다. 이것도 또한 그 수행승의 계행입니다.

19. 혹은 어떤 존귀한 수행자들이나 성직자들은 신자들이 보시한 음식을 향유하면서 이와 같이 예를 들어, 향료바르기, 기름맛사지, 목욕, 사지안마, 거울보기, 눈화장, 꽃다발치장, 얼굴분칠, 얼굴크림, 팔찌, 머리띠, 장식용 지팡이, 장식용 약통, 칼, 양산, 울긋불긋한 신발, 터번, 보석, 야크꼬리의 불자(拂子), 긴 술이 달린 흰옷과 같은 것으로 치장하고 장식합니다. 그러나 그는 그러한 치장과 장식을 하는 것을 여윕니다. 이것도 또한 그 수행승의 계행입니다.

20. 혹은 어떤 존귀한 수행자들이나 성직자들은 신자들이 보시한 음식을 향유하면서 이와 같이 예를 들어, 왕에 대한 이야기, 도적에 대한 이야기, 대신들에 대한 이야기, 군사에 대한 이야기, 공포에 대한 이야기, 전쟁에 대한 이야기, 음식에 대한 이야기, 음료에 대한 이야기, 의복에 대한 이야기, 침대에 대한 이야기, 꽃다발에 대한 이야기, 향료에 대한 이야기, 친척에 대한 이야기, 수레에 대한 이야기, 마을에 대한 이야기, 부락에 대한 이야기, 도시에 대한 이야기, 지방에 대한 이야기, 여자에 대한 이야기,[8] 영웅에 대한 이야기, 도로에 대한 이야기, 우물가에서의 이야기, 망령에 대한 이야기, 사소한 것들에 대한 이야기, 세계의 기원에 대한 이야기,

바다의 기원에 대한 이야기, 그리고 시시비비 거리에 대한 이야기와 같은 세속적 이야기를[319] 합니다. 그러나 그는 그러한 세속적 이야기를 여읩니다. 이것도 또한 그 수행승의 계행입니다.

21. 혹은 어떤 존귀한 수행자들이나 성직자들은 신자들이 보시한 음식을 향유하면서 이와 같이 예를 들어, '그대는 이 가르침과 계율을 알지 못합니다. 나는 이 가르침과 계율을 압니다. 그대가 어떻게 가르침과 계율을 알겠습니까? 그대의 방식은 틀립니다. 그러나 나의 방식이 맞습니다. 나는 앞뒤가 맞지만 그대는 앞뒤가 맞지 않습니다. 그대는 앞에서 말해야 할 것을 뒤에서 말했고 뒤에서 말해야 할 것을 앞에서 말했습니다. 그대가 생각해낸 것은 전도된 것이고, 그대의 이론은 논파되었고 그대는 틀렸다는 것이 입증되었습니다. 가서 더 배우시오. 그렇지 않고 그대가 할 수 있다면, 스스로 해명하시오.'라고 논쟁을 일삼습니다. 그러나 그는 이와 같은 논쟁을 여읩니다. 이것도 또한 그 수행승의 계행입니다.

22. 혹은 어떤 존귀한 수행자들이나 성직자들은 신자들이 보시한 음식을 향유하면서 이와 같이 예를 들어, 왕, 대신, 왕족, 장자, 젊은이들을 향하여, '여기로 가시오. 저기로 가시오. 이것을 가져가시오. 저기서 그것을 가져오시오.'와 같은 심부름을 시키는 일을 합니다. 그러나 그는 그러한 심부름을 시키는 일을 여읩니다. 이것도 또한 그 수행승의 계행입니다.

23. 혹은 어떤 존귀한 수행자들이나 성직자들은 신자들이

319) tiracchānakathaṁ : Srp. III. 294에 따르면, '천상이나 해탈의 길로 이끌지 않는 이야기'를 말한다.

보시한 음식을 향유하면서 이와 같이 예를 들어, 기만하고 요설하고 점괘를 보고 함정에 빠뜨려 탐욕적으로 이익을 추구합니다. 그러나 그는 이와 같은 기만과 요설을 여윕니다. 이것도 또한 그 수행승의 계행입니다."

(3. 긴 크기의 계행)

24. [세존] "혹은 존귀한 수행자들이나 성직자들은 신자들이 보시한 음식을 향유하면서 이와 같이 예를 들어, 수족에 의한 점괘, 전조에 의한 점괘, 조짐에 의한 점괘, 해몽, 관상, 쥐가 갉아먹은 옷의 모양에 따라 치는 점괘, 불의 헌공, 국자의 헌공, 왕겨의 헌공, 쌀겨의 헌공, 쌀의 헌공, 버터의 헌공, 기름의 헌공, 입을 통한 헌공, 피의 헌공, 사지에 의한 점술, 집터에 의한 점술, 왕족을 위한 점술, 묘지의 주술, 정령에 대한 주술, 흙에 대한 주술, 뱀에 대한 주술, 독에 대한 주술, 전갈에 대한 주술, 쥐에 대한 주술, 새에 의한 점술, 까마귀에 의한 점술, 수명의 판단, 화살을 막는 수호주술, 짐승의 울음소리에 의한 점술과 같은 저속한 지식으로 삿된 삶을 삽니다. 그러나 그는 이러한 저속한 지식에 의한 삿된 삶을 여윕니다. 이것도 또한 그 수행승의 계행입니다.

25. 혹은 어떤 존귀한 수행자들이나 성직자들은 신자들이 보시한 음식을 향유하면서 이와 같이 예를 들어, 보석의 길흉상, 지팡이의 길흉상, 의복의 길흉상, 칼의 길흉상, 화살의 길흉상, 활의 길흉상, 무기의 길흉상, 여성의 길흉상, 남성의 길흉상, 소년의 길흉상, 소녀의 길흉상, 남자노예의 길흉상, 여자노예의 길흉상, 코끼리의 길흉상, 말의 길흉상, 물소의

길흉상, 황소의 길흉상, 암소의 길흉상, 염소의 길흉상, 양의 길흉상, 닭의 길흉상, 메추리의 길흉상, 도마뱀의 길흉상, 귀장식의 길흉상, 거북이의 길흉상, 짐승의 길흉상과 같은 저속한 지식으로 삿된 삶을 삽니다. 그러나 그는 이러한 저속한 지식에 의한 삿된 삶을 여읩니다. 이것도 또한 그 수행승의 계행입니다.

26. 혹은 어떤 존귀한 수행자들이나 성직자들은 신자들이 보시한 음식을 향유하면서 이와 같이 예를 들어, '왕들이 진격할 것이다. 왕들이 퇴각할 것이다. 아군의 왕들이 도착하고 적군의 왕들이 물러갈 것이다. 적군의 왕들이 도착하고 아군의 왕들이 물러갈 것이다. 아군의 왕들이 승리하고 적군의 왕들이 패배할 것이다. 적군의 왕들이 승리하고 아군의 왕들이 패배할 것이다.'라고 이 자는 승리하고 이 자는 패배하리라와 같은 저속한 지식으로 삿된 삶을 삽니다. 그러나 그는 이러한 저속한 지식에 의한 삿된 삶을 여읩니다. 이것도 또한 그 수행승의 계행입니다.

27. 혹은 어떤 존귀한 수행자들이나 성직자들은 신자들이 보시한 음식을 향유하면서 이와 같이 예를 들어, '월식이 있을 것이다. 일식이 있을 것이다. 성식이 있을 것이다. 달과 태양이 궤도에 진입할 것이다. 달과 태양이 궤도를 벗어날 것이다. 별들이 궤도에 진입할 것이다. 별들이 궤도를 벗어날 것이다. 유성이 떨어질 것이다. 사방이 불탈 것이다. 지진이 일어날 것이다. 천둥이 칠 것이다. 달과 태양과 별들이 뜨거나 지고 어두워지거나 밝아질 것이다. 월식이 있어 이러한 결과가 있을 것이다. 일식이 있어 이러한 결과가 있을 것이

다. 성식이 있어 이러한 결과가 있을 것이다. 달과 태양이 궤도에 진입하여, 이러한 결과가 있을 것이다. 달과 태양이 궤도를 벗어나, 이러한 결과가 있을 것이다. 별들이 궤도에 진입하여, 이러한 결과가 있을 것이다. 별들이 궤도를 벗어나, 이러한 결과가 있을 것이다. 유성이 떨어져, 이러한 결과가 있을 것이다. 사방이 불타서, 이러한 결과가 있을 것이다. 지진이 일어나, 이러한 결과가 있을 것이다. 천둥이 쳐서, 이러한 결과가 있을 것이다. 달과 태양과 별들이 뜨거나 지고 어두워지거나 밝아져서, 이러한 결과가 있을 것이다.'와 같은 저속한 지식으로 삿된 삶을 삽니다. 그러나 그는 이러한 저속한 지식에 의한 삿된 삶을 여읩니다. 이것도 또한 그 수행승의 계행입니다.

28. 혹은 어떤 존귀한 수행자들이나 성직자들은 신자들이 보시한 음식을 향유하면서 이와 같이 예를 들어, '비가 잘 올 것이다. 가뭄이 들 것이다. 음식이 넉넉할 것이다. 굶주릴 것이다. 안전할 것이다. 위험할 것이다. 질병이 들 것이다. 건강할 것이다.'라든가 손가락셈, 계산술, 목산술, 시작법, 궤변술과 같은 저속한 지식으로 삿된 삶을 삽니다. 그러나 그는 이러한 저속한 지식에 의한 삿된 삶을 여읩니다. 이것도 또한 그 수행승의 계행입니다.

29. 혹은 어떤 존귀한 수행자들이나 성직자들은 신자들이 보시한 음식을 향유하면서 이와 같이 예를 들어, 결혼에서 들이기와 보내기의 택일을 하거나, 화해를 주술적으로 조장하거나 분열을 주술적으로 조장하거나, 부채를 거두어들이거나 대출을 하기 위한 점괘를 보거나, 행운을 가져오거나

불행을 가져오는 주문을 외우거나, 유산된 모태의 치유를 위해 약을 처방하거나, 혀를 굳게 하거나, 턱을 움직이지 못하게 하거나, 손을 들지 못하게 하거나, 턱으로 말하지 못하게 하거나, 귀로 듣지 못하게 하거나, 거울에 물어보거나, 동녀에게 물어보거나, 신에게 물어보거나, 태양을 섬기거나, 위대한 자를 숭배하거나, 입에서 불을 토하거나, 행운의 여신을 부르는 것과 같은 저속한 지식으로 삿된 삶을 삽니다. 그러나 그는 이러한 저속한 지식에 의한 삿된 삶을 여읩니다. 이것도 또한 그 수행승의 계행입니다.

30. 혹은 어떤 존귀한 수행자들이나 성직자들은 신자들이 보시한 음식을 향유하면서 이와 같이 예를 들어, 신을 달래는 의례, 신에게 맹세하는 의례, 흙집에서 주문외우는 의례, 정력을 왕성하게 하는 의례, 정력을 잃게 하는 의례, 택지화의례, 택지살포의례, 구강세척, 목욕시키기, 헌공하기, 구토하기, 설사하기, 상부의 정화, 하부의 정화, 머리의 정화, 귀에 사용하는 기름을 끓이는 것, 눈에 사용하는 기름을 끓이는 것, 코를 씻어내는 것, 연고를 바르기, 연고를 문지르기, 안과적 치료, 외과적 치료, 소아과적 치료, 그리고 원래 치료했던 약을 제거하는 것과 같은 저속한 지식으로 삿된 삶을 삽니다. 그러나 그는 이러한 저속한 지식에 의한 삿된 삶을 여읩니다. 이것도 또한 그 수행승의 계행입니다.

31. 께밧따여, 이와 같이 계행을 갖춘 수행승은 계행에 수호되어 어떠한 경우에도 결코 두려워하지 않습니다. 예를 들어, 께밧따여, 왕위를 물려받은 왕으로서 적을 제압하고 있는 왕족이 적에 대하여 어떠한 경우에도 결코 두려워하지 않는

것과 같습니다. 께밧따여, 이와 같이 계행을 갖춘 수행승은 계행에 수호되어 어떠한 경우에도 결코 두려워하지 않습니다. 그는 이러한 고귀한 계행의 다발을 갖추고 안으로 허물없는 행복을 경험합니다. 께밧따여, 이와 같이 수행승은 계행을 갖춥니다. 께밧따여, 이러한 것도 또한 교계의 기적이라고 합니다."

[삼매의 다발]
(감각능력에 대한 수호)

32 [세존] "께밧따여, 어떻게 감각능력의 문을 수호합니까? 께밧따여, 세상에 수행승이

1) 시각으로 형상을 보지만 그 인상에 집착하지 않고 그 연상에 집착하지 않습니다. 만약 시각능력을 다스리지 않으면, 탐욕과 근심, 그리고 악하고 불건전한 상태가 자신을 침범할 것이므로, 그는 절제의 길을 따르고, 시각능력을 보호하고, 시각능력을 수호합니다.
2) 청각으로 소리를 듣지만 그 인상에 집착하지 않고 그 연상에 집착하지 않습니다. 만약 청각능력을 다스리지 않으면, 탐욕과 근심, 그리고 악하고 불건전한 상태가 자신을 침범할 것이므로, 그는 절제의 길을 따르고, 청각능력을 보호하고, 청각능력을 수호합니다.
3) 후각으로 냄새를 맡지만 그 인상에 집착하지 않고 그 연상에 집착하지 않습니다. 만약 후각능력을 다스리지 않으면, 탐욕과 근심, 그리고 악하고 불건전한 상태가 자신을 침범할 것이므로, 그는 절제의 길을 따르고, 후각능력을 보호

하고, 후각능력을 수호합니다.

4) 미각으로 맛을 맛보지만 그 인상에 집착하지 않고 그 연상에 집착하지 않습니다. 만약 미각능력을 다스리지 않으면, 탐욕과 근심, 그리고 악하고 불건전한 상태가 자신을 침범할 것이므로, 그는 절제의 길을 따르고, 미각능력을 보호하고, 미각능력을 수호합니다.

5) 촉각으로 감촉을 느끼지만 그 인상에 집착하지 않고 그 연상에 집착하지 않습니다. 만약 촉각능력을 다스리지 않으면, 탐욕과 근심, 그리고 악하고 불건전한 상태가 자신을 침입할 것이므로, 절제의 길을 따르고, 촉각능력을 보호하고, 촉각능력을 수호합니다.

6) 정신으로 사실을 인식하지만 그 인상에 집착하지 않고 그 연상에 집착하지 않습니다. 만약 정신능력을 다스리지 않으면, 탐욕과 근심, 그리고 악하고 불건전한 상태가 자신을 침입할 것이므로, 절제의 길을 따르고, 정신능력을 보호하고, 정신능력을 수호합니다.

그는 이러한 고귀한 감각능력의 수호를 갖추고 안으로 더러움을 여읜 행복을 경험합니다. 께밧따여, 이와 같이 수행승은 감각능력의 문을 수호합니다."

(새김의 확립과 올바른 알아차림)

33. [세존] "께밧따여, 어떻게 수행승이 새김을 확립하고 올바른 알아차림을 갖춥니까? 그는 나아가거나 되돌아 갈 때에 올바른 알아차림을 갖추고, 앞을 바라보거나 뒤를 돌아볼 때에 올바른 알아차림을 갖추고, 굽히거나 펼 때에 올바른 알아

차림을 갖추고, 옷을 입고 발우와 가사를 들 때에 올바른 알아차림을 갖추고, 먹고 마시고 씹고 맛볼 때에 올바른 알아차림을 갖추고, 대소변을 볼 때에 올바른 알아차림을 갖추고, 가고 서고 앉고 잠자고 깨어 있고 말하고 침묵할 때에 올바른 알아차림을 갖춥니다. 께밧따여, 이와 같이 수행승은 새김을 확립하고 올바른 알아차림을 갖춥니다."

(수행생활에서의 만족)

34. [세존] "께밧따여, 어떻게 수행승이 만족합니까? 께밧따여, 여기 수행승이 옷은 몸을 보호하는 것으로 족하게 하고, 식사는 배를 유지하는 것으로 족하게 하고, 어디에 가든지 오로지 이것들만을 가지고 갑니다. 마치 날개를 가진 새가 어디로 날든지 날개를 유일한 짐으로 하늘을 날 듯, 이와 같이 수행승은 옷은 몸을 보호하는 것으로 족하게 하고, 식사는 배를 유지하는 것으로 족하게 하고, 어디에 가든지 오로지 이것들만 가지고 갑니다. 께밧따여, 이와 같이 수행승은 만족합니다."

(장애의 제거)

35. [세존] "께밧따여, 그 수행승은 이러한 고귀한 여러 계행의 다발을 갖추고, 이러한 고귀한 감각능력의 수호를 갖추고, 이러한 고귀한 새김과 알아차림을 갖추고, 이러한 고귀한 만족을 갖추고 한적한 숲이나 나무아래나 산이나 계곡이나 동굴이나 묘지나 숲속이나 노지나 짚더미가 있는 외딴 곳의 처소를 벗으로 삼습니다. 그는 식후에 탁발에서 돌아와, 앉아서 가부좌를 틀고, 몸을 곧게 세우고, 얼굴 앞으로 새김을

확립합니다.

36. 그는 세상에서

1) 탐욕을 버리고 탐욕을 여읜 마음으로 지내며, 탐욕으로부터 마음을 정화합니다.

2) 악의와 원한을 버리고 분노를 여읜 마음으로 지내며, 모든 존재를 가엾게 여기며 분노로부터 마음을 정화합니다.

3) 해태와 혼침을 버리고 해태와 혼침을 여읜 마음으로 지내며, 빛에 대한 지각을 갖추어 새김을 확립하고 올바로 알아차려 해태와 혼침으로부터 마음을 정화합니다.

4) 흥분과 회한을 버리고 흥분과 회한을 여읜 마음으로 지내며, 안으로 마음을 그쳐 흥분과 회한으로부터 마음을 정화합니다.

5) 의심을 버리고 의심을 여읜 마음으로 지내며 착하고 건전한 것에 의혹을 품지 않고 의심으로부터 마음을 정화합니다.

37. 께밧따여, 예를 들어 어떤 사람이 빚을 내어 사업을 하는데, 그가 그 사업에 성공하여 예전의 빚을 청산하고 더구나 처를 부양할 만한 남은 재산이 있습니다. 그는 이와 같이 '나는 빚을 내어 사업을 시작했지만, 나는 지금 그 사업에 성공하여 예전의 빚을 청산하고 처를 부양할 만한 남은 재산이 있다.'라고 생각합니다. 그는 그것을 원인으로 환희를 얻고 만족을 성취합니다.

38. 수행승들이여, 예를 들어, 어떤 사람이 병이 들어 고통스러운데 아주 심하게 고통스러워, 그에게 음식은 맞지 않고, 몸은 허약해졌지만, 나중에 병이 나아서, 그에게 음식이 맞고, 몸은 강건해졌습니다. 그는 이와 같이 '나는 병이 들어

고통스러운데 아주 심하게 고통스러워, 나에게 음식은 맞지 않고, 몸은 허약해졌지만, 지금은 병이 나아서, 나에게 음식이 맞고, 몸은 강건해졌다.'라고 생각합니다. 그는 그것을 원인으로 환희를 얻고 만족을 성취합니다.

39. 께빗따여, 예를 들어 어떤 사람이 감옥에 묶여 있었는데, 그가 나중에 안전하게 위험없이 석방되었고 그에게 재산상의 손실도 없었습니다. 그는 이와 같이 '나는 감옥에 묶여 있었는데, 지금 안전하게 위험 없이 석방되었고 나에게 재산상의 손실도 없다.'라고 생각합니다. 그는 그것을 원인으로 환희를 얻고 만족을 성취합니다.

40. 께빗따여, 예를 들어 어떤 사람이 노예가 되어 자립적이지 못하고 남에게 종속되어 있어 가고 싶은 곳도 갈 수 없었는데, 그가 나중에 그 노예상태에서 해방되어 자유민으로 가고 싶은 곳을 갈 수 있습니다. 그는 이와 같이 '나는 노예가 되어 자립적이지 못하고 남에게 종속되어 있어 가고 싶은 곳도 갈 수 없었는데, 지금은 그 노예상태에서 해방되어 자유민으로 가고 싶은 곳을 갈 수 있다.'라고 생각합니다. 그는 그것을 원인으로 환희를 얻고 만족을 성취합니다.

41. 께빗따여, 예를 들어 어떤 사람이 돈과 재물을 가지고 사막을 가로질러 길을 여행하는데, 그가 나중에 안전하게 위험 없이 사막을 빠져나왔고 그에게 재산상의 손실도 없었습니다. 그는 이와 같이 '나는 돈과 재물을 가지고 사막을 가로질러 길을 여행했는데, 이제는 안전하게 위험 없이 사막을 빠져나왔고 나에게 재산상의 손실도 없었다.'라고 생각합니다. 그는 그것을 원인으로 환희를 얻고 만족을 성취합니다.

42. 께밧따여, 이와 같이 수행승은 자기에게 이들 다섯 가지 장애가 아직 버려지지 않았을 때에, 자신을 빚과 같고, 질병과 같고, 감옥과 같고, 노예와 같고, 사막의 길과 같이 봅니다. 께밧따여, 이와 같이 수행승은 자기에게 이 다섯 가지 장애가 이미 버려졌을 때에는 자신을 빚이 없는 것과 같고, 질병이 없는 것과 같고, 감옥에서 벗어난 것과 같고, 자유인과 같고, 낙원과 같이 봅니다.

43. 께밧따여, 자기에게 이들 다섯 가지 장애가 버려진 것을 보면, 희열이 생겨납니다. 희열이 생겨난 자에게 기쁨이 생겨납니다. 기쁨이 생겨난 자에게 몸이 안온해집니다. 몸이 안온해진 자에게 행복이 느껴집니다. 행복을 느끼는 자에게 마음이 집중됩니다."

(첫 번째 선정)

44. [세존] "께밧따여, 그 수행승은 감각적 쾌락의 욕망을 여의고 악하고 불건전한 상태를 떠나서, 사유를 갖추고 숙고를 갖추어, 멀리 여읨에서 생겨나는 희열과 행복으로 가득한 첫 번째 선정을 성취합니다. 그는 이 몸을, 멀리 여읨에서 생겨나는 희열과 행복으로 스며들어[215] 배어들게 하고 가득 채움으로써, 그의 몸의 어느 곳도 멀리 여읨에서 생겨나는 희열과 행복으로 가득 차지 않은 곳이 없게 합니다.

45. 께밧따여, 예를 들어, 유능한 목욕사나 그의 도제가 금속 대야에 목욕용 분말을 풀어 물로 차츰 뿌려 반죽하면, 목욕용 분말덩어리는 물기로 젖고, 물기로 흠뻑 젖어, 물기로 안팎이

가득 차서, 물기가 새어 나오지 않을 것입니다. 께밧따여, 이와 같이 이 몸을, 멀리 여읨에서 생겨나는 희열과 행복으로 스며들어 배어들게 하고 가득 채움으로써, 그의 몸의 어느 곳도 멀리 여읨에서 생겨나는 희열과 행복으로 가득 차지 않은 곳이 없게 합니다. 께밧따여, 이러한 것도 또한 교계의 기적이라고 합니다."

(두 번째 선정)

46. [세존] "께밧따여, 그 수행승은 또한 사유와 숙고가 멈추어진 뒤, 내적인 평온과 마음의 통일을 이루고, 사유를 뛰어넘고 숙고를 뛰어넘어, 삼매에서 생겨나는 희열과 행복으로 가득한 두 번째 선정을 성취합니다. 그는 이 몸을 삼매에서 생겨나는 희열과 행복으로 스며들어 배어들게 하고 가득 채움으로써, 그의 몸의 어느 곳도 삼매에서 생겨나는 희열과 행복으로 가득 차지 않은 곳이 없게 합니다.

47. 께밧따여, 예를 들어, 물이 샘솟는 호수는 동쪽에도 물이 유입되는 곳이 없고, 서쪽에도 물이 유입되는 곳이 없고, 남쪽에도 물이 유입되는 곳이 없고, 북쪽에도 물이 유입되는 곳이 없고, 하늘이 때맞춰 비를 내리지 않아도, 그 호수에서는 차가운 물이 샘솟아 호수를 차가운 물로 스며들어 배어들게 하고 가득 채워질 것입니다. 께밧따여, 이와 같이 이 몸을 삼매에서 생겨나는 희열과 행복으로 스며들어 배어들게 하고 가득 채움으로써, 그의 몸의 어느 곳도 삼매에서 생겨나는 희열과 행복으로 가득 차지 않은 곳이 없게 합니다. 께밧따여, 이러한 것도 또한 교계의 기적이라고 합니다."

(세 번째 선정)

48. [세존] "께밧따여, 그 수행승은 또한 희열이 사라진 뒤, 새김을 확립하고 올바른 알아차림을 갖추고 평정하게 지내고 신체적으로 행복을 느끼며, 고귀한 님들이 평정하고 새김있는 행복한 삶이라 부르는 세 번째 선정을 성취합니다. 그는 이 몸을 희열 없는 행복으로 스며들어 배어들게 하고 가득 채움으로써, 그의 몸의 어느 곳도 희열 없는 행복으로 가득 차지 않은 곳이 없게 합니다.

49. 께밧따여, 예를 들어, 청련이 핀 연못이나 홍련이 핀 연못이나 백련이 핀 연못에서 청련이나 홍련이나 백련은 물 가운데서 생겨나고, 물 가운데서 성장하고, 물에서 나오지 않고, 물 속에 잠겨 자라는데, 그것들의 꼭지에서 뿌리에 이르기까지 차가운 물이 스며들어 배어들게 되고 가득 채워지므로, 그 어떠한 청련이나 홍련이나 백련이라도 차가운 물로 가득 채워지지 않는 것이 없을 것입니다. 께밧따여, 이와 같이 이 몸을 희열 없는 행복으로 스며들어 배어들게 하고 가득 채움으로써, 그의 몸의 어느 곳도 희열 없는 행복으로 가득 차지 않은 곳이 없게 합니다. 께밧따여, 이러한 것도 또한 교계의 기적이라고 합니다."

(네 번째 선정)

50. [세존] "께밧따여, 그 수행승은 또한 즐거움과 괴로움이 버려지고 만족과 불만도 사라진 뒤, 괴로움을 뛰어넘고 즐거움을 뛰어넘어, 평정하고 새김있고 청정한 네 번째 선정을 성취합니다. 그는 이 몸을 청정한 마음으로 고결한 마음으로

채움으로써 그의 몸의 어느 곳도 청정한 마음으로 고결한 마음으로 가득 차지 않은 곳이 없게 합니다.

51. 께밧따여, 예를 들어, 어떤 사람이 흰 옷으로 머리까지 덮고 앉아있다면, 그의 몸의 어느 곳에도 흰 옷으로 가득 차지 않은 곳이 없을 것입니다. 께밧따여, 이와 같이 그는 이 몸을 청정한 마음으로 고결한 마음으로 가득 채움으로써 그의 몸의 어느 곳도 청정한 마음으로 고결한 마음으로 가득 차지 않은 곳이 없게 합니다. 께밧따여, 이러한 것도 또한 교계의 기적이라고 합니다."

[지혜의 다발]

(1. 통찰에 대한 앎 : 앎과 봄)

52. [세존] "께밧따여, 그 수행승은 이렇게 마음이 삼매에 들어 청정해지고 고결해지고 티끌없이 오염을 여의어 유연해지고 유능해지고 부동에 도달하여, 앎과 봄으로 마음을 지향하게 하고 기울게 하여, '이 몸은 네 가지 광대한 존재로 이루어지고, 부모에서 생겨나고, 밥과 죽으로 키워지는 이 몸은 무상하고, 떨어져 나가고, 닳아 없어지고, 부수어지고, 흩어지는 것이다. 그런데 나의 이 의식은 여기에 의존하고 여기에 묶여 있다.'라고 분명히 압니다.

53. 께밧따여, 예를 들어 에메랄드가 아름답고 품질이 좋고 팔면으로 잘 깎여 있고, 맑고 청정하여 오염을 여의고 모든 형태를 갖추었는데, 거기에 푸르거나 노랗거나 붉거나 희거나 담황색의 실이 꿰뚫려 있어, 그것을 눈 있는 사람이 손에 놓고 '이것이 바로 에메랄드이다. 아름답고 품질이 좋고 팔면

으로 잘 깎여 있고, 맑고 청정하여 오염을 여의고 모든 형태를 갖추었는데, 거기에 푸르거나 노랗거나 붉거나 희거나 담황색의 실이 꿰뚫려 있다.'라고 관찰하는 것과 같습니다. 께밧따여, 이와 같이 수행승은 이렇게 마음이 삼매에 들어 청정해지고 고결해지고 티끌없이 오염을 여의어 유연해지고 유능해지고 부동에 도달하여, 앎과 봄으로 마음을 지향하게 하고 기울게 하여, '이 몸은 네 가지 광대한 존재로 이루어지고, 부모에서 생겨나고, 밥과 죽으로 키워지는 이 몸은 무상하고, 떨어져 나가고, 닳아 없어지고, 부수어지고, 흩어지는 것이다. 그런데 나의 이 의식은 여기에 의존하고 여기에 묶여 있다.'라고 분명히 압니다. 께밧따여, 이러한 것도 또한 교세의 기적이라고 합니다."

(2. 정신으로 이루어진 몸에 대한 앎)

54. [세존] "께밧따여, 그 수행승은 이렇게 마음이 삼매에 들어 청정해지고 고결해지고 티끌없이 오염을 여의어 유연해지고 유능해지고 부동에 도달하여, 정신으로 이루어진 몸의 창조에 마음을 지향하게 하고 기울게 하여, 이 몸으로부터, 형상을 갖추고, 정신으로 만들어지고, 모든 사지를 갖추고, 감관이 결여되지 않은 다른 몸을 만듭니다.

55. 께밧따여, 예를 들어 어떤 사람이 문자풀에서 갈대를 뽑아 이와 같이 '이것이 문자풀이고 이것이 갈대이다. 문자풀과 갈대는 다른 것이다. 그러나 문자풀에서 갈대가 뽑혀진 것이다.'라고 생각하는 것과 같습니다. 께밧따여, 다시 예를 들어 어떤 사람이 칼을 칼집에서 뽑아 이와 같이 '이것이 칼이고

이것이 칼집이다. 칼과 칼집은 다른 것이다. 그러나 칼은 칼집에서 뽑혀진 것이다.'라고 생각하는 것과 같습니다. 께밧따여, 다시 예를 들어 어떤 사람이 뱀을 뱀허물에서 뽑아 이와 같이 '이것이 뱀이고 이것이 뱀허물이다. 뱀과 뱀허물은 다른 것이다. 그러나 뱀은 뱀허물에서 뽑혀진 것이다.'라고 생각하는 것과 같습니다. 께밧따여, 이와 같이 그 수행승은 마음이 삼매에 들어 청정해지고 고결해지고 티끌없이 오염을 여의어 유연해지고 유능해지고 부동에 도달하여, 앎과 봄으로 마음을 지향하게 하고 기울게 하여, 이 몸으로부터, 형상을 갖추고, 정신으로 만들어지고, 모든 사지를 갖추고, 감관이 결여되지 않은 다른 몸을 만듭니다. 께밧따여, 이러한 것도 또한 교계의 기적이라고 합니다."

(3. 다양한 신통에 대한 앎)

56. [세존] "께밧따여, 그 수행승은 이렇게 마음이 삼매에 들어 청정해지고 고결해지고 티끌없이 오염을 여의어 유연해지고 유능해지고 부동에 도달하여, 다양한 신통에 마음을 지향하게 하고 기울게 하여, 다양한 신통을 체험합니다. 하나에서 여럿이 되고 여럿에서 하나가 되고, 나타나기도 하고 사라지기도 하고, 자유로운 공간처럼 장애 없이 담을 통과하고 성벽을 통과하고 산을 통과하고, 물속처럼 땅속을 들어가고, 땅위에서처럼 물위에서도 빠지지 않고 걸어 다니고, 날개 달린 새처럼 공중에서 앉은 채 날아다니고, 이처럼 큰 신비를 지니고 이처럼 큰 능력을 지닌 달과 해를 손으로 만지고 쓰다듬고, 하느님의 세계에 이르기까지 육신으로 영향력을 미칩

니다.

57. 께밧따여, 예를 들어 숙련된 도공이나 그의 제자가 잘 준비된 점토로서 특별한 도기를 원한다면, 바로 그것을 제조하여 생겨나게 하는 것과 같습니다. 께밧따여, 예를 들어 숙련된 상아세공사나 그의 제자가 잘 준비된 상아로써 특별한 상아세공을 원한다면, 바로 그것을 제조하여 생겨나게 하는 것과 같습니다. 께밧따여, 예를 들어 숙련된 금세공사나 그의 제자가 잘 준비된 금으로써 특별한 금세공을 원한다면, 바로 그것을 제조하여 생겨나게 하는 것과 같습니다. 께밧따여, 이와 같이 수행승은 마음이 삼매에 들어 청정해지고 고결해지고 티끌없이 오염을 여의어 유연해지고 유능해지고 부동에 도달하여, 다양한 신통에 마음을 지향하게 하고 기울게 하여, 다양한 신통을 체험합니다. 하나에서 여럿이 되고 여럿에서 하나가 되고, 나타나기도 하고 사라지기도 하고, 자유로운 공간처럼 장애 없이 담을 통과하고 성벽을 통과하고 산을 통과하고, 물속처럼 땅속을 들어가고, 땅위에서처럼 물위에서도 빠지지 않고 걸어 다니고, 날개 달린 새처럼 공중에서 앉은 채 날아다니고, 손으로 이처럼 큰 신비를 지니고 이처럼 큰 능력을 지닌 달과 해를 만지고 쓰다듬고, 하느님의 세계에 이르기까지 육신으로 영향력을 미칩니다. 께밧따여, 이러한 것도 또한 교계의 기적이라고 합니다."

(4. 하늘귀에 대한 앎)

58. [세존] "께밧따여, 그 수행승은 이렇게 마음이 삼매에 들어 청정해지고 고결해지고 티끌없이 오염을 여의어 유연해지

고 유능해지고 부동에 도달하여, 하늘귀로 마음을 지향하게 하고 기울게 하여, 인간을 뛰어넘는 청정한 하늘귀로 멀고 가까운 하늘사람들과 인간의 두 가지 소리를 듣습니다.

59. 께밧따여, 예를 들어 강력한 나팔수가 손쉽게 사방으로 소리를 알리는 것과 같습니다. 께밧따여, 이와 같이 그 수행승은 마음이 삼매에 들어 청정해지고 고결해 지고 티끌없이 오염을 여의어 유연해 지고 유능해지고 부동에 도달하여, 하늘 귀의 세계로 마음을 지향하게 하고 기울게 하여, 인간을 뛰어넘는 청정한 하늘귀로 멀고 가까운 하늘사람들과 인간의 두 가지 소리를 듣습니다. 께밧따여, 이러한 것도 또한 교계의 기적이라고 합니다."

(5. 타자의 마음에 대한 앎)

60. [세존] "께밧따여, 그 수행승은 이렇게 마음이 삼매에 들어 청정해지고 고결해지고 티끌없이 오염을 여의어 유연해지고 유능해지고 부동에 도달하여, 타자의 마음에 대한 앎으로 마음을 지향하게 하고 기울게 하여, 자신의 마음으로 미루어 다른 뭇삶이나 다른 사람들의 마음을 분명히 알고, 탐욕으로 가득 찬 마음을 탐욕으로 가득 찬 마음이라고 분명히 알고 탐욕에서 벗어난 마음을 탐욕에서 벗어난 마음이라고 분명히 알고,[80] 성냄으로 가득 찬 마음을 성냄으로 가득 찬 마음이라고 분명히 알고 성냄에서 벗어난 마음을 성냄에서 벗어난 마음이라고 분명히 알고, 어리석음으로 가득 찬 마음을 어리석음으로 가득 찬 마음이라고 분명히 알고 어리석음에서 벗어난 마음을 어리석음에서 벗어난 마음이라고

분명히 알고, 위축된 마음을 위축된 마음이라고 분명히 알고 산만한 마음을 산만한 마음이라고 분명히 알고, 계발된 마음을 계발된 마음이라고 분명히 알고 계발되지 않은 마음을 계발되지 않은 마음이라고 분명히 알고, 탁월한 마음을 탁월한 마음이라고 분명히 알고 열등한 마음을 열등한 마음이라고 분명히 알고, 삼매에 든 마음을 삼매에 든 마음이라고 분명히 알고 삼매에 들지 않은 마음을 삼매에 들지 않은 마음이라고 분명히 알고, 해탈된 마음을 해탈된 마음이라고 분명히 알고 해탈되지 않은 마음을 해탈되지 않은 마음이라고 분명히 압니다.

61. 께밧따여, 예를 들어 장신구를 좋아하는 젊은 청춘의 남녀가 맑고 깨끗한 거울이나 투명한 물그릇에 비친 자신의 얼굴을 살펴보고, 검은 점이 있으면 검은 점이 있다고 알고 검은 점이 없으면 검은 점이 없다고 아는 것과 같습니다. 께밧따여, 이와 같이 수행승은 마음이 삼매에 들어 청정해지고 고결해지고 티끌 없이 오염을 여의어 유연해지고 유능해지고 부동에 도달하여, 타자의 마음을 아는 앎으로 마음을 지향하게 하고 기울게 하여, 자신의 마음으로 미루어 다른 뭇삶이나 다른 사람들의 마음을 분명히 알고, 탐욕으로 가득 찬 마음을 탐욕으로 가득 찬 마음이라고 분명히 알고 탐욕에서 벗어난 마음을 탐욕에서 벗어난 마음이라고 분명히 알고, 성냄으로 가득 찬 마음을 성냄으로 가득 찬 마음이라고 분명히 알고 성냄에서 벗어난 마음을 성냄에서 벗어난 마음이라고 분명히 알고, 어리석음으로 가득 찬 마음을 어리석음으로 가득 찬 마음이라고 분명히 알고 어리석음에서 벗어난 마음을 어리석음에서 벗어난 마음이라고 분명히 알고,

위축된 마음을 위축된 마음이라고 분명히 알고 산만한 마음을 산만한 마음이라고 분명히 알고, 계발된 마음을 계발된 마음이라고 분명히 알고 계발되지 않은 마음을 계발되지 않은 마음이라고 분명히 알고, 고귀한 마음을 고귀한 마음이라고 분명히 알고 고귀하지 못한 마음을 고귀하지 못한 마음이라고 분명히 알고, 삼매에 든 마음을 삼매에 든 마음이라고 분명히 알고 삼매에 들지 않은 마음을 삼매에 들지 않은 마음이라고 분명히 알고, 해탈된 마음을 해탈된 마음이라고 분명히 알고 해탈되지 않은 마음을 해탈되지 않은 마음이라고 분명히 압니다. 께밧따여, 이러한 것도 또한 교계의 기적이라고 합니다."

(6. 전생의 삶의 기억에 대한 앎)

62 [세존] "께밧따여, 그 수행승은 이렇게 마음이 삼매에 들어 청정해지고 고결해지고 티끌없이 오염을 여의어 유연해지고 유능해지고 부동에 도달하여, 전생의 여러 가지 삶의 기억에 대한 앎으로 마음을 지향하게 하고 기울게 하여, 전생의 여러 가지 삶에 관하여 '한 번 태어나고 두 번 태어나고 세 번 태어나고 네 번 태어나고 다섯 번 태어나고 열 번 태어나고 스무 번 태어나고 서른 번 태어나고 마흔 번 태어나고 쉰 번 태어나고 백 번 태어나고 천 번 태어나고 십만 번 태어나고, 수많은 세계가 괴멸되고 수많은 세계가 생성되고 수많은 세계가 괴멸되고 생성되는 시간을 지나면서, 당시에 나는 이러한 이름과 이러한 성을 지니고 이러한 용모를 지니고 이러한 음식을 먹고 이러한 괴로움과 즐거움을 맛보고 이러한 목숨을 지녔었고, 나는 그 곳에서 죽은 뒤에 다른 곳에

태어났는데, 거기서 나는 이러한 이름과 이러한 성을 지니고 이러한 용모를 지니고 이러한 음식을 먹고 이러한 괴로움과 즐거움을 맛보고 이러한 목숨을 지녔었다. 그 곳에서 죽은 뒤에 여기에 태어났다.'라고 기억합니다.

63. 께밧따여, 예를 들어 어떤 사람이 자기 마을에서 다른 마을로 가고, 그 마을에서 다시 다른 마을로 가서 그 마을에서 다시 자신의 마을로 되돌아 온다고 하면, 그는 이와 같이 '나는 내 마을에서 그 마을로 갔다. 그 마을에서 나는 이와 같이 서고, 이와 같이 앉고, 이와 같이 말하고, 이와 같이 침묵했다. 나는 그 마을에서 다시 다른 마을로 갔다. 그 곳에서 나는 또한 이와 같이 서고, 이와 같이 앉고, 이와 같이 말하고, 이와 같이 침묵했다.'라고 생각하는 것과 같습니다. 께밧따여, 이와 같이 수행승은 마음이 삼매에 들어 청정해지고 고결해지고 티끌없이 오염을 여의어 유연해지고 유능해지고 부동에 도달하여, 전생의 여러 가지 삶의 기억에 대한 앎으로 마음을 지향하게 하고 기울게 하여, 전생의 여러 가지 삶에 관하여 '한 번 태어나고 두 번 태어나고 세 번 태어나고 네 번 태어나고 다섯 번 태어나고 열 번 태어나고 스무 번 태어나고 서른 번 태어나고 마흔 번 태어나고 쉰 번 태어나고 백 번 태어나고 천 번 태어나고 십만 번 태어나고, 수많은 세계가 괴멸되고 수많은 세계가 생성되고 수많은 세계가 괴멸되고 생성되는 시간을 지나면서, 당시에 나는 이러한 이름과 이러한 성을 지니고 이러한 용모를 지니고 이러한 음식을 먹고 이러한 괴로움과 즐거움을 맛보고 이러한 목숨을 지녔었고, 나는 그 곳에서 죽은 뒤에 다른 곳에 태어났는데, 거기

서 나는 이러한 이름과 이러한 성을 지니고 이러한 용모를 지니고 이러한 음식을 먹고 이러한 괴로움과 즐거움을 맛보고 이러한 목숨을 지녔었다. 그 곳에서 죽은 뒤에 여기에 태어났다.'라고 기억합니다. 께밧따여, 이러한 것도 또한 교계의 기적이라고 합니다."

(7. 하늘눈에 대한 앎)

64. [세존] "께밧따여, 그 수행승은 이렇게 마음이 삼매에 들어 청정해지고 고결해지고 티끌없이 오염을 여의어 유연해지고 유능해지고 부동에 도달하여, 뭇삶들의 생사에 대한 앎으로 마음을 지향하게 하고 기울게 하여, 인간을 뛰어넘는 청정한 하늘눈으로 뭇삶들을 관찰하여, 죽거나 다시 태어나거나 천하거나 귀하거나 아름답거나 추하거나 행복하거나 불행하거나 업보에 따라서 등장하는 뭇삶들에 관하여 '어떤 뭇삶들은 신체적으로 악행을 저지르고 언어적으로 악행을 저지르고 정신적으로 악행을 저지르고 고귀한 님들을 비난하고 잘못된 견해를 지니고 잘못된 견해에 따라 행동했다. 그래서 그들은 몸이 파괴되고 죽은 뒤에 괴로운 곳, 나쁜 곳, 비참한 곳, 지옥에 태어난 것이다. 그러나 다른 뭇삶들은 신체적으로 선행을 하고 언어적으로 선행을 하고 정신적으로 선행을 하고 고귀한 님들을 비난하지 않고 올바른 견해를 지니고 올바른 견해에 따라 행동했다. 그래서 그들은 몸이 파괴되고 죽은 뒤에 좋은 곳, 하늘나라에 태어난 것이다.'라고 분명히 압니다. 이와 같이 수행승은 마음이 삼매에 들어 청정해지고 고결해지고 티끌없이 오염을 여의어 유연해지고

유능해지고 부동에 도달하여, 뭇삶들의 생사에 대한 앎으로 마음을 지향하게 하고 기울게 하여, 인간을 뛰어넘는 청정한 하늘눈으로 뭇삶들을 관찰하여, 죽거나 다시 태어나거나 천하거나 귀하거나 아름답거나 추하거나 행복하거나 불행하거나 업보에 따라서 등장하는 뭇삶들에 관하여 분명히 압니다.

65. 께밧따여, 예를 들어 사거리에 높은 누각이 있는데, 눈 있는 자가 그 가운데 서서 사람들이 들어가고 나가거나 길을 걷거나 사거리에 앉아 있는 것을 보는 것과 같습니다. 께밧따여, 이와 같이 수행승은 마음이 삼매에 들어 청정해지고 고결해지고 티끌없이 오염을 여의어 유연해지고 유능해지고 부동에 도달하여, 뭇삶들의 생사에 대한 앎으로 마음을 지향하게 하고 기울게 하여, 인간을 뛰어넘는 청정한 하늘눈으로 뭇삶들을 관찰하여, 죽거나 다시 태어나거나 천하거나 귀하거나 아름답거나 추하거나 행복하거나 불행하거나 업보에 따라서 등장하는 뭇삶들에 관하여 '어떤 뭇삶들은 신체적으로 악행을 저지르고 언어적으로 악행을 저지르고 정신적으로 악행을 저지르고 고귀한 님들을 비난하고 잘못된 견해를 지니고 잘못된 견해에 따라 행동했다. 그래서 그들은 몸이 파괴되고 죽은 뒤에 괴로운 곳, 나쁜 곳, 비참한 곳, 지옥에 태어난 것이다. 그러나 다른 뭇삶들은 신체적으로 선행을 하고 언어적으로 선행을 하고 정신적으로 선행을 하고 고귀한 님들을 비난하지 않고 올바른 견해를 지니고 올바른 견해에 따라 행동했다. 그래서 그들은 몸이 파괴되고 죽은 뒤에 좋은 곳, 하늘나라에 태어난 것이다.'라고 분명히 압니다. 이와 같이 수행승은 마음이 삼매에 들어 청정해지고 고결해지고 티

끌없이 오염을 여의어 유연해지고 유능해지고 부동에 도달하여, 뭇삶들의 생사에 대한 앎으로 마음을 지향하게 하고 기울게 하여, 인간을 뛰어넘는 청정한 하늘눈으로 뭇삶들을 관찰하여, 죽거나 다시 태어나거나 천하거나 귀하거나 아름답거나 추하거나 행복하거나 불행하거나 업보에 따라서 등장하는 뭇삶들에 관하여 분명히 압니다. 께밧따여, 이러한 것도 또한 교계의 기적이라고 합니다."

(8. 번뇌의 부숨에 대한 궁극의 앎)

66. [세존] "께밧따여, 그 수행승은 이렇게 마음이 삼매에 들어 청정해지고 고결해지고 티끌없이 오염을 여의어 유연해지고 유능해지고 부동에 도달하여, 마음을 번뇌의 부숨에 대한 궁극의 앎으로 마음을 지향하게 하고 기울게 하여, 그는 '이것이 괴로움이다.'라고 있는 그대로 분명히 압니다. 그는 '이것이 괴로움의 발생이다.'라고 있는 그대로 분명히 압니다. 그는 '이것이 괴로움의 소멸이다.'라고 있는 그대로 분명히 압니다. 그는 '이것이 괴로움의 소멸에 이르는 길이다.'라고 있는 그대로 분명히 압니다. 그는 '이것이 번뇌이다.'라고 있는 그대로 분명히 압니다. 그는 '이것이 번뇌의 발생이다.'라고 있는 그대로 분명히 압니다. 그는 '이것이 번뇌의 부숨이다.'라고 있는 그대로 분명히 압니다. 그는 '이것이 번뇌의 부숨에 이르는 길이다.'라고 있는 그대로 분명히 압니다. 이와 같이 알고 이와 같이 보았을 때, 그는 감각적 쾌락의 욕망에 의한 번뇌에서 마음을 해탈하고 존재에 의한 번뇌에서 마음을 해탈하고 무명에 의한 번뇌에서 마음을 해탈합니다. 해탈하면 '해탈

했다.'라는 궁극의 앎이 일어나며, 그는 '태어남은 부수어졌고 청정한 삶은 이루어졌고, 해야 할 일을 다 마쳤고, 더 이상 윤회하지 않는다.'고 분명히 압니다.

67. 께밧따여, 예를 들어, 산꼭대기에 맑고 고요하고 청정한 호수가 있는데, 그 곳에 눈 있는 자가 언덕에 서서 조개류나 모래와 자갈이나 물고기의 무리가 움직이거나 서있는 것을 볼 수 있습니다. 그는 이와 같이 '이 호수는 맑고 고요하고 청정하다. 이곳에 조개류나 모래와 자갈이나 물고기의 무리가 움직이거나 서있다.'라고 생각할 것입니다. 께밧따여, 이와 같이 수행승은 마음이 삼매에 들어 청정해지고 고결해지고 티끌없이 오염을 여의어 유연해지고 유능해지고 부동에 도달하여, 마음을 번뇌의 부숨에 대한 궁극의 앎으로 마음을 지향하게 하고 기울게 하여, 그는 '이것이 괴로움이다.'라고 있는 그대로 분명히 압니다. 그는 '이것이 괴로움의 발생이다.'라고 있는 그대로 분명히 압니다. 그는 '이것이 괴로움의 소멸이다.'라고 있는 그대로 분명히 압니다. 그는 '이것이 괴로움의 소멸에 이르는 길이다.'라고 있는 그대로 분명히 압니다. 그는 '이것이 번뇌이다.'라고 있는 그대로 분명히 압니다. 그는 '이것이 번뇌의 발생이다.'라고 있는 그대로 분명히 압니다. 그는 '이것이 번뇌의 부숨이다.'라고 있는 그대로 분명히 압니다. 그는 '이것이 번뇌의 부숨에 이르는 길이다.'라고 있는 그대로 분명히 압니다. 이와 같이 알고 이와 같이 보았을 때, 그는 감각적 쾌락의 욕망에 의한 번뇌에서 마음을 해탈하고 존재에 의한 번뇌에서 마음을 해탈하고 무명에 의한 번뇌에서 마음을 해탈합니다. 해탈하면 '해탈했다.'라는 궁극의 앎이 일어나며,

그는 '태어남은 부수어졌고 청정한 삶은 이루어졌고, 해야 할 일을 다 마쳤고, 더 이상 윤회하지 않는다.'고 분명히 압니다. 께밧따여, 이러한 것도 또한 교계의 기적이라고 합니다.

께밧따여, 이러한 세 가지 종류의 기적을 나는 스스로 곧 바로 알고 깨달아 성취했습니다."

(광대한 존재의 행방을 구하는 수행승)

68. [세존] "께밧따여, 옛날에 한 수행승의 모임에서 어떤 수행승이 이와 같은 생각을 일으켰습니다.

[수행승] '도대체 어디서 이 네 가지 광대한 존재 곧, 땅의 세계, 물의 세계, 불의 세계, 바람의 세계가 남김없이 소멸하는가?'[320)]

께밧따여, 그런데 그 수행승은, 마음이 안정되자 하늘의 길이 드러나는 것과 같은, 바로 그러한 삼매에 들었습니다.[321)] 께밧따여, 그리고 그 수행승은 네 위대한 왕들의 하늘나라 신들[322)]을 찾아 갔습니다. 가까이 다가가서 네 위대

---

320) kattha nu kho ime cattāro mahābhūtā aparisesā nirujjhanti, seyyathīdaṃ paṭhavīdhātu āpodhātu tejodhātu vāyodhātū'ti : Smv. 391에 따르면, '어떠한 장소에서, 어떠한 것에 의해서, 어떤 것을 획득하여, 그러한 것이 전혀 생겨나지 않고 사라지는가?'라는 뜻이다.

321) atha kho so kevaḍḍha bhikkhu tathārūpaṃ samādhiṃ samāpajji, yathā samāhite citte devayāniyo maggo pāturahosi : Smv. 391에 따르면, 여기서 '하늘의 길'은 단독으로 하늘로 가는 길이라는 뜻이 아니라 다양한 신통에 대한 앎(iddhividhañāṇa)과 동의어이다. 왜냐하면, 그것에 의해서 몸으로써 하느님의 세계[梵天界]에 이르기까지 지배력을 행사하기 때문이다.

322) cātummahārājikā devā : 사대왕천(四大王天), 사천왕천(四天王天)을 말한다. 최하층의 하늘나라에 거주하는 신들을 말한다. 네 하늘의 사방을 지키는 안내자들이 있는 감각적 쾌락의 욕망의 세계에 속하는 하늘나라이다. 동방의 다따랏타(Dhataraṭṭha : 持國天王)는 천상의 음악가들인 건달바(Gandhabba)들을, 남방의 비룰라까(Virūḷhaka : 增長天王)는 산이나 들의 숨겨진 보물을 관리하는 꿈반다(Kumbhaṇḍa)들을, 서방의 비루빡카(Virūpakkha : 廣目天王)는 용(Nāga)들을, 북방의 벳싸바나(Vessavaṇa : 毘沙門天=多聞天王)는 야차(Yakkha)들을 통치한다. 그들은 Asl.

한 왕들의 하늘나라의 신들에게 이와 같이 말했습니다.

[수행승] '벗들이여, 도대체 어디서 이 네 가지 광대한 존재 곧, 땅의 세계, 물의 세계, 불의 세계, 바람의 세계가 남김없이 소멸합니까?'

께밧따여, 이처럼 말하자 네 위대한 왕들의 하늘나라 신들은 그 수행승에게[216] 이와 같이 말했습니다.

[네 위대한 왕들의 하늘나라 신들] '수행승이여, 우리도 도대체 어디서 이 네 가지 광대한 존재 곧, 땅의 세계, 물의 세계, 불의 세계, 바람의 세계가 남김없이 소멸하는지 알지 못합니다.[323] 수행승이여, 우리보다 더욱 훌륭하고 더욱 탁월한,[324] 네 위대한 왕들[325]이 있습니다. 그들이 도대체 어디서 이 네 가지 광대한 존재 곧, 땅의 세계, 물의 세계, 불의 세계, 바람의 세계가 남김없이 소멸하는지 알 것입니다.'

69. 께밧따여, 그래서 그 수행승은 네 위대한 왕들을 찾아갔습니다. 가까이 다가가서 네 위대한 왕들에게 이와 같이 말했

II. 146; III. 96에 따르면, 싯다르타를 모태에서부터 보호했고 부처님이 된 후에는 그 추종자들도 보호한다고 한다. 이 경(AN. I. 141)에 따르면, 이들은 신들의 모임에 일어난 일을 기록하고 매달 음력 팔일에 세상에 사자를 보내고 십사일에는 아들을 보내고 십오일에는 몸소 세상에 내려와 인간이 올바로 행동하는지를 알아본다. 그리고 서른 셋 신들의 하늘나라(三十三天; Tāvatiṃsa)에 보고한다.

323) mahampi kho bhikkhu na jānāma yatthime cattāro mahābhūtā aparisesā nirujjhanti, seyyathīdaṃ, paṭhavīdhātu āpodhātu tejodhātu vāyodhātū'ti : Smv. 391에 따르면, 부처님의 경지에 대해 질문을 받으면, 신들은 알지를 못하므로 이렇게 말한 것이다. 그런데 그 수행승은 '나의 이 질문에 답변하지 못하는 것은 있을 수 없다. 빨리 답변하시오.'라고 신들을 압박하여 몇 번이고 질문했다. 신들은 '이 수행승이 우리를 압박하고 있다. 그 자를 손에서 놓아주자.'라고 생각하여 이와 같이 말한 것이다.

324) abhikkannataro ca paṇitataro : '더욱 훌륭하고'는 지혜나 변재 등의 덕성에 의해서 보다 용모가 완성된 것을 의미하고 '더욱 탁월한'은 용모와 명성과 권력에서 보다 최상인 것을 의미한다.

325) cattāro mahārājāno : 위의 '네 위대한 왕들의 하늘나라 신들'에 대한 주석을 참조하라.

습니다.

[수행승] '벗들이여, 도대체 어디서 이 네 가지 광대한 존재 곧, 땅의 세계, 물의 세계, 불의 세계, 바람의 세계가 남김없이 소멸합니까?'

께밧따여, 이처럼 말하자 네 위대한 왕들은 그 수행승에게 이와 같이 말했습니다.

[네 위대한 왕들] '수행승이여, 우리도 도대체 어디서 이 네 가지 광대한 존재 곧, 땅의 세계, 물의 세계, 불의 세계, 바람의 세계가 남김없이 소멸하는지 알지 못합니다. 수행승이여, 우리보다 더욱 훌륭하고 더욱 탁월한, 서른 셋 하늘나라의 신들[326]이 있습니다. 그들이 어디서 이 네 가지 광대한 존재 곧, 땅의 세계, 물의 세계, 불의 세계, 바람의 세계가 남김없이 소멸하는지 알 것입니다.'

70. 께밧따여, 그래서 그 수행승은 서른 셋 하늘나라의 신들을 찾아갔습니다. 가까이 다가가서 서른셋 하늘나라의 신들에게 이와 같이 말했습니다.

[수행승] '벗들이여, 도대체 어디서 이 네 가지 광대한 존재

---

326) tāvatiṃsā devā : 감각적 쾌락에 대한의 욕망의 세계의 여섯 하늘나라(欲界六天) 가운데 하나. 네 위대한 왕들의 하늘나라(四王天) 위에 서른 셋 신들의 하늘나라(三十三天=忉利天)가 있는데, 그 하늘은 씨네루(Sineru : 須彌山)의 정상에 있다. 제석천(Sakka : 帝釋天)은 이 두 하늘의 지배자이다. 마가(Māgha)가 제석천으로 태어났을 때에 이 하늘의 왕국을 아수라들과 공유하는 것을 싫어하여 그들을 술에 취하게 하여 씨네루 산기슭으로 떨어뜨렸다. 그래서 아수라의 궁전은 그 산 아래쪽에 있다. 그 후 제석천은 아수라들이 들어오지 못하게 성벽을 쌓고 용(Nāga), 금시조(Supaṇṇa), 꿈반다(Kumbhaṇḍa), 야차(Yakkha), 네 위대한 왕들의 하늘나라의 신들(Cātumahārājikā)로 하여금 지키도록 했다. 전체 이 하늘의 왕국은 4800km정도의 폭에 1000개의 궁전을 갖고 있다. 고따마 붓다는 이 세계에서 182,400km 떨어진 그 곳에서 하늘사람으로 태어난 어머니에게 아비달마(Abhidhamma)를 가르쳤다고 한다. 목갈라나(Moggallāna)는 자주 이 하늘을 찾아 그곳에 있는 신들에게서 그들의 윤회에 대한 이야기를 들었다.

재 곧, 땅의 세계, 물의 세계, 불의 세계, 바람의 세계가 남김없이 소멸합니까?'

께밧따여, 이처럼 말하자 서른셋 하늘나라의 신들은 그 수행승에게 이와 같이 말했습니다.

[서른셋 하늘나라의 신들] '수행승이여, 우리도 도대체 어디서 이 네 가지 광대한 존재 곧, 땅의 세계, 물의 세계, 불의 세계, 바람의 세계가 남김없이 소멸하는지 알지 못합니다. 수행승이여, 우리보다 더욱 훌륭하고 더욱 탁월한, 신들의 제왕 제석천327)이 있습니다. 그가 어디서 이 네 가지 광대한 존재 곧, 땅의 세계, 물의 세계, 불의 세계, 바람의 세계가 남김없이 소멸하는지 알 것입니다.'

71. 께밧따여,[217] 그래서 그 수행승은 신들의 제왕 제석천

---

327) Sakka : '제석천(帝釋天)'을 말한다. '신들의 제왕(devānaṃ indo : 釋帝桓因)'이라고 불린다. SN. I. 229에서 부처님께서는 이 제석천에 대하여 상세히 설명하고 있다 : '수행승들이여, 신들의 제왕 제석천은 예전에 사람이었을 때 수행자로서 마가반(Maghavan)이라고 불리는 학생이었다. 그래서 그는 마가반이라고 불린다. 수행승들이여, 신들의 제왕 제석천이 예전에 사람이었을 때 수행자로서 이 도시에서 저 도시로 다니며 보시를 행했다. 그래서 뿌린다다(Purindada)라고 불린다. 수행승들이여, 신들의 제왕 제석천이 예전에 사람이었을 때 수행자로서 올바른 방법으로 보시를 행했다. 그래서 그는 싹까(Sakka)라고 불린다. 수행승들이여, 신들의 제왕 제석천이 예전에 사람이었을 때 수행자로서 머물 장소를 보시했다. 그래서 그는 바싸바(Vāsava)라고 불린다. 수행승들이여, 신들의 제왕 제석천은 천 가지 사물이라도 순식간에 생각한다. 그래서 그는 싸하싹카(Sahassakkha)라고 불린다. 수행승들이여, 신들의 제왕 제석천에게 쑤자(Sujā)라고 하는 아수라의 딸인 아내가 있었다. 그래서 그는 쑤잠빠띠(Sujampati)라고 불린다. 수행승들이여, 신들의 제왕 제석천은 도리천의 신들을 지배하고 통치한다. 그래서 그는 신들의 제왕이라고 불린다. 수행승들이여, 신들의 제왕인 제석천이 예전에 사람이었을 때 일곱 가지 서원을 받아 지켰다. 그것들을 지켰기 때문에 제석천은 제석천의 지위를 얻었다. 일곱 가지 서원이란 무엇인가? '① 살아 있는 한 서른 셋 아버지와 어머니를 부양하리라. ② 살아 있는 한 서른 셋 가문의 연장자를 공경하리라. ③ 살아 있는 한 온화하게 말하리라. ④ 살아 있는 한 모함하지 않으리라. ⑤ 살아있는 한 번뇌와 인색에서 벗어난 마음과 관대하고 청정한 손으로 주는 것을 좋아하고 탁발하는 자가 접근하기 쉽게 보시하는 것을 즐거워하며 집에서 살리라. ⑥ 살아 있는 한 진실을 말하리라. ⑦ 살아 있는 한 화내지 않으며 만약 나에게 화가 나면 곧바로 그것을 제거하리라.'

을 찾아갔습니다. 가까이 다가가서 신들의 제왕 제석천에게 이와 같이 말했습니다.

[수행승] '벗이여, 도대체 어디서 이 네 가지 광대한 존재 곧, 땅의 세계, 물의 세계, 불의 세계, 바람의 세계가 남김없이 소멸합니까?'

께밧따여, 이처럼 말하자 신들의 제왕 제석천은 그 수행승에게 이와 같이 말했습니다.

[제석천]'수행승이여, 나도 도대체 어디서 이 네 가지 광대한 존재 곧, 땅의 세계, 물의 세계, 불의 세계, 바람의 세계가 남김없이 소멸하는지 알지 못합니다. 수행승이여, 나보다 더욱 훌륭하고 더욱 탁월한, 축복 받는 하늘나라의 신들[328]이 있습니다. 그들이 어디서 이 네 가지 광대한 존재 곧, 땅의 세계, 물의 세계, 불의 세계, 바람의 세계가 남김없이 소멸하는지 알 것입니다.'

72. 께밧따여, 그래서 그 수행승은 축복 받는 하늘나라의 신들을 찾아갔습니다. 가까이 다가가서 축복 받는 하늘나라의 신들에게 이와 같이 말했습니다.

[수행승] '벗들이여, 도대체 어디서 이 네 가지 광대한 존재 곧, 땅의 세계, 물의 세계, 불의 세계, 바람의 세계가 남김없이 소멸합니까?'

---

328) yāmā devā : 한역은 음사하여 야마천(耶摩天)이라고 한다. 신들의 부류로 '서른 셋 신들의 하늘나라(三十三天)'와 '만족을 아는 신들의 하늘나라(兜率天)'사이에 하늘의 신들을 말한다. 200년의 인간의 생활은 야마천에서의 하루에 지나지 않으며, 그러한 하루로 그들의 수명은 2000년이나 된다. 지바까(Jīvaka)의 누이 씨리마(Sirimā)는 죽어서 야마천에 태어났는데 야마천궁의 왕 쑤야마(Suyāma)의 비가 되었다. 거기서 그녀는 500 명의 다른 신들을 데리고 부처님을 방문했다. 야마의 어원에 대해서는 여러 이설이 있으나, VibhA. 519에는 '신의 축복을 얻은 자들(dibbaṃ sukhaṃ yātā payātā sampattā)'이라고 되어있다.

께밧따여, 이처럼 말하자 축복 받는 하늘나라의 신들은 그 수행승에게 이와 같이 말했습니다.

[축복 받는 하늘나라의 신들] '수행승이여, 우리도 도대체 어디서 이 네 가지 광대한 존재 곧,[218] 땅의 세계, 물의 세계, 불의 세계, 바람의 세계가 남김없이 소멸하는지 알지 못합니다. 수행승이여, 우리보다 더욱 훌륭하고 더욱 탁월한, 축복 받는 하늘나라의 신 쑤야마[329]가 있습니다. 그가 도대체 어디서 이 네 가지 광대한 존재 곧, 땅의 세계, 물의 세계, 불의 세계, 바람의 세계가 남김없이 소멸하는지 알 것입니다.'

73. 께밧따여, 그래서 그 수행승은 축복 받는 하늘나라의 신 쑤야마를 찾아갔습니다. 가까이 다가가서 축복 받는 하늘나라의 신 쑤야마에게 이와 같이 말했습니다.

[수행승] '벗이여, 도대체 어디서 이 네 가지 광대한 존재 곧, 땅의 세계, 물의 세계, 불의 세계, 바람의 세계가 남김없이 소멸합니까?'

께밧따여, 이처럼 말하자 축복 받는 하늘나라의 신 쑤야마는 그 수행승에게 이와 같이 말했습니다.

[쑤야마] '수행승이여, 나도 도대체 어디서 이 네 가지 광대한 존재 곧, 땅의 세계, 물의 세계, 불의 세계, 바람의 세계가 남김없이 소멸하는지 알지 못합니다. 수행승이여, 나보다 더욱 훌륭하고 더욱 탁월한, 만족을 아는 하늘나라의 신들[330]이 있습니다. 그들이 도대체 어디서 이 네 가지 광대

329) Suyāma : 앞의 '축복 받는 하늘나라의 신들'의 주석을 참조하라.

330) tusitā devā : 감각적 쾌락의 욕망계(欲界)의 여섯 하늘나라(欲界六天) 가운데 네 번째. 한역에서는 음사하여 도솔천(兜率天)이라고 한다. 인간의 400년이 만족을 아는 하늘나라의 하루에

한 존재 곧, 땅의 세계, 물의 세계, 불의 세계, 바람의 세계가 남김없이 소멸하는지 알 것입니다.'

74. 께밧따여, 그래서 그 수행승은 만족을 아는 하늘나라의 신들을 찾아갔습니다. 가까이 다가가서 만족을 아는 하늘나라의 신들에게 이와 같이 말했습니다.

[수행승] '벗들이여, 도대체 어디서 이 네 가지 광대한 존재 곧, 땅의 세계, 물의 세계, 불의 세계, 바람의 세계가 남김없이 소멸합니까?'

께밧따여, 이처럼 말하자 만족을 아는 하늘나라의 신들은 그 수행승에게 이와 같이 말했습니다.

[만족을 아는 하늘나라의 신들] '수행승이여, 우리도 도대체 어디서 이 네 가지 광대한 존재 곧, 땅의 세계, 물의 세계, 불의 세계, 바람의 세계가 남김없이 소멸하는지 알지 못합니다. 수행승이여, 우리보다 더욱 훌륭하고 더욱 탁월한, 만족을 아는 하늘나라의 신 싼뚜씨따[331]가 있습니다. 그가 어디서 이 네 가지 광대한 존재 곧, 땅의 세계, 물의 세계, 불의 세계, 바람의 세계가 남김없이 소멸하는지 알 것입니다.'

75. 께밧따여, 그래서 그 수행승은 만족을 아는 하늘나라의 신 싼뚜씨따를 찾아갔습니다. 가까이 다가가서 만족을 아는 하늘나라의 신 싼뚜씨따에게 이와 같이 말했습니다.

해당한다. 여기에 사는 신들의 수명은 그러한 하루로 4000년이다. 때때로 진리의 흐름에 든 님들이 여기에 태어난다. 보살들은 이 세상에 부처님으로 오기 전에 이 하늘에 태어나는 것이 원칙이다. 이 하늘은 하늘나라 가운데 가장 아름답다. 왜냐하면 보살이 거주하기 때문이다. 이 하늘의 신왕은 싼뚜씨따(Santusita)이다. 여기에 다시 태어난 자로는 담미까(Dhammika), 아나타삔디까(Anātha piṇḍika), 말리까(Mallikā), 띳싸(Tissa), 마하다나(Mahādhana), 둣탕가마닌(Duṭṭhagāmaṇin)이 있다.

331) Santusita : 앞의 '만족을 아는 하늘나라의 신들'의 주석을 보라.

[수행승] '벗이여, 도대체 어디서 이 네 가지 광대한 존재 곧, 땅의 세계, 물의 세계, 불의 세계, 바람의 세계가 남김없이 소멸합니까?'

께밧따여, 이처럼 말하자 만족을 아는 하늘나라의 신 싼뚜씨따는 그 수행승에게 이와 같이 말했습니다.

[싼뚜씨따] '수행승이여, 나도 도대체 어디서 이 네 가지 광대한 존재 곧, 땅의 세계, 물의 세계, 불의 세계, 바람의 세계가 남김없이 소멸하는지 알지 못합니다. 수행승이여, 나보다 더욱 훌륭하고 더욱 탁월한, 창조하고 기뻐하는 하늘나라의 신들[332]이 있습니다. 그들이 어디서 이 네 가지 광대한 존재 곧, 땅의 세계, 눌의 세계, 불의 세계, 바람의 세계가 남김없이 소멸하는지 알 것입니다.'

76. 께밧따여, 그래서 그 수행승은 창조하고 기뻐하는 하늘나라의 신들을 찾아갔습니다. 가까이 다가가서 창조하고 기뻐하는 하늘나라의 신들에게 이와 같이 말했습니다.

[수행승] '벗들이여, 도대체 어디서 이 네 가지 광대한 존재 곧, 땅의 세계, 물의 세계, 불의 세계, 바람의 세계가 남김없이 소멸합니까?'

께밧따여,[219] 이처럼 말하자 창조하고 기뻐하는 하늘나라의 신들은 그 수행승에게 이와 같이 말했습니다.

[창조하고 기뻐하는 하늘나라의 신들] '수행승이여, 우리도 도대체 어디서 이 네 가지 광대한 존재 곧, 땅의 세계, 물의 세계, 불의 세계, 바람의 세계가 남김없이 소멸하는지

---

332) nimmānaratī devā : 한역에서는 화락천(化樂天)이라고 한다. 감각적 쾌락의 세계의 여섯 하늘나라(欲界六天) 가운데 다섯 번째. 그들은 어떠한 형태, 어떠한 색깔도 창조할 수 있고, 자신들이 만든 창조에 대하여 기뻐한다. 이 하늘의 신왕은 하늘아들 쑤님미따(Sunimmita)이다.

알지 못합니다. 수행승이여, 우리보다 더욱 훌륭하고 더욱 탁월한, 창조하고 기뻐하는 하늘나라의 신 쑤님미따[333]가 있습니다. 그가 어디서 이 네 가지 광대한 존재 곧, 땅의 세계, 물의 세계, 불의 세계, 바람의 세계가 남김없이 소멸하는지 알 것입니다.'

77. 께밧따여, 그래서 그 수행승은 창조하고 기뻐하는 하늘나라의 신 쑤님미따를 찾아갔습니다. 가까이 다가가서 창조하고 기뻐하는 하늘나라의 신 쑤님미따에게 이와 같이 말했습니다.

[수행승] '벗이여, 도대체 어디서 이 네 가지 광대한 존재 곧, 땅의 세계, 물의 세계, 불의 세계, 바람의 세계가 남김없이 소멸합니까?'

께밧따여, 이처럼 말하자 창조하고 기뻐하는 하늘나라의 신 쑤님미따는 그 수행승에게 이와 같이 말했습니다.

[쑤님미따] '수행승이여, 나도 도대체 어디서 이 네 가지 광대한 존재 곧, 땅의 세계, 물의 세계, 불의 세계, 바람의 세계가 남김없이 소멸하는지 알지 못합니다. 수행승이여, 우리보다 더욱 훌륭하고 더욱 탁월한, 다른 신들이 만든 존재를 향유하는 하늘나라의 신들[334]이 있습니다. 그가 어디서 이 네 가지 광대한 존재 곧, 땅의 세계, 물의 세계, 불의 세계, 바람의 세계가 남김없이 소멸하는지 알 것입니다.'

---

333) Sunimmita : 앞의 '창조하고 기뻐하는 하늘나라의 신들'을 참조하라.

334) paranimmitavasavattino devā : 한역에서는 타화자재천(他化自在天)이라고 한다. 감각적 쾌락의 욕망계(欲界)의 여섯 하늘나라(欲界六天) 가운데 가장 높은 단계의 하늘이다. 그들은 자신들의 지배아래 두기 위해 피조물을 창조하는 존재들인데 다른 신들이 만든 욕망의 대상들을 지배한다. 그들의 욕망의 대상들은 요리사가 왕의 기호를 알아서 요리를 준비하는 것과 같이 그들의 약점을 아는 다른 신들에 의해서 창조된다. 이 하늘나라의 신왕은 바싸밧띤(Vasavattin)이다.

78. 께밧따여, 그래서 그 수행승은 다른 신들이 만든 존재를 향유하는 하늘나라의 신들을 찾아갔습니다. 가까이 다가가서 다른 신들이 만든 존재를 향유하는 하늘나라의 신들에게 이와 같이 말했습니다.

[수행승] '벗들이여, 도대체 어디서 이 네 가지 광대한 존재 곧, 땅의 세계, 물의 세계, 불의 세계, 바람의 세계가 남김없이 소멸합니까?'

께밧따여, 이처럼 말하자 다른 신들이 만든 존재를 향유하는 하늘나라의 신들은 그 수행승에게 이와 같이 말했습니다.

[다른 신들이 만든 존재를 향유하는 하늘나라의 신들] '수행승이여, 우리도 도대체 어디서 이 네 가지 광대한 존재 곧, 땅의 세계, 물의 세계, 불의 세계, 바람의 세계가 남김없이 소멸하는지 알지 못합니다. 수행승이여, 우리보다 더욱 훌륭하고 더욱 탁월한, 다른 신들이 만든 존재를 향유하는 하늘나라의 신 바싸밧띤[335]이 있습니다. 그가 어디서 이 네 가지 광대한 존재 곧, 땅의 세계, 물의 세계, 불의 세계, 바람의 세계가 남김없이 소멸하는지 알 것입니다.'

79. 께밧따여, 그래서 그 수행승은 다른 신들이 만든 존재를 향유하는 하늘나라의 신 바싸밧띤을 찾아갔습니다. 가까이 다가가서 다른 신들이 만든 존재를 향유하는 하늘나라의 신 바싸밧띤에게[220] 이와 같이 말했습니다.

[수행승] '벗이여, 도대체 어디서 이 네 가지 광대한 존재 곧, 땅의 세계, 물의 세계, 불의 세계, 바람의 세계가 남김없이 소멸합니까?'

---

335) Vasavattin : 앞의 '다른 신들이 만든 존재를 향유하는 하늘나라의 신들'의 주석을 보라.

께밧따여, 이처럼 말하자 다른 신들이 만든 존재를 향유하는 하늘나라의 신 바싸밧띤은 그 수행승에게 이와 같이 말했습니다.

[바싸밧띤] '수행승이여, 나도 도대체 어디서 이 네 가지 광대한 존재 곧, 땅의 세계, 물의 세계, 불의 세계, 바람의 세계가 남김없이 소멸하는지 알지 못합니다. 수행승이여, 나보다 더욱 훌륭하고 더욱 탁월한, 하느님의 권속인 하느님의 세계의 신들[336]이 있습니다. 그가 어디서 이 네 가지 광대한 존재 곧, 땅의 세계, 물의 세계, 불의 세계, 바람의 세계가 남김없이 소멸하는지 알 것입니다.'

80. 께밧따여, 그런데 그 수행승은, 마음이 안정되자 하느님 세계의 길[337]이 드러난 것과 같은, 바로 그러한 삼매에 들었습니다. 께밧따여, 그리고 하느님의 권속인 하느님의 세계의 신들을 찾아갔습니다. 가까이 다가가서 하느님의 권속인 하느님의 세계의 신들에게 이와 같이 말했습니다.

[수행승] '벗들이여, 도대체 어디서 이 네 가지 광대한 존재 곧, 땅의 세계, 물의 세계, 불의 세계, 바람의 세계가 남김없이 소멸합니까?'

께밧따여, 이처럼 말하자 하느님의 권속인 하느님의 세계

---

336) brahmakāyikā devā : 한역의 범중천(梵衆天)인데, 하느님 세계에 거주하는 신들의 하늘을 말한다. 미세한 물질계의 첫 번째 선정의 하느님 세계에 속한다. 이 하느님 세계의 주인은 위대한 하느님[(大梵天 : Mahābrahma)이다.

337) brāhmayāniyo maggo : Smv. 392에 따르면, 하늘나라에 이르는 길(devayāniyamagga)이든, 하느님 세계에 이르는 길(brahmayāniyamagga)이든, 진리에 이르는 다리(dhammasetu)이든, 일심찰나의 본삼매(ekacittakkhaṇika-appaṇā)이든, 결정적 의도(samuṭṭhānikacetanā)이든, 관대한 마음(mahagatacitta)이건, 곧바른 앎(abhiññāñāṇa)이건 모두 다양한 신통에 의한 앎(iddhividhañāṇa)의 이름이다.

의 신들은 그 수행승에게 이와 같이 말했습니다.

[하느님의 권속인 하느님의 세계의 신들] '수행승이여, 우리도 도대체 어디서 이 네 가지 광대한 존재 곧, 땅의 세계, 물의 세계, 불의 세계, 바람의 세계가 남김없이 소멸하는지 알지 못합니다. 수행승이여, 우리보다 더욱 훌륭하고 더욱 탁월한, 위대한 하느님[338]으로 정복자이며, 정복되지 않는 자이며, 모든 것을 보는 자이며, 지배자이며, 주재자이며, 만드는 자이며, 창조주이며, 최상자이며, 조물주이며, 전능자이며, 존재하는 것과 존재하지 않는 것의 아버지인 하느님이 있습니다. 그가 어디서 이 네 가지 광대한 존재 곧, 땅의 세계, 물의 세계, 불의 세계, 바람의 세계가 남김없이 소멸하는지 알 것입니다.'

81. [수행승] '그렇다면, 벗들이여, 그 위대한 하느님은 어디에 계십니까?'

[하느님의 권속인 하느님의 세계의 신들] '수행승이여, 우리도 하느님이 어디에 있는지 어떻게 하느님이 있는지 어느 곳에 하느님이 있는지 알지 못합니다. 그러나 빛이 나타나고 광휘가 드러나는 징조가 보이면, 하느님이 출현할 것입니다. 왜냐하면, 빛을 나타내고 광휘를 드러내는 것이 하느님의 출현의 전조이기 때문입니다.

그런데 께밧따여, 그 위대한 하느님이 머지않아[221] 출현했습니다. 그래서 께밧따여, 그 수행승은 위대한 하느님에게 찾아갔습니다. 가까이 다가가서 위대한 하느님에게 이

338) Mahābrahma : 한역의 대범천(大梵天)을 말하며, 앞의 '하느님의 권속인 하느님의 세계의 신들'의 주석을 참조하라.

와 같이 말했습니다.

[수행승] '벗이여, 도대체 어디서 이 네 가지 광대한 존재 곧, 땅의 세계, 물의 세계, 불의 세계, 바람의 세계가 남김없이 소멸합니까?'

께밧따여, 이처럼 말하자 위대한 하느님은 그 수행승에게 이와 같이 말했습니다.

[위대한 하느님] '수행승이여, 나는 위대한 하느님으로 정복자이며, 정복되지 않는 자이며, 모든 것을 보는 자이며, 지배자이며, 주재자이며, 만드는 자이며, 창조주이며, 최상자이며, 조물주이며, 전능자이며, 존재하는 것과 존재하지 않는 것의 아버지인 하느님입니다.'[339]

82. 두 번째에도 그 수행승은 위대한 하느님에게 이와 같이 말했습니다.

[수행승] '벗이여, 나는 그대에게 '당신은 위대한 하느님으로 정복자이며, 정복되지 않는 자이며, 모든 것을 보는 자이며, 지배자이며, 주재자이며, 만드는 자이며, 창조주이며, 최상자이며, 조물주이며, 전능자이며, 존재하는 것과 존재하지 않는 것의 아버지인 하느님입니까?'라고 묻지 않았습니다. 저는 당신에게 이와 같이 '도대체 어디서 이 네 가지 광대한 존재 곧, 땅의 세계, 물의 세계, 불의 세계, 바람의

339) ahamasmi bhikkhu brahmā mahābrahmā abhibhū anabhibhūto aññadatthudaso vasavattī issaro kattā nimmātā seṭṭho sajitā vasī pitā bhūtabhavyānan'ti : Smv. 392에 따르면, 하느님은 그 수행승의 질문에 자신의 경계가 아닌 것을 알고 '만약 내가 알지 못한다고 말하면, 이들은 나를 경멸할 것이다. 그렇다고 안다고 무엇인가 말해주더라도 이 수행승은 나의 대답에 만족하지 못하고 논쟁을 제기할 것이다. 그러나 '수행승이여, 나는 하느님이다.' 등으로 말한다면, 누구도 나의 말을 믿지 않는 자는 없을 것이다. 나는 이 수행승을 혼란시켜 스승의 앞으로 보내버리자.'라고 생각하고 이렇게 말한 것이다.

세계가 남김없이 소멸합니까?'라고 물었습니다.'

두 번째에도 께밧따여, 위대한 하느님은 그 수행승에게 이와 같이 말했습니다.

[위대한 하느님] '수행승이여, 나는 위대한 하느님으로 정복자이며, 정복되지 않는 자이며, 모든 것을 보는 자이며, 지배자이며, 주재자이며, 만드는 자이며, 창조주이며, 최상자이며, 조물주이며, 전능자이며, 존재하는 것과 존재하지 않는 것의 아버지인 하느님입니다.'

83. 세 번째에도 그 수행승은 위대한 하느님에게 이와 같이 말했습니다.

[수행승] '벗이여, 나는 그대에게 '당신은 위대한 하느님으로 정복자이며, 정복되지 않는 자이며, 모든 것을 보는 자이며, 지배자이며, 주재자이며, 만드는 자이며, 창조주이며, 최상자이며, 조물주이며, 전능자이며, 존재하는 것과 존재하지 않는 것의 아버지인 하느님입니까?'라고 묻지 않았습니다. 저는 당신에게 이와 같이 '도대체 어디서 이 네 가지 광대한 존재 곧, 땅의 세계, 물의 세계, 불의 세계, 바람의 세계가 남김없이 소멸합니까?'라고 물었습니다.'

84. 그러자 께밧따여, 그 위대한 하느님은 그 수행승의 팔을 잡고 한쪽으로 끌고 가서 그 수행승에게[222] 이와 같이 말했습니다.

[위대한 하느님] '수행승이여, 하느님의 권속인 하느님의 세계의 신들은 '하느님이 보지 못하는 것은 아무것도 없습니다. 하느님이 알지 못하는 것은 아무것도 없습니다. 하느님이 깨닫지 못한 것은 아무것도 없습니다.'라고 알고 있습니

다. 그러므로 나는 그들 앞에서 대답하지 않았습니다. 수행승이여, 나도 어디서 이 네 가지 광대한 존재 곧, 땅의 세계, 물의 세계, 불의 세계, 바람의 세계가 남김없이 소멸하는지를 알지 못합니다.'

그러므로 수행승이여, 그대가 세존을 제쳐두고 그 질문에 대한 답변을 밖에서 구하는 것은 그대의 오류이고 그대의 잘못입니다. 수행승이여, 가서 세존을 찾아뵙고 그 질문을 여쭈어보십시오. 그리고 세존께서 답변하시는 대로 그것을 새기십시오.'

85. 그래서 께밧따여, 그 수행승은 마치 힘센 사람이 굽혀진 팔을 펴고 펴진 팔을 굽히는 듯한 그 사이에, 하느님의 세계에서 모습을 감추고 내 앞에 모습을 나타냈습니다. 그리고 께밧따여, 수행승은 내게 인사를 하고 한쪽으로 물러나 앉았습니다. 께밧따여, 한쪽으로 물러나 앉은 그 수행승은 나에게 이와 같이 말했습니다.

[수행승] '세존이시여, 도대체 어디서 이 네 가지 광대한 존재 곧, 땅의 세계, 물의 세계, 불의 세계, 바람의 세계가 남김없이 소멸합니까?'"

(해안을 찾는 새의 비유)

86. [세존] "께밧따여, 이처럼 말하자 나는 그 수행승에게 이와 같이 말했습니다.

[세존] '수행승이여, 옛날에 바다의 상인들은 해안을 찾는 새[340]를 데리고 선박으로 바다를 항해했다. 해안을 발견하

340) tīradassiṃ sakuṇaṃ : Smv. 392에 따르면, 까마귀(kāka)나 매(kulala)가 담당한다.

지 못하면, 그들은 해안을 찾는 새를 날려 보냈다. 새는 동쪽 방향으로 가고, 남쪽 방향으로 가고, 서쪽 방향으로 가고, 북쪽 방향으로 가고, 위로도 가고 사잇 방향으로도 간다. 만일 새가 어떤 곳에서든지 해안을 보면, 그곳으로 갑니다. 그러나 새가 해안을 보지 못하면, 배로 다시 돌아옵니다. 수행승이여, 이제[223] 하느님의 세계에까지 가서 이러한 질문에 대한 대답을 구해도 얻지 못하고 내 앞으로 돌아왔습니다. 수행승이여, 그대는 '세존이시여, 도대체 어디서 이 네 가지 광대한 존재 곧, 땅의 세계, 물의 세계, 불의 세계, 바람의 세계가 남김없이 소멸합니까?'라고 질문했는데, 그렇게 질문해서는 안 됩니다.[341] 수행승이여, 이와 같이 질문해야 합니다.

[세존]

'어디서 땅과 물과 불과 바람이 기반을 잃어버립니까?[342]
어디서 길거나 짧고 미세하거나 거칠고
깨끗하거나 더러운 것이[343]
어디서 정신과 물질이[344] 남김없이 소멸합니까?'[345](1)

---

341) na kho eso bhikkhu pañho evaṃ pucchitabbo: 'kattha nu kho bhanto ime cattāro mahābhūtā aparisesā nirujjhanti, seyyathīdaṃ: paṭhavidhātu āpodhātu tejodhātu vāyodhātu'ti? : Smv. 392에 따르면, 그 질문은 한정적으로 질문되어야 하는 것임에도 파악되지 않는 것(Daṭ. I. 511 : 감관과 결부되지 않은 것)을 포착하여 한정없이 질문하였기 때문에 거절된 것이다. 어리석은 질문을 하는 사람들에 대한 질문의 결점을 보여준다.

342) kattha āpo ca paṭhavī tejo vāyo na gādhati : Smv. 393에 따르면, '기반을 잃어버립니까?'라는 것은 '의지하는 곳이 없는가?'라는 뜻이다. 네 가지 광대한 존재는 무엇에 대하여 의지하는 곳이 없는가? 취착된 것(upādinna)에 관한 질문이다.

343) dīghañca rassañca aṇuṃ thūlaṃ subhāsubhaṃ : Smv. 393에 따르면, '길거나 짧고'는 파생적인 물질(所造色 : upādārūpa)을 의미하고 '미세하거나 거칠고'는 파생적 물질의 형태를 언급한 것이고 '깨끗하거나 더러운 것'에 대해서는 원래 파생적 물질에 깨끗하고 더러운 것이 없는데, 여기서는 좋아하고 싫어함에 따라 붙여진 명칭일 뿐이다.

그리고 그것에 대한 답변은 이와 같습니다.
[세존]
'의식[346]은 불가견이고[347] 무한이고[348]
모든 곳에서 빛난다.[349]
여기서[350] 땅과 물과 불과 바람이 기반을 잃어버린다.
여기서 길거나 짧고 미세하거나 거칠고
깨끗하거나 더러운 것이
여기서 정신과 물질이 남김없이 소멸한다.
의식이 소멸함으로써
여기서 그것이 소멸합니다.'[351]"[352](2)

---

344) nāmañca rūpañca : Smv. 393에 따르면, 명(名)은 정신을 의미하고 색(色)은 물질을 의미한다.

345) kattha āpo ca paṭhavī tejo vāyo na gādhati | kattha dīghañca rassañca aṇuṃ thūlaṃ subhāsubhaṃ | kattha nāmañca rūpañca asesaṃ uparujjhatīti ||

346) viññāṇa : 이 의식(識)과 이 시의 후반에 나오는 의식은 구별된다. 이 의식은 열반으로서의 의식을 말하고 나중의 의식은 죽을 때의 최후의식 즉 사심(死心 : citta)을 말한다. Smv. 393에 따르면, 식별되어야 하는 것(viññātabba)이기 때문에 의식이다. 그것은 열반(nibbāna)의 별칭이다.

347) anidassana : Smv. 393에 따르면, 열반은 눈으로 보이지 않는 것이므로 불가견(不可見)이다.

348) ananta : Smv. 393에 따르면, 생겨나거나 사라지거나 유지되거나 달라지는 한계－또는 극단(anta) － 가 열반에서는 없음으로 무한이다.

349) sabbato pabhaṃ : 이 '모든 곳에서 빛난다'에 해당하는 빠알리어의 다른 읽는 방법은 'sabbato pabaṃ'이다. 'pabha'는 '빛난다.'는 의미를 지니고 'paba'는 '나루터(渡場)'나 '욕장(浴場)'을 의미한다. Smv. 393에서는 후자의 의미를 취하여 다음과 같이 해석하고 있다. 대해(大海)는 그곳에 들어가고자 하는 자들이 그 때 그 때 들어가는 나루터가 있어, 나루터가 없는 곳이 없는 것처럼, 마찬가지로 열반에는 서른여덟 가지의 명상주제(業處 : kammaṭṭhāna)의 입구로부터 열반에 들고자 하는 자들이 그 때 그 때 들어가는 나루터가 있다. 열반에는 나루터가 아닌 명상주제는 없다.

350) ettha : Smv. 393에 따르면, '열반에서'라는 뜻이다.

351) viññāṇassa nirodhena etthetaṃ uparujjhati : Smv. 393에 따르면, 이 경우의 의식은 최후의식(carimakaviññāṇa : 거룩한 님의 사심[死心 : cuticitta])이자 유위법적인 조작의식(行作識 : abhisaṅkhāraviññāṇa)이다. 왜냐하면, 최후의식의 소멸에 의해서 그것이(정신과 물질이) 소멸하기 때문이다. 그것은 막 꺼진 등불의 불꽃처럼 시설되지 않는 상태가 된다. 유위법적인 조작의식이 생겨나지 않고 소멸되므로써 불생(不生 : anuppāda)에 의해서 소멸한다. Daṭ. I. 513에 따르면, 정신과 물질이 최후의식의 소멸에 의해서, 남김없는 열반의 세계(anupadhisesanibbānadhātu)로

87. 이와 같이 세존께서 말씀하시자, 장자의 아들 께밧따는 세존께서 하신 말씀에 만족하며 기뻐했다.

소멸한다.

352) viññāṇaṃ anidassanaṃ anantaṃ sabbato pahaṃ | ettha āpo ca paṭhavī tejo vāyo na gādhati | ettha dīghañca rassañca aṇuṃ thūlaṃ subhāsubhaṃ | ettha nāmañca rūpañca asesaṃ uparujjhati | viññāṇassa nirodhena etthetaṃ uparujjhatī ti ||

4. 연기의 원리는 얼마나 심오한가?

[Mahānidānasutta][353]

(조건적 발생의 법칙인 연기)

1. 이와 같이[55] 나는 들었다. 한 때 세존께서는 꾸루[354]국의 깜맛싸담마[355]라고 하는 꾸루 족의 도시에 계셨다. 그 때 존자 아난다가 세존께서 계신 곳을 찾아 왔다.[356] 가까이 다가와서 세존께 인사를 드리고 한쪽으로 물러나 앉았다. 한쪽으로 물러나 앉은 존자 아난다는 세존께 이와 같이 말씀드렸다.

[아난다] "세존이시여, 이 조건적 발생의 법칙인 연기는[357] 얼마나 깊고, 얼마나 심오하게 출현하는지 세존이시

353) DN. II. 55 : 장아함10 大緣方便經(大正 1); 중아함24 大因經(大正 26); 人本欲生經(大正 14); 大生義經(大正 54) 참조.

354) Kuru : 부처님 당시의 16 대국 가운데 하나로 수도는 인다빳따(Indapatta)였다. 붓다 당시에는 정치적인 영향력이 미미했으나 나중에 빤짤라(Pañcala), 꾸루(Kuru), 께까까(Kekaka)는 가장 강력한 국가들 셋이 되었다. 부처님 당시의 꾸루 국의 왕자는 꼬라비야(Koravya)였다.

355) Kammāssadhamma : 꾸루(Kuru) 족의 도시. 부처님께서는 유행 중에 여러 번 이곳에 지내셨다.

356) atha kho āyasmā ānando. Yena bhagavā tenupasaṅkami : Smv. 484에 따르면, 어떤 이유로 존자 아난다가 부처님을 찾아왔는가? 저녁에 조건의 형태(paccayākāra)에 관해 질문하고자 했다. 대낮에 가부좌를 하고 흐름에 든 경지를 성취하고 선정에서 나와 조건의 형태에 관하여 앎으로 향했다. 그는 무명을 조건으로 형성이 생겨나고 등의 조건의 형태를 세 번 순역으로 열두 고리의 조건형태를 포착하였고 그에게 명료하게 나타났다. 그래서 그는 '나에게만 이것이 명료하게 나타난 것일까? 아니면 다른 자에게도 그러한 것일까? 세존께 이것에 대하여 물어보자.'라고 생각하고 찾아온 것이다.

357) paṭiccasamuppāda : 역자는 연기를 조건적 발생의 법칙이라고 번역하기 때문에 조건적 발생

여, 아주 놀라운 일입니다. 세존이시여 예전에 없었던 일입니다. 그러나 저에게는 아주 명백한 것으로 보입니다."

2. [세존] "아난다여, 그렇게 말하지 말라. 아난다여, 그렇게 말하지 말라.[358] 이 조건적 발생의 법칙인 연기는 깊고, 심오하게 출현한다.[359] 아난다여, 이 원리를 이해하지 못하고

의 법칙인 연기(緣起)라고 번역했다. 이것에 대해서는 이 경과 역자의 ≪쌍윳따니까야≫의 인연품(SN. II. Nidāna)의 서문과 내용을 참조하기 바란다.

358) mā hevaṃ ānanda avaca, mā hevaṃ ānanda avaca : Smv. 486에 따르면, 세존께서는 아난다의 말을 듣고 '아난다는 부처님의 경계에 속한 일이 그에게 분명하다고 말했다. 이것은 손을 뻗어 존재의 가장 최상영역(bhavagga)을 붙잡으려는 것과 같고, 수미산을 잘라서 그 핵심을 꺼내려는 것과 같고, 배없이 바다를 건너려는 것과 같고, 땅을 구르면서 땅의 자양을 얻으려는 것과 같이, 부처님의 경계에 속한 것을 스스로 명백한 것이라고 말하고 있다. 자, 그에게 심오한 것이라는 사실을 가르쳐주자.'라고 생각하시며 '그렇게 말하지 말라.'라고 두 번 말씀하신 것이다. 세존께서는 존자 아난다를 칭찬하고 또한 경계하기 위하여 '아난다여, 그렇게 말하지 말라.'라고 말씀하신 것이다. 세존께서는 이와 같이 '아난다여, 그대는 커다란 지혜를 가지고 있고 명료한 지혜를 가지고 있다. 그래서 심오한 연기를 명료하게 보는 것이다. 그러나 다른 자들에게는 분명하게 나타나지 않는다. 오히려 그것은 깊고 심오한 것으로 나타난다.'라고 암시하고 계신 것이다.

359) gambhīro cāyaṃ ānanda paṭiccasamuppādo gambhīrāvabhāso ca : Smv. 493과 Daṭ. II. 109-112에 따르면, 연기는 ① 의미의 심오성(atthagambhīratā), ② 원리의 심오성(dhammagambhīratā), ③ 교시의 심오성(desanāgambhīratā), ④ 꿰뚫음의 심오성(paṭivedhagambhīratā)에 의해서 심오하다. ① 늙고 죽음(예를 들어 12연기의 한 지분)의 심오한 의미는 태어남을 조건으로 생겨나 유지되는 것이라는 것에서 의미의 심오성이 성립되고, ② 태어남이 늙고 죽음의 조건이 되는 원리가 심오하다는 데서 원리의 심오성이 성립되고, ③ 경마다 다르게 연기가 순·역·순역으로 다양하게 설명된다는 데서 교시의 심오성이 성립된다. 그리고 ④ *a.* 무명의 알지 못함(無智 : aññāṇa)·보지 못함(無見 : adassana)·진리에 대한 꿰뚫음이 없음(諦不貫 : saccāpaṭiveddhatā), *b.* 형성의 유위적 활동(行作 : abhisaṅkhāra)·노력(āyūhana)·탐욕의 유무(sarāgavirāgaṭṭha), *c.* 의식의 공성(sunnata)·비복무(非服務 : avyāpāra)·불이동(不移動 : asaṅkanti)·결생(結生 : paṭisandhi)·출현(出現 : pātubhāvaṭṭha), *d.* 명색의 일생기(一生起 : ekuppāda)·구별(區別 : vinibbhoga)·비구별(非區別 : avinibbhoga)·굴곡(屈曲 : namana)·변괴(變壞 : ruppanaṭṭha), *e.* 여섯 감역의 영향(增上 : adhipati)·세계(世界 : loka)·감관(門 : dvāra)·토대(土臺 : khetta)·영유상태(領有狀態 : visayibhāvaṭṭha), *f.* 접촉의 닿음(觸 : phassa)·마찰(摩擦 : samghaṭṭana)·결합(結合 : saṅgati)·집합(集合 : sannipataṭṭha), *g.* 느낌의 소연(所緣 : ārammaṇa)·맛의 영수(領受 : rasānubhavana)·즐거움(樂 : sukha)·괴로움(苦 : ukkha)·중립(中立 : majjhattabhāva)·비아의 감수(非我의 感受 : nijjīvavedayittaṭṭha), *h.* 갈애의 환희(歡喜 : abhinandita)·고집(固執 : ajjhosāna)·흐름(流 : saritā)·덩굴의 갈애(latātaṇhā)·하천의 갈애

꿰뚫어 보지 못하면,[360] 이와 같이 이 뭇삶들은 실타래에 묶인 것과 같이, 마름병에 덮인 것과 같이, 문자 풀에 엉킨 것같이 괴로운 곳, 나쁜 곳, 비참한 곳, 지옥의 윤회를 벗어날 수 없다.”

3. [세존]

1) “아난다여, ‘구체적 조건에 의해서 늙고 죽음[361]이 있는가,’라고 묻는다면, ‘그렇다.’라고 대답해야 한다. ‘무엇을 조건으로 늙고 죽음이 있는가,’라고 묻는다면, ‘태어남을 조건으로 늙고 죽음이 있다.’라고 대답해야 한다.

2) 아난다여, ‘구체적 조건에 의해서 태어남이 있는가,’라고 묻는다면,[56] ‘그렇다.’라고 대답해야 한다. ‘무엇을 조건으로 늙고 태어남이 있는가,’라고 묻는다면, ‘존재를 조건으로 태어남이 있다.’라고 대답해야 한다.

3) 아난다여, ‘구체적 조건에 의해서 존재가 있는가,’라고 묻는다면, ‘그렇다.’라고 대답해야 한다. ‘무엇을 조건으로 존재가 있는가,’라고 묻는다면, ‘집착을 조건으로 존재가

(nadītaṇhā)·바다의 차기 어려움(samuddaduppūraṭṭha), *i.* 집착의 쥠(ādāna)·파악(把握 : gahaṇa)·탐착(貪着 : abhinivesa)·취착(取着 : parāmāsa)·뛰어넘기 어려움(duratikkammaṭṭha), *j.* 존재의 노력(努力 : āyūhana)·유위적 활동(行作 : abhisaṅkharaṇa)·모태(胎 : yoni)·행방(趣 : gati)·존속(存續 : ṭhiti)·거주에 던져짐(投棄 : khipanaṭṭha). *k.* 태어남의 출생(出生 : jāti)·탄생(誕生 : sañjāti)·입태(入胎 : okkanti)·재생(再生 : nibbatti)·출현(出現 : pātubhāvaṭṭha), *l.* 늙고 죽음의 파멸(破滅 : khaya)·쇠멸(衰滅 : vaya)·파괴(破壞 : bheda)·변화(變化 : viparināmaṭṭha)가 심오한 데서 꿰뚫음의 심오함이 있다. 무명 등의 내적인 본성(sabhāva) 또는 핵심적인 특성(sarasalakkhaṇa)의 심오한 데서 꿰뚫음의 심오함이 있다.

360) etassa ānanda, dhammassa ananubodhā appaṭivedhā : Smv. 495에 따르면, ‘이해하지 못하고’라는 것은 ‘알려진 것에 대한 완전한 이해(知遍知·ñātapariññā)’에 의해서 이해하지 못한다는 것이고, ‘꿰뚫어 보지 못한다.’는 것은 ‘건넘에 관한 완전한 이해(度遍知 : tīraṇapariññā)와 끊음에 관한 완전한 이해(斷遍知)’를 통해서 꿰뚫지 못한다는 뜻이다.

361) jarāmaraṇa : 이하의 연기의 고리에 대해서는 이 책(DN. II. 31~33)의 주석을 보라.

있다.'라고 대답해야 한다.

4) 아난다여, '구체적 조건에 의해서 집착이 있는가,'라고 묻는다면, '그렇다.'라고 대답해야 한다. '무엇을 조건으로 집착이 있는가,'라고 묻는다면, '갈애를 조건으로 집착이 있다.'라고 대답해야 한다.

5) 아난다여, '구체적 조건에 의해서 갈애가 있는가,'라고 묻는다면, '그렇다.'라고 대답해야 한다. '무엇을 조건으로 갈애가 있는가,'라고 묻는다면, '느낌을 조건으로 갈애가 있다.'라고 대답해야 한다.

6) 아난다여, '구체적 조건에 의해서 느낌이 있는가,'라고 묻는다면, '그렇다.'라고 대답해야 한다. '무엇을 조건으로 느낌이 있는가,'라고 묻는다면, '접촉을 조건으로 느낌가 있다.'라고 대답해야 한다.

7) 아난다여, '구체적 조건에 의해서 접촉이 있는가,'라고 묻는다면, '그렇다.'라고 대답해야 한다. '무엇을 조건으로 접촉이 있는가,'라고 묻는다면, '명색을 조건으로 접촉이 있다.'라고[362] 대답해야 한다.

8) 아난다여, '구체적 조건에 의해서 명색이 있는가,'라고 묻는다면, '그렇다.'라고 대답해야 한다. '무엇을 조건으로 명색이 있는가,'라고 묻는다면, '의식을 조건으로 명색이 있다.'라고 대답해야 한다.

---

362) nāmarūpaccayā phasso'ti : Smv. 497에 따르면, 여기서 접촉이 여섯 감역을 조건으로 생겨나는 것이 아니라 명색을 조건으로 생겨나는 것으로 언급되고 있는 것은 왜 그런 것일까? '여섯 감역을 조건으로'라고 말해지는 경우 시각 접촉 등의 여섯 가지 이숙접촉(異熟接觸 : vipākaphassa)만이 포착되기 때문이다. 그러나 여기서는 '여섯 감역을 조건으로'라고 말해져서 포착되는 것도 포착되지 않는 것도 명료한 조건에 의한 발생으로 나타내기 위해, 또한 여섯 감역과는 별도로 접촉의 명료한 조건을 나타내기 위해 이와 같이 '명색을 조건으로 접촉이 있다.'라고 말한 것이다.

9) 아난다여, '구체적 조건에 의해서 의식이 있는가,'라고 묻는다면, '그렇다.'라고 대답해야 한다. '무엇을 조건으로 의식이 있는가,'라고 묻는다면, '명색을 조건으로 의식이 있다.'라고 대답해야 한다.

이와 같이 아난다여, 명색을 조건으로 의식이 있고, 의식을 조건으로 명색이 생겨나고, 명색을 조건으로 접촉이 생겨나고, 접촉을 조건으로 느낌이 생겨나고, 느낌을 조건으로 갈애가 생겨나고, 갈애를 조건으로 집착이 생겨나고, 집착을 조건으로 존재가 생겨나고, 존재를 조건으로 태어남이 생겨나고, 태어남을 조건으로 늙음과 죽음, 슬픔, 비탄, 고통, 근심, 절망이[57] 생겨난다. 이 모든 괴로움의 다발들은 이와 같이 해서 생겨난다."

4. [세존] "아난다여, '태어남을 조건으로 늙고 죽음이 있다.'라고 말했지만, 다음과 같은 이치에 따라서 어떻게 태어남을 조건으로 늙고 죽음이 있는지를 알아야 한다. 아난다여, 만약 어떠한 자 모두에게 완전히 일체 태어남이 없다면, 예를 들어 아난다여, 신들이 신363)으로, 건달바들이 건달바364)

---

363) deva : Smv. 498에 따르면, 신들은 재생의 신(upattideva)을 말하는데 복주에 의하면, 네 위대한 왕들의 하늘나라(Cātummahārājikā devā : 四王天)의 신들에서부터 궁극적인 미세한 물질로 이루어진 신들의 하느님 세계(Akaniṭṭhā devā : 色究竟天=有頂天)의 신들을 말한다.

364) gandhabba : 범어에서는 간다르바(sk. gandharva)라고 하고, 한역에서는 건달바(乾達婆)라고 한다. 용(nāga)이나 금시조(supaṇṇa)와 아울러 불교와 베다 시대의 민속이 결합되어 있음을 보여 주는 증거이다. 우리말로 건달이라고 하는 말은 여기서 나왔으며, 불교에서는 네 하늘나라 신들의 왕[四天王]의 지배를 받는 하늘의 음악가들로 신들 가운데 최하층의 신들에 편입되었다. 이들과 짝이 되는 하늘의 여자 음악가는 앗차라(accharā)라고 부르는 요정이다. 수행승이 이 건달바의 세계에 환생하는 것은 불명예로 여겨졌다. 그들의 직접적인 왕은 '동쪽의 하늘나라 신들의 왕(持國天王 : Dhataraṭṭha)'이다. AN. II. 39에 따르면, 이들의 별칭은 '하늘을 나는 자(vihaṅgamā)'이다. 그리고 전집(DN. II. 221)에 따르면, 이들은 홀로 수행하는 수행승이나 수행녀들을 방해하는 자로서 나타난다. 이 경에서 건달바가 향기와 결합되어 있는 것은 어원적으로 간답바(ga

로, 야차들이 야차[365])로, 존재들이 존재[366])로, 사람들이 사람으로, 네 발 달린 짐승이 네 발 달린 짐승으로 새들이 새로, 뱀들이 뱀으로, 그와 같은 뭇삶들에게 태어남이 없어서, 일체의 태어남이 없게 되어, 태어남이 소멸하여도 늙고 죽음이 시설될 수 있는가?"

[아난다] "세존이시여, 그렇지 않습니다."

[세존] "아난다여, 그러므로 참으로 늙고 죽음의 그 원인, 그 인연, 그 발생, 그 조건은 바로 태어남이다."

5. [세존] "아난다여, '존재를 조건으로 태어남이 있다.'라고

---

ndhabba)의 간다(gandha)가 향기라는 말에 기초를 두고 있는 것이다. 그들은 약초나 풀이나 나무의 향기를 먹고 산다. 이 건달바에 대하여서는 다음의 서적을 참조하라: Wijesekera, O. H. de A., 「Vedic Gandharva and Pali Gandhabba」『Ceylon University Review』 vol. III no. 1 (April, 1945) 특히 이 건달바는 생물학적 연기에서의 재생(punabbhava)에 대한 문제를 둘러싸고 논쟁의 대상이 되고 있다. MN. II. 156~157의 '부모가 교합해야 하며 어머니가 경수를 가져야 하며 건달바가 나타나야 한다. 이처럼 세 가지가 모이면 입태가 이루어진다.(matāpitaro va sannipatitā honti, mātā ca utunī hoti, gandhabbo va paccupaṭṭhito hoti : evaṁ tiṇṇaṁ sannipatā gabbhassa avakkanti hotī ti)'라는 말은 생명체가 어떤 종으로 태어나기 위해서는 ① 암수의 교합 ② 적당한 시기(경수 있을 때) ③ 생명현상으로서의 건달바(gandhabba)의 현현이라는 조건이 충족되어야 함을 보여 주고 있다. 이것에 대하여 상세한 것은 역자의 『초기불교의 연기사상』 362-373 쪽을 참조하라.

365) yakkha : 야차(野叉)는 한역에서 약카(yakkha)를 음사한 것이다. 원어 약카는 √yakṣ(빠르게 움직이다)에서 파생된 명사형이다. 주석서에서는 √yaj(헌공하다)에서 파생된 것이라고 주장하기도 한다. 야차는 비인간(非人間)에 속하는 무리로 아귀보다는 약간 높은 단계의 귀신으로 인간과 건달바(Gandhabba) 사이에 있는 존재이다. 영혼이나 유령, 도깨비, 요정, 괴물이 여기에 속한다. 그러나 경에서 실제로는 초인적이고 신적인 또는 악마적 존재를 의미한다. 신들이나 제석천 또는 사천왕도 모두 야차로 불릴 수 있다. MN. 37을 보라. Ggs. I. 19에 따르면, 부처님조차도 MN. 56에서처럼 때로는 야차라고 불리기도 한다.

366) bhūta : 어원적으로 생성된 것 즉, 존재라는 뜻이다. Smv. 498에 따르면, 어떤 재생된 뭇삶을 말하는데, 복주에 의하면, 네 위대한 왕들의 하늘나라의 남방을 다스리는 비룰라까(Virūḷhaka : 增長天)의 권속으로 산이나 들의 숨겨진 보물을 관리하는 꿈반다(Kumbhaṇḍa)들을 말한다. 그러나 빠알리어에서 뭇삶은 어원적으로 존재를 의미하는 'satta'가 있고, 생명・유정을 뜻하는 'pāṇa'도 있고, 생성된 것이란 의미에서 생물, 귀신을 뜻하는 'bhūta'도 있다.

말했지만, 다음과 같은 이치에 따라서 어떻게 존재를 조건으로 태어남이 있는지를 알아야 한다. 아난다여, 만약 어떠한 자 모두에게 완전히 일체 태어남이 없다면, 예를 들어 아난다여, 감각적 쾌락의 욕망계의 존재, 미세한 물질계의 존재. 비물질계의 존재[367]가 없어서, 일체의 존재가 없게 되어, 존재가 소멸하여도 태어남이 시설될 수 있는가?"

[아난다] "세존이시여, 그렇지 않습니다."

[세존] "아난다여, 그러므로 참으로 태어남의 그 원인, 그 인연, 그 발생, 그 조건은 바로 존재이다."[368]

6. [세존] "아난다여, '집착을 조건으로 존재가 있다.'라고 말했지만, 다음과 같은 이치에 따라서 어떻게 '집착을 조건으로 존재가 있는지를 알아야 한다. 아난다여, 만약 어떠한 자 모두에게 완전히 일체 집착이 없다면,[58] 예를 들어 아난다여, 감각적 쾌락의 욕망의 집착, 견해에 대한 집착. 규범과 금계에 대한 집착, 실체의 이론에 대한 집착[369]과 같은

367) kāmabhavo rūpabhavo arūpabhavo : 한역에서는 삼유(tayo bhavā : 三有)라고 한다. 세 가지의 존재란 ① 감각적 욕망계의 존재(kāmabhava : 欲有) ② 미세한 물질계의 존재(rūpabhava : 色有) ③ 비물질계의 존재(arūpabhava : 無色有)이다. 감각적 욕망계의 존재(欲有)는 지옥, 축생, 아귀, 아수라, 인간과 하늘에 사는 거친 신체를 지닌 존재를 의미하고, 미세한 물질계의 존재(色有)는 초선천에서부터 정거천에 이르기까지의 범천계에 사는 청정한 신체를 지닌 존재를 의미하며, 비물질계의 존재(無色有)는 공무변처, 식무변처 등이 있는데 거기에 사는 신체를 갖고 있지 않은 순수한 정신적 존재를 뜻한다.

368) tasmātihānanda eseva hetu etaṃ nidānaṃ esa samudayo esa paccayo jarāmaraṇassa yadidaṃ jāti : Smv. 498에 따르면, 자신의 결과를 위하여 생겨나기 때문에 원인이라고 하고, 받을 수 있도록 결과를 내려 놓기 때문에 인연이라고 한다. 결과가 그것으로부터 생겨나기 때문에 발생이라고 하고, 결과가 그것을 조건으로 오기 때문에 조건이라고 한다.

369) kāmūpadānaṃ vā diṭṭhūpadānaṃ vā sīlabbatūpādānaṃ vā attavādūpādānaṃ vā : 한역에서는 사취(cattarimāni upādānāni : 四取)라고 한다. 여기에는 ① 감각적 쾌락의 욕망에 대한 집착(kāmupādāna : 欲取) ② 견해에 대한 집착(diṭṭhupādāna : 見取) ③ 규범과 금계에 대한 집착(sīlabbatupādāna : 戒禁取) ④ 실체의 이론에 대한 집착(attavādupādāna : 我語取)이 있다. 이 가운데

집착이 없어서, 일체의 집착이 없게 되어, 집착이 소멸하여도 존재가 시설될 수 있는가?"

[아난다] "세존이시여, 그렇지 않습니다."

[세존] "아난다여, 그러므로 참으로 존재의 그 원인, 그 인연, 그 발생, 그 조건은 바로 집착이다."

7. [세존] "아난다여, '갈애를 조건으로 집착이 있다.'라고 말했지만, 다음과 같은 이치에 따라서 어떻게 갈애를 조건으로 집착이 있는지를 알아야 한다. 아난다여, 만약 어떠한 자 모두에게 완전히 일체 갈애가 없다면, 예를 들어 아난다여, 형상에 대한 갈애, 소리에 대한 갈애, 냄새에 대한 갈애, 맛에 대한 갈애, 감촉에 대한 갈애, 사실에 대한 갈애370)가

세 번째 '규범과 금계에 대한 집착'이 가장 번역하기 어려운 용어 가운데 하나이다. Sst. 25에서는 의례와 의식이라고 번역하고, Nst. 45에서는 '외면적인 계율과 서원'이라고 번역했고, God. 26에서는 '도덕적 행위의 계행과 맹세에 대한 잘못된 이해'라고 번역했다. 한역에서는 계금(戒禁)이라고 하는데 이것은 종종 '계율과 금계'라고 잘못 해석되어 많은 논란을 불러왔다. 그것은 잘못 이해된 형식적인 도덕적인 규범과 관계된 것이지 올바른 계행과 관계된 것은 아니다. Srp. II. 15에 따르면, '규범과 금계에 대한 집착'은 미신과 터부에의 집착을 뜻하며, 예를 들어 인도에서 사람들이 개나 소 따위가 죽은 뒤에 천상에 태어난다고 믿어서 개나 소처럼 똥을 먹고 풀을 먹으면서 천상에 태어나겠다고 집착하는 것을 말한다. 그러나 이것은 너무 좁은 의미로 해석한 것이고 좀 더 넓은 의미로 본다면, Stn. 782에서는 자신의 교리나 종교적인 수행 때문에 오만해지는 것이나 다른 교리를 비난함으로써 불필요하게 과시하려는 일반적 경향으로서 규범과 금계에 관해 언급하고 있다: '사람이 묻지도 않았는데 남에게 자신의 규범과 금계를 말하고 스스로 자신에 대하여 말한다면, 그에 대하여 사람들은 천한 사람이라고 할 것이다.' Smv. 988에 따르면, '규범으로 청정해진다, 금계로 청정해진다, 규범과 금계로 청정해진다.'라고 규범에 집착하고, 금계에 집착하고, 규범과 금계에 집착하는 것을 말한다. 그리고 실체의 이론에 대한 집착(我語趣)은 '나'와 '나의 것'을 고집하는 견해(有身見 : sakkayadiṭṭhi)에 대한 집착을 뜻한다.

370) rūpataṇhā saddataṇhā gandhataṇhā rasataṇhā phoṭṭhabbataṇhā dhammataṇhā : 한역에서는 육애신(chayime taṇhākāyā : 六愛身)이라고 한다. 여섯 가지 감각대상에 대한 갈구나 갈망을 말한다. 여기에는 ① 형상에 대한 갈애(rūpataṇhā : 色愛) ② 소리에 대한 갈애(saddataṇhā : 聲愛) ③ 냄새에 대한 갈애(gandhataṇhā : 香愛) ④ 맛에 대한 갈애(rasataṇhā : 味愛) ⑤ 감촉에 대한 갈애(poṭṭhabbataṇhā : 觸愛) ⑥ 사실에 대한 갈애(dhammataṅhā : 法愛)가 있다. 이들은 모두 경험대상인 육경(六境)에 대한 갈애를 뜻하는데, K. Seidenstücker는 각각 시각대상에의

없어서, 일체의 갈애가 없게 되어, 갈애가 소멸하여도 집착이 시설될 수 있는가?"

[아난다] "세존이시여, 그렇지 않습니다."

[세존] "아난다여, 그러므로 참으로 집착의 그 원인, 그 인연, 그 발생, 그 조건은 바로 갈애이다."

8. [세존] "아난다여, '느낌을 조건으로 갈애가 있다.'라고 말했지만, 다음과 같은 이치에 따라서 어떻게 느낌을 조건으로 갈애가 있는지를 알아야 한다. 아난다여, 만약 어떠한 자 모두에게 완전히 일체 느낌이 없다면, 예를 들어 아난다여, 시각의 접촉에서 생기는 느낌, 청각의 접촉에서 생기는 느낌, 후각의 접촉에서 생기는 느낌, 미각의 접촉에서 생기는 느낌, 촉각의 접촉에서 생기는 느낌, 정신의 접촉에서 생기는 느낌[371]이 없어서, 일체의 느낌이 없게 되어, 느낌이 소멸하여도 갈애가 시설될 수 있는가?"

[아난다] "세존이시여, 그렇지 않습니다."

[세존] "아난다여, 그러므로 참으로 갈애의 그 원인, 그 인연, 그 발생, 그 조건은 바로 느낌이다."

갈애, 청각대상에의 갈애, 후각대상에의 갈애, 미각대상에의 갈애, 신체대상에의 갈애, 정신대상에의 갈애라고 학문적으로 정확히 번역했다.(K. Seidenstücker, 『Pāli-Buddhismus in Übersetzungen』 Breslau, 1911) 여기서 이러한 엄밀한 용어를 사용하지 않은 것은 가능한 한 일상어로 번역하려는 의도에서이다.

371) cakkhusamphassajā vedanā sotasamphassajā vedanā ghānasampassajā vedanā kāyasamphassajā vedanā manosamphassajā vedanā : 한역에서는 육수신(chayime vedanākāyā : 六受身)이라고 한다. 여기에는 ① 시각의 접촉에서 생기는 느낌(cakkhusamphassajā vedanā : 眼觸所生受) ② 청각의 접촉에서 생기는 느낌(sotasamphassajā vedanā : 耳觸所生受) ③ 후각의 접촉에서 생기는 느낌(ghānasamphassajā vedanā : 鼻觸所生受) ④ 미각의 접촉에서 생기는 느낌(jivhāsamphassajā vedanā : 舌觸所生受) ⑤ 촉각의 접촉에서 생기는 느낌(kāyasamphassajā vedanā : 身觸所生受) ⑥ 정신의 접촉에서 생기는 느낌(manosamphassajā vedanā : 意觸所生受)이 있다.

9. [세존] "아난다여, 이와 같이 이 느낌을 조건으로 갈애[372]가 생겨나고, 갈애를 조건으로 추구가 생겨나고, 추구를 조건으로 획득이[373] 생겨나고, 획득을 조건으로 결정이 생겨나고,[374] 결정을 조건으로 욕망과 탐욕이 생겨나고, 욕망과 탐욕을 조건으로 탐착이 생겨나고,[375] 탐착을 조건으로 소유[376]가 생겨나고, 소유를 조건으로 인색[377]이 생겨나고, 인색을[59] 조건으로 지킴[378]이 생겨나고, 지킴을 조건으로 몽둥이와 칼을 들고 싸움, 다툼, 언쟁, 불화, 이간질, 거짓

---

372) taṇhā : Smv. 499에 따르면, 두 가지 종류의 갈애가 있다. 구하는 갈애(esanataṇhā)와 구해진 것에 대한 갈애(esitataṇhā)이다. 이 두 가지가 일반적인 갈애이다. 그 두 종류는 느낌에 의해서 갈애라고 불린다. 역자주 : 이하의 '① 갈애를 조건으로 추구가 생겨나고, ② 추구를 조건으로 획득이 생겨나고, ③ 획득을 조건으로 결정이 생겨나고, ④ 결정을 조건으로 욕망과 탐욕이 생겨나고, ⑤ 욕망과 탐욕을 조건으로 탐착이 생겨나고, ⑥ 탐착을 조건으로 소유가 생겨나고, ⑦ 소유를 조건으로 인색이 생겨나고, ⑧ 인색을 조건으로 지킴이 생겨나고, ⑨ 지킴을 조건으로 몽둥이와 칼을 들고 싸움, 다툼, 언쟁, 불화, 이간질, 거짓말, 수많은 악하고 불건전한 상태가 생겨난다.'라는 것은 전집(DN. III. 289)에서 '아홉 가지 갈애의 근본이 되는 원리(九愛根本法 : nava taṇhāmūlakā dhammā)'라고 불린다.

373) lābha : Smv. 499에 따르면, 형상 등의 대상을 얻는 것을 말한다. 그것은 추구가 있을 때 생겨나기 때문이다.

374) vinicchayo : Smv. 499에 따르면, 앎-갈애-견해-사유(ñāṇa-taṇhā-diṭṭhi-vitakka)에 의한 결정을 말한다. '안락의 결정을 아는 것이 좋다. 안락을 알아서 내심 안락을 실천하라'라고 한다면, 앎에 의한 결정이다. 결정에는 두 종류가 있다. 갈애에 의한 결정과 견해에 의한 결정이다. 108갈애로 인한 소행은 갈애에 의한 결정이다. 62견해로 인한 소행은 견해에 의한 결정이다. '신들의 제왕이여, 욕망은 사유를 인연으로 한다.'라고 하는 경우 사유의 결정이다. 이 경에서는 이것을 의도한 것이다. 이득을 얻어 좋고 나쁨, 아름답고 추함을 사유하여 결정한다.

375) chandarāgaṃ paṭicca ajjhosānaṃ : Smv. 499에 따르면, 욕망과 탐욕은 '약한 탐욕'을 두고 하는 말이다. 그래서 Lba. IV. 214에서는 그것을 병열복합어로 보아 두 단어로 해석하지 않고 '의지적 탐욕'이라고 번역했다. 탐착은 Smv. 499에 따르면, '나' 또는 '나의 것'이라고 강하게 확신하는 것을 말한다.

376) pariggaha : Smv. 499에 따르면, 갈애와 견해(taṇhādiṭṭhi)에 의해 움켜쥐는 것을 말한다.

377) macchariya : Smv. 499에 따르면, 타인과의 공유를 참아내지 못하는 것(parehi sadhāraṇabhāvassa asahanatā)을 말한다.

378) ārakkho : Smv. 500에 따르면, 문을 닫거나 상자에 보관하는 것을 의미한다.

말, 수많은 악하고 불건전한 상태가 생겨난다."

10. [세존] "아난다여, 지킴을 조건으로 몽둥이와 칼을 들고 싸움, 다툼, 언쟁, 불화, 이간질, 거짓말, 수많은 악하고 불건전한 상태가 생겨난다고 했지만, 다음과 같은 이치에 따라서 어떻게 지킴을 조건으로 몽둥이와 칼을 들고 싸움, 다툼, 언쟁, 불화, 이간질, 거짓말, 수많은 악하고 불건전한 상태가 생겨나는지 알아야 한다. 만약 어떠한 자 모두에게 완전히 일체 지킴이 없다면, 지킴이 없어서, 일체의 지킴이 없게 되어, 지킴이 소멸하여도 몽둥이와 칼을 들고 싸움, 다툼, 언쟁, 불화, 이간질, 거짓말, 수많은 악하고 불건전한 상태가 시설될 수 있는가?"

[아난다] "세존이시여, 그렇지 않습니다."

[세존] "아난다여, 그러므로 참으로 몽둥이와 칼을 들고 싸움, 다툼, 언쟁, 불화, 이간질, 거짓말, 수많은 악하고 불건전한 상태가 생겨나는 것의 그 원인, 그 인연, 그 발생, 그 조건은 바로 지킴이다."

11. [세존] "아난다여, '인색을 조건으로 지킴이 있다.'라고 말했지만, 다음과 같은 이치에 따라서 어떻게 인색을 조건으로 지킴이 있는지를 알아야 한다. 아난다여, 만약 어떠한 자 모두에게 완전히 일체의 인색이 없다면, 일체의 인색이 없어서, 인색이 소멸하여도 지킴이 시설될 수 있는가?"

[아난다] "세존이시여, 그렇지 않습니다."

[세존] "아난다여, 그러므로 참으로 지킴의 그 원인, 그 인연, 그 발생, 그 조건은 바로 인색이다."

12. [세존] "아난다여, '소유를 조건으로 인색이 있다.'라고 말했지만, 다음과 같은 이치에 따라서 어떻게 소유를 조건으로

로 인색이 있는지를 알아야 한다. 아난다여,[60] 만약 어떠한 자 모두에게 완전히 일체의 소유가 없다면, 일체의 소유가 없어서, 소유가 소멸하여도 인색이 시설될 수 있는가?"

[아난다] "세존이시여, 그렇지 않습니다."

[세존] "아난다여, 그러므로 참으로 인색의 그 원인, 그 인연, 그 발생, 그 조건은 바로 소유이다."

13. [세존] "아난다여, '탐착을 조건으로 소유가 있다.'라고 말했지만, 다음과 같은 이치에 따라서 어떻게 탐착을 조건으로 소유가 있는지를 알아야 한다. 아난다여, 만약 어떠한 자 모두에게 완전히 일체의 탐착이 없다면, 일체의 탐착이 없어서, 탐착이 소멸하여도 소유가 시설될 수 있는가?"

[아난다] "세존이시여, 그렇지 않습니다."

[세존] "아난다여, 그러므로 참으로 소유의 그 원인, 그 인연, 그 발생, 그 조건은 바로 탐착이다."

14. [세존] "아난다여, '욕망과 탐욕을 조건으로 탐착이 있다.'라고 말했지만, 다음과 같은 이치에 따라서 어떻게 욕망과 탐욕을 조건으로 탐착이 있는지를 알아야 한다. 아난다여, 만약 어떠한 자 모두에게 완전히 일체의 욕망과 탐욕이 없다면, 일체의 욕망과 탐욕이 없어서, 욕망과 탐욕이 소멸하여도 탐착이 시설될 수 있는가?"

[아난다] "세존이시여, 그렇지 않습니다."

[세존] "아난다여, 그러므로 참으로 탐착의 그 원인, 그 인연, 그 발생, 그 조건은 바로 욕망과 탐욕이다."

15. [세존] "아난다여, '결정을 조건으로 욕망과 탐욕이 있다.'라고 말했지만, 다음과 같은 이치에 따라서 어떻게 결정

을 조건으로 욕망과 탐욕이 있는지를 알아야 한다. 아난다여, 만약 어떠한 자 모두에게 완전히 일체의 결정이 없다면, 일체의 결정이 없어서, 결정이 소멸하여도 욕망과 탐욕이 시설될 수 있는가?"

[아난다] "세존이시여,[61] 그렇지 않습니다."

[세존] "아난다여, 그러므로 참으로 욕망과 탐욕의 그 원인, 그 인연, 그 발생, 그 조건은 바로 결정이다."

16. [세존] "아난다여, '획득을 조건으로 결정이 있다.'라고 말했지만, 다음과 같은 이치에 따라서 어떻게 획득을 조건으로 결정이 있는지를 알아야 한다. 아난다여, 만약 어떠한 자 모두에게 완전히 일체의 획득이 없다면, 일체의 획득이 없어서, 획득이 소멸하여도 결정이 시설될 수 있는가?"

[아난다] "세존이시여, 그렇지 않습니다."

[세존]"아난다여, 그러므로 참으로 결정의 그 원인, 그 인연, 그 발생, 그 조건은 바로 획득이다."

17. [세존] "아난다여, '추구를 조건으로 획득이 있다.'라고 말했지만, 다음과 같은 이치에 따라서 어떻게 추구를 조건으로 획득이 있는지를 알아야 한다. 아난다여, 만약 어떠한 자 모두에게 완전히 일체의 추구가 없다면, 일체의 추구가 없어서, 추구가 소멸하여도 획득이 시설될 수 있는가?"

[아난다] "세존이시여, 그렇지 않습니다."

[세존]"아난다여, 그러므로 참으로 획득의 그 원인, 그 인연, 그 발생, 그 조건은 바로 추구이다."

18. [세존] "아난다여, '갈애를 조건으로 추구가 있다.'라고 말했지만, 다음과 같은 이치에 따라서 어떻게 갈애를 조건으

로 추구가 있는지를 알아야 한다. 아난다여, 만약 어떠한 자 모두에게 완전히 일체의 갈애가 없다면, 일체의 갈애가 없어서, 갈애가 소멸하여도 추구가 시설될 수 있는가?”

[아난다] “세존이시여, 그렇지 않습니다.”

[세존] “아난다여, 그러므로 참으로 추구의 그 원인, 그 인연, 그 발생, 그 조건은 바로 갈애이다.

아난다여, 이와 같이 갈애의 두 양상은 둘이지만 느낌에 의해서 하나의 원리로 통합된다.”379)

19. [세존] “아난다여[62], ‘접촉을 조건으로 느낌이 있다.’라고 말했지만, 다음과 같은 이치에 따라서 어떻게 접촉을 조건으로 느낌이 있는지를 알아야 한다. 아난다여, 만약 어떠한 자 모두에게 완전히 일체의 접촉이 없다면, 예를 들어 시각의 접촉, 청각의 접촉, 후각의 접촉, 미각의 접촉, 촉각의 접촉, 정신의 접촉380)이 없어서, 일체의 접촉이 없게 되어, 접촉이 소멸하여도 느낌이 시설될 수 있는가?”

[아난다] “세존이시여, 그렇지 않습니다.”

[세존] “아난다여, 그러므로 참으로 느낌의 그 원인, 그 인연, 그 발생, 그 조건은 바로 접촉이다.”

20. [세존] “아난다여, ‘명색을 조건으로 접촉이 있다.’라고 말했지만, 다음과 같은 이치에 따라서 어떻게 명색을 조건으

---

379) iti kho ānanda dve dhammā dvayena vedanāya ekasamosaraṇā bhavanti : 역자의 초간본의 번역에서 누락되었던 문장이다. Smv. 500에 따르면, 여기서 두 양상라는 것은 윤회의 근본으로서의 갈애(vaṭṭamūla-taṇhā)와 실제로 유통되는 갈애(samudācāra-taṇhā)를 뜻한다.

380) chayime phassakāyā : 한역에서는 육촉신(六觸身)이라고 한다. 여기에는 ① 시각의 접촉(cakkhusamphassa : 眼觸) ② 청각의 접촉(sotasamphassa : 耳觸) ③ 후각의 접촉(ghānasamphassa : 鼻觸) ④ 미각의 접촉(jivhāsamphassa : 舌觸) ⑤ 촉각의 접촉(kāyasamphassa : 身觸) ⑥ 정신의 접촉(manosamphassa : 意觸)이 있다.

로 접촉이 있는지를 알아야 한다. 아난다여, 어떠한 형태에 의해서 특징에 의해서 인상에 의해서 표시에 의해서 명[정신]의 몸(정신적인 몸)이 시설되는데,381) 그러한 형태나 특징이나 인상이나 표시가 없이도 색[물질]의 몸(물질적인 몸)에 명칭과의 접촉382)이 시설될 수 있는가?"

[아난다] "세존이시여, 그렇지 않습니다."

[세존] "아난다여, 어떠한 형태에 의해서 특징에 의해서 인상에 의해서 표시에 의해서 물질적인 몸이 시설되는데, 그러한 형태나 특징이나 인상이나 표시가 없이도 정신적인 몸에 저촉과의 접촉383)이 시설될 수 있는가?"

[아난다] "세존이시여, 그렇지 않습니다."

[세존] "아난다여, 어떠한 형태에 의해서 특징에 의해서 인상에 의해서 표시에 의해서 명색이 시설되는데, 그러한 형태나 특징이나 인상이나 표시가 없이도 접촉이 시설될 수 있는가?"

[아난다] "세존이시여, 그렇지 않습니다."

[세존] "아난다여, 그러므로 참으로 접촉의 그 원인, 그 인연, 그 발생, 그 조건은 바로 명색이다."

21. [세존] "아난다여, '의식을 조건으로 명색이 있다.'라고 말

---

381) yehi ānanda ākārehi yehi liṅgehi yehi nimittehi yehi uddesehi nāmakāyassa paññatti hoti : Smv. 500에 따르면, '형태'는 느낌 등이 서로 다른 자신의 본성(sabhāva)을 말하고 '특징'은 그것만이 두드러져 보이고 다른 것은 은폐된다는 것을 말하고, '인상'은 지각의 원인이 된다는 것을 말하고, '표시'는 그대로 지시되는 것을 말한다. Smv. 1023에 따르면, 정신의 몸(nāmakāya: 名身)은 정신의 다발 곧, 느낌·지각·형성·의식을 뜻한다.

382) adhivacanasamphassa : Smv. 501에 따르면, 정신과의 접촉(manosamphassa)을 말한다.

383) paṭighasamphassa : 한역에서는 유대촉(有對觸)이라고 한다. Smv. 501에 따르면, 충돌이 있는 물질의 다발을 기초로 생겨나는 접촉을 말한다. 즉, 다섯 가지 감관을 기초로 생겨나는 접촉을 말한다.

했지만,[63] 다음과 같은 이치에 따라서 어떻게 의식을 조건으로 명색이 있는지를 알아야 한다. 아난다여, 의식을 조건으로 명색이 있는데, 만약 의식이 모태에 들지 않더라도 명색이 모태에 응결될 수 있겠는가?"

[아난다] "세존이시여, 그렇지 않습니다."

[세존] "아난다여, 의식이 모태에 들었으나 빗나갔다면, 그래도 명색이 이러한 상태로 태어날 수 있겠는가?"

[아난다] "세존이시여, 그렇지 않습니다."

[세존] "아난다여, 의식이 갓난아이나 어린 남아나 어린 여아일 때에 단절되었다면, 명색이 성장하고 증장하고 성숙할 수 있겠는가?"[384)]

[아난다] "세존이시여, 그렇지 않습니다."

[세존] "아난다여, 그러므로[385)] 참으로 명색의 그 원인, 그 인연, 그 발생, 그 조건은 바로 의식이다."

22. [세존] "아난다여, '명색을 조건으로 의식이 있다.'라고 말했지만, 다음과 같은 이치에 따라서 어떻게 명색을 조건으로 의식이 있는지를 알아야 한다. 아난다여, 의식이 명색에 확립되지 않는다면, 그렇더라도 미래에 태어나고 늙고 죽는 괴로움의 발생과 생성이 시설될 수 있겠는가?"

[아난다] "세존이시여, 그렇지 않습니다."

[아난다] "아난다여, 그러므로 참으로 의식의 그 원인, 그 인연, 그 발생, 그 조건은 바로 명색이다."

---

384) api nu kho nāmarūpaṃ vuddhiṃ virūḷhiṃ vepullaṃ āpajjissathāti : Smv. 502에 따르면, '성장하고 증장하고 성숙하는 것'은 인생의 초기·중기·후기에 대하여 언급한 것이다.

385) tasmātihānanda : Smv. 502-503에 따르면, '모태에서 결생할 때에도, 모태에 머물 때에도, 성장하여 10세 등이 될 때에도, 의식이 그것의 조건이기 때문에'라는 뜻이다.

[세존] "아난다여, 참으로 명색이 의식과 함께 서로 조건이 되는 경우,386) 이와 같이 해서 태어나서, 늙거나, 죽거나, 사멸하거나 다시 태어난다. 이와 같이 해서 명칭의 길이 전개되고,387) 이와 같이 해서 어원의 길이 전개되고,388) 이와 같이 해서 표현의 길이 전개되고,389) 이와 같이 해서 지혜의 영역이 전개된다.390) 이와 같이 해서[64] 유전하는 존재의 상태가 시설되기 위해 전개된다."391)

(자아를 주장하는 자)

23. [세존] "아난다여, 또한 자아를 주장하는 자는 어떻게 자아를 시설하는가?

1) 아난다여, 자아를 물질을 지닌 유한한 자라고 주장하는 자는 '자아는 물질을 지닌 유한한 자이다.'라고 시설한다.392)

---

386) yadidaṃ nāmarūpaṃ saha viññāṇena aññamaññapaccayatāya pavattati : Smv. 503에 따르면, 의식이 명색의 조건이 되고, 명색이 의식의 조건이 되어 두 가지가 상호조건에 의해서 생기하는 경우를 말한다.

387) ettāvatā adhivacanapatho : Smv. 503에 따르면, 명칭의 길은 명예를 증가시키거나 재물을 증가시키는 자 등의 의미가 아니라 단지 언어와 관계하여 일어나는 언설의 길(vohārapatha)을 말하는데, 여기서 길이라는 것은 발생영역(pavattiyā visaya)을 말한다.

388) ettāvatā niruttipatho : Smv. 503-504에 따르면, 어원의 길은 '기억하기 때문에 새김을 갖춘 자이다. 올바른 알아차림을 갖추기 때문에 알아차리는 자이다.'는 등의 근거(kāraṇa)와 이유(āpadesa)를 통해서 일어나는 언설의 길을 말한다.

389) ettāvatā paññattipatho : Smv. 504에 따르면, 표현의 길은 현자·총명한 자·유능한 자·지혜로운 자·논쟁하는 자 등의 여러 가지 알려진 것에 따라서 일어나는 언설의 길을 말한다.

390) ettāvatā paññāvacaraṃ : Smv. 504에 따르면, 지혜의 영역은 지혜에 의해서 이야기되거나 알려질 수 있는 것을 말한다.

391) ettāvatā vaṭṭaṃ vattati (ettāvatā) itthattaṃ paññapanāya : '존재의 상태'는 원래 '이러한 상태'를 역자가 주석에 따라 번역한 것이다. Smv. 504에 따르면, 여기서 유전은 윤회의 유전(saṃsāravaṭṭa)을 말한다. Daṭ. II. 140에 따르면, 유전에는 오염의 유전(kilesavaṭṭa), 업의 유전(kammavaṭṭa), 이숙의 유전(vipākavaṭṭa)의 세 가지 유전이 있다. '이러한 상태의 시설'이란 '다섯 가지 존재의 다발(khandhapañcaka : 五蘊)에 의한 명칭의 시설'을 의미한다.

2) 아난다여, 자아를 물질을 지닌 무한한 자라고 주장하는 자는 '자아는 물질을 지닌 무한한 자이다.'라고 시설한다.393)

3) 아난다여, 자아를 물질을 여읜 유한한 자라고 주장하는 자는 '자아는 물질을 여읜 유한한 자이다.'라고 시설한다.394)

4) 아난다여, 자아를 물질을 여읜 무한한 자라고 주장하는 자는 '자아는 물질을 여읜 무한한 자이다.'라고 시설한다.395)

24. 아난다여, 그 가운데396) 자아를 물질을 지닌 유한한 자라고 주장하는 자는 현세에서의397) 자아를 '물질을 지닌 유한한 자이다.'라고 주장하며 시설한다. 혹은 그는 저 세상에서의398) 자아를 '물질을 지닌 유한한 자이다.'라고 주장하며 시설한다. 혹은 또한 그는 '그렇지 않더라도, 그러한 상태로

---

392) rūpiṃ vā hi ānanda parittaṃ attānaṃ paññapento paññapeti 'rūpī me paritto attāti'ti : Smv. 504에 따르면, 확대되지 않은 두루채움(kasiṇa)의 인상을 자아라고 파악하는 자는 물질을 지닌 유한한 자라고 자아를 시설한다.

393) rūpiṃ vā hi ānanda anantaṃ attānaṃ paññapento paññapeti 'rūpī me ananto attā'ti : Smv. 504에 따르면, 확대된 두루채움의 인상을 자아라고 파악하는 자는 물질을 지닌 무한한 자라고 자아를 시설한다.

394) arūpiṃ vā hi ānanda parittaṃ attānaṃ paññapento paññapeti 'arūpī me paritto attā'ti : Smv. 504에 따르면, 확대되지 않은 두루채움의 인상을 제거하고 인상이 접촉된 장소를, 또는 거기서 생겨난 네 가지 존재의 다발(四蘊)을 또는 그 가운데 의식(識)을 자아라고 파악하는 자는 물질을 여읜 유한한 자라고 자아를 시설한다.

395) arūpiṃ vā hi ānanda anantaṃ attānaṃ paññapento paññapeti 'arūpī me ananto attā'ti : Smv. 504에 따르면, 확대된 두루채움의 인상을 제거하고 인상이 접촉된 장소를, 또는 거기서 생겨난 네 가지 존재의 다발(四蘊)을 또는 그 가운데 의식(識)을 자아라고 파악하는 자는 물질을 여읜 무한한 자라고 자아를 시설한다.

396) tatrānanda : Smv. 504에 따르면, '그 가운데에서'라는 것은 위의 네 가지 견해 가운데라는 뜻이다.

397) etarahi vā : Smv. 504에 따르면, '현재에서'라는 뜻이다. 지금만이 있고 지금과 다른 것이 없다. 이것은 허무주의(uccheda)에 의해서 말해진 것이다.

398) tattha bhāviṃ vā : Smv. 504에 따르면, '혹은 미래의'라는 뜻이다. 이것은 영원주의(sassata)에 의해서 말해진 것이다.

될 것이다.'고 생각한다.[399] 아난다여, 그렇다면, 그는 '자아는 물질을 지닌 유한한 자이다.'라는 견해에 묶여 있다고 말할 수 있다.

25. 아난다여, 그 가운데 자아를 물질을 지닌 무한한 자라고 주장하는 자는 현세에서의 자아를 '물질을 지닌 무한한 자이다.'라고 주장하며 시설한다. 혹은 그는 저 세상에서의 자아를 '물질을 지닌 무한한 자이다.'라고 주장하며 시설한다. 혹은 그는 '그렇지 않더라도, 그러한 상태로 될 것이다.'고 생각한다. 아난다여, 그렇다면, 그는 '자아는 물질을 지닌 무한한 자이다.'라는 견해에 묶여 있다고 말할 수 있다.

26. 아난다여, 그 가운데 자아를 물질을 여읜 유한한 자라고 주장하는 자는 현세에서의 자아를 '물질을 여읜 유한한 자이다.'라고 주장하며 시설한다. 혹은 그는 저 세상에서의 자아를 '물질을 여읜 유한한 자이다.'라고 주장하며 시설한다. 혹은 그는 '그렇지 않더라도, 그러한 상태로 될 것이다.'고 생각한다. 아난다여, 그렇다면, 그는 '자아는 물질을 여읜 유한한 자이다.'라는 견해에 묶여 있다고 말할 수 있다.

27. 아난다여, 그 가운데 자아를 물질을 여읜 무한한 자라고 주장하는 자는 현세에서 의 자아를 '물질을 여읜 무한한 자이다.'라고 주장하며 시설한다. 혹은 그는 저 세상에서의 자아를 '물질을 여읜 무한한 자이다.'라고 주장하며 시설한다. 혹은 그는 '그렇지 않더라도, 그러한 상태로 될 것이다.'라고[65]

399) atathaṃ vā pana santaṃ tathattāya upakappessāmī ti iti vā panassa hoti : Smv. 504에 따르면, 허무주의자는 영원주의자에게 '허무주의만을 지지하겠지.'라고 생각하고 영원주의자는 허무주의자에게 '영원주의만을 지지하겠지'라고 생각한다.

생각한다. 아난다여, 그렇다면, 그는 '자아는 물질을 여읜 무한한 자이다.'라는 견해에 묶여 있다고 말할 수 있다. 아난다여, 자아를 주장하는 자는 이와 같이 자아를 시설한다."

(자아를 주장하지 않는 자)

28. [세존] "아난다여, 또한 자아를 주장하지 않는 자는400) 어떻게 자아를 시설하지 않는가?

1) 아난다여, 자아를 물질을 지닌 유한한 자라고 주장하지 않는 자는 '자아는 물질을 지닌 유한한 자이다.'라고 시설하지 않는다.

2) 아난다여, 자아를 물질을 지닌 무한한 자라고 주장하지 않는 자는 '자아는 물질을 지닌 무한한 자이다.'라고 시설하지 않는다.

3) 아난다여, 자아를 물질을 여읜 유한한 자라고 주장하지 않는 자는 '자아는 물질을 여읜 유한한 자이다.'라고 시설하지 않는다.

4) 아난다여, 자아를 물질을 여읜 무한한 자라고 주장하지 않는 자는 '자아는 물질을 여읜 무한한 자이다.'라고 시설하지 않는다.

29. 아난다여, 그 가운데 자아를 물질을 지닌 유한한 자라고 주장하지 않는 자는 현세에서의 자아는 '물질을 지닌 유한한

---

400) attānaṃ na paññapento : Smv. 505에 따르면, 모든 고귀한 사람(ariyapuggala)을 말한다. 많이 배운 삼장(三藏)을 배운 자, 이장(二藏)을 배운 자, 일장(一藏)을 배운 자, 또는 한 니까야라도 잘 결정하여 배운 자, 또는 통찰하여 노력하는 자는 자아를 주장하지 않는다. 왜냐하면, 그들에게는 유사한 두루채움에 관해서는 '유사한 두루채움이다.'라는 통찰이 있고 물질을 여읜 존재의 다발에 관해서는 '물질을 여읜 존재의 다발이다.'라는 통찰이 있기 때문이다.

자이다.'라고 주장하지 않으며 시설하지 않는다. 혹은 그는 저 세상에서의 자아는 '물질을 지닌 유한한 자이다.'라고 주장하지 않으며 시설하지 않는다. 혹은 그는 '그렇지 않더라도, 그러한 상태가 될 것이다.'고도 생각하지 않는다. 아난다여, 그렇다면, 그는 '자아는 물질을 지닌 유한한 자이다.'라는 견해에 묶여 있지 않다고 말할 수 있다.

30. 아난다여, 그 가운데 자아를 물질을 지닌 무한한 자라고 주장하지 않는 자는 현세에서의 자아는 '물질을 지닌 무한한 자이다.'라고 주장하지 않으며 시설하지 않는다. 혹은 그는 저 세상에서의 자아는 '물질을 지닌 무한한 자이다.'라고 주장하지 않으며 시설하지 않는다. 혹은 그는 '그렇지 않더라도, 그러한 상태가 될 것이다.'고도 생각하지 않는다. 아난다여, 그렇다면, 그는 '자아는 물질을 지닌 무한한 자이다.'라는 견해에 묶여 있지 않다고 말할 수 있다.

31. 아난다여, 그 가운데 자아를 물질을 여읜 유한한 자라고 주장하지 않는 자는 현세에서의 자아는 '물질을 여읜 유한한 자이다.'라고 주장하지 않으며 시설하지 않는다. 혹은 그는 저 세상에서의 자아는 '물질을 여읜 유한한 자이다.'라고 주장하지 않으며 시설하지 않는다. 혹은 그는 '그렇지 않더라도, 그러한 상태가 될 것이다.'고도 생각하지 않는다. 아난다여, 그렇다면, 그는 '자아는 물질을 여읜 유한한 자이다.'라는 견해에 묶여 있지 않다고 말할 수 있다.

32. 아난다여, 그 가운데 자아를 물질을 여읜 무한한 자라고 주장하지 않는 자는 현세에서의 자아는 '물질을 여읜 무한한 자이다.'라고 주장하지 않으며 시설하지 않는다. 혹은 그는

저 세상에서의 자아는 '물질을 여읜 무한한 자이다.'라고 주장하지 않으며 시설하지 않는다. 혹은 그는 '그렇지 않더라도, 그러한 상태가 될 것이다.'고도[66] 생각하지 않는다. 아난다여, 그렇다면, 그는 '자아는 물질을 여읜 무한한 자이다.'라는 견해에 묶여 있지 않다고 말할 수 있다. 아난다여, 자아를 주장하지 않는 자는 이와 같이 자아를 시설하지 않는다."

(자아를 인식하는 자)

33. [세존] "아난다여, 또한[401] 자아를 인식하는 자는 어떻게 자아를 인식하는가? 아난다여, 느낌에 관한 한,[402] 자아라고 인식하는 자는 '느낌이야말로 나의 자아이다.'라고 인식하거나, 혹은 아난다여, 자아를 인식하는 자는 '느낌이야말로 나의 자아가 아니다. 나의 자아는 느껴지지 않는다.'라고[403]

---

401) ca ānanda : Smv. 505에 따르면, 이상과 같이 자아를 주장하지 않는 자들에 대하여 교시한 뒤에 자아를 인식하는 자들에 대하여 시설한다. 여기서 그들은 사견에 의해서 자아를 인식하고 시설한다. 그런데 그러한 그들의 인식은 20가지 개체가 있다는 견해(sakkāyadiṭṭhi : 有身見)를 버리지 않고 있기 때문에 생겨난 것이다. 그래서 그 20가지 개체가 있다는 견해를 가르치기 위해 다음과 같이 말했다. 여기서 20가지 개체가 있다는 견해란 다섯 가지 존재의 다발(五蘊)을 다음과 같이 네 가지 방식으로 자아로 여기는 것을 말한다 : 물질을 자아로 여기고, 물질을 가진 것을 자아로 여기고, 자아 가운데 물질이 있다고 여기고, 물질 가운데 자아가 있다고 여기는 것, 느낌을 자아로 여기고, 느낌을 가진 것을 자아로 여기고, 자아 가운데 느낌이 있다고 여기고, 느낌 가운데 자아가 있다고 여기는 것, 지각을 자아로 여기고, 지각을 가진 것을 자아로 여기고, 자아 가운데 지각이 있다고 여기고, 지각 가운데 자아가 있다고 여기는 것, 형성을 자아로 여기고, 형성을 가진 것을 자아로 여기고, 자아 가운데 형성이 있다고 여기고, 형성 가운데 자아가 있다고 여기는 것, 의식을 자아로 여기고, 의식을 가진 것을 자아로 여기고, 자아 가운데 의식이 있다고 여기고, 의식 가운데 자아가 있다고 여기는 것을 말한다.

402) vedanaṃ : Smv. 505에 따르면, 이것은 느낌의 다발을 기초로 하는 개체가 있다는 견해(sakkāyadiṭṭhi : 有身見)를 말하고 있는 것이다.

403) na heva kho me vedanā attā, appaṭisaṃvedano me attā'ti : Smv. 505에 따르면, 이것은 물질의 다발을 기초로 하는 개체가 있다는 견해(sakkāyadiṭṭhi : 有身見)를 말하고 있는 것이다.

인식하거나. 혹은 아난다여, 자아를 인식하는 자는 '느낌이야말로 나의 자아가 아니다. 그러나 나의 자아가 느껴지지 않는 것은 아니다. 나의 자아는 느껴진다. 나의 자아는 느낌의 원리를 지녔기 때문이다.'라고[404] 인식한다.

34. 아난다여, 그런데 '느낌이야말로 나의 자아이다.'라고 말하는 자에게는 이와 같이 '벗이여, 이러한 세 가지 느낌, 즐거운 느낌, 괴로운 느낌, 즐겁지도 괴롭지도 않은 느낌이 있는데, 그러한 세 가지 느낌 가운데 어떠한 것을 자아라고 인식하는가?'라고 물어야 한다. 아난다여, 즐거운 느낌을 느낄 때에는 괴로운 느낌은 느껴지지 않고, 즐겁지도 괴롭지도 않은 느낌도 느껴지지 않고 오로지 즐거운 느낌만 느껴진다. 아난다여, 괴로운 느낌을 느낄 때에는 즐거운 느낌은 느껴지지 않고, 즐겁지도 괴롭지도 않은 느낌도 느껴지지 않고 오로지 괴로운 느낌만 느껴진다. 아난다여, 즐겁지도 괴롭지도 않은 느낌을 느낄 때에는 즐거운 느낌은 느껴지지 않고, 괴로운 느낌도 느껴지지 않고 오로지 즐겁지도 괴롭지도 않은 느낌만 느껴진다.

35. 아난다여, 즐거운 느낌도 무상하고 형성된 것이고 조건적으로 발생된 것이고 부서지는 것이고 사라져야 하는 것이고 소멸되고야 마는 것이다. 아난다여, 괴로운 느낌도 무상하고 형성된 것이고 조건적으로 발생된 것이고 부서지는[67]

---

404) na heva kho me vedanā attā, no'pi appaṭisaṃvedano me attā, attā me vedayati vedanādhammo hi me attā'ti : Smv. 505에 따르면, 이것은 느낌의 다발, 지각의 다발, 형성의 다발, 의식의 다발을 기초로 하는 개체가 있다는 견해(sakkāyadiṭṭhi : 有身見)를 말하고 있는 것이다. 왜냐하면, 그 세 가지 다발은 느낌과 관계된 것이기 때문에 느껴지고, 또한 그 다발에는 느낌이라고 하는 원리가 있으며, 분리되지 않는 자신의 본성이 있기 때문이다.

것이고 사라져야 하는 것이고 소멸되고야 마는 것이다. 아난다여, 즐겁지도 괴롭지도 않은 느낌도 무상하고 형성된 것이고 조건적으로 발생된 것이고 부서지는 것이고 사라져야 하는 것이고 소멸되고야 마는 것이다. 즐거운 느낌을 느끼면서 '이것은 나의 자아이다.'라고 생각한다면, 그는 즐거운 느낌이 사라지면, '나의 자아는 사라졌다.'라고 생각해야 한다. 괴로운 느낌을 느끼면서 '이것은 나의 자아이다.'라고 생각한다면, 그는 괴로운 느낌이 사라지면, '나의 자아는 사라졌다.'라고 생각해야 한다. 즐겁지도 괴롭지도 않은 느낌을 느끼면서 '이것은 나의 자아이다.'라고 생각한다면, 그는 즐겁지도 괴롭지도 않은 느낌이 사라지면, '나의 자아는 사라졌다.'라고 생각해야 한다. 이와 같이 '느낌이야말로 나의 자아이다.'라고 인식하는 자는 현세에서 무상하고 즐겁거나 괴로움이 섞여있고 생성과 소멸의 원리를 자아라고 인식하는 것이다. 아난다여, 그러므로 '느낌이야말로 나의 자아이다.'라고 인식하는 것은 타당하지 않다.

36. 아난다여, 그런데 '느낌이야말로 나의 자아가 아니다. 나의 자아는 느껴지지 않는다.'라고 말하는 자에게는 이와 같이 '벗이여, 일체 느껴지는 것이 없을 때, '이것이 나이다.'라고 할 수 있겠는가?'라고 물어야 한다."

[아난다] "세존이시여, 그렇지 않습니다."405)

[세존] "아난다여 그러므로 '느낌이야말로 나의 자아가 아니다. 나의 자아는 느껴지지 않는다.'라고 인식하는 것은

---

405) no hetaṃ bhante : 여기서 질문에 대한 답변이 약간 어색하지만, 아난다가 제삼자에 대한 물음에 끼어든 것으로 보아야 한다.

타당하지 않다.

37. 아난다여, 그런데 '느낌이야말로 나의 자아가 아니다. 그러나 나의 자아가 느껴지지 않는 것은 아니다. 나의 자아는 느껴진다. 나의 자아는 느낌의 원리를 지녔기 때문이다.'라고 말하는 자에게는 이와 같이 '벗이여, 느낌이 일체 모두 어디서든지 모든 곳에서 남김없이 소멸하여 일체의 느낌이 없어져서 느낌이 소멸하여도 그 때 '이것이 나이다.'라고 할 수 있겠는가?'라고 물어야 한다."

[아난다] "세존이시여, 그렇지 않습니다."

[세존] "아난다여, 그러므로 '느낌이야말로 나의 자아가 아니다.[68] 그러나 나의 자아가 느껴지지 않는 것은 아니다. 나의 자아는 느껴진다. 나의 자아는 느낌의 원리를 지녔기 때문이다.'라고 인식하는 것은 타당하지 않다.

38. 아난다여, 참으로 수행승은406) 느낌을 나라고 인식하지 않으며, 또한 나를 느낌이라고 인식하지 않으며, '나의 자아는 느낀다. 나의 자아는 느낌의 원리를 지녔기 때문이다.'라고도 인식하지도 않는다. 그는 그렇게 인식하지 않아서 세상의 어떠한 것에도 집착하지 않고. 집착하지 않는 까닭에 동요하지 않고407) 동요하지 않는 까닭에 스스로 완전한 열반에 들어, '태어남은 부서졌고, 청정한 삶은 이루어졌고, 해야 할 일은 다 마쳤으니, 더 이상 윤회하지 않는다.'라고 분명

---

406) yato kho panānanda, bhikkhu : Smv. 507에 따르면, 이와 같이 세존께서는 조건의 형태에 대하여 몽매한, 사견을 지닌 자의 이러한 언로를 가지고 윤회를 말한 뒤에, 환멸(還滅 : vivaṭṭa)에 대해 언급하면서 다음과 같이 말씀하셨다.

407) na paritassati : Smv. 508에 따르면, 갈애(taṇha)와 견해(diṭṭhi)와 자만(māna)으로 동요하는 것을 말한다.

히 안다.[408]

39. 아난다여, 이와 같이 마음이 해탈된 수행승에게 '그는 '여래는 사후에 존재한다.'라는 견해를 갖고 있다.'고 말한다면, 그것은 옳지 않으며. '그는 '여래는 사후에 존재하지 않는다.'라는 견해를 갖고 있다.'고 말한다면, 그것도 옳지 않으며. '그는 '여래는 사후에 존재하기도 하고 존재하지 않기도 한다.'라는 견해를 갖고 있다.'고 말한다면, 그것도 옳지 않으며. '그는 '여래는 사후에 존재하는 것도 아니고 존재하지 않는 것도 아니다.'라는 견해를 갖고 있다.'고 말한다면, 그것도 옳지 않다. 그것은 무슨 까닭인가? 아난다여, 어떠한 명칭이 있든지, 어떠한 명칭의 길이 있든지, 어떠한 어원이 있든지, 어떠한 어원의 길이 있든지, 어떠한 시설이 있든지, 어떠한 시설의 길이 있든지, 어떠한 지혜가 있든지, 어떠한 지혜의 영역이 있든지, 어떠한 유전이 있든지,[409] 수행승은 그것을 곧바로 알아서 해탈했기 때문이다. 곧바로 알아서 해탈한 수행승을 두고 '그는 알지 못하고 보지 못한다.'라고 생각한다면, 그것은 옳지 않다."

---

408) paccattaṃ yeva parinibbāyissati. khīṇā jāti, vusitaṃ brahmacariyaṃ, kataṃ karaṇīyaṃ, nāparaṃ itthattāyā'ti pajānāti : Smv. 508에 따르면, 오염의 완전한 지멸(kilesaparinibbānaa)에 의해서 완전한 열반에 든 자에게는 성찰(paccavekkhaṇā)의 일어남을 보여주기 위해 '태어남은 부서졌고…'이라고 말해진 것이다.

409) yāvatā ānanda adhivacanaṃ, yāvataṃ adhivacanapatho, yāvatā nirutti, yāvatā niruttipatho, yāvatā paññatti, yāvatā paññattipatho, yāvatā paññā, yāvatā paññāvacaraṃ yāvatā vaṭṭaṃ vaṭṭati : 원래 '명칭이 있는 한'이라는 뜻이고 Smv. 508에 따르면, '명칭이란 언설이 있는 한'이라는 뜻이다. 이것을 역자는 '어떠한 명칭이든지'라고 의역한다. 어원이나 시설은 모두 언설을 의미한다. Smv. 508에 따르면, 명칭의 길이란 '존재의 다발(khandha : 蘊), 감각의 영역(āyatana : 處), 인식의 세계(dhātu : 界)를 말하는 것이다. 지혜의 영역은 지혜에 의해서 알려지는 존재의 다발(五蘊)을 말한다.

(일곱 가지 의식의 주처)

40. [세존] “아난다여, 일곱 가지 의식의 주처410)가 있고 두 가지 처소411)가 있다. 일곱 가지란 무엇인가?

1) 아난다여, 신체의 다양성과[69] 지각의 다양성을 지닌 뭇삶들이 있다. 예를 들어 인간들과 어떤 신들과 어떤 나쁜 곳에 떨어진 존재들이다.412) 그것이 첫 번째 의식의 주처이다.

2) 아난다여, 신체의 다양성을 지녔지만 지각의 통일성을 지닌 뭇삶들이 있다. 예를 들어 첫 번째 선정을 통해 태어난 하느님 세계의 하느님의 권속인 신들이다.413) 이것이 두 번째 의식의 주처이다.

---

410) satta viññāṇaṭṭhitiyo : 한역에서는 칠식주(七識住)라고 한다. Smv. 508에 따르면, 의식이 머물기 때문에 의식의 주처라고 한다.

411) dve āyatanāni : 한역에서는 이처(二處)라고 한다. Smv. 509에 따르면, 일곱 가지 의식의 주처와 두 가지 처소를 합해서 아홉 가지 뭇삶의 주처(navanivāsaṭṭhāna : 九衆生居)라고 한다.

412) santi bhikkhave, sattā nānattakāyā nānattasaññino: seyyathāpi manussā ekacce ca devā ekacce ca vinipātikā : 1) 신체의 다양성 : 감각적 쾌락의 욕망의 세계[欲界 : kāmāvacara]에 속한 존재들, 인간들과 어떤 신들 그리고 나쁜 곳(惡趣)에 떨어진 자들은 신체의 다양성을 지닌다. Smv. 509에 따르면, 헤아릴 수 없는 철위산(cakkavāḷa : 鐵圍山) 가운데서 헤아릴 수 없는 사람이 있지만 색깔과 형태 등이 동일한 두 사람은 존재하지 않는다. 어떤 경우에 쌍둥이의 색깔과 형태가 동일하더라도 그들은 앞에서 보거나 뒤에서 보거나 말하거나 웃거나 걷거나 서있는 동작에 의해서 명확히 구별되기 때문에 서로 다른 신체를 가진 것과 같다. 2) 지각의 다양성 : 결생의식(結生識 : paṭisandhiviññāṇa)과 연결된 지각의 다양성을 말한다. 곧, 악하고 불건전한 과보를 수반하는 유인(有因)의 결생(結生)과 관련되거나 착하고 건전한 것을 수반하는 무인(無因)의 결생과 관련된 지각의 다양성을 말한다. [이때 여기서 무인(無因)이란 탐욕의 여읨, 성냄의 여읨, 어리석음의 여읨을 말한다.] Smv. 509에 따르면, 그들의 결생상(paṭisandhisaññā)은 세 가지 원인을 갖거나, 두 가지 원인을 갖거나, 무인(無因)이다. 그래서 지각의 다양성을 지닌 자라고 한다.

413) santi bhikkhave, sattā nānattakāyā ekattasaññino:seyyathāpi devā brahmakāyikā paṭhamābhinibbattā : 하느님의 권속인 신들의 하느님의 세계(Brahmakāyikā devā : 梵衆天)의 태어남을 조건짓는 업은 첫 번째 선정[初禪]을 통해서 이루어진다. 상세한 것은 이 책의 부록 『불교의 세계관』을 참조하라.

3) 아난다여, 신체의 통일성을 지녔지만 지각의 다양성을 지닌 뭇삶들이 있다. 예를 들어 하느님 세계의 빛이 흐르는 신들이다.414) 이것이 세 번째 의식의 주처이다.

4) 아난다여, 신체의 통일성을 지녔을 뿐만 아니라 지각의 통일성을 지닌 뭇삶들이 있다. 예를 들어 하느님 세계의 영광으로 충만한 신들이다.415) 이것이 네 번째 의식의 주처이다.

5) 아난다여, 미세한 물질계에 대한 지각을 완전히 뛰어넘어 감각적 저촉의 지각416)이 사라진 뒤에 다양성의 지각에 대한 정신활동을 여읨으로써 '공간이 무한하다.'라는 무한공간의 세계에 도달한 뭇삶들이 있다. 이것이 다섯 번째 의식의 주처이다.

6) 아난다여, 무한공간의 세계를 완전히 뛰어넘어 '의식이 무한하다.'라는 무한의식의 세계에 도달한 뭇삶들이 있다. 이것이 여섯 번째 의식의 주처이다.

7) 아난다여, 무한의식의 세계를 완전히 뛰어넘어 '아무것도 없다.'라는 아무것도 없는 세계에 도달한 뭇삶들이 있다.

---

414) santi bhikkhave, sattā ekattakāyā nānattasaññino: seyyathāpi devā ābhassarā : 빛이 흐르는 신들의 하느님의 세계(Ābhāssarā devā : 極光天, 光音天)의 태어남을 조건짓는 업은 두 번째 선정[二禪]을 통해서 이루어진다. 여기서의 분류는 두 번째 선정의 최고 단계이므로 세 번째 선정의 일부를 포괄하는 것이다. 상세한 것은 이 책의 부록『불교의 세계관』을 참조하라.

415) santi bhikkhave, sattā ekattakāyā ekattasaññino: seyyathāpi devā subhakiṇhā : 영광으로 충만한 신들의 하느님의 세계(Subhakiṇṇā devā : 遍淨天)의 태어남을 조건짓는 업은 세 번째 선정[三禪]을 통해서 이루어진다. 여기서의 분류는 세 번째 선정의 최고 단계이므로 네 번째 선정도 포괄하는 것이다. 상세한 것은 이 책의 부록『불교의 세계관』을 참조하기 바란다.

416) paṭighasaññānaṁ atthagāmā : '감각적 저촉(抵觸=障碍 : paṭigha)'은 '밖으로 향하는 의식에 제공된 저항'을 말한다. 우리는 그것으로 사물을 인식한다. Vibh. 261, Vism. 329에 따르면, 감각적 저촉은 다섯 가지 감역에서 대상[형상, 소리, 냄새, 맛, 감촉]의 충격을 말한다.

이것이 일곱 번째 의식의 주처이다.

그리고 처소에는 지각을 여윈 뭇삶들의 처소417)와 두 번째로 지각하는 것도 아니고 지각하지 않는 것도 아닌 처소418)가 있다."

41. 그런데, 아난다여, 신체의 다양성와 지각의 다양성을 지닌 뭇삶들이 있다. 예를 들어 인간들과 어떤 신들과 어떤 나쁜 곳에 떨어진 자들의 첫 번째 의식의 주처인데, 아난다여, 그것에 관하여 분명히 알고 그것의 발생에 관하여 분명히 알고, 그것의 소멸에 관하여 분명히 알고, 그것의 유혹에 대하여 알고, 그것의 재난에 관하여 알고, 그것의 여읨에 대하여 분명히 안다면,419) 그것에 환희하는 것이 가능하겠는가?"

[아난다] "세존이시여,[70] 그렇지 않습니다."

---

417) asaññasattāyatana : 한역의 무상유정처(無想有情處)를 말한다. 두 가지 처소의 하나이다. 지각을 여읜 뭇삶들지각을 여읜 뭇삶들(無想有情 : asaññasattā)은 의식이 존재하지 않기 때문에 의식의 주처에 포함되지 않고, 뭇삶의 처소에 포함된다. 지각을 여읜 뭇삶에 대해서는 상세한 것은 이 책(DN. I. 28)과 그 주석을 보라.

418) nevasaññānāsaññāyatana : 한역의 비상비비상처(非想非非想處)를 말하는데, 두 가지 처소 가운데 하나이다. Smv. 511에 따르면, 지각과 동일하게 의식도 미약하기 때문에 의식이 있는 것도 아니고 의식이 없는 것도 아니다. 그래서 의식의 주처에 포함되지 않고 뭇삶의 처소에 포함된다.

419) yo nu kho ānanda, tañca pajānāti, tassā ca samudayaṃ pajānāti, tassā ca atthaṅgamaṃ pajānāti, tassā ca assādaṃ pajānāti, tassā ca ādīnavaṃ pajānāti, tassā ca nissaraṇaṃ pajānāti : Smv. 511-512에 따르면, '그것에 관하여 분명히 알고'는 '그 의식의 주처를 분명히 알고'라는 뜻이고, '그것의 발생에 관하여 분명히 알고'는 '무명이 생겨남으로써 물질이 생겨난다는 등의 방식으로 그것의 발생을 분명히 알고'라는 뜻이고 , '그것의 소멸에 관하여 분명히 알고'라는 것은 '무명이 소멸함으로써 물질이 소멸한다는 등의 방식으로 그것의 소멸을 분명히 알고'라는 뜻이고, '그것의 유혹에 대하여 알고'라는 것은 '물질을 조건으로…의식을 조건으로 즐거움의 쾌감이 생겨나는데, 이것이 의식의 유혹이라고 분명히 알고'라는 뜻이고, '그것의 위험에 관하여 알고'는 '물질은 … 의식은 무상하고 괴롭고 변화하는 성질을 갖고 있다. 그것은 의식의 위험이다라고 분명히 알고'라는 뜻이고, '그것의 여읨에 대하여 분명히 안다.'는 것은 '물질에 대하여 … 의식에 대하여 탐욕의 제어, 탐욕의 끊음이 그 의식의 여읨이라고 분명히 안다.'라는 뜻이다.

42. [세존] "아난다여, 신체의 다양성을 지녔지만 지각의 통일성을 지닌 뭇삶들이 있다. 예를 들어 첫 번째 선정을 통해 태어난 하느님 세계의 하느님의 권속인 신들이 두 번째 의식의 주처인데, 그것에 관하여 분명히 알고 그것의 발생에 관하여 분명히 알고, 그것의 소멸에 관하여 분명히 알고, 그것의 유혹에 대하여 알고, 그것의 재난에 관하여 알고, 그것의 여읨에 대하여 분명히 안다면, 그것에 환희하는 것이 가능하겠는가?"

[아난다] "세존이시여, 그렇지 않습니다."

43. [세존] "아난다여, 신체의 통일성을 지녔지만 지각의 다양성을 지닌 뭇삶들이 있다. 예를 들어 하느님 세계의 빛이 흐르는 신들이 세 번째 의식의 주처인데, 그것에 관하여 분명히 알고 그것의 발생에 관하여 분명히 알고, 그것의 소멸에 관하여 분명히 알고, 그것의 유혹에 대하여 알고, 그것의 재난에 관하여 알고, 그것의 여읨에 대하여 분명히 안다면, 그것에 환희하는 것이 가능하겠는가?"

[아난다] "세존이시여, 그렇지 않습니다."

44. [세존] "아난다여, 신체의 통일성을 지녔을 뿐만 아니라 지각의 통일성을 지닌 뭇삶들이 있다. 예를 들어 하느님 세계의 영광으로 충만한 신들이 네 번째 의식의 주처인데, 그것에 관하여 분명히 알고 그것의 발생에 관하여 분명히 알고, 그것의 소멸에 관하여 분명히 알고, 그것의 유혹에 대하여 알고, 그것의 재난에 관하여 알고, 그것의 여읨에 대하여 분명히 안다면, 그것에 환희하는 것이 가능하겠는가?"

[아난다] "세존이시여, 그렇지 않습니다."

45. [세존] "아난다여, 미세한 물질계에 대한 지각을 완전히 뛰어넘어 감각적 저촉의 지각이 사라진 뒤에 다양성의 지각에 대한 정신활동을 여읨으로써 '공간이 무한하다.'라는 무한공간의 세계에 도달한 신들이 다섯 번째 의식의 주처인데, 그것에 관하여 분명히 알고 그것의 발생에 관하여 분명히 알고, 그것의 소멸에 관하여 분명히 알고, 그것의 유혹에 대하여 알고, 그것의 재난에 관하여 알고, 그것의 여읨에 대하여 분명히 안다면, 그것에 환희하는 것이 가능하겠는가?"

[아난다] "세존이시여, 그렇지 않습니다."

46. [세존] "아난다여, 무한공간의 세계를 완전히 뛰어넘어 '의식이 무한하다.'라는 무한의식의 세계에 도달한 뭇삶들이 여섯 번째 의식의 주처인데, 그것에 관하여 분명히 알고 그것의 발생에 관하여 분명히 알고, 그것의 소멸에 관하여 분명히 알고, 그것의 유혹에 대하여 알고, 그것의 재난에 관하여 알고, 그것의 여읨에 대하여 분명히 안다면, 그것에 환희하는 것이 가능하겠는가?"

[아난다] "세존이시여, 그렇지 않습니다."

47. [세존] "아난다여, 무한의식의 세계를 완전히 뛰어넘어 '아무것도 없다.'라는 아무것도 없는 세계에 도달한 뭇삶들이 일곱 번째 의식의 주처인데, 그것에 관하여 분명히 알고 그것의 발생에 관하여 분명히 알고, 그것의 소멸에 관하여 분명히 알고, 그것의 유혹에 대하여 알고, 그것의 재난에 관하여 알고, 그것의 여읨에 대하여 분명히 안다면, 그것에 환희하는 것이 가능하겠는가?"

[아난다] "세존이시여, 그렇지 않습니다."

48. [세존] "그런데 아난다여, 지각을 여읜 뭇삶의 처소가 있는데, 아난다여, 그것에 관하여 분명히 알고 그것의 발생에 관하여 분명히 알고, 그것의 소멸에 관하여 분명히 알고, 그것의 유혹에 대하여 알고, 그것의 재난에 관하여 알고, 그것의 여읨에 대하여 분명히 안다면, 그것에 환희하는 것이 가능하겠는가?"

[아난다] "세존이시여, 그렇지 않습니다."

49. [세존] "또한 아난다여, 지각하는 것도 아니고 지각하지 않는 것도 아닌 처소가 있는데, 아난다여, 그것에 관하여 분명히 알고 그것의 발생에 관하여 분명히 알고, 그것의 소멸에 관하여 분명히 알고, 그것의 유혹에 대하여 알고, 그것의 재난에 관하여 알고, 그것의 여읨에 대하여 분명히 안다면, 그것에 환희하는 것이 가능하겠는가?"

[아난다] "세존이시여, 그렇지 않습니다."

50. [세존] "이와 같이 아난다여, 수행승은 이러한 일곱 가지 의식의 주처와 이러한 두 가지 처소에 관하여 분명히 알고 그것의 발생에 관하여 분명히 알고, 그것의 소멸에 관하여 분명히 알고, 그것의 유혹에 대하여 알고, 그것의 재난에 관하여 알고, 그것의 여읨에 대하여, 있는 그대로 분명히 알아서, 집착 없이 해탈한다. 그래서 아난다여, 그 수행승은 지혜에 의한 해탈을 이룬 자[420]라고 불린다."

---

420) paññāvimutto : Smv. 512에 따르면, 지혜를 통해서 해탈한 자인데, 여덟 가지 해탈을 실현하지 않고 지혜의 힘만으로 정신적 요소와 물질적 요소가 생기하지 않는 것을 이루어 해탈한 자라는 뜻이다. 그는 건조한 통찰자(sukkhavipassaka)인데, 첫 번째 선정 등 어느 것에도 머물며, 거룩한 경지(阿羅漢果)에 도달했기 때문에, 여기에는 다섯 종류가 있다.

(여덟 가지 해탈)

51. [세존] "아난다여. 이와 같이421) 여덟 가지 해탈422)이 있다. 여덟 가지란 어떠한 것인가?

1) 색깔을 지닌 자로서 색깔들을 본다.423) 이것이 첫 번째 해탈이다.
2) 안으로 색깔에 대한 지각을 여의고, 밖으로 색깔들을 본다.424) 이것이 두 번째 해탈이다.
3) 오로지[71] 아름다운 것에만 전념한다.425) 이것이 세 번째 해탈이다.
4) 미세한 물질계에 대한 지각을 완전히 뛰어넘어 감각적

---

421) kho ime ānanda : Smv. 512에 따르면, 이상과 같이 <일곱 고귀한 사람 가운데 한 사람의> 수행승의 욕망의 여읨과 <지혜에 의한 해탈을 이룬 자>를 거론한 이후에 <양면으로 해탈을 이룬 자(ubhatobhāgavimutta)> 에 관하여 가르치기 위해 다음과 같이 말했다.

422) aṭṭha … vimokkhā : 팔해탈(aṭṭhamo vimokkho : 八解脫)을 말한다. 해탈은 Smv. 512에 따르면, 어떠한 의미에 의해서 해탈인가? 일시적 해탈(adhimuccana)이라는 의미에 의해서이다. 그러면 일시적 해탈은 무슨 의미인가? 장애의 상태로부터의 일시적 해탈의 의미가 있고, 또한 대상에 대한 환희에서 오는 일시적 해탈의 의미가 있다. 그것은 어린아이가 아버지의 품안에서 온몸을 맡기고 잠드는 것처럼, 억압없이 의심없이, 대상 가운데 몰입하는 것을 말한다. 그러나 일시적 해탈의 의미는 최후의 해탈 – 여덟 번째 해탈 – 에는 없고 이전의 모든 단계에 존재한다.

423) rūpī rūpāni passati. ayaṃ paṭhamo vimokkho : 자신의 몸의 색채적인 대상에서 유래하는 '가득채움의 수행(kasiṇa : 遍處)'을 통한 네 가지 선정(cattāri jhānāni : 四禪)의 성취를 말한다. Smv. 513에 따르면, 내적인 머리카락 등에서 푸른 색의 가득채움의 명상영역을 얻어 선정에 드는 것을 말한다.

424) ajjhattaṃ arūpasaññī bahiddhā rūpāni passati. ayaṃ dutiyo vimokkho : 외부적인 대상에서 유래하는 '가득채움의 수행'을 통한 네 가지 선정의 성취를 말한다. Smv. 513에 따르면, 내적인 머리카락 등에서 선정을 얻을 수 없는 자는 외적인 청련 등의 색을 선안(jhānacakkhu : 禪眼)으로 봄으로서 선정을 얻는다.

425) subhan t'eva adhimutto hoti. ayaṃ tatiyo vimokkho : Smv. 513에 따르면, 지극히 청정한 푸른 색 등의 두루채움의 명상대상에 대한 선정에 든자가 근본정(根本定)에서 아주 순수하고 아름다운 '가득채움의 명상대상(遍處)'을 닦는 자를 말한다. 그러나 이 세 번째 해탈자는 Pps. III. 256; Ps. II. 39에 따르면, 네 가지 청정한 삶 또는 네 가지 하느님과 함께 하는 삶(cattāro brahmavihārā : 四梵住)을 통한 선정의 성취이다.

저촉의 지각이 사라진 뒤에 다양성의 지각에 대한 정신활동을 여읨으로써 '공간이 무한하다.'라고 알아채며 무한공간의 세계를 성취한다. 이것이 네 번째 해탈이다.426)

5) 무한공간의 세계를 완전히 뛰어넘어 '의식이 무한하다.'라고 알아채며 무한의식의 세계를 성취한다. 이것이 다섯 번째 해탈이다.

6) 무한의식의 세계를 완전히 뛰어넘어 '아무 것도 없다.'라고 알아채며 '아무 것도 없는 세계'를 성취한다. 이것이 여섯 번째 해탈이다.

7) 아무 것도 없는 세계를 완전히 뛰어넘어 '지각하는 것도 아니고 지각하지 않는 것도 아닌 세계'를 성취한다. 이것이 일곱 번째 해탈이다.

8) 지각하는 것도 아니고 지각하지 않는 것도 아닌 세계를 완전히 뛰어넘어 '지각과 느낌의 소멸'을 성취한다. 이것이 여덟 번째 해탈이다.

아난다여, 이와 같은 여덟 가지 해탈이 있다.

52 아난다여, 수행승은 이러한 여덟 가지 해탈을 그가 원할 때마다, 그가 원하는 곳마다, 그가 원하는 한, 순차적으로 들기도 하고 역차적으로 들기도 하고 순역으로 들기도 하고 들어가기도 하고 나오기도 한다. 아난다여, 그는 현세에서 번뇌를 부수어 번뇌를 여읜 마음에 의한 해탈과 지혜에 의한 해탈을 스스로 곧바로 알고 깨달아 성취한다. 그러므로 아난다여, 이러한 수행승을 양면에 의한 해탈을 이룬 님427)이라

---

426) ayaṃ catuttho vimokkho : Smv. 513에 따르면, 그 나머지의 해탈은 네 가지 비물질적인 세계의 선정인 사무색계선(四無色界禪)과 지각과 느낌의 소멸인 멸진정(滅盡定)을 말한다.

427) ubhatobhāgavimutta : Smv. 514에 따르면, 양면에서 해탈한 자로 미세한 물질계의 선정성취

고 한다. 아난다여, 이러한 양면에 의한 해탈보다도 더욱 수승하고 더욱 탁월한 다른 것은 없다."

53. 이와 같이 세존께서 말씀하시자, 존자 아난다는 세존께서 하신 말씀에 만족하며 기뻐했다.

(arūpasamāpatti)에 의해서 물질적인 몸(rūpakāya)에서 해탈하고, 길(magga)을 통해서 정신적인 몸(nāmakāya)에서 해탈한 자를 말한다. 그런데 그 양면으로 해탈한 자는 무한공간의 세계 등에서 나와 거룩한 경지를 얻은 자(四種)와 돌아오지 않는 님으로 멸진정에서 나와 거룩한 경지를 얻은 자(一種)의 다섯 종류가 있다.

5. 부처님은 마지막 여로에서 무엇을 가르쳤는가?

[Mahāparinibbānasutta][428]

(아자따쌋뚜 왕과 밧지 족)

1. 이와 같이[72] 나는 들었다. 한 때 세존께서는 라자가하 시의 깃자꾸따 산에 계셨다. 그 때 마가다 국의 왕이며 베데히 왕비의 아들인 아자따쌋뚜는 밧지[429] 족을 공격하고자 했다. 그는 이와 같이 말했다.

[아자따쌋뚜] "나는, 이처럼 힘있고 이처럼 강력하더라도[430] 밧지 족을 전멸시키고, 밧지 족을 궤멸시키고, 불운과 파멸에 빠지게 하겠다."

---

428) DN. II. 72 : 완전한 열반의 큰 경(Mahāparinibbānasutta); 장아함2-4 遊行經(大正 1); 佛般泥洹經(大正 5); 般泥洹經(大正 7); 大般涅槃經(大正 7) 참조 이 경의 밧지 족에 대한 공격과 칠불퇴법에 대한 이야기는 AN. IV. 17 밧싸까라의 경[Vassakārasutta]과 동일하다.

429) Vajjī : 나라와 그 종족의 이름, 고대인도의 16대국 가운데 하나. 밧지 국 또는 밧지 족의 주민들은 씨족들의 연합체로 이루어졌는데, 그 중에 릿차비(Licchavī) 족과 비데하(Videhā) 족[또는 국]이 중심에 있었다. 특히 릿차비 족이 가장 강했으므로 릿차비 족과 밧지 족은 종종 동의어로 쓰였다. 베쌀리(Vesāli) 시는 릿차비 족의 수도였고 미틸라 시(Mithilā) 시는 비데하 족의 수도였다. 부처님 당시에는 베쌀리와 미틸라 시는 공화정을 실시하고 있었다. 부처님 당시에 부처님께서 열반에 드실 때까지 밧지 국은 번영을 누렸는데, 그 원인을 부처님께서는 싸란다다탑묘(Sārandadacetiya)에서 가르친 일곱 가지 번영의 조건 때문이라고 설한 적이 있다. 그러나 부처님께서 열반에 드신 이후에, 아자따쌋뚜왕은 대신 밧싸까라(Vassakāra)의 도움으로 밧지 족을 이간질해서 그 나라를 정복했다.

430) evaṃmahiddhike evaṃmahānubhāve : Smv. 516에 따르면, '이처럼 힘있고'는 그들의 화합상태가 힘이 있다는 것이고 '이처럼 강력하다.'는 것은 그들의 코끼리 등을 다루는 기술이 뛰어나다는 것을 말한다.

2. 그래서 마가다 국의 왕이며 베데히 왕비의 아들인 아자따쌋뚜는 마가다 국의 대신인 바라문 밧싸까라[431]에게 알렸다.

[아자따쌋뚜] "바라문이여, 그대는 가서 세존께서 계신 곳을 찾아라. 가까이 다가가서 내 이름으로 세존의 두 발에 머리를 조아리고 건강하고 강령하고 경쾌하고 강건하고 평안하신지를 이와 같이 '세존이시여, 마가다 국의 왕이며 베데히 왕비의 아들인 아자따쌋뚜는 세존의 두 발에 머리를 조아리고 건강하고 강령하고 경쾌하고 강건하고 평안하신지를 문안드립니다.'라고 여쭈어라. 그리고 이와 같이 '마가다 국의 왕이며 베데히 왕비의 아들인 아자따쌋뚜는 밧지 족을 공격하고자 합니다. 그리고 그가 이와 같이 '나는, 이처럼 힘있고 이처럼 강력하더라도 밧지 족을 전멸시키고, 밧지 족을 궤멸시키고,[73] 불운과 파멸에 빠지게 하겠다.'고 말했습니다.'라고 알려라. 세존께서 대답하시면, 그것을 잘 파악했다가 나에게 알려라. 여래는 진실이 아닌 것을 말씀하시지 않기 때문이다."

[바라문] "폐하, 알겠습니다."

3. 마가다 국의 대신인 바라문 밧싸까라는 마가다 국의 왕이며 베데히 왕비의 아들인 아자따쌋뚜에게 대답하고 자리에서 일어나 세존께서 계신 곳을 찾아갔다. 가까이 다가가서 세존과 함께 인사를 나누고 안부를 주고받은 뒤에 한쪽으로 물러나 앉았다. 한쪽으로 물러나 앉은 마가다 국의 대신인

---

431) Vassakāra : 밧싸까라(Vassakāra)는 바라문으로 아자따쌋뚜(Ajātasattu) 왕의 총리대신이었다. 밧지(Vajji) 족에 대항하여 빠딸리가마(Pāṭaligāma)를 요새화하였다. 이 책(DN. II. 72)에 따르면, 아자따쌋뚜 왕은 밧지 족을 정복하기 위해 밧싸까라를 파견하여 부처님의 고견을 물었다. 그러자 부처님께서는 밧지 족이 전통과 도덕을 중시하는 한, 정복될 수 없다고 그에게 충고한다.

바라문 밧싸까라는 세존께 이와 같이 말씀드렸다.

[밧싸까라] "존자 고따마시여, 마가다 국의 왕이며 베데히 왕비의 아들인 아자따쌋뚜는 세존의 두 발에 머리를 조아리고 건강하고 강령하고 경쾌하고 강건하고 평안하신지를 문안드립니다. 마가다 국의 왕이며 베데히 왕비의 아들인 아자따쌋뚜는 밧지 족을 공격하고자 합니다. 그리고 그가 이와 같이 '나는, 이처럼 힘있고 이처럼 강력하더라도 밧지 족을 전멸시키고, 밧지 족을 궤멸시키고, 불운과 파멸에 빠지게 하겠다.'라고 말했습니다."

(밧지족의 일곱 가지 불퇴전의 원리)

4. 그런데 그 때 존자 아난다가 세존의 뒤에서 세존께 부채를 부치면서 서 있었다. 그 때 세존께서는 존자 아난다에게 알리셨다.

1) [세존] "아난다여, 그대는 들었는가. 밧지 족이 자주 모이고 자주 만나는가?"

[아난다] "세존이시여, 저는 들었습니다. 밧지 족이 자주 모이고 자주 만납니다."

[세존] "아난다여, 밧지 족이 자주 모이고 자주 만나는 한, 아난다여, 밧지 족에게는 번영만이 기대되지 퇴전은 기대되지 않는다."432)

---

432) yāvakīvañca ānanda, vajjī abhiṇhasannipātā sannipātabahulā bhavissanti vuddhiyeva ānanda, vajjīnaṃ pāṭikaṅkhā no parihāni : Smv. 517에 따르면, 자주 모이는 것이 없는 경우, 사방팔방에서의 정보를 얻을 수가 없다. 그래서 '어떤 마을의 경계나 어떤 부락의 경계가 혼란하다. 어떤 곳에는 도적이 출몰한다.'라는 것을 알 수가 없다. 도적도 "왕들이 태만하다.'라고 알아 마을이나 부락 등을 공격하여 나라를 멸망시킨다. 이와 같이 해서 왕들은 쇠퇴하게 된다. 그러나 자주 모이는 경우 이러이러한 사정을 듣고 그 때문에 군대를 파견하여 적을 쳐부술 수 있다. 도적들도

2) [세존] "아난다여,[74] 그대는 들었는가. 밧지 족이 화합하여 모이고 화합하여 일어서고 화합하여 밧지 족의 일을 하는가?"

[아난다] "세존이시여, 저는 들었습니다. 밧지 족이 화합하여 모이고 화합하여 일어서고 화합하여 밧지 족의 일을 합니다."

[세존] "아난다여, 밧지 족이 화합하여 모이고 화합하여 일어서고 화합하여 밧지 족의 일을 하는 한,[433] 아난다여, 밧지 족에게는 번영만이 기대되지 퇴전은 기대되지 않는다."

3) [세존] "아난다여, 그대는 들었는가. 밧지 족이 공인되지 않은 것은 시설하지 않고, 공인된 것은 어기지 않고, 예전에 공인된 밧지 국의 법을 그대로 수용하여 따르는가?"

[아난다] "세존이시여, 저는 들었습니다. 밧지 족이 공인되지 않은 것은 시설하지 않고, 공인된 것은 어기지 않고, 예전에 공인된 밧지 국의 법을 그대로 수용하여 따릅니다."

[세존] "아난다여, 밧지 족이 공인되지 않은 것은 시설하지 않고, 공인된 것은 어기지 않고,[434] 예전에 공인된 밧지

"왕들이 노력하고 있다.'라고 알고 도당을 조직하여 배회할 수가 없고 흩어져 도망간다. 이와 같이 해서 왕들은 번영하게 된다.

433) yāvakīvañca ānanda, vajjī samaggā sannipatissanti, samaggā vuṭṭhahissanti, samaggā vajjikaraṇīyāni karissanti : Smv. 517-518에 따르면, '화합하여 모이고'라는 것은 집합을 알리는 종소리가 들리면, 밥을 먹는 자도 수를 놓는 자도 옷을 입는 자도, 반쯤 먹은 자도 반쯤 수를 놓은 자도 옷을 입고 있는 자도 모였다는 뜻이고, '화합하여 일어서고'는 모처에 마을의 경계나 부락의 경계가 혼란하다든가 적들이 출몰한다고 들으면 '누가 가서 적들을 쳐부수라.'라고 할 때, '내가 먼저, 내가 먼저'라고 하면서 간다고 하는 것이다. '화합하여 밧지 족의 일을 한다.'는 것은 어떤 자의 가업이 기울게 될 때 나머지를 왕들이 자식이나 딸들에게 유증하고, 그 가업을 지원하고, 또한 왕들이 오면 '모씨의 집에 가봅시다. 모씨의 집에 가봅시다.'라고 말하여 모든 자가 함께 보살피고, 또한 어떤 자에게 축하할 일이나 아픈 곳이 있거나, 그 외에 다른 고락이 있을 때, 모든 자가 그곳에 함께했다.

국의 법을 그대로 수용하여 따르는 한,[435] 아난다여, 밧지 족에게는 번영만이 기대되지 퇴전은 기대되지 않는다."

4) [세존] "아난다여, 그대는 들었는가. 밧지 족이 밧지 국의 어떠한 노인들이라도, 그 노인들을 공경하고, 존중하고, 존경하고, 공양하고 그들에게 귀를 기울여야 한다고 생각하는가?"

[아난다] "세존이시여, 저는 들었습니다. 밧지 족이 밧지 국의 어떠한 노인들이라도, 그 노인들을 공경하고, 존중하고, 존경하고, 공양하고 그들에게 귀를 기울여야 한다고 생각합니다."

[세존] "아난다여, 밧지 족이 밧지 국의 어떠한 노인들이라도, 그 노인들을 공경하고, 존중하고, 존경하고, 공양하고 그들에게 귀를 기울여야 한다고 생각하는 한, 아난다여, 밧지 족에게는 번영만이 기대되지 퇴전은 기대되지 않는다."

5) [세존] "아난다여, 그대는 들었는가. 밧지 족이 어떠한

---

434) yāvakīvañca ānanda vajjī apaññattaṃ na paññapessanti, paññattaṃ na samucchindissanti : Smv. 518에 따르면, 아직 공인되지 않은 세금이나 공물 또는 벌칙을 실시할 경우에 '공인되지 않은 것을 시설하는 것'인데, 그러한 경우는 없고, 옛날부터 전해지는 것이 실시되지 않는 경우 '공인된 것을 어긴다.'라고 하는데, 그러한 경우도 없다는 뜻이다.

435) yathāpaññatte porāṇe vajjidhamme samādāya vattissanti : Smv. 519에 따르면, 예전에 밧지 족의 왕들은 '이 자가 도적입니다.'라고 끌고와서 보여주면, '이 자를 체포하시오.'라고 말하지 않고, 사법대신에게 인도했다. 그는 재판하여 만약에 그가 도적이 아니면 놓아주고, 만약 그가 도적이면 스스로 아무말도 하지 않고 재판관들에게 넘겨주었다. 그들도 재판하여 만약에 그가 도적이 아니면 놓아주고, 만약 그가 도적이면 법전의 스승(suttadhara)들에게 넘겨주었다. 그들도 재판하여 만약에 그가 도적이 아니면 놓아주고, 만약 그가 도적이면 팔대에 걸쳐 부정을 행한 일이 없는 사람(aṭṭhakulika)들에게 넘겨주었다. 이러한 방식으로 그들은 장군들에게, 장군들은 부왕에게 부왕은 왕에게 인도하였다. 왕은 재판하여 만약에 그가 도적이 아니면 놓아주고, 만약 그가 도적이면 전통법률서(paveṇipotthaka)를 외우게 했다. 거기에는 '이렇게 행한 자에게는 이러한 벌이 있다.'라고 쓰여 있었다. 왕은 그의 소행을 비추어보아 그에 알맞은 벌을 내렸다.

훌륭한 가문의 여인들과 훌륭한 가문의 소녀들이라도, 그녀들을 끌어내어 폭력으로 제압하지 않는가?”

[아난다] “세존이시여, 저는 들었습니다. 밧지 족이 어떠한 훌륭한 가문의 여인들과 훌륭한 가문의 소녀들이라도, 그녀들을 끌어내어 폭력으로 제압하지 않습니다.”

[세존] “아난다여, 밧지 족이 어떠한 훌륭한 가문의 여인들과 훌륭한 가문의 소녀들이라도, 그녀들을 끌어내어 폭력으로 제압하지 않는 한,436) 아난다여, 밧지 족에게는 번영만이 기대되지 퇴전은 기대되지 않는다.”

6) [세존] “아난다여, 그대는 들었는가. 밧지 족이 밧지 국의 어떠한 밧지 인 탑묘들이라도, 안에 있건 밖에 있건437) 공경하고, 존중하고, 존경하고, 공양하고, 그리고 거기에 여법하게 공물을 예전부터 바쳤고 예전부터 행했다면, 그것을 폐지하지 않는가?”

[아난다] “세존이시여,[75] 저는 들었습니다. 밧지 족이 밧지 국의 어떠한 밧지 인 탑묘들이라도, 안에 있건 밖에 있건 공경하고, 존중하고, 존경하고, 공양하고, 그리고 거기에 여법하게 공물을 예전부터 바쳤고 예전부터 행했다면, 그것을 폐지하지 않습니다.”

---

436) yāvakīvañca ānanda vajjī yā tā kulitthiyo kulakumāriyo, tā na okkassa pasayha vāsessanti : Smv. 520에 따르면, 만약 강제로 끌고 가려고 한다면, 밧지의 사람들은 ‘우리들의 집에 있는 아이엄마들도, 침이나 콧물 등을 얼굴에서 훔쳐내며 성장한 딸들도, 그들 왕들은 강제로 붙잡아 자신의 집에 억류하고 있다.’라고 분노하여 변경의 땅에 들어가 도적이나 도적의 동료가 되어 나라를 공격하게 된다. 그러나 그렇지 않은 경우에는 밧지의 사람들은 무사히 자신의 일에 종사한다.

437) abbhantarāni ceva bāhirāni ca : Smv. 520에 따르면, ‘도시의 안에 있는 것들이건, 도시의 밖에 있는 것들이건’이라는 뜻이다.

[세존] "아난다여, 밧지 족이 밧지 국의 어떠한 밧지 인 탑묘들이라도, 안에 있건 밖에 있건 공경하고, 존중하고, 존경하고, 공양하고, 그리고 거기에 그리고 여법하게 공물을 예전부터 바쳤고 예전부터 행했다면, 그것을 폐지하지 않는 한,[438] 아난다여, 밧지 족에게는 번영만이 기대되지 퇴전은 기대되지 않는다."

7) [세존] "아난다여, 그대는 들었는가. 밧지 족이 거룩한 님에 대하여 여법한 보호와 수호와 비호를 잘 갖추어 '아, 아직 오지 않은 거룩한 님들이 밧지 국에 왔으면 좋겠다. 그리고 이미 온 거룩한 님들은 밧지 국에서 평온하기를 바란다.'라고 생각하는가?"

[아난다] "세존이시여, 저는 들었습니다. 밧지 족이 거룩한 님에 대하여 여법한 보호와 수호와 비호를 잘 갖추어 '아, 아직 오지 않은 거룩한 님들이 밧지 국에 왔으면 좋겠다. 그리고 이미 온 거룩한 님들은 밧지 국에서 평온하기를 바란다.'라고 생각합니다."

[세존] "아난다여, 밧지 족이 거룩한 님에 대하여 여법한 보호와 수호와 비호를 잘 갖추어 '아, 아직 오지 않은 거룩한 님들이 밧지 국에 왔으면 좋겠다. 그리고 이미 온 거룩

---

438) yāvakīvañca ānanda vajjī yāni tāni vajjīnaṃ vajjicetiyāni abbhantarāni ceva bāhirānica, tāni sakkarissanti garukarussanti mānessanti pūjessanti, tesañca dinnapubbaṃ katapubbaṃ dhammikaṃ baliṃ no parihāpessanti : Smv. 520에 따르면, 여법한 공물을 폐지하는 자들에게는 신들이 수호를 잘 하지 않는다. 아직 생겨나지 않은 고통을 생겨나게 할 수는 없어도 이미 생겨난 기침이나 두통의 병 등을 증대시킨다. 그리고 전쟁이 나면, 동료가 없다. 그러나 여법한 공물을 폐지하지 않는 자들에게는 신들이 수호를 잘 한다. 아직 생겨나지 않은 즐거움을 생겨나게 할 수는 없어도 이미 생겨난 기침이나 두통의 병 등을 파괴시킨다. 그리고 전쟁이 나면, 선두에 동료가 나타난다.

한 님들은 밧지 국에서 평온하기를 바란다.'라고 생각하는 한, 아난다여, 밧지 족에게는 번영만이 기대되지 퇴전은 기대되지 않는다."

5. 그러자 세존께서는 마가다 국의 대신인 바라문 밧싸까라에게 이와 같이 말씀하셨다.

[세존] "바라문이여, 한 때 나는 베쌀리 시의 싸란다다[439] 탑묘에 있었는데, 그 때 바라문이여, 나는 밧지 족에게 이러한 일곱 가지 불퇴전의 원리에 대하여 가르쳤다. 바라문이여, 이러한 일곱 가지 불퇴전의 원리가 밧지 족에게 현존하고, 이러한 일곱 가지 불퇴전의 원리에 대하여 밧지 족이 따른다면, 바라문이여, 밧지 족에게는 번영만이 기대되지 퇴전은 기대되지 않는다."

6. 이처럼 말씀하시자 마가다 국의 대신인 바라문 밧싸까라는 세존께 이와 같이 말씀드렸다.

[밧싸까라] "존자 고따마시여, 단 하나의 불퇴전의 원리라도 성취했다면 밧지 족에게 번영만이 기대되지 퇴전은 기대되지 않는데,[76] 하물며 일곱 가지 불퇴전의 원리의 성취에 대해서는 말해 무엇하겠습니까? 존자 고따마시여, 밧지 족을 마가다 국의 왕이며 베데히 왕비의 아들인 아자따쌋뚜는 간계나 이간을 통해서라면 몰라도 전쟁으로는 정복할 수 없을 것입니다.[440] 존자 고따마시여, 자 이제 저는 가봐

---

439) Sārandadacetiya : 이 책(DN. II. 102)의 주석 참조.

440) akaraṇīyā ca bho gotama, vajji raññā māgadhena ajātasattunā vedehi puttena yadidaṃ yuddhassa aññatra upalāpanā aññatra mithubhedā : 여기서 역자가 간계라고 번역한 'upalāpana'는 담합(談合)을 의미한다. Smv. 522에 따르면, '쟁론을 그만두고 화합하자'라고 하여 코끼리 · 말 · 수레 · 황금 등을 보내서 지원하는 것을 말한다. 그 지원을 한 뒤에 신뢰를 얻을 수 있다.

야 하겠습니다. 저는 할 일이 많습니다."

[세존] "바라문이여, 그대가 지금이 그 때라고 생각하는 시간입니다."

그러자 마가다 국의 대신인 바라문 밧싸까라는 세존께서 말씀하신 것에 기뻐하고 환희하면서 자리에서 일어나 그곳을 떠났다.

7. 그 후 세존께서는 마가다 국의 대신인 바라문 밧싸까라가 떠난지 오래지 않아 존자 아난다에게 말씀하셨다.

[세존] "아난다여, 그대는 가서 라자가하 인근에 사는 수행승들이 있다면 모두 강당으로 모이게 하라."

[아난다] "세존이시여, 알겠습니다."

존자 아난다는 세존께 대답하고 라자가하 인근에 사는 수행승들이 있다면 모두 강당으로 모이게 한 뒤에 세존께서 계신 곳을 찾아왔다. 가까이 다가와서 세존께 인사를 드리고 한쪽으로 물러나 섰다.

한쪽에 서서 존자 아난다는 세존께 이와 같이 말씀드렸다.

[아난다] "세존이시여, 수행승의 무리가 모였습니다. 세존이시여, 이제 가실 때가 되었습니다."

(수행승의 일곱 가지 불퇴전의 원리①)441)

8. 그러자 세존께서는 자리에서 일어나 강당이 있는 곳으로 다가가셨다. 가까이 다가가서 마련된 자리에 앉으셨다. 자리

Smv. 522에 따르면, 세존께서 마지막으로 베쌀리를 방문하신 지 삼년 후, 즉, 부처님께서 완전한 열반에 드신 삼년 후에 대신 밧싸까라의 간계로 분열된 밧지국은 마가다 국의 아자따쌋뚜에게 정복되었다.

441) 수행승의 일곱 가지 불퇴전의 원리①~⑤까지는 AN. IV. 21-24와 동일하다.

에 앉아서 세존께서는 수행승들에게 이와 같이 말씀하셨다.

[세존] "수행승들이여, 일곱 가지 불퇴전의 원리에 대하여 가르치겠다. 잘 듣고 새겨라. 내가 설하겠다."

[수행승들] "세존이시여, 알겠습니다."

세존께서는 이와 같이 말씀하셨다.

1) 수행승들이여, 수행승들이, 자주 모이고 자주 만나는 한,442) 수행승들이여, 수행승들에게는 번영만이 기대되지 퇴전은 기대되지 않는다.443)

2) 수행승들이여, 수행승들이, 화합하여 모이고 화합하여 일어서고 화합하여 참모임의 해야 할 일을 하는 한,444)[77]

---

442) yāvakīvañca bhikkhave bhikkhu abhiṇhasannipātā sannipātabahulā bhavissanti : Smv. 524에 따르면, 자주 모여서 그때그때의 사건에 대한 이야기를 듣는다. 그래서 수행승의 승단을 파견하여 경계를 바로 잡고 포살(uposatha : 布薩)과 자자(pavāraṇa : 自恣) 등을 행하게 한다. (의술이나 심부름 등을 행하는) 잘못된 생활이 과도할 때에는 고귀한 전통의 스승(ariyavaṃsika : 聖傳師)을 파견하여 고귀한 전승을 설하게 한다. 악한 수행승들에게는 율사를 파견하여 질책한다. 그러면 악한 수행승들은 '승단은 방일을 여의었다. 우리가 무리지어 비행을 하는 것은 불가능하다.'라고 생각하고 흩어져 도망간다.

443) vuddhiyeva bhikkhūnaṃ pāṭikaṅkhā no parihāni : Smv. 524에 따르면, 계행(sīla) 등의 덕행에 의해서 번영만이 있고 쇠퇴는 없다는 뜻이다.

444) yāvakīvañca bhikkhave bhikkhū samaggā sannipatissanti samaggā vuṭṭhahissanti samaggā saṅghakaraṇīyāni karissanti : Smv. 524에 따르면, 탑묘를 돌보기 위해, 또는 보리수당(bodhigeha)이나 포살당(uposathāghāra)을 덮기 위해, 또는 규약을 신설하기 위해, 또는 훈계를 하기 위해, '승단이 모이는 것이 좋겠다.'라고 생각하여 북이나 종을 울려도 '우리에게는 옷일이 있다.' '나는 발우를 삶아야 한다', '나에게는 공사가 있다.'라고 말하는 경우에는 '화합하여 모이지 않는다.'라고 말한다. 거기에 비해서 그 모든 일을 그만두고 '내가 먼저다. 내가 먼저다.'라고 함께 모이는 경우 '화합하여 모인다.'라고 부른다. 또한 모이는 자들이 고안하고 생각하여 행해야 할 일을 함께 행하지 않는 경우 '화합하여 일어서지 않는다.'라고 한다. 왜냐하면 그런 경우 일어서는 자들 가운데 최초로 행하는 자들은 '우리는 서론만을 들었다. 지금부터 결정적인 이야기가 있을 것이다.'라고 생각하기 때문이다. 그러나 함께 일어서는 경우 '화합하여 일어선다.'라고 한다. 뿐만 아니라 '어떤 곳에는 승원의 결계가 혼란하고 포살의 요청이 끊겼다.', '어떤 곳에는 의술을 행하고 악한 수행승들이 가득하다.'라고 듣고, '누가 가서 그들을 제압하면 좋을까?'라고 말할 때에 '내가 먼저다. 내가 먼저다.'라고 말하면서 가는 경우 '화합하여 일어선다.'라고 한다. 그리고 또한 객승을 보고 '이 방사로 가십시오.' '저 방사로 가십시오.'라고 '이분은 누굽니까?'라고 말하지 않고 모든

수행승들이여, 수행승들에게는 번영만이 기대되지 퇴전은 기대되지 않는다.

3) 수행승들이여, 수행승들이, 규정되지 않은 것은 제정하지 않고, 규정된 것은 어기지 않고 규정된 학습계율을 수용하여 따르는 한,445) 수행승들이여, 수행승들에게는 번영만이 기대되지 퇴전은 기대되지 않는다.

4) 수행승들이여, 수행승들이, 세월을 알고 출가한 지 오래되고 참모임의 아버지로서 참모임을 이끌어가는446) 장로들이 있는데, 그들을 공경하고, 존중하고, 존경하고, 공양하고 그들에게 귀를 기울여야 한다고 생각하는 한, 수행승들이여, 수행승들에게는 번영만이 기대되지 퇴전은 기대되지 않는다.

5) 수행승들이여, 수행승들이, 생겨나서 다시 태어남으로 이끄는 갈애에 사로잡히지 않는 한,447) 수행승들이여, 수행

의무를 행하는 경우, 낡은 발우와 옷을 보고, 그 때문에 탁발일로 발우와 옷을 구하는 경우, 병자를 위해 의약을 구하는 경우, 의지할 데 없는 병자에게 '어떤 방사로 가십시오. 어떤 방사로 가십시오.'라고 말하지 않고 각자의 방사에서 보살피는 경우, 한 사람이 지체되어 속박되어 있는데, 지혜로운 수행승을 섭수하여 그가 그 속박을 제거시키도록 하는 경우에 '화합하여 참모임의 해야 할 일을 행한다.'라고 한다.

445) yāvakīvañca bhikkhave bhikkhu apaññattaṃ na paññapessanti, paññattaṃ na samucchindissanti, yathāpaññattesu sikkhāpadesu samādāya vattissanti : Smv. 525에 따르면, 새로운 비법의 규약(katikavatta)을 학습계율(sikhāpadā)과 결합시킬 경우, '아직 규정되지 않은 것은 시설한다.'라고 한다. 그리고 가르침이 아닌 것(uddhamma)과 삿된 계율(ubbinaya)을 가르치는 경우, '규정된 것을 어긴다.'라고 하고 사소한 죄를 고의로 범하는 경우, '규정된 학습계율을 수용하지 않는다.'라고 한다. 그러나 새로운 비법의 규약(katikavatta)을 학습계율(sikhāpadā)과 결합시키지 않는 경우, '아직 규정되지 않은 것은 시설하지 않는다.'라고 한다. 그리고 가르침과 계율에 입각하여 가르치는 경우, '규정된 것을 어기지 않는다.'라고 하고, 아무리 사소한 학습계율도 폐기하지 않는 경우, '규정된 학습계율을 수용한다.'라고 한다.

446) saṅghapitaro saṅghaparināyakā : Smv. 526에 따르면, 승단의 아버지의 자리에 있으며 아버지의 자리에서 지도하고 솔선하며 세 가지 배움(三學)에 힘쓰는 자를 말한다.

447) yāvakīvañca bhikkhave bhikkhū uppannāya taṇhāya ponobhavikāya na vasaṃ gacchanti :

승들에게는 번영만이 기대되지 퇴전은 기대되지 않는다.

6) 수행승들이여, 수행승들이, 한적한 숲속에서 거처하기를 바라는 한,448) 수행승들이여, 수행승들에게는 번영만이 기대되지 퇴전은 기대되지 않는다.

7) 수행승들이여, 수행승들이, 각각 새김을 확립하여 '아, 아직 오지 않은 훌륭한 동료 수행자들449)이 왔으면 좋겠다. 그리고 이미 온 훌륭한 동료 수행자들이 평온하기를 바란다.'라고 생각하는 한, 수행승들이여, 수행승들에게는 번영만이 기대되지 퇴전은 기대되지 않는다.

수행승들이여, 이러한 일곱 가지 불퇴전의 원리가 수행승들에게 현존하고, 이러한 일곱 가지 불퇴전의 원리에 대하여 수행승들이 따르는 한, 수행승들이여, 수행승들에게는 번영만이 기대되지 퇴전은 기대되지 않는다."

(수행승의 일곱 가지 불퇴전의 원리②)

9. [세존] "수행승들이여, 또 다른 일곱 가지 불퇴전의 원리에 대하여 가르치겠다. 잘 듣고 새겨라. 내가 설하겠다."

Smv. 526에 따르면, '다시 태어남을 부여하는 네 가지 필수품(catu paccaya : 四依; 옷・발우・처소・의약)을 원인으로 봉사자들의 흔적으로 찾아다니는 자가 되어 마을에서 마을로 배회하는 자가 갈애에 사로잡힌 자인데, 이러한 자가 되지 않는 한'이란 뜻이다.

448) yāvakīvañca bhikkhave bhikkhū āraññakesu senāsanesu sāpekkhā bhavissanti : Smv. 527에 따르면, 한적한 숲속은 '촌락에서 최소한 500궁(弓)을 떠난 장소'로 촌락주변의 처소에서 선정에 들어도 거기에서 일어나면 남자나 여자나 딸 등의 소리를 듣고 그 때문에 얻은 특별한 경지를 잃어버리게 된다. 그러나 숲속에서 잠들었다 깨어나면 사자나 호랑이나 공작의 소리를 듣는다. 그 때문에 숲속의 기쁨을 얻어 거기에 닿아 최상의 경지에 머물게 된다. 이처럼 세존께서는 마을 주변의 처소에서 선정에 들어 앉아 있는 수행승보다 숲속에서 잠자는 자를 칭찬하신다.

449) pesalā sabrahmacārī : Smv. 527에 따르면, 훌륭한 동료수행자는 '계행을 애호하는 자'를 말한다.

[수행승들] "세존이시여, 알겠습니다."

세존께서는 이와 같이 말씀하셨다.

1) 수행승들이여, 수행승들이 일을[78] 즐기지 않고, 일에서 기쁨을 찾지 않고, 일의 즐거움에 빠지지 않는 한,450) 수행승들이여, 수행승들에게는 번영만이 기대되지 퇴전은 기대되지 않는다.

2) 수행승들이여, 수행승들이 담화를 즐기지 않고, 담화에서 기쁨을 찾지 않고, 담화의 즐거움에 빠지지 않는 한,451) 수행승들이여, 수행승들에게는 번영만이 기대되지 퇴전은 기대되지 않는다.

3) 수행승들이여, 수행승들이 잠을 즐기지 않고, 잠에서 기쁨을 찾지 않고, 잠의 즐거움에 빠지지 않는 한,452) 수행승들이여, 수행승들에게는 번영만이 기대되지 퇴전은 기대되지 않는다.

---

450) yāvakīvañca bhikkhave bhikkhū na kammārāmā bhavissanti na kammaratā na kammārāmataṃ anuyuttā : Smv. 528에 따르면, 여기서 일이란 해야 하는 일을 말한다. 예를 들어, 옷을 재거나 옷을 만들거나 보조적인 천, 침통, 발우를 담는 대, 어깨걸이, 허리띠, 물병, 받침대, 발걸레, 빗자루 등을 만드는 일을 말한다. 왜 그 일에 즐기는 것이 거부되어야 할 것인가? 어떤 자는 하루 종일 그 일에 몰두하기 때문이다. 단지 일할 때에 일하고, 송창할 때에는 송창하고 학습할 때에는 학습하고 탑묘의 정원에서 일할 때에는 탑묘의 정원에서 일하는 자는 일을 즐기는 자라고 하지 않는다.

451) yāvakīvañca bhikkhave bhikkhū na bhassārāmā bhavissanti na bhassaratā na bhassārāmataṃ anuyuttā : Smv. 528에 따르면, 여성의 용모나 남성의 용모 등에 대한 담화나 대화를 하면서 하루를 보내는 그와 같은 사람은 담화에 제한이 없는 자이다. 이와 같은 자는 담화를 좋아하는 자이다. 그러나 그것에 비해서 주야로 진리(法)를 말하고 질문에 답하는 자는 '담화를 좋아하지 않는 자'이다. 그는 담화가 적고 담화에 제한이 있는 자이다.

452) yāvakīvañca bhikkhave bhikkhū na niddārāmā bhavissanti na niddāratā10 na niddārāmataṃ anuyuttā : Smv. 528에 따르면, 가면서도 앉아 있으면서도 누워서도 해태와 혼침에 빠져 잠자는 자는 잠을 즐기는 자이고 반면에 육체적인 몸의 질병으로 마음이 존재의 흐름(bhavaṅga : 有分)속으로 든 자는 수면을 즐기는 자이다.

4) 수행승들이여, 수행승들이 교제를 즐기453)지 않고, 모임에서 기쁨을 찾지 않고, 모임의 즐거움에 빠지지 않는 한, 수행승들이여, 수행승들에게는 번영만이 기대되지 퇴전은 기대되지 않는다.

5) 수행승들이여, 수행승들이 삿된 욕망을 지니454)지 않고 삿된 욕망에 지배되지 않는 한, 수행승들이여, 수행승들에게는 번영만이 기대되지 퇴전은 기대되지 않는다.

6) 수행승들이여, 수행승들이 악한 자를 벗으로 삼지 않고, 악한 자를 동료로 삼지 않고, 악한 것으로 기울지 않는 한,455) 수행승들이여, 수행승들에게는 번영만이 기대되지 퇴전은 기대되지 않는다.

7) 수행승들이여, 수행승들이 사소한 특별한 것을 성취하여 중도에 물러서지 않는 한,456) 수행승들이여, 수행승들에게는 번영만이 기대되지 퇴전은 기대되지 않는다.

---

453) yāvakīvañca bhikkhave bhikkhū na saṅgaṇikārāmā bhavissanti na saṅgaṇikāratā na saṅgaṇikārāmataṃ anuyuttā : Smv. 529에 따르면, 한 사람의 두 번째 사람, 두 사람의 세 번째 사람, 세 사람의 네 번째 사람이라고 하는 것처럼 교제하는 자로써 살며, 홀로 즐거움을 발견할 수 없는 사람이 교제를 즐기는 자이다. 그러나 네 가지 행동양식(catuiriyāpatha : 四威儀路 : 行·住·坐·臥)에서 홀로 즐거움을 발견하는 자는 교제를 즐기지 않는 자이다.

454) yāvakīvañca bhikkhave bhikkhū na pāpicchā bhavissanti na pāpikānaṃ icchānaṃ vasaṃ gatā : Smv. 529에 따르면, 여기서 삿된 욕망을 가진 자는 '참이 아닌 것(asanta)'을 만들어내는, 계행을 지키지 않는 자를 말한다.

455) yāvakīvañca bhikkhave bhikkhū na pāpamittā bhavissanti na pāpasahāyā na pāsampavaṅkā : Smv. 529에 따르면, 악한 동료(pāpamittā)란 네 가지 행동양식(四威儀路 : 行·住·坐·臥)에서 함께 악을 행하기 때문이다.

456) yāvakīvañca bhikkhave bhikkhū na oramattakena visesādhigamena antarā vosānaṃ āpajjissanti : Smv. 529에 따르면, '사소한 특별한 것'은 낮은 단계의 열등한 것을 말하고 '중도에'라는 것은 거룩한 경지를 성취할 때까지를 말하고 '완결(vosāna : 完結)에서 물러서지 않는다.'는 것은 '완결된 상태 그것만으로도 충분하다.'고 완결에서 물러서는 것이 없다는 뜻이다. 이때의 완결이란 계행의 청정(sīlavisuddhi), 통찰(vipassanā), 선정(jhāna), 흐름에 든 상태(sotāpannabhāva), 한번 돌아오는 상태(sakadāgamibhāva), 돌아오지 않는 상태(anāgamibhāva)를 뜻한다.

수행승들이여, 이러한 일곱 가지 불퇴전의 원리가 수행승들에게 현존하고, 이러한 일곱 가지 불퇴전의 원리에 대하여 수행승들이 따르는 한, 수행승들이여, 수행승들에게는 번영만이 기대되지 퇴전은 기대되지 않는다."

(수행승의 일곱 가지 불퇴전의 원리③)

10. [세존] "수행승들이여, 또 다른 일곱 가지 불퇴전의 원리에 대하여 가르치겠다. 잘 듣고 새겨라. 내가 설하겠다."

[수행승들] "세존이시여, 알겠습니다."

세존께서는 이와 같이 말씀하셨다.

1) 수행승들이여, 수행승들이 믿음을 지니는 한,457) 수행승들이여, 수행승들에게는 번영만이 기대되지 퇴전은 기대되지 않는다.

2) 수행승들이여, 수행승들이 부끄러움을 아는 한,458) 수행승들이여, 수행승들에게는 번영만이 기대되지 퇴전은 기대되지 않는다.

3) 수행승들이여, 수행승들이 창피함을 아는 한,459) 수행승들이여, 수행승들에게는 번영만이 기대되지 퇴전은 기대

457) yāvakīvañca bhikkhave bhikkhū saddhā bhavissanti : Smv. 529에 따르면, 믿음에는 네 가지 종류가 있다. 즉, ① 객진의 믿음(āgamanīyasaddha) : 일체지보살(sabbaññubodhisatta)들의 <다가올 행도에 대한> 믿음이다. ② 증득의 믿음(adhigamasaddha) : 고귀한 사람(ariyapuggala)들의 것이다. ③ 청정의 믿음(pasādasaddha) : 불법승 삼보에 대한 믿음이다. ④ 신뢰의 믿음(okkapanasaddha) : 분별하여 믿는 것이다. 여기서 이러한 두 종류(③과 ④)를 의미한다. 이러한 믿음을 갖춘 자를 믿음에 의한 해탈자라고 한다.

458) yāvakīvañca bhikkhave bhikkhū hirimā bhavissanti : Smv. 529에 따르면, '악을 싫어하는 것을 특징으로 하는 안으로 수치스러워하는 것과 관계된 마음을 갖는 한'이라는 뜻이다.

459) yāvakīvañca bhikkhave bhikkhū ottappī bhavissanti : Smv. 529에 따르면, '악을 두려워하는 것을 특징으로 하는 밖으로 수치스러워하는 것과 관계된 마음을 갖는 한'이라는 뜻이다.

되지 않는다.

4) 수행승들이여, 수행승들이 많이 배우는 한,460)[79] 수행승들이여, 수행승들에게는 번영만이 기대되지 퇴전은 기대되지 않는다.

5) 수행승들이여, 수행승들이 열심히 정진하는 한,461) 수행승들이여, 수행승들에게는 번영만이 기대되지 퇴전은 기대되지 않는다.

6) 수행승들이여, 수행승들이 새김을 확립하는 한,462) 수행승들이여, 수행승들에게는 번영만이 기대되지 퇴전은 기대되지 않는다.

7) 수행승들이여, 수행승들이 지혜를 갖추는 한,463) 수행승들이여, 수행승들에게는 번영만이 기대되지 퇴전은 기대되지 않는다.

수행승들이여, 이러한 일곱 가지 불퇴전의 원리가 수행승

---

460) yāvakīvañca bhikkhave bhikkhū bahussutā bhavissanti : Smv. 529-530에 따르면, 많이 배움(多聞)에는 두 가지 종류가 있다. ① 성전에 대해 많이 배움(pariyattibahussuta) : 삼장(三藏)에 대하여 많이 배우는 것을 말한다. ② 꿰뚫음에 대해 많이 배움(paṭivedhabahussuta) : 진리에 대한 꿰뚫음을 말한다. 여기서는 두 번째의 것을 말한다.

461) yāvakīvañca bhikkhave bhikkhū āraddhaviriyā bhavissanti : Smv. 530에 따르면, 열심히 노력하는 데는 두 종류가 있다. ① 몸으로 열심히 노력하는 것(kayikaviriyāraddha) : 몸의 집착을 제거하고 네 가지 행동양식에서 여덟 가지 노력의 토대(atthāraddhavatthu : AN. IV. 335 참조)에 의해서 전일하게 되는 것이다. ② 정신으로 열심히 노력하는 것(cetasikaviriyāraddha) : 마음의 집착을 제거하고 여덟 가지 성취(aṭṭhasamapatti : 八等至; 八成就)에 의해서 전일하게 되는 것이다.

462) yāvakīvañca bhikkhave bhikkhū upaṭṭhitasatī bhavissanti : Smv. 530에 따르면, 새김을 확립한다는 것은 '오래 전에 이루어진 것을 기억하여 지속적으로 새기는 것'을 말한다.

463) yāvakīvañca bhikkhave bhikkhū paññavanto bhavissanti : Smv. 530에 따르면, '다섯 가지 존재의 다발의 생멸에 대한 파악을 갖추는 한'이라는 뜻이다. 여기서 마지막 두 마디 말 '새김'과 '지혜'는 위빠싸나를 닦는 수행승들에게는 '올바른 새김(sammāsati)'과 '통찰의 지혜(vipassanāpaññā)'를 뜻한다.

들에게 현존하고, 이러한 일곱 가지 불퇴전의 원리에 대하여 수행승들이 따르는 한, 수행승들이여, 수행승들에게는 번영만이 기대되지 퇴전은 기대되지 않는다."

(수행승의 일곱 가지 불퇴전의 원리④)

11. [세존] "수행승들이여, 또 다른 일곱 가지 불퇴전의 원리[464]에 대하여 가르치겠다. 잘 듣고 새겨라. 내가 설하겠다."

[수행승들] "세존이시여, 알겠습니다."

세존께서는 이와 같이 말씀하셨다.

1) 수행승들이여, 수행승들이 새김의 깨달음 고리를 지니는 한,[465] 수행승들이여, 수행승들에게는 번영만이 기대되지 퇴전은 기대되지 않는다.

2) 수행승들이여, 수행승들이 탐구의 깨달음 고리를 지니는 한,[466] 수행승들이여, 수행승들에게는 번영만이 기대되

---

464) apare satta aparihāniye dhamme : 이하의 일곱 가지 깨달음 고리(satta bojjhaṅgā : 七覺支)를 말한다.

465) satisambojjhaṅga : 새김의 깨달음 고리(念覺支)는 Smv. 531에 따르면, 지금 여기에 있음(現前 : upaṭṭhāna)을 특징으로 한다. Srp. III. 155에 따르면, 새김의 깨달음 고리를 생기게 하는 다른 네 가지 조건은 아래와 같다: ① 새김의 확립과 올바른 알아차림(satisampajaññaṁ) ② 새김을 잃은 사람을 피함(muṭṭhassatipuggalaparivajjanatā) ③ 새김이 있는 사람과 사귐(upaṭṭhitassatipuggalasevanatā) ④ 그러한 것에 대한 결정(tadadhimuttatā).

466) dhammavicayasambojjhaṅga : 탐구의 깨달음 고리(擇法覺支)는 Smv. 531에 따르면, 조사(pavicaya)를 특징으로 한다. Srp. III. 156에는 탐구의 깨달음 고리에 대한 일곱 가지 다른 조건이 있다 : ① 존재의 다발, 세계, 감역 등에 대한 질문의 제기(paripucchatakatā) ② 토대를 청정하게 하기(vatthuvisadakiriyā) ③ 감각능력의 완전한 지지(indriyasamattapaṭipādanatā), ④ 지혜롭지 못한 사람에 대한 기피(dupaññapuggalaparivajjanatā) ⑤ 지혜로운 사람과 사귐(paññavantapuggalasevanatā) ⑥ 심오한 지혜와 실천에 대한 관찰(gambhīrañāṇacariyapaccavekkhanā) ⑦ 그러한 것에 대한 결정(tadadhimuttatā).

지 퇴전은 기대되지 않는다.

3) 수행승들이여, 수행승들이 정진의 깨달음 고리를 지니는 한,[467] 수행승들이여, 수행승들에게는 번영만이 기대되지 퇴전은 기대되지 않는다.

4) 수행승들이여, 수행승들이 희열의 깨달음 고리를 지니는 한,[468] 수행승들이여, 수행승들에게는 번영만이 기대되지 퇴전은 기대되지 않는다.

5) 수행승들이여, 수행승들이 안온의 깨달음 고리를 지니는 한,[469] 수행승들이여, 수행승들에게는 번영만이 기대되

---

467) viriyasambojjhaṅga : 정진의 깨달음 고리(精進覺支)는 Smv. 531에 따르면, 정근(paggaha : 精勤)을 특징으로 한다. Srp. III. 158에는 정진의 깨달음 고리에 대한 열한 가지 다른 조건이 있다 : ① 괴로운 곳(苦處)에 대한 두려움의 관찰(apāyabhayapaccavekkhanatā) ② 공덕을 살피는 것(ānisaṁsadassāvitā) ③ 모든 부처님들이 따르는 길과 방도에 대한 관찰(gamanavidhipaccavekkhanatā), ④ 탁발식을 존중하는 것(piṇḍapātāpacāyanatā) ⑤ 계승의 위대성에 대한 관찰(dāyajjamahattapaccavekkhanatā) ⑥ 스승의 위대성에 대한 관찰(satthumahattapaccavekkhanatā) ⑦ 태생의 위대성에 대한 관찰(jātimahattapaccavekkhanatā) ⑨ 도반의 위대성에 대한 관찰(sabrahmacārīmahattapaccavekkhanatā) ⑨ 게으른 사람에 대한 기피(kusītapuggalaparivajjanatā), ⑩ 열심히 노력하는 사람과 사귐(āraddhaviriyapuggalasevanatā), ⑪ 그러한 것에 대한 결정(tadadhimuttata).

468) pītisambojjhaṅga : 희열의 깨달음 고리(喜覺支)는 Smv. 531에 따르면, 편만(pharaṇa : 遍滿)을 특징으로 한다. Srp. III. 161에는 희열의 깨달음 고리에 대한 열한 가지 다른 조건이 있다 : ① 부처님에 대한 새김(buddhānussati) ② 가르침에 대한 새김(dhammānussati) ③ 참모임에 대한 새김(saṅghānussati), ④ 계행에 대한 새김(sīlānussati) ⑤ 버림에 대한 새김(cāgānussati) ⑥ 신들에 대한 새김(devatānussati) ⑦ 고요함에 대한 새김(upasamānussati) ⑨ 거친 사람을 피하는 것(lūkhapuggalaparivajjanatā) ⑨ 섬세한 사람과 사귐(siniddhaviriyapuggalasevanatā), ⑩ 감동을 주는 경전에 대한 관찰(pasādaniyasuttantapaccavekkhanatā), ⑪ 그러한 것에 대한 결정(tadadhimuttata).

469) passaddhisambojjhaṅga : 안온의 깨달음 고리(輕安覺支)는 Smv. 531에 따르면, 고요(寂靜 : upasama)를 특징으로 한다. Srp. III. 161에는 안온의 깨달음 고리에 대한 일곱 가지 다른 조건이 있다 : ① 탁월한 음식의 사용(paṇītabhojanasevanatā) ② 알맞은 기후의 선택(utusukhasevanatā) ③ 알맞은 자세를 취함(iriyāpathasukhasevanatā), ④ 자신과 남의 업을 모두 관찰하는 중립적인 노력(majjhattapayogatā) ⑤ 격렬한 사람에 대한 기피(sāraddhakāyapuggalaparijjanatā) ⑥ 고요한 사람과 사귐(passadhakāyapuggalasevanatā) ⑦ 그러한 것에 대한 결정(tadadhimut

지 퇴전은 기대되지 않는다.

6) 수행승들이여, 수행승들이 집중의 깨달음 고리를 지니는 한,[470] 수행승들이여, 수행승들에게는 번영만이 기대되지 퇴전은 기대되지 않는다.

7) 수행승들이여, 수행승들이 평정의 깨달음 고리를 지니는 한,[471] 수행승들이여, 수행승들에게는 번영만이 기대되지 퇴전은 기대되지 않는다.

수행승들이여,[80] 이러한 일곱 가지 불퇴전의 원리가 수행승들에게 현존하고, 이러한 일곱 가지 불퇴전의 원리에 대하여 수행승들이 따르는 한, 수행승들이여, 수행승들에게는 번영만이 기대되지 퇴전은 기대되지 않는다."

(수행승의 일곱 가지 불퇴전의 원리⑤)

---

tatā).

470) samādhisambojjhaṅga : 집중의 깨달음 고리(定覺支)는 Smv. 531에 따르면, 산란을 여읨(avikkhepa : 不亂)을 특징으로 한다. Srp. III. 163에는 집중의 깨달음 고리에 대한 열한 가지 다른 조건이 있다 : ① 토대를 청정하게 하는 것(vatthuvisadakiriyatā) ② 감각능력의 완전한 지지(indriyasamattapaṭipādanatā) ③ 명상대상에 대한 능숙(nimittakusalatā), ④ 바른 시간에 마음을 책려하는 것(samaye cittassa paggahaṇatā) ⑤ 바른 시간에 마음을 제어하는 것(samaye cittassa niggahaṇatā) ⑥ 바른 시간에 기뻐하는 것(samaye sampahaṁsanatā) ⑦ 바른 시간에 관찰하는 것(samaye ajjhupekkhanatā) ⑨ 산만한 사람에 대한 기피(asamāhitapuggalaparivajjanatā) ⑨ 집중하는 사람에 대한 섬김(samāhitapuggalasevanatā), ⑩ 선정과 해탈에 대한 관찰(jhānavimokkhapaccavekkhanatā), ⑪ 그러한 것에 대한 결정(tadadhimuttatā)

471) upekhāsambojjhaṅga : 평정의 깨달음 고리(捨覺支)는 Smv. 531에 따르면, 성찰(paṭisaṅkhāna)을 특징으로 한다. Srp. III. 164에는 평정의 깨달음 고리에 대한 다섯 가지 다른 조건이 있다 : ① 뭇삶에 대한 중립성(sattamajjhattatā) : 뭇삶은 자기의 업에 의해 존재하거나, 승의(勝義 : paramattha)로는 존재하지 않는다는 관점으로부터 뭇삶에 대한 중립성을 확립한다. ② 형성에 대한 중립성(saṅkhāramajjhatatta) : 형성의 지속하지 않는 시간성으로부터 형성에 대한 중립성을 확립한다. ③ 뭇삶과 형성을 자기 것으로 삼는 사람에 대한 회피(sattasaṅkhārakeḷāyanapuggalaparivajjanatā) ④ 뭇삶과 형성에 중립인 사람에 대한 회피(sattasaṅkhāramajjhattapuggalasevaṇatā) ⑤ 그러한 것에 대한 결정(tadadhimuttatā)

12. [세존] "수행승들이여, 또 다른 일곱 가지 불퇴전의 원리에 대하여 가르치겠다. 잘 듣고 새겨라. 내가 설하겠다."

[수행승들] "세존이시여, 알겠습니다."

세존께서는 이와 같이 말씀하셨다.

1) 수행승들이여, 수행승들이 무상에 대한 지각을 닦는 한, 수행승들이여, 수행승들에게는 번영만이 기대되지 퇴전은 기대되지 않는다.
2) 수행승들이여, 수행승들이 무아에 대한 지각을 닦는 한, 수행승들이여, 수행승들에게는 번영만이 기대되지 퇴전은 기대되지 않는다.
3) 수행승들이여, 수행승들이 부정(不淨)에 대한 지각을 닦는 한, 수행승들이여, 수행승들에게는 번영만이 기대되지 퇴전은 기대되지 않는다.
4) 수행승들이여, 수행승들이 위험에 대한 지각을 닦는 한, 수행승들이여, 수행승들에게는 번영만이 기대되지 퇴전은 기대되지 않는다.
5) 수행승들이여, 수행승들이 버림에 대한 지각을 닦는 한, 수행승들이여, 수행승들에게는 번영만이 기대되지 퇴전은 기대되지 않는다.
6) 수행승들이여, 수행승들이 사라짐에 대한 지각을 닦는 한, 수행승들이여, 수행승들에게는 번영만이 기대되지 퇴전은 기대되지 않는다.
7) 수행승들이여, 수행승들이 소멸에 대한 지각을 닦는 한, 수행승들이여, 수행승들에게는 번영만이 기대되지 퇴전은 기대되지 않는다.[472]

수행승들이여, 이러한 일곱 가지 불퇴전의 원리가 수행승들에게 현존하고, 이러한 일곱 가지 불퇴전의 원리에 대하여 수행승들이 따르는 한, 수행승들이여, 수행승들에게는 번영만이 기대되지 퇴전은 기대되지 않는다."

(수행승의 여섯 가지 불퇴전의 원리⑥)

13. [세존] "수행승들이여, 또 다른 여섯 가지 불퇴전의 원리[473]에 대하여 가르치겠다. 잘 듣고 새겨라. 내가 설하겠다."

[수행승들] "세존이시여, 알겠습니다."

세존께서는 이와 같이 말씀하셨다.

1) 수행승들이여, 여기 수행승은 동료 수행자에 대해 여럿이 있을 때나 홀로 있을 때나,[474] 마찬가지로 자애로운 신체적 행위를[280] 일으키는 한, 수행승들이여, 수행승들에게는 번영만이 기대되지 퇴전은 기대되지 않는다.
2) 수행승들이여, 또한 수행승은 동료 수행자에 대해 여럿이 있을 때나 홀로 있을 때나 마찬가지로 자애로운 언어적 행위를 일으키는 한, 수행승들이여, 수행승들에게는 번영만이 기대되지 퇴전은 기대되지 않는다.
3) 수행승들이여, 또한 수행승은 동료 수행자에 대해 여럿이

---

472) yāvakīvañca bhikkhave bhikkhū aniccasaññaṃ … anattasaññaṃ … asubhasaññaṃ … ādīnavasaññaṃ … pahānasaññaṃ … virāgasaññaṃ … nirodhasaññaṃ bhāvessanti : Smv. 531에 따르면, 이러한 일곱 가지는 세간에 대한 통찰(lokiyavipassanā)이지만, 이 가운데 두 가지 – 사라짐과 소멸 – 는 '이것이 적정(寂靜)이다. 이것은 승묘(勝妙)이다. 즉, 일체의 형성의 멈춤, 사라짐, 소멸이다(AN. IV. 423)'라는 것에 의해서 출세간적인 것이라고 알아야 한다.

473) apare cha aparihāniye dhamme : 전집(DN. III. 279)과 MN. 48(MN. I. 322)에서는 여섯 가지 새겨둘 만한 원리(六和敬法 : cha sārāṇīyā dhammā)이다.

474) āvī ceva raho ca : '공적이든 사적이든'이라고 번역할 수 있다. Smv. 532에 따르면, '직접적이든(sammukhā) 간접적이든(parasammukhā)'이라는 뜻이다.

있을 때나 홀로 있을 때나 마찬가지로 자애로운 정신적 행위를 일으키는 한, 수행승들이여, 수행승들에게는 번영만이 기대되지 퇴전은 기대되지 않는다.

4) 수행승들이여, 또한 수행승은 여법하고 정의롭게 얻은 것을 발우 안에 있는 것이라도 그렇게 얻은 것을 나눔 없이 쓰지 않고, 계행을 잘 지키는 동료수행자들과 함께 나누는 한,475) 수행승들이여, 수행승들에게는 번영만이 기대되지 퇴전은 기대되지 않는다.

5) 수행승들이여, 또한 수행승은, 여럿이 있을 때나 홀로 있을 때나, 어떠한 계행이든지 파괴되지 않고 균열되지 않고 잡되지 않고 더럽혀지지 않고 자유로워지고 현자가 칭찬하고 집착을 여의고 삼매로 이끄는 바로 그러한 계행으로 계행을 갖추는 한,476) 수행승들이여, 수행승들에게는 번

---

475) yāvakīvañca bhikkhave bhikkhū ye te lābhā dhammikā dhammaladdhā antamaso pattapari yāpannamattampi, tathārūpehi lābhehi appaṭivibhattabhogī hoti, sīlavantehi sabrahmacārīhi sād hāraṇabhogī : Smv. 533에 따르면, Smv. 532에 따르면, '여법하게 얻은 것'이란 사기 등의 삿된 생활을 피하고 여법한 올바른 탁발행의 활동으로써 생겨난 것을 말한다. '나눔 없이 쓰지 않는다.'는 것은 다음과 같다. 물질에 기초한 나눔(āmisapaṭivibhatta)과 사람에 기초한 나눔(puggalapaṭiv ibhatta)이 있다. '나는 이만큼 나누어 주겠다. 나는 이만큼 나누어 주지 않겠다.'라고 하는 것은 물질에 기초한 나눔이고, '나는 이 사람에게 주어야겠다. 나는 이 사람에게 주지 말아야겠다.'라고 하는 것은 사람에 기초한 나눔이다. 공평하게 나눔은 이 두 가지에 기초하여 나누지 않고 공평하게 나누는 것이다.

476) yāvakīvañca bhikkhave bhikkhū yāni tāni sīlāni akhaṇḍāni acchiddāni asabalāni akammāsā ni bhujissāni viññūppasatthāni aparāmaṭṭhāni samādhisaṃvattanikāni, tathārūpesu sīlesu sīlas āmaññagatā viharissanti sabrahmacārīhi : Smv. 536-537에 따르면, '파괴되지 않고 균열되지 않고'는 일곱 가지 죄악의 다발(sattāpattikkhandha : 七罪蘊 : 波羅夷 · 僧殘 · 單墮 · 悔過 · 惡作 · 偸蘭遮 · 惡說) 때문에 처음이나 끝의 학습계율이 파괴되면, 그의 계행은 언저리가 파괴된 외투처럼 되고, 또한 중간이 파괴되면, 그것은 한 가운데 구멍이 뚫린 외투처럼 되는데, 그러한 파괴가 없고 그러한 균열이 없다는 뜻이다. '자유로워지고'는 갈애의 노예상태에서 해방되어 자유로운 상태가 된 것을 의미하고, '집착을 여의고'는 '갈애와 견해에 사로잡히지 않고'라는 뜻이다. '삼매로 이끄는'이라는 것은 근접삼매(upacārasamādhi)와 본삼매(appaṇāsamādhi)로 이끈다

영만이 기대되지 퇴전은 기대되지 않는다.

6) 수행승들이여, 또한 수행승은, 여럿이 있을 때나 홀로 있을 때나, 그것을 실천하는 사람을 고귀한 해탈로 이끌고 올바른 괴로움의 종식으로 이끄는 바로 그러한 견해로서 견해를 갖추는 한,[477] 수행승들이여, 수행승들에게는 번영만이 기대되지 퇴전은 기대되지 않는다.

수행승들이여,[81] 이러한 여섯 가지 불퇴전의 원리가 수행승들에게 현존하고, 이러한 여섯 가지 불퇴전의 원리에 대하여 수행승들이 따르는 한, 수행승들이여, 수행승들에게는 번영만이 기대되지 퇴전은 기대되지 않는다."

(수행승들을 위한 설법)

14. 그 때 세존께서는 라자가하 시의 깃자꾸따 산에 계시면서 수행승들에게 몇 번이고[478] 이와 같이 '계행은 이러하고, 삼매는 이러하고, 지혜는 이러하다.[479] 계행을 철저히 닦은 삼매는 커다란 과보, 커다란 공덕이 있고, 삼매를 철저히 닦은 지혜는 커다란 과보, 커다란 공덕이 있고, 지혜를 철저히

는 뜻이다.

477) yāvakīvañca bhikkhave bhikkhūnaṃ yāyaṃ diṭṭhi ariyā niyyānikā niyyāti takkarassa sammādukkhakkhayāya, tathārūpāya diṭṭhiyā diṭṭhisāmaññagatā viharissanti sabrahmacārīhi : Smv. 537에 따르면, '고귀한'은 '잘못이 없는'이라는 뜻이고, 견해는 길(magga)과 관련된 올바른 견해를 말한다.

478) etadeva bahulaṃ : Smv. 537에 따르면, 완전한 열반이 가까워 왔기 때문에 세존께서는 수행승들에게 자꾸 반복해서 법문을 설하셨다.

479) iti sīlaṃ, iti samādhi, iti paññā : Smv. 537에 따르면, '계행은 이러하다.'는 것은 네 가지 청정한 계행(catuparisuddhisāla : 四淨戒: 波羅提目次守護戒・根守護戒・生活淸淨戒・資具依止戒)을 말하고, '삼매가 이러하다.'는 마음의 통일(cittaekaggatā : 心一境性)을 말한다. '지혜가 이러하다.'는 것은 통찰의 지혜(vipassanāpaññā)를 말한다.

닦은 마음은 번뇌 곧, 감각적 쾌락의 욕망에 의한 번뇌, 존재에 의한 번뇌, 무명에 의한 번뇌[480]에서 완전히 해탈된다.' 라고 법문을 설하셨다.

15. 그리고 세존께서는 라자가하 시에서 계실 만큼 계시다가 존자 아난다에게 말씀하셨다.

[세존] "아난다여, 암발랏티까[481] 공원으로 가자."

[아난다] "세존이시여, 알겠습니다."

존자 아난다는 세존께 대답했다. 세존께서는 많은 수행승의 무리와 함께 암발랏티까 공원에 도착하셨다. 거기서 세존께서는 암발랏티까 공원의 왕립객사에서 지내셨다. 그 때에도 세존께서는 암발랏티까 공원의 왕립객사에 계시면서 수행승들에게 몇 번이고 이와 같이 '계행은 이러하고, 삼매는 이러하고, 지혜는 이러하다. 계행을 철저히 닦은 삼매는 커다란 과보, 커다란 공덕이 있고, 삼매를 철저히 닦은 지혜는 커다란 과보, 커다란 공덕이 있고, 지혜를 철저히 닦은 마음은 번뇌 곧, 감각적 쾌락의 욕망에 의한 번뇌, 존재에 의한 번뇌, 무명에 의한 번뇌에서 완전히 해탈된다.'라고 법문을 설하셨다.

---

480) kāmāsava, bhavāsava, avijjāsava : 네 가지 번뇌(cattāro āsavā : 四漏) 가운데 세 가지를 말한다. 후대에 여기에 ③ 견해에 의한 번뇌가 추가되어 네 가지 번뇌가 되었다. – Sdk. 55에 따르면, 네 가지 번뇌에는 ① 감각적 쾌락의 욕망에 의한 번뇌[欲漏] ② 존재에 의한 번뇌[有漏] ③ 견해에 의한 번뇌[見漏] ④ 무명에 의한 번뇌[無明漏]를 말한다.

481) Ambalaṭṭhikā : Ppn. 1. 188에 따르면, 라자가하(Rājagaha)와 날란다(Nālandā) 사이의 길에 놓인 왕립 공원이었다. 부처님과 제자들은 유행 중에 자주 이곳에 들렀다. 이 책의 「하느님의 그물의 경」(DN. 1)도 이곳에서 설해졌다. 이곳은 그늘이 많고 물이 풍부한 곳으로 성벽으로 잘 보호되어 있고, 손님을 접대하기 위한 집도 잘 지어져 있었다. 부처님께서 최후로 유행하실 때에도 이곳에 들르셨다. 이곳에서 설한 것으로는 라훌라에게 설한 「암발랏티까에서 라훌라를 가르친 경」(MN. 61)이 유명하다.

16. 그리고 세존께서는 암발랏티까 공원에서 계실 만큼 계시다가 존자 아난다에게 말씀하셨다.

[세존] "아난다여, 날란다 시로 가자."

[아난다] "세존이시여, 알겠습니다."

존자 아난다는 세존께 대답했다.

그래서 세존께서는 많은 수행승의 무리와 함께 날란다 시에 도착하셨다. 거기서 세존께서는 날란다 시의 빠바리깜바 숲에 계셨다.

(싸리뿟따 존자의 사자후)

17. 그러자 존자 싸리뿟따가 세존께서 계신 곳을 찾아왔다. 가까이 다가와서 세존께 인사를 드리고[82] 한 쪽으로 물러나 앉았다. 한 쪽으로 물러나 앉아서 존자 싸리뿟따는 세존께 이와 같이 말씀드렸다.

[싸리뿟따] "세존이시여, 저는 세존께 이와 같이 '수행자이건 성직자이건, 올바른 깨달음에 관한 한, 세존보다 더욱 곧바른 깨달음을 이룬 다른 자는 예전에 없었고 앞으로 없을 것이고 지금도 없습니다.'라는 청정한 믿음을 갖고 있습니다."

[세존] "싸리뿟따여, 그대는 정곡을 찌르며 대장부다운 우렁찬 목소리로[83] '저는 세존께 이와 같이 '수행자이건 성직자이건, 올바른 깨달음에 관한 한, 세존보다 더욱 곧바른 깨달음을 이룬 다른 자는 예전에 없었고 앞으로 없을 것이고 지금도 없습니다.'라는 청정한 믿음을 갖고 있습니다.'라고 사자후를 토했다.

1) 그런데 싸리뿟따여, 그대는 과거세에 거룩한 님, 올바로

원만히 깨달은 님이었던 그 모든 세존에 대하여 자신의 마음으로 미루어 그들의 마음을 읽어 '그들 세존들께는 이와 같은 계행, 이와 같은 상태, 이와 같은 지혜, 이와 같은 성취, 이와 같은 해탈이 있었다.'라고[482] 알았는가?"

[싸리뿟따] "세존이시여, 그렇지 않습니다."

2) [세존] "싸리뿟따여, 그렇다면, 그대는 미래세에 거룩한 님, 올바로 원만히 깨달은 님이 되실 그 모든 세존에 대하여 자신의 마음으로 미루어 그들의 마음을 읽어 '그들 세존들께는 이와 같은 계행, 이와 같은 상태, 이와 같은 지혜, 이와 같은 성취, 이와 같은 해탈이 있을 것이다.'라고 알았는가?"

[싸리뿟따] "세존이시여, 그렇지 않습니다."

3) [세존] "싸리뿟따여, 그렇다면, 그대는 현세에 거룩한 님, 올바로 원만히 깨달은 님인 나에 대하여 자신의 마음으로 미루어 나의 마음을 읽어 '그들 세존들께는 이와 같은 계행, 이와 같은 상태, 이와 같은 지혜, 이와 같은 성취, 이와 같은 해탈이 있다.'라고 알고 있는가?"

[싸리뿟따] "세존이시여, 그렇지 않습니다."

[세존] "싸리뿟따여, 그렇다면, 그대는 과거와 미래와 현재의 거룩한 님, 올바로 원만히 깨달은 님에 대하여 마음을 읽는 앎[483]이 없다. 그런데 싸리뿟따여, 어떻게 그대가 정곡을 찌르며 대장부다운 우렁찬 목소리로 '저는 세존께 이와 같이 '수행자이건 성직자이건, 올바른 깨달음에 관한 한, 세

---

482) evaṃsīlā te bhagavanto ahesuṃ itipi, evaṃdhammā, evaṃpaññā, evaṃ vihārī, evaṃ vimuttā te bhagavanto ahesuṃ iti : 전집(DN. II. 8)의 주석을 보라.

483) cetopariyañāṇa : 한역의 심지(心智)를 말한다.

존보다 더욱 곧바른 깨달음을 이룬 다른 자는 예전에 없었고 앞으로 없을 것이고 지금도 없습니다.'라는 청정한 믿음을 갖고 있습니다.'라고 사자후를 토할 수 있는가?"

18. [싸리뿟따] "세존이시여, 제게는 분명 과거와 미래와 현재의 거룩한 님, 올바로 원만히 깨달은 님에 대하여 마음을 읽는 앎이 없습니다. 그러나 저에게는 사실에 대한 추론[484]을 통해 알려지는 것이 있습니다. 세존이시여, 예를 들어, 왕의 변방에 있는 요새가 견고한 진지를 구축하고 견고한 성벽과 첨탑을 갖추었으나 유일한 성문을 갖고 있다고 합시다. 거기에 슬기롭고 유능하고 지혜로운 수문장이 모르는 자는 막고 아는 자만 들여보냅니다. 그는 이 도성의 주위로 길을 순찰하며 벽의 갈라진 곳이나 벽의 구멍 뚫린 곳이나 고양이가 드나들 만한 곳을 보지 못하면, '어떠한 거친 뭇삶이든지 이 도성을 드나드는 자들은 모두 이 문으로 드나든다.'라고 생각합니다. 세존이시여, 이와 같이 저에게는 사실에 대한 추론을 통해 알려지는 것이 있습니다.

1) 세존이시여, 과거세의 거룩한 님, 올바로 원만히 깨달은 님이었던 모든 세존들께서는 다섯 가지 장애,[485] 지혜를 약화시키는 마음의 오염[486]을 버리고, 네 가지 새김의 토대[487]

---

484) dhammanvaya : 한역의 법추지(法推知)를 말한다. 사실을 추론하여 아는 것을 말한다.

485) pañca nīvaraṇāni : 다섯 가지 장애(五障)에 대해서는 이 책(DN. I. 73)과 전집(DN. III. 234)의 주석을 보라.

486) upakkilesa : 한역으로 수염(隨染) 또는 수번뇌(隨煩惱)라고 한다. 좀 더 쉬운 일상용어로 표현하면 Cdb. 1012에서처럼 '부패'라고 할 수 있다. AN. III. 16에 따르면, 다섯 가지 장애를 말한다. 역자는 '오염'이라는 표현을 쓴다. MN. I. 36-37에서는 16가지의 마음의 오염에 관하여 언급하고 있다. 일반적으로 열한 가지 열거되지만 여기에는 다섯 가지 장애 가운데 해태와 혼침·의심이 포함된다.

487) catusatipaṭṭhāna : 네 가지 새김의 토대(四念處)에 대해서는 전집(DN. II. 290~)을 보라.

에 마음을 확립하고, 일곱 가지 깨달음의 고리[488]를 여실하게 닦아, 위없이 바르고 원만한 깨달음을 곧바로 원만히 깨달으셨습니다.

2) 세존이시여, 미래세의 거룩한 님, 올바로 원만히 깨달은 님이 되실 모든 세존들께서도 다섯 가지 장애, 지혜를 약화시키는 마음의 오염을 버리고, 네 가지 새김의 토대에 마음을 확립하고, 일곱 가지 깨달음의 고리를 여실하게 닦아, 위없이 바르고 원만한 깨달음을 곧바로 원만히 깨달으실 것입니다.

3) 세존이시여, 현세의 거룩한 님, 올바로 원만히 깨달은 님이신 세존께서도 다섯 가지 장애, 지혜를 약화시키는 마음의 오염을 버리고, 네 가지 새김의 토대에 마음을 확립하고, 일곱 가지 깨달음의 고리를 여실하게 닦아, 위없이 바르고 원만한 깨달음을 곧바로 원만히 깨달으신 것입니다."

19. 그 후 세존께서는 그곳 빠바리깜바 숲에 계시면서[84] 많은 수행승들에게 이와 같이 '계행은 이러하고, 삼매는 이러하고, 지혜는 이러하다. 계행을 철저히 닦은 삼매는 커다란 과보, 커다란 공덕이 있고, 삼매를 철저히 닦은 지혜는 커다란 과보, 커다란 공덕이 있고, 지혜를 철저히 닦은 마음은 번뇌 곧, 감각적 쾌락의 욕망에 의한 번뇌, 존재에 의한 번뇌, 무명에 의한 번뇌에서 완전히 해탈된다.'라고 법문을 설하셨다.

20. 그리고 세존께서는 날란다 시에서 계실 만큼 계시다가 존자 아난다에게 말씀하셨다.

---

488) sattasambojjhaṅga : 일곱 가지 깨달음 고리(七覺支)에 대해서는 전집(DN. II. 79; III. 252)과 그 주석을 보라.

[세존] "아난다여, 빠딸리가마489) 시가 있는 곳으로 찾아 가자."

[아난다] "세존이시여, 알겠습니다."

존자 아난다는 세존께 대답했다.

그래서 세존께서는 많은 수행승의 무리와 함께 빠딸리가마 시에 도착하셨다. 빠딸리가마 시의 남자 재가신자들은 '세존께서 빠딸리가마 시에 도착하셨다.'라고 들었다. 그래서 빠딸리가마 시의 남자 재가신자들은 세존께서 계신 곳을 찾아왔다. 가까이 다가와서 세존께 인사를 드리고 한 쪽으로 물러나 앉았다. 한 쪽으로 물러나 앉아서 빠딸리가마 시의 남자 재가신사들은 세존께 이와 같이 말씀드렸다.

[싸리뿟따] "세존이시여, 세존께서는 저희 공회당490)에서 묵으십시오."

세존께서는 침묵으로 허락하셨다.

---

489) Pāṭaligāma : 원래 부처님 당시에는 빠딸리가마(Pāṭaligāma)라고 불렸으나 나중에 도시화되어 빠딸리뿟따(Pāṭaliputta)라고 불렸다. 언제부터 그렇게 불린 것인지는 명확하지 않다. UdA. 407-408에 따르면, 이 도시를 건설할 때에 마을의 정원에 두 세 그루의 빠딸리 나무[트럼펫 꽃나무]의 싹이 땅에서 솟아올라서 빠딸리가마라고 불렸다. 역자주 : 마가다(Magadha)국의 수도로 오늘날의 빠뜨나(Patna)근처이다. 세존께서는 완전한 열반에 들기 전에 이곳을 찾으셨다. 당시에 아자따쌋뚜(Ajātasattu)왕의 대신들이 밧지(Vajji)족을 물리치려고 성을 쌓고 있었다. 이 때 부처님은 빠딸리가마의 미래의 번영과 재난에 관하여 말했다. 언제부터 마가다 국의 수도였는가는 정확하지 않으나 자이나교의 문헌에는 아자따쌋뚜 왕의 아들 우다인(Udāyin)때부터라고 한다. 이 도시가 세계적으로 명성을 얻은 것은 아쇼까(*sk.* Aśokā; *pali.* Asoka) 왕 때부터이다. 희랍으로부터는 메가스테네스(Megasthenes)가 그곳에 파견된 적이 있어서 '빨리보트라(Pālibothra)'로 알려져 있었다.

490) āvasathāgāra : Smv. 538에 따르면, 객들이 주거하는 집이다. 빠딸리가마 시에는 항상 두 왕 – 릿차비 왕과 마가다 왕 – 의 종자들이 와서 지주를 쫓아내고 반달이나 한 달을 살았다. 그들은 항상 사람들을 괴롭혔다. 그래서 '그들이 왔을 때에 주거하는 곳이 있어야겠다.'라고 생각하여 도시 한 가운데 큰 당을 짓고 한 곳은 물품을 수납하는 장소, 한 곳은 주거하는 장소로 만들었다.

21. 그러자 빠딸리가마 시의 남자 재가신자들은 세존께서 허락하신 것으로 알고 자리에서 일어나 세존께 인사를 드리고 오른쪽으로 돌아 공회당이 있는 곳으로 찾아갔다. 가까이 다가가서 공회당에 모든 깔개를 깔아 자리를 마련하고 물병을 설치하고 기름등을 밝히고 세존께서 계신 곳을 찾아갔다. 가까이 다가가서 세존께 인사를 드리고 한쪽으로 물러나 섰다. 한쪽으로 물러나 서서 빠딸리가마 시의 남자 재가신자들은 세존께 이와 같이 말씀드렸다.

[**남자 재가신자들**] "세존이시여, 공회당에 모든 깔개를 깔아 자리를 마련하고 물병을 설치하고 기름등을 밝혔습니다. 세존이시여, 이제 때가 되었으니 가시기 바랍니다."

22. 그러자[85] 세존께서는 저녁 무렵 옷을 입고 발우와 가사를 갖추고 수행승의 무리와 함께 공회당이 있는 곳을 찾아가셨다. 가까이 다가가서 두 발을 씻으시고 공회당에 들어가서 중앙의 기둥에 의지하여 동쪽으로 향하여 앉으셨다. 수행승의 무리도 두 발을 씻고 공회당으로 들어가 서쪽 벽에 의지하여 동쪽으로 향하여 세존을 앞에 두고 앉았다. 빠딸리가마 시의 남자 재가신자들도 두 발을 씻고 공회당으로 들어가 동쪽 벽을 의지하여 서쪽으로 향하여 세존을 앞에 두고 앉았다.491)

(남자 재가신자들에 대한 설법)

23. 그러자 세존께서는 빠딸리가마 시의 남자 재가신자들에

491) puratthimaṃ bhittiṃ nissāya pacchimābhimukhā nisīdiṃsu bhagavantaṃ yeva purakkhatvā : 세존께서는 수행승들과 남자 재가신도들 사이에 앉으셨다.

게 말씀하셨다.

[세존] "장자들이여, 계행을 지키지 않고 계행을 어긴 자에게 이와 같은 다섯 가지 재난이 있다. 다섯 가지란 무엇인가?

1) 장자들이여, 세상에 계행을 지키지 않고 계행을 어긴 자는 방일을 원인으로 커다란 재산의 손실을 경험한다. 장자들이여, 계행을 지키지 않고 계행을 어긴 자에게 이와 같은 첫 번째 재난이 있다.
2) 장자들이여, 세상에 계행을 지키지 않고 계행을 어긴 자는 악한 명성을 드날린다. 장자들이여, 계행을 지키지 않고 계행을 어긴 자에게 이와 같은 두 번째 재난이 있다.
3) 장자들이여, 세상에 계행을 지키지 않고 계행을 어긴 자는 누구든지 왕족의 무리이든 바라문의 무리이든 장자의 무리이든 수행자의 무리이든 대중들에게 당당하지 못하고[492] 수치스럽게 대한다. 장자들이여, 계행을 지키지 않고 계행을 어긴 자에게 이와 같은 세 번째 재난이 있다.
4) 장자들이여, 세상에 계행을 지키지 않고 계행을 어긴 자는 미혹되게 죽는다.[493] 장자들이여, 계행을 지키지 않고 계행을 어긴 자에게 이와 같은 네 번째 재난이 있다.
5) 장자들이여, 세상에 계행을 지키지 않고 계행을 어긴 자는

492) avisārado : Smv. 539에 따르면, 재가자의 경우, 계행을 어긴 자는 '많은 사람이 모인 장소에는 반드시 누군가가 나의 행위를 알고 있을 것이다. 그래서 나를 질책하거나 법정에 세울 것이다.'라고 생각하며 모임에 다가간다. 그는 어깨를 떨어뜨리고, 고개를 숙인 채, 엄지손가락으로 땅을 파며 앉아서 당당하게 말할 수가 없다.

493) sammūḷho kālaṃ karoti : Smv. 539에 따르면, 계행을 어긴 자는 죽음의 침상에서 계행을 어긴 행위가 이루어진 상황이 시야에 들어온다. 그들은 눈을 뜨면 이 세상을, 눈을 감으면 저 세상을 본다. 그들에게는 네 가지 나쁜 곳(cattaro apāya : 四惡趣)이 업에 따라서 나타난다. 그는 백 개의 칼에 머리가 찔리는 것처럼 된다. 그는 '도와주세요. 도와주세요.'라고 외치며 죽는다.

몸이 파괴되어 죽은 뒤에 괴로운 곳, 나쁜 곳, 비참한 곳, 지옥에 떨어진다. 장자들이여, 계행을 지키지 않고 계행을 어긴 자에게 이와 같은 다섯 번째 재난이 있다.

장자들이여, 계행을 지키지 않고 계행을 어긴 자에게 이와 같은 다섯 가지 재난이 있다.

24. 장자들이여,[86] 계행을 지키고 계행을 갖춘 자에게 이와 같은 다섯 가지 공덕이 있다. 다섯 가지란 무엇인가?

1) 장자들이여, 세상에 계행을 지키고 계행을 갖춘 자는 커다란 재산을 획득한다. 장자들이여, 계행을 지키고 계행을 갖춘 자에게 이와 같은 첫 번째 공덕이 있다.

2) 장자들이여, 세상에 계행을 지키고 계행을 갖춘 자는 선한 명성을 드날린다. 장자들이여, 계행을 지키고 계행을 갖춘 자에게 이와 같은 두 번째 공덕이 있다.

3) 장자들이여, 세상에 계행을 지키고 계행을 갖춘 자는 누구든지 왕족의 무리이든 바라문의 무리이든 장자의 무리이든 수행자의 무리이든 대중들에게 당당하고, 수치스럽지 않게 대한다. 장자들이여, 계행을 지키고 계행을 갖춘 자에게 이와 같은 세 번째 공덕이 있다.

4) 장자들이여, 세상에 계행을 지키고 계행을 갖춘 자는 미혹이 없이 죽는다. 장자들이여, 계행을 지키고 계행을 갖춘 자에게 이와 같은 네 번째 공덕이 있다.

5) 장자들이여, 세상에 계행을 지키고 계행을 갖춘 자는 몸이 파괴되어 죽은 뒤에 좋은 곳, 천상세계에494) 태어난다.

---

494) sugatiṃ saggaṃ lokaṃ : 좋은 곳, 천상세계에는 신들의 세계 뿐만 아니라 인간의 존재도 포함된다.

장자들이여, 계행을 지키고 계행을 갖춘 자에게 이와 같은 다섯 번째 공덕이 있다.

장자들이여, 계행을 지키고 계행을 갖춘 자에게 이와 같은 다섯 가지 공덕이 있다.”

25. 그리고 세존께서는 빠딸리가마 시의 남자 재가신자들을 밤이 깊도록 가르침에 대한 말씀으로 교화하고 북돋우고 고무시키고 기쁘게 하고 떠나보냈다.

[세존] “장자들이여, 밤이 깊었으니 떠나도록 하십시오.”

[남자 재가신자들] “세존이시여, 알겠습니다.”

빠딸리가마 시의 남자 재가신자들은 세존께 대답하고 자리에서 일어나 세존께 인사를 드리고 세존의 오른쪽으로 돌아 그곳을 떠났다.

그리고 세존께서는 빠딸리가마 시의 남자 재가신자들이 떠난 지 얼마 되지 않아 빈 방으로495) 들어가셨다.

(빠딸리가마 시의 건설)

26. 그 때 마가다 국의 대신인 쑤니다496)와 밧싸까라가 밧지 족을 물리치기 위해 빠딸리가마 시에 요새를 건설하고 있었다. 그런데 당시에 각각 천명의 많은[87] 무리의 하늘사람들이 빠딸리가마에 각각의 터를 잡고 있었다. 큰 위력을 가진 하늘사람들이 터를 잡은 지역에는 위력이 큰 왕이나

495) suññāgāraṃ : Smv. 539에 따르면, 단일한 건물이 아니라 공회당 곁에 천막을 마련하여 ‘여기서 세존께서 휴식을 취할 것이다.’라고 생각하여 그들이 침상을 설치했다. 세존께서는 그곳에 들어가 사자의 형상을 취하고(獅子臥) 누우셨다.

496) Sunīdha : 마가다 국의 대신으로 밧싸까라(Vassakara)와 함께 밧지(Vajji) 족의 공격을 물리치기 위해 지은 빠딸리가마(Pāṭaligāma)의 요새화에 책임을 맡은 대신의 이름이다.

대신들이 주거를 만들고자 마음을 기울였다.497) 중간의 위력을 가진 하늘사람들이 터를 잡은 지역에는 위력이 중간인 왕이나 대신들이 주거를 만들고자 마음을 기울였다. 작은 능력을 가진 하늘사람들이 터를 잡은 지역에는 능력이 작은 왕이나 대신들이 주거를 만들고자 마음을 기울였다.

27. 세존께서는 청정하여 인간을 뛰어넘는 하늘눈으로 각각 천명의 많은 무리의 하늘사람들이 빠딸리가마에 각각의 터를 잡고 있는 것을 보셨다. 그리고 세존께서는 밤이 지나고 이른 아침에 일어나 아난다를 부르셨다.

[세존] "아난다여, 누가 지금 빠딸리가마 시에 요새를 건설하고 있는가?"

[아난다] "세존이시여, 마가다 국의 대신인 쑤니다와 밧싸까라가 밧지 족을 물리치기 위해 빠딸리가마 시에 요새를 건설하고 있습니다."

28. [세존] "아난다여, 마치 서른셋 하늘나라의 신들과 상의라도 한 듯,498) 아난다여, 마가다 국의 대신인 쑤니다와 밧싸까라가 밧지 족을 물리치기 위해 빠딸리가마 시에 요새를 건설하고 있다. 아난다여, 나는 청정하여 인간을 뛰어넘는

---

497) cittāni namanti nivesanāni māpetuṃ : Smv. 539에 따르면, 왜냐하면 믿음이 있는 신들은 여기에 인간의 주거를 건축하여 먼저 수행승의 승단이 들게 하면, 축복이 증대할 것이다. 그러면 우리는 계율을 지키는 자들을 볼 것이고 설법이나 문답이나 수희의 언어를 들을 수 있을 것이다. 사람들은 보시를 하고 우리는 이득을 얻을 수 있을 것이기 때문이다.

498) devehi tāvatiṃsehi saddhiṃ mantetvā evameva : Smv. 540에 따르면, 마치 어떤 가문에 있는 한 현명한 사람이든가 어떤 승원에 있는 많이 배운 수행승에 대하여 '어떤 가문의 사람은 현명하다.'라든가 '어떤 승원의 수행승은 많이 배웠다.'라고 하는 것처럼, 이와 같이 신들의 제왕 제석천과 빗싸깜마(Vissakamma : 建築神)에 대하여 '서른 셋 하늘나라의 신들은 현명하다.'라고 명성이 자자했다.

하늘눈으로 각각 천명의 많은 무리의 하늘사람들이 빠딸리가마에 각각의 터를 잡고 있는 것을 보았다. 큰 위력을 가진 하늘사람들이 터를 잡은 지역에는 위력이 큰 왕이나 대신들이 주거를 만들고자 마음을 기울였다. 중간의 위력을 가진 하늘사람들이 터를 잡은 지역에는 위력이 중간인 왕이나 대신들이 주거를 만들고자 마음을 기울였다. 작은 능력을 가진 하늘사람들이 터를 잡은 지역에는 능력이 작은 왕이나 대신들이 주거를 만들고자 마음을 기울였다. 아난다여, 고귀한 사람들이 사는 한, 상인들이 활동하는 한,499) 이 빠딸리뿟따500) 시는 물품을 하역하는 곳으로501)[88] 최상의 도시가 될 것이니.

29. 그런데 마가다 국의 대신인 쑤니다와 밧싸까라가 세존께서 계신 곳을 찾아왔다. 가까이 다가와서 세존과 함께 인사를 나누고, 안부를 주고 받은 뒤에 한쪽으로 물러나 섰다. 한쪽으로 서서 마가다 국의 대신인 쑤니다와 밧싸까라는 세존께 이와 같이 말씀드렸다.

[쑤니다와 밧싸까라] "세존이신 고따마시여, 오늘 수행승의 무리와 함께 저희들의 공양을 받아주십시오."

세존께서는 침묵으로 허락하셨다.

---

499) yāvatā ariyaṃ āyatanaṃ yāvatā vaṇippatho: 원래의 의미는 '고귀한 장소인 한, 상인의 길이 있는 한'이란 뜻인데, Smv. 540-550에 따르면, '아리야 인들의 주거지인 한, 상인들이 운반하는 물품을 쌓아두고 매매하는 장소 또는 상인들이 사는 장소인 한'이라는 뜻이다.

500) Pāṭaliputta : 원래 부처님 당시에는 빠딸리가마(Pāṭaligāma)라고 불렸으나 나중에 도시화되어 빠딸리뿟따(Pāṭaliputta)라고 불렸다. 언제부터 빠딸리가마가 빠딸리뿟따라고 불렸는지는 명확하지 않다. 후대에 이 도시는 라자가하를 대신해서 마가다 국의 수도가 되었다.

501) puṭabhedanaṃ: 원래 '물품의 푸대가 부서지는 장소'인데 Smv. 541에 따르면, 전 인도에서 가져온 여러 가지 물품을 방출하는 곳을 의미한다.

30. 그래서 마가다 국의 대신인 쑤니다와 밧싸까라는 세존께서 허락하신 것을 알고 자신의 처소를 찾았다. 가까이 다가가서 자신의 처소에서 훌륭한 여러 가지 음식을 준비하여 세존께 때를 알렸다.

[쑤니다와 밧싸까라] "세존이신 고따마시여, 때가 되었습니다. 공양이 준비되었습니다."

31. 그래서 세존께서는 아침 일찍 옷을 입고 발우와 가사를 갖추고 수행승들의 무리와 함께 마가다 국의 대신인 쑤니다와 밧싸까라의 처소로 찾아가셨다. 가까이 다가가서 마련된 자리에 앉으셨다. 그러자 마가다 국의 대신인 쑤니다와 밧싸까라는 세존을 비롯한 수행승들의 무리에게 훌륭한 여러 가지 음식들을 손수 대접하며 그들을 만족하게 했다.

32. 그리고 마가다 국의 대신인 쑤니다와 밧싸까라는 세존께서 식후에 발우에서 손을 떼자 다른 낮은 자리를 골라 한쪽으로 물러나 앉았다. 한쪽으로 물러나 앉자 세존께서는 마가다 국의 대신인 쑤니다와 밧싸까라를 이와 같은 시로써 기쁘게 하셨다.

[세존]

"현자로 태어난 자는
어떠한 곳에 주거를 만들더라도
계행을 지니고 제어하는
청정한 삶을 사는 자를 부양한다.[502](3)

---

502) yasmiṃ padese kappeti | vāsaṃ paṇḍitajātiyo | sīlavantettha bhojetvā | saññate brahmacārayo || Smv. 542에 따르면, 여기서 제어한다는 것은 신체적 · 언어적 · 정신적 제어를 말한다.

거기에 사는 하늘사람들이 있다면
그들에게 보시의 공덕을 받치라.
그들은 경배받으면 그를 경배하고,
그들은 숭배받으면 그를 숭배한다.503)(4)

그래서[89] 그들은 그에게 자애를 베푼다.
어머니가 하나뿐인 아들 대하듯,
신들의 보살핌을 받는 사람은
항상 현선한 징표를 보게 되리."504)(5)

세존께서는 마가다 국의 대신인 쑤니다와 밧싸까라를 이와 같은 시로써 기쁘게 한 뒤에 자리에서 일어나 그곳을 떠나셨다.

33. 그러자 마가다 국의 대신인 쑤니다와 밧싸까라는 세존을 바싹 뒤쫓아 가면서 '오늘 수행자 고따마께서 나가는 문은 고따마 문이라고 이름지을 것이고, 갠지스강을 건너면, 그 강의 나루터는 고따마 나루터라고 이름지을 것입니다.'라고 말했다. 그래서 세존께서 나간 문은 고따마 문이라고 이름지어졌다. 그리고 세존께서 갠지스 강이 있는 곳으로 다가가셨다. 당시에 갠지스 강은 까마귀가 마실 수 있을 만큼 불어나 있었다. 저쪽 언덕으로 건너고자 어떤 사람들은 배를 찾고

---

503) yā tattha devatā āsuṃ | tāsaṃ dakkhiṇamādise | tā pūjitā pūjayanti | mānitā mānayanti naṃ || Smv. 542에 따르면, 여기서 '보시의 공덕을 받치라.'라는 말은 '승단에 받쳐진 네 가지 필수품의 공덕을 그 가문의 신들에게 돌리시오 이득을 주시오.'라는 뜻이다. 그리고 그들은 '경배받으면 그를 경배하고'는 이득을 주면 보호를 해 준다는 뜻이고, '숭배받으면 그를 숭배한다.'는 뜻은 적절한 의례를 통해서 숭배하면, 생겨난 근심을 없애준다는 뜻이다.

504) tato naṃ anukampanti mātā puttaṃ'ca orasaṃ | devatānukampito poso sadā bhadrāni passatī'ti ||

있었고, 어떤 사람들은 나무뗏목을 찾고 있었고, 어떤 사람들은 대나무 뗏목을 엮고 있었다.[505] 그러자 세존께서는 수행승의 무리와 함께 마치 힘센 사람이 굽혀진 팔을 펴고 펴진 팔을 굽히는 듯한 사이에, 갠지스 강의 이쪽 언덕에서 모습을 감추고 저쪽 언덕으로 건너가셨다. 그리고 세존께서는 저쪽 언덕에서 건너고자 어떤 사람들은 배를 찾고 있었고, 어떤 사람들은 뗏목을 찾고 있었고, 어떤 사람들은 뗏목을 엮고 있는 것을 보셨다. 세존께서는 이러한 정황을 알고 그 때 이와 같은 감흥어린 싯구를 읊으셨다.

[세존]
"사람이 뗏목을 엮는 사이에
다리를 만들어 늪지를 떠나서
바다와 하천을 건너는 사람들,
그들은 지혜로운 자, 건너는 자들이다."[506](6)

(네 가지 거룩한 진리의 꿰뚫음)

34. 그리고[90] 세존께서는 존자 아난다에게 말씀하셨다.

[세존] "아난다여, 이제 꼬띠가마[507] 마을이 있는 곳을 찾아가자."

---

505) appekacce uḷumpaṃ pariyesanti, appekacce kullaṃ bandhanti : Smv. 542에 따르면, 나무뗏목(uḷumpa)은 목재를 조합하여 쐐기를 박아 만든 것을 말하고 대나무뗏목(kulla)은 넝쿨로 엮은 것이다.

506) ye taranti aṇṇavaṃ saraṃ | setuṃ katvāna visajja pallalāni | kullaṃ hi jano pabandhati | tiṇṇā medhāvino janā'ti ‖ Smv. 542에 따르면, 여기서 다리(setu)는 고귀한 길(ariyamagga)을 말하고, 바다(aṇṇava)는 최소한 1요자나(1요자나 = 약 14km) 깊이의 광대한 물이 있는 곳을 말하고, 하천(sara)은 갈애의 흐름(taṇhāsara)을 말한다.

507) Koṭigāma : 갠지스 강의 밧지(Vajjī) 족의 마을로 Smv. 542에 따르면, 마하빠나다(Mahāpanāda) 왕의 궁전의 곁(koṭi)에 만들어진 마을이다.

[아난다] "세존이시여, 알겠습니다."

존자 아난다는 세존께 대답했다. 세존께서는 많은 수행승의 무리와 함께 꼬띠가마 마을에 도착했다. 세존께서는 꼬띠가마 마을에서 지내셨다. 그 때 세존께서는 수행승들에게 말씀하셨다.

[세존] "수행승들이여, 네 가지 거룩한 진리[508]를 이해하지 못했고 꿰뚫지 못했기 때문에, 나나 그대들이나 오랜 세월 유전했고 윤회했다. 네 가지란 무엇인가?

수행승들이여,

1) 괴로움의 거룩한 진리를 이해하지 못했고 꿰뚫지 못했기 때문에, 나나 그대들이나 오랜 세월 유전했고 윤회했다.

2) 괴로움의 발생의 거룩한 진리를 이해하지 못했고 꿰뚫지 못했기 때문에, 나나 그대들이나 오랜 세월 유전했고 윤회했다.

3) 괴로움의 소멸의 거룩한 진리를 이해하지 못했고 꿰뚫지 못했기 때문에, 나나 그대들이나 오랜 세월 유전했고 윤회했다.

4) 괴로움의 소멸로 이끄는 길의 거룩한 진리를 이해하지 못했고 꿰뚫지 못했기 때문에, 나나 그대들이나 오랜 세월 유전했고 윤회했다.

그러나 수행승들이여, 이제 괴로움의 거룩한 진리를 이해했고 꿰뚫었고, 괴로움의 발생의 거룩한 진리를 이해했고 꿰뚫었고, 괴로움의 소멸의 거룩한 진리를 이해했고 꿰뚫었

---

508) catu-ariyasacca : 네 가지 거룩한 진리(四聖諦 : cattāri ariyasaccāni)에 대하여 상세한 것은 전집(DN. I. 189)과 그 주석을 보라.

고, 괴로움의 소멸로 이끄는 길의 거룩한 진리를 이해했고 꿰뚫었다. 이제 존재의 갈애가 끊어지고 존재의 통로가 부서지고 다시 미래에 태어나는 일이 없다."

세존께서는 이와 같이 말씀하셨다. 이처럼 말씀하시고 올바른 길로 잘 가신 님께서는 스승으로서 이와 같이 시로 말씀하셨다.

[세존]
"네 가지[91] 거룩한 진리
있는 그대로 보지 못해
여기 저기 태어나
오랜 세월 윤회했다.509)(7)

이들 진리를 보았으니
존재의 통로는 부수어졌고
괴로움의 뿌리는 끊어졌고
이제 재생은 없어졌다."510)(8)

35. 세존께서는 그곳 꼬띠가마 마을에서 지내면서 많은 수행승들에게 이와 같이 '계행은 이러하고, 삼매는 이러하고, 지혜는 이러하다. 계행을 철저히 닦은 삼매는 커다란 과보, 커다란 공덕이 있고, 삼매를 철저히 닦은 지혜는 커다란 과보, 커다란 공덕이 있고, 지혜를 철저히 닦은 마음은 번뇌 곧, 감각적 쾌락의 욕망에 의한 번뇌, 존재에 의한 번뇌, 무명

---

509) catunnaṁ ariyasaccānaṁ | yathābhūtaṁ adassanā | saṁsaraṁ dīghamaddhānaṁ | tāsu tāsveva jātisu ‖ 이 시와 다음 시는 SN. V. 431; Vin. I. 231; Nett. 166에도 나온다.

510) tāni etāni diṭṭhāni | bhavanetti samuhatā | ucchinnaṁ mūlaṁ dukkhassa | natthidāni puna bbhavoti ‖ Smv. 543에 따르면, 존재의 통로(bhavanetti)는 생존에서 생존으로 이끄는 갈애의 끈(taṇhārajju)을 말한다.

에 의한 번뇌에서 완전히 해탈된다.'라고 법문을 설하셨다.

(진리의 거울)[511]

36. 그리고 세존께서는 꼬띠가마 마을에서 계실 만큼 계시다가 존자 아난다에게 말씀하셨다.

[세존] "아난다여, 냐띠까[512] 마을이 있는 곳으로 찾아가자."

[아난다] "세존이시여, 알겠습니다."

존자 아난다는 세존께 대답했다. 세존께서는 많은 수행승의 무리와 함께 냐띠까 마을에 도착하셨다. 거기서 세존께서는 냐띠까 마을의 긴자까바싸타[513] 정사에 계셨다. 그 때 존자 아난다는 세존께서 계신 곳으로 찾아왔다. 가까이 다가와서 세존께 인사를 드리고 한 쪽으로 물러나 앉았다. 한 쪽으로 물러나 앉은 존자 아난다는 세존께 이와 같이 말씀드렸다.

[아난다] "세존이시여, 쌀라[514]라고 하는 수행승이 죽었

---

511) SN. V. 356-358에도 유사한 내용이 등장한다.

512) Ñātika : 이 경과 SN. V. 356, MN. I. 205에는 나디까(Nādika)란 이름으로 나오고 DN. II. 200에서는 나띠까(Nātika)라고 나온다. SN. II. 153; IV. 90, 401, V. 356 등의 경에서는 냐띠까(Ñātika)란 이름으로 등장한다. Smv. 543에 따르면, 하나의 연못에 인접한 숙부와 백부 두 사람의 두 마을 즉, 친척마을(ñātigāma)이라는 뜻이다. 역자는 냐띠까(Ñātika)란 이름으로 통일한다. Ppn. 976에 따르면 꼬띠가마(Koṭigāma)와 베쌀리(Vesāli) 사이에 있는 밧지(Vajji) 국의 마을이었다. 세존께서는 신심이 깊은 주민들이 지어준 긴자까바싸타(Giñjakāvasatha) 정사에 머물려고 여러 번 이 마을을 방문하셨다. 또한 꾸씨나가라(Kusinagara)를 향한 마지막 여행에서 이 마을에 들러 암바빨리(Ambapali)의 공양을 받으셨다.

513) Giñjakāvasatha : 이것은 냐띠까(Ñātikā 또는 Nādikā = Nātikā) 마을사람들이 부처님을 위해 지은 정사(精舍)로 한역에서는 연와당(煉瓦堂)이라고 번역하거나 번기가정사(繁耆迦精舍)라고 음사한다.

514) Sāḷha : 냐띠까(Ñātikā) 마을의 수행승으로 죽어서 거룩한 님이 되었다. 이 경과 SN. V.

는데 그의 운명은 어떠한 것이고 그의 미래는 어떠한 것입니까? 세존이시여, 난다[515]라고 하는 수행녀가 죽었는데 그녀의 운명은 어떠한 것이고 그녀의 미래는 어떠한 것입니까? 세존이시여, 쑤닷따[516]라고[92] 하는 재가의 남자 신자가 죽었는데 그의 운명은 어떠한 것이고 그의 미래는 어떠한 것입니까? 세존이시여, 쑤자따[517]라고 하는 재가의 여자 신자가 죽었는데 그녀의 운명은 어떠한 것이고 그녀의 미래는 어떠한 것입니까?[518] 까꾸따[519]라고 하는 재가의

356에만 나온다.

515) Nandā : 냐띠까(Ñātikā) 마을의 수행녀로 죽어서 돌아오지 않는 님이 되었다. 다른 동명의 수행녀 난다 – 그녀는 부처님의 여제자 수행녀 가운데 '선정에 드는 자 가운데 제일(jhāyīnaṃ aggaṃ)'이었다. 그녀는 쑷도다나(Suddhodana) 왕과 마하빠자빠띠(Mahāpajāpati) 비의 딸로 장로 난다의 여동생이다. 그녀는 미모가 아름다워 쑨다리난다(Sundarīnandā) 또는 루빠난다(Rūpa nandā)라고도 불렸다. 그녀는 미모의 자만에 빠져 있었는데, 부처님께서 미모의 무상함에 대하여 설법하는 것을 듣고 통찰을 얻어 거룩한 님이 되었다. – 와 혼동해서는 안 된다.

516) Sudatta : 냐띠까(Ñātikā) 마을의 재가신자로 죽어서 한번 돌아오는 님이 되었다. 여기서는 장자 아나타삔디까(Anāthapiṇḍika)를 지칭하는 개인적 이름 쑤닷따와는 다른 사람이다.

517) Sujātā : 냐띠까(Ñātikā) 마을의 여자 재가신자로 죽어서 흐름에 든 님이 되었다. 그러나 다른 동명의 여자 재가 신자로 부처님께 보리수하에서 유미죽을 바친 쑤자따 – 그녀의 이름은 쑤자따 쎄나니디따(Sujātā Senānīdhītā)인데 AN. I. 26에 따르면, 부처님의 여자 재가신자 가운데 '먼저 귀의한 자 가운데 제일(paṭhamaṃ saraṇaṃ gacchantīnaṃ aggaṃ)'이다. 우루벨라(Uruvelā) 근처의 쎄나니(Senāni) 마을의 소유주인 쎄나닌(Senānin)의 딸이었다. 그녀는 아들을 낳으면 마을의 보리수 나무 수신에게 유미죽을 바치겠다고 기도하여 아들을 얻었다. 그녀의 소원이 성취되자 그녀는 하녀 뿐나(Puṇṇā)를 시켜서 보리수 아래에서 공양을 올릴 준비를 시켰다. 그런데 바로 그날이 부처님께서 그 보리수 아래서 깨달음을 얻기 직전이었다. 하녀는 부처님을 보리수 아래서 발견하고 수신으로 착각하여 쑤자따에게 소식을 전했고, 쑤자따는 기쁜 나머지 황금 발우에 유미죽을 담아 부처님에게 올렸다. 부처님께서는 그 황금 발우를 받아들고 목욕을 한 뒤에 49일 만에 처음 음식을 들었다. 고행을 버리고 기운을 차린 부처님께서는 마침내 쑤자따의 공양을 받고 깨달음을 이룰 수 있었다. 쑤자따의 아들은 야싸(Yasa)인데, 훗날 그는 부처님의 설법을 듣고 거룩한 님이 되었으며, 아버지가 그를 찾아왔다가 부처님의 재가의 제자가 되었고 부처님을 집에 초대하였다. 거기서 부처님의 설법을 듣고 야싸의 아버지와 쑤자따는 흐름에 든 님이 되었고, 처음으로 부처님과 가르침과 참모임에 귀의하는 삼귀의를 읊조리며 재가의 신자가 되었다. –와 혼동해서는 안 된다.

518) Saḷha … Nandā … Sudatta … Sujātā : 냐띠까(Ñātikā) 마을의 승려와 재가신도이다.

남자 신자가 냐띠까 마을에서 죽었는데 그의 운명은 어떠한 것이고 그의 미래는 어떠한 것입니까? 세존이시여, 깔링가라고 하는 재가의 남자 신자가 냐띠까 마을에서 죽었는데 그의 운명은 어떠한 것이고 그의 미래는 어떠한 것입니까? 세존이시여, 니까따라고 하는 재가의 남자 신자가 냐띠까 마을에서 죽었는데 그의 운명은 어떠한 것이고 그의 미래는 어떠한 것입니까? 세존이시여, 까띳싸하라고 하는 재가의 남자 신자가 냐띠까 마을에서 죽었는데 그의 운명은 어떠한 것이고 그의 미래는 어떠한 것입니까? 세존이시여, 뚯타라고 하는 재가의 남자 신자가 냐띠까 마을에서 죽었는데 그의 운명은 어떠한 것이고 그의 미래는 어떠한 것입니까? 세존이시여, 싼뚯타라고 하는 재가의 남자 신자가 냐띠까 마을에서 죽었는데 그의 운명은 어떠한 것이고 그의 미래는 어떠한 것입니까? 세존이시여, 밧다라고 하는 재가의 남자 신자가 냐띠까 마을에서 죽었는데 그의 운명은 어떠한 것이고 그의 미래는 어떠한 것입니까? 쑤밧다라고 하는 재가의 남자 신자가 냐띠까 마을에서 죽었는데 그의 운명은 어떠한 것이고 그의 미래는 어떠한 것입니까?"520)

37. [세존] "아난다여, 수행승 쌀라는 번뇌를 부숨으로써 번뇌 없이 마음에 의한 해탈과 지혜에 의한 해탈을 바로 현세에서 스스로 곧바로 알고 깨달아 성취했다. 아난다여, 수행녀 난다는 다섯 가지 낮은 단계의 결박을 끊어 버리고 화생하여

---

519) Kakudha : 냐띠까 마을의 재가신도. Ja. II. 341에도 등장하며, SN. V. 358에 등장하는 깍까따(Kakkaṭa)와 동일인물이다.

520) Kāḷinga … Nikata … Kaṭissaha … Tuṭṭha … Santuṭṭha … Bhadda … Subhadda : 각각 냐띠까 마을의 재가신도이다.

그곳에서 열반에 들어 저 세상에서 돌아오지 않는다. 아난다여, 재가의 남자 신자 쑤닷따는 세 가지 결박을 끊어 버리고 탐욕과 성냄과 어리석음이 약해져서 한 번 돌아오는 경지에 이르러 단지 한 번 이 세상에[521] 돌아와 괴로움을 끝낸다. 아난다여, 재가의 여자 신자 쑤자따는 세 가지 결박을 끊어 버리고 흐름에 든 님이 되어 악도에 떨어지지 않고 삶의 길이 정초되어 깨달음으로 나아간다. 아난다여, 재가의 남자 신자 깍까따는 다섯 가지 낮은 단계의 결박을 끊어 버리고 화생하여 그곳에서 열반에 들어 저 세상에서 돌아오지 않는다. 아난다여, 재가의 남자 신자 깔링가도 다섯 가지 낮은 단계의 결박을 끊어 버리고 화생하여 그곳에서 열반에 들어 저 세상에서 돌아오지 않는다. 아난다여, 재가의 남자 신자 냐띠까도 다섯 가지 낮은 단계의 결박을 끊어 버리고 화생하여 그곳에서 열반에 들어 저 세상에서 돌아오지 않는다. 아난다여, 재가의 남자 신자 까띳싸하도 다섯 가지 낮은 단계의 결박을 끊어 버리고 화생하여 그곳에서 열반에 들어 저 세상에서 돌아오지 않는다. 아난다여, 재가의 남자 신자 뚯타도 다섯 가지 낮은 단계의 결박을 끊어 버리고 화생하여 그곳에서 열반에 들어 저 세상에서 돌아오지 않는다. 아난다여, 재가의 남자 신자 싼뚯타도 다섯 가지 낮은 단계의 결박을 끊어 버리고 화생하여 그곳에서 열반에 들어 저 세상에서 돌아오지

---

521) imaṁ lokaṁ : Srp. III. 282에 따르면, '이것은 감각적 쾌락의 욕망계에 관하여 언급한 것이다. 이것은 여기에 의미가 있다 : 만약에 인간으로서 한 번 돌아오는 님의 경지를 얻어 천상에 태어나 거룩한 경지[阿羅漢果]를 성취하면 그것은 훌륭한 일이다. 그러나 불가능하면 필연적으로 인간계에 돌아와 성취한다. 천상에서 한 번 돌아오는 님의 경지를 얻고 인간계에 다시 태어난 뒤에 거룩한 경지 성취하는 것도 훌륭한 일이다. 그러나 성취하지 못하면, 필연적으로 천상계에 가서 성취한다.'

않는다. 아난다여, 재가의 남자 신자 밧다도 다섯 가지 낮은 단계의 결박을 끊어 버리고 화생하여 그곳에서 열반에 들어 저 세상에서 돌아오지 않는다. 아난다여, 재가의 남자 신자 쑤밧다도 다섯 가지 낮은 단계의 결박을 끊어 버리고 화생하여 그곳에서 열반에 들어 저 세상에서[93] 돌아오지 않는다. 아난다여, 오십 명의 재가의 남자 신자가 냐띠까 마을에서 죽어서 다섯 가지 낮은 단계의 결박을 끊어 버리고 화생하여 그곳에서 열반에 들어 저 세상에서 돌아오지 않는다. 아난다여, 구십 명의 재가의 남자 신자가 냐띠까 마을에서 죽어서 세 가지 결박을 끊어 버리고 탐욕과 성냄과 어리석음이 약해져서[522] 한 번 돌아오는 님으로 한 번 이 세상으로 돌아와 괴로움의 종식을 성취할 것이다. 아난다여, 오백 명 남짓의[523] 재가의 남자 신자가 냐띠까 마을에서 죽어서 세 가지 결박을 끊어 버리고 흐름에 든 님이 되어 악도에 떨어지지 않고 삶의 길이 정초되어 올바른 깨달음으로 향한다.[524]

38. 아난다여, 인간으로서 죽어야 한다는 사실은 놀라운 것

---

522) rāgadosamohānaṃ tanuttā : Smv. 543에 따르면, '엷어져서'라는 것은 '어떠한 때에 생겨나기 때문에' 또는 '현재의 번뇌(pariyuṭṭhāna : 纏縛)가 느리기 때문에'라는 뜻이다. 두 가지로 엷어짐이 알려진다. 한번 돌아오는 님에게는 탐욕 등이 범부처럼 자주 일어나는 것이 아니고 어떤 때에 어떤 상황에 따라 일어나기 때문이다. 또한 일어나더라도 농후하게 일어나는 것이 아니라 물고기의 비늘처럼 엷게 일어나기 때문이다.

523) sātirekāni pañcasatāni nātikiyā paricārakā abbhatītā kālakatā, tiṇṇaṃ saññojanānaṃ parikkhayā sotāpannā avinipātadhammā niyatā sambodhiparāyaṇā ti : Srp. III. 282에 따르면, '그 마을은 아주 크지는 않지만 거기에 고귀한 제자들은 많이 살았다. 이 마을의 재가신자가 많이 죽었다. 그런데 당시에 여기저기에 다른 곳에도 역병이 돌아 한 번에 240만 명이 죽었다. 그들 가운데 고귀한 제자들도 상당수 있었다.'

524) Kāḷinga … Nikata … Kaṭissaha … Tuṭṭha … Santuṭṭha … Bhadda … Subhadda : 이들과 여타의 재가신자들의 운명과 그와 관련된 결박에 대해서는 이 책 해제의 「쌉뿌리사와 참사람」의 항목을 보라.

이 아니다. 그 때 그 때 마다 인간이 죽을 때에 내게 와서 그 의취를 물으려 한다면, 아난다여, 그것은 여래를 괴롭히는 것이다. 그러므로 아난다여, 고귀한 제자가 그것을 성취하여 그가 원한다면 스스로 자신을 이와 같이 '지옥도 부서졌고 축생도 부서졌고 아귀도 부서졌고 괴로운 곳, 나쁜 곳, 비참한 곳도 부서졌고 나는 이제 진리의 흐름에 들어 타락할 수 없고 단연코 올바른 깨달음으로 나아간다.'라고 예지할 수 있는 진리의 거울[525]이라는 법문을 하겠다. 아난다여, 고귀한 제자가 그것을 성취하여 그가 원한다면 스스로 자신을 이와 같이 '지옥도 부서졌고 축생도 부서졌고 아귀도 부서졌고 괴로운 곳, 나쁜 곳, 비참한 곳도 부서졌고 나는 이제 진리의 흐름에 들어 타락할 수 없고 단연코 올바른 깨달음으로 나아간다.'라고 예지할 수 있는 진리의 거울이라는 법문은 무엇인가? 아난다여, 세상에 고귀한 제자는

1) 부처님에 관하여 이와 같이 '세존께서는 거룩한 님, 올바로 원만히 깨달은 님, 명지와 덕행을 갖춘 님, 올바른 길로 잘 가신 님, 세상을 아는 님, 위없이 높으신 님, 사람을 길들이는 님, 하늘사람과 인간의 스승이신 님, 깨달은 님, 세상의 존귀한 님입니다.'라고[526] 흔들리지 않는 청정한

525) dhammādāsaṁ : Smv. 544에 따르면, '법으로 이루어진 거울(法鏡 : dhammamayaṁ ādāsaṁ)'을 말한다.

526) itipi so bhagavā arahaṃ sammāsambuddho vijjācaraṇasampanno sugato lokavidū anuttaro purisadammasārathī satthā devamanussānaṃ buddho bhagavā'ti : 역자주: 부처님을 존칭해서 부르는 이름들 – 석가족의 성자(釋迦牟尼 : Sākyamuni), 석가족의 사자(Sākyasiṅha), 올바른 길로 잘 가신 님(善逝 : sugata), 스승(satthā), 승리자(勝者 : Jina), 세존·세상에 존귀한 님(世尊 : bhagavā), 세상의 수호자(lokanātha), 전지자(sabbaññu), 진리의 제왕(法王 : dammarāja), 이렇게 오신 님(如來 : tathāgata), 거룩한 님(阿羅漢 : arahant), 올바로 원만히 깨달으신 님(正等覺者 : sammāsambudha), 명지와 덕행을 갖추신 님(明行足 : vijjācaraṇasampanna), 세상을 이해

믿음[527])을 갖춘다.

2) 가르침에 관하여 이와 같이 '세존께서 잘 설하신 가르침은 현세의 삶에서 유익한 가르침이며, 시간을 초월하는 가르침이며, 와서 보라고 할 만한 가르침이며, 최상의 목표로 이끄는 가르침이며, 슬기로운 자라면 누구나 알 수 있는 가르침입니다.'라고[528]) 흔들리지 않는 청정한 믿음

하는 님(世間解 : lokavidū), 가장 높은 자리에 오르신 님(無上師: anuttaro), 사람을 길들이시는 님(調御丈夫 : purisadammasārathī), 신들과 인간의 스승(天人師 : satthā deva manussānaṁ), 부처님(buddha : 佛) - 가운데 이 경에서 언급하고 있는 이러한 열 가지를 여래십호(如來十號)라고 부른다.

527) aveccappasāda : 한역에서는 불괴정(不壞淨)이라고 한다. Srnv. 544에 따르면, 부처님의 덕성을 있는 그대로 알고 있기 때문에 부동·불괴의 믿음을 갖는다. 이하의 네 가지, 즉 삼보에 대한 믿음과 계행에 대한 믿음을 네 가지 흔들리지 않는 청정한 믿음(四不壞淨)이라고 한다.

528) sandiṭṭhiko ayaṁ dhammo akāliko ehipassiko opanayiko paccattaṁ veditabbo viññūhī ti : 이 말은 다른 어떠한 철학이나 종교와 구별되는 부처님의 가르침의 특징을 대변하는 유명한 말이다. 'sandiṭṭhiko'는 '현세에 유익한, 지금 여기의'란 뜻이고, 'akāliko'는 '무시간적인, 시간에 매이지 않는'의 의미를 지닌다. 붓다고싸는 고귀한 길을 실천하면 그 결과가 즉시 나타난다는 의미에서 이 단어를 '즉시 효과가 나타나는 것'으로 해석한다. 시간을 요구하지 않는다는 의미에서 '즉시 효과적인 것' 또는 '시간을 초월하는 것'의 두 가지 의미가 모두 함축될 수 있다. 그리고 'ehipassiko'는 ehi는 '오라' passa는 '보라'는 단수 이인칭 명령(*imp. 2sg.*)인데, 이것들이 근본접미사(kitapaccaya)와 결합하여 복합어를 이룬 것으로 '눈 앞에 보이는, 와서 보라는'의 뜻을 지닌다. 'opanayiko'는 '가까이 이끄는' 곧, '목표인 열반으로 인도한다.'는 뜻이다. 'paccattaṁ veditabbo viññūhi'는 '슬기로운 자 각자에게 알려지는 것'이라는 뜻인데, 붓다고싸는 여기서 '각자에게'라는 말은 '남의 힘을 통해서가 아닌 자기 자신을 통해서'란 뜻이라고 해석한다. 이것은 전체적으로 부처님께서 가르친 연기의 특성을 설명하는 구절이다. 현세에 유익하다는 것은 지금 여기에서 유익하다는 것이고, 시간을 초월한다는 것은 즉시 효과가 있을 뿐만 아니라, 시간지연이 있더라도 효과가 있다는 것이고, 와서 보라는 것은 경험적인 가르침이라는 것이고, 최상의 목표로 이끈다는 것은 열반으로 이끈다는 뜻이고, 슬기로운 자가 알 수 있다는 지혜를 필요로 한다는 것이다. 역자의 『초기불교의 연기사상』 102쪽을 참고하기 바란다. 빅쿠 보디(Bhikkhu Bodhi)가 Cdb. 98에서 빠알리어 문장의 어원을 따져 비교적 글자 그대로 옮긴 최근 번역은 '즉시적이고, 와서 보라고 초대하는 것이고, 적용할 수 있는 것이고, 슬기로운 자가 개인적으로 체험할 수 있는, 직접적으로 볼 수 있는 것이다.'와 같다. 빅쿠 보디는 필자가 '바로 현세에서 유익한 것'이라고 한 것을 '직접적으로 볼 수 있는 것'으로 번역하고 '시간을 초월하는 것'을 '즉시적'으로, '최상의 목표로 이끄는 것'을 '적용할 수 있는 것'으로 번역했다.

을 갖춘다.

3) 참모임에 관하여 이와 같이 '님의 가르침을 따르는 참사람의 모임은 훌륭하게 실천합니다. 님의 가르침을 따르는 참사람의 모임은 정직하게 실천합니다. 님의 가르침을 따르는 참사람의 모임은 현명하게 실천합니다.[94] 님의 가르침을 따르는 참사람의 모임은 조화롭게 실천합니다. 이와 같이 님의 가르침을 따르는 참사람의 모임은 네 쌍으로 여덟이 되는 참사람들[529]로 이루어졌으니, 공양받을 만하고 대접받을 만하고 선물받을 만하고 존경받을 만하고 세상에 가장 훌륭한 복밭입니다.'라고 흔들리지 않는 청정한 믿음을 갖춘다.

4) 또한 그는 파괴되지 않고 균열되지 않고 잡되지 않고 더럽혀지지 않고 자유로워지고 현자가 칭찬하고 집착을 여의고 삼매로 이끄는 고귀한 님들이 사랑하는 계행을 성취한다.

아난다여, 고귀한 제자가 그것을 성취하여 그가 원한다면 스스로 자신을 이와 같이 '지옥도 부서졌고 축생도 부서졌고 아귀도 부서졌고 괴로운 곳, 나쁜 곳, 비참한 곳도 부서졌고 나는 이제 흐름에 든 님이 되어 악도에 떨어지지 않고 삶의 길이 정초되어 올바른 깨달음으로 나아간다.'라고 예지할 수 있는 진리의 거울이라는 법문은 이러한 것이다."

39. 세존께서는 그곳 나띠까 마을에서 지내면서 많은 수행승들에게 이와 같이 '계행은 이러하고, 삼매는 이러하고, 지혜는 이러하다. 계행을 철저히 닦은 삼매는 커다란 과보, 커

529) cattāri purisayugāni, aṭṭha purisapuggalā : 한역에서는 사쌍팔배(四雙八輩)라고 한다. 이 책의 해제의 「쌉뿌리싸와 참사람」의 항목을 보라.

다란 공덕이 있고, 삼매를 철저히 닦은 지혜는 커다란 과보, 커다란 공덕이 있고, 지혜를 철저히 닦은 마음은 번뇌 곧, 감각적 쾌락의 욕망에 의한 번뇌, 존재에 의한 번뇌, 무명에 의한 번뇌에서 완전히 해탈된다.'라고 법문을 설하셨다.

(암바빨리 숲[530]에서 새김의 토대[531]에 대한 설법)

40. 그리고 세존께서는 냐띠까 마을에서 계실 만큼 계시다가 존자 아난다에게 말씀하셨다.

[세존] "아난다여, 베쌀리 시가 있는 곳으로 찾아가자."

[아난다] "세존이시여, 알겠습니다."

존자 아난다는 세존께 대답했다. 세존께서는 많은 수행승의 무리와 함께 베쌀리 시에 도착하셨다. 거기서 세존께서는 베쌀리 시의 암바빨리 숲에 계셨다. 거기서 세존께서는 수행승들에게 이와 같이 말씀하셨다.

[세존] "수행승들이여, 수행승은 새김을 확립하고 올바로 알아차려야 한다.[532] 그대들을 위하여 내가 설하겠다. 수행

---

530) Ambapālivana : 이 숲은 암바빨리(Ambapālī)가 기증한 숲이다. 암바빨리는 베쌀리 시의 기녀(妓女) 였다. 그녀는 왕립 정원의 망고(Amba) 나무아래서 우연히 발견되어 그런 이름을 갖게 되었는데, 그 정원의 정원사가 그녀를 키웠다. 그녀는 너무나 아름답게 성장하여, 그녀를 갖고자 서로 다투던 왕자들은 그녀를 기녀로 만들어 버렸다. 나중에 그녀는 부처님께 귀의하여 청신녀가 되었고 부처님께 자신의 정원에 승원을 세워 그 숲을 기증한 것이다. 암바빨리에게는 마가다 국의 빔비싸라 왕 사이에 비말라 꼰당냐(Vimala Koṇḍañña)라는 아들을 두었다. 그는 부처님께서 베쌀리 시를 방문했을 때, 부처님을 만나 그 위의에 감동받아 출가하여 거룩한 님[阿羅漢]이 되었다. 어느날 암바빨리는 자신의 아들의 설법을 듣고 감동을 받아 출가하여 무상의 도리를 깨닫고 거룩한 님이 되었다.

531) catusatipaṭṭhāna : 네 가지 새김의 토대(四念處)에 대해서는 이 책(DN. II. 290~)을 보라.

532) sato sampajāno : 새김(sati)에 대해서는 해제의 「싸띠와 새김」의 항목을 참조하라. Smv. 545에 따르면, 기억하므로 새김이라고 한다. 올바른 알아차림(sampajañña)은 Srp. III. 182에 따르면, 다음과 같은 네 가지 올바른 알아차림이 있다. ① 목표에 대한 올바른 알아차림(sātthakasamp

승들이여, 어떻게 새김을 확립하는 것인가? 수행승들이여, 세상에 수행승은533)

1) 열심히 노력하고 올바른 알아차림을 갖추고[95] 새김을 확립하여 세상의534) 탐욕과 근심을 제거하며,535) 몸에 대하여 몸을 관찰한다.536)
2) 열심히 노력하고 올바른 알아차림을 갖추고 새김을 확립하여 세상의 탐욕과 근심을 제거하며, 느낌에 대하여 느낌을 관찰한다.
3) 열심히 노력하고 올바른 알아차림을 갖추고 새김을 확립하여 세상의 탐욕과 근심을 제거하며, 마음에 대하여 마음을 관찰한다.
4) 열심히 노력하고 올바른 알아차림을 갖추고 새김을 확립

---

ajañña) : 자신이 의도한 행위에 대한 가치에 관한 올바른 알아차림 ② 적응에 대한 올바른 알아차림(sappāyasampajañña) : 목표를 성취하기 위한 적당한 수단에 대한 올바른 알아차림 ③ 행경에 대한 올바른 알아차림(gocarasampajañña) : 다양한 명상주제에 대한 올바른 알아차림 ④ 어리석음이 없는 올바른 알아차림(asammohasampajañña) : 실체적인 자아가 없는 조건적 과정으로서 행위에 관한 올바른 알아차림.

533) bhikkhu : Pps. I. 241에 따르면, 수행승은 가르침의 실천을 성취하기 위하여 진지하게 노력하는 사람을 말한다.

534) loke : Pps. I. 243-244에서는 '몸에(kāye)'로 설명한다. Vbh. 195에 따르면, 세계나 바다라는 표현은 감각영역을 나타내는데 쓰인다.

535)* vineyya : Srp. III. 180에 따르면, '특수한 관점에서의 제어나 억제에 의한 제어를 통해서 제거하고(tadaṅgavinayena vā vikkhambhanavinayena vā vinayitvā)'의 뜻이다. '특수한 관점에서 제어'는 신중한 제어나 통찰을 통해 일시적으로 제거하는 것을 말하고 '억제에 의한 제어'는 선정의 성취를 통한 일시적인 제거를 말한다.

536) kāye kāyānupassī : Pps. I. 241에 따르면, '몸에 대하여 몸을 관찰하여'라는 반복적인 표현은 그것과 혼동되어서는 안 될 다른 대상과 분리하여 명상의 대상을 정확히 규정할 목적을 갖고 있다. 그래서 이 수행에서 몸은 단지 그러한 것으로 새겨져야지 그것과 관련된 느낌이나 마음이나 사실로 새겨져서는 안 된다. 이 구절은 또한 몸은 단지 몸으로 새겨져야지 남자나 여자나 자아나 중생으로 새겨져서는 안 된다. 이러한 방식은 다른 네 가지 새김의 토대에 대하여서도 똑같이 적용된다.

하여 세상의 탐욕과 근심을 제거하며, 사실에 대하여 사실을 관찰한다.

수행승들이여, 이와 같이 새김을 확립하는 것이다.

수행승들이여, 수행승은 어떻게 올바른 알아차림을 갖추는가? 수행승들이여, 세상에 수행승은 나아가는 것과 물러나는 것에 대해 올바른 알아차림을 갖추고, 보는 것과 살피는 것에 대해 올바른 알아차림을 갖추고, 굽히는 것과 펴는 것에 대해 올바른 알아차림을 갖추고, 법복과 발우와 가사를 지니는 것에 대해 올바른 알아차림을 갖추고, 먹고 마시고 씹고 맛보는 것에 대해 올바른 알아차림을 갖추고, 대변과 소변을 보는 것에 대해 올바른 알아차림을 갖추고, 가고 서고 앉고 잠자고 깨고 말하고 침묵하는 것에 대해 올바른 알아차림을 갖춘다.

수행승들이여, 수행승은 이와 같이 올바른 알아차림을 갖추는 것이다.

수행승들이여, 수행승은 이와 같이 새김을 확립하고 올바른 알아차려야 한다. 이것이 그대들을 위한 나의 가르침이다."[537]

(기녀 암바빨리[538]의 영접)

---

537) Srp. III. 181-199에 이르기까지 이 사념처에 대하여 방대한 주석이 존재한다.

538) Ambapālī: ThagA. 198에 따르면, 그녀는 과거의 부처님들을 공양하여 윤회하며 공덕을 쌓아 씨킨 부처님의 가르침에 출가하여 승단에 들어 비구니의 학습계율을 수지하며 살았다. 어느날 많은 수행녀들과 탑묘를 예배하며 오른 쪽으로 돌다가 번뇌를 부순 장로니가 구토하여, 할 수 없이 탑묘의 정원에 떨어진 타액덩어리를, 번뇌를 부순 장로니의 것이라고 보지 못하고, 먼저 가는 자의 뒤를 밟고 있던 그녀는, 그 타액덩어리를 보고, '어떤 기생의 것인가? 이러한 장소에 타액덩어리를 떨어뜨리다니!'라고 비방하였다. 그 과보로 그녀는 다음 생에 태어나 기생이

41. 기녀 암바빨리는 '세존께서 베쌀리 시에 도착하여 암바빨리 숲에 계신다.'라고 들었다. 그래서 기녀 암바빨리는 아주 훌륭한 수레를 준비해서 그 아주 훌륭한 수레에 올라타고 아주 훌륭한 수레와 함께 베쌀리 시를 출발해서 자신의 승원이 있는 곳으로 떠났다. 수레로 갈 수 있는 곳까지 가서 수레에서 내려 걸어서 세존께서 계신 곳을 찾아갔다. 가까이 다가가서 세존께 인사를 드리고 한쪽으로 물러나 앉았다. 한쪽으로 물러나 앉은 기녀 암바빨리를 세존께서는 진리에 대한 이야기로 교시하고, 독려하고, 고무하고, 기쁘게 하셨다. 그렇게 세존의 진리에 대한 이야기로 교시받고, 독려받고, 고무되고, 희열에 가득 찬 기녀 암바빨리는 세존의 가르침에 만족하고 기뻐하며, 자리에서 일어나 세존께 이와 같이 말씀드렸다.

[암바빨리] "세존이시여, 세존께서는 수행승의 무리와 함께 내일 저의 공양을 받아주십시오."

세존께서는 침묵으로 허락하셨다. 그러자 기녀 암바빨리는 세존께서 허락하신 것으로 알고 자리에서 일어나 세존께 인사를 드리고 세존의 오른 쪽으로 돌아 그곳을 떠났다.

된다. 그녀는 수행녀 시절에 계행을 지켰고, 모태에 머무는 것을 혐오하여, 홀연히 태어나는 것(化生)을 마음에 두었다. 그래서 최후의 생에 베쌀리 시의 왕립정원에 망고 나무 아래 화생자로서 태어났다. 그것을 보고 정원사가 데려가 망고나무를 지키는 자라고 암바빨리라는 이름으로 불렀다. 그 후 그녀에게 단정하고 아름답고 청순하고 우아한 탁월한 덕성이 있는 것을 보고 많은 왕자들이 자신의 아내로 삼으려고 싸웠다. 그러나 그들은 싸움을 중지하고 그녀의 아름다운 자태가 직업으로서 모든 사람들을 위하여 봉사하도록 기생으로 만들었다. 그 후 그녀는 부처님에 대한 믿음을 얻어 자신의 정원에 승원을 지어 부처님을 상수로 하는 수행승의 승단에 기증하였다. 후에 자신의 아들인 비말라 꼰당냐(Vimala Kodañña) 장로에게 가르침을 듣고 출가하여 통찰을 닦아 거룩한 님이 되었다.

42. 베쌀리 시에 사는 릿차비 인들도 '세존께서[96] 베쌀리 시에 도착하여 암바빨리 숲에 계신다.'라고 들었다. 그래서 릿차비 인들도 아주 훌륭한 수레를 준비해서 아주 훌륭한 수레에 올라타고 아주 훌륭한 수레와 함께 베쌀리 시를 출발했다. 이때 어떤 릿차비 인들은 푸른색 곧, 피부를 푸른색으로, 옷을 푸른색으로, 장식을 푸른색으로 꾸미고 있었다.[539] 어떤 릿차비 인들은 붉은색 곧, 피부를 붉은색으로, 옷을 붉은색으로, 장식을 붉은색으로 꾸미고 있었다. 어떤 릿차비 인들은 흰색 곧, 피부를 흰색으로, 옷을 흰색으로, 장식을 흰색으로 꾸미고 있었다.

43. 그 때 기녀 암바빨리는 릿차비 인의 젊은이들과 차축은 차축끼리, 바퀴는 바퀴끼리, 멍에는 멍에끼리 부딪치게 만들었다. 그러자 그들 릿차비 인들은 기녀 암바빨리에게 이와 같이 말했다.

[릿차비 인들] "암바빨리여, 그대는 왜 릿차비 족의 젊은이들과 차축은 차축끼리, 바퀴는 바퀴끼리, 멍에는 멍에끼리 부딪치게 만듭니까?"

[암바빨리] "나의 귀공자들이여, 세존께서 내일의 공양에 수행승의 무리와 함께 초대되셨기 때문입니다."

[릿차비 인들] "그렇다면, 암바빨리여, 그 공양을 십만 금에 양도하시오."

---

539) tatra ekacce licchavī nīlā honti nīlavaṇṇā nīlavatthā nīlālaṅkārā : Smv. 545에 따르면, '푸른색'은 전체와 관련된 것이고, '피부를 푸른색으로'는 본래 피부가 푸른 색이라는 것이 아니고 푸른 색으로 칠한 것을 말하고, '옷을 푸른색으로'는 푸른 색의 천 등으로 옷을 입은 것을 말하고, '장식을 푸른색으로'는 푸른 보석이나 푸른 꽃으로 장식하고, 푸른 천이나 푸른 깃발, 푸른 갑옷으로 무장하고, 말조차 푸르게 치장하고, 몰이막대조차 푸르게 만든 것을 말한다.

[암바빨리] "귀공자들이여, 베쌀리 시를 영지와 함께[540] 다 준다고 하여도 저는 이 공양을 양도하지 않을 것입니다."

그러자 릿차비 인들은 "벗들이여, 우리가 한낱 여인에게 지고 말았다. 벗들이여, 우리가 한낱 여인에게 지고 말았다."라고 손가락을 튕겼다.

44. 그러면서 릿차비 인들은 암바빨리 숲으로 출발했다. 세존께서는 릿차비 인들이 멀리서 오고 있는 것을 보셨다. 보고 나서 수행승들에게 말씀하셨다.

[세존] "수행승들이여, 수행승들 가운데 서른셋 하늘나라의 신들을 보지 못했다면, 수행승들이여, 릿차비 인의 무리를 바라보라.[97] 수행승들이여, 릿차비 인의 무리에게 주의를 기울여라. 수행승들이여, 릿차비 인의 무리를 서른셋 하늘나라의 신들의 무리와 견주어 보라."

45. 그래서 릿차비 인들은 수레로 갈 수 있는 곳까지 가서 수레에서 내려 걸어서 세존께서 계신 곳을 찾아갔다. 가까이 다가가서 세존께 인사를 드리고 한쪽으로 물러나 앉았다. 한쪽으로 물러나 앉은 릿차비 인들을 세존께서는 진리에 대한 이야기로 교시하고, 독려하고, 고무하고, 기쁘게 하셨다. 그렇게 세존의 진리에 대한 이야기로 교시받고, 독려받고, 고무되고, 기쁨에 찬, 그 릿차비 인들은 세존께 이와 같이 말씀드렸다.

[릿차비 인들] "세존이시여, 세존께서는 수행승의 무리와 함께 내일 저희의 공양을 받아주십시오."[541]

---

540) sāhāraṃ : Daṭ. II. 185에 따르면, 영지(領地)라는 것은 왕의 신하들이 그곳에서 공물(bāli)을 운반하기(sāhāra) 때문에 그것을 얻을 수 있는 지방을 말한다.

그러자 세존께서는 릿차비 인들에게 말씀하셨다.

[세존] "릿차비 인들이여, 나는 내일 기녀 암바빨리의 공양을 받기로 했습니다."

그러자 릿차비 인들은 '벗들이여, 우리가 한낱 여인에게 지고 말았다. 벗들이여, 우리가 한낱 여인에게 지고 말았다.'라고 손가락을 튕겼다.

그래서 릿차비 인들은 세존께서 말씀하신 것에 만족하고 기뻐하며, 자리에서 일어나 세존께 인사를 드리고 세존의 오른 쪽으로 돌아 그곳을 떠났다.

46. 기녀 암바빨리는 그날 밤이 지나자 자기의 집에 여러 가지 훌륭한 음식을 차려 놓고 세존께 시간이 된 것을 알렸다.

[암바빨리] "고따마시여, 시간이 되었습니다. 식사 준비가 되었습니다."

그러자 세존께서는 아침 일찍 옷을 입고 발우와 가사를 들고 수행승의 무리와 함께 결발의 기녀 암바빨리의 집이 있는 곳을 찾아가셨다. 그리고 미리 마련된 자리에 앉으셨다. 그러자 기녀 암바빨리는 부처님을 비롯한 수행승들에게 여러 가지 훌륭한 음식을 몸소 대접하여 그들을 기쁘게 했다. 그리고 기녀 암바빨리는 세존께서 식사를 마치고 발우에서 손을 떼자 다른 낮은 자리를 취해서[98] 한 쪽으로 물러나 앉았다. 한 쪽으로 물러나 앉은 기녀 암바빨리는 세존께 이와 같이 말씀하셨다.

[암바빨리] "세존이시여, 저는 이 원림을 부처님을 비롯한

---

541) 'adhivāsetu no bhagavā svātanāya bhattaṃ saddhiṃ bhikkhusaṅghenā'ti. : Smv. 546에 따르면, 그들은 암바빨리가 먼저 초대했다는 사실을 알고 있었는데, 왜 초대했을까? 믿음이 없기 때문이기도 하고 해야 할 도리를 하려고 한 것이다.

수행승의 참모임에 바칩니다."

세존께서는 원림을 받으셨다. 그리고 기녀 암바빨리를 가르침에 대한 말씀으로 교화하고 북돋우고 고무시키고 기쁘게 하고 자리에서 일어나 그곳을 떠나셨다.

47. 세존께서는 그곳 베쌀리 시의 암바빨리 숲에서 지내면서 많은 수행승들에게 이와 같이 '계행은 이러하고, 삼매는 이러하고, 지혜는 이러하다. 계행을 철저히 닦은 삼매는 커다란 과보, 커다란 공덕이 있고, 삼매를 철저히 닦은 지혜는 커다란 과보, 커다란 공덕이 있고, 지혜를 철저히 닦은 마음은 번뇌 곧, 감각적 쾌락의 욕망에 의한 번뇌, 존재에 의한 번뇌, 무명에 의한 번뇌에서 완전히 해탈된다.'라고 법문을 설하셨다.

(벨루바가마까 마을의 안거)

48. 그리고 세존께서는 암바빨리 숲에서 계실 만큼 계시다가 존자 아난다에게 말씀하셨다.

[세존] "아난다여, 벨루바가마까[542] 마을이 있는 곳으로 찾아가자."

[아난다] "세존이시여, 알겠습니다."

존자 아난다는 세존께 대답했다. 세존께서는 많은 수행승의 무리와 함께 벨루바가마까 마을에 도착하셨다. 거기서 세존께서는 베쌀리 시의 벨루바가마까 마을에 계셨다.

그 때 세존께서는 수행승들에게 이와 같이 말씀하셨다.

[세존] "수행승들이여, 그대들은 베쌀리 시 근처에 친구나

542) Beluvagāmaka : Smv. 546에 따르면, 베쌀리 시 근처의 작은 마을이다.

도반이나 동료가[543] 있는 곳에서 우기의 안거를 보내라.[544] 나는 이곳 벨루바가마까 마을에서 우기의 안거에 들 것이다.[545]"

[수행승들] "세존이시여, 그렇게 하겠습니다."

그 수행승들은 대답하고 베쌀리 시 근처에서 친구나 도반이나[99] 동료가 있는 곳에서 우기의 안거를 보냈다. 그리고 세존께서는 이곳 벨루바가마까 마을에서 우기의 안거에 드셨다.

49. 그 후 우기의 안거 중에 세존께서는 심한 질병을 겪으셨다. 세존께서는 극심한 고통으로 사경에 들 정도이셨다. 그러나 세존께서는 그곳에서 새김을 확립하고 올바른 알아차림을 갖추면서 지치지 않고 그것을 견뎌내셨다. 그 때 세존께서는 이와 같이 생각하셨다.

[세존] '내가 만약 시자에게 알리지 않고 수행승의 승단에 작

---

543) yathāmittaṃ yathāsandiṭṭhaṃ yathāsambhattaṃ : 'mittā'는 벗이고 'sandiṭṭhā'는 지인(知人)이고 'sambhūttā'는 식구(食口)에 가까운 말이다.

544) vassaṃ upetha : 인도의 우기는 약 4개월간 지속된다. 7월부터 10월말까지이다. 그런데 율장에서의 공식적인 우기의 기간은 3개월이고 이 기간 동안에 수행승들은 선택한 장소에서 7일보다 긴 기간을 밖으로 돌아다니는 것이 금지되는데, 그 우기의 기간을 세는 방법이 두 가지가 있었다. 하나는 7월로부터 시작해서 3개월간(Āsāḷha월 보름~Purimakattika 월 보름)이고 하나는 8월로부터 시작해서 3개월간(Sāvaṇa월 보름~Pacchimakattika월 보름)이었다. Mrp. II. 97에 따르면, 부처님께서는 처음 20년 동안은 이러한 우기의 안거의 기준을 정하지 않아 수행승들은 여름이나 겨울이나 우기중이나 마음대로 돌아다녔다. 그래서 사람들이 '외도들도 우기에는 안거하는데, 싸끼야의 아들을 따르는 자들은 돌아다니며 나무와 넝쿨이나 작은 생명을 해치고 다닌다.'고 비난하자, 이러한 사실을 알게 된 부처님께서 우기의 안거를 제정하였다. 그런데 이렇게 제정된 우기의 안거는 수행승들에게 휴식기간과 교육 기간이 되었고 신자들에게는 포살의 기회를 제공했다.

545) idhevāhaṃ beluvagāmake vassaṃ upagacchāmī ti : Srp. II. 202에 따르면, 벨루바가마까(Beluvagāmaka)에는 와좌구(臥座具)가 없고 베쌀리(Vesāli)에는 와좌구가 많다. 스승은 이러한 것을 그들의 편의를 위해 말했다. 그리고 십 개월 뒤에 스승은 완전한 열반에 들었다.

별을 고하지 않고 궁극의 열반에 들면 옳지 않은 일이다. 지금 내가 삶을 유지하여 질병을 정진력으로 이겨내어 수명의 형성을 유지해야겠다.'[546]

그래서 세존께서는 정진력으로 질병을 이겨내고 수명의 형성을 유지하셨다. 그래서 세존께서는 질병을 이겨내셨다. 질병을 이겨내신지 얼마 되지 않아 정사에서 나와 승원 뒤의 그늘에 마련된 자리에 앉으셨다.

50. 그러자 존자 아난다는 세존께서 계신 곳으로 찾아왔다. 한 쪽으로 물러나 앉아 아난다는 세존께 이와 같이 말씀드렸다.

[아난다] "세존이시여, 세존께서 견디어내셨으니 더없이 기쁩니다. 세존이시여, 세존께서 회복하셨으니 더없이 기쁩니다.[547] 세존이시여, 세존께서 병이 드셨기 때문에 실로 저의 몸은 마비된 듯했고[548] 저는 분별력을 잃어버렸고, 가르침도 제게 아무런 소용이 없었습니다.[549] 그러나 세존이시여, 저는 이와 같이 '세존께서는 수행승들의 승단을 위해 어떠한 공표도 없이 궁극의 열반에 들지 않을 것이다.'라고 생각하고 어느 정도 안심을 얻었습니다."

---

546) jīvitasaṅkhāram adhiṭṭhāya : Srp. III. 202에 따르면, 수명(壽命 : jīvitasaṅkhāram)은 생명(jīvitam) 자체이거나 그것으로써 생명이 활성화되고 유지되고 연장되는 경지의 성취(jīvitaṭhapanasamatthaṁ phalasamāpattiṁ)를 이룬다. 여기서는 후자를 뜻한다. 그 정확한 뜻은 '나는 생명을 연장할 수 있는 경지를 성취할 것이다.'라는 뜻이다.

547) diṭṭhā bhante khamanīyaṁ diṭṭhā bhante bhagavato yāpanīyam : 이 책의 다른 곳(DN. II. 98)에서는 다른 방식으로 이와 같이 'diṭṭhā me phāsu … khamanīyaṁ. … yāpanīyaṁ bhagavato'라고 읽는다. 'diṭṭhā'는 '만세, 기쁘다, 운 좋다.'라는 감탄사이지 Krs. V. 131에서 처럼 '나는 보았다(I saw)'가 아니다. DN. III. 73에서 'diṭṭhā bho satta jīvasi'란 말은 '만세, 존자여, 그대가 살아있다니'라는 뜻이다.

548) madhurakajāto : Srp. III. 203에 따르면, '그는 꼬챙이에 꽂힌 사람처럼 딱딱하고 단단해진다.'

549) dhammā'pi maṁ nappaṭibhanti : Srp. III. 203에 따르면, '새김의 가르침은 나에 알려지지 않았으나 경의 가르침은 장로에게 잘 숙달되었다.'라는 뜻이다.

51. [세존] "그런데[100] 아난다여, 수행승의 승단이 나에게 바라는 것은 무엇인가? 아난다여, 나는 안팎의 차별을 두지 않고550) 가르침을 다 설했다. 아난다여, 여래의 가르침에 감추어진 사권은551) 없다. 아난다여, 어떤 사람이 '내가 수행승의 승단을 이끌어간다.'라든가 '수행승의 승단이 나에게 지시를 받는다.'라고 생각한다면, 그는 즉시 수행승의 승단에 관하여 어떠한 공표를 해야 할 것이다.552) 아난다여, 그러나 여래는 이와 같이 '내가 수행승의 승단을 이끌어 간다.'라든가 '수행승의 승단이 나에게 지시를 받는다.'라고 생각하지 않는다. 그러니 무엇 때문에 여래가 수행승의 승단과 관련하여 어떤 공표를 하겠는가?

52. 아난다여, 나는 지금 늙고, 나이 먹고, 해가 갈수록 쇠약해지고, 노인이 되고, 만년에 이르렀다. 내 나이는 여든을 넘어섰다. 아난다여, 마치 낡은 수레가 밧줄에553) 의지해서

---

550) anantaraṁ abāhiraṁ katvā : Srp. II. 203에 따르면, '나는 사실(法 : 객관)이나 사람(人 : 주관)과 관련해서 양자를 구별하여 '나는 이러한 사실을 남에게 가르치지는 않겠다.'라고 생각하고 사실을 내면화한다든가 '나는 이와 같은 사실을 남에게 가르치겠다.'라고 생각하여 사실을 외면화한다든가 아니면 '나는 이와 같은 자에게 가르치겠다.'라고 생각하여 사람을 내면화(인정)한다거나 '나는 이와 같은 자에게 가르치지 않겠다.'라고 생각하여 사람을 외면화(축출)하여, 스승께서는 이와 같이 구별하지 않고 가르쳤다.'는 뜻이다.

551) ācariyamuṭṭhi : 한역에서는 사권(師拳)이라고 한다. Srp. III. 203에 따르면, '젊었을 때에 누구에게도 말하지 않고 최후의 시간에 죽음의 침상 위에 누워, 사랑스럽고 마음에 드는 제자에게 말하는 외도의 스승들에게는 사권이 있지만, 이와 같이 여래에게는 늙어 최후의 시간에 '내가 이것을 말할 것이다.'라고 주먹을 쥐고 비밀로 되어 정해진 어떠한 것도 없다고 그는 보여 준다.'

552) tathāgatassa kho ānanda, na evaṃ hoti ahaṃ bhikkhusaṅghaṃ pariharissāmīti vā mamuddesiko bhikkhusaṅghoti vā, sakiṃ ānanda, tathāgato bhikkhusaṅghaṃ ārabbha kiñcideva udāharissati : 여기서 이 말들은 교단을 탈취하려고 했던 데바닷따를 염두에 두고 말한 것일 수 있다. PTS본에서 이 문장의 'sakiṁ'이 'kiṁ'으로 되어 있다.

553) vedhamissakena : 미얀마본은 'vekhamissakena'이나 싱할리본과 PTS본에서는 'veghamissakena'이다. Cdb. 1920과 Ev. I.에서 Norman은 'veṭhamissakena'로 보았다. 'vegha'는 가죽끈을 의미하고 'veṭha'(*sk.* veṣṭa)는 '끈, 올가미'를 뜻한다. Srp. III. 204의 'vekhamissakena'를 'veṭhami

계속 유지하듯이, 아난다여, 그와 같이 여래의 몸은 가죽끈에 의지해서 계속 유지하는 것과 같다.[554] 그러나 아난다여, 여래가 일체의 인상에 정신활동을 일으키지 않고 어떠한 느낌마저도 소멸하여 인상을 여의는 마음의 삼매에[555] 들면, 아난다여, 그 때 여래의 몸은 지극히 안온하다.[556] 그러므로 아난다여, 자신을 섬으로 삼고 자신을 피난처로 삼지 다른 것을 피난처로 삼지 말고, 가르침을 섬으로 삼고 가르침을 피난처로 삼지[557] 다른 것을 피난처로 삼지 말라.

53. 아난다여, 어떻게 수행승이 자신을 섬으로 삼고 자신을 피난처로 삼지 다른 것을 피난처로 삼지 말고, 가르침을 섬으로 삼고 가르침을 피난처로 삼지 다른 것을 피난처로 삼지 않는가?

아난다여, 세상에 수행승은

1) 열심히 노력하고 올바른 알아차림을 갖추고 새김을 확립하여 세상의 탐욕과 근심을 제거하며, 몸에 대하여 몸을 관찰한다.

2) 열심히 노력하고 올바른 알아차림을 갖추고 새김을 확립

---

ssakena'로 고쳐서 해석하면, '기둥을 묶고 바퀴를 연결하는 등의 수리를 하는 밧줄을 통해서(bāhabandhanacakkabandhanādinā paṭisaṅkharaṇena veṭhamissakena)'의 뜻이다.

554) maññe : Srp. III. 204에 따르면, '낡은 수레처럼 밧줄에 의지해서 가는 것과 같다. 거룩한 경지[阿羅漢果]의 밧줄에 의해서 여래의 네 가지 위의(威儀)가 시설된다고 보여 준다.'

555) animittacetosamādhi : SN. IV. 268에서 언급한, 동일한 이름의 것과는 다르다. Srp. III. 204에 따르면, '경지의 성취(phalasamāpatti)'를 말한다. 이는 곧 '인상을 여의는 마음에 의한 해탈(animittacetovimutti)'을 의미한다.

556) phāsutaraṁ : PTS본에서의 '몸이 안온해진(phāsukato··kāyo)'이란 표현과 동일하다.

557) dhammadīpadhammasaraṇā : Srp. III. 204에 따르면, '여기서 가르침[法]이라고 하는 것은 아홉 가지의 출세간의 가르침[nava lokuttaradhammā(九出世間法) : 四向四果와 涅槃)]을 말하는 것이다.'

하여 세상의 탐욕과 근심을 제거하며, 느낌에 대하여 느낌을 관찰한다.

3) 열심히 노력하고 올바른 알아차림을 갖추고 새김을 확립하여 세상의 탐욕과 근심을 제거하며, 마음에 대하여 마음을 관찰한다.

4) 열심히 노력하고 올바른 알아차림을 갖추고 새김을 확립하여 세상의 탐욕과 근심을 제거하며, 사실에 대하여 사실을 관찰한다.

54. 아난다여, 이와 같이 수행승은 자신을 섬으로 삼고 자신을 피난처로 삼지 다른 것을 피난처로 삼지 않고, 가르침을 섬으로 삼고 가르침을 피난처로 삼지 다른 것을 피난처로 삼지 않는다.[101] 아난다여, 지금이든 내가 멸도한 뒤에든 아난다여, 어떠한 수행승들이라도 자신을 섬으로 삼고 자신을 피난처로 삼지 다른 것을 피난처로 삼지 말고, 가르침을 섬으로 삼고 가르침을 피난처로 삼지 다른 것을 피난처로 삼지 않는다면 아난다여, 나에게 그 수행승들은 누구이든 배우고자 열망하는 자들 가운데 최상의 존재들이558) 될 것이다."

(짜빨라 탑묘에서 수명의 형성을 놓아버림)559)

---

558) tamatagge : 그 의미가 불분명하다. Krs. V. 133은 '어둠의 정상에(atop of the gloom)'라고 해석했다. Srp. III. 204에 의하면, 'tamatagge'는 'tam'agge'란 뜻으로, 그 가운데 t-문자는 연성(連聲)에 의한 것이다(majjhe takāro padasandhivasena vutto). 이 최상의 어둠은 '이와 같이 모든 어둠의 흐름을 끊고 그들이 그 최상에 서 있는 것이다.'을 나타낸다. 따라서 '그들 모두는 네 가지 새김의 토대를 활동영역으로 삼는 최상의 수행승이 될 것이다.'라는 뜻이다. 그래서 역자의 초역에서는 '어둠가운데 빛'이라고 해석했으나, Cdb. 1637의 번역에 따른다. 역자는 'tama'가 형용사의 최상급을 유도하므로, 그것이 명사화된 것으로 보아 '최상의 존재(uttamabhāve)'로 번역한다.

559) DN. II. 102~107 : SN. V. 258~263 : Smv. II. 554~558과 병행적이다. 그리고 부분적으로 Ud 62~64에도 나온다.

55. 그 후[102] 세존께서는 아침 일찍 옷을 입고 발우와 가사를 들고 베쌀리 시로 탁발하러 들어가셨다. 베쌀리 시에서 탁발을 하고 식사를 마친 뒤, 탁발에서 돌아와 존자 아난다를 부르셨다.

[세존] "아난다여, 좌구를 들고[560] 대낮을 보내러 짜빨라[561] 탑묘가 있는 곳으로 찾아가자."

[아난다] "세존이시여, 그렇게 하겠습니다."

존자 아난다는 세존께 대답하고 좌구를 들고 세존의 뒤를 따라 나섰다. 세존께서는 마침내 짜빨라 탑묘가 있는 곳으로 찾아가셨다. 그리고 마련된 자리에 앉으셨다. 존자 아난다는 세존께 인사를 드리고 한 쪽으로 물러나 앉았다. 한 쪽으로 물러나 앉자 세존께서는 존자 아난다에게 이와 같이 말씀하셨다.

56. [세존] "아난다여, 베쌀리 시는 아름답다. 우데나 탑묘도[562] 아름답다. 고따마까 탑묘[563]도 아름답다. 쌋땀바 탑묘도[564] 아름답다. 바후뿟따 탑묘도[565] 아름답다. 싸란다

---

560) nisīdanan : Srp. III. 251에 따르면, '가죽조각을 의미한다.(cammakhaṇḍaṁ adhippetaṁ)'

561) Cāpala : 쩨띠야(cetiya)는 '과거불을 신앙하는 탑묘'를 말한다. Srp. III. 251에서 짜빨라에 관해 언급하고 있지 않으나 UdA. 322에서는 예전에 야차 짜빨라가 살던 장소라고 언급하고 있다.

562) Udenacetiya : Srp. III. 251에 따르면, '야차 우데나의 탑묘가 있는 장소에 만들어진 승원이다.(udenayakkhassa cetiyaṭṭhāne katavihāro)'

563) Gotamakacetiya : Ppn. I. 811에 따르면, 베쌀리 시 남쪽에 있는 탑으로 세존께서는 몇 차례 이곳에서 지내셨다. 이 탑은 고따마 붓다 이전에 고따마까라는 야차에게 받쳐진 것이다. 이곳에 나중에 고따마까경(AN. I. 276)이 설해졌고 또한 사원이 건립되었다.

564) Sattambacetiya : Ppn. II. 1010에 따르면, 베쌀리 시 서부에 있는 탑으로, 까씨(Kāsi) 국의 왕인 끼끼(Kiki)의 7공주가 라자가하를 떠나 그곳에서 정진했다. 그래서 '일곱 망고 탑(Sattambacetiya)'이라고 불렀다. Ja. IV. 241의 자따까에 따르면, 그들은 이 지역에 케마(Khemā), 우빨라반나(Upalavaṇṇā), 빠따짜라(Paṭācārā), 고따마(Gotamā), 담마딘나(Dhammadiṇṇā), 마하마야(Mahā

다[566] 탑묘도 아름답다. 짜빨라 탑묘도 아름답다.[103] 아난다여, 누구든지 네 가지 신통의 기초를 닦고 익히고 수레로 삼고 토대로 만들고 확립하고 구현시켜 훌륭하게 성취했다면, 아난다여, 그가 원한다면 일 겁이나 일 겁 남짓 머물 수 있을 것이다.[567] 아난다여, 여래는 네 가지 신통의 기초를 닦고 익히고 수레로 삼고 토대로 만들고 확립하고 구현시켜 훌륭하게 성취했다. 아난다여, 여래가 원한다면 일 겁이나 일 겁 남짓 머물 수 있을 것이다."

57. 세존께서는 이와 같이 명백한 징조를[568] 보이고 명백한 암시를 보이셨으나 존자 아난다는 그것을 꿰뚫어 볼 수 없었다. 그래서 그는 세존께 '세존이시여, 세상의 존귀한 님께서는 일 겁 동안 머무르십시오, 올바른 길로 잘 가신 님께서는

---

māyā), 비싸카(Visākhā)로 태어났다.

565) Bahuputtacetiya : Ppn. II. 273에 따르면, 베쌀리 시 근교 북쪽의 탑으로 고따마 붓다 이전부터 있었다. 원래는 많은 가지를 갖고 있는 니그로다(Nigrodha) 나무를 두고 그렇게 이름 불렀다. 많은 사람들이 그 나무에 신들이 사는 곳을 향해 자식을 위한 기도를 행했다. 그래서 그 탑이 지어졌다.

566) Sārandadacetiya : 고따마 붓다 이전의 탑으로 싸란다다(Sārandada)라는 야차에게 받쳐진 것이다. 나중에 불교사원이 여기에 건립되었다. SN. V. 248; AN. III. 167, IV. 16 참조

567) kappaṁ vā tiṭṭheyya kappāvasesaṁ vā : 여기서 '겁(kappa)'이란 우주기 곧 우주의 성주괴공(成住壞空)에 걸리는 엄청난 기간을 암시하지만, Srp. III. 251에 따르면, 단지 '목숨이 붙어 있는 기간 곧 일수명겁(一壽命劫 : āyukappaṁ)'을 말한다. 곧 '특정한 시대에 완전히 채운 인간의 정상적인 수명(tasmin tasmiṁ kāle yaṁ manussānam āyuppamāṇaṁ, taṁ paripuṇṇaṁ karonto)'을 말한다. kappāvasesaṁ은 '우주기의 잔여'라는 말인데 '일 겁 남짓'이란 뜻이다. 위 문장에서 한 우주기를 '수명'이라고 해석한다면 '120세나 120세 남짓 머물 수 있을 것이다.'가 될 것이다. 그러나 Srp. III. 251에는 마하씨바(Mahāsīva) 장로가 '부처님께서는 현겁(賢劫; bhaddakappaṁ) 동안 머물 것이다.'라고 했다는 주장이 동시에 실려 있다. Cdb. 1940에 따르면, 니까야에서 결코 우주기가 수명(āyukappaṁ)으로 쓰인 적이 없다. 필자는 문맥상 다음 문장의 '광대한 징조'라는 말과 일치시키기 위해 그대로 우주기라고 표현한다.

568) oḷārike nimitte : 'oḷārika'는 '광대한, 조대한, 거친'의 뜻을 지녔다. UdA. 322에서는 '거친 지각이 일어났을 때(thūlasaññ'uppādane)'를 뜻한다.

일 겁 동안 머무르십시오. 세상을 불쌍히 여겨 많은 뭇삶의 이익을 위하여, 많은 뭇삶의 안락을 위하여, 하늘사람과 인간의 이익과 유익과 행복을 위하여, 올바른 길로 잘 가신 님께서는 일 겁 남짓 머무십시오.'라고 간청하지 않았다. 마치 그는 악마에 마음이 사로잡힌[569] 것 같았다.

58. 두 번째에도 세존께서는 존자 아난다에게 이와 같이 말씀하셨다.

[세존] "아난다여, 베쌀리 시는 아름답다. 우데나 탑묘도 아름답다. 고따마까 탑묘도 아름답다. 쌋땀바 탑묘도 아름답다. 바후뿟따 탑묘도 아름답다. 싸란다다 탑묘도 아름답다. 짜빨라 탑묘도 아름답다. 아난다여, 누구든지 네 가지 신통의 기초를 닦고 익히고 수레로 삼고 토대로 만들고 확립하고 구현시켜 훌륭하게 성취했다면 아난다여, 그가 원한다면 일 겁이나 일 겁 남짓 머물 수 있을 것이다. 아난다여, 여래는 네 가지 신통의 기초를 닦고 익히고 수레로 삼고 토대로 만들고 확립하고 구현시켜 훌륭하게 성취했다. 아난다여, 여래가 원한다면 일 겁이나 일 겁 남짓 머물 수 있을 것이다."

59. 세존께서는 이와 같이 명백한 징조를 보이고 명백한 암시를 보이셨으나 존자 아난다는 그것을 꿰뚫어 볼 수 없었다.

---

569) pariyuṭṭhitacitto : Srp. III. 252에 따르면, '마음이 정복된(ajjhotthatacitto)'것을 뜻한다. Srp. III. 252에 따르면, 악마는 전도(顚倒 : vipallāsā)를 버리지 못한 사람들을 공격하는데, 아난다 장로도 완전히 전도를 버리지 못했으므로 공격의 대상이 되었다: '그들의 입으로 손을 집어넣어 심장을 부순다. 그들은 정신을 잃고 만다. 그런데 이 장로의 입으로 손을 집어넣을 수 있을까? 그래서 공포의 대상을 보여 주었다. 그것을 보고도 장로는 그 특징이 암시하는 바를 꿰뚫지 못했다. 안다면 세존께서는 무엇 때문에 세 번까지 말했겠는가?'

그래서 그는 세존께 '세존이시여, 세상의 존귀한 님께서는 일 겁 동안 머무르십시오, 올바른 길로 잘 가신 님께서는 일 겁 동안 머무르십시오. 세상을 불쌍히 여겨 많은 뭇삶의 이익을 위하여, 많은 뭇삶의 안락을 위하여, 하늘사람과 인간의 이익과 유익과 행복을 위하여, 올바른 길로 잘 가신 님께서는 일 겁 남짓 머무십시오.'라고 간청하지 않았다. 마치 그는 악마에 마음이 사로잡힌 것 같았다.

60. 세 번째에도 세존께서는 존자 아난다에게 이와 같이 말씀하셨다.

[세존] "아난다여, 베쌀리 시는 아름답다. 우데나 탑묘도 아름답다. 고따마까 탑묘도 아름답다. 쌋땀바 탑묘도 아름답다. 바후뿟따 탑묘도 아름답다. 싸란다다 탑묘도 아름답다. 짜빨라 탑묘도 아름답다. 아난다여, 누구든지 네 가지 신통의 기초를 닦고 익히고 수레로 삼고 토대로 만들고 확립하고 구현시켜 훌륭하게 성취했다면 아난다여, 그가 원한다면 일 겁이나 일 겁 남짓 머물 수 있을 것이다. 아난다여, 여래는 네 가지 신통의 기초를 닦고 익히고 수레로 삼고 토대로 만들고 확립하고 구현시켜 훌륭하게 성취했다. 아난다여, 여래가 원한다면 일 겁이나 일 겁 남짓 머물 수 있을 것이다."

61. 세존께서는 이와 같이 명백한 징조를 보이고 명백한 암시를 보이셨으나 존자 아난다는 그것을 꿰뚫어 볼 수 없었다.[104] 그래서 그는 세존께 '세존이시여, 세상의 존귀한 님께서는 일 겁 동안 머무르십시오, 올바른 길로 잘 가신 님께서는 일 겁 동안 머무르십시오. 세상을 불쌍히 여겨 많은

뭇삶의 이익을 위하여, 많은 뭇삶의 안락을 위하여, 하늘사람과 인간의 이익과 유익과 행복을 위하여, 올바른 길로 잘 가신 님께서는 일 겁 남짓 머무십시오.'라고 간청하지 않았다. 마치 그는 악마에 마음이 사로잡힌 것 같았다.

62. 그러자 세존께서는 존자 아난다에게 말씀하셨다.

[세존] "아난다여, 가라. 지금 그대가 그것들을 위하여 적당한 시간이라고 생각하는 바를 하라."[570]

[아난다] "세존이시여, 알겠습니다."

아난다는 세존께 대답하고 자리에서 일어나 세존과 함께 인사를 나누고 그의 오른쪽으로 돌아서 멀지 않은 곳에 나무 밑에 앉았다.

이 때 아난다가 떠난 지 얼마 되지 않아 악마 빠삐만이 세존께서 계신 곳으로 찾아왔다. 가까이 다가와서 이와 같이 말했다.

63. [빠삐만] "세존이시여, 세상의 존귀한 님께서는 지금 완전한 열반에 드십시오. 올바른 길로 잘 가신 님께서는 지금 완전한 열반에 드십시오. 세존이시여, 바로 지금 완전한 열반에 드실 시간이 되었습니다.

1) 세존이시여, 그런데 세존께서는 이와 같이 '빠삐만이여, 나의 수행승들이 제자로서 유능하고 훈련되고 두려움이 없고 속박에서 벗어나 안온을 성취하고[571] 많이 배우고 진리를 수호하고 가르침에 따라 실천하고[572] 바른 방법

570) gacchа kho tvaṃ ānanda, yassadāni kālaṃ maññasīti : 떠나보냄의 정중한 표현, UdA. 325에 따르면, 세존께서는 대낮의 명상에 들기 위해서 아난다를 내보냈다.

571) pattayogakkhemā : '속박으로부터 안온에 도달한'이란 의미인데, Srp. III.252나 이 경(DN. II. 104)에서는 발견되지 않지만, 동일맥락의 SN. V. 258에서는 삽입되어 있어서 부가한 것이다.

으로 실천하며 가르침을 맞게 행하며, 스스로 스승의 가르침을 배워 그것을 설명하고 가르치고 시설하고 확립하고 개현하고 분석하여 명확히 밝히고 다른 사람들과의 논쟁을[573] 여법하게[574] 잘 논박할 수 있고 효과적으로 가르침을[575] 설하기까지 나는 열반에 들지 않을 것이다.'라고 말씀을 하신 적이 있습니다.[576] 그러나 세존이시여, 현재 수행승들은 세존의 제자로서 유능하고 훈련되고 두려움이 없고 속박에서 벗어나 안온을 성취하고 많이 배우고 진리를 수호하고 가르침에 따라 실천하고[105] 바른 방법으로 실천하며 가르침을 맞게 행하며, 스스로 스승의 가르침을 배워 그것을 설명하고 가르치고 시설하고 확립하고 개현하고 분석하여 명확히 밝히고 다른 사람들과의 논쟁을 여법하게 잘 논박할 수 있고 효과적으로 가르침을 설하고 있습니다. 그러므로 세존이시여, 세상의 존귀한 님께서는 지금 완전한 열반에 드십시오. 올바른 길로 잘 가신 님께서는 지금 완전한 열반에 드십시오. 세존이시여, 바로 지금 완전한 열반에 드실 시간이 되었습니다.

---

572) dhammānudhammapaṭipannā : Srp. II. 253에 따르면, '고귀한 가르침을 따르면서 생성된 관찰의 원리를 성취한(ariyassa dhammassa anudhammabhūtaṁ vipassanādhammaṁ paṭipannā)'의 뜻이다.

573) uppannaṁ parappavādaṁ : '다른 사람들과의 논쟁(parappavādaṁ)'은 비불교학파로부터의 교리적 도전을 뜻한다.

574) sahadhammena : '가르침에 따라서'나 '법으로서'가 아니라 Srp. III. 253에 따르면, '원인을 수반하고 근거를 수반하는 말로(sahetukena sakāraṇena vacanena)'의 뜻이다.

575) sappāṭihāriyaṁ dhammaṁ desissanti : sappāṭihāriyaṁ dhammaṁ은 '신변(神變)의, 또는 정리(正理)의 법'이라는 뜻인데, Srp. III. 253에 따르면, '출리(出離)하도록 만들고(yāvaniyyānikaṁ katvā) 가르침을 설한다.'의 뜻이다. 역자는 정리의 법이라는 뜻을 취해서 번역한다.

576) bhāsitā kho pan'esā : Srp. III. 252에 따르면, '이것은 부처님께서 정각을 얻은 뒤 8번째 주에 보리수 아래로 가서' 말씀하신 것이다.

2) 세존이시여, 그런데 세존께서는 이와 같이 '빠삐만이여, 나의 수행녀들이 여제자로서 유능하고 훈련되고 두려움이 없고 속박에서 벗어나 안온을 성취하고 많이 배우고 진리를 수호하고 가르침에 따라 실천하고 바른 방법으로 실천하며 가르침을 맞게 행하며, 스스로 스승의 가르침을 배워 그것을 설명하고 가르치고 시설하고 확립하고 개현하고 분석하여 명확히 밝히고 다른 사람들과의 논쟁을 여법하게 잘 논박할 수 있고 효과적으로 가르침을 설하기까지 나는 열반에 들지 않겠다.'라고 말씀을 하신 적이 있습니다. 그러나 세존이시여, 현재 수행녀들은 세존의 여제자로서 유능하고 훈련되고 두려움이 없고 속박에서 벗어나 안온을 성취하고 많이 배우고 진리를 수호하고 가르침에 따라 실천하고 바른 방법으로 실천하며 가르침을 맞게 행하며, 스스로 스승의 가르침을 배워 그것을 설명하고 가르치고 시설하고 확립하고 개현하고 분석하여 명확히 밝히고 다른 사람들과의 논쟁을 여법하게 잘 논박할 수 있고 효과적으로 가르침을 설하고 있습니다. 그러므로 세존이시여, 세상의 존귀한 님께서는 지금 완전한 열반에 드십시오. 올바른 길로 잘 가신 님께서는 지금 완전한 열반에 드십시오. 세존이시여, 바로 지금 완전한 열반에 드실 시간이 되었습니다.

3) 세존이시여, 그런데 세존께서는 이와 같이 '빠삐만이여, 나의 남자 재가신자들이 제자로서 유능하고 훈련되고 두려움이 없고 속박에서 벗어나 안온을 성취하고 많이 배우고 진리를 수호하고 가르침에 따라 실천하고 바른 방법으

로 실천하며 가르침을 맞게 행하며, 스스로 스승의 가르침을 배워 그것을 설명하고 가르치고 시설하고 확립하고 개현하고 분석하여 명확히 밝히고 다른 사람들과의 논쟁을 여법하게 잘 논박할 수 있고 효과적으로 가르침을 설하기까지 나는 열반에 들지 않을 것이다.'라고 말씀을 하신 적이 있습니다. 그러나 세존이시여, 현재 남자 재가신자들이 세존의 제자로서 유능하고 훈련되고 두려움이 없고 속박에서 벗어나 안온을 성취하고 많이 배우고 진리를 수호하고 가르침에 따라 실천하고 바른 방법으로 실천하며 가르침을 맞게 행하며, 스스로 스승의 가르침을 배워 그것을 설명하고 가르치고 시설하고 확립하고 개현하고 분석하여 명확히 밝히고 다른 사람들과의 논쟁을 여법하게 잘 논박할 수 있고 효과적으로 가르침을 설하고 있습니다. 그러므로 세존이시여, 세상의 존귀한 님께서는 지금 완전한 열반에 드십시오. 올바른 길로 잘 가신 님께서는 지금 완전한 열반에 드십시오. 세존이시여, 바로 지금 완전한 열반에 드실 시간이 되었습니다.

4) 세존이시여, 그런데 세존께서는 이와 같이 '빠삐만이여, 나의 여자 재가신자들이 제자로서 유능하고 훈련되고 두려움이 없고 속박에서 벗어나 안온을 성취하고 많이 배우고 진리를 수호하고 가르침에 따라 실천하고 바른 방법으로 실천하며 가르침을 맞게 행하며, 스스로 스승의 가르침을 배워 그것을 설명하고 가르치고 시설하고 확립하고 개현하고 분석하여 명확히 밝히고 다른 사람들과의 논쟁을 여법하게 잘 논박할 수 있고 효과적으로 가르침을 설하기

까지 나는 열반에 들지 않을 것이다.'라고 말씀을 하신 적이 있습니다. 그러나 세존이시여, 현재 여자 재가신자들은 세존의 제자로서 유능하고 훈련되고 두려움이 없고 속박에서 벗어나 안온을 성취하고 많이 배우고 진리를 수호하고 가르침에 따라 실천하고 바른 방법으로 실천하며 가르침을 맞게 행하며, 스스로[106] 스승의 가르침을 배워 그것을 설명하고 가르치고 시설하고 확립하고 개현하고 분석하여 명확히 밝히고 다른 사람들과의 논쟁을 여법하게 잘 논박할 수 있고 효과적으로 가르침을 설하고 있습니다. 그러므로 세존이시여, 세상의 존귀한 님께서는 지금 완전한 열반에 드십시오. 올바른 길로 잘 가신 님께서는 지금 완전한 열반에 드십시오. 세존이시여, 바로 지금 완전한 열반에 드실 시간이 되었습니다.

5) 세존이시여, 그런데 세존께서는 이와 같이 '빠삐만이여, 나의 이 청정한 삶이 풍요롭게 번영하고 널리 전파되어 많이 알려지고 유행하여 하늘사람과 인간에게 잘 선포될 때까지577) 나는 완전한 열반에 들지 않겠다.'라고 말씀을 하신 적이 있습니다. 세존이시여, 지금 세존의 청정한 삶은 풍요롭게 번영하고 널리 전파되어 많이 알려지고 유행하여 하늘사람과 인간에게 잘 선포되었습니다. 세존이시여, 세상의 존귀한 님께서는 지금 완전한 열반에 드십시오. 올바른 길로 잘 가신 님께서는 지금 완전한 열반에 드십시오. 세존이시여, 바로 지금 완전한 열반에 드실 시

577) yāva-d-eva-manussehi suppakāsitaṁ : Srp. III. 253에 따르면, '의식이 있는 자로 태어난 신들과 인간들, 모두에 의해서 훌륭하게 선포되는 한'이라는 뜻이다.

간이 되었습니다."

64. 이와 같이 말하자, 세존께서는 악마 빠삐만에게 이와 같이 말씀하셨다.

[세존] "빠삐만이여, 그대는 관여하지 말라.578) 오래지 않아 여래는 완전한 열반에 들 것이다. 지금부터 삼 개월이 지난 뒤에 여래는 완전한 열반에 들겠다."

65. 그리고 세존께서는 짜빨라 탑묘에서 새김을 확립하고 올바른 알아차림을 갖추고 수명의 형성을 놓아 버렸다.579) 세존께서 수명의 형성을 놓아 버리자 대지가 진동하고 공포의 털을 곤두세우게 하는 천둥이 내리쳤다. 그러자 세존께서는[107] 그 의취를 파악하시고 때에 맞추어 이와 같은 감흥어린 시구를 읊으셨다.

[세존]

"잴 수 있건 잴 수 없건580) 생겨나는 것581)

---

578) aposukko tvaṁ pāpima hohi : aposukko는 apposukko로 읽어야 하며 Srp. III. 253에서는 '집착 없는(nirālayo)'이라고 했다. Krs. V. 234에서 '집 없는(homeless)'이라고 번역한 것은 잘못이다.

579) sato sampajāno āyusaṅkhāraṁ ossaji : 수명의 형성(āyusaṅkhāra)은 곧 명근(命根 : jīvitindriya)을 말한다. Srp. III. 253에 따르면, '새김을 잘 확립해서 지혜로 끊고 수명의 형성을 제거하고 폐기한다. 거기서 세존께서는 손으로 흙덩이를 버리듯 수명의 형성을 버렸다. 그러나 삼개월간만 결과의 성취를 이루고 그 이상은 미루지 않을 것이라고 마음을 일으켰다.' UdA. 327은 '마라(Māra)가 요청하거나 아난다가 요청하지 못해서가 아니라 부처님의 가르침을 더 이상 수용할 수 없었기 때문이다.'라고 해석하고 있다. 수명의 형성(āyusaṅkhāraṁ)에 관해서는 MN. I. 295; Ja. IV. 215를 참조하라.

580) tulaṁ atulaṁ : 필자는 뚤라(tula)를 잴 수 있는 것 아뚤라(atula)를 잴 수 없는 것이라고 번역했다. Srp. III. 254에 따르면, '그곳에 모든 개, 승냥이 등이 명백하게 계량되고 결론지어지기 때문에 잴 수 있는 것이다. 그것은 무엇인가? 감각적 쾌락의 세계[欲界]에서 일어나는 업이다. 잴 수 없는 것은 그와 다른 세속적인 업이 없기 때문에 잴 수 있는 것이 아니므로 잴 수 없는 것이다. 그것은 무엇인가? 그것은 훌륭한 업이다. 또는 감각적 쾌락의 세계와 미세한 물질의 세계는 잴 수 있는 것이고 비물질의 세계는 잴 수 없는 것이다. 또는 소수의 결과를 가져오는 것은 잴 수 있는 것이고 다수의 결과를 가져오는 것은 잴 수 없는 것이다.' 또는 위와는 완전히

존재의 형성을[582] 해탈한 님은 버리고
안으로 희열이 가득한[583] 삼매에 들어[584]
갑옷을 부수듯[585] 자아의 생성을[586] 부수었다."[587](9)

(대지의 진동)[588]

66. 그러자 존자 아난다는 이와 같이 생각했다.

[아난다] '이 대지의 진동은 굉장하다. 대지의 진동은 엄청나다. 너무 두렵고 털이 곤두서고 천둥이 치는 듯하다. 이러한 굉장한 대지의 진동이 나타난 원인은 무엇이고 조건은 무엇인가?'

다르게 Srp. III. 254에 따르면, "'뚤라'는 '비교하는, 조사하는, 음미하는'의 뜻이고 '아뚤라'는 '열반'이고 '생겨나는 것'은 '윤회'이다. '존재의 형성'이란 '존재로 이끄는 업'인데 해탈자는 그것을 버린다. 다섯 가지 존재의 다발은 무상한 것이며 이 다섯 가지 존재의 다발이 소멸하면 열반은 영원하다는 등의 방식으로 비교하여 해탈자 부처님은 윤회의 위험과 열반의 공덕을 보고 존재의 다발의 근본원인이 되는 존재의 형성을 이루는 업을, 업의 소멸에 도움이 되는 업의 소멸로 이끄는 고귀한 길을 통해 버린다.' 이렇게 해석하자면, 이 시를 완전히 달리 해석해야 한다. 역자는 전자의 입장을 취한다.

581) sambhavan : Srp. III. 254에 따르면, '생존의 원인이 되는 자양을 만들기와 저장하기의 뜻이다.(sambhavassa hetubhūtaṁ piṇḍakārakaṁ rāsikārakan ti attho)' 그러나 여기서 생존의 원인이 되는 업의 축적을 의미한다고 보아야 한다.

582) bhavasaṅkhāraṁ : Srp. III. 254에 따르면, '재생의 형성(punabbhavasaṅkhāra)'을 의미한다.

583) ajjhattarato : Srp. III. 254에 따르면, '자신의 내부에서 기뻐하는(niyak'ajjhattarato)'의 뜻이다.

584) samāhito : Srp. III. 254에 따르면, '근접삼매(近接三昧)와 안지삼매(安止三昧)를 통해서 삼매에 드는 것(upacār'appaṇā- samādhivasena samāhito)'을 말한다.

585) kavacam iva : Srp. III. 254에 따르면, '갑옷을 부순 것처럼(kavacaṁ viya bhindi)'의 뜻이다.

586) attasambhavaṁ : Srp. III. 254에 따르면, '자신 안에 생성된 번뇌(attani sañjātaṁ kilesaṁ)'를 뜻한다.

587) tulam atulañca sambhavaṃ | bhavasaṅkhāram avassajī muni | ajjhattarato samāhito | abhindi kavacam ivattasambhavan ti ‖ 이 시는 SN. V. 263; AN. IV. 312; Ud. 64; Nett. 60; Pet. 68; Uv. 26 : 30에도 나온다.

588) AN. IV. 308에도 있다.

그래서 존자 아난다는 세존께서 계신 곳으로 찾아갔다. 가까이 다가와서 세존께 인사를 드리고 한쪽으로 물러나 앉았다. 한쪽으로 물러나 앉은 존자 아난다는 세존께 이와 같이 말씀드렸다.

[아난다] "세존이시여, 이 대지의 진동은 굉장합니다. 대지의 진동은 엄청납니다. 너무 두렵고 털이 곤두서고 천둥이 치는 듯합니다. 이와 같은 굉장한 대지의 진동이 나타나게 되는 원인은 무엇이고 조건은 무엇입니까?"

67. [세존] "아난다여, 이와 같은 대지의 진동이 나타나게 되는 여덟 가지 원인이 있고 이와 같은 여덟 가지 조건이 있다. 여덟 가지란 무엇인가?

1) 아난다여, 이 대지는 물 위에 있고, 물은 바람 안에 있고, 바람은 허공 안에 있다. 아난다여, 때가 되면 커다란 바람이 인다. 커다란 바람이 일면, 물이 요동한다. 물이 요동하면 땅이 진동한다. 아난다여, 이것이[108] 이와 같은 대지의 진동이 나타나게 되는 첫 번째 원인이고 첫 번째 조건이다.

2) 아난다여, 또한 신통력을 갖추고 마음의 지배력을 갖춘 수행자들이나 성직자들, 또는 위대한 신통력이나 위대한 능력을 지닌 신들이 한계 있는 땅에 대한 지각을 계발하고 한계 없는 물에 대한 지각을 계발하면, 이 땅이 흔들리고 진동하고 요동한다. 아난다여, 이것이 이와 같은 대지의 진동이 나타나게 되는 두 번째 원인이고 두 번째 조건이다.

3) 아난다여, 또한 보살이 만족을 아는 하늘나라 신들의 세

계에서 죽어서 새김을 확립하고 올바른 알아차림을 갖추며 모태에 들 때, 이 땅이 흔들리고 진동하고 요동한다. 아난다여, 이것이 이와 같은 대지의 진동이 나타나게 되는 세 번째 원인이고 세 번째 조건이다.

4) 아난다여, 또한 보살이 새김을 확립하고 올바른 알아차림을 갖추며 모태에서 나올 때, 이 땅이 흔들리고 진동하고 요동한다. 아난다여, 이것이 이와 같은 대지의 진동이 나타나게 되는 네 번째 원인이고 네 번째 조건이다.

5) 아난다여, 또한 여래가 위없이 바르고 원만한 깨달음을 곧바로 원만히 깨달을 때, 이 땅이 흔들리고 진동하고 요동한다. 아난다여, 이것이 이와 같은 대지의 진동이 나타나게 되는 다섯 번째 원인이고 다섯 번째 조건이다.

6) 아난다여, 또한 여래가 위없는 가르침의 수레바퀴를 굴릴 때, 이 땅이 흔들리고 진동하고 요동한다. 아난다여, 이것이 이와 같은 대지의 진동이 나타나게 되는 여섯 번째 원인이고 여섯 번째 조건이다.

7) 아난다여, 또한 여래가 새김을 확립하고 올바른 알아차림을 갖추며 수명의 형성을 놓아버릴 때, 이 땅이 흔들리고 진동하고 요동한다. 아난다여, 이것이 이와 같은 대지의 진동이 나타나게 되는 일곱 번째 원인이고 일곱 번째 조건이다.

8) 아난다여, 또한 여래가 잔여가 없는 열반의 세계로[109] 완전한 열반에 들 때, 이 땅이 흔들리고 진동하고 요동한다. 아난다여, 이것이 이와 같은 대지의 진동이 나타나게 되는 여덟 번째 원인이고 여덟 번째 조건이다. 아난다여,

이와 같은 대지의 진동이 나타나게 되는 여덟 가지 원인이 있고 이와 같은 여덟 가지 조건이 있다."

아난다여, 이와 같은 대지의 진동이 나타나게 되는 여덟 가지 원인이 있고 이와 같은 여덟 가지 조건이 있다."

(여덟 가지 모임)

68. [세존] "아난다여, 이와 같은 여덟 가지 모임589)이 있다. 여덟 가지란 무엇인가? 왕족들의 모임, 바라문들의 모임, 장자들의 모임, 수행자들의 모임, 네 위대한 왕의 하늘나라 신들의 모임, 서른 셋 하늘나라 신들의 모임, 악마들의 모임, 하느님들의 모임이 있다.

1) 아난다여, 나는 수백 명의 왕족들의 모임에 찾아간 것을 기억한다. 거기서 일찍이 그들과 함께 앉아서 일찍이 그들과 함께 대화하고 일찍이 그들과 함께 논의했는데, 그들의 용모가 그런 것처럼 나도 그러했고, 그들의 목소리가 그런 것처럼 나도 그러했고, 법문으로 교화하고 북돋우고 고무시키고 기쁘게 했다. 그러나 그들은 내가 말할 때에 알지 못했고, 저기서 말하는 자는 누구일까 신인가 사람인가라고 생각했다. 나는 법문으로 그들을 교화하고 북돋우고 고무시키고 기쁘게 하고 거기서 사라졌다. 그러나 그들은 내가 사라질 때에 나인 것을 알지 못했고, 저 사라진 자는

589) aṭṭha kho imā ānanda parisā: 여덟 가지 모임(八衆)에 대해서는 AN. IV. 307 : 증일아함2권7(대정2. 754c); 집이문족론(대정26. 442c)을 참조하라. Smv. 560에 따르면, 이상으로써 존자 아난다는 '확실히 오늘 세존께서는 수명의 형성을 놓아버렸다.'라고 이해했다. 그러나 세존께서는 그가 요해한 것을 알기 때문에 기회를 주지 않고 다른 여덟 가지 법수들을 결합하여 '아난다여, 이와 같은'이라고 말한 것이다.

누구일까 신인가 사람인가라고 생각했다.

2) 아난다여, 나는 수백 명의 바라문들의 모임에 찾아간 것을 기억한다. 거기서 일찍이 그들과 함께 앉아서 일찍이 그들과 함께 대화하고 일찍이 그들과 함께 논의했는데, 그들의 용모가 그런 것처럼 나도 그러했고, 그들의 목소리가 그런 것처럼 나도 그러했고, 법문으로 교화하고 북돋우고 고무시키고 기쁘게 했다. 그러나 그들은 내가 말할 때에 알지 못했고, 저기서 말하는 자는 누구일까 신인가 사람인가라고 생각했다. 나는 법문으로 그들을 교화하고 북돋우고 고무시키고 기쁘게 하고 거기서 사라졌다. 그러나 그들은 내가 사라질 때에 나인 것을 알지 못했고, 저 사라진 자는 누구일까 신인가 사람인가라고 생각했다.

3) 아난다여, 나는 수백 명의 장자들의 모임에 찾아간 것을 기억한다. 거기서 일찍이 그들과 함께 앉아서 일찍이 그들과 함께 대화하고 일찍이 그들과 함께 논의했는데, 그들의 용모가 그런 것처럼 나도 그러했고, 그들의 목소리가 그런 것처럼 나도 그러했고, 법문으로 교화하고 북돋우고 고무시키고 기쁘게 했다. 그러나 그들은 내가 말할 때에 알지 못했고, 저기서 말하는 자는 누구일까 신인가 사람인가라고 생각했다. 나는 법문으로 그들을 교화하고 북돋우고 고무시키고 기쁘게 하고 거기서 사라졌다. 그러나 그들은 내가 사라질 때에 나인 것을 알지 못했고, 저 사라진 자는 누구일까 신인가 사람인가라고 생각했다.

4) 아난다여, 나는 수백 명의 수행자들의 모임에 찾아간 것을 기억한다. 거기서 일찍이 그들과 함께 앉아서 일찍이

그들과 함께 대화하고 일찍이 그들과 함께 논의했는데, 그들의 용모가 그런 것처럼 나도 그러했고, 그들의 목소리가 그런 것처럼 나도 그러했고, 법문으로 교화하고 북돋우고 고무시키고 기쁘게 했다. 그러나 그들은 내가 말할 때에 알지 못했고, 저기서 말하는 자는 누구일까 신인가 사람인가라고 생각했다. 나는 법문으로 그들을 교화하고 북돋우고 고무시키고 기쁘게 하고 거기서 사라졌다. 그러나 그들은 내가 사라질 때에 나인 것을 알지 못했고, 저 사라진 자는 누구일까 신인가 사람인가라고 생각했다.

5) 아난다여, 나는 네 위대한 왕의 하늘나라 신들의 모임에 찾아간 것을 기억한다. 거기서 일찍이 그들과 함께 앉아서 일찍이 그들과 함께 대화하고 일찍이 그들과 함께 논의했는데, 그들의 용모가 그런 것처럼 나도 그러했고, 그들의 목소리가 그런 것처럼 나도 그러했고, 법문으로 교화하고 북돋우고 고무시키고 기쁘게 했다. 그러나 그들은 내가 말할 때에 알지 못했고, 저기서 말하는 자는 누구일까 신인가 사람인가라고 생각했다. 나는 법문으로 그들을 교화하고 북돋우고 고무시키고 기쁘게 하고 거기서 사라졌다. 그러나 그들은 내가 사라질 때에 나인 것을 알지 못했고, 저 사라진 자는 누구일까 신인가 사람인가라고 생각했다.

6) 아난다여, 나는 서른 셋 하늘나라 신들의 모임에 찾아간 것을 기억한다. 거기서 일찍이 그들과 함께 앉아서 일찍이 그들과 함께 대화하고 일찍이 그들과 함께 논의했는데, 그들의 용모가 그런 것처럼 나도 그러했고, 그들의 목소리가 그런 것처럼 나도 그러했고, 법문으로 교화하고 북돋우

고 고무시키고 기쁘게 했다. 그러나 그들은 내가 말할 때에 알지 못했고, 저기서 말하는 자는 누구일까 신인가 사람인가라고 생각했다. 나는 법문으로 그들을 교화하고 북돋우고 고무시키고 기쁘게 하고 거기서 사라졌다. 그러나 그들은 내가 사라질 때에 나인 것을 알지 못했고, 저 사라진 자는 누구일까 신인가 사람인가라고 생각했다.

7) 아난다여, 나는 수백 명의 악마들의 모임에 찾아간 것을 기억한다. 거기서 일찍이 그들과 함께 앉아서 일찍이 그들과 함께 대화하고 일찍이 그들과 함께 논의했는데, 그들의 용모가 그런 것처럼 나도 그러했고, 그들의 목소리가 그런 것처럼 나도 그러했고, 법문으로 교화하고 북돋우고 고무시키고 기쁘게 했다. 그러나 그들은 내가 말할 때에 알지 못했고, 저기서 말하는 자는 누구일까 신인가 사람인가라고 생각했다. 나는 법문으로 그들을 교화하고 북돋우고 고무시키고 기쁘게 하고 거기서 사라졌다. 그러나 그들은 내가 사라질 때에 나인 것을 알지 못했고, 저 사라진 자는 누구일까 신인가 사람인가라고 생각했다.

8) 아난다여, 나는 수백 명의 하느님들의 모임에 찾아간 것을 기억한다. 거기서 일찍이 그들과 함께 앉아서 일찍이 그들과 함께 대화하고 일찍이 그들과 함께 논의했는데, 그들의 용모가 그런 것처럼 나도 그러했고, 그들의 목소리가 그런 것처럼 나도 그러했고, 법문으로 교화하고 북돋우고 고무시키고 기쁘게 했다. 그러나 그들은 내가 말할 때에 알지 못했고, 저기서 말하는 자는 누구일까 신인가 사람인가라고 생각했다.[110] 나는 법문으로 그들을 교화하고 북돋우고 고

무시키고 기쁘게 하고 거기서 사라졌다. 그러나 그들은 내가 사라질 때에 나인 것을 알지 못했고, 저 사라진 자는 누구일까 신인가 사람인가라고 생각했다.
아난다여, 이와 같은 여덟 가지 모임이 있다."

(여덟 가지 초극의 단계)

69. [세존] "아난다여, 이와 같은 여덟 가지 초극의 단계[590]가 있다. 여덟 가지란 무엇인가?

1) 어떤 자가 안으로 색깔에 대한 지각을 가지고, 밖으로 한계가 있는 아름답거나 추한 색깔들을 보고, 이것들을 초극하여 '나는 안다. 나는 본다.'라고 지각하는 자가 된다. 이것이 첫 번째 초극의 단계이다.[591]

2) 어떤 자가 안으로 색깔에 대한 지각을 가지고, 밖으로

---

590) aṭṭha abhibhāyatanāni : 한역에서는 팔승처(八勝處)라고 한다. AN. IV. 305; MN. 77 참조; Pps. III. 259에 따르면, 장애가 되는 상태와 대상에 대하여 승리(勝利)하거나 초극(超克)하기 때문에 초극의 단계라고 불린다. 장애는 적절한 처방으로 대상은 지혜의 완성을 통해서 초극된다.

591) ajjhattaṃ rūpasaññī eko bahiddhā rūpāni passati parittāni suvaṇṇadubbaṇṇāni. tāni abhibhuyya jānāmi passāmīti evaṃ saññī hoti, idaṃ paṭhamaṃ abhibhāyatanaṃ : Smv. 561에 따르면, Smv. 561에 따르면, 안으로 색깔(rūpa)에 대해 준비명상(準備定 : parikamma)에 의해서 지각하는 것을 말한다. 왜냐하면 내부의 푸른 색에 대하여 준비명상을 행하는 자는 머리카락이나 담즙이나 눈동자에 대하여 행한다. 노란 색에 대하여 준비명상을 행하는 자는 지방이나 피부나 손바닥이나 발바닥이나 눈의 황색부분에 대하여 행한다. 붉은 색에 대하여 준비명상을 행하는 자는 살이나 피나 혀나 눈의 붉은 부분에 대하여 행한다. 흰 색에 대하여 준비명상을 행하는 자는 뼈나 이빨이나 손톱이나 눈의 흰 부분에 대하여 행한다. 단지 그것들은 아주 푸르거나 아주 노랗거나 아주 붉거나 아주 희거나 아주 청정한 것은 아니다. Pps. III. 259에 따르면, 명상자는 푸른 빛이 가득한 세계를 위해서 눈, 노란 빛이 가득한 세계를 위해서 피부, 붉은 빛이 가득한 세계를 위해서 피, 흰빛이 가득한 세계를 위해서 치아의 내적인 색깔에 대한 일차적인 명상을 한다. 그러나 집중할 때에 그 인상(nimitta)들은 외부적이다. 색깔의 초극은 이러한 인상의 일어남과 함께 하는 선정의 성취이다. '나는 알고, 나는 본다.'라고 하는 지각은 그가 성취 가운데서가 아니라 성취에서 나온 뒤에 일어나는 관념작용(ābhoga)이다. 첫 번째의 초극과 두 번째의 초극이 다른 점은 첫 번째가 대상의 외연이 한정적인데 비해 두 번째는 무한한 영역을 가진다는 것이다.

한계가 없는 아름답거나 추한 색깔들을 보고, 이것들을 초극하여 '나는 안다. 나는 본다.'라고 지각하는 자가 된다. 이것이 두 번째 초극의 단계이다.

3) 어떤 자가 안으로 색깔에 대한 지각을 여의고, 밖으로 한계가 있는 아름답거나 추한 색깔들을 보고, 이것들을 초극하여 '나는 안다. 나는 본다.'라고 지각하는 자가된다. 이것이 세 번째 초극의 단계이다.[592]

4) 어떤 자가 안으로 색깔에 대한 지각을 여의고, 밖으로 한계가 없는 아름답거나 추한 색깔들을 보고, 이것들을 초극하여 '나는 안다. 나는 본다.'라고 지각하는 자가된다. 이것이 네 번째 초극의 단계이다.

5) 어떤 자가 안으로 색깔에 대한 지각을 여의고, 밖으로 푸름, 푸른 색, 푸른 외관, 푸른 광채를 본다. 예를 들어 푸름, 푸른 색, 푸른 모습, 푸른 광채를 지닌 아마 꽃이나 푸름, 푸른 색, 푸른 모습, 푸른 광채를 지닌 양면을 부드럽게 마름질한 베나레스의 옷을 보듯, 이와 같이 안으로 색깔에 대한 지각을 여의고 밖으로 푸름, 푸른 색, 푸른 모습, 푸른 광채를 보고, 이것들을 초극하여 '나는 안다. 나는 본다.'라고 지각하는 자가 된다. 이것이 다섯 번째 초극의 단계이다.

6) 어떤 자가 안으로[111] 색깔에 대한 지각을 여의고, 밖으

592) ajjhattaṃ arūpasaññī eko bahiddhā rūpāni passati parittāni suvaṇṇadubbaṇṇāni, tāni abhibhuyya jānāmi passāmīti evaṃ saññi hoti. idaṃ tatiyaṃ abhibhāyatanaṃ : Pps. III. 259에 따르면, 세 번째와 네 번째의 초극의 단계는 외부적인 색깔로 이루어지는 일차적인 명상이고 외부적으로 특징을 일으키는 명상이다. 다섯 번째에서 여덟 번째의 초극의 단계가 세 번째, 네 번째와 다른 것은 색깔의 청정함과 밝기가 좀 더 탁월하다는 것이다.

로 노람, 노란 색, 노란 외관, 노란 광채를 본다. 예를 들어 노람, 노란 색, 노란 모습, 노란 광채를 지닌 까니까라 꽃[593]이나 노람, 노란 색, 노란 모습, 노란 광채를 지닌 양면을 부드럽게 마름질한 베나레스의 옷을 보듯, 이와 같이 안으로 색깔에 대한 지각을 여의고 밖으로 노람, 노란 색, 노란 모습, 노란 광채를 보고, 이것들을 초극하여 '나는 안다. 나는 본다.'라고 지각하는 자가 된다. 이것이 여섯 번째 초극의 단계이다.

7) 어떤 자가 안으로 색깔에 대한 지각을 여의고, 밖으로 붉음, 붉은 색, 붉은 외관, 붉은 광채를 본다. 예를 들어 붉음, 붉은 색, 붉은 모습, 붉은 광채를 지닌 하이비스커스 꽃[594]이나 붉음, 붉은 색, 붉은 모습, 붉은 광채를 지닌 양면을 부드럽게 마름질한 베나레스의 옷을 보듯, 이와 같이 안으로 색깔에 대한 지각을 여의고 밖으로 붉음, 붉은 색, 붉은 모습, 붉은 광채를 보고, 이것들을 초극하여 '나는 안다. 나는 본다.'라고 지각하는 자가 된다. 이것이 일곱 번째 초극의 단계이다.

8) 어떤 자가 안으로 색깔에 대한 지각을 여의고, 밖으로 흼, 흰 색, 흰 외관, 흰 광채를 본다. 예를 들어 흼, 흰 색, 흰 모습, 흰 광채를 지닌 새벽의 별이나 흼, 흰 색, 흰 모습, 흰 광채를 띈, 양면을 부드럽게 마름질한 베나레스의 옷을 보듯, 이와 같이 안으로 색깔에 대한 지각을 여의고 밖으

593) kaṇikārapuppham : 학명은 Sterospermum acerifolium이고 한역에서는 황화수(黃花樹)라고 한다.

594) bandhujīvaka: 학명은 Pentapetes Phoenicca, 하이비스커스(Hibiscus)는 목부용속(屬)의 식물로 무궁화·목부용 따위가 여기에 속하고 Hawaii주의 주화이다.

로 흼, 흰 색, 흰 모습, 흰 광채를 보고, 이것들을 초극하여 '나는 안다. 나는 본다.'라고 지각하는 자가 된다. 이것이 여덟 번째 초극의 단계이다.

아난다여, 이와 같은 여덟 가지 초극의 단계가 있다."

(여덟 가지 해탈)

70. [세존] "아난다여, 이와 같은 여덟 가지 해탈[595]이 있다.

여덟 가지란 무엇인가?

1) 색깔을 지닌 자로서 색깔들을 본다. 이것이 첫 번째 해탈이다.[596]

2) 안으로[112] 색깔에 대한 지각을 여의고, 밖으로 색깔들을 본다. 이것이 두 번째 해탈이다.[597]

3) 오로지 청정한 아름다움에 전념한다. 이것이 세 번째 해탈이다.[598]

4) 미세한 물질계에 대한 지각을 완전히 뛰어넘어[599] 감각적 저촉에 대한 지각이 사라진 뒤에[600] 다양성에 대한

---

595) aṭṭha vimokkhā : 한역의 팔해탈(八解脫)을 말한다. AN. IV. 306 : 집이문족론(대정26. 443a) 참조

596) rūpi rūpāni passati. ayaṃ paṭhamo vimokkho : Mrp. IV. 146에 따르면, 미세한 물질계의 선정에서 안으로 자신의 몸에서 택한 머리카락 등에서 생겨난 푸름의 두루채움(kasiṇa) 등을 통해서, 밖으로 푸름의 두루채움 등을 지닌 물질을 선정의 눈(jhānacakkhu)으로 본다.

597) ajjhattaṃ arūpasaññī eko bahiddhā rūpāni passati. ayaṃ dutiyo vimokkho : 세 번째 초극의 단계, 네 번째 초극의 단계와 동일하다.

598) subhanteva adhimutto hoti. ayaṃ tatiyā vimokkho : Mrp. IV. 146에 따르면, 여기서 미세한 물질계의 선정은 두루채움의 대상으로서 순수하고 빛나는 색에 전념하는 것을 말한다. 다섯 번째에서 여덟 번째의 초극의 단계와 같다.

599) rūpasaññānaṃ samatikkamā : 미세한 물질마저 여읜다는 뜻으로, 미세한 물질계[色界]의 선정을 뛰어넘는다는 뜻이다.

지각에 정신활동을 여읨으로써 '공간이 무한하다.'라는 무한공간의 세계'에[601] 든다. 이것이 네 번째 해탈이다.

5) 무한공간의 세계를 완전히 뛰어넘어 '의식이 무한하다.'라는 '무한의식의 세계'에 든다. 이것이 다섯 번째 해탈이다.

6) 무한의식의 세계를 완전히 뛰어넘어 '아무 것도 없다.'고 알아채며 아무 것도 없는 세계에 든다. 이것이 여섯 번째 해탈이다.

7) 아무 것도 없는 세계를 완전히 뛰어넘어 지각하는 것도 아니고 지각하지 않는 것도 아닌 세계에 든다. 이것이 일곱 번째 해탈이다.

8) 지각하는 것도 아니고 지각하지 않는 것도 아닌 세계를 완전히 뛰어넘어 지각과 느낌의 소멸에[602] 든다. 이것이 여덟 번째 해탈이다.

아난다여, 이와 같은 여덟 가지 해탈이 있다."

---

600) paṭighasaññānaṁ atthagāmā : '감각적 저촉(障碍 : paṭigha)'은 '밖으로 향하는 의식에 제공된 저항'을 말한다. 우리는 그것으로 사물을 인식한다. Vibh. 261, Vism. 329에 따르면, 감각적 저촉은 다섯 가지 감역에서의 그 감각적 쾌락의 대상의 충격을 말한다.

601) ākāsānañcāyatana … viññāṇānañcāyatana … ākiṁcaññāyatana … nevasaññanāsaññāyatana : 이하의 네 가지는 한역의 공무변처(空無邊處), 식무변처(識無邊處), 무소유처(無所有處), 비상비비상처(非想非非想處)를 뜻하며, 비물질계의 네 가지 선정[無色界四禪]에 상응하는 세계에 해당한다. 상세한 것은 Vism. 326-340을 보라. 이 책의 부록 「불교의 세계관」을 참조하라.

602) saññāvedayitanirodha : 한역의 상수멸(想受滅)을 뜻한다. MN. I. 296에서 싸리뿟따는 마하꼿티따에게 죽음과 상수멸의 차이를 다음과 같이 설명한다. '죽어서 목숨이 다한 자에게는 신체적인 형성이 소멸하여 고요해지고, 언어적인 형성이 소멸하여 고요해지고, 정신적인 형성이 소멸하여 고요해지고, 생명력이 다하고, 체열이 소모되고, 감관들이 완전히 파괴됩니다. 지각과 느낌의 소멸을 성취한 수행승에게도 신체적인 형성이 소멸하여 고요해지고, 언어적인 형성이 소멸하여 고요해지고, 정신적인 형성이 소멸하여 고요해지지만, 생명력이 다하지 않고, 체열이 다 소모되지 않고, 감관들은 아주 청정해집니다. 벗이여, 죽어서 목숨이 다한 자와 지각과 느낌의 소멸을 성취한 수행승이 있는데, 이들 사이에 이러한 차이가 있습니다.' 여기서 언어적인 형성은 사유와 숙고를 말하는 것으로 두 번째 선정을 통해 그치고, 신체적인 형성은 호흡을 말하는 것으로 네 번째 선정에서 그치고, 정신적 형성은 지각과 느낌을 말하는 것으로 상수멸을 통해 그친다.

(악마의 청원)

71. [세존] "아난다여, 한 때 나는 완전한 깨달음을 얻은 직후, 우루벨라 마을의 네란자라 강가에 있는 아자빨라 보리수 아래에 있었다. 그런데 악마 빠삐만이 내가 있는 곳을 찾아왔다. 가까이 다가와서 한쪽으로 물러나 섰다. 아난다여, 한쪽으로 물러나 선 악마 빠삐만은 나에게 이와 같이 말했다.

[빠삐만] '세존이시여, 세상의 존귀한 님께서는 지금 완전한 열반에 드십시오. 올바른 길로 잘 가신 님께서는 지금 완전한 열반에 드십시오. 세존이시여, 바로 지금 완전한 열반에 드실 시간이 되었습니다.'

72. 아난다여, 이렇게 말하자 나는 악마 빠삐만에게 이와 같이 말했다.

1) [빠삐만] '빠삐만이여, 나의 수행승들이 제자로서 유능하고 훈련되고 두려움이 없고 속박에서 벗어나 안온을 성취하고 많이 배우고 진리를 수호하고 가르침에 따라 실천하고 바른 방법으로 실천하며 가르침을 맞게 행하며, 스스로 스승의 가르침을 배워 그것을 설명하고 가르치고 시설하고 확립하고 개현하고 분석하여 명확히 밝히고[113] 다른 사람들과의 논쟁을 여법하게 잘 논박할 수 있고 효과적으로 가르침을 설하기까지 나는 열반에 들지 않을 것이다.'

2) 빠삐만이여, 나의 수행녀들이 제자로서 유능하고 훈련되고 두려움이 없고 속박에서 벗어나 안온을 성취하고 많이 배우고 진리를 수호하고 가르침에 따라 실천하고 바른 방법으로 실천하며 가르침을 맞게 행하며, 스스로 스승의 가르침을 배워 그것을 설명하고 가르치고 시설하고 확립

하고 개현하고 분석하여 명확히 밝히고 다른 사람들과의 논쟁을 여법하게 잘 논박할 수 있고 효과적으로 가르침을 설하기까지 나는 열반에 들지 않을 것이다.'

3) 빠삐만이여, 나의 남자 재가신자들이 제자로서 유능하고 훈련되고 두려움이 없고 속박에서 벗어나 안온을 성취하고 많이 배우고 진리를 수호하고 가르침에 따라 실천하고 바른 방법으로 실천하며 가르침을 맞게 행하며, 스스로 스승의 가르침을 배워 그것을 설명하고 가르치고 시설하고 확립하고 개현하고 분석하여 명확히 밝히고 다른 사람들과의 논쟁을 여법하게 잘 논박할 수 있고 효과적으로 가르침을 설하기까지 나는 열반에 들지 않을 것이다.'

4) 빠삐만이여, 나의 여자 재가신자들이 제자로서 유능하고 훈련되고 두려움이 없고 속박에서 벗어나 안온을 성취하고 많이 배우고 진리를 수호하고 가르침에 따라 실천하고 바른 방법으로 실천하며 가르침을 맞게 행하며, 스스로 스승의 가르침을 배워 그것을 설명하고 가르치고 시설하고 확립하고 개현하고 분석하여 명확히 밝히고 다른 사람들과의 논쟁을 여법하게 잘 논박할 수 있고 효과적으로 가르침을 설하기까지 나는 열반에 들지 않을 것이다.

5) 빠삐만이여, 나의 이 청정한 삶이 풍요롭게 번영하고 널리 전파되어 많이 알려지고 유행하여 하늘사람과 인간에게 잘 선포될 때까지 나는 완전한 열반에 들지 않을 것이다.'

73. 그런데 아난다여, 오늘 이 짜빨라 탑묘에서 악마 빠삐만이 내가 있는 곳으로 찾아왔다. 가까이 다가와서 이와 같이 말했다.

[빠삐만] "세존이시여, 세상의 존귀한 님께서는 지금 완전한 열반에 드십시오. 올바른 길로 잘 가신 님께서는 지금 완전한 열반에 드십시오. 세존이시여, 바로 지금 완전한 열반에 드실 시간이 되었습니다.

1) '세존이시여,[114] 그런데 세존께서는 이와 같이 '빠삐만이여, 나의 수행승들이 제자로서 유능하고 훈련되고 두려움이 없고 속박에서 벗어나 안온을 성취하고 많이 배우고 진리를 수호하고 가르침에 따라 실천하고 바른 방법으로 실천하며 가르침을 맞게 행하며, 스스로 스승의 가르침을 배워 그것을 설명하고 가르치고 시설하고 확립하고 개현하고 분석하여 명확히 밝히고 다른 사람들과의 논쟁을 여법하게 잘 논박할 수 있고 효과적으로 가르침을 설하기까지 나는 열반에 들지 않을 것이다.'라고 말씀을 하신 적이 있습니다. 그러나 세존이시여, 현재 수행승들은 세존의 제자로서 유능하고 훈련되고 두려움이 없고 속박에서 벗어나 안온을 성취하고 많이 배우고 진리를 수호하고 가르침에 따라 실천하고 바른 방법으로 실천하며 가르침을 맞게 행하며, 스스로 스승의 가르침을 배워 그것을 설명하고 가르치고 시설하고 확립하고 개현하고 분석하여 명확히 밝히고 다른 사람들과의 논쟁을 여법하게 잘 논박할 수 있고 효과적으로 가르침을 설하고 있습니다. 그러므로 세존이시여, 세상의 존귀한 님께서는 지금 완전한 열반에 드십시오. 올바른 길로 잘 가신 님께서는 지금 완전한 열반에 드십시오. 세존이시여, 바로 지금 완전한 열반에 드실 시간이 되었습니다.

2) 세존이시여, 그런데 세존께서는 이와 같이 '빠삐만이여, 나의 수행녀들이 제자로서 유능하고 훈련되고 두려움이 없고 속박에서 벗어나 안온을 성취하고 많이 배우고 진리를 수호하고 가르침에 따라 실천하고 바른 방법으로 실천하며 가르침을 맞게 행하며, 스스로 스승의 가르침을 배워 그것을 설명하고 가르치고 시설하고 확립하고 개현하고 분석하여 명확히 밝히고 다른 사람들과의 논쟁을 여법하게 잘 논박할 수 있고 효과적으로 가르침을 설하기까지 나는 열반에 들지 않겠다.'라고 말씀을 하신 적이 있습니다. 그러나 세존이시여, 현재 수행녀들은 세존의 제자로서 유능하고 훈련되고 두려움이 없고 속박에서 벗어나 안온을 성취하고 많이 배우고 진리를 수호하고 가르침에 따라 실천하고 바른 방법으로 실천하며 가르침을 맞게 행하며, 스스로 스승의 가르침을 배워 그것을 설명하고 가르치고 시설하고 확립하고 개현하고 분석하여 명확히 밝히고 다른 사람들과의 논쟁을 여법하게 잘 논박할 수 있고 효과적으로 가르침을 설하고 있습니다. 그러므로 세존이시여, 세상의 존귀한 님께서는 지금 완전한 열반에 드십시오. 올바른 길로 잘 가신 님께서는 지금 완전한 열반에 드십시오. 세존이시여, 바로 지금 완전한 열반에 드실 시간이 되었습니다.

3) 세존이시여, 그런데 세존께서는 이와 같이 '빠삐만이여, 나의 남자 재가신자들이 제자로서 유능하고 훈련되고 두려움이 없고 속박에서 벗어나 안온을 성취하고 많이 배우고 진리를 수호하고 가르침에 따라 실천하고 바른 방법으

로 실천하며 가르침을 맞게 행하며, 스스로 스승의 가르침을 배워 그것을 설명하고 가르치고 시설하고 확립하고 개현하고 분석하여 명확히 밝히고 다른 사람들과의 논쟁을 여법하게 잘 논박할 수 있고 효과적으로 가르침을 설하기까지 나는 열반에 들지 않을 것이다.'라고 말씀을 하신 적이 있습니다. 그러나 세존이시여, 현재 남자 재가신자들이 세존의 제자로서 유능하고 훈련되고 두려움이 없고 속박에서 벗어나 안온을 성취하고 많이 배우고 진리를 수호하고 가르침에 따라 실천하고 바른 방법으로 실천하며 가르침을 맞게 행하며, 스스로 스승의 가르침을 배워 그것을 설명하고 가르치고 시설하고 확립하고 개현하고 분석하여 명확히 밝히고 다른 사람들과의 논쟁을 여법하게 잘 논박할 수 있고 효과적으로 가르침을 설하고 있습니다. 그러므로 세존이시여, 세상의 존귀한 님께서는 지금 완전한 열반에 드십시오. 올바른 길로 잘 가신 님께서는 지금 완전한 열반에 드십시오. 세존이시여, 바로 지금 완전한 열반에 드실 시간이 되었습니다.

4) 세존이시여, 그런데 세존께서는 이와 같이 '빠삐만이여, 나의 여자 재가신자들이 여제자로서 유능하고 훈련되고 두려움이 없고 속박에서 벗어나 안온을 성취하고 많이 배우고 진리를 수호하고 가르침에 따라 실천하고 바른 방법으로 실천하며 가르침을 맞게 행하며, 스스로 스승의 가르침을 배워 그것을 설명하고 가르치고 시설하고 확립하고 개현하고 분석하여 명확히 밝히고 다른 사람들과의 논쟁을 여법하게 잘 논박할 수 있고 효과적으로 가르침을 설하

기까지 나는 열반에 들지 않을 것이다.'라고 말씀을 하신 적이 있습니다. 그러나 세존이시여, 현재 여자 재가신자들은 세존의 제자로서 유능하고 훈련되고 두려움이 없고 속박에서 벗어나 안온을 성취하고 많이 배우고 진리를 수호하고 가르침에 따라 실천하고 바른 방법으로 실천하며 가르침을 맞게 행하며, 스스로 스승의 가르침을 배워 그것을 설명하고 가르치고 시설하고 확립하고 개현하고 분석하여 명확히 밝히고 다른 사람들과의 논쟁을 여법하게 잘 논박할 수 있고 효과적으로 가르침을 설하고 있습니다. 그러므로 세존이시여, 세상의 존귀한 님께서는 지금 완전한 열반에 드십시오. 올바른 길로 잘 가신 님께서는 지금 완전한 열반에 드십시오. 세존이시여, 바로 지금 완전한 열반에 드실 시간이 되었습니다.

5) 세존이시여, 그런데 세존께서는 이와 같이 '빠삐만이여, 나의 이 청정한 삶이 풍요롭게 번영하고 널리 전파되어 많이 알려지고 유행하여 하늘사람과 인간에게 잘 선포될 때까지[603] 나는 완전한 열반에 들지 않겠다.'라고 말씀을 하신 적이 있습니다. 세존이시여, 지금 세존의 청정한 삶은 풍요롭게 번영하고 널리 전파되어 많이 알려지고 유행하여 하늘사람과 인간에게 잘 선포되었습니다. 세존이시여, 세상의 존귀한 님께서는 지금 완전한 열반에 드십시오. 올바른 길로 잘 가신 님께서는 지금 완전한 열반에 드십시오. 세존이시여, 바로 지금 완전한 열반에 드실 시

603) yāva-d-eva-manussehi suppakāsitaṁ : Srp. III. 253에 따르면, '의식이 있는 자로 생겨난 하늘사람과 인간인한 모두 훌륭하게 태어난 것이다.'라는 뜻이다.(yattakā viññujātikā devā c'eva manussā ca atthi, sabbehi suṭṭhu pakāsitan ti attho)

간이 되었습니다."

74. 이렇게 말하자, 나는 악마 빠삐만에게 이와 같이 말했다.

[세존] '빠삐만이여, 그대는 관여하지 말라. 오래지 않아 여래는 완전한 열반에 들 것이다. 지금부터 삼 개월이 지난 뒤에 여래는 완전한 열반에 들겠다.'

아난다여, 바로 오늘 여래는 짜빨라 탑묘에서 새김을 확립하고 올바른 알아차림을 갖추고 수명의 형성을 놓아버렸다."604)

(아난다의 청원)

75. 이렇게[115] 말씀하시자

1) 존자 아난다는 세존께 이와 같이 말씀드렸다.

[아난다] "세존이시여, 많은 사람의 안녕을 위하여, 많은 사람의 행복을 위하여, 세상을 불쌍히 여겨, 신들과 인간의 이익과 안녕과 행복을 위하여 존경받는 님이시여, 일 겁을 머물러 주십시오. 올바로 잘 가신 님이시여, 일 겁을 머물러 주십시오."

[세존] "아난다여, 그만하라. 여래에게 청원하지 말라. 아난다여, 지금은 여래에게 청원할 시간이 아니다."

2) 두 번째에도 존자 아난다는 존자 아난다는 세존께 이와 같이 말씀드렸다.

[아난다] "세존이시여, "많은 사람의 안녕을 위하여, 많은 사람의 행복을 위하여, 세상을 불쌍히 여겨, 신들과 인간의 이익과 안녕과 행복을 위하여 존경받는 님이시여, 일 겁을 머

---

604) sato sampajāno āyusaṅkhāraṁ ossaji : 이 책(DN. II. 106)과 그 주석을 참조하라.

물러 주십시오. 올바로 잘 가신 님이시여, 일 겁을 머물러 주십시오."

[세존] "아난다여, 그만하라. 여래에게 청원하지 말라. 아난다여, 지금은 여래에게 청원할 시간이 아니다."

3) 세 번째에도 존자 아난다는 존자 아난다는 세존께 이와 같이 말씀드렸다.

[아난다] "세존이시여, 많은 사람의 안녕을 위하여, 많은 사람의 행복을 위하여, 세상을 불쌍히 여겨, 신들과 인간의 이익과 안녕과 행복을 위하여 존경받는 님이시여, 일 겁을 머물러 주십시오. 올바로 잘 가신 님이시여, 일 겁을 머물러 주십시오.'

[세존] "아난다여, 그대는 여래의 깨달음을 신뢰하는가?"

[아난다] "세존이시여, 그렇습니다."

[세존] "아난다여, 그렇다면 왜 여래를 세 번씩이나 번거롭게 하는가?"

[아난다] "세존이시여, 저는 세존으로부터 이와 같이 '아난다여, 누구든지 네 가지 신통의 기초를 닦고 익히고 수레로 삼고 토대로 만들고 확립하고 구현시켜 훌륭하게 성취했다면, 아난다여, 그가 원한다면 일 겁이나 일 겁 남짓 머물 수 있을 것이다. 아난다여, 여래는 네 가지 신통의 기초를 닦고 익히고 수레로 삼고 토대로 만들고 확립하고 구현시켜 훌륭하게 성취했다. 아난다여, 여래가 원한다면 일 겁이나 일 겁 남짓 머물 수 있을 것이다.'라고 면전에서 듣고 면전에서 받아지녔습니다.

[세존] "아난다여, 그대는 여래를 신뢰하는가?"

[아난다] "세존이시여, 그렇습니다."

[세존] "아난다여, 그렇다면 그것은 그대 자신의 잘못이다. 그것은 그대 자신의 과실이다. 여래는 명백한 징조를 보이고 명백한 암시를 보였으나 그대는 그것을 꿰뚫어 볼 수 없었다. 그래서 그대는 여래에게 '세존이시여, 세상의 존귀한 님께서는 일 겁 동안 머무르십시오, 올바른 길로 잘 가신 님께서는 일 겁 동안 머무르십시오. 세상을 불쌍히 여겨 많은 뭇삶의 이익을 위하여, 많은 뭇삶의 안락을 위하여, 하늘사람과 인간의 이익과 안녕과 행복을 위하여, 올바른 길로 잘 가신 님께서는 일 겁 남짓 머무르십시오.'라고 간청하지 않았다. 아난다여, 그러므로 그것은 그대 자신의 잘못이다. 그것은 그대 자신의 과실이다."

76. 아난다여, 한 때 나는 라자가하 시의 깃자꾸따 산에 있었다. 거기서도 나는 그대에게 말했다.

[세존] '아난다여,[116] 라자가하 시는 아름답다. 깃자꾸따 산도 아름답다. 아난다여, 누구든지 네 가지 신통의 기초를 닦고 익히고 수레로 삼고 토대로 만들고 확립하고 구현시켜 훌륭하게 성취했다면 아난다여, 그가 원한다면 일 겁이나 일 겁 남짓 머물 수 있을 것이다. 아난다여, 여래는 네 가지 신통의 기초를 닦고 익히고 수레로 삼고 토대로 만들고 확립하고 구현시켜 훌륭하게 성취했다. 아난다여, 여래가 원한다면 일 겁이나 일 겁 남짓 머물 수 있을 것이다.'

이와 같이 아난다여, 여래는 명백한 징조를 보이고 명백한 암시를 보였으나 그대는 그것을 꿰뚫어 볼 수 없었다. 그래서 그대는 여래에게 '세존이시여, 세상의 존귀한 님께서는 일 겁 동안 머무르십시오, 올바른 길로 잘 가신 님께서는 일 겁 동안 머무르십시오. 세상을 불쌍히 여겨 많은 뭇삶의 이익을 위하여, 많은 뭇삶의 안락을 위하여, 하늘사람과 인간의 이익과 안녕과 행복을 위하여, 올바른 길로 잘 가신 님께서는 일 겁 남짓 머무르십시오.'라고 간청하지 않았다. 아난다여, 그러므로 그것은 그대 자신의 잘못이다. 그것은 그대 자신의 과실이다.

77. 아난다여, 한 때 나는 라자가하 시의 고따마 니그로다 나무 아래에[605] 있었다. 거기서도 나는 그대에게 말했다.

[세존] '아난다여, 라자가하 시는 아름답다. 니그로다 나무도 아름답다. 아난다여, 누구든지 네 가지 신통의 기초를 닦고 익히고 수레로 삼고 토대로 만들고 확립하고 구현시켜 훌륭하게 성취했다면 아난다여, 그가 원한다면 일 겁이나 일 겁 남짓 머물 수 있을 것이다. 아난다여, 여래는 네 가지 신통의 기초를 닦고 익히고 수레로 삼고 토대로 만들고 확립하고 구현시켜 훌륭하게 성취했다. 아난다여, 여래가 원한다면 일 겁이나 일 겁 남짓 머물 수 있을 것이다.'

이와 같이 아난다여, 여래는 명백한 징조를 보이고 명백한 암시를 보였으나 그대는 그것을 꿰뚫어 볼 수 없었다. 그래서 그대는 여래에게 '세존이시여, 세상의 존귀한 님께서는 일 겁 동안 머무르십시오, 올바른 길로 잘 가신 님께서는 일 겁 동안 머무르십시오. 세상을 불쌍히 여겨 많은 뭇삶의 이익을 위하여, 많은 뭇삶의 안락을 위하여, 하늘사람과 인

605) Gotamanigrodhe : 미얀마본에 따른다. PTS. 본은 니그로다라마 승원(nigrodhārāma)이라고 되어있다. 니그로다(nigrodha)는 뱅골 보리수로 한역에서는 용수(榕樹) 또는 니구율(尼拘律)이라고 한다.

간의 이익과 안녕과 행복을 위하여, 올바른 길로 잘 가신 님께서는 일 겁 남짓 머무르십시오.'라고 간청하지 않았다. 아난다여, 그러므로 그것은 그대 자신의 잘못이다. 그것은 그대 자신의 과실이다.

78. 아난다여, 한 때 나는 라자가하 시의 쪼라 절벽[606]에 있었다. 거기서도 나는 그대에게 말했다.

[세존] '아난다여, 라자가하 시는 아름답다. 쪼라 절벽도 아름답다. 아난다여, 누구든지 네 가지 신통의 기초를 닦고 익히고 수레로 삼고 토대로 만들고 확립하고 구현시켜 훌륭하게 성취했다면 아난다여, 그가 원한다면 일 겁이나 일 겁 남짓 머물 수 있을 것이다. 아난다여, 여래는 네 가지 신통의 기초를 닦고 익히고 수레로 삼고 토대로 만들고 확립하고 구현시켜 훌륭하게 성취했다. 아난다여, 여래가 원한다면 일 겁이나 일 겁 남짓 머물 수 있을 것이다.'

이와 같이 아난다여, 여래는 명백한 징조를 보이고 명백한 암시를 보였으나 그대는 그것을 꿰뚫어 볼 수 없었다. 그래서 그대는 여래에게 '세존이시여, 세상의 존귀한 님께서는 일 겁 동안 머무르십시오, 올바른 길로 잘 가신 님께서는 일 겁 동안 머무르십시오. 세상을 불쌍히 여겨 많은 뭇삶의 이익을 위하여, 많은 뭇삶의 안락을 위하여, 하늘사람과 인간의 이익과 안녕과 행복을 위하여, 올바른 길로 잘 가신 님께서는 일 겁 남짓 머무르십시오.'라고 간청하지 않았다. 아난다여, 그러므로 그것은 그대 자신의 잘못이다. 그것은 그대 자신의 과실이다.

---

606) Corapapāta : 도적의 절벽이라는 뜻인데, 이 경에만 등장하는 지명이다.

79. 아난다여, 한 때 나는 라자가하 시의 베바라 산록의 칠엽굴607)에 있었다. 거기서도 나는 그대에게 말했다.

[세존] '아난다여, 라자가하 시는 아름답다. 베바라 산록의 칠엽굴도 아름답다. 아난다여, 누구든지 네 가지 신통의 기초를 닦고 익히고 수레로 삼고 토대로 만들고 확립하고 구현시켜 훌륭하게 성취했다면 아난다여, 그가 원한다면 일 겁이나 일 겁 남짓 머물 수 있을 것이다. 아난다여, 여래는 네 가지 신통의 기초를 닦고 익히고 수레로 삼고 토대로 만들고 확립하고 구현시켜 훌륭하게 성취했다. 아난다여, 여래가 원한다면 일 겁이나 일 겁 남짓 머물 수 있을 것이다.'

이와 같이 아난다여, 여래는 명백한 징조를 보이고 명백한 암시를 보였으나 그대는 그것을 꿰뚫어 볼 수 없었다. 그래서 그대는 여래에게 '세존이시여, 세상의 존귀한 님께서는 일 겁 동안 머무르십시오, 올바른 길로 잘 가신 님께서는 일 겁 동안 머무르십시오. 세상을 불쌍히 여겨 많은 뭇삶의 이익을 위하여, 많은 뭇삶의 안락을 위하여, 하늘사람과 인간의 이익과 안녕과 행복을 위하여, 올바른 길로 잘 가신 님께서는 일 겁 남짓 머무르십시오.'라고 간청하지 않았다. 아난다여, 그러므로 그것은 그대 자신의 잘못이다. 그것은 그대 자신의 과실이다.

80. 아난다여, 한 때 나는 라자가하 시의 이씨길리 산록의 검은 바위608)에 있었다. 거기서도 나는 그대에게 말했다.

---

607) Vebhārapasse sattapaṇṇiguhā : 베바라 산은 라자가하 시를 둘러싼 오악(五嶽) 가운데 하나로 이 산의 산협에 칠엽굴(七葉窟) 밖에 아자따쌋뚜 왕이 건설한 전당이 있었고 그곳에서 제일결집이 행해졌다.

608) Isigili(*sk.* ṛṣigiri) kālāsilā : 이씨길리는 '선인(仙人)이 사는 산'이란 뜻인데, 라자가하 시를

[세존] '아난다여, 라자가하 시는 아름답다. 깃자꾸따 산록의 검은 바위도 아름답다. 아난다여, 누구든지 네 가지 신통의 기초를 닦고 익히고 수레로 삼고 토대로 만들고 확립하고 구현시켜 훌륭하게 성취했다면 아난다여, 그가 원한다면 일 겁이나 일 겁 남짓 머물 수 있을 것이다. 아난다여, 여래는 네 가지 신통의 기초를 닦고 익히고 수레로 삼고 토대로 만들고 확립하고 구현시켜 훌륭하게 성취했다. 아난다여, 여래가 원한다면 일 겁이나 일 겁 남짓 머물 수 있을 것이다.'

이와 같이 아난다여, 여래는 명백한 징조를 보이고 명백한 암시를 보였으나 그대는 그것을 꿰뚫어 볼 수 없었다. 그래서 그대는 여래에게 '세존이시여, 세상의 존귀한 님께서는 일 겁 동안 머무르십시오, 올바른 길로 잘 가신 님께서는 일 겁 동안 머무르십시오. 세상을 불쌍히 여겨 많은 뭇삶의 이익을 위하여, 많은 뭇삶의 안락을 위하여, 하늘사람과 인간의 이익과 안녕과 행복을 위하여, 올바른 길로 잘 가신 님께서는 일 겁 남짓 머무르십시오.'라고 간청하지 않았다. 아난다여, 그러므로 그것은 그대 자신의 잘못이다. 그것은 그대 자신의 과실이다.

81. 아난다여, 한 때 나는 라자가하 시의 씨따 숲의 쌉빠쏜디까 굴에[609] 있었다. 거기서도 나는 그대에게 말했다.

둘러싼 오악(五嶽) 가운데 하나로 깔라씰라(kālāsilā)는 지명이 아니고 흑요석(黑曜石)을 말한다. Srp. I. 182는 '검은 색의 바위'라고 해석하고 있다.

609) Sītavane sappasoṇḍikapabbhāre : SN. IV. 40과 AN. III. 374에도 언급되어 있다. 씨따 숲은 아나타삔디까가 처음 부처님을 만난 곳이다. 씨따 숲은 한림(寒林)이라는 뜻이다. ThagA. I. 47에 따르면, 거기에 '두려움과 공포(bhayabherava)'라고 묘사되는 묘지가 있었다. 쌉빠쏜디까 굴은 뱀의 후드와 비슷한 동굴을 말한다.

[세존] '아난다여, 라자가하 시는 아름답다. 씨따 숲의 쌉빠쏜디까 굴도 아름답다. 아난다여, 누구든지 네 가지 신통의 기초를 닦고 익히고 수레로 삼고 토대로 만들고 확립하고 구현시켜 훌륭하게 성취했다면 아난다여, 그가 원한다면 일 겁이나 일 겁 남짓 머물 수 있을 것이다. 아난다여, 여래는 네 가지 신통의 기초를 닦고 익히고 수레로 삼고 토대로 만들고 확립하고 구현시켜 훌륭하게 성취했다. 아난다여, 여래가 원한다면 일 겁이나 일 겁 남짓 머물 수 있을 것이다.'

이와 같이 아난다여, 여래는 명백한 징조를 보이고 명백한 암시를 보였으나 그대는 그것을 꿰뚫어 볼 수 없었다. 그래서 그대는 여래에게 '세존이시여, 세상의 존귀한 님께서는 일 겁 동안 머무르십시오, 올바른 길로 잘 가신 님께서는 일 겁 동안 머무르십시오. 세상을 불쌍히 여겨 많은 뭇삶의 이익을 위하여, 많은 뭇삶의 안락을 위하여, 하늘사람과 인간의 이익과 안녕과 행복을 위하여, 올바른 길로 잘 가신 님께서는 일 겁 남짓 머무르십시오.'라고 간청하지 않았다. 아난다여, 그러므로 그것은 그대 자신의 잘못이다. 그것은 그대 자신의 과실이다.

82. 아난다여, 한 때 나는 라자가하 시의 따뽀다 온천 승원에[610] 있었다. 거기서도 나는 그대에게 말했다.

[세존] '아난다여, 라자가하 시는 아름답다.[117] 따뽀다

610) Tapodā : Srp. I. 38에 따르면, 온천(溫泉 : tattodaka)이다. 따뽀다는 베바라(Vebhāra)[지금의 Baibhār] 산의 용들이 사는 호수의 물줄기였는데, 물이 따뜻한 것은 두 철과지옥(鐵鍋地獄 : Lohakumbhi) 사이를 흐르기 때문이라고 한다. 따뽀다 온천 승원(Tapodārāma)은 또한 DN II. 116과 AN. V. 196에 나온다. Swb.에 의하면 하리방싸(Harivaṁsa)에서는 따뽀다를 성스러운 나루터(tīrtha)라고 불렀다.

승원도 아름답다. 아난다여, 누구든지 네 가지 신통의 기초를 닦고 익히고 수레로 삼고 토대로 만들고 확립하고 구현시켜 훌륭하게 성취했다면 아난다여, 그가 원한다면 일 겁이나 일 겁 남짓 머물 수 있을 것이다. 아난다여, 여래는 네 가지 신통의 기초를 닦고 익히고 수레로 삼고 토대로 만들고 확립하고 구현시켜 훌륭하게 성취했다. 아난다여, 여래가 원한다면 일 겁이나 일 겁 남짓 머물 수 있을 것이다.'

이와 같이 아난다여, 여래는 명백한 징조를 보이고 명백한 암시를 보였으나 그대는 그것을 꿰뚫어 볼 수 없었다. 그래서 그대는 여래에게 '세존이시여, 세상의 존귀한 님께서는 일 겁 동안 머무르십시오, 올바른 길로 잘 가신 님께서는 일 겁 동안 머무르십시오. 세상을 불쌍히 여겨 많은 뭇삶의 이익을 위하여, 많은 뭇삶의 안락을 위하여, 하늘사람과 인간의 이익과 안녕과 행복을 위하여, 올바른 길로 잘 가신 님께서는 일 겁 남짓 머무르십시오.'라고 간청하지 않았다. 아난다여, 그러므로 그것은 그대 자신의 잘못이다. 그것은 그대 자신의 과실이다.

83. 아난다여, 한 때 나는 라자가하 시에 있는 벨루 숲의 깔란다까니바빠에 있었다. 거기서도 나는 그대에게 말했다.

[세존] '아난다여, 라자가하 시는 아름답다. 벨루 숲의 깔란다까니바빠도 아름답다. 아난다여, 누구든지 네 가지 신통의 기초를 닦고 익히고 수레로 삼고 토대로 만들고 확립하고 구현시켜 훌륭하게 성취했다면 아난다여, 그가 원한다면 일 겁이나 일 겁 남짓 머물 수 있을 것이다. 아난다여, 여래는 네 가지 신통의 기초를 닦고 익히고 수레로 삼고 토대로

만들고 확립하고 구현시켜 훌륭하게 성취했다. 아난다여, 여래가 원한다면 일 겁이나 일 겁 남짓 머물 수 있을 것이다.'

이와 같이 아난다여, 여래는 명백한 징조를 보이고 명백한 암시를 보였으나 그대는 그것을 꿰뚫어 볼 수 없었다. 그래서 그대는 여래에게 '세존이시여, 세상의 존귀한 님께서는 일 겁 동안 머무르십시오, 올바른 길로 잘 가신 님께서는 일 겁 동안 머무르십시오. 세상을 불쌍히 여겨 많은 뭇삶의 이익을 위하여, 많은 뭇삶의 안락을 위하여, 하늘사람과 인간의 이익과 안녕과 행복을 위하여, 올바른 길로 잘 가신 님께서는 일 겁 남짓 머무르십시오.'라고 간청하지 않았다. 아난다여, 그러므로 그것은 그대 자신의 잘못이다. 그것은 그대 자신의 과실이다.

84. 아난다여, 한 때 나는 라자가하 시에 있는 지바깜바 숲611)에 있었다. 거기서도 나는 그대에게 말했다.

[세존] '아난다여, 라자가하 시는 아름답다. 지바깜바 숲도 아름답다. 아난다여, 누구든지 네 가지 신통의 기초를 닦고 익히고 수레로 삼고 토대로 만들고 확립하고 구현시켜 훌륭하게 성취했다면 아난다여, 그가 원한다면 일 겁이나 일 겁 남짓 머물 수 있을 것이다. 아난다여, 여래는 네 가지 신통의 기초를 닦고 익히고 수레로 삼고 토대로 만들고 확립하고 구현시켜 훌륭하게 성취했다. 아난다여, 여래가 원한다면 일 겁이나 일 겁 남짓 머물 수 있을 것이다.'

이와 같이 아난다여, 여래는 명백한 징조를 보이고 명백한

---

611) Jīvakambavana : 지바까(Jīvaka)는 마가다 국의 빔비싸라 왕의 주치의였다. 지바깜바바나는 지바까의 망고 숲을 말한다.

암시를 보였으나 그대는 그것을 꿰뚫어 볼 수 없었다. 그래서 그대는 여래에게 '세존이시여, 세상의 존귀한 님께서는 일 겁 동안 머무르십시오, 올바른 길로 잘 가신 님께서는 일 겁 동안 머무르십시오. 세상을 불쌍히 여겨 많은 뭇삶의 이익을 위하여, 많은 뭇삶의 안락을 위하여, 하늘사람과 인간의 이익과 안녕과 행복을 위하여, 올바른 길로 잘 가신 님께서는 일 겁 남짓 머무르십시오.'라고 간청하지 않았다. 아난다여, 그러므로 그것은 그대 자신의 잘못이다. 그것은 그대 자신의 과실이다.

85. 아난다여, 한 때 나는 맛다꿋치[612] 숲에 있는 미가다야[613]에 있었다. 거기서도 나는 그대에게 말했다.

[세존] '아난다여, 라자가하 시는 아름답다. 맛다꿋치 숲에 있는 미가다야도 아름답다. 아난다여, 누구든지 네 가지 신통의 기초를 닦고 익히고 수레로 삼고 토대로 만들고 확립하고 구현시켜 훌륭하게 성취했다면 아난다여, 그가 원한다면 일 겁이나 일 겁 남짓 머물 수 있을 것이다. 아난다여, 여래는 네 가지 신통의 기초를 닦고 익히고 수레로 삼고

---

612) Maddakucchi : 깃자꾸따(Gijjhakūṭa) 산록에 위치한 라자가하 근처의 공원이다. DhA. II. 164; Vin. II. 193에 따르면, 데바닷따가 깃자꾸따 산에서 부처님의 실해하려고 바위를 굴렸는데, 바위가 부처님 앞에서 멈추었으나 돌조각에 부처님의 발에 떨어져 상처가 났을 때, 수행승들이 부처님을 임시로 들것으로 옮긴 곳이 맛다꿋치 공원이다. 거기서 지바까 숲으로 올겨져 명의 지바까의 치료를 받았다. Srp. I. 77에는 맛다꿋치 숲에 관해 아자따쌋뚜 왕의 어머니이자 빔비싸라 왕의 비인 맛다(Madda)와 관련된 비극적 전설이 나온다. 투싸자따까(Thusajātaka : Ja. III. 121)에 따르면, 맛다꿋치(Maddakucchi)는 맛다 왕비의 자궁[胎]이란 뜻이다. 그녀는 자신이 잉태한 어린 아이가 아버지를 살해할 것이라는 예언을 듣고 낙태를 결심하고 숲을 찾아가 칼로 배를 찔렀으나 실패했다.

613) Migadāye : 미가다야(Migadāya)의 한역은 녹야원(鹿野園)이다. 맛다꿋치 숲의 미가다야는 사슴과 사냥으로 잡은 동물들이 안전하게 뛰어놀 수 있도록 만든 동물원과 같은 곳이었다.

토대로 만들고 확립하고 구현시켜 훌륭하게 성취했다. 아난다여, 여래가 원한다면 일 겁이나 일 겁 남짓 머물 수 있을 것이다.'

이와 같이 아난다여, 여래는 명백한 징조를 보이고 명백한 암시를 보였으나 그대는 그것을 꿰뚫어 볼 수 없었다. 그래서 그대는 여래에게 '세존이시여, 세상의 존귀한 님께서는 일 겁 동안 머무르십시오, 올바른 길로 잘 가신 님께서는 일 겁 동안 머무르십시오. 세상을 불쌍히 여겨 많은 뭇삶의 이익을 위하여, 많은 뭇삶의 안락을 위하여, 하늘사람과 인간의 이익과 안녕과 행복을 위하여, 올바른 길로 잘 가신 님께서는 일 겁 남짓 머무르십시오.'라고 간청하지 않았다. 아난다여, 그러므로 그것은 그대 자신의 잘못이다. 그것은 그대 자신의 과실이다.

86. 아난다여, 한 때 나는 베쌀리 시에 있는 우데나 탑묘614) 에 있었다. 거기서도 나는 그대에게 말했다.

[세존] '아난다여, 베쌀리 시는 아름답다. 우데나 탑묘도 아름답다. 아난다여, 누구든지 네 가지 신통의 기초를 닦고 익히고 수레로 삼고 토대로 만들고 확립하고 구현시켜 훌륭하게 성취했다면 아난다여, 그가 원한다면 일 겁이나 일 겁 남짓 머물 수 있을 것이다. 아난다여, 여래는 네 가지 신통의 기초를 닦고 익히고 수레로 삼고 토대로 만들고 확립하고 구현시켜 훌륭하게 성취했다. 아난다여, 여래가 원한다면 일 겁이나 일 겁 남짓 머물 수 있을 것이다.'

---

614) Udenacetiya … Gotamakacetiya … Sattambacetiya …Bahuputtacetiya … Sārandadacetiya … Cāpalacetiya : 이하의 탑묘에 대해서는 이 책(DN. II. 102)쪽의 주석을 보라.

이와 같이 아난다여, 여래는 명백한 징조를 보이고 명백한 암시를 보였으나 그대는 그것을 꿰뚫어 볼 수 없었다. 그래서 그대는 여래에게 '세존이시여, 세상의 존귀한 님께서는 일 겁 동안 머무르십시오, 올바른 길로 잘 가신 님께서는 일 겁 동안 머무르십시오. 세상을 불쌍히 여겨 많은 뭇삶의 이익을 위하여, 많은 뭇삶의 안락을 위하여, 하늘사람과 인간의 이익과 안녕과 행복을 위하여, 올바른 길로 잘 가신 님께서는 일 겁 남짓 머무르십시오.'라고 간청하지 않았다. 아난다여, 그러므로 그것은 그대 자신의 잘못이다. 그것은 그대 자신의 과실이다.

87. 아난다여, 한 때 나는 베쌀리 시에 있는 고따마까 탑묘에 있었다. 거기서도 나는 그대에게 말했다.

[세존] '아난다여,[118] 베쌀리 시는 아름답다. 고따마까 탑묘도 아름답다. 아난다여, 누구든지 네 가지 신통의 기초를 닦고 익히고 수레로 삼고 토대로 만들고 확립하고 구현시켜 훌륭하게 성취했다면 아난다여, 그가 원한다면 일 겁이나 일 겁 남짓 머물 수 있을 것이다. 아난다여, 여래는 네 가지 신통의 기초를 닦고 익히고 수레로 삼고 토대로 만들고 확립하고 구현시켜 훌륭하게 성취했다. 아난다여, 여래가 원한다면 일 겁이나 일 겁 남짓 머물 수 있을 것이다.'

이와 같이 아난다여, 여래는 명백한 징조를 보이고 명백한 암시를 보였으나 그대는 그것을 꿰뚫어 볼 수 없었다. 그래서 그대는 여래에게 '세존이시여, 세상의 존귀한 님께서는 일 겁 동안 머무르십시오, 올바른 길로 잘 가신 님께서는 일 겁 동안 머무르십시오. 세상을 불쌍히 여겨 많은 뭇삶의 이익을 위하여, 많은 뭇삶의 안락을 위하여, 하늘사람과 인간의 이익과 안녕과 행복을 위하여, 올바른 길로 잘 가신 님께서는 일 겁 남짓 머무르십시오.'라고 간청하지 않았다. 아난다여, 그러므로 그것은 그대 자신의 잘못이다. 그것은 그대 자신의 과실이다.

88. 아난다여, 한 때 나는 베쌀리 시에 있는 쌋땀바 탑묘에 있었다. 거기서도 나는 그대에게 말했다.

[세존] '아난다여, 베쌀리 시는 아름답다. 쌋땀바 탑묘도 아름답다. 아난다여, 누구든지 네 가지 신통의 기초를 닦고 익히고 수레로 삼고 토대로 만들고 확립하고 구현시켜 훌륭하게 성취했다면 아난다여, 그가 원한다면 일 겁이나 일 겁 남짓 머물 수 있을 것이다. 아난다여, 여래는 네 가지 신통의 기초를 닦고 익히고 수레로 삼고 토대로 만들고 확립하고 구현시켜 훌륭하게 성취했다. 아난다여, 여래가 원한다면 일 겁이나 일 겁 남짓 머물 수 있을 것이다.'

이와 같이 아난다여, 여래는 명백한 징조를 보이고 명백한 암시를 보였으나 그대는 그것을 꿰뚫어 볼 수 없었다. 그래서 그대는 여래에게 '세존이시여, 세상의 존귀한 님께서는 일 겁 동안 머무르십시오, 올바른 길로 잘 가신 님께서는 일 겁 동안 머무르십시오. 세상을 불쌍히 여겨 많은 뭇삶의 이익을 위하여, 많은 뭇삶의 안락을 위하여, 하늘사람과 인간의 이익과 안녕과 행복을 위하여, 올바른 길로 잘 가신 님께서는 일 겁 남짓 머무르십시오.'라고 간청하지 않았다. 아난다여, 그러므로 그것은 그대 자신의 잘못이다. 그것은 그대 자신의 과실이다.

89. 아난다여, 한 때 나는 베쌀리 시에 있는 바후뿟따 탑묘에 있었다. 거기서도 나는 그대에게 말했다.

[세존] '아난다여, 베쌀리 시는 아름답다. 바후뿟따 탑묘도 아름답다. 아난다여, 누구든지 네 가지 신통의 기초를 닦고 익히고 수레로 삼고 토대로 만들고 확립하고 구현시켜 훌륭하게 성취했다면 아난다여, 그가 원한다면 일 겁이나 일 겁 남짓 머물 수 있을 것이다. 아난다여, 여래는 네 가지 신통의 기초를 닦고 익히고 수레로 삼고 토대로 만들고 확립하고 구현시켜 훌륭하게 성취했다. 아난다여, 여래가 원한다면 일 겁이나 일 겁 남짓 머물 수 있을 것이다.'

이와 같이 아난다여, 여래는 명백한 징조를 보이고 명백한 암시를 보였으나 그대는 그것을 꿰뚫어 볼 수 없었다. 그래서 그대는 여래에게 '세존이시여, 세상의 존귀한 님께서는 일 겁 동안 머무르십시오, 올바른 길로 잘 가신 님께서는 일 겁 동안 머무르십시오. 세상을 불쌍히 여겨 많은 뭇삶의 이익을 위하여, 많은 뭇삶의 안락을 위하여, 하늘사람과 인간의 이익과 안녕과 행복을 위하여, 올바른 길로 잘 가신 님께서는 일 겁 남짓 머무르십시오.'라고 간청하지 않았다. 아난다여, 그러므로 그것은 그대 자신의 잘못이다. 그것은 그대 자신의 과실이다.

90. 아난다여, 한 때 나는 베쌀리 시에 있는 싸란다다 탑묘에 있었다. 거기서도 나는 그대에게 말했다.

[세존] '아난다여, 베쌀리 시는 아름답다. 싸란다다 탑묘도도 아름답다. 아난다여, 누구든지 네 가지 신통의 기초를 닦고 익히고 수레로 삼고 토대로 만들고 확립하고 구현시켜

훌륭하게 성취했다면 아난다여, 그가 원한다면 일 겁이나 일 겁 남짓 머물 수 있을 것이다. 아난다여, 여래는 네 가지 신통의 기초를 닦고 익히고 수레로 삼고 토대로 만들고 확립하고 구현시켜 훌륭하게 성취했다. 아난다여, 여래가 원한다면 일 겁이나 일 겁 남짓 머물 수 있을 것이다.'

이와 같이 아난다여, 여래는 명백한 징조를 보이고 명백한 암시를 보였으나 그대는 그것을 꿰뚫어 볼 수 없었다. 그래서 그대는 여래에게 '세존이시여, 세상의 존귀한 님께서는 일 겁 동안 머무르십시오, 올바른 길로 잘 가신 님께서는 일 겁 동안 머무르십시오. 세상을 불쌍히 여겨 많은 뭇삶의 이익을 위하여, 많은 뭇삶의 안락을 위하여, 하늘사람과 인간의 이익과 안녕과 행복을 위하여, 올바른 길로 잘 가신 님께서는 일 겁 남짓 머무르십시오.'라고 간청하지 않았다. 아난다여, 그러므로 그것은 그대 자신의 잘못이다. 그것은 그대 자신의 과실이다.

91. 아난다여, 나는 방금 오늘 짜빨라 탑묘에서 그대에게 말했다.

[세존] '아난다여, 베쌀리 시는 아름답다. 짜빨라 탑묘도 아름답다. 아난다여, 누구든지 네 가지 신통의 기초를 닦고 익히고 수레로 삼고 토대로 만들고 확립하고 구현시켜 훌륭하게 성취했다면 아난다여, 그가 원한다면 일 겁이나 일 겁 남짓 머물 수 있을 것이다. 아난다여, 여래는 네 가지 신통의 기초를 닦고 익히고 수레로 삼고 토대로 만들고 확립하고 구현시켜 훌륭하게 성취했다. 아난다여, 여래가 원한다면 일 겁이나 일 겁 남짓 머물 수 있을 것이다.'

이와 같이 아난다여, 여래는 명백한 징조를 보이고 명백한 암시를 보였으나 그대는 그것을 꿰뚫어 볼 수 없었다. 그래서 그대는 여래에게 '세존이시여, 세상의 존귀한 님께서는 일 겁 동안 머무르십시오, 올바른 길로 잘 가신 님께서는 일 겁 동안 머무르십시오. 세상을 불쌍히 여겨 많은 뭇삶의 이익을 위하여, 많은 뭇삶의 안락을 위하여, 하늘사람과 인간의 이익과 안녕과 행복을 위하여, 올바른 길로 잘 가신 님께서는 일 겁 남짓 머무르십시오.'라고 간청하지 않았다. 아난다여, 그러므로 그것은 그대 자신의 잘못이다. 그것은 그대 자신의 과실이다.

92. 아난다여, 참으로 내가 미리 '모든 사랑스럽고 마음에 드는 것들과 살아서 헤어지기 마련이고, 죽어서 이별하기 마련이고, 달라져 흩어지기 마련이다.'라고[615] 말하지 않았던가? 아난다여, 생겨나고 생성되고 형성되고 부서지고야 마는 것을 두고 '부서지지 말라'고 한들 무슨 소용이 있겠는가?[616] 그것은 옳지 않다. 아난다여, 그것은 여래에 의해서 버려지고 내뱉어지고 놓아지고 끊어지고 방기되어, 수명의 형성은 버려진 것이다. 여래는 결정적으로 '오래지 않아 여래는 완전한 열반에 들 것이다. 지금부터 삼 개월이 지난 뒤에

---

615) sabbeheva piyehi manāpehi nānābhāvo vinābhāvo aññathābhāvo : 원래는 '모든 사랑스럽고 마음에 드는 것들에 의해서 다양해지고, 이별하고, 달라지는 것이다.'라는 뜻인데, 역자의 이 번역은 Smv. 564에 따른 번역이다.

616) taṃ kutettha ānanda labbhā : Smv. 564에 따르면, 어떤 한 사랑스러운 것이라도 마음에 드는 것이라도 이별하기 때문에 열 가지 바라밀(dasapāramī)을 성취하더라도 올바른 깨달음을 얻어도, 법륜(dhammacakka)을 굴려도, 쌍신변(yamakapāṭihāriya)을 행해도, 신들의 강림(devorohaṇa)이 있어도, 생겨나고 생성되고 형성되고 부서지고야 마는 것을 두고, 심지어 여래의 신체에 대해서도 '부서지지 말라.'고 한다면 그것은 도리가 아니다.

여래는 완전한 열반에[119] 들겠다.'라고 말했다. 그런데 여래가 목숨을 위해 다시 그것을 돌이키려한다는 것은 옳지 않다."

93. [세존] "아난다여, 마하 숲에 있는 꾸따가라 강당으로 가자."

[아난다] "세존이시여 알겠습니다."

존자 아난다는 세존께 대답했다. 그래서 세존께서는 존자 아난다와 함께 마하 숲에 있는 꾸따가라 강당으로 찾아갔다. 가까이 다가가서 존자 아난다에게 말했다.

[세존] "아난다여, 가서 베쌀리 시의 인근에 사는 수행승들이 있다면, 그 모두를 집회당으로 모으라."

[아난다] "세존이시여, 알겠습니다."

존자 아난다는 세존께 대답하고 가서 베쌀리 인근에 사는 수행승들이 있는 한, 그 모두를 집회당으로 모은 뒤에 세존께서 계신 곳을 찾아왔다. 가까이 다가와서 세존께 인사를 드리고 한쪽으로 물러나 섰다. 한쪽으로 물러나 서서 세존께 이와 같이 말씀드렸다.

[아난다] "세존이시여, 수행승의 무리가 모였습니다. 세존이시여, 준비가 되었습니다."

(청정한 삶이 오래 지속되도록)

94. 그래서 세존께서는 집회당이 있는 곳을 찾아가셨다. 가까이 다가가서 마련된 자리에 앉으셨다. 마련된 자리에 앉아 세존께서는 수행승들에게 말씀하셨다.

[세존] "수행승들이여, 나는 가르침을 곧바로 알아 설했는

데, 그대들은 그것을 잘 배워서 곧[120] 청정한 삶이 오랫동안 지속되도록, 많은 사람의 안녕을 위하여, 많은 사람의 행복을 위하여, 세상을 불쌍히 여겨, 신들과 인간의 이익과 안녕과 행복을 위하여, 섬기고 닦고 반복해서 실천해야 한다. 수행승들이여, 내가 어떠한 가르침을 곧바로 알아 설했는데, 그대들이 그것을 잘 배워서 곧 청정한 삶이 오랫동안 지속되도록, 많은 사람의 안녕을 위하여, 많은 사람의 행복을 위하여, 세상을 불쌍히 여겨, 신들과 인간의 이익과 안녕과 행복을 위하여, 섬기고 닦고 반복해서 실천해야 하는 것인가? 예를 들어, 네 가지 새김의 토대, 네 가지 올바른 노력, 네 가지 신통의 기초, 다섯 가지 능력, 다섯 가지 힘, 일곱 가지 깨달음의 고리, 여덟 가지 고귀한 길이다.[617] 수행승들이여, 내가 이러한 가르침을 곧바로 알아 설했는데, 그대들이 그것을 잘 배워서 곧, 청정한 삶이 오랫동안 지속되도록, 많은 사람의 안녕을 위하여, 많은 사람의 행복을 위하여, 세상을 불쌍히 여겨, 신들과 인간의 이익과 안녕과 행복을 위하여, 섬기고 닦고 반복해서 실천해야 한다."

95. 그리고 세존께서는 수행승들에게 말씀하셨다.

[세존] "수행승들이여, 이제 나는 그대들에게 말한다. 형성된 것은 괴멸하고야 만다. 방일하지 말고 정진하라.[618] 오래지 않아 여래는 완전한 열반에 들 것이다. 지금부터 삼

---

617) cattāro satipaṭṭhānā, cattāro sammappadhānā, cattāro iddhipādā pañca indriyāni, pañcabalāni. satta bojjhaṅgā, ariyo aṭṭhaṅgiko maggo : 서른일곱 가지 깨달음에 도움이 되는 수행법(三十七助道品, 三十七菩提分法 : sattatiṁsa bodhipakkhiyā dhammā)을 말한다. 한역에서는 각각 사념처(四念處), 사정근(四正勤), 사신족(四神足), 오근(五根), 오력(五力). 칠각지(七覺支). 팔정도(八聖道)라고 한다. 상세한 것은 이 책의 해제를 참조하라.

618) vayadhammā saṅkhārā. appamādena sampādetha : 이 책(DN. II. 155)의 주석을 보라.

개월이 지난 뒤에 여래는 완전한 열반에 들겠다."

세존께서는 이와 같이 말씀하셨다. 이처럼 말씀하시고 올바른 길로 잘 가신 님께서는 스승으로서 이와 같이 시로 말씀하셨다.

[세존]

"연로하여 나의 목숨이
얼마 남지 않았으니[619]
그대들을 버리고 가니
나 자신을 피난처로 삼았네.(10)

수행승들이여, 방일하지 말고
새김을 확립하고 계행을 잘 지켜라.
잘 집중된 사유로
자신의 마음을 수호하라.[620](11)

이[121] 가르침과 계율을
방일하지 않고 닦는 자는
태어남의 윤회를 버리고
괴로움을 종식하리."[621](12)

(네 가지 고귀한 원리)[622]

---

619) paripakko vayo mayhaṃ | parittaṃ mama jīvitaṃ | pahāya vo gamissāmi | katamme saraṇamattano ||

620) appamattā satimanto | susīlā hotha bhikkhavo | susamāhitasaṅkappā | sacittamanurakkhatha ||

621) yo imasmiṃ dhammavinaye | appamatto vihassati | pahāya jātisaṃsāraṃ | dukkhassantaṃ karissatī ti ||

622) AN. II. 1 : 장아함 4 (대정 1, 13a) 참조

96. 그리고[122] 세존께서는 아침 일찍 옷을 입고 발우와 가사를 들고 탁발을 하기 위해 베쌀리 시로 들어가셨다. 베쌀리 시에서 탁발을 하고 식사를 마친 뒤, 탁발에서 돌아오면서 코끼리가 바라보듯623) 베쌀리 시를 바라보고 나서 존자 아난다에게 말씀하셨다.

[세존] "아난다여, 이것이 여래가 베쌀리 시를 보는 마지막이 될 것이다. 아난다여, 반다가마 마을이 있는 곳으로 가자."

[아난다] "세존이시여, 알겠습니다."

존자 아난다는 세존께 대답했다. 그러자 세존께서는 많은 수행승의 무리와 함께 반다가마 마을에 도착하셨다.

세존께서는 반다가마624) 마을에서 지내셨다. 세존께서는 수행승들이여'라고 수행승들을 부르셨다. 수행승들은 '세존이시여'라고 대답했다. 세존께서는 이와 같이 말씀하셨다.

[세존] "수행승들이여, 네 가지 원리에 대하여 깨닫지 못하고 꿰뚫지 못해서 이와 같이 나뿐만 아니라 그대들은 오랜 세월 유전하고 윤회하였다. 네 가지란 무엇인가?

수행승들이여, 고귀한 계율에 대하여 깨닫지 못하고 꿰뚫지 못해서 이와 같이 나뿐만 아니라 그대들은 오랜 세월

623) nāgāpalokitaṃ : Smv. 564에 따르면, 코끼리가 뒤를 돌아보기 위해 몸전체로 회전하듯, 부처님도 그렇게 회전한다는 뜻이고, 이 때에 세존께서는 '삼년 이내에 베쌀리 왕족(릿차비족)의 멸망이 임박했고, 그래서 '코끼리의 조망'이라는 탑을 세우고 거기에 향과 꽃 등으로 공양할 것이다.'라고 예견하셨다고 한다.

624) Bhaṇḍagāma : 베쌀리(Vesali)와 핫티가마(Hatthigama) 사이의 밧지 족의 마을이다. 부처님께서 마지막 여행길에 방문한 마을로 유명하다. 여기서 부처님께서는 이 경에서처럼 수행승들에게 윤회를 끊고 열반에 들기 위한 네 가지 조건을 설했다.

유전하고 윤회하였다. 수행승들이여, 고귀한 삼매에 대하여 깨닫지 못하고 꿰뚫지 못해서 이와 같이 나뿐만 아니라 그대들은 오랜 세월 유전하고 윤회하였다. 수행승들이여, 고귀한 지혜에 대하여 깨닫지 못하고 꿰뚫지 못해서 이와 같이 나뿐만 아니라 그대들은 오랜 세월 유전하고 윤회하였다. 수행승들이여, 고귀한 해탈에 대하여 깨닫지 못하고 꿰뚫지 못해서 이와 같이 나뿐만 아니라 그대들은 오랜 세월 유전하고 윤회하였다.[625]

수행승들이여, 이제 고귀한 계율에 대하여 깨달았고 [123] 꿰뚫었다. 이제 고귀한 삼매에 대하여 깨달았고 꿰뚫었다. 고귀한 지혜에 대하여 깨달았고 꿰뚫었다. 고귀한 해탈에 대하여 깨달았고 꿰뚫었다. 그러므로 존재의 갈애가 부수어지고 존재의 통로[626]가 부서져서 다시는 태어나지 않는다."

세상에 고귀한 님께서는 이처럼 말씀하시고 또한 올바른 길로 잘 가신 님께서는 스승으로서 이와 같이 말씀하셨다.

[세존]

"위없는 계행과 삼매와
지혜, 그리고 해탈
이러한 것들을 명성 있는
고따마는 깨달았네.[627](13)

---

625) sīla … samādhi … pañña … vimutti : 네 가지 가르침의 다발(四法蘊 : cattāro dhammakkhandhā)을 설명한 것이다. 전집(DN. III. 229)과 그 주석을 참조하라.

626) bhavanetti : 갈애에 대한 특수한 표현이다. Srp. II. 336은 '존재의 밧줄(bhavarajju)'과 동의어로 보고 있다. Mrp. III. 2에 따르면, 뭇삶을 마치 소처럼 목덜미를 잡아서 존재로 이끌기 때문에 존재의 밧줄(bhavarajju)이라고도 한다.

627) sīlaṃ samādhi paññā ca | vimutti ca anuttarā | anubuddhā ime dhammā | gotamena yasas

깨달은 님, 괴로움을 종식시킨 님,
스승, 눈 있는 님,
적멸에 든 님은 곧바로 알아
수행승들에게 가르침을 설했네."628)(14)

97. 세존께서는 그곳 반다가마 마을에서 지내면서 많은 수행승들에게 이와 같이 '계행은 이러하고, 삼매는 이러하고, 지혜는 이러하다. 계행을 철저히 닦은 삼매는 커다란 과보, 커다란 공덕이 있고, 삼매를 철저히 닦은 지혜는 커다란 과보, 커다란 공덕이 있고, 지혜를 철저히 닦은 마음은 번뇌 곧, 감각적 쾌락의 욕망에 의한 번뇌, 존재에 의한 번뇌, 무명에 의한 번뇌에서 완전히 해탈된다.'라고 법문을 설하셨다.

(네 가지 정통성)629)

98. 그리고 세존께서는 반다가마 마을에서 계실 만큼 계시다가 존자 아난다에게 말씀하셨다.

---

sinā ‖ Vimuttimagga의 서시에 해당한다.

628) iti buddho abhiññāya | dhammamakkhāsi bhikkhūnaṃ ‖ dukkhassantakaro satthā | cakkhumā parinibbuto'ti ‖ Smv. 565에 따르면, 눈있는 님은 다섯 가지 눈을 갖춘 님을 말한다. 적멸(parinibbuta)은 오염의 완전한 소멸(kilesaparinibbāna)에 의한 적멸을 말한다. Prj. II. 42에 따르면, 부처님에게는 나섯 가지 눈(pancacakkhu : 五眼)이 있다. ① 자연의 눈(性眼 : pakaticakkhu) ② 하늘의 눈(天眼 : dibbacakkhu) ③ 지혜의 눈(慧眼 : paññācakkhu) ④ 보편의 눈(普眼 : samantacakkhu) ⑤ 부처의 눈(佛眼 : buddhacakkhu)이다. 대승의 금강경에서는 자연의 눈이 육안(肉眼)으로 보편의 눈이 법안(法眼)으로 바뀌었다. Srp. II. 254에 따르면, 여기에는 두 종류의 눈(dvecakkhu)이 있다. 지혜의 눈(慧眼 : ñāṇacakkhu)과 육신의 눈(肉眼 : maṁsacakkhu)이다. 그런데 지혜의 눈에는 다섯 가지가 있다: 부처의 눈(佛眼 : Buddhacakkhu), 진리의 눈(法眼 : dhammacakkhu), 보편의 눈(普眼 : sama-ntacakkhu), 하늘의 눈(天眼 : dibbacakkhu), 지혜의 눈(慧眼 : paññācakkhu)이 있고 육신의 눈에는 두 가지, 즉 종안(種眼 : sa-sambhāracakkhu)과 정안(淨眼 : pasādacakkhu)이 있다.

629) AN. II. 167 참조

[세존] "아난다여, 핫티가마 마을이 있는 곳으로, 암바가마 마을이 있는 곳으로, 잠부가마이 있는 곳으로, 보가나가라 마을이 있는 곳으로 찾아가자."630)

[아난다] "세존이시여, 알겠습니다."

존자 아난다는 세존께 대답했다. 세존께서는 많은 수행승의 무리와 함께 보나나가라 마을에 도착하셨다. 거기서 세존께서는 보가나가라 마을의 아난다 탑묘에631) 계셨다. 그때 세존께서는 수행승들에게 이와 같이 말씀하셨다.

[세존] "수행승들이여, 네 가지 탁월한 논증에 대하여 설하겠다.632) 잘 듣고 새겨라. 내가 설할 것이다."

[수행승들] "세존이시여,[124] 그렇게 하겠습니다."

수행승들은 세존께 대답했다. 세존께서는 이와 같이 말씀하셨다.

1) [세존] "수행승들이여, 세상에 수행승이 '벗들이여, 나는 이것을 세존 앞에서 듣고 세존 앞에서 받았습니다. 이것이 가르침이고 이것이 계율이고 이것이 스승의 교시입니다.' 라고 말한다면, 수행승들이여, 그 수행승의 말에 동의하지

---

630) āyāmānanda yena hatthigāmo, yena ambagāmo, yena jambugāmo. yena bhoganagaraṃ tenupasaṅkamissāmā'ti : 밧지 국의 마을들로 베쌀리(Vesāli) 시와 빠바(Pāvā) 시 사이에 있었고, 부처님의 마지막 여행길에 들린 마을들이다. 보가나가라는 보가가마나가라(bhogagāmanagara)라고도 하며, 그곳의 아난다 탑묘에서 '탁월한 논증'에 대한 법문을 하였다. 부처님께서는 마지막 여행을 할 때, 이곳에서 빠바 시로 갔다.

631) ānandacetiya : 아난다는 야차의 이름인데, 보가나가라(Bhoganagara)에 그를 기리기 위해 세워진 탑묘의 이름이다. 부처님의 마지막 여행에서 들른 곳이다. 나중에 이곳은 불교의 승원이 되었다.

632) cattāro'me bhikkhave mahāpadese desessāmi : 역자는 처음에 '위대한 정통성'이라고 번역했다가 좀더 알기 쉽게 '탁월한 논증'이라고 바꾼다. 부처님의 가르침의 정통성을 탁월한 논증에서 찾고 있다. 이 경에 상세히 설명되어 있다. Smv. 565에 따르면, 부처님을 비롯한 네 종류의 탁월한 자를 언급하면서 논술되어진 위대한 네 가지 종류의 논증을 말한다.

도 말고 배척하지도 말아야 한다. 동의하지도 말고 배척하지도 말고, 그 말마디와 맥락을 잘 파악하여 법문과 대조해보고, 계율에 비추어 보아야 한다. 그의 말을 법문과 대조해보고 계율에 비추어 보아, 법문에 들어맞지 않고 계율에 적합하지 않다면, '이것은 세상의 존귀한 님, 거룩한 님, 올바로 원만히 깨달은 님의 말이 아니다. 이 수행승은 잘못 파악한 것이다.'라는 결론에 도달해야 한다. 수행승들이여, 이렇게 해서 그것을 물리쳐야 한다. 수행승들이여, 세상에 수행승이 '벗들이여, 나는 이것을 세존 앞에서 듣고 세존 앞에서 받았습니다. 이것이 가르침이고 이것이 계율이고 이것이 스승의 교시입니다.'라고 말한다면, 수행승들이여, 그 수행승의 말에 동의하지도 말고 배척하지도 말아야 한다. 동의하지도 말고 배척하지도 말고, 그 말마디와 맥락을 잘 파악하여 법문과 대조해보고 계율에 비추어 보아야 한다. 그의 말을 법문과 대조해보고 계율에 비추어 보아 법문에 들어맞고 계율에 적합하다면, '이것은 세상의 존귀한 님, 거룩한 님, 올바로 원만히 깨달은 님의 말이다. 이 수행승은 올바로 파악한 것이다.'라는 결론에 도달해야 한다. 수행승들이여, 이것이 첫 번째 탁월한 논증이라고 새겨야 한다.

2) 수행승들이여, 세상에 수행승이 '벗들이여, 아무개 거처에 장로들과 뛰어난 스승이 있는 참모임이 있는데, 나는 이것을 참모임의 앞에서 듣고 참모임의 앞에서 받았습니다. 이것이 가르침이고 이것이 계율이고 이것이 스승의 교시입니다.'라고 말한다면, 수행승들이여, 그 수행승의 말에 동의하

지도 말고 배척하지도 말아야 한다. 동의하지도 말고 배척하지도 말고, 그 말마디와 맥락을 잘 파악하여 법문과 대조해보고 계율에 비추어 보아야 한다. 그의 말을 법문과 대조해보고 계율에 비추어 보아 법문에 들어맞지 않고 계율에 적합하지 않다면, '이것은 세상의 존귀한 님, 거룩한 님, 올바로 원만히 깨달은 님의 말이 아니다. 이 수행승은 잘못 파악한 것이다.'라는 결론에 도달해야 한다. 수행승들이여, 이렇게 해서 그것을 물리쳐야 한다. 수행승들이여, 세상에 수행승이 '벗들이여, 아무개 거처에 장로들과 뛰어난 스승이 있는 참모임이 있는데, 나는 이것을 참모임의 앞에서 듣고 참모임의 앞에서 받았습니다. 이것이 가르침이고 이것이 계율이고 이것이 스승의 교시입니다.'라고 말한다면, 수행승들이여, 그 수행승의 말에 동의하지도 말고 배척하지도 말아야 한다. 동의하지도 말고 배척하지도 말고, 그 말마디와 맥락을 잘 파악하여 법문과 대조해보고 계율에 비추어 보아야 한다. 그의 말을 법문과 대조해보고 계율에 비추어 보아 법문에 들어맞고 계율에 적합하다면, '이것은 세상의 존귀한 님, 거룩한 님, 올바로 원만히 깨달은 님의 말이다. 이 수행승은 올바로 파악한 것이다.'라는 결론에 도달해야 한다. 수행승들이여, 이것이 두 번째 탁월한 논증이라고 새겨야 한다.

3) 수행승들이여, 세상에 수행승이 '벗들이여, 아무개 거처에 많이 배우고 전승에 밝고 가르침을 수지하고 계율을 수지하고 논의의 주제를 수지하고 있는 많은 장로들이 있는데, 나는 이것을 장로들의 앞에서 듣고 장로들의 앞에서

받았습니다. 이것이 가르침이고 이것이 계율이고 이것이 스승의 교시입니다.'라고 말한다면, 수행승들이여, 그 수행승의 말에 동의하지도 말고 배척하지도 말아야 한다. 동의하지도 말고 배척하지도 말고, 그 말마디와 맥락을 잘 파악하여 법문과 대조해보고 계율에 비추어 보아야 한다. 그의 말을 법문과 대조해보고 계율에 비추어 보아 법문에 들어맞지 않고 계율에 적합하지 않다면, '이것은 세상의 존귀한 님, 거룩한 님, 올바로 원만히 깨달은 님의 말이 아니다. 이 수행승은 잘못 파악한 것이다.'라는 결론에 도달해야 한다. 수행승들이여, 이렇게 해서 그것을 물리쳐야 한다. 수행승들이여, 세상에 수행승이 '벗들이여, 아무개 거처에 많이 배우고 전승에 밝고 가르침을 수지하고 계율을 수지하고 논의의 주제를 수지하고 있는 많은 장로들이 있는데, 나는 이것을 장로들의 앞에서 듣고 장로들의 앞에서 받았습니다. 이것이 가르침이고 이것이 계율이고 이것이 스승의 교시입니다.'라고 말한다면, 수행승들이여, 그 수행승의 말에 동의하지도 말고 배척하지도 말아야 한다. 동의하지도 말고 배척하지도 말고, 그 말마디와 맥락을 잘 파악하여 법문과 대조해보고 계율에 비추어 보아야 한다. 그의 말을 법문과 대조해보고 계율에 비추어 보아 법문에 들어맞고 계율에 적합하다면, '이것은 세상의 존귀한 님,[125] 거룩한 님, 올바로 원만히 깨달은 님의 말이다. 이 수행승은 올바로 파악한 것이다.'라는 결론에 도달해야 한다. 수행승들이여, 이것이 세 번째 탁월한 논증이라고 새겨야 한다.

4) 수행승들이여, 세상에 수행승이 '벗들이여, 아무개 거처

에 많이 배우고 전승에 밝고 가르침을 수지하고 계율을 수지하고 논의의 주제를 수지하고 있는 한 분의 장로가 있는데, 나는 이것을 그 장로의 앞에서 듣고 그 장로의 앞에서 받았습니다. 이것이 가르침이고 이것이 계율이고 이것이 스승의 교시입니다.'라고 말한다면, 수행승들이여, 그 수행승의 말에 동의하지도 말고 배척하지도 말아야 한다. 동의하지도 말고 배척하지도 말고, 그 말마디와 맥락을 잘 파악하여 법문과 대조해보고 계율에 비추어 보아야 한다. 그의 말을 법문과 대조해보고 계율에 비추어 보아 법문에 들어맞지 않고 계율에 적합하지 않다면, '이것은 세상의 존귀한 님, 거룩한 님, 올바로 원만히 깨달은 님의 말이 아니다. 이 수행승은 잘못 파악한 것이다.'라는 결론에 도달해야 한다. 수행승들이여, 이렇게 해서 그것을 물리쳐야 한다. 수행승들이여, 세상에 수행승이 '벗들이여, 아무개 거처에 많이 배우고 전승에 밝고 가르침을 수지하고 계율을 수지하고 논의의 주제를 수지하고 있는 한 분의 장로가 있는데, 나는 이것을 그 장로의 앞에서 듣고 그 장로의 앞에서 받았습니다. 이것이 가르침이고 이것이 계율이고 이것이 스승의 교시입니다.'라고 말한다면, 수행승들이여, 그 수행승의 말에 동의하지도 말고 배척하지도 말아야 한다. 동의하지도 말고 배척하지도 말고, 그 말마디와 맥락을 잘 파악하여 법문과 대조해보고 계율에 비추어 보아야 한다. 그의 말을 법문과 대조해보고 계율에 비추어 보아 법문에 들어맞고 계율에 적합하다면, '이것은 [126] 세상의 존귀한 님, 거룩한 님, 올바로 원만히 깨달은 님의 말이다. 이 수행승은 올바로 파악한 것이다.'라는 결론에 도달해야 한다. 수행승들이여, 이것이 네 번째 탁월한 논증이라고 새겨야 한다.

수행승들이여, 이러한 것이 네 가지 탁월한 논증이라고 새겨야 한다."

99. 세존께서는 그곳 보다나가라 마을에서 지내면서 많은 수행승들에게 이와 같이 '계행은 이러하고, 삼매는 이러하고, 지혜는 이러하다. 계행을 철저히 닦은 삼매는 커다란 과보, 커다란 공덕이 있고, 삼매를 철저히 닦은 지혜는 커다란 과보, 커다란 공덕이 있고, 지혜를 철저히 닦은 마음은 번뇌 곧, 감각적 쾌락의 욕망에 의한 번뇌, 존재에 의한 번뇌, 무명에 의한 번뇌에서 완전히 해탈된다.'라고 법문을 설하셨다.

(금세공사의 아들 쭌다의 이야기)

100. 그리고 세존께서는 보가나가라 마을에서 계실 만큼 계시다가 존자 아난다에게 말했다.

[세존] "아난다여, 빠바[633] 시가 있는 곳으로 찾아가자."

[아난다] "세존이시여, 알겠습니다."

존자 아난다는 세존께 대답했다. 세존께서는 많은 수행승의 무리와 함께 빠바 시에 도착하셨다. 거기서 세존께서는 금세공사의 아들 쭌다[634]의 암바 숲에 계셨다. 금세공사의

633) Pāvā : 말라(Malla) 족의 도시로 부처님께서 마지막 여행에서 들른 곳으로 금세공사의 아들 쭌다(Cunda)로부터 최후의 공양을 받은 곳이다. 니간타(Nigaṇṭha)들의 중심지였고 자이나 교조인 니간타 나타뿟따(Nigaṇṭha Nāthaputta)가 죽은 곳이다.

634) Cunda kammāraputta : 일반적으로 '대장장이'라고 번역하는 '깜마라(kammāra)'는 대장장이나 금속세공사 또는 금세공사를 뜻하는 포괄적인 단어이다. Smv. 568에 따르면, 그는 금세공사

아들 쭌다는 세존께서는 빠바 시에 도착해서 자신의 망고 숲에 계신다고 들었다. 그래서 금세공사의 아들 쭌다는 세존께서 계신 곳을 찾아왔다. 가까이 다가와서 세존께 인사를 드리고 한쪽으로 물러나 앉았다. 한쪽으로 물러나 앉은 금세공사의 아들 쭌다에게 세존께서는 진리에 대한 이야기로 교시하고, 독려하고, 고무하고, 기쁘게 하셨다. 그렇게 세존의 진리에 대한 이야기로 교시받고, 독려받고, 고무되고, 희열에 가득 찬 금세공사의 아들 쭌다는 세존의 가르침에 만족하고 기뻐하며, 자리에서 일어나 세존께 이와 같이 말씀드렸다.

[쭌다] "세존이시여, 세존께서는 수행승의 무리와 함께 내일 저의 공양을 받아주십시오."

세존께서는 침묵으로 허락하셨다. 그러자 금세공사의 아들 쭌다는 세존께서 허락하신 것으로 알고[127] 자리에서 일어나 세존께 인사를 드리고 세존의 오른 쪽으로 돌아 그곳을 떠났다.

그리고 금세공사의 아들 쭌다는 그날 밤이 지나자 자기의 집에 여러 가지 훌륭한 음식과 많은 쑤까라맛다바635) 요리

(suvaṇṇakāra)의 아들이었다. 부유한 대자산가였고 부처님을 처음 만나 흐름에 든 님이 되었고, 자신의 망고 숲을 기증하여 승원을 만들어 시주했다.

635) Sūkaramaddava : 쑤까라맛다바는 이 경에 나와 있듯, 세존께서 꾸씨나라 시(Kusināra)로 가는 도중 빠바 시에 들렀을 때, 금세공사의 아들 쭌다가 베푼 최후의 공양에 포함되어 있었다. 쭌다가 올린 음식은 맛있는 쌀밥과 케이크 및 쑤까라맛다바였다. 그 공양을 들고 부처님께서 심한 설사를 하게 되었고 완전한 열반에 들어야 했다. 세존께서는 그 전에 아난다에게 부탁해서 쭌다가 부처님의 죽음에 대한 가책을 느끼지 않도록 위로했고 최후의 공양이 다른 어떤 것보다 위대한 공덕을 가진 것이라고 격려하게끔 했다. Smv. 568에서 붓다고싸(Budhhaghosa)는 '쑤까라맛다바는 너무 늙거나 너무 어리지도 않은 하나의 우수한 멧돼지의 신선한 고기(ekajeṭṭhasūkarassa pavattanamaṃsa)로 부드럽고 기름진 것이었고 잘 요리된 것'이라고 주장했다. 그리고 담마빨라(Dhamapāla)는 UdA. 399-400에서, '쑤까라맛다바는 대의소(大義疏 : Mahā-aṭṭhakātha)에 나와 있듯이, 멧돼지의 부드럽고 기름지고 신선한 고기이다. 그러나 어떤 사람들은 그것이

를 차려 놓고 세존께 시간이 된 것을 알렸다.

[쭌다] "세존이시여, 시간이 되었습니다. 공양이 준비가 되었습니다."

그러자 세존께서는 아침 일찍 옷을 입고 발우와 가사를 들고 수행승의 무리와 함께 금세공사의 아들 쭌다의 집이 있는 곳을 찾으셨다. 그리고 미리 마련된 자리에 앉으셨다. 세존께서는 자리에 앉아 금세공사의 아들 쭌다에게 말씀하셨다:

[세존] "쭌다여, 그대가 준비한 쑤까라맛다바 요리는 나에게 제공하십시오. 그리고 다른 여러 가지 훌륭한 음식은 수행승의 무리에게 제공하십시오."

[쭌다] "세존이시여, 알겠습니다."

금세공사의 아들 쭌다는 세존께 대답하고 준비한 쑤까라맛다바 요리는 세존에게 제공하고, 다른 여러 가지 훌륭한 음식은 수행승의 무리에게 제공했다.

그러자 세존께서는 이와 같이 말씀하셨다.

[세존] "쭌다여, 남은 쑤까라맛다바 요리는 구덩이에 파묻

멧돼지의 고기가 아니라 멧돼지에 짓밟힌 죽순(kaḷīra)이라고 말한다. 다른 사람들은 멧돼지에 짓밟힌 땅에서 자란 버섯(ahichattaka)라고 말한다. 또 다른 사람들은 불노장생약(rasāyanavidhi)이라고 한다.'라고 기술하고 있다. 이와 유사하게 Smv. 568(미얀마본)은, 쑤까라맛다바가 소에서 얻은 오종미(五種味 : pañcagorasa) - 우유(乳 : khīra), 요구르트(酪 : dadhi), 생버터(生酥 : navanīta), 버터(熟酥 : sappi), 버터크림(醍醐: sappimaṇḍa) - 와 함께 끓인 부드러운 쌀밥(muduodana) 또는 유미죽(yūsa)이거나 불노장생약(rasāyanavidhi)이라는 설이 있다고 소개하고 있다. 그러나 Mil. 174-176에 따르면, 나가세나(Nāgasena)는 밀린다(Milinda) 왕에게 부처님의 마지막 식사와 완전한 열반의 관계에 대해서 '대왕이여, 그 마지막 만찬 때문에 생겨나지 않은 질병이 생겨나서가 아니라, 세존의 자연스러운 육체적인 쇠약과 수명이 다해서 생겨나는 질병이 더욱 심해져서 … 대왕이여, 그 탁발음식에 잘못이 없고, 거기에 잘못을 전가할 수는 없습니다.'라고 말했다. 북전의 장아함경(長阿含經)에서는 쑤까라맛다바가 전단수이(栴檀樹耳) - 간다리(Gandhari) 범어인 짠다나까르나(Candanakarṇa)를 번역한 것 - 라는 버섯의 일종으로 번역되어 있다.

으시오. 쭌다여, 나는 신들과 악마들과 하느님들의 세계에서, 성직자들과 수행자들, 그리고 왕들과 백성들과 그 후예들의 세계에서 여래를 제외한 어느 누구도 이 요리를 소화시킬 자를 보지 못했습니다."[636]

[쭌다] "세존이시여, 알겠습니다."

금세공사의 아들 쭌다는 세존께 대답하고 남은 쑤까라맛다바 요리를 구덩이에 묻고 세존께서 계신 곳을 찾아왔다. 가까이 다가와서 세존께 인사를 드리고 한쪽으로 물러나 앉았다. 한쪽으로 물러나 앉은 금세공사의 아들 쭌다에게 세존께서는 진리에 대한 이야기로 교시하고, 독려하고, 고무하고, 기쁘게 한 뒤, 자리에서 일어나 그곳을 떠나셨다.

(피가 나오는 이질)

101. 그런데 세존께서는 금세공사의 아들 쭌다가 바친 음식을 드신 뒤에 중병이 들어 피가 나오는 이질에 걸리어 죽음에 이르는 고통을 겪으셔야 했다. 그러나 세존께서는[128] 새김을 확립하고 올바른 알아차림을 갖추며 번민하지 않고 참아내셨다.

그리고 세존께서는 존자 아난다에게 말씀하셨다.

[세존] "아난다여, 꾸씨나라 시[637] 시로 가자."

---

636) yante cunda sūkaramaddavaṃ avasiṭṭhaṃ, taṃ sobbhe nikhanāhi. nāhaṃ taṃ cunda passāmi sadevake loke samārake, sabrahmake, sassamaṇabrāhmaṇiyā pajāya sadevamanussāya yassa taṃ paribhuttaṃ sammā pariṇāmaṃ gaccheyya aññatra tathāgatassā'ti : Smv. 568에 따르면, 왜 이와 같은 사자후를 했는가? 다른 사람의 비난을 면하기 위해서다. '스스로 수용하고 남은 것을 수행승들에게도 사람들에게도 주지 않고 구덩이에 버렸다.'고 들으면, 말하기 좋아하는 자들에게 말할 기회를 주지 않기 때문이다.

637) Kusinārā : 꾸씨나라 시(Kusinārā) 시는 말라 족의 수도로 부처님께서 완전한 열반에 드신

[아난다] "세존이시여, 알겠습니다."
존자 아난다는 세존께 대답했다.
[송출자]
"나는 이렇게 들었다.
금세공사의 아들 쭌다가 바친 공양을 들고
현명한 님께서는
죽음에 이를 정도의 심한 병에 걸리셨다.[638](15)
쑤까라맛다바 요리를 드시고
스승께 극심한 병이 생겼으나
그것을 겪으시며 세존께서는
'나는 꾸씨나라 시로 간다.'고 하셨다."[639](16)

(아난다와 마실 물)

102. 그 후 세존께서는 길을 가다가 한 나무 아래로 다가가셨다. 가까이 다가가서 존자 아난다에게 말씀하셨다.

[세존] "아난다여, 그대는 네 겹으로 가사를 접어 깔아라. 아난다여, 나는 피곤하니 앉아야겠다."

[아난다] "세존이시여, 알겠습니다."

존자 아난다는 네 겹으로 가사를 접어 깔았다. 세존께서는 마

곳이기도 하다. 당시에는 정글 가운데 있는 진흙벽을 한 집들이 있는 작은 도시였다. 아난다(Ānanda)는 부처님께서 최후의 열반에 들 장소로 이곳을 선택한 것에 실망했다. 그러나 세존께서는 마하쑤닷싸나의 경(Mahāsudassanasutta)을 설하면서 고대에 그곳이 마하쑤닷싸나 국의 수도였던 꾸싸바띠(Kusāvatī)였다고 말한다.

638) cundassa bhattaṃ bhuñjitvā | kammārassāti me sutaṃ | ābādhaṃ samphusī dhīro | pabāḷhaṃ māraṇantikaṃ || 이하의 두 게송은 제일결집 당시에 송출자가 읊은 것이다.

639) bhuttassa ca sūkaramaddavena | yādhippabāḷho udapādi satthuno | viriñcamāno bhagavā avoca | gacchāmahaṃ kusināraṃ nagaranti ||

련된 자리에 앉으셨다. 세존께서는 자리에 앉아 존자 아난다에게 말씀하셨다.

[세존] "아난다여, 나를 위해 마실 물을 떠오라. 아난다여, 목이 마르니 물을 마셔야겠다."

이렇게 말씀하시자 존자 아난다는 세존께 이와 같이 말씀드렸다.

[아난다] "세존이시여, 방금 오백 대의 수레가 지나갔습니다. 물이 수레바퀴에 치여 흩어지고 뒤섞이고 혼탁하게 흐릅니다. 세존이시여, 멀지 않은 곳에[129] 까꿋타 강이 있는데, 물이 맑고 물이 시원하고 물이 차갑고 물이 깨끗하고 입지가 좋고 아름다운 곳입니다. 세존께서는 그곳에서 마실 물을 마시고 몸을 청량하게 하십시오."

두 번째에도 세존께서는 존자 아난다에게 말씀하셨다.

[세존] "아난다여, 나를 위해 마실 물을 떠오라. 아난다여, 목이 마르니 물을 마셔야겠다."

두 번째에도 존자 아난다는 세존께 이와 같이 말씀드렸다.

[아난다] "세존이시여, 방금 오백 대의 수레가 지나갔습니다. 물이 수레바퀴에 치여 흩어지고 뒤섞이고 혼탁하게 흐릅니다. 세존이시여, 멀지 않은 곳에 까꿋타 강이 있는데, 물이 맑고 물이 시원하고 물이 차갑고 물이 깨끗하고 입지가 좋고 아름다운 곳입니다. 세존께서는 그곳에서 마실 물을 마시고 몸을 청량하게 하십시오."

세 번째에도 세존께서는 존자 아난다에게 말씀하셨다.

[세존] "아난다여, 나를 위해 마실 물을 떠오라. 아난다여, 목이 마르니 물을 마셔야겠다."

[아난다] "세존이시여, 알겠습니다."

존자 아난다는 세존께 대답하고 발우를 가지고 강이 있는 곳을 다가갔다. 그런데 강은 물이 수레바퀴에 치여 흩어지고 뒤섞이고 혼탁했으나, 존자 아난다가 다가가자 맑고 청정해져서 혼탁 없이 흐르기 시작했다. 그러자 존자 아난다는 이와 같이 '세존이시여, 참으로 놀라운 일이다. 세존이시여, 예전에 없었던 일이다. 여래께서는 위대한 신통을 발휘하시고 위대한 능력을 발휘하셨다. 이 강은 물이 수레바퀴에 치여 흩어지고 뒤섞이고 혼탁했으나, 내가 다가가자 맑고 청정해져서 혼탁 없이 흐르기 시작한다.'라고 생각했다. 그는 발우에 마실 물을 떠서 세존께서 계신 곳으로 다가갔다. 가까이 다가가서 세존께 이와 같이 말씀드렸다.

[아난다] "세존이시여, 참으로 놀라운 일입니다. 세존이시여, 예전에 없었던 일입니다. 여래께서는 위대한 신통을 발휘하시고 위대한 능력을 발휘하셨습니다. 이 강은 물이 수레바퀴에 치여 흩어지고 뒤섞이고 혼탁했으나, 내가 다가가자 맑고 청정해져서 혼탁 없이 흐르기 시작합니다. 세상에 고귀한 님이시여, 마실 물을 드십시오, 올바른 길로 잘 가신 님이시여, 마실 물을 드십시오."

그러자 세존께서는 마실 물을 드셨다.

(말라 족의 아들 뿍꾸싸)

103. 그 때[130] 말라[640] 족의 아들 뿍꾸싸[641]는 알라라 깔라

640) Malla : 부처님 당시의 나라와 종족의 이름으로 십육대국 가운데 하나였다. 이 왕국은 두 지역 즉 빠바(Pāvā) 시와 수도인 꾸씨나라 시(Kusinārā) 시로 나뉘어져 있었다. 그래서 빠바 시의 말라 족은 빠베이야까말라(Pāveyyakamallā)라고 불렸고, 꾸씨나라 시의 말라 족은 꼬씨나

마[642]의 제자인데, 꾸씨나라 시에서 빠바 시로 통하는 대로를 가고 있었다. 말라 족의 아들 뿍꾸싸는 세존께서 한 나무 아래 앉아 있는 것을 보았다. 보고 나서 세존께 가까이 다가갔다. 가까이 다가가서 세존께 인사를 드리고 한쪽으로 물러나 앉았다. 한쪽으로 물러나 앉은 말라 족의 아들 뿍꾸싸는 세존께 이와 같이 말씀드렸다.

[뿍꾸싸] "세존이시여, 참으로 놀라운 일입니다. 세존이시여, 예전에 없었던 일입니다. 세존이시여, 출가자들은 적멸에 들어 지냅니다. 세존이시여, 예전에 알라라 깔라마가 길을 가다가 근처의 한 나무 아래에서 대낮을 보내려고 앉았습니다. 세존이시여, 그 때 오백 대의 수레가 알라라 깔라마의 곁으로 스쳐 지나갔습니다. 그 때 어떤 사람이 그 수레의 뒤를 쫓아 따라오면서 알라라 깔라마에게 다가왔습니다. 가까이 다가와서 알라라 깔라마에게 이와 같이 말했습니다.

라까(Kosinārakā)라고 불렸다. 부처님께서 빠바 시의 욥바따까(Ubbaṭaka)라고 불리는 회관의 준공식에 참석하여 법문을 하고 금세공사의 아들 쭌다의 집에서 최후의 식사인 쑤까라맛다바(Sūkaramaddava)를 공양받았다. 부처님께서는 그곳에서 꾸씨나라 시로 가서 최후의 열반에 드셨다.

641) Pukkuso Mallaputto : Smv. 569에 따르면, 뿍꾸싸라는 이름의 말라 족의 아들이다. 말라 족은 순번으로 왕국을 통치했다. 그들은 순번이 돌아오지 않을 경우에는 상업에 종사했다. 그도 상업에 종사하면서 오백 대의 수레를 묶어 맞바람이 불 때는 앞으로 향하고, 뒤에서 불어오는 바람이 불 때에는 대상의 지도자를 전방으로 파견하고 자신은 후방으로 갔다. 단지 그 때에는 뒤에서 바람이 불었다. 그래서 대상의 지도자를 전방에 남겨두고 전재산을 쌓아 둔 수레 위에 앉아서 꾸씨나라 시로부터 빠바 시로 가고 있었다.

642) Āḷāra Kālāma : 알라라 깔라마(Āḷāra Kālāma)는 고따마 씻닷타(Gotama Siddhattha)가 출가한 후에 만난 두 스승 가운데 한분으로, 다른 한 분은 웃다까 라마뿟따(Uddaka Rāmaputta)이다. 그는 요가 수행에서 '아무 것도 없는 세계(ākiñcaññāyatana)'에 들어 이를 고따마에게 가르쳤다. 이 책(DN. II. 130)에 보면, 말라 족의 뿍꾸싸(Pukkusa)가 알라라 깔라마의 제자였는데 나중에 부처님께 귀의했다. 그는 자신의 과거 스승에 대하여, '알라라 깔라마는 밖에 나와 깨어 있었지만, 선정에 들어 오백 대의 수레가 지나가는 소리를 듣지 못했다.'고 묘사하고 있다. 보살(깨닫기 전의 부처님)은 알라라 깔라마의 가르침을 성취하고 알라라 깔라마에게 불만족하여 그의 곁을 떠났다.

[어떤 사람] '존자여, 오백 대의 수레가 지나가는 것을 보았습니까?'

[알라라 깔라마] '벗이여, 나는 보지 못했습니다.'

[어떤 사람] '존자여, 소리를 들었습니까?'

[알라라 깔라마] '벗이여, 나는 소리를 듣지 못했습니다.'

[어떤 사람] '존자여, 잠들었었습니까?'

[알라라 깔라마] '벗이여, 잠든 적이 없습니다.'

[어떤 사람] '존자여, 그대는 지각을 지니고 있었습니까?'

[알라라 깔라마] '벗이여, 물론입니다.'

[어떤 사람] '존자여, 그대는 지각을 지니고 깨어 있으면서도 오백 대의 수레가 그대의 곁으로 스쳐 지나갔는데도, 소리를 듣지 못했습니까? 존자여, 그대의 가사가 먼지를 뒤집어썼는데도, 소리를 듣지 못했습니까?'

[알라라 깔라마] '벗이여, 그렇습니다.'

세존이시여, 그러자 그 사람은 이와 같이 생각했습니다.

[어떤 사람] '존자여, 참으로 놀라운 일입니다. 존자여, 예전에 없었던 일입니다. 존자여, 출가자들은 적멸에 들어 지냅니다. 지각을 지니고[131] 깨어 있으면서도 오백 대의 수레가 그대의 곁으로 스쳐 지나갔는데도, 보지도 못하고 소리도 듣지 못했습니다.'

그는 알라라 깔라마에게 청정한 신뢰를 보여준 뒤에 그곳을 떠났습니다."

[세존] "뿍꾸싸여, 어떻게 생각합니까? 지각을 지니고 깨어 있으면서도 오백 대의 수레가 그대의 곁으로 스쳐 지나갔는데도, 보지도 못하고 소리도 듣지 못하는 것과, 지각을 지니고

깨어 있으면서도 비가 쏟아지고 천둥이 치고 번개가 떨어지고 벼락이 칠 때, 보지도 못하고 소리도 듣지 못하는 것과 어느 것이 훨씬 행하기 어렵고 훨씬 달성하기 어렵습니까?"

[뿍꾸싸] "세존이시여, 오백 대 수레, 아니 육백 대 수레, 아니 칠백 대 수레, 아니 아니 팔백 대 수레, 아니 구백 대 수레, 아니 천 대의 수레, 아니 십만 대의 수레라도 어찌하겠습니까? 그렇다면, 지각을 지니고 깨어 있으면서도 비가 쏟아지고 천둥이 치고 번개가 떨어지고 벼락이 칠 때, 보지도 못하고 소리도 듣지 못하는 것이 훨씬 행하기 어렵고 훨씬 달성하기 어렵습니다."

[세존] "뿍꾸싸여, 나는 한 때 아뚜마[643] 시의 초암[644]에 있었다. 그 때 비가 쏟아지고 천둥이 치고 번개가 떨어지고 벼락이 쳤다. 초암에서 멀지 않은 곳에서 농부 두 사람과 네 마리의 황소가 죽었다. 뿍꾸싸여, 그래서 아뚜마 시의 많은 사람이 나와서 농부 두 사람과 네 마리의 황소가 있는 곳으로 찾아갔다. 뿍꾸싸여, 그 때 나는 초암에서 나와 초암의 문 앞의 공터에서 산책하고 있었다. 뿍꾸싸여, 어떤 사람이 그 많은 사람에게서 내가 있는 곳으로 다가왔다. 가까이 다가와서 나에게 인사를 하고 한쪽으로 물러나 섰다. 한쪽으로 물러나 서자 나는 그에게 말했다.

[세존] '벗이여, 왜 많은 사람이 모였습니까?'

[어떤 사람] '존자여,[132] 지금 비가 쏟아지고 천둥이 치고 번개가 떨어지고 벼락이 쳐서, 초암에서 멀지 않은 곳에서

643) Ātumā : 꾸씨나라 시와 싸밧티 사이의 경계지역의 도시를 말한다.
644) bhusāgāra : 마른 짚을 들어 올려 만든 집으로 출가자들이 지낼 수 있도록 만든 일종의 초가집이다.

농부 두 사람과 네 마리의 황소가 죽었습니다. 그래서 많은 사람이 모였습니다. 존자여, 그대는 어디에 있었습니까?'

[세존] '벗이여, 나는 여기에 있었습니다.'

[어떤 사람] '존자여, 아무것도 보지 못했습니까?'

[세존] '벗이여, 아무것도 보지 못했습니다.'

[어떤 사람] '존자여, 아무 소리도 듣지 못했습니까?'

[세존] '벗이여, 아무 소리도 듣지 못했습니다.'

[어떤 사람] '존자여, 그대는 지각을 지니고 있었습니까?'

[세존] '벗이여, 물론입니다.'

[어떤 사람] '존자여, 그대는 지각하면서 깨어 있었는데, 비가 쏟아지고 천둥이 치고 번개가 떨어지고 벼락이 치는데도 아무것도 보지 못하고, 아무 소리를 듣지 못했습니까?'

[세존] '벗이여, 그렇습니다.'

뿍꾸싸여, 그러자 그 사람은 이와 같이 생각했습니다.

[어떤 사람] '존자여, 참으로 놀라운 일입니다. 존자여, 예전에 없었던 일입니다. 존자여, 출가자들은 적멸에 들어 지냅니다. 그대는 지각하면서 깨어 있었는데, 비가 쏟아지고 천둥이 치고 번개가 떨어지고 벼락이 치는데도 아무것도 보지 못하고, 아무 소리를 듣지 못했습니다.'

그는 나에게 지극한 청정한 신뢰를 보여준 뒤에 나에게 인사를 하고 그곳을 떠났습니다. 이렇게 말씀하시자 말라족의 아들 뿍꾸싸는 세존께 이와 같이 말씀드렸다.

[뿍꾸싸] '세존이시여, 나는 알라라 깔라마에게 청정한 신뢰를 갖고 있었으나 강풍에 날려 보내고 강의 급류에 떠내려 보낸 격이 되었습니다. 세존이시여, 훌륭하십니다. 세존이

시여, 훌륭하십니다. 마치 넘어진 것을 일으켜 세우듯, 가려진 것을 열어 보이듯, 어리석은 자에게 길을 가리켜주듯, 눈 있는 자는 형상을 보라고 어둠 속에 등불을 들어 올리듯, 세존이신 고따마께서는 이와 같이 여러 가지 방법으로 진리를 밝혀 주셨습니다. 그러므로 이제 세존께 귀의합니다.[133] 또한 그 가르침에 귀의합니다. 또한 그 수행승의 모임에 귀의합니다. 세존께서는 재가신자로서 저를 받아주십시오. 오늘부터 목숨 바쳐 귀의하겠습니다."

그러자 말라 족의 아들 뿍꾸싸는 어떤 한 하인에게 말했다.

[뿍꾸싸] "자, 그대는 특별히 만든 황금색 옷 두 벌을 가져오라."

그 하인은 말라 족의 아들 뿍꾸싸에게 대답하고 특별히 만든 황금색 옷 두 벌을 가져 왔다. 그러자 말라 족의 아들 뿍꾸싸는 그 특별히 만든 황금색 옷 두 벌을 세존께 건네며 말했다.

[뿍꾸싸] "세존이시여, 특별히 만든 황금색 옷 두 벌입니다. 세존이시여, 애민히 여겨 받아주십시오.'

[세존] "뿍꾸싸여, 그렇다면 한 벌은 나에게 보시하고 한 벌은 아난다에게 보시하시오."645)

[뿍꾸싸] "세존이시여, 알겠습니다."

그러자 세존께서는 말라 족의 아들 뿍꾸싸를 진리에 대한 이야기로 교시하고, 독려하고, 고무하고, 기쁘게 하셨다. 그렇게 세존의 진리에 대한 이야기로 교시받고, 독려받고, 고

645) tena hi pukkusa ekena maṃ acchādehi ekena ānandanti: 원래 '한 벌은 나에게 입히고 한 벌은 아난다에게 입히도록 하시오.'라는 뜻이다. '입히도록 하시오.'라는 말은 Smv. 570에 따르면, 간접적인 말로 '보시하시오.'라는 뜻이다.

무되고, 희열에 가득 찬, 말라 족의 아들 뿍꾸싸는 자리에서 일어나 세존께 인사를 드리고 세존의 오른쪽으로 돌아 그곳을 떠났다.

104. 그 후 존자 아난다는 말라 족의 아들 뿍꾸싸가 떠난지 얼마 되지 않아 특별히 만든 빛나는 황금색 옷 한 벌을 세존의 몸에 입혀드렸다. 세존의 몸에 입혀드리자 그 옷은 빛을 잃은 것처럼 보였다.

그래서 존자 아난다는 세존께 이와 같이 말씀드렸다.

[아난다] "세존이시여, 아주 놀라운 일입니다. 세존이시여, 예전에 없었던 일입니다. 세존이시여, 여래의 피부가 이토록 맑게 빛나고[134] 여래의 피부가 이토록 밝게 빛나니,

세존이시여, 특별히 만든 빛나는
황금색 옷 한 벌이,
세존의 몸에 걸쳐졌으나,
오히려 빛을 잃은 것처럼 보입니다."646)(17)

[세존] "아난다여, 그렇다. 아난다여, 두 가지 경우에 여래의 몸은 맑게 빛나고 피부는 밝게 빛난다. 두 가지 경우란 무엇인가? 아난다여, 여래가 위없이 바르고 원만한 깨달음을 바르고 원만하게 깨달은 그 날과 여래가 남김없는 열반의 세계647)로 완전히 열반하는 날의 두 경우에 여래의 몸은 맑게 빛나고 피부는 밝게 빛난다.

646) idam bhante siṅgivaṇṇaṃ | yugaṃ maṭṭhaṃ dhāraṇīyaṃ | bhagavato kāyaṃ upanāmitaṃ | vītaccikaṃ viya khāyatī'ti ‖ 세존의 몸의 빛에 압도되어 한 벌 옷은 빛을 잃었다는 뜻이다.

647) anupādisesa-nibbānadhātu : 남김 없는 열반의 세계(無餘涅槃界)를 말한다. 취착(取着 : upādi)의 잔여(殘餘)가 없는 즉, 존재의 다발(五蘊)의 잔여가 없는 열반의 상태를 말한다.

아난다여, 오늘밤 후야에 꾸씨나라 시의 근처에 있는 말라 족의 쌀라 숲에서 쌀라 쌍수 사이에서 여래는 완전히 열반에 들 것이다. 아난다여, 이제 까꿋타 강으로 가자."

[아난다] "세존이시여, 알겠습니다."

존자 아난다는 세존께 대답했다.

[송출자]

"빛나는 황금색 옷 한 벌을
뿍꾸싸가 바쳤으니
그 한 벌 옷을 입자
스승께서 황금색으로 빛났다."[648](18)

(망고 숲에서)

105. 그래서 세존께서는 많은 수행승의 무리와 함께 까꿋타[649] 강이 있는 곳으로 찾아가셨다. 가까이 다가가서 까꿋타 강으로 들어가서 목욕을 하고 물을 마시고 다시 나와서 망고 숲을 찾아가셨다. 가까이 다가가서 존자 쭌다까[650]를 부르셨다.

[세존] "쭌다까여, 가사를 네 겹으로 접어 깔아라. 쭌다까여, 피곤하니 누워야겠다.

[쭌다까] "세존이시여, 알겠습니다."

존자 쭌다까는 세존께 대답하고 가사를 네 겹으로 접어

---

648) siṅgivaṇṇaṃ yugaṃ | maṭṭhaṃ pukkuso abhihārayi | tena acchādito satthā | hemavaṇṇo asobhathā'ti ||

649) Kakutthā : Kakuṭṭhā 또는 Kukuṭṭhā라고도 한다. 꾸씨나라 시 근처의 강 이름이다.

650) Cundaka : 여기 부처님과 마지막 여행을 한 쭌다까는 싸리뿟따의 동생 사미 쭌다인지는 확실하지 않다.

깔았다. 그러자 세존께서는 오른쪽 옆구리를 밑으로 하여 사자의 형상을 취한 채 한 발을 다른 발에 포개고 새김을 확립하고 올바른 알아차림을 갖추며 다시 일어남에[135] 정신활동을 기울여 누우셨다.651)

그러자 존자 쭌다까는 세존 앞에 앉았다.

[송출자]

"세상에 비할 데 없는 스승,
여래, 깨달은 님께서 까꿋타 강으로 가셔서
몹시 피곤한 모습으로
청정한, 맑은 물, 시원한 물에 드셨다.652)(19)

수행승의 무리 가운데 존경받는
스승께서는 목욕하고 물마시고 나오셨으니,
세상에서 가르침을 굴리시는
세존, 위대한 선인께서 망고 숲에 도착하셨다.653)(20)

쭌다까라는 수행승을 불러 말씀하셨다.
'네 겹으로 깔아라. 나는 누우리라.'
쭌다까는 자제를 닦은 님의 부탁을 받고
서둘러 네 겹으로 가사를 깔았다.

---

651) atha kho bhagavā dakkhiṇena passena sīhaseyyaṃ kappesi pāde pādaṃ accādhāya sato sampajāno uṭṭhānasaññaṃ manasikaritvā. : Pps. II. 316에 따르면, 사자의 현상을 취한 채 눕는 것(sīhaseyya : 獅子臥)은 네 가지 눕기 가운데 하나이다 : ① 감각적 쾌락의 향수를 위한 눕기(kāmabhogiseyyā) ② 아귀의 눕기(petaseyyā), ③ 사자의 눕기(sīhaseyya) ④ 여래의 눕기(tathāgataseyyā)가 있다.

652) ganatvāna buddho nadiyaṃ kakutthaṃ | acchodakaṃ sātodakaṃ vippasannaṃ | ogāhi satthā sukilantarūpo | tathāgato appaṭimo'dha loke ||

653) nahātvā ca pītvā cudatāri satthā | purakkhato bhikkhugaṇassa majjhe | satthā pavattā bhagavā'dha dhamme | upāgamī ambavanaṃ mahesī ||

스승께서는 몹시 피곤한 모습으로 누우셨다.
그러자 쭌다까 또한 그 앞에 앉았다."654)(21)

(두 가지 공양의 동일한 과보)

106. 그리고 세존께서는 존자 아난다를 부르셨다.

[세존] "아난다여, 누군가가 금세공사의 아들 쭌다에게 이와 같이 '이보게 쭌다여, 그대가 마지막으로 여래에게 공양을 올려 여래가 완전히 열반에 드셨으니, 그것은 참으로 그대에게 불익이 될 뿐, 이익이 되기 어렵다.'라고 회한을 일으킬 것이다. 아난다여, 금세공사의 아들 쭌다에게 이와 같이 그 회한을 없애주어야 한다. '벗이여, 그대가 마지막으로 여래에게 공양을 올려 여래가 완전히 열반에 드셨으니, 그것은 참으로 그대에게 이익이 되거니와, 최상의 이익이 됩니다. 벗이여 쭌다여, 나는 세존 앞에서 '두 가지 공양은 동등한 과보,[136] 동등한 공덕이 있는데, 다른 과보나 다른 공덕을 훨씬 능가한다. 두 가지란 무엇인가? 그 공양을 들고 여래가 위없이 바르고 원만한 깨달음을 얻는 때와 그 공양을 들고 여래가 잔여가 없는 완전한 열반에 드는 때의 그 두 가지 공양은 동등한 과보, 동등한 공덕이 있는데, 다른 과보나 다른 공덕을 훨씬 능가한다.'라고 직접 들었습니다. 이제 금세공사의 아들, 쭌다님은 장수하는 업을 지었습니다. 금세공사의 아들, 쭌다님은 용모가 준수한 업을 지었습니다. 금세공사의 아들, 쭌다님은 안락을 얻는 업을 지었습니다.

654) āmantayī cundakaṃ nāma bhikkhuṃ | catuggunaṃ patthara me nipacchaṃ | so codito bhāvitattena cundo | catuggunaṃ patthari khippameva | nipajji satthā sukilantarūpo | cundo'p i tattha pamukhe nisīdī'ti ||

금세공사의 아들, 쭌다님은 명성을 가져오는 업을 지었습니다. 금세공사의 아들, 쭌다님은 천상에 태어나는 업을 지었습니다. 금세공사의 아들, 쭌다님은 권세를 얻는 업을 지었습니다.' 아난다여, 이와 같이 금세공사의 아들 쭌다에게 회한을 없애주어야 한다."

세존께서는 이러한 의취를 파악하여, 그 때 이와 같은 감흥어린 싯구를 읊으셨다.

[세존]

"보시하는 자에게 공덕은 증가한다.
제어하는 자에게 원한은 쌓이지 않는다.
착하고 건전한 님은 악을 버리고
탐욕·성냄·어리석음을 부수고 열반에 든다."[655](22)

(쌀라 쌍수 아래서의 설법)

107. 그 후[137] 세존께서는 존자 아난다에게 말씀하셨다.

[세존] "아난다여, 히란냐바띠[656] 강의 저쪽 언덕에 있는 꾸씨나라 시 근처의 말라 족의 쌀라 숲으로 가자."

[아난다] "세존이시여, 알겠습니다."

존자 아난다는 세존께 대답했다. 세존께서는 많은 수행승들과 함께 히란냐바띠 강의 저쪽 언덕에 있는 꾸씨나라 시

---

655) dadato puññaṃ pavaḍḍhati | saññamato veraṃ na vīyati | kusalo ca jahāti pāpakaṃ | rāga dosamohakkhayā sa nibbuto'ti ‖ Smv. 572에 따르면, '제어하는 자에게 원한은 쌓이지 않는다.'라는 뜻은 계행에 의한 제어로 제어하는 자에게는 다섯 가지 원한(살생 등에 의한 5가지 원한)이 증가하지 않는다는 뜻이다. '착하고 건전한 님은 악을 버리고'라는 뜻은 지혜로운 자는 고귀한 길을 통해서 악한 것, 열등한 것, 불건전한 것을 버린다는 뜻이다. 이 시의 전반부는 쭌다의 공양을 기린 것이고, 후반부는 공양받는 자로서의 자신의 성취를 기린 것이다.

656) Hiraññavatī : 꾸씨나라 시의 말라 족의 쌀라 숲 근처의 언덕의 강 이름이다.

근처의 말라 족의 쌀라 숲을 찾아가셨다. 가까이 다가가서 존자 아난다에게 말씀하셨다.

[세존] "아난다여, 그대는 나를 위해 쌀라 쌍수 사이에657) 머리를 북쪽으로 한 침상을 만들어라. 아난다여, 나는 피곤하니 누워야겠다."

[아난다] "세존이시여, 알겠습니다."

존자 아난다는 세존께 대답하고 쌀라 쌍수 사이에 머리를 북쪽으로 한 침상을 만들었다.658) 그러자 세존께서는 오른쪽 옆구리를 밑으로 하여 사자의 형상을 취한 채, 한 발을 다른 발에 포개고 새김을 확립하고 올바른 알아차림을 갖추며 누우셨다.

108. 그 때 쌀라 쌍수는 때 아닌 꽃으로 만개했다. 그 꽃들은 여래를 공양하기 위해, 여래의 몸에 쏟아지고 떨어지고 흩날렸다. 천상의 만다라바659) 꽃들도 공중에서 떨어져서 여래를 공양하기 위해, 여래의 몸에 쏟아지고 떨어지고 흩날렸다. 천상의 전단분말도 공중에서 떨어져서, 여래를 공양하기 위해, 여래의 몸에[138] 쏟아지고 떨어지고 흩날렸다. 천상의 음악도 여래를 공양하기 위해 공중에서 울려 퍼졌다. 그러자 세존께서는 존자 아난다에게 말씀하셨다.

---

657) antarena yamakasālānaṃ : Smv. 573에 따르면, 쌀라 나무 줄(列)이 침상의 머리 부분에 하나가 있었고 발 부분에 하나가 있었다. 또한 어린 쌀라 나무가 침상의 머리 부분 가까이에 하나가 있었고 발 부분 가까이에 하나가 있었다. 쌀라 쌍수(雙樹)라고 하는 것은 뿌리와 줄기와 가지와 잎사귀가 서로 연결되어 서있는 쌀라 나무를 말한다.

658) mañcakaṃ paññāpesi : Smv. 573에 따르면, 이 정원에는 왕족이 사용하는 침상이 있었는데 그것을 마련했다는 뜻이다.

659) mandārava : 한역의 만다라수(曼陀羅樹) 또는 천묘화(天妙華)로 일종의 산호나무로 학명은 Erythrina fulgens이다.

[세존] "아난다여, 쌀라 쌍수는 때 아닌 꽃으로 만개했다. 그 꽃들은 여래를 공양하기 위해, 여래의 몸에 쏟아지고 떨어지고 흩날린다. 천상의 만다라바 꽃들도 공중에서 떨어져서 여래를 공양하기 위해, 여래의 몸에 쏟아지고 떨어지고 흩날린다. 천상의 전단분말도 공중에서 떨어져서, 여래를 공양하기 위해, 여래의 몸에 쏟아지고 떨어지고 흩날린다. 천상의 음악도 여래를 공양하기 위해 공중에서 울려 퍼진다."

그러나 아난다여, 이러한 것으로 여래가 존경받고 존중받고 경배받고 예경받고 숭배받는 것이 아니다. 아난다여, 수행승이나 수행녀나 남녀 재가신자가 가르침을 여법하게 실천하고,[660] 올바로 실천하고, 원리에 따라 행한다면, 그것이 최상의 공양으로[661] 여래를 존경하고 존중하고 경배하고 예경하고 숭배하는 것이다. 그러므로 아난다여, 그대들은 '우리는 가르침을 여법하게 실천하고, 올바로 실천하고, 원리에 따라 행하리라.'라고 배워야 한다."

(장로 우빠바나)

109. 그 때 존자 우빠바나[662]가 세존 앞에 서서 세존께 부채

660) dhammānudhammapaṭipanno : Smv. 578에 따르면, 아홉 가지 출세간의 원리(nava lokuttar adhamma : 九出世間法; 四向四果와 涅槃)를 말한다.

661) paramāya pūjāya : Smv. 579에 따르면, 그 자양을 여윈 공양(nirāmisapūjā)이 나의 가르침을 유지할 수 있게 한다. 사부대중이 그 공양으로 나를 공양하는 한, 나의 가르침은 천공에 있는 보름달처럼 빛나기 때문이다.

662) Upavāṇa : 음사로는 우바마야(優派摩耶) 또는 범마야(梵摩耶)로 하는데, 이 수행승은 경전에 자주 나온다. Ppn. I. 399에 의하면, 그는 원래 싸밧티의 부유한 바라문가문에 속해 있었다. 제따 숲의 봉헌식에서 부처님의 위대함을 보고 승단에 들어와 거룩한 님이 되었다. 이 경에 나와 있듯, 한 때 그는 아난다 존자의 시자로서 세존께서 몸의 한 부위에 경련을 일으켰는데, 재가신도 친구인 데바히따(Devahita)의 도움을 얻어 더운 물과 약으로 치료해 드렸다. 세존께서

를 부쳐드리고 있었다. 세존께서는 존자 우빠바나를 '수행승이여, 비켜라. 내 앞에 서있지 말라.'라고 나무라셨다. 그러자 존자 아난다는 이와 같이 생각했다.

[아난다] '이 존자[139] 우빠바나는 오랜 세월 세존의 시자로서 세존을 곁에 모시고 가까이 일하던 분이다. 그런데 세존께서는 마지막 시간에 존자 우빠바나를 '수행승이여, 비켜라. 내 앞에 서있지 말라.'라고 나무란다. 세존께서 존자 우빠바나를 '수행승이여, 비켜라. 내 앞에 서있지 말라.'라고 나무라는 원인은 무엇이고 조건은 무엇인가?'

그래서 존자 아난다는 세존께 이와 같이 여쭈었다.

[아난다] "세존이시여, 이 존자 우빠바나는 오랜 세월 세존의 시자로서 세존을 곁에 모시고 가까이 일하던 수행승입니다. 그런데 세존께서는 마지막 시간에 존자 우빠바나에게 '수행승이여, 비켜라. 내 앞에 서있지 말라.'라고 나무라십니다. 세존께서 존자 우빠바나를 '수행승이여, 비켜라. 내 앞에 서있지 말라.'라고 나무라시는 원인은 무엇이고 조건은 무엇입니까?"

[세존] "아난다여, 시방세계의 신들이 여래를 보기 위해 대집회를 하고 있다. 아난다여, 꾸씨나라 시 근처의 말라 숲은 주위의 십이 요자나에 걸쳐서 대위신력을 지닌 신들로

는 거기에 감사를 표했다. 세존께서 또한 꾸씨나라 시(Kusinārā)에서 최후의 열반에 드실 때 그가 부채를 부쳐 드렸다. 우빠바나와 부처님 사이에는 이 경에서처럼 괴로움의 발생과 법의 현세에서의 실천적 사용에 관한 논의가 있다. 또한 꼬쌈비(Kosambī) 시의 고씨따 승원(Ghositārāmā)에서 우빠바나는 싸리뿟따를 방문한 적이 있었는데, 이 때 싸리뿟따가 깨달음 고리(bojjhaṅga)에 관해 물었을 때 우빠바나가 설명하기도 했다. 또 우빠바나는 싸리뿟따를 '있는 그대로 사실을 알고 보는 자'라고 정의했다. 그는 또 싸리뿟따와 랄루다인(Lāludāyin) 사이에 불유쾌한 대화가 있었을 때 아난다를 대신해서 싸리뿟따의 편을 들어 부처님의 칭찬을 받은 적도 있다.

입추의 여지가 없이 가득 찰 정도이다. 신들은 이와 같이 '우리는 여래를 친견하기 위해 멀리서 왔다. 이렇게 오신님, 거룩한 님, 올바로 원만히 깨달은 님께서는 아주 드물게 세상에 출현하신다. 오늘 밤 후야에 여래께서는 완전한 열반에 드실 것이다. 그런데 큰 능력을 가진 수행승이 세존 앞에서서 가로막고 있어 마지막 시간에 여래를 볼 수가 없다.'라고 불평하고 있다."

110. [아난다] "세존이시여, 세존께서는 신들이 어떤 상황에 있다고 생각하십니까?"

[세존] "아난다여, 허공에 있는 신들은 땅위의 일을 생각하며663) '너무 빨리 세상에 존귀한 님께서 완전한 열반에 들려하신다.[140] 너무 빨리 올바른 길로 잘 가신 님께서 완전한 열반에 들려하신다. 너무 빨리 세상의 눈이 사라질 것이다.'라고 머리를 풀어헤치며 울고, 팔을 휘저으며 울고, 몸을 던져 넘어지고 뒤틀고 뒹굴고 있다. 아난다여, 대지에 있는 신들은 땅위의 일을 생각하며664) '너무 빨리 세상에 존귀한 님께서 완전한 열반에 들려하신다. 너무 빨리 올바른 길로 잘 가신 님께서 완전한 열반에 들려하신다. 너무 빨리 세상의 눈이 사라질 것이다.'라고 머리를 풀어헤치며 울고,

---

663) devatā ākāse pathavisaññiniyo : Dob. II. 153에서는 '세속적인 마음을 가진 하늘의 신들'이라고 번역하고 Ldb. 263에서는 땅에 묶인 하늘의 신들이라고 번역하고 있다. 그러나 이러한 번역은 어원적으로 설득력이 부족하다. 주석적 해석은 너무도 신화적이다 : Smv. 581에 따르면, 허공에서 대지를 만들어, 거기서 대지를 지각하는 신들을 말한다.

664) devatā paṭhaviyaṃ paṭhavisaññiniyo : 신화적 해석은 다음과 같다 : Smv. 581에 따르면, 원래 대지에 있는 신들은 지탱할 수가 없다. 거기서 하느님 핫탓까(Hatthaka)처럼 신들은 가라앉는다. 그래서 세존께서는 '핫탓까여, 거친 몸으로 화현하라.'라고(AN. I. 279) 말했다. 그러므로 신들은 대지에서 대지를 만들었는데, 그것에 대하여 '대지를 지각하는 자'라고 불린다.

팔을 휘저으며 울고, 몸을 던져 넘어지고 뒤틀고 뒹굴고 있다. 그러나 애착을 여읜 신들이 있는데,665) 그들은 새김을 확립하고 올바른 알아차림을 갖추며 '모든 지어진 것은 무상하다. 어찌 하겠는가?'라고 슬픔을 참아내고 있다."

(네 가지 영험한 장소)

111. [아난다] "세존이시여, 예전에 각지에서 우기의 안거가 끝나면666) 수행승들이 여래를 친견하기 위해 왔습니다. 우리는 그들 마음을 잘 닦은667) 수행승들이, 여래를 친견하는 것을 맞아들이고 존경을 표하는 것을 환영하였습니다. 세존이시여, 그러나 이제 세존께서 가시고 나면, 마음을 잘 닦은 수행승들이, 여래를 친견하는 것을 맞아들이지 못하고 존경을 표하는 것을 환영하지 못합니다."

[세존] "아난다여, 믿음668) 있는 고귀한 가문의 아들이 보아야 하고 경건해야 할 이와 같은 네 가지 장소가 있다. 네 가지란 무엇인가?

1) 아난다여, '여기서 여래가 태어났다.'라고 믿음 있는 고귀한 가문의 아들이 보고, 경외의 념을 품어야 하는669) 장소

---

665) yā pana tā devatā vītarāgā : Smv. 581에 따르면, 근심(domanassa)을 끊은 돌기둥처럼 돌아오지 않는 경지에 든 번뇌를 부순 신들(anāgāmikhīṇāsavadevatā)을 말한다.

666) vassaṃ vutthā : Smv. 581에 따르면, 부처님 시대에 두 시기에 수행승들이 함께 모였다. ① 우기의 안거를 시작할 때에 명상대상(kammaṭṭhāna)을 얻기 위해서 ② 우기의 안거나 끝날 때에, 이미 얻은 명상대상의 성과를 보고하기 위해서였다.

667) manobhāvanīye : Smv. 581에 따르면, '정신을 닦고 단련하여, 탐욕의 때 등을 제거한' 것을 말한다.

668) saddha : Smv. 582에 따르면, 부처님 등에 대한 청정한 믿음을 말한다.

669) dassanīyāni saṃvejanīyāni : Smv. 582에 따르면, '보고, 경외의 념을 품어야 하는'은 '볼 가치가 있고, 경외의 념을 일으키는'이라는 뜻인데, 복주석에 따르면, '경외의 념을 일으킨다.'는

가 있다.

2) 아난다여, '여기서 여래가 위없는 바르고 원만한 깨달음을 바르고 원만하게 깨달았다.'라고 믿음 있는 고귀한 가문의 아들이 보고, 경외의 념을 품어야 하는 장소가 있다.

3) 아난다여, '여기서 여래가 진리의 수레바퀴를 굴렸다.'라고 믿음 있는 고귀한 가문의 아들이 보고, 경외의 념을 품어야 하는 장소가 있다.

4) 아난다여, '여기서 여래가 잔여가 없는 세계로 완전한 열반에 드셨다.'라고 믿음 있는 고귀한 가문의 아들이 보고, 경외의 념을 품어야 하는 장소가 있다.

아난다여,[141] 믿음 있는 고귀한 가문의 아들이 보고 경외의 념을 품어야 하는 이와 같은 네 가지 장소가 있다.

아난다여, 믿음 있는 수행자들, 수행녀들, 청신자들, 여자 재가신자들이, '여기서 여래가 태어났다.'라고, '여기서 여래가 위없는 바르고 원만한 깨달음을 바르고 원만하게 깨달았다.'라고, '여기서 여래가 진리의 수레바퀴를 굴렸다.'라고, '여기서 여래가 잔여가 없는 세계로 완전한 열반에 드셨다.' 라고, 아난다여, 누구든지 이러한 성지순례670)를 한다면, 그들 모두는 몸이 파괴되고 죽은 뒤에 좋은 곳, 천상의 세계에 태어날 것이다."

것은 '부끄러움을 수반하는 앎을 지닌다.'라는 뜻이다.

670) ye hi keci ānanda cetiyacārikaṃ āhiṇḍantā pasannacittā kālaṃ karissanti, sabbe te kāyassa bhedā parammaraṇā sugatiṃ saggaṃ lokaṃ upapajjissantiti : Smv. 582에 따르면, 그 때 그 때의 탑묘의 정원을 청소하고 자리를 씻어내고 보리수에 물을 주며 도는 자에 관하여 언급하는 것이 아니라 '어떤 승원의 탑묘를 예배하자.'라고 출발하여 청정한 마음을 지니게 되면, 도중에 죽더라도 곧바로 천상세계에 태어난다는 뜻이다.

(아난다의 질문)

112. [아난다] “세존이시여, 저희들은 여인에 대하여 어떻게 대처해야 합니까?”

[세존] “아난다여, 쳐다보지 않는 것이다.”

[아난다] “세존이시여, 보았다면,[671] 어떻게 대처해야 합니까?”

[세존] “아난다여, 말하지 않는 것이다.”[672]

[아난다] “세존이시여, 말했다면,[673] 어떻게 대처해야 합니까?”

[세존] “아난다여, 새김을 확립해야 한다.”[674]

[아난다] “세존이시여, 우리는 여래의 존체에 대하여 어떻게 대처해야 합니까?”[675]

[세존] “아난다여, 그대들은 여래의 존체에 대하여 관여하

---

671) dassane bhagavā sati : Smv. 582에 따르면, '탁발하러 가서 가까운 장소에서 보았을 때'라는 뜻이다.

672) anālāpo ānandā'ti : Smv. 582-583에 따르면, 칼을 가지고 '만약 나와 이야기하면, 그 자리에서 당신의 목을 자르겠다.'라고 서있는 남자나 '만약 나와 이야기하면, 당신의 살을 먹어버리겠다.'라는 야차녀와 이야기하는 것이 낫다. 왜냐하면, 그것은 현세에서만 그 때문에 파멸이 생기지만, 여러 나쁜 곳에서 한량없는 괴로움을 받지 않기 때문이다. 그러나 여성과 대화하면, 친교가 생겨나고 친교가 생기면, 정이 깊어지고, 번민하고, 계행을 파괴하고, 괴로운 곳을 채우는 자가 된다.

673) ālapantena pana bhante : Smv. 583에 따르면, '여성이 날짜를 묻거나, 계행을 구하거나, 진리를 듣고자 하거나, 질문을 하고자 하거나, 이처럼 출가자로서 해야 할 일이 생기는 경우'를 말한다.

674) sati ānanda upaṭṭhapetabbā'ti : Smv. 583에 따르면, 세존께서는 '수행승들이여, 어머니 연배의 여성에 대해서는 어머니의 마음을 일으키는 것이 좋다. 자매 연배의 여성에게는 자매의 마음을 일으키는 것이 좋다. 딸의 연배의 여성에게는 딸의 마음을 일으키는 것이 좋다.'라고 가르치셨다.

675) kathaṃ mayaṃ bhante tathāgatassa sarīre paṭipajjāmā'ti : Smv. 583에 따르면, '저들 현명한 왕족들 등은 어떻게 대처해야 하겠습니까? 그들은 나에게 '아난다 존자여, 여래의 존체에 대하여 어떻게 대처해야 합니까?'라고 묻습니다. 그 질문에 대하여 저는 어떻게 대답하면 좋겠습니까?'라는 뜻이다.

지 말라. 자아, 아난다여, 그대들은 진실한 목표를 향해 노력하고 진실한 목표에 전념하라. 진실한 목표를 향해 방일하지 말고 열성을 기울여 스스로 노력하라. 아난다여, 여래에게 청정한 믿음이 있는 왕족의 현자들이나 바라문의 현자들이나 장자의 현자들이 여래의 존체를 수습할 것이다."

[아난다] "세존이시여, 그렇다면, 어떻게 여래의 존체에 대처해야 합니까?"

[세존] "아난다여, 전륜왕의 유체에 대처하듯, 여래의 존체에 대처해야 한다."

[아난다] "세존이시여, 그러면 어떻게 전륜왕의 유체에 대처합니까?"

[세존] "아난다여, 전륜왕의 유체는 새로운 천[676]으로 감싸고, 새로운 천으로 감싼 뒤에 잘 다듬어진 솜으로[677] 감싸고, 잘 다듬어진 솜으로 감싼 뒤에 다시 새로운 천으로 [142] 감싼다. 이와 같은 방식으로 500겹으로 전륜왕의 유체를 감싼 뒤에 쇠로 만든[678] 기름곽에 넣고 별도의 쇠로 만든 통을 덮고, 모든 향기로운 나무로 장작더미를 만들고 전륜왕의 유체를 다비에 부친다. 그리고 큰 사거리에 전륜왕의 탑묘를 조성한다. 아난다여, 이와 같이 전륜왕의 유체에 대처한다. 아난다여, 전륜왕의 유체에 대처하듯, 여래의 유체에 대처하고 큰 사거리에 여래의 탑묘를 조성해야 한다. 거기에 화환이나 향이나 안료를 올리고 경의를 표하고 마음

---

676) ahata-vattha : Smv. 583에 따르면, 새로운 까씨(kāsi : 베나레스) 산의 천을 말한다.
677) vihata-kappāsa : Smv. 583에 따르면, 잘 두드려진 솜을 말한다. 까씨 산의 천은 섬세하여 기름을 받아들이지 않지만, 솜(綿)은 기름을 받아들인다.
678) āyasāya : Smv. 583에 따르면, '쇠'라는 것은 여기서 '황금'을 말한다.

을 정화시킨다면, 사람들은 오랜 세월 안녕과 행복을 누릴 것이다.”

(네 종류의 탑묘를 조성할 가치 있는 님)

113. [세존] “아난다여, 이와 같은 네 종류의 탑묘를 조성할 가치 있는 님이 있다. 네 종류란 무엇인가? 이렇게 오신 님, 거룩한 님, 올바로 원만히 깨달은 님은 탑묘를 조성할 가치 있는 님이다. 연기법을 홀로 깨달은 님[679]은 탑묘를 조성할 가치 있는 님이다. 여래의 제자는 탑묘를 조성할 가치 있는 님이다. 전륜왕은 탑묘를 조성할 가치 있는 님이다.[680]

1) 아난다여, 어떠한 이유로 이렇게 오신 님, 거룩한 님, 올바로 원만히 깨달은 님은 탑묘를 조성할 가치 있는 님인가? 아난다여, ‘이것은 이렇게 오신 님, 거룩한 님, 올바로 원만히 깨달은 님의 탑묘이다.’라고 많은 사람이 청정한 믿음을 일으킨다. 그들은 청정한 믿음을 일으켜서 몸이 파괴되

---

679) paccekabuddha : 이 단어는 보통 벽지불(辟支佛)이라고 알려진 것으로 부처님처럼 ‘홀로 깨달은 님(獨覺)’이라고 번역된다. 그러나 벽지불은 부처님처럼 전지성(全知性 : sabbaññūtā)을 갖고 있지는 않다. 벽지불의 범어 쁘라띠야야붓다(pratyayabuddha)는 한역에서도 독각(獨覺)과 연각(緣覺)의 두 가지로 번역된다. 올바로 원만히 깨달은 님(正等覺者 sammāsambuddha)과 다른 것은 이들은 홀로 다니고 대중과 함께 하지 않고, 대중에게 가르침을 설하지 않는다는 점이다. 그러나 역자의 생각으로는 노만(K. R. Norman : Collected Papers II. Oxford, 1991. pp. 233-249) 처럼 ‘외부의 원인에 의해 깨달은 사람’이라는 새로운 학설을 내놓았으나 역자는 ‘홀로 인연법을 깨달은 님’으로 번역한다. 그러면 독각과 연각은 큰 차이가 없는 것이 될 것이다. 그런데 이와 유사하게 형성된 벽지범천(辟支梵天)은 빳쩨까브라흐만(paccekabrahman)이라고 하는데, 이것은 무리와 떨어져 ‘홀로 있는 하느님’이라는 뜻으로 인연법과는 상관없는 표현이다.

680) tathāgatassa sāvako thūpāraho, rājā cakkavattī thūpāraho'ti : 여기서 성문(聲門)을 말하므로 범부 수행승은 제외된다 : Smv. 583에서는, ‘왜 세존께서는 속가에 사는 죽은 왕의 탑묘의 조성은 인정하면서, 계행을 갖춘 범부 수행승의 탑묘의 조성은 인정하지 않았는가? 놀라운 일이 아니다. 만약 범부 수행승을 위한 탑묘의 조성이 허락되면, 스리랑카 섬은 탑묘를 위한 장소로 가득 찰 것이다.’라고 논하고 있다.

고 죽은 뒤에 좋은 곳, 천상의 세계에 태어난다. 아난다여, 이러한 이유로 이렇게 오신 님, 거룩한 님, 올바로 원만히 깨달은 님은 탑묘를 조성할 가치 있는 님이다.

2) 아난다여, 어떠한 이유로 연기법을 홀로 깨달은 님은 탑묘를 조성할 가치 있는 님인가? 아난다여, '이것은 연기법을 홀로 깨달은 님의[143] 탑묘이다.'라고 많은 사람이 청정한 믿음을 일으킨다. 그들은 청정한 믿음을 일으켜서 몸이 파괴되고 죽은 뒤에 좋은 곳, 천상의 세계에 태어난다. 아난다여, 이러한 이유로 연기법을 홀로 깨달은 님은 탑묘를 조성할 가치 있는 님이다.

3) 아난다여, 어떠한 이유로 여래의 제자는 탑묘를 조성할 가치 있는 님인가? 아난다여, '이것은 세상에 고귀한 님, 거룩한 님, 올바로 원만히 깨달은 님의 제자의 탑묘이다.'라고 많은 사람이 청정한 믿음을 일으킨다. 그들은 청정한 믿음을 일으켜서 몸이 파괴되고 죽은 뒤에 좋은 곳, 천상의 세계에 태어난다. 아난다여, 이러한 이유로 여래의 제자는 탑묘를 조성할 가치 있는 님이다.

4) 아난다여, 어떠한 이유로 전륜왕은 탑묘를 조성할 가치 있는 님인가? 아난다여, '이것은 정의로운 법왕의 탑묘이다.'라고 많은 사람이 청정한 믿음을 일으킨다. 그들은 청정한 믿음을 일으켜서 몸이 파괴되고 죽은 뒤에 좋은 곳, 천상의 세계에 태어난다. 아난다여, 이러한 이유로 전륜왕은 탑묘를 조성할 가치 있는 님이다.

아난다여, 이와 같은 네 종류의 탑묘를 조성할 가치 있는 님이 있다."

(장로 아난다와 부사의법)

114. 그런데 존자 아난다가 승원으로 들어가 문짝에 기대어 이와 같이 '나는 아직 학인이라서 더 배울 것이 있는데, 나를 애민히 여기는 스승께서 완전히 열반에 들려하신다.'라고 울면서 서있었다. 세존께서는 수행승들에게 말씀하셨다.

[세존] "수행승들이여, 아난다는 지금 어디에 있는가?"

[수행승들] "세존이시여, 존자 아난다는 승원에 들어가 문짝에 기대어 이와 같이 '나는 아직 학인이라서 더 배울 것이 있는데, 나를 애민히 여기는 스승께서 완전히 열반에 들려하신다.' 라고 울면서 서있습니다."

그러자 세존께서는 다른 한 수행승에게 말씀하셨다.

[세존] "자아, 수행승이여, 그대는 나의 이름으로 아난다에게 '벗이여 아난다여, 스승께서 부르신다.'라고 알려라."

[한 수행승] "세존이시여,[144] 알겠습니다."

그 수행승은 세존께 대답하고 존자 아난다가 있는 곳을 찾아갔다. 가까이 다가가서 존자 아난다에게 말했다.

[한 수행승] "벗이여 아난다여, 스승께서 부르십니다."

[아난다] "벗이여, 알겠습니다."

존자 아난다는 그 수행승에게 대답하고 세존께서 계신 곳을 찾아왔다. 가까이 다가와서 세존께 인사를 드리고 한쪽으로 물러나 앉았다. 한쪽으로 물러나 앉은 존자 아난다에게 세존께서는 이와 같이 말씀하셨다.

[세존] "아난다여, 그만 두어라. 슬퍼하지 말라. 비탄해하지 말라. 아난다여, 참으로 내가 미리 '모든 사랑스럽고 마음에 드는 것들과 살아서 헤어지기 마련이고, 죽어서 이별하기 마련이고,

달라져 흩어지기 마련이다.'라고 말하지 않았던가? 아난다여, 생겨나고 생성되고 형성되고 부서지고야 마는 것을 두고 여래의 신체라고 할지라도 '그것은 부서지지 말라'고 한들 무슨 소용이 있겠는가?[681] 그것은 옳지 않다. 아난다여, 그대는 오랜 세월 안녕을 주고 안락을 주는, 순일[682] 무량한, 자애로운 신체적 행위로, 오랜 세월 안녕을 주고 안락을 주는, 순일 무량한, 자애로운 언어적 행위로, 오랜 세월 안녕을 주고 안락을 주는, 순일 무량한, 자애로운 정신적 행위로, 여래를 섬겼다.[683] 아난다여, 그대는 공덕을 쌓았으니 정진에 몰두하라. 곧 번뇌를 여읜 님이 되리라."

115. 그리고 세존께서는 수행승들에게 말씀하셨다.

[세존] "수행승들이여, 과거세에도 거룩한 님, 올바로 원만히 깨달은 님에게는 예를 들어 나의 아난다와 같은 최상의 시자가 있었다. 수행승들이여, 미래세에도 거룩한 님, 올바로 원만히 깨달은 님에게는 예를 들어 나의 아난다와 같은 최상의 시자가 있을 것이다. 수행승들이여, 아난다는 현명한 자이다. 수행승들이여, 아난다는 슬기로운 자이다.[684]

---

681) taṃ vata tathāgatassāpi sarīraṃ' māpalujjiti : 앞의 이 책(DN. II. 118)에서는 '여래의 신체라고 할지라도'라는 구절이 빠져 있다.

682) advayena : Smv. 584에 따르면, 두 개의 부분으로 만들어진 것이 없는 것을 뜻한다. 어떤 자는 앞에서는 행하고 뒤에서는 행하지 않는다. 어떤 자는 뒤에서는 행하고 앞에서는 행하지 않는다. 이와 같이 분열되지 않고 행한다는 뜻이다.

683) mettena kāyakammena … mettena vacīkammena … mettena manokammena : Smv. 584-585에 따르면, 자애의 마음에 의해 일어난 세면을 돌보는 등의 신체에 의한 행위, 자애의 마음에 의해 일어난 세면의 시간 등을 알리는 언어에 의한 행위, 적시에 몸을 돌보고 떨어진 곳에 앉아 '스승이 건강하기를, 무사하기를, 안락하기를!'하고 일으키는 정신에 의한 행위를 말한다.

684) medhāvī bhikkhave ānando : Smv. 585에 따르면, 존재의 다발(kkhandha) · 인식의 세계(dhātu) · 감각의 영역(āyatana)에 밝은 자를 말한다.

그는 수행승들이 언제 세존을 뵙기 위해 와야 하는 지, 수행녀들이 언제 세존을 뵙기 위해 와야 하는 지, 남자 재가신자들이 언제 세존을 뵙기 위해 와야 하는 지를 알고 있다. 여자 재가신자들이[145] 언제 세존을 뵙기 위해 와야 하는 지, 왕들이 언제 세존을 뵙기 위해 와야 하는 지, 왕들의 대신들이 언제 세존을 뵙기 위해 와야 하는 지, 이교도들이 언제 세존을 뵙기 위해 와야 하는 지, 이교도들의 제자들이 언제 세존을 뵙기 위해 와야 하는 지를 알고 있다."

116. [세존] "수행승들이여, 아난다에게는 아주 놀랍고 예전에 없었던 이와 같은 네 가지 원리가 있다. 네 가지란 무엇인가?

1) 수행승들이여, 만약 수행승의 무리가 아난다를 보기 위해 가까이 가면,685) 보는 것만으로도 그들의 마음은 흡족해진다. 그 때 아난다가 가르침686)을 설하면, 설하는 것만으로도 그들의 마음은 흡족해진다. 만약 수행승의 무리가 흡족해 하지 않았다면, 아난다가 침묵한 것이다.

2) 수행승들이여, 만약 수행녀의 무리가 아난다를 보기 위해 가까이 가면, 보는 것만으로도 그들의 마음은 흡족해진다. 그 때 아난다가 가르침을 설하면, 설하는 것만으로도 그들의 마음은 흡족해진다. 만약 수행녀의 무리가 흡족해 하지 않았다면, 아난다가 침묵한 것이다.

---

685) sace bhikkhave bhikkhuparisā ānandaṃ dassanāya upasaṅkamati : Smv. 585에 따르면, '부처님을 만나고자 하여 장로에게 가까이 가면, '존자 아난다께서는 청정하고 단정하고 보기에 좋고 많이 배우고 승단의 장엄이다.'라는 장로의 덕성을 듣고 왔습니다.'라고 했다.

686) dhamma : Smv. 585에 따르면, '벗들이여, 참아낼 만한가? 괜찮은 것인가? 올바로 정신활동을 기울여 행하는가? 스승과 화상으로서의 의무를 완수하는가?'와 같은 환영의 원리(paṭisanthāradhamma : 勝迎法)와 수행녀들에 대해서는 여덟 가지 공경의 원리(aṭṭhagarudhamma : 八敬法)를 새겨서 행하는지, 재가신자에게는 삼귀의 · 오계 등을 행하는지에 대한 가르침을 말한다.

3) 수행승들이여, 만약 남자 재가신자의 무리가 아난다를 보기 위해 가까이 가면, 보는 것만으로도 그들의 마음은 흡족해진다. 그 때 아난다가 가르침을 설하면, 설하는 것만으로도 그들의 마음은 흡족해진다. 만약 남자 재가신자의 무리가 흡족해 하지 않았다면, 아난다가 침묵한 것이다.

4) 수행승들이여, 만약 여자 재가신자의 무리가 아난다를 보기 위해 가까이 가면, 보는 것만으로도 그들의 마음은 흡족해진다. 그 때 아난다가 가르침을 설하면, 설하는 것만으로도 그들의 마음은 흡족해진다. 만약 여자 재가신자의 무리가 흡족해 하지 않았다면, 아난다가 침묵한 것이다.

수행승들이여, 아난다에게는 아주 놀랍고 예전에 없었던 이와 같은 네 가지 원리가 있다."

117. [세존] "수행승들이여, 전륜왕에게는 아주 놀랍고 예전에 없었던 이와 같은 네 가지 원리가 있다.

1) 수행승들이여, 만약 왕족의 무리가 전륜왕을 보기 위해 가까이 가면, 보는 것만으로도 그들의 마음은 흡족해진다. 그 때 전륜왕이 말을 건네면,687) 말을 건네는 것만으로도 그들의 마음은 흡족해진다. 만약 왕족의 무리가 흡족해 하지 않았다면, 전륜왕이 침묵한 것이다.

2) 수행승들이여, 만약 바라문의 무리가 전륜왕을 보기 위해 가

---

687) tatra ce rājā cakkavattī bhāsati : Smv. 586에 따르면, '당신들이 어떻게 왕법을 완성하는가? 전통을 지키는가?'라고 맞이한다. 또한 바라문들에 대해서는 '당신들은 어떻게 스승의 거룩한 진언을 가르칠 것인가? 제자들은 어떻게 진언을 배울 것인가? 당신들은 공물이나 의복이나 암소를 얻을 것인가?'라고 맞이한다. 장자들에 대해서는 '당신들의 왕가로부터 체벌이나 과세로 괴로워하는가? 하늘이 비를 올바로 내리는가? 수확은 성공적인가?'라고 맞이한다. 수행자들에 대해서는 '존자여, 어떻게 출가생활의 필수품을 얻는가? 수행자의 도리에 방일하지는 않는가?'라고 맞이한다.

까이 가면, 보는 것만으로도 그들의 마음은 흡족해진다. 그 때 전륜왕이 말을 건네면, 말을 건네는 것만으로도 그들의 마음은 흡족해진다. 만약 바라문의 무리가 흡족해 하지 않았다면, 전륜왕이 침묵한 것이다.

3) 수행승들이여,[146] 만약 장자의 무리가 전륜왕을 보기 위해 가까이 가면, 보는 것만으로도 그들의 마음은 흡족해진다. 그 때 전륜왕이 말을 건네면, 말을 건네는 것만으로도 그들의 마음은 흡족해진다. 만약 장자의 무리가 흡족해 하지 않았다면, 전륜왕이 침묵한 것이다.

4) 수행승들이여, 만약 수행자의 무리가 전륜왕을 보기 위해 가까이 가면, 보는 것만으로도 그들의 마음은 흡족해진다. 그 때 전륜왕이 말을 건네면, 말을 건네는 것만으로도 그들의 마음은 흡족해진다. 만약 수행자의 무리가 흡족해 하지 않았다면, 전륜왕이 침묵한 것이다.

수행승들이여, 이와 마찬가지로 아난다에게는 아주 놀랍고 예전에 없었던 이와 같은 네 가지 원리가 있다.

1) 수행승들이여, 만약 수행승의 무리가 아난다를 보기 위해 가까이 가면, 보는 것만으로도 그들의 마음은 흡족해진다. 그 때 아난다가 가르침을 설하면, 설하는 것만으로도 그들의 마음은 흡족해진다. 만약 수행승의 무리가 흡족해 하지 않았다면, 아난다가 침묵한 것이다.

2) 수행승들이여, 만약 수행녀의 무리가 아난다를 보기 위해 가까이 가면, 보는 것만으로도 그들의 마음은 흡족해진다. 그 때 아난다가 가르침을 설하면, 설하는 것만으로도 그들의 마음은 흡족해진다. 만약 수행녀의 무리가 흡족해 하지 않았

다면, 아난다가 침묵한 것이다.

3) 수행승들이여, 만약 남자 재가신자의 무리가 아난다를 보기 위해 가까이 가면, 보는 것만으로도 그들의 마음은 흡족해진다. 그 때 아난다가 가르침을 설하면, 설하는 것만으로도 그들의 마음은 흡족해진다. 만약 남자 재가신자의 무리가 흡족해 하지 않았다면, 아난다가 침묵한 것이다.

4) 수행승들이여, 만약 여자 재가신자의 무리가 아난다를 보기 위해 가까이 가면, 보는 것만으로도 그들의 마음은 흡족해진다. 그 때 아난다가 가르침을 설하면, 설하는 것만으로도 그들의 마음은 흡족해진다. 만약 여자 재가신자의 무리가 흡족해 하지 않았다면, 아난다가 침묵한 것이다.

수행승들이여, 아난다에게는 아주 놀랍고 예전에 없었던 이와 같은 네 가지 원리가 있다."

(마하쑤닷싸나 왕의 교시)

118. 이렇게 말씀하시자 존자 아난다는 세존께 이와 같이 여쭈었다.

[아난다] "세존이시여, 세존께서는 이 작은 도시, 불모의 도시, 변방의 도시에서 완전한 열반에 들지 마십시오. 세존이시여, 다른 큰 도시, 예를 들어 짬빠, 라자가하, 싸밧티, 싸께따,[688] 꼬쌈비, 바라나씨[689] 등의 도시가 있는데, 세

688) Sāketa : 부처님 당시에 인도의 육대도시(Sāketa · Campā · Rājagaha · Sāvatthi · Kosambī · Bārāṇasī) 가운데 하나였고 꼬쌀라(Kosala) 국의 옛 수도로, 오늘날 고그라(Gogra) 강변의 아요디야(Ayodhyā)의 옛 이름이다.

689) Bārāṇasi : 바라나씨는 부처님 당시 까씨 국의 수도로 지금의 베나레스를 말한다. 불교도들이 참배하는 사대성지 — 까삘라밧투, 붓다가야, 꾸씨나라 시와 함께 — 의 하나이다. 이 바라나씨의 이씨빠따나에서 최초의 설법인 초전법륜이 이루어졌기 때문이다. 바라나씨는 상업과 산업의

존이시여, 그곳에서 완전한 열반에 드십시오. 그곳에는 여래에게 청정한 믿음을 지닌 왕족의 대부호들, 바라문의 대부호들, 장자의 대부호들이690) 있습니다. 그들이 여래의 존체를 수습할 것입니다."

[세존] "아난다여, 그렇게 말하지 말라. 아난다여, 작은 도시, 불모의 도시, 변방의 도시라고 말하지 말라. 아난다여, 옛날에 마하쑤닷싸나691)라고 하는 전륜왕이 있었는데, 정법자, 법왕, 사방의 정복자, 왕국의 안전을 보장하는 자, 일곱 가지 보물을 갖춘 자692)였다. 아난다여, 이 꾸씨나라 시는 왕 마하쑤닷싸나가 다스리던 꾸싸바띠693)라는 왕도였다. 길이는 동서로 십이 요자나였으며, 넓이는 남북으로 칠 요자나였다. 아난다여, 꾸싸바띠 시는 번영하고 부유하고 [147] 인구가 많고 사람이 붐비고694) 풍족했다. 아난다여, 마치 알라까만다695)라는 신들의 수도가 번영하고 부유하

중심도시로 싸밧티(Savatthī), 딱까씰라(Takkasilā), 베란자(Verañjā), 라자가하(Rājagaha) 시와는 직접 무역을 하는 요충지였다. 특히 의류산업의 중심지로서 까시 국의 옷, 즉 바라나씨의 옷은 유명했다.

690) khattiyamahāsālā brāhmaṇamahāsālā gahapatimahāsālā : Smv. 586에 따르면, 왕족의 대부호들은 십억 금, 백억 금의 재산을 비축하고 있고 낮에는 수레(sakaṭa) 한 대분의 돈을 쓰고 저녁에 수레 두 대분의 돈을 입고시킨다. 바라문의 대부호들은 팔억 금의 재산을 비축하고 있고 낮에는 한 항아리(tumba)의 돈을 쓰고 저녁에 두 항아리 분의 돈을 입고시킨다. 장자의 대부호들은 사억 금의 재산을 비축하고 있고 낮에는 다섯 상자(ammaṇa) 분의 돈을 쓰고 저녁에 한 항아리 분의 돈을 입고시킨다.(수레 한 대분은 두 항아리 분의 분량이고, 한 항아리분은 열 상자 분의 분량이다.)

691) Mahāsudassana : 전집(DN. 17)의 「마하쑤닷싸나의 경」(Mahāsudassanasutta)을 참조하라.

692) imāni sattaratanānī : 전륜왕(轉輪王)의 칠보(七寶 : sataratanāni)에 대하여 MN. 129에서 상세히 설명되고 있다.

693) Kusavatī : 꾸씨나라 시(Kusinārā) 시의 옛 이름으로 이 경에 나오듯, 마하쑤닷싸나 왕의 왕도였다.

694) ākiṇṇamanussaṁ : Srp. III. 287에 따르면, '사람이 끝이 없는(nirantaramanussaṁ)'의 뜻이다.

695) Āḷakamandā : 신들로 융성한 신들로 가득 찬 신들의 도시로 꾸베라(Kuvera) 신의 왕도였다.

고 신들이 많고 야차가 붐비고 풍족하듯이, 꾸싸바띠 시는 번영하고 부유하고 인구가 많고 사람이 붐비고 풍족했다. 아난다여, 왕도 꾸싸바띠 시에는 열 가지 소리, 예를 들어 코끼리 소리, 말 소리, 수레 소리, 북 소리, 작은 북 소리, 비파 소리, 노래 소리, 고동 소리, 동발 소리, 징 소리, 열 번째로 '드세요. 마셔요, 잡수세요.'라는 소리가 밤낮으로 끊이질 않았다. 아난다여, 가라. 그대는 꾸씨나라 시로 들어가 꾸씨나라 시에 사는 말라 족들에게 이와 같이 '바쎗타들이여, 오늘 밤 후야에 여래가 완전한 열반에 들 것입니다. 바쎗타들이여, 오십시오. 바쎗타들이여, 오십시오. 나중에 '우리는 우리 마을의 땅에서 여래가 완전한 열반에 드셨는데, 우리는 그 마지막 시간에 여래를 보지 못했다.'라고 후회하지 마십시오.'라고 알려라."

[아난다] "세존이시여, 알겠습니다."

존자 아난다는 세존께 대답하고 옷을 입고 발우와 가사를 들고 도반과 함께 꾸씨나라 시로 들어갔다.

(말라 족의 예배)

118. 그 무렵 꾸씨나라 시의 말라 족들은 해야 할 일이 있어 집회당에 모여 있었다. 존자 아난다가 꾸씨나라 시의 말라 족들을 찾아왔다. 가까이 다가와서 꾸씨나라 시의 말라 족들에게 알렸다.

[아난다] "바쎗타들이여, 오늘 밤 후야에 여래가 완전한 열반에 들 것입니다. 바쎗타들이여, 오십시오. 바쎗타들이여, 오십시오. 나중에 '우리는 우리 마을의 땅에서 여래가 완전한

열반에[148] 드셨는데, 우리는 그 마지막 시간에 여래를 보지 못했다.'라고 후회하지 마십시오."

존자 아난다의 이러한 말을 듣고 말라 족들과 말라 족의 아들들과 말라 족의 며느리들과 말라 족의 아내들은 괴로워하고 근심하며 가슴 아파했다. 어떤 자들은 '너무 빨리 세상에 존귀한 님께서 완전한 열반에 들려하신다. 너무 빨리 올바른 길로 잘 가신 님께서 완전한 열반에 들려하신다. 너무 빨리 세상의 눈이 사라질 것이다.'라고 머리를 풀어헤치며 울고, 팔을 휘저으며 울고, 몸을 던져 넘어지고 뒤틀고 뒹굴었다. 그래서 말라 족들과 말라 족의 아들들과 말라 족의 며느리들과 말라 족의 아내들은 괴로워하고 근심하며 가슴 아파하면서 말라 족의 쌀라 숲으로, 존자 아난다에게 찾아왔다. 그래서 존자 아난다는 이와 같이 생각했다.

[아난다] '만약 내가 꾸씨나라 시의 말라 족을 한 사람 한 사람 세존께 인사를 시키려면 세존께서는 꾸씨나라 시의 말라 족의 인사를 다 받지 못하고 밤을 지새울 것이다. 내가 꾸씨나라 시의 말라 족을 가족 단위로 세워서 '이러한 이름의 말라 족이 아들과 아내와 하인과 동료와 함께 세존의 두 발에 머리를 조아립니다.'라고 세존께 인사를 드리게 하면 어떨까?'

그래서 존자 아난다는 꾸씨나라 시의 말라 족을 가족 단위로 세워서 '이러한 이름의 말라 족이 아들과 아내와 하인과 동료와 함께 세존의 두 발에 머리를 조아립니다.'라고 세존께 인사를 드리게 했다. 마침내 존자 아난다는 이러한 방식으로 초야에 꾸씨나라 시의 말라 족들을 세존께 인사드리게 했다.

(유행자 쑤밧다의 이야기)

119. 그 무렵 쑤밧다[696]라고 하는 유행자가 꾸씨나라 시에 살고 있었다. 유행자 쑤밧다는 '오늘 밤의 후야에 수행자 고따마께서 완전한 열반에 드실 것이다.'라고 들었다. 마침[149] 유행자 쑤밧다에게 이와 같은 생각이 들었다.

[쑤밧다] '나는 연로하여 고령이고 스승들의 스승인 유행자들이 '이렇게 오신 님, 거룩한 님, 올바로 원만히 깨달은 님께서는 참으로 드물게 세상에 출현하신다.'라고 말하는 것을 들었다. 그런데 오늘 밤의 후야에 수행자 고따마께서 완전한 열반에 드실 것이다. 그런데 나에게 진리에 대한 의심이 생겼다. 나는 수행자 고따마께 청정한 믿음을 갖고 있으니 수행자 고따마께서 진리에 대한 의심을 제거하도록 내게 가르침을 주실 수 있을 것이다.'

그래서 유행자 쑤밧다는 근처의 말라 족의 쌀라 숲에 있는 존자 아난다를 찾아갔다. 가까이 다가가서 존자 아난다에게 이와 같이 말했다.

[쑤밧다] "존자여, 나는 연로하여 고령이고 스승들의 스승인 유행자들이 '이렇게 오신 님, 거룩한 님, 올바로 원만히 깨달은 님께서는 참으로 드물게 세상에 출현하신다.'라고 말하는 것을 들었습니다. 그런데 오늘 밤의 후야에 수행자 고따마께서 완전한 열반에 드실 것입니다. 그런데 나에게 진리에 대한 의심이 생겼습니다.[697] 나는 수행자 고따마에게 청정

---

696) Subhadda : Smv. 588에 따르면, 그는 최상층 바라문 대부호 출신의 옷을 걸친 유행자였다. 그는 이 경에서 처럼 부처님의 마지막 여행 당시에 꾸씨나라 시에서 지냈다. 그는 부처님에 의해 교화된 마지막 제자이다.

697) atthi ca me ayaṃ kaṅkhādhammo uppanno : Smv. 588에 따르면, 그에게 왜 오늘 이와

한 믿음을 갖고 있으니 수행자 고따마께서 진리에 대한 의심을 제거하도록 내게 가르침을 주실 수 있을 것입니다. 아난다여, 수행자 고따마를 친견하도록 허락해주십시오."

이렇게 말하자 존자 아난다는 유행자 쑤밧다에게 이와 같이 말했다.

[아난다] "쑤밧다여, 여래를 괴롭히지 마십시오. 세존께서는 피곤하십니다."698)

두 번째에도 유행자 쑤밧다는 존자 아난다에게 이와 같이 말했다.

[쑤밧다] "존자여, 나는 연로하여 고령이고 스승들의 스승인 유행자들이 '이렇게 오신 님, 거룩한 님, 올바로 원만히 깨달은 님께서는 참으로 드물게 세상에 출현하신다.'라고 말하는 것을 들었습니다. 그런데 오늘 밤의 후야에[150] 수행자 고따마께 완전한 열반에 드실 것입니다. 그런데 나에게 진리에 대한 의심이 생겼습니다. 나는 수행자 고따마께 청정한 믿음을 갖고 있으니 수행자 고따마께서 진리에 대한 의심을 제거하도록 내게 가르침을 주실 수 있을 것입니다. 아난다여, 수행자 고따마를 친견하도록 허락해주십시오."

같은 생각이 일어났는가? 이와 같은 기연이 있었기 때문이다. 옛날에 두 사람의 형제가 있었는데, 보시할 때에 형은 수확한 최상의 곡물을 보시했는데, 동생은 그와 같이 하지 않았다. 나중에 형은 안냐따 꼰당냐(Aññata Kondañña) 장로가 되었다. 세존께서는 그에게 최초의 설법을 하여 흐름에 든 님이 되게 하셨고, 그는 마침내 거룩한 님이 되었다. 한편 동생은 그의 보시 때문에, 입멸시에 이와 같이 스승을 만나기를 원하게 된 것이다. 그래서 스승의 최후의 제자가 되었고 마침내 거룩한 님이 되었다.

698) alaṃ āvuso subhadda, mā tathāgataṃ viheṭhesi. kilanto bhagavā'ti : Smv. 588에 따르면, 장로는 '이 이교도들이라는 자들은 자신의 입장만을 주장한다. 그에게 대답하려면 세존께서는 많은 말을 해야 하는데, 신체적으로도 언어적으로도 손상을 입을 것이다. 세존께서는 무엇보다 피곤하실 것이다.'라고 생각하여 이와 같이 말했다.

두 번째에도 존자 아난다는 유행자 쑤밧다에게 이와 같이 말했다.

[아난다] "쑤밧다여, 여래를 괴롭히지 마십시오. 세존께서는 피곤하십니다."

세 번째에도 유행자 쑤밧다는 존자 아난다에게 이와 같이 말했다.

[쑤밧다] "존자여, 나는 연로하여 고령이고 스승들의 스승인 유행자들이 '이렇게 오신 님, 거룩한 님, 올바로 원만히 깨달은 님께서는 참으로 드물게 세상에 출현하신다.'라고 말하는 것을 들었습니다. 그런데 오늘 밤의 후야에 수행자 고따마께서 완전한 열반에 드실 것입니다. 그런데 나에게 진리에 대한 의심이 생겼습니다. 나는 수행자 고따마께 청정한 믿음을 갖고 있으니 수행자 고따마께서 진리에 대한 의심을 제거하도록 내게 가르침을 줄 수 있을 것입니다. 아난다여, 수행자 고따마를 친견하도록 허락해주십시오."

세 번째에도 존자 아난다는 유행자 쑤밧다에게 이와 같이 말했다.

[아난다] "쑤밧다여, 여래를 괴롭히지 마십시오. 세존께서는 피곤하십니다."

120. 그런데 세존께서는 존자 아난다가 유행자 쑤밧다와 함께 이러한 대화를 나누는 것을 들었다. 그래서 세존께서는 존자 아난다에게 말씀하셨다.

[세존] "아난다여, 그만 해라. 쑤밧다를 막지 말라. 아난다여, 쑤밧다가 여래를 친견하는 것을 허락하라. 쑤밧다가 어떠한 질문을 하든, 그 모든 것은 알고자 하는 것 때문이지

괴롭히고자 하는 것 때문이 아니다. 내가 질문을 받고 대답해주면, 즉시 그것을 이해할 수 있을 것이다.”

그러자 존자 아난다는 유행자 쑤밧다에게 이와 같이 말했다.

[아난다] “쑤밧다여, 가시오. 여래께서 그대에게 기회를 주셨습니다.”

유행자 쑤밧다는 세존께서 계신 곳으로 가까이 다가갔다. 가까이 다가가서 세존과 함께 인사를 나누고 안부를 주고받은 뒤에 한쪽으로 물러나 앉았다. 한쪽으로 물러나 앉은 유행자 쑤밧다는 세존께 이와 같이 말씀드렸다.

[쑤밧다] “존자 고따마시여, 수행자나 성직자로서 모임을 이끌고 대중을 지도하며 무리의 스승이신 잘 알려져 있고 대중들에게 높이 평가를 받는 이름이 난 교조들이[699] 있습니다. 그들은 곧, 뿌라나 깟싸빠, 막칼리 고쌀라, 아지따 께싸깜발린, 빠꾸다 깟짜야나, 싼자야 벨랏티뿟따, 니간타 나타뿟따입니다.[700] 그들 모두는 자기의 주장대로 곧바로 안 것입니까? 아니면, 모두가[151] 곧바로 알지 못한 것입니까? 아니면, 일부가 곧바로 알고 일부는 곧바로 알지 못한 것입니까?”[701]

[세존] “쑤밧다여, 그만 하시오.[702] 그들 모두는 자칭 곧바

699) titthakara : ‘구제하는 자’ Srp. I. 130에는 ‘참사람으로 알려진 사람(santo sappurisā ti evaṁ sammanto)’을 뜻한다.

700) seyyathīdaṃ pūraṇo kassapo, makkhali gosālo, ajito kesakambalo, pakudho kaccāyano, sañjayo belaṭṭhaputto. nigaṇṭho nātaputto : 육사외도(六師外道)의 이름이다. 이들에 관해서는 이 책(DN. I. 47-49)의 주석을 보라.

701) sabbe te sakāya paṭiññāya abbhaññiṃsu. sabbeva na abbhaññiṃsu, udāhu ekacce abbhaññiṃsu ekacce nābbhaññiṃsū'ti : Smv. 589에 따르면, ‘만약 그들의 주장이 해탈에 도움이 되는 것이라면, 그들 모두는 곧바로 안 자들일 것이다. 만약 그렇지 않다면, 곧바로 알지 못한 자들일 것이다. 그러므로 그들의 주장은 해탈에 도움이 되는 것인가, 해탈에 도움이 되지 않는 것인가.’라는 뜻이다.

702) alaṃ subhaddaṃ : Smv. 589에 따르면, 세존께서는 그들의 해탈에 이르지 못한 상태에 대해

로 안 것인지 아니면, 모두가 곧바로 알지 못한 것인지 아니면, 일부가 곧바로 알고 일부는 곧바로 알지 못한 것인지는 내버려 두시오. 쑤밧다여, 내가 그대에게 가르침을 설하겠습니다. 잘 듣고 마음에 새기십시오. 내가 설하겠습니다.”

[쑤밧다] “존자여, 알겠습니다.”

유행자 쑤밧다는 세존께 대답했다. 세존께서는 이와 같이 말씀하셨다.

121. [세존] “쑤밧다여, 가르침과 계율에 여덟 가지 고귀한 길이 없다면, 거기에는 수행자가 없고, 거기에는 두 번째 수행자도 없고, 거기에는 세 번째 수행자도 없고, 거기에는 네 번째 수행자도 없습니다.703) 쑤밧다여, 가르침과 계율에 여덟 가지 고귀한 길이 있다면, 거기에는 수행자가 있고, 거기에는 두 번째 수행자도 있고, 거기에는 세 번째 수행자도 있고, 거기에는 네 번째 수행자도 있습니다. 쑤밧다여, 이 가르침과 계율에는 여덟 가지 고귀한 길이 있습니다. 쑤밧다여, 그러므로 여기에는 수행자가 있고, 여기에는 두 번째 수행자도 있고, 여기에는 세 번째 수행자도 있고, 여기에는 네 번째 수행자도 있습니다. 다른 여러 가지 이론에는 수행자가 결여되어 있습니다.704) 쑤밧다여, 수행승이 올바로 지낸다

서 말하는 것은 의미가 없고, 기회가 없기 때문에 '그만두어라'라고 거절하고 가르침만을 설하신 것이다. 왜냐하면, 밤의 초야에 말라 족들을 가르치고, 밤의 중야에 쑤밧다를 가르치고, 밤의 후야에 수행승들의 무리를 가르치고 이른 새벽에 입멸하고자 했기 때문이다.

703) yasmiṃ kho subhadda dhammavinaye ariyo aṭṭhaṅgiko maggo na upalabbhati, samaṇo pi na upalabbhati, dutiyo pi tattha samaṇo na upalabbhati, tatiyo pi tattha samaṇo na upalabbhat i, catuttho pi tattha samaṇo na upalabbhati : Smv. 589에 따르면, 여기서 (첫 번째) 수행자는 흐름에 든 님, 두 번째 수행자는 한번 돌아오는 님, 세 번째 수행자는 돌아오지 않는 님, 네 번째 수행자는 거룩한 님을 말한다.

704) suññā parappavādā samaṇehi aññe : Smv. 589에 따르면, 네 가지 길(四道=四向 : catumagg

면,[705] 세상에는 거룩한 님이 결여되지 않을 것입니다."

[세존]

"쑤밧다여, 나는 스물아홉에
착하고 건전한 것을 찾아 출가하였습니다.
쑤밧다여, 내가 출가한지
자그만치 오십여년이 되었습니다.
이치의 진리를 관찰하여도
여기 이외에는 수행자가 없습니다.[706](23)

두 번째[152] 수행자도 없고, 세 번째 수행자도 없고, 네 번째 수행자도 없다. 다른 여러 이론에는 수행자가 결여되어 있습니다. 쑤밧다여, 수행승으로 올바로 지낸다면, 세상에는 거룩한 님이 결여되지 않을 것입니다."

122. 이와 같이 말하자. 유행자 쑤밧다는 세존께 이와 같이 말씀드렸다.

[쑤밧다] "세존이시여, 훌륭하십니다. 세존이시여, 훌륭하십니다. 세존이시여, 마치 넘어진 것을 일으켜 세우듯, 가려진 것을 열어 보이듯, 어리석은 자에게 길을 가리켜주듯,

---

a)을 위해 힘쓰는 네 종류의 성찰하는 자(vipassaka), 네 종류의 길을 닦는 자(maggaṭṭha), 네 종류의 경지를 얻은 자(phalaṭṭha)의 12 수행자가 결여된 이론(異論)은 공허하다는 뜻이다.

705) ime ca subhadda bhikkhū sammā vihareyyuṃ : Smv. 589에 따르면, 흐름에 든 님이 스스로 얻은 근거를 다른 사람에 설하여 흐름에 든 경지를 얻게 하고 스스로 올바로 지내는 것을 말한다. 한번 돌아오는 님 등도 마찬가지이다. 그리고 흐름에 드는 길을 위해 노력하는 성찰자는 자신의 숙련된 명상대상을 설하고 다른 사람의 흐름에 드는 길을 위하여 노력하는 성찰자로 만들고 스스로 올바로 지내는 것을 말한다. 한번 돌아오는 길 등을 위해 노력하는 성찰자 등도 마찬가지이다.

706) ekūnatiṃso vayasā subhadda | yaṃ pabbajiṃ kiṃ kusalānuesī | vassāni paññāsa samādhikāni | yato ahaṃ pabbajito subhadda | ñāyassa dhammassa padesavatti | ito bahiddhā samaṇo pi natthi ‖ Smv. 590에 따르면, 여기서 '착하고 건전한 것'이란 일체지지(sabbaññutañāṇa : 一切知智)를 말한다. '이치의 진리'는 고귀한 길의 원리(ariyamaggadhamma=出世間道)를 뜻한다.

눈 있는 자는 형상을 보라고 어둠 속에 등불을 들어 올리듯, 세존께서는 이와 같이 여러 가지 방법으로 진리를 밝혀 주셨습니다. 그러므로 이제 세존께 귀의합니다. 또한 그 가르침에 귀의합니다. 또한 그 수행승의 모임에 귀의합니다. 세존이시여, 저는 세존께 출가하여 구족계를 받겠습니다."

[세존] "쑤받다여, 예전에 이교도였던 사람이 이 가르침과 계율에 출가하여 구족계를 받기 원하면, 그는 넉 달 동안 시험 삼아 머물러야 합니다. 넉 달이 지나 수행승들이 그에게 만족하면, 그들은 그에게 출가를 허락하고 수행승임을 인정하는 구족계를 줍니다. 그러나 나는 이 일에서 개인 간의 차별을 인정합니다."707)

[쑤받다] "세존이시여, 예전에 이교도였던 사람이 이 가르침과 계율에 출가하여 구족계를 받기 원하면, 그는 넉 달 동안 시험 삼아 머물러야 하고, 넉 달이 지나 수행승들이 그에게 만족하면, 그들은 그에게 출가를 허락하고 수행승임을 인정하는 구족계를 준다고 한다면, 저는 사 년 동안 시험 삼아 머물 것입니다. 사년이 지나 수행승들이 제게 만족하면, 그들이 저에게 출가를 허락하고 구족계를 주도록 하여 주십시오."

그러자 세존께서는 존자 아난다에게 알리셨다.

[세존] "아난다여, 그렇다면 쑤받다를 출가시켜라."

[아난다] "세존이시여, 알겠습니다."

존자 아난다는 세존께 대답했다. 그러자 유행자 쑤받다는

707) ettha puggalavemattatā viditā ti : Pps. II. 106에 따르면, '세존께서는 '이 사람은 견습을 거쳐야 한다. 이 사람은 견습이 필요가 없다.'를 결정할 수 있다.'는 뜻이다.

존자 아난다에게 이와 같이 말했다.

[쑤밧다] "벗이여 아난다여, 그대는 여기 스승의 앞에서 제자의 관정을 받았으니, 아난다여, 그대는 이익을 얻은 것입니다. 아난다여, 그대는 큰 이익을 얻은 것입니다."708)

유행자 쑤밧다는[153] 세존께 출가하여 구족계를 받았다.709) 구족계를 받은 지 얼마 되지 않아 존자 쑤밧다는 홀로 떨어져서 게으르지 않고 열심히 정진하였다. 그는 오래지 않아 훌륭한 가문의 자제들이 그러기 위해 올바로 집에서 집 없는 곳으로 출가했듯이 위없이 청정한 삶을 지금 여기에서 스스로 알고 깨달아 성취했다. 그는 '태어남은 부수어졌고, 청정한 삶은 이루어졌고, 해야 할 일을 다 마쳤고, 더 이상 윤회하지 않는다.'고 분명히 알았다. 마침내 존자 쑤밧다는 거룩한 님 가운데 한 분이 되었다.

(여래의 마지막 유훈)

123. 그 때[154] 세존께서는 존자 아난다에게 말씀하셨다.

[세존] "그런데 아난다여, 그대들은 이처럼 '스승의 가르침

---

708) lābhā vo āvuso ānanda, suladdhaṃ vo āvuso ānanda, ye ettha satthu sammukhā antevāsābhisekena abhisittā ti : Smv. 590에 따르면, 이교의 종의(宗義)에서 스승이 제자에게 '이 자를 출가시키시오. 이 자를 훈계하시오. 이 자를 가르치시오.'라고 하면 제자는 스승에 의해서 스승 자신의 지위를 갖게 된다. 그러므로 제자에게는 '이 자를 출가시키시오. 이 자를 훈계하시오. 이 자를 가르치시오.'라는 것이 이득이 된다. 장로에게도 쑤밧다는 이러한 이교의 종의를 취해서 말한 것이다.

709) alattha kho subhaddo paribbājako bhagavato santike pabbajjaṃ, alattha upasampadaṃ : Smv. 590에 따르면, 장로는 그를 한쪽으로 데려가 물병에서 물을 머리에 붓고 피부의 다섯 가지 명상대상(머리카락·털·손발톱·이빨·피부)에 대하여 설명하고 머리와 수염을 깎고 가사를 착용시키고 귀의를 주고 세존 앞에 데려왔다. 세존께서는 입단을 허락하고 명상대상에 대하여 설하셨다. 그는 그것을 얻어 유원의 한쪽에서 명상을 결의하고 노력하여 통찰을 계발하여 분석적인 앎(paṭisambhidā : 無碍解)과 더불어 거룩한 경지를 얻었다.

은 지나갔다. 우리에게 스승은 존재하지 않는다.'라고 생각할 수 있다. 그러나 아난다여, 그렇게 생각해서는 안 된다. 아난다여, 내가 가고 난 뒤에 내가 가르치고 제정한 가르침과 계율이 그대들의 스승이 될 것이다. 그리고 아난다여, 지금 수행승들은 서로를 '벗이여'라고 부르고 있다. 내가 가고난 뒤에는 그렇게 불러서는 안 된다. 아난다여, 구참 수행승은 신참 수행승에 대하여 이름이나 성이나 '벗이여'라고 불러야 하고 신참 수행승은 구참 수행승에 대하여 '존자여'라고 불러야 한다. 아난다여, 내가 간 뒤에 승단은 원한다면 사소한 학습계율은 폐기해도 좋다.[710] 아난다여, 내가 가고 난 뒤에 수행승 찬나에게 하느님의 처벌이[711] 주어져야 한다."

[아난다] "세존이시여, 하느님의 처벌이 무엇입니까?"

[세존] "아난다여, 수행승 찬나가 원하는 것을 이야기하더라도, 수행승들은 그에게 이야기하거나 충고하거나 가르침을 주어서는 안 된다."

124. 그리고 세존께서는 수행승들에게 말씀하셨다.

[세존] "수행승들이여, 한 수행승이라도 부처님에 관하여, 또는 가르침에 관하여, 또는 참모임에 관하여, 또는 길과 실천에 관하여 의심이나 의혹이 있다면, 질문하라. 나중에 '우리의[155] 스승은 앞에 계셨으나 우리는 세존 앞에서 질문할 수가 없었다.'라고 후회하지 말라."

---

710) ākaṅkhamāno ānanda saṅgho mamaccayena khuddānukhuddakāni sikkhāpadāni samūhanatu : Smv. 592에 따르면, 원한다면 폐지하라는 뜻이다. 왜 폐지하라고 단언하지 않고 사유의 언어로 시설한 것일까? 마하 깟싸빠 장로의 힘이 보이기 때문이다. 세존께서 폐기하라고 말씀하시더라도 결집시에 장로는 폐지하지 않을 것이라고 보이기 때문이다.

711) brahmadaṇḍo : 한역에서는 범벌(梵罰)이라고 한다.

이렇게 말씀하시자 수행승들은 침묵했다.

두 번째에도 세존께서는 수행승들에게 말씀하셨다.

[세존] "수행승들이여, 한 수행승이라도 부처님에 관하여, 또는 가르침에 관하여, 또는 참모임에 관하여, 또는 길과 실천에 관하여 의심이나 의혹이 있다면, 질문하라. 나중에 '우리의 스승은 앞에 계셨으나 우리는 세존 앞에서 질문할 수가 없었다.'라고 후회하지 말라."

두 번째에도 수행승들은 침묵했다.

세 번째에도 세존께서는 수행승들에게 말씀하셨다.

[세존] "수행승들이여, 한 수행승이라도 부처님에 관하여, 또는 가르침에 관하여, 또는 참모임에 관하여, 또는 길과 실천에 관하여 의심이나 의혹이 있다면, 질문하라. 나중에 '우리의 스승은 앞에 계셨으나 우리는 세존 앞에서 질문할 수가 없었다.'라고 후회하지 말라."

세 번째에도 수행승들은 침묵했다.

그러자 세존께서는 수행승들에게 말씀하셨다.

[세존] "수행승들이여, 스승을 존경하기 때문에 질문하지 않는다면, 수행승들이여, 동료수행자가 동료수행자에게 알려주기 바란다."

이렇게 말씀하시자 수행승들은 침묵했다.

125. 그러자 존자 아난다는 세존께 이와 같이 말씀드렸다.

[아난다] "세존이시여, 아주 놀라운 일입니다. 세존이시여, 예전에 없었던 일입니다. 저는 이 수행승의 참모임에 청정한 믿음을 갖고 있습니다. 이 수행승의 참모임 가운데 한 수행승이라도 부처님에 관하여, 또는 가르침에 관하여,

또는 참모임에 관하여, 또는 길과 실천에 관하여 의심이나 의혹이 없습니다."

[세존] "아난다여, 그대는 청정한 믿음으로 말했으나 아난다여, 나는 여래에게는 '이 수행승의 참모임 가운데 한 수행승이라도 부처님에 관하여, 또는 가르침에 관하여, 또는 참모임에 관하여, 또는 길과 실천에 관하여 의심이나 의혹이 없다.'라는 앎이 있다. 아난다여, 오백 명의 수행승들 가운데 그 최후의 수행승이라도[712] 흐름에 든 님으로서[713] 악도에 떨어지지 않고 삶이 정초되어 올바른 깨달음을 궁극으로 하기 때문이다.

그리고 세존께서는 수행승들에게 이와 같이 말씀하셨다.

[세존] "수행승들이여,[156] 참으로 지금 그대들에게 당부한다. 모든 형성된 것들은 부서지고야 마는 것이니, 방일하지 말고 정진하라."[714]

이것이 여래의 마지막 유훈이었다.[715]

(세존의 완전한 열반)

126. 그리고

1) 세존께서는 첫 번째 선정에 드셨다.[716]

---

712) pacchimako bhikkhu : Smv. 593에 따르면, 덕성에 관한 한 오백 명의 수행승 가운데 최후의 자로 아난다 장로를 말한다.

713) sotāpanna : Lba. II. 209에 따르면, 아난다를 암시하여 말한 것으로 당시에 아난다는 아직 흐름에 든 님[預流者]이였으며, 나중에 부처님께서 입멸하신 후에 거룩한 님[阿羅漢]이 되었다.

714) handa'dāni bhikkhave āmantayāmi vo, vayadhammā saṅkhārā appamādena sampādethā'ti : Smv. 593에 따르면, '방일하지 말고 정진하라.'라는 것은 '새김을 잃어버리지 말고 모든 해야 할 일을 성취하라.'는 뜻이다. 이처럼 그 동안 45년간에 걸쳐 세존께서 가르친 교훈이 입멸의 침상에 누워서 말씀하신 단지 한 마디 불방일이라는 말에 포함되어있다는 것을 나타낸다.

715) ayaṃ tathāgatassa pacchimā vācā : Smv. 593에 따르면, 결집을 행한 송출자의 말이다.

2) 첫 번째 선정에서 나와서 두 번째 선정에 드셨다.
3) 두 번째 선정에서 나와서 세 번째 선정에 드셨다.
4) 세 번째 선정에서 나와서 네 번째 선정에 드셨다.
5) 네 번째 선정에서 나와서 무한공간의 세계의 성취에 드셨다.717)
6) 무한공간의 세계의 성취에서 나와서 무한의식의 세계의 성취에 들었다.
7) 무한의식의 세계의 성취에서 나와서 아무 것도 없는 세계의 성취에 들었다.
8) 아무것도 없는 세계의 성취에서 나와서 지각하는 것도 없고 지각하지 않는 것도 없는 세계의 성취에 들었다.
9) 지각하는 것도 없고 지각하지 않는 것도 없는 세계의 성취에서 나와서 지각과 느낌의 소멸718)에 들었다.

그러자 존자 아난다는 존자 아누룻다719)에게 이와 같이

---

716) paṭhamajjhānā : 이하 첫 번째 선정(paṭhamajjhānā : 사유 · 숙고 · 희열 · 행복 · 심일경성), 두 번째 선정(dutiyajhāna : 희열 · 행복 · 심일경성), 세 번째 선정(tatiyajhāna : 행복 · 심일경성), 네 번째 선정(catutthajhāna : 평정 · 심일경성)이다.

717) ākāsānañcāyatanaṃ : 이하 무한공간의 세계는 공무변처(ākāsānañcāyatana : 空無邊處), 무한의식의 세계는 식무변처(viññāṇāñcāyatana : 識無邊處), '아무 것도 없는 세계'는 무소유처(akiñcaññāyatana : 無所有處), '지각하는 것도 아니고 지각하지 않는 것도 아닌 세계'는 비상비비상처(nevasaññānāsaññāyatana : 非想非非想處)를 말한다. 여기서 역자가 세계로 번역한 것은 정신영역(處)을 말한다. 이들 네 가지 세계는 명상의 단계에서의 비물질적 세계의 선정에서 전개되는 세계이다. 이 책의 부록 <불교의 세계관>을 참조.

718) saññāvedayitanirodha : 한역의 상수멸(想受滅)을 말한다. 멸진정(滅盡定)이라고도 한다.

719) Anuruddha : 부처님의 제자 수행승 가운데 '하늘눈을 지닌 님 가운데 제일(dibbacakkhukānaṃ aggaṃ)'이다. Ppn. I. 85에 따르면, 아누룻다는 부처님의 사촌으로 아미또다나(Amitodana)의 아들이자 마하나마(Mahānāma)의 형제였다. 부처님의 소식을 듣고 마하나마가 그에게 출가를 제안했으나 궁중의 화려한 생활을 포기할 수 없어 거부했다. 그러나 결국에는 제안을 받아들여 조카인 밧디야(Bhaddiya)와 함께 출가했다. 그들은 아난다, 바구(Bhagu), 낌빌라(Kimbila), 데바닷따(Devadatta), 그리고 우빨리(Upali)와 함께 아누삐야(Anupiya) 마을의 망고나무 숲에 계신 부처님을 찾아뵙고 출가했다. 그는 출가하자마자 첫 번째 우기가 닥치기 전에 하늘눈[天眼]을

말했다.

[아난다] "존자 아누룻다여, 세존께서는 완전한 열반에 드셨습니까?"720)

[아누룻다] "벗이여 아난다여, 세존께서는 완전한 열반에 드신 것이 아니라 지각과 느낌의 소멸에 드신 것입니다."721)

그리고 세존께서는

10) 지각과 느낌의 소멸에서 나와서 지각하는 것도 없고 지각하지 않는 것도 없는 세계의 성취에 드셨다.
11) 지각하는 것도 없고 지각하지 않는 것도 없는 세계의 성취에서 나와서 아무것도 없는 세계의 성취에 드셨다.
12) 아무것도 없는 세계의 성취에서 나와서 무한의식의 세계의 성취에 드셨다.
13) 무한의식의 세계의 성취에서 나와서 무한공간의 세계의 성취에 드셨다.
14) 무한공간의 세계의 성취에서 나와서 네 번째 선정에 드셨다.
15) 네 번째 선정에서 나와서 세 번째 선정에 드셨다.
16) 세 번째 선정에서 나와서 두 번째 선정에 드셨다.
17) 두 번째 선정에서 나와서 첫 번째 선정에 드셨다.
18) 첫 번째 선정에서 나와서 두 번째 선정에 드셨다.

얻었다.

720) parinibbuto bhante anuruddha bhagavā'ti : Smv. 594에 따르면, 상수멸(想受滅)의 멸진정에 든 부처님에게 들숨과 날숨이 존재하지 않는 것을 보고 이렇게 물은 것이다.

721) na āvuso ānanda bhagavā parinibbuto saññāvedayitanirodhaṃ samāpanno'ti : Smv. 594에 따르면, 어떻게 알 수 있었을까? 장로는 스승과 함께 각각의 선정에 들어 지각하는 것도 없고 지각하지 않는 것도 없는 세계의 성취에서 출정하기까지 나아가 이제 세존께서는 멸진정에 들었으나 멸진정 안에서 사몰하는 것은 아니라고 알았다.

19) 두 번째 선정에서 나와서 세 번째 선정에 드셨다.
20) 세 번째 선정에서 나와서 네 번째 선정에 드셨다.
21) 네 번째 선정에서 나온 직후 세존께서는 완전한 열반에 드셨다.[722]

127. 세존께서 완전한 열반에 완전히 입멸하시자 동시에 몸의 털이 곤두서는 전율을 일으키는 대지의 진동이 일어나고 천둥이 내리쳤다.

세존께서[157] 완전한 열반에 완전히 입멸하시자 동시에 하느님 싸함빠띠[723]는 이와 같은 시를 읊었다.

[싸함빠띠]

"세상에 생존하는 것은
모두 몸을 버려야 한다.
마찬가지로 세상에서 견줄 수 없는
힘을 갖춘 올바로 원만히 깨달은 님
이 같은 스승, 여래께서

---

722) catutthajjhānā vuṭṭhahitvā taṃ samanantarā bhagavā parinibbāyi : Smv. 594에 따르면, 직후(samanantarā : 直後)에는 선정의 직후와 성찰의 직후의 두 종류가 있다. 그 가운데 선정에서 나와서 존재의 흐름(bhavaṅga : 有分)에 들어 입멸하는 경우에는 선정의 직후라고 한다. 선정에서 나와 다시 여러 선정의 고리를 성찰하여 존재의 흐름에 들어 입멸하는 경우에는 성찰의 직후라고 한다. 이러한 두 가지의 직후가 있다. 그런데 세존께서는 선정에 들었다가 선정에서 나와서 선정의 고리를 성찰하여 존재의 흐름의식(bhavaṅgacitta : 有分心)에 의해서, 무기의 괴로움의 진리(avyākatadukkhasacca : 無記苦諦)에 의해서, 완전한 열반에 드셨다.

723) Sahampati : Srp. I. 199에 따르면, 하느님 싸함빠띠는 깟싸빠 부처님(Kassapa Buddha) 시대에 싸하까(Sahaka)라는 장로였다. 그는 첫 번째의 선정[初禪]에서 목숨을 마치고, '한 우주기[劫]를 사는 하느님[一劫梵天 : kappāyugabrahmā]'이 되었다. 쿠르트 슈미트(Kurt Schmidt)는 Brm. 92에서 싸함빠띠(Sahampati)는 아마도 베다시대의 쓰와얌빠디(Svayampati) '자신의 주인'을 뜻한다고 주장했다. 그것은 『샵따빠타 브라흐마나』(Śaptapatha-Brahmana VI. 1. 1.)에 등장하는 절대자를 말한다. 그러나 아마도 고따마 붓다의 시대에는 DN. 9에 따르면, 더 이상 이해되지 않고, 민속적인 어원분석을 통해 쏘-아함-빠띠(so-aham-pati: '내가 그 주인이다.')라고 변형되었을 것이다.

완전한 열반으로 입멸하셨다.“[724](24)

세존께서 완전한 열반에 완전히 입멸하시자 동시에 신들의 제왕 제석천도 이와 같은 시를 읊었다.

[제석천]

“형성된 것들은 참으로 무상하다.
생겨난 것은 사라지고야 만다.
생겨나고 사라지는 것들
그것들의 지멸이야말로 행복이다.“[725](25)

세존께서 완전한 열반에 완전히 입멸하시자 동시에 존자 아누룻다도 이와 같은 시를 읊었다.

[아누룻다]

“동요를 여읜 해탈자께서는
적멸에 들어 서거하셨다.
마음이 안립된 그 분에게
호흡은 더 이상 일어나지 않는다.[726](26)

결코 퇴전하지 않는 마음으로
고통을 극복하셨으니

---

724) sabbeva nikkhipissanti | bhūtā loke samussayaṃ | yathā etādiso satthā | loke appaṭipuggalo | tathāgato balappatto | sambuddho parinibbuto'ti ‖

725) aniccā vata saṅkhārā | uppādavayadhammino | uppajjitvā nirujjhanti | tesaṃ vūpasamo sukho'ti ‖ SN. I. 5; DN. II. 199; Thag. 1159; Ja. I. 392; Uv. 1 : 3에도 나온다. ‘형성된 것들은 참으로 무상하다(aniccā vata saṅkhārā)’는 때에 따라 ‘모든 형성된 것들은 무상하다(aniccā sabbe saṅkhārā)’라고 표현되기도 한다. 그러나 그 내용은 동일하다. 이 시는 경전에 자주 등장하며 인구에 회자되는 유명한 시이다. 한역에서는 제행무상·시생멸법·생멸멸이·적멸위락(諸行無常·是生滅法·生滅滅已·寂滅爲樂)라고 한다.

726) nāhu assāsapassāso | ṭhitacittassa tādino | anejo santimārabbha | yaṃ kālamakarī muni ‖ Smv. 595에 따르면, 여기서 동요란 갈애라고 불리는 갈구(ejā)를 뜻하고, 적멸은 남김없는 열반(anupādisesanibbāna : 無餘依涅槃)을 말한다.

실로 등불이 꺼지듯,
마음의 해탈을 성취하셨다."727)(27)

세존께서 완전한 열반에 완전히 입멸하시자 동시에 존자 아난다도 이와 같은 시를 읊었다.

[아난다]
"일체의 훌륭한 모습을 모두 갖춘
올바로 깨달은 님께서 완전한 열반에 드셨다.
그 때에 전율할 일이 벌어지고
털이 곤두서는 일이 벌어졌다."728)(28)

128. 세존께서 완전한 열반에 드시자 거기에 있던 애착을 여의지 못한729) 수행승들 가운데 어떤 자들은 '너무 빨리 세상에 존귀한 님께서 완전한 열반에 드셨다.[158] 너무 빨리 올바른 길로 잘 가신 님께서 완전한 열반에 드셨다. 너무 빨리 세상의 눈이 사라졌다.'라고 팔을 휘저으며 울고, 몸을 던져 넘어지고 뒤틀고 뒹굴었다. 그러나 애착을 여읜 수행승들은 새김을 확립하고 올바른 알아차림을 갖추며 '모든 지어진 것은 무상하다. 어찌하겠는가?'라고 감내하였다.

그러자 존자 아누룻다는 수행승들에게 말했다.

[아누룻다] "벗들이여, 그만 두시오. 슬퍼하지 마시오. 비탄해하지 마시오. 벗들이여, 참으로 세존께서 미리 '모든 사

727) asallīnena cittena | vedanaṃ ajjhavāsayī | pajjotasseva nibbānaṃ | vimokkho cetaso ahū't i || Smv. 595에 따르면, '고통을 극복하고'라는 것은 '고통에 따라서 여기저기로 휘둘리지 않았다.'는 뜻이다. '해탈'은 '어떠한 것에 의한 장애도 여읜 해탈'을 말한다.

728) tadāsi yaṃ bhiṃsanakaṃ | tadāsi lomahaṃsanaṃ | sabbākāravarūpete | sambuddhe pari nibbute'ti || Smv. 595에 따르면, 입멸과 동시에 대지진의 공포가 일어났다.

729) avītarāgā : Smv. 595에 따르면, 범부나 흐름에 든 님이나 한번 돌아오는 님을 말한다. 그들은 근심(domanassa)을 끊지 못했기 때문이다.

랑스럽고 마음에 드는 것들과 살아서 헤어지기 마련이고, 죽어서 이별하기 마련이고, 달라져 흩어지기 마련이다.'라고 말씀하시지 않았습니까? 벗들이여, 생겨나고 생성되고 형성되고 부서지고야 마는 것을 두고 '부서지지 말라'고 한들 무슨 소용이 있겠습니까? 그것은 옳지 않습니다. 벗들이여, 신들도 불평을 말합니다."730)

129. [아난다] "존자 아누룻다여, 신들이 어떤 상황에 있다고 생각하십니까?"

[아누룻다] "벗이여 아난다여, 허공에 있는 신들은 땅위의 일을 생각하며 '너무 빨리 세상에 존귀한 님께서 완전한 열반에 들려하신다. 너무 빨리 올바른 길로 잘 가신 님께서 완전한 열반에 들려하신다. 너무 빨리 세상의 눈이 사라질 것이다.'라고 머리를 풀어헤치며 울고, 팔을 휘저으며 울고, 몸을 던져 넘어지고 뒤틀고 뒹굴고 있습니다. 벗이여 아난다여, 대지에 있는 신들은 땅위의 일을 생각하며 '너무 빨리 세상에 존귀한 님께서 완전한 열반에 들려하신다. 너무 빨리 올바른 길로 잘 가신 님께서 완전한 열반에 들려하신다. 너무 빨리 세상의 눈이 사라질 것이다.'라고 머리를 풀어헤치며 울고, 팔을 휘저으며 울고, 몸을 던져 넘어지고 뒤틀고 뒹굴고 있습니다. 그러나 애착을 여읜 신들이 있는데 그들은 새김을 확립하고 올바른 알아차림을 갖추며 '모든 지어진 것은 무상하다. 어찌 하겠는가?'라고 슬픔을 참아냅니다."

130. 그리고 존자 아누룻다와 존자 아난다는 남은 밤을731)

---

730) devatā āvuso ujjhāyanti'ti : Smv. 595에 따르면, '고귀한 사람들마저 스스로 인내하지 못하는데, 남은 사람들은 어떻게 마음을 안정시킬 것인가?'

법담으로 보냈다. 그리고 나서 존자 아누룻다는 존자 아난다에게 이와 같이 말했다.

[아누룻다] "벗이여 아난다여, 꾸씨나라 시로 가라. 꾸씨나라 시에 들어가 꾸씨나라 시의 말라 족들에게 이와 같이 '바쎗타들이여, 세존께서 완전한 열반에 드셨습니다. 지금이 당신들이 적당하다고 생각하는 것을 할 때입니다.'라고 알리십시오."

[아난다] "존자여, 알겠습니다."

존자 아난다는 존자 아누룻다에게 대답하고 아침 일찍 옷을 입고 발우와 가사를 갖추고 도반과 함께 꾸씨나라 시로 들어갔다. 그 때[159] 꾸씨나라 시의 말라 족들은 할 일이 있어[732] 집회당에 모여 있었다.

마침 존자 아난다가 꾸씨나라 시의 말라 족들의 집회당을 찾아 왔다. 가까이 다가와서 꾸씨나라 시의 말라 족들에게 말했다.

[아난다] "바쎗타들이여, 세존께서 완전한 열반에 드셨습니다. 지금이 당신들이 적당하다고 생각하는 것을 할 때입니다."

존자 아난다의 이러한 말을 듣고 말라 족들과 말라 족의 아들들과 말라 족의 며느리들과 말라 족의 아내들은 괴로워하고 근심하며 가슴아파했다. 어떤 자들은 '너무 빨리 세상에 존귀한 님께서 완전한 열반에 드셨다. 너무 빨리 올바른

731) rattāvasesaṃ : Smv. 595에 따르면, 이른 새벽에 완전한 열반에 들었기 때문에 남은 밤의 작은 부분을 말한다.

732) teneva karaṇīyena : Smv. 596에 따르면, 입멸한 장소에는 여러 가지 화환이나 향 등의 필요가 있지만, 수행승의 승단의 조석은 어느 정도 필요한 것인가? 먹을 만한 단단하거나 부드러운 음식은 얼마나 필요한 것인가?와 같은 부처님의 입멸소식을 듣고 생겨나는 용건이 있었다.

길로 잘 가신 님께서 완전한 열반에 드셨다. 너무 빨리 세상의 눈이 사라졌다.'라고 머리를 풀어헤치며 울고, 팔을 휘저으며 울고, 몸을 던져 넘어지고 뒤틀고 뒹굴었다.

131. 그러자 꾸씨나라 시의 말라 족들은 하인들에게 명령했다.

[말라 족들] "그러면 그대들은 꾸씨나라 시에서 향료와 화환과 또한 모든 악기를 모으라."

1) 그래서 꾸씨나라 시의 말라 족들은 향료와 화환과 모든 악기와 오백 조의 천을 가지고 근처에 있는 말라 족의 쌀라 숲으로 세존의 존체가 있는 곳으로 찾아갔다. 가까이 다가가서 세존의 존체에 대하여 춤과 노래와 음악과 화환과 향으로 존경을 표하고 존중을 표하고 경의를 표하고 공양을 올리며, 천막을 치고 원형당을 준비하며 하루를 보냈다.

2) 그런데 둘째 날도 꾸씨나라 시의 말라 족들에게 이와 같은 생각이 들었다.

[말라 족들] '오늘 세존의 존체를 다비에 부치기에는 너무 시간이 늦었다. 내일 우리는 세존의 존체를 다비에 부쳐야겠다.'

그래서 꾸씨나라 시에 사는 말라 족들은 세존의 존체에 대하여 춤과 노래와 음악과 화환과 향으로 존경을 표하고 존중을 표하고 경의를 표하고 공양을 올리며, 천막을 치고 원형당을 준비하며 둘째 날을 보냈다.

3) 그런데 셋째 날도 꾸씨나라 시의 말라 족들에게 이와 같은 생각이 들었다.

[말라 족들] '오늘 세존의 존체를 다비에 부치기에는 너

무 시간이 늦었다. 내일 우리는 세존의 존체를 다비에 부쳐야겠다.'

그래서 꾸씨나라 시에 사는 말라 족들은 세존의 존체에 대하여 춤과 노래와 음악과 화환과 향으로 존경을 표하고 존중을 표하고 경의를 표하고 공양을 올리며, 천막을 치고 원형당을 준비하며 세째 날을 보냈다.

4) 그런데 넷째 날에도 꾸씨나라 시의 말라 족들에게 이와 같은 생각이 들었다.

[말라 족들] '오늘 세존의 존체를 다비에 부치기에는 너무 시간이 늦었다. 내일 우리는 세존의 존체를 다비에 부쳐야겠다.'

그래서 꾸씨나라 시에 사는 말라 족들은 세존의 존체에 대하여 춤과 노래와 음악과 화환과 향으로 존경을 표하고 존중을 표하고 경의를 표하고 공양을 올리며, 천막을 치고 원형당을 준비하며 넷째 날을 보냈다.

5) 그런데 다섯 째 날에도 꾸씨나라 시의 말라 족들에게 이와 같은 생각이 들었다.

[말라 족들] '오늘 세존의 존체를 다비에 부치기에는 너무 시간이 늦었다. 내일 우리는 세존의 존체를 다비에 부쳐야겠다.'

그래서 꾸씨나라 시에 사는 말라 족들은 세존의 존체에 대하여 춤과 노래와 음악과 화환과 향으로 존경을 표하고 존중을 표하고 경의를 표하고 공양을 올리며, 천막을 치고 원형당을 준비하며 다섯째 날을 보냈다.

6) 그런데 여섯 째 날에도 꾸씨나라 시의 말라 족들에게 이와

같은 생각이 들었다.

[말라 족들] '오늘 세존의 존체를 다비에 부치기에는 너무 시간이 늦었다. 내일 우리는 세존의 존체를 다비에 부쳐야겠다.'

그래서 꾸씨나라 시에 사는 말라 족들은 세존의 존체에 대하여 춤과 노래와 음악과 화환과 향으로 존경을 표하고 존중을 표하고 경의를 표하고 공양을 올리며, 천막을 치고 원형당을 준비하며 여섯째 날을 보냈다.

7) 그런데 일곱 째 날에는 꾸씨나라 시의 말라 족들에게 [160] 이와 같은 생각이 들었다.

[말라 족들] '우리는 세존의 존체에 대하여 춤과 노래와 음악과 화환과 향으로 존경을 표하고 존중을 표하고 경의를 표하고 공양을 올리면서 도시의 남쪽을 통해서 남쪽으로, 외곽을 통해서 외곽으로 운구해서733) 도시의 남쪽에서 세존의 존체를 다비에 부쳐야겠다.'

132 그 무렵 여덟 명의 말라 족의 지도자들은734) 머리를 씻고 새 옷을 입고 '우리가 세존의 존체를 들어 올리리라.'라고 생각했으나 들어 올릴 수 가 없었다. 그래서 꾸씨나라 시의 말라 족들은 존자 아누룻다에게 이와 같이 말했다.735)

---

733) dakkhiṇena dakkhiṇaṃ nagarassa haritvā bāhirena bāhiraṃ : Smv. 596에 따르면, '남쪽을 통해서 남쪽으로'는 '도시의 남쪽지방을 통해서 남쪽지방으로', '외곽을 통해서 외곽으로'는 '도시의 내부를 통과하지 않고 도시의 바깥쪽을 통해서'라는 뜻이다.

734) aṭṭha mallapāmokkhā : Smv. 596에 따르면, 여덟 명의 중년의 힘을 갖춘 말라 족의 지도자를 말한다.

735) atha kho kosinārakā mallā āyasmantaṃ anuruddhaṃ etadavocuṃ : Smv. 596에 따르면, 아누룻다 장로는 하늘눈을 가진 자로 유명했으므로 '다른 많은 장로가 있지만, 그가 우리에게 분명히 설명해줄 것이다.'라고 질문한 것이다.

[말라 족들] "존자여 아누룻다여, 여덟 명의 말라 족의 지도자들이 머리를 씻고 새 옷을 입고 '우리가 세존의 존체를 들어올리리라.'라고 생각했으나 들어 올릴 수 가 없었는데 그 원인은 무엇이고 그 조건은 무엇입니까?"

[아누룻다] "바쎗타들이여, 그대들이 뜻하는 것과 신들이 뜻하는 것이 다릅니다."

[말라 족들] "존자여, 그러면 신들이 뜻하는 것은 어떠한 것입니까?"

[아누룻다] "바쎗타들이여, 그대들이 뜻하는 것은 '세존의 존체에 대하여 춤과 노래와 음악과 화환과 향으로 존경을 표하고 존중을 표하고 경의를 표하고 공양을 올리면서 도시의 남쪽을 통해서 남쪽으로, 외곽을 통해서 외곽으로 운구해서 도시의 남쪽 밖에서 세존의 존체를 다비에 부쳐야겠다.'라는 것입니다. 바쎗타들이여, 그러나 신들이 뜻하는 것은 '세존의 존체에 대하여 춤과 노래와 음악과 화환과 향으로 존경을 표하고 존중을 표하고 경의를 표하고 공양을 올리면서 도시의 북쪽을 통해서 북쪽으로 운구해서 북문을 통해 도시로 들어와서 도시의 중앙으로 옮기고, 다시 도시의 동문으로 나와서 도시의 동쪽에 있는 마꾸따반다나736)라고 하는 말라 족의 탑묘로 운구하여, 세존의 존체를 다비에 부쳐야겠다.'라는 것입니다.

[말라 족들] "존자여, 신들의 뜻대로 그렇게 하겠습니다."

133. 그 때 꾸씨나라 시에는 벽틈이나 시궁창이나 쓰레기

---

736) Makuṭabandhana : 천관(天冠)이라는 뜻이다. Smv. 596에 따르면, 말라 족의 왕들의 장엄·축복의 전당이기 때문에 이러한 이름이 붙여졌다. 경의가 표해지는 곳이라서 탑묘라고도 불린다.

통에 이르기까지 무릎정도로 만다라바 꽃으로 뒤덮혔다. 신들과 꾸씨나라 시의 말라 족들과 사람들은[161] 세존의 존체에 대하여 춤과 노래와 음악과 화환과 향으로 존경을 표하고 존중을 표하고 경의를 표하고 공양을 올리면서 도시의 북쪽을 통해서 북쪽으로 운구해서 북문을 통해 도시로 들어와서 도시의 중앙으로 옮기고, 다시 도시의 동문으로 나와서 도시의 동쪽에 있는 마꾸따반다나 라고 하는 말라 족의 탑묘로 운구하여 거기에 세존의 존체를 내려 놓았다.

134. 그러자 꼬씨나라 시의 말라 족들은 존자 아난다에게 이와 같이 말했다.

[말라 족들] "존자 아난다여, 우리는 어떻게 여래의 존체에 대처해야 합니까?"

[아난다] "바쎗타들이여, 전륜왕의 유체에 대처하듯, 여래의 존체에 대해서 대처해야 합니다."

[말라 족들] "존자 아난다여, 그러면 어떻게 전륜왕의 유체에 대처합니까?"

[아난다] "바쎗타들이여, 전륜왕의 유체는 새로운 천으로 감싸고, 새로운 천으로 감싼 뒤에 새로운 솜으로 감싸고, 새로운 솜으로 감싼 뒤에 다시 새로운 천으로 감쌉니다. 이와 같은 방식으로 500겹으로 전륜왕의 유체를 감싼 뒤에 쇠로 만든 기름곽에 넣고 별도의 쇠로 만든 기름곽을 덮고, 모든 향기로운 나무로 장작더미를 만들고 전륜왕의 유체를 다비에 부칩니다. 그리고 큰 사거리에 전륜왕의 탑묘를 조성합니다. 바쎗타들이여, 이와 같이 전륜왕의 유체에 대처합니다. 바쎗타들이여, 전륜왕의 유체에 대처하듯, 여래의 유

체에 대처하고 큰 사거리에 여래의 탑묘를 조성해야 합니다. 거기에 화환이나 향료나 안료를 올리고 경의를 표하고 마음을 정화시킨다면, 사람들은 오랜 세월 안녕과 행복을 누릴 것입니다."

그러자 꾸씨나라 시의 말라 족들은 하인들에게 명령했다.

[말라 족들] "그러면 그대들은 말라 족의 잘 다져진 솜을 가져오라."

그리고 꾸씨나라 시의 말라 족들은 세존의 존체를 새로운 천으로 감싸고, 새로운 천으로 감싼 뒤에 새로운 솜으로 감싸고, 새로운 솜으로 감싼 뒤에 다시 새로운[162] 천으로 감쌌다. 이와 같은 방식으로 500겹으로 세존의 유체를 감싼 뒤에 쇠로 만든 기름곽에 넣고 별도의 쇠로 만든 기름곽을 덮고, 모든 향기로운 나무로 장작더미를 만들어 세존의 존체를 장작더미에 올려놓았다.

(마하 깟싸빠의 등장)

135. 그 무렵 존자 마하 깟싸빠737)는 오백 명의 많은 수행승

737) Mahā Kassapa : 부처님의 제자 수행승 가운데 '두타를 설하는 님 가운데 제일(dhūtavādānaṃ aggaṃ)'이다. Ppn. II. 476에 따르면, 마하 깟싸빠는 부처님의 제자 가운데 가장 윗어른으로 의식주에 대한 탐착을 버리고 수행하는 두타설자(頭陀說者 : dhūtavādin)로서 이름이 높았다. 한역에서 마하가섭(摩訶迦葉)이라고 한다. 마가다 국의 마하띳타(Mahātittha) 마을에서 바라문 까삘라(Kapila)와 어머니 쑤마나데비(Sumanādevī) 사이에서 태어났으며 삡빨리(Pippali)라고 불렸다. 그는 결혼을 원하지 않았으나 부모의 강권에 못 이겨 자신이 만든 조각과 똑같은 여자가 있다면 결혼하겠다고 했다. 그런데 부모들은 그 요건을 만족시키는 밧다 까삘라니(Bhaddā Kāpilānī)라는 처녀를 싸갈라(Sāgala)에서 발견했다. 그러나 그들은 '결혼상대자라고 만인이 인정해야 한다.'는 편지를 서로 주고받다가 편지를 들켜 빼앗겼다. 양가의 부모는 마침내 그들을 강제로 결혼시켰다. 그러나 서로의 합의로 첫날밤에 잠자리를 꽃 줄로 갈라놓고 각기 따로 잠을 잤다. 삡빨리는 엄청난 부자였다. 그는 60여 개의 호수를 소유했고, 정원 일을 하는 사람들은 인근 40여 개 마을에 흩어져 살았다. 어느 날 그는 쟁기질하는 논에 갔다가 벌레가 새에 쪼여 먹히는

의 무리와 함께 빠바 시에서 꾸씨나라 시에 이르는 큰 길을 가는 중이었다. 그런데 존자 마하 깟싸빠는 길에서 내려와 어떤 나무 아래 앉아 있었다.738) 그 때 어떤 사명외도739)가 만다라바740) 꽃을 들고 꾸씨나라 시에서 빠바 시에 이르는 큰 길을 가고 있었다. 존자 마하 깟싸빠는 그가 멀리서 오고 있는 것을 보았다. 보고나서 그 사명외도에게 말했다.741)

[마하 깟싸빠] "벗이여, 우리의 스승에 대하여 알고 계십니까?"

[사명외도] "벗이여, 그렇습니다. 알고 있습니다. 오늘부터 칠 일 전에 수행자 고따마께서 완전한 열반에 드셨습니

것을 보고 그것이 자신의 죄임을 직감하고 출가를 결심했다. 동시에 아내 밧다도 까마귀들이 곤충을 잡아먹는 것을 보고 출가를 결심했다. 그들은 함께 머리를 자른 뒤 발우를 손에 들고 우는 하인들을 뒤로 한 채 집을 떠났고 갈림길에서 헤어졌다. 그 후 깟싸빠(Kassapa)는 벨루 숲(Veḷuvana)의 향실에서 부처님을 뵙고 먼저 제자가 되었고 밧다는 제따 숲(Jetavana) 근처의 띳티야라마(Titthiyārāma)에서 재가신도로 살다가 나중에 빠자빠띠 고따미(Pajāpatī Gotamī)의 비구니 교단에 출가했다.

738) atha kho āyasmā mahākassapo maggā okkamma aññatarasmiṃ rukkhamūle nisīdi : Smv. 597에 따르면, 장로도 수행승들도 대낮에 달구어진 땅을 걸어서 피곤하여 그 때문에 휴식을 취했다.

739) Ājīvaka : 한역에서는 사명외도(邪命外道)라고 한다. 원어 아지비까는 원래의 단어의 의미는 '비난받지 않는 삶을 영위하는 자'를 의미하는데, 불교에서는 잘못된 생활을 영위하는 자란 뜻으로 번역한다. 막칼리 고쌀라(Makkhali Gosāla : MN. 30의 주석 참조)가 이끌던 강한 의미의 운명론자이자 결정론자들이었다. 사명외도(邪命外道)에 대해서는 MN. 5를 보라. 상세한 것은 바샴(A. L. Basham)의 저술을 보라 : 『History and Doctrines of the Ājīvikas』, London, 1951.

740) Mandārava : 한역에서는 천묘화(天妙華)라고 한다. 콩과 식물로 학명은 Erithrina fulgens 이다.

741) addasā kho āyasmā mahākassapo taṃ ājīvakaṃ dūrato'va āgacchantaṃ. disvā taṃ ājīvakaṃ etadavoca : Smv. 598에 따르면, 그는 보고나서 이와 같이 '사명외도의 손에 만다라바 꽃이 보인다. 그러나 그것은 아무래도 인간의 존재에 의해 생겨나는 것이 아니다. 어떤 신통있는 자가 조화를 부린 것일까? 일체지의 보살이 모태에 들거나 나오는 때 등에 나타나는 것이다. 그런데 지금은 누군가가 신통조화를 부린것도 아니고, 우리의 스승이 입태한 것도 아니고, 출태한 것도 아니고, 성도한 것도 아니고, 전법륜도 아니고, 쌍신변(雙神變)도 아니고, 신들의 하강도 아니고, 수명을 놓아버림도 아니다. 그렇다면 반드시 우리의 위대한 스승이 입멸했을 것이다.'

다. 거기서 나는 이 만다라바 꽃을 가져 왔습니다."

그러자 애착을 여의지 못한 수행승들 가운데 어떤 자들은 '너무 빨리 세상에 존귀한 님께서 완전한 열반에 드셨다. 너무 빨리 올바른 길로 잘 가신 님께서 완전한 열반에 드셨다. 너무 빨리 세상의 눈이 사라졌다.'라고 팔을 휘저으며 울고, 몸을 던져 넘어지고 뒤틀고 뒹굴고 있었다. 그러나 애착을 여읜 수행승들이 있는데, 그들은 새김을 확립하고 올바른 알아차림을 갖추며 '모든 지어진 것은 무상하다. 어찌 하겠는가?'라고 슬픔을 참아내었다.

136. 그런데 쑤밧다[742]라고 하는 나이가 들어 출가한 자가 무리가운데 앉아 있었다. 그 나이가 들어 출가한 쑤밧다가 그 수행승들에게 말했다.

[쑤밧다] "벗들이여, 그만 하시오. 슬퍼하지 마시오. 비탄해하지 마시오. 우리는 그 위대한 수행자에게서 해방되었습니다. 우리는 '이것은 그대들에게 옳다. 이것은 그대들에게 그르다.'라고 간섭을 받았습니다. 우리는 이제 원하는 것을 할 수 있고 원하지 않는 것을 하지 않을 수 있습니다."

그러자 존자 마하 깟싸빠가 수행승들에게 말했다.[743]

---

742) Subhadda : Smv. 599에 따르면, 그는 아뚜마(Ātumā) 시의 이발사로서 두 아들이 있었다. 나이가 들어 승단에 들어가 새내기 수행승일 때에 세존께서 천이백오십 인의 수행승들과 함께 아뚜마 시에 왔을 때, 체도(剃刀)를 가지고 각 집을 돌아서 음식재료를 조달해오도록 명했다. 그래서 그가 세존과 천이백오십 인의 수행승들을 위해서 음식을 준비했다. 세존께서 저녁에 도착하여 아뚜마 시의 그의 처소에서 머물렀다. 밤새도록 쑤밧다는 음식준비에 관하여 지시를 내렸다. 다음날 아침 세존께서 탁발하러 나가는데, 쑤밧다가 접근하여 자신이 준비한 음식공양에 참석해줄 것을 요청했다. 그러나 세존께서는 그에게 자초지종을 묻고는 수행승으로 해서는 안 될 일을 했다는 것을 알고는 그가 준비한 식사를 받는 것을 거절하고 탁발하러 가셨다. 이것이 쑤밧다를 화나게 만들었다. 그래서 부처님에 대한 불편한 심기를 드러낼 기회를 엿보다가 부처님께서 입멸하셨다는 소식을 듣고 이와 같이 말한 것이다.

[마하 깟싸빠] "벗들이여, 그만 두시오. 슬퍼하지 마시오. 비탄해하지 마시오. 벗들이여,[163] 참으로 세존께서 미리 '모든 사랑스럽고 마음에 드는 것들과 살아서 헤어지기 마련이고, 죽어서 이별하기 마련이고, 달라져 흩어지기 마련이다.'라고 말씀하시지 않았습니까? 벗들이여, 생겨나고 생성되고 형성되고 부서지고야 마는 것을 두고 '부서지지 말라'고 한들 무슨 소용이 있겠습니까? 그것은 옳지 않습니다."

137. 한편 네 명의 말라 족의 지도자들이 머리를 씻고 새 옷을 갈아입고 '우리가 세존의 화장용 장작더미에 불을 지피리라.'라고 시도했으나 불을 지필 수가 없었다. 그러자 꾸씨나라 시의 말라 족들은 존자 아누룻다에게 이와 같이 말했다.

[말라 족들] "존자 아누룻다여, 네 명의 말라 족의 지도자들이 머리를 씻고 새 옷을 갈아입고 '우리가 세존의 화장용 장작더미[744]에 불을 지피리라.'라고 시도했으나 불을 지필 수가 없는데, 그 원인은 무엇이고 그 조건은 무엇입니까?"

[아누룻다] "바쎗타들이여, 그대들이 뜻하는 것과 신들이 뜻하는 것이 다릅니다."

[말라 족들] "존자여, 그러면 신들이 뜻하는 것은 어떠한 것입니까?"

[아누룻다] "바쎗타들이여, 그대들이 뜻하는 것은 '우리가 세존의 화장용 장작더미에 불을 지피리라.'는 것이지만,

743) atha kho āyasmā mahākassapo bhikkhū āmantesi : Smv. 601에 따르면, 이러한 말을 듣고 장로는 심장을 한 대 얻어 맞은 것처럼, 머리에 번개가 떨어지는 것처럼 생각했다. 가르침에 대한 경외감이 생겨났다. 그래서 그는 '가르침과 계율에 대한 결집을 해야겠다. 그러면 견고한 실로 묶은 꽃처럼 이 가르침과 계율은 동요하지 않을 것이다.'라고 생각했다.

744) citaka : Smv. 602에 따르면, 200 라따나(ratana : 腕尺)의 전단 나무의 땔감을 말한다.

신들이 뜻하는 것은[745] '존자 마하 깟싸빠가 오백 명의 많은 수행승의 무리와 함께 빠바 시에서 꾸씨나라 시에 이르는 큰 길을 따라 오고 있다. 존자 마하 깟싸빠가 세존의 두 발에 머리를 조아릴 때까지 세존의 화장용 장작더미에 불을 지펴서는 안 된다.'라는 것입니다."

[말라 족들] "존자여, 그러면 신들의 뜻대로 그렇게 따르겠습니다."

138. 그 후 존자 마하 깟싸빠가 꾸씨나라 시의 마꾸따반다나라는 말라 족의 탑묘에 세존의 화장용 장작더미가 있는 곳으로 찾아왔다. 가까이 다가와서 한쪽 어깨에 옷을 걸치고 합장하여 세 번 화장용 장작더미를 오른 쪽으로 돌아, 하단부를 열고 세존의 두 발에 머리를 조아려 절을 올렸다. 또한 오백 명의 수행승들도 한쪽 어깨에 옷을 걸치고 합장하여 세 번 화장용 장작더미를 오른 쪽으로 돌아, 세존의 두 발에 머리를 조아려 절을 올렸다. 존자[164] 마하 깟싸빠와 오백 명의 수행승들이 절을 올리자 세존의 화장용 장작더미는 저절로 불타올랐다.

139. 그래서 세존의 존체에는 외피와 내피와 살점과 힘줄과 관절액이 다 타버리자 거기에는 재도 연기도 남지 않고 오직 사리만이 남았다.[746] 예를 들어 마치 버터나 참기름이 타면

---

745) devatānaṃ adhippāyo : Smv. 602에 따르면, 이 신들은 과거에 마하 깟싸빠 장로에게 봉사했던 자들이었다.

746) sārīrāneva avasissiṃsu : Smv. 603-604에 따르면, 이전에는 합성되어 유체(sārīrāni : 遺體)라고 불렸으나 이제는 흩어져서 사리(dhātu : 舍利) – 유체(sārīrāni : 遺體)와 사리(dhātu : 舍利)는 한역경전에서는 그 의미가 혼동되어 거꾸로 표기되었음 – 라고 불린다. 재스민의 싹과 같고, 깨끗한 진주와 같고, 황금과 같은 사리가 남았다. 그런데 어떠한 사리가 분산되고 어떠한 사리가 분산되지 않았는가? 네 개의 이빨(dāṭha), 두 개의 경골(akkhaka : 頸骨), 육계(uṇhīsa : 肉

재도 연기도 남지 않듯이, 이와 같이 세존의 존체에는 외피와 내피와 살점과 힘줄과 관절액이 다 타버리자 거기에는 재도 연기도 남지 않고 오직 사리만이 남았다. 그러나 오백 겹의 천 가운데 한 쌍의 천 곧, 제일 안쪽의 천과 바깥 쪽의 천은 모두 불타지 않았다.747) 세존의 존체가 타버리자 허공에서 물줄기가 나타나서 세존의 화장용 장작더미의 불을 껐다. 또한 쌀라 나무로부터 물이 뿜어져 나와 세존의 화장용 장작더미의 불을 껐다. 꾸씨나라 시의 말라 족들도 모든 향수를 탄 물로 화장용 장작더미의 불을 껐다. 그리고 나서 꾸씨나라 시의 말라 족들은 칠일간 집회소에 창으로 이루어진 격자를 만들고748) 활로 이루어진 담을 만들어749) 춤과 노래와 음악과 화환과 향으로 세존의 사리에 대하여 존경하고 존중하고 경의를 표하고 예배를 올렸다.

(사리의 분배)

140. 그 후

1) 마가다 국의 왕이며 베데히 왕비의 아들인 아자따쌋뚜는

髻)의 일곱 가지 사리가 분산되지 않았으나 나머지는 분산되었다. 그 가운데 가장 작은 사리는 겨자(sasāpa)의 씨앗 크기이고 큰 사리는 가운데가 나뉜 쌀알(taṇḍula) 크기이고, 아주 큰 것은 나뉜 완두(mugga) 크기였다.

747) tesañca pañcannaṃ dussayugasatānaṃ dveva dussāni na ḍayhiṃsu yañca sabbabbhantarimaṃ yañca bāhiraṃ: PTS. 본은 '불타버렸다(ḍayhiṃsu)'로 되어 있고 미얀마본 등은 '불타지 않았다(na ḍayhiṃsu)'라고 되어 있다.

748) sattipañjaraṃ karitvā : Smv. 605에 따르면, '창을 손에 든 사람들로 에워싸게 해서'라는 뜻이다.

749) dhanupākāraṃ parikkhipāpetvā : Smv. 605에 따르면, '코끼리의 혹(kumbha)과 코끼리의 혹이 마주치는 것처럼, 말의 머리와 말의 머리가 마주치는 것처럼, 수레의 굴대와 굴대가 마주치는 것처럼, 선사의 팔과 팔이 마주치는 것처럼, 화살들의 둘레에 끝과 끝이 마주치게 하여 활들로 에워싸게 해서'라는 뜻이다.

'세존께서 꾸씨나라 시에서 완전한 열반에 드셨다.'라고 들었다. 그래서 마가다 국의 왕이며 베데히 왕비의 아들인 아자따쌋뚜는 꾸씨나라 시의 말라 족들에게 사신을 파견했다.

[아자따쌋뚜] "세존께서도 왕족이고, 나도 왕족입니다. 나도 세존의 사리를 분배받을 자격이 있습니다. 나도 세존의 사리를 보존하기 위해 큰 탑묘를 세울 것입니다."

2) 베쌀리 시의 릿차비 족들도 '세존께서 꾸씨나라 시에서 완전한 열반에 드셨다.'라고 들었다. 그래서 베쌀리 시의 릿차비 족들도 꾸씨나라 시의 말라 족들에게 사신을 파견했다.

[릿차비 족들] "세존께서도 왕족이고, 우리도 왕족입니다. 우리도 세존의 사리를 분배받을 자격이 있습니다. 우리도 세존의[165] 사리를 보존하기 위해 큰 탑묘를 세울 것입니다."

3) 까삘라밧투 시의 싸끼야 족들도 '세존께서 꾸씨나라 시에서 완전한 열반에 드셨다.'라고 들었다. 그래서 까삘라밧투 시의 싸끼야 족들도 꾸씨나라 시의 말라 족들에게 사신을 파견했다.

[싸끼야 족들] "세존께서도 왕족이고, 우리도 왕족입니다. 우리도 세존의 사리를 분배받을 자격이 있습니다. 우리도 세존의 사리를 보존하기 위해 큰 탑묘를 세울 것입니다."

4) 알라깝빠 시의 불리 족들도[750] '세존께서 꾸씨나라 시에

750) Allakappakā Bulayo : 불리(Bulī)는 씨족의 이름이다. 그들은 부처님의 사리를 팔등분받아 알라깝빠 시에 사리탑을 세웠다.

서 완전한 열반에 드셨다.'라고 들었다. 그래서 알라깝빠 시의 불리 족들도 꾸씨나라 시의 말라 족들에게 사신을 파견했다.

[불리 족들] "세존께서도 왕족이고, 우리도 왕족입니다. 우리도 세존의 사리를 분배받을 자격이 있습니다. 우리도 세존의 사리를 보존하기 위해 큰 탑묘를 세울 것입니다."

5) 라마가마 시의 꼴리야 족들도[751] '세존께서 꾸씨나라 시에서 완전한 열반에 드셨다.'라고 들었다. 그래서 라마가마 시의 꼴리야 족들도 꾸씨나라 시의 말라 족들에게 사신을 파견했다.

[꼴리야 족들] "세존께서도 왕족이고, 우리도 왕족입니다. 우리도 세존의 사리를 분배받을 자격이 있습니다. 우리도 세존의 사리를 보존하기 위해 큰 탑묘를 세울 것입니다."

6) 베타디빠 시의 바라문도[752] '세존께서 꾸씨나라 시에서 완전한 열반에 드셨다.'라고 들었다. 그래서 베타디빠 시의 바라문도 꾸씨나라 시의 말라 족들에게 사신을 파견했다.

[바라문] '"세존께서도 왕족이고, 나는 바라문입니다. 나도

---

751) Rāmagāmakā Koliyā : 부처님 당시의 석가 족과 이웃한 공화제를 시행하는 부족의 이름이자 나라의 이름이다. 꼴리야 인들은 주로 라마가마(Rāmagāma) 시와 데바다하(Devadaha) 시에 거주했다. Ppn. I. 689에 따르면, 라마(Rāma)라는 바라나씨 시의 왕이 나병으로 고통을 받았는데 궁녀들이 싫어하자 장남에게 왕위를 물려주고 숲으로 가서 초근목피로 연명했다. 그러나 곧 회복되었다. 길을 가다가 나병에 걸린 옥까까(Okkāka)의 장녀, 그러니까 싸끼야 족의 여인을 만나 그녀를 고쳐주고 결혼해서 32 명의 자녀를 낳았다. 바라나씨 시 왕의 도움으로 숲속에 커다란 대추나무(kola)를 베어내어 도시를 만들었는데 그 때문에 꼴라나가라(Kolanagara)라고 불렸다. 그 왕의 후손들을 꼴리야라고 불렀다. 따라서 싸끼야 족과 꼴리야 족은 자매국이나 다름이 없었으나 나중에 로히니(Rohiṇī) 강을 두고 분쟁이 벌어졌고 부처님께서 그것을 중재했다.

752) Veṭhadīpako Brāhmaṇo : 베타디빠는 바라문의 거주지였다. DhA. I. 161에 따르면, 알라깝빠의 왕과 베타디빠(Veṭhadīpa)의 왕은 매우 가까운 사이였다.

세존의 사리를 분배받을 자격이 있습니다. 나도 세존의 사리를 보존하기 위해 큰 탑묘를 세울 것입니다."

7) 빠바 시의 말라 족들도 '세존께서 꾸씨나라 시에서 완전한 열반에 드셨다.'라고 들었다. 그래서 빠바 시의 말라 족들도 꾸씨나라 시의 말라 족들에게 사신을 파견했다.

[빠바 시의 말라 족들] "세존께서도 왕족이고, 우리도 왕족입니다. 우리도 세존의 사리를 분배받을 자격이 있습니다. 우리도 세존의 사리를 보존하기 위해 큰 탑묘를 세울 것입니다."

이와 같이 말하자 꾸씨나라 시의 말라 족들은 그 대중과 무리에게 이와 같이 말했다.

[꾸씨나라 시의 말라 족들] "세존께서는[166] 우리 마을의 땅에서 완전한 열반에 드셨습니다. 우리는 세존의 사리를 나누어 주지 않을 것입니다."

141. 이와 같이 말하자 바라문 도나[753]가 그 대중과 무리에게 이와 같이 말했다.

[바라문 도나]

"존자들이여, 내 한 말씀 들어보시오.
우리 부처님은 인욕을 설하는 님입니다.
최상의 참사람이신 분의 사리분배에

753) Doṇo brāhmaṇo : Smv. 607에 따르면, 바라문 도나는 세존께서 완전한 열반에 드셨을 때, 꾸씨나라 시에 있으면서 부처님의 사리분배를 놓고 일어난 분쟁을 잘 조정했다. 그는 사리를 팔등분하여 각국의 왕들에게 분배했다. Mrp. III. 77에 따르면, 도나는 스승으로 높이 평가를 받는 많은 무리를 거느린 스승이었고, 세존께서 쎄따비야(Setavyā) 시로 여행한 것은 그를 만나기 위한 것이었다. 세존께서는 도나를 만나 설법을 하게 되었는데, 도나는 세존의 설법을 듣고 '돌아오지 않는 님[不還者]'이 되었다. 그리고 도나는 세존을 찬탄하는 일만이천 단어의 시를 지었는데, 그가 지은 시는 도나갓지따(Doṇagajjita)라고 알려져 있다.

다툼이 생겨나면 그것은 옳지가 않습니다.754)(29)

존자들이여, 모두 함께 화합하여
기뻐하며 여덟 부분으로 나누어
사방에 탑묘를 널리 세워야 합니다.
많은 사람이 눈 있는 님께
청정한 믿음을 가져야 합니다."755)(30)

142. [수행승들] "바라문이여, 그렇다면, 그대가 세존의 사리를 여덟 등분으로 공평하게 잘 나누어 분배하십시오."

[바라문 도나] "존자들이여, 알겠습니다."

바라문 도나가 그들 대중과 무리에게 대답하고 세존의 사리를 여덟 등분으로 공평하게 잘 나누어 분배하고 그들 대중과 무리에게 이와 같이 말했다.

[바라문 도나] "여러분들, 이 그릇을 나에게 주십시오, 나도 이 그릇으로 큰 탑묘를 만들 것입니다."

그들은 바라문 도나에게 그릇을 주었다.

그런데 삡팔리바나 시의 모리야 족들도756) '세존께서 꾸씨나라 시에서 완전한 열반에 드셨다.'라고 들었다. 그래서

---

754) suṇantu bhonto mama ekavākyaṃ | amhākaṃ buddho ahu khantivādo | na hi sādhu'yaṃ uttamapuggalassa | sarīrabhāge siyā sampahāro ||

755) sabbeva bhonto sahitā samaggā | sammodamānā karomaṭṭhabhāge | vitthārikā hontu disā su thūpā | bahū janā cakkhumato pasannā'ti || Smv. 608에 따르면, 눈 있는 님(cakkhumata)은 다섯 가지 눈(pancacakkhu : 五眼) - 이 책(DN. II. 123)과 그 주석을 보라 - 을 갖춘 자를 말한다.

756) Pipphalivaniyā Moriyā : Mhv. V. 16에 따르면, 모리야 족은 낙원과 같은 곳에 살았는데, 그 지역에 공작의 목과 같은 푸른 돌로 만든 집들이 많았고 항상 공작새의 울음소리가 들려왔다. 모리야 족은 원래가 까삘라밧투(Kapilavatthu) 시의 싸끼야(Sākya) 족이었는데, 비두다바(Viḍūḍabha)의 공격을 피해 히말라야로 이주하여 그곳에서 도시 삡팔리바나를 건설했다. 후대의 아쇼카 왕은 부처님의 친척이었으니, 아버지인 찬다굿따(Chandagutta)는 모리야 왕의 아들이었고, 아쇼카 왕의 어머니 담마(Dhammā)는 이 모리야 족 출신이었기 때문이다.

뻽빨리바나 시의 모리야 족들도 꾸씨나라 시의 말라 족들에게 사신을 파견했다.

[모리야 족] "세존께서도 왕족이고, 우리도 왕족입니다. 우리도 세존의 사리를 분배받을 자격이 있습니다. 우리도 세존의 사리를 보존하기 위해 큰 탑묘를 세울 것입니다."

[바라문 도나] "세존의 사리 가운데 분배할 것이 없습니다. 세존의 사리는 모두 분배했습니다. 여기서 숯이라도 가져가십시오."

그래서 그들은 그곳에서 숯을 가져갔다.757)

(탑묘의 건설)

143. 그 후

1) 마가다 국의 왕이며 베데히 왕비의 아들인 아자따쌋뚜는 라자가하 시에 큰 탑묘를 세웠다.

2) 베쌀리 시의[167] 릿차비 족들은 베쌀리 시에 큰 탑묘를 세웠다.

3) 까삘라밧투 시의 싸끼야 족들도 까삘라밧투 시에 큰 탑묘를 세웠다.

4) 알라깝빠 시의 불리 족들도 알라깝빠 시에 큰 탑묘를 세웠다.

5) 라마가마 시의 꼴리야 족들도 라마가마 시에 큰 탑묘를 세웠다.

6) 베타디빠 시의 바라문도 베타디빠 시에 큰 탑묘를 세웠다.

7) 빠바 시의 말라 족들도 빠바 시에 큰 탑묘를 세웠다.

8) 꾸씨나라 시의 말라 족들도 꾸씨나라 시에 큰 탑묘를 세웠다.

---

757) te tato aṅgāraṃ hariṃsu : 숯은 화장용 장작더미의 숯을 말한다.

9) 바라문 도나도 그릇으로 큰 탑묘를 세웠다.
10) 삡팔리바나 시의 모리야 족들도 삡팔리바나 시에 숯을 안치한 큰 탑묘를 세웠다.

이와 같이 여덟 개의 탑묘와 아홉 번째로 그릇을 안치한 탑묘와 열 번째로 숯을 안치한 탑묘가 세워졌다. 이것이 예전에 일어났던 일이다.[758)]

144. [송출자]

"눈있는 님의 사리함은 여덟 개인데
일곱 개의 사리함은 인도에 모셔졌고,
최상의 참사람의 한 사리함은
라마가마 시에 용왕이 모셨다.[759)](31)

치아 하나는 서른셋 하늘나라에
치아 하나는 간다라뿌라[760)]에
또 하나는 까링까[761)] 왕국에 모셔졌다.
도 하나는 용왕이 모셨다.[762)](32)

그분의 광명으로 이 대지는
수승한 공물로 장식되었다.
이와 같이 눈을 가진 님의 사리는

---

758) evametaṃ bhūtapubbanti : Smv. 611에 따르면, '이와 같은 사리의 분배와 열 개의 탑묘의 건설은 인도대륙에서 예전에 일어난 일이었다.'라고 후대의 결집자들이 말했다.

759) aṭṭha doṇā cakkhumato sarīrā | sattadoṇaṃ jambudīpe mahenti | ekañca doṇaṃ purisavaruttamassa | rāmagāme nāgarājā mahenti ‖ 이하의 시들은 아마도 스리랑카 장로들에 의해서 후대에 기술된 것이다.

760) Gandhārapura : 부처님 당시의 16대국의 하나인 간다라(Gandhāra)의 도시를 말한다.

761) Kāliṅga : 이곳에서 스리랑카로 치아사리가 전해졌다.

762) ekā hi dāṭhā tidivehi pūjitā | ekā pana gandhārapure mahīyati | kāliṅgarañño vijite punekaṃ | ekaṃ puna nāgarājā mahenti ‖

존경받는 자들이 경건하게 모셨다.763)(33)

신들의[168] 제왕과 용들의 제왕
인간의 제왕과 수승한 인간들에게
경배받았던 님에게 합장하여 예배하라.
백겁이 지나도 부처님은 만나기 어렵다.764)(34)

마흔 개의 균등한 치아
모든 모발과 몸의 터럭조차도
하나하나 신들이
철위산으로 차례로 가져갔다."765)(35)

---

763) tasseva tejena ayaṃ vasundharā | āyāgaseṭṭhehi mahī alaṃkatā | evaṃ imaṃ cakkhumato sarīraṃ | susakkataṃ sakkatasakkatehi ||

764) devindanāgindanarinda pūjito | manussaseṭṭhehi tatheva pūjito | taṃ vandatha pañjalikā bhavitvā | buddho bhave kappasatehi dullabho'ti ||

765) cattālīsa samā dantā | kesā lomā ca sabbaso | devā hariṃsu ekekaṃ | cakkavālaparampar ā'ti || 이 시는 PTS. 본에는 누락되어 있다. 철위산(cakkavāḷa : 鐵圍山)은 세계 주변에서 수미산을 둘러싸고 있는 산이다.

6. 신들의 제왕은 부처님께 무엇을 질문했는가?

[Sakkapañhasutta][766]

(빤짜씨카의 삼보에 대한 찬양)

1. 이와 같이[263] 나는 들었다. 한 때 세존께서 마가다 국의 라자가하 시의 동쪽에 있는 암바싼다[767]라는 바라문 마을의 북쪽에 있는 베디야 산[768]의 인다쌀라 동굴[769]에 계셨다. 그 무렵 신들의 제왕 제석천에게 세존을 친견하고자 하는 간절한 소망이 생겼다.[770] 그래서 신들의 제왕 제석천은

---

766) DN. II. 263 : 제석천의 질문의 경(Sakkapañhasutta); 장아함10 釋帝桓因問經(14)(大正 1. 62b-66a); 中阿含33(134) 釋問經(大正 1. 632c-638c); 帝釋所問經(大正 1. 246b-250c); 帝釋問事緣(大正 4. 476a-478b) 참조.

767) Ambasaṇḍā : Smv. 697에 따르면, 이 마을은 망고 나무군락의 근처에 위치했기 때문에 그렇게 불렸다.

768) Vediyakapabbata : Smv. 697에 따르면, 이 산에서 생산되는 베디까(vedika) 보석과 같은 푸른 숲에 둘러싸여 있는 산이라서 베디까 산이라고 부른다.

769) indasālaguhā : Smv. 697에 따르면, 이 동굴은 두 개의 산 사이에 있었다. 그 입구에 인다쌀라(Indasāla) 나무가 있었기 때문에 인다쌀라 동굴이라고 불렸다. 나중에 담장으로 둘러싸고 문과 창문을 달아 칠식공사(漆喰工事)와 화만공사(華鬘工事)와 만공사(蔓工事)로 장식을 끝내고 부처님에게 기증되었다. 그러나 예전에 불리던 대로 인다쌀라 동굴이라고 불렸다.

770) tena kho pana samayena sakkassa devānamindassa ussukkaṃ udapādi bhagavantaṃ dassanāya : Smv. 697-698에 따르면, 진리에 관련된 열망이 일어났다는 뜻이다. 그런데 왜 예전에 일어나지 않았던 부처님을 뵈려는 열망이 일어났을까? 죽음의 공포로 간담이 서늘해졌기 때문이다. 그 당시에 수명이 다하고 있었다. 다섯 가지 전조가 나타나서 '이제 나의 수명은 다했다.'라고 알았다. 하늘아들들에게 죽음의 징조가 분명히 나타나자, 그들 가운데 작은 공덕의 업으로 천상계에 태어나는 자들은 '우리는 지금 어디에 태어나는가?'라고 공포로 두려워했다. 공포로부터의 구호가 있고, 많은 공덕을 쌓아 태어난 자들은 스스로 행한 보시, 수호한 계행, 닦은 수행에 의해서 '상층의 천상계에서 성취를 향유하리라.'라고 두려워하지 않았다. 그러나 제석천은 이러한

이와 같이 '세상에 존귀한 님, 거룩한 님, 올바로 원만히 깨달은 님께서는 지금 어디에 계실까?'라고 생각했다. 신들의 제왕 제석천은 세존께서 마가다 국의 라자가하 시의 동쪽에 있는 암바싼다라는 바라문 마을의 북쪽에 있는 베디야 산의 인다쌀라 동굴에 계신 것을 보았다. 보고나서 서른셋 하늘나라의 신들에게 말했다.

[제석천] "존자들이여, 그분 세존께서는 마가다 국의 라자가하 시의 동쪽에 있는 암바싼다라는 바라문 마을의 북쪽에 있는 베디야 산의 인다쌀라 동굴에 계십니다. 존자들이여, 우리가 그분 세상에 존귀한 님, 거룩한 님, 올바로 원만히 깨달은 님을 친견하러 가면 어떻겠습니까?"

[서른셋 하늘나라의 신들] "존자여, 좋습니다."

서른셋 하늘나라의 신들은 신들의 제왕 제석천에게 대답했다.

2 그리고 신들의 제왕 제석천은 건달바의 아들 빤짜씨카를 불러 말했다.771)

전조를 보고서 일만 요자나(1요자나 = 약 14km)의 하늘도시, 높이 천 요자나의 베자얀따(Vejayanta) 천궁, 높이 백 요자나의 빠릿차따까(Paricchattaka) 나무, 육십 요자나의 적모석(Paṇḍukambalasilā : 赤毛石), 이천오백 꼬띠(千萬 혹은 億)의 무용수, 난다나(Nandana) 숲, 찟딸라따(Cittalatā) 숲, 밋싸까(Missaka) 숲, 파루싸까(Phārusaka) 숲이라는 일체의 성취를 조망하며, '아, 실로 나의 성취는 멸하고 마는구나.'라고 공포에 휩싸였다. 그래서 '누가 나의 심장에 박힌 근심의 화살을 뽑아서 나의 성취를 확고히 할 수행자나 성직자나 인간의 선조나 위대한 하느님인가?'라고 바라보다가 아무도 발견하지 못했다. 그러나 다시 '나와 같은 십만 명에게 생겨난 근심의 화살이라도 뽑아버릴 수 있는 올바로 원만히 깨달은 님께서 계시다.'라고 알아채고 부처님을 친견하려고 한 것이다.

771) atha kho sakko devānamindo pañcasikhaṃ gandhabbadevaputtaṃ āmantesi : Smv. 699에 따르면, 왜 빤짜씨카에게 말을 건 것인가? '그는 부처님께서 애호하는 시자로 원할 때마다 나아가고, 질문하고, 가르침을 듣는다. 그를 먼저 파견하여 기회를 만들고 기회가 만들어지면, 가까이 가서 질문하리라.'라고 기회를 만들었기 때문이다. Smv. 640에 따르면, 빤짜씨카 건달바와 같다.

[제석천] "얘야[264] 빤짜씨카야, 그분 세존께서는 마가다 국의 라자가하 시의 동쪽에 있는 암바싼다라는 바라문 마을의 북쪽에 있는 베디야 산의 인다쌀라 동굴에 계시다. 얘야 빤짜씨카야, 우리가 그분 세상에 존귀한 님, 거룩한 님, 올바로 원만히 깨달은 님을 친견하러 가면 어떨까?"

[빤짜씨카] "존자여, 좋습니다."

건달바의 아들 빤짜씨카는 신들의 제왕 제석천에게 대답한 뒤에, 노란 대나무 비파를 가지고 신들의 제왕을 수행하여 따라나섰다. 그러자 신들의 제왕은 서른셋 하늘나라의 신들에 둘러싸여 건달바의 아들 빤짜씨카를 앞세우고 마치 힘센 사람이 굽혀진 팔을 펴고 펴진 팔을 굽히는 듯한 그 사이에, 서른셋 하늘나라에서 모습을 감추고 마가다 국의 라자가하 시의 동쪽에 있는 암바싼다라는 바라문 마을의 북쪽에 있는 베디야 산에 섰다.

3. 그러자 그 때 베디야 산과 바라문 마을 암바싼다가 극도의 광명으로 빛났다.[772] 그것은 신들의 위신력으로 인한 것이었다. 참으로 주변일대의 마을 사람들은[773] 이와 같이 '오늘 베디야 산에 정말 불이 났다. 오늘 베디야 산이 정말 불타고 있다.

모든 신들은 하늘아들 빤짜씨카 건달바의 몸을 애호하기 때문에 하느님도 그러한 몸을 만들어 화현한다.

772) tena kho pana samayena vediyako pabbato atiriva obhāsajāto hoti ambasaṇḍā ca brāhmaṇa gāmo : Smv. 700에 따르면, 다른 날에는 하나의 신만의, 또는 하나의 악마만의, 또는 한 분의 하느님만의 광명으로 빛났지만, 그 날은 12천계의 신들의 광명으로 빛나서 천개의 달과 태양이 떠오른 것처럼 극도의 광명으로 빛났다.

773) parito gāmesu manussā : Smv. 700에 따르면, 모든 마을의 마을 사람을 뜻한다. 일반적인 저녁 식사 때에 마을 한 가운데 소년들이 놀이를 할 때 제석천이 그곳을 통과했다. 그러자 사람들이 보고 이와 같이 '신들은 밤의 중야에 부처님을 찾아가는 것이 아닐까? 왜 이 밤의 초야에 온 것일까?'라고 생각했다. 죽음의 두려움에 위협을 받고 있었기 때문이다.

오늘 베디야 산이 정말 활활 타오르고 있다. 오늘 왜 베디야 산과 바라문 마을 암바싼다가 커다란 광명으로 빛나는 것일까?' 라고 말하며 경외감으로 몸의 털을 곤두세웠다.774)

그 때 신들의 제왕 제석천은 건달바의 아들 빤짜씨카에게 말했다.

[제석천] "얘야[265] 빤짜씨카야, 여래들께서 선정에 들어 선정을 즐기며 그것에 몰입하여 명상하실 때에는 나와 같은 자가 다가서기 어렵다.775) 그러니 만약 네가 먼저 세존을 기쁘게 해드리면, 네가 기쁘게 해 드린 연후에 내가 그분 세상에 존귀한 님, 거룩한 님, 올바로 원만히 깨달은 님께 가까이 다가갈 것이다."

[빤짜씨카] "존자여, 알겠습니다."

건달바의 아들 빤짜씨카는 신들의 제왕 제석천에게 대답하고 노란 대나무 비파를 가지고776) 인다쌀라 동굴이 있는 곳을 찾아갔다. 가까이 다가가서 '이정도면 내가 연주하는 소리를 듣기에 너무 멀지도 가깝지도 않겠지.'라고 생각하며 한쪽에 섰다. 한쪽에 서서 건달바의 아들 빤짜씨카는 노란 대나무 비파를 켰다. 그는 부처님에 관한, 가르침에 관한, 참모임에 관한, 거룩한 님에 관한, 사랑에 관한 싯구를 읊었다.

---

774) saṃviggā lomahaṭṭhajātā ahesuṃ : Smv. 700에 따르면, '몸의 털은 곤두서고, 10개의 손톱이 합쳐져서, 합장한 채 머리에 대고 섰다.'는 뜻이다.

775) durupasaṅkamā … mādisena : Smv. 700에 따르면, '나는 탐욕이 있고, 성냄이 있고, 어리석음이 있는 자이다. 스승은 탐욕을 여의고, 성냄을 여의고, 어리석음을 여읜 자이다. 그러므로 찾아가는 것이 어렵다.'라는 뜻이다.

776) beluvapaṇḍuvīṇaṃ ādāya : Smv. 700-701에 따르면, 빤짜씨카는 비파를 항상 가지고 다녔고 길을 갈 때에는 어깨에 걸치고 다녔다. 지금 그것을 왼손에 들고 연주의 준비를 하고 가지고 다닌 것이다.

4. [빤짜씨카]

'존귀한 여인이여, 쑤리야밧차여,
그대의 아버지 띰바루에게 경배합니다.
나에게 환희를 주는 아름다운 그대가
그 분에 의해서 태어났습니다.777)(36)

땀흘리는 자에게 바람처럼,
목마른 자에게 물처럼,
거룩한 님에게 가르침처럼,
빛나는 천녀여, 그대는 나의 님입니다.778)(37)

병든 자에게[266] 약과 같고
배고픈 자에게 음식과 같습니다.
존귀한 여인이여,
타오르는 불을 물로 끄듯, 나를 꺼주시오.779)(38)

마치 열기로 달구어진 코끼리가
연꽃화사와 꽃가루가 떠다니는
차가운 물이 있는 연못에 뛰어드는 것처럼,
나는 그대의 풍만한 가슴으로 뛰어들리라.780)(39)

---

777) vande te pitaraṃ bhadde | timbaruṃ suriyavacchase | yena jātā'si kalyāṇī | ānandajananī mama ‖ Smv. 701에 따르면, 그 하늘딸의 발끝에서 광선이 나와서 머리카락의 끝단으로 상승하여 아침 해의 윤곽처럼 볼 수 있기 때문에 이와 같이 '쑤리야밧차(태양과 같은 딸)'라고 불린 것이다. 띰바루는 건달바의 왕이다.

778) vāto'va sedataṃ kanto | pānīyaṃ'ca pipāsato | aṅgīrasī piyā me'si | dhammo arahatāmiva ‖ Smv. 701에 따르면, '빛나는 천녀(aṅgīrasī)'는 몸에서 광채가 나오기 때문에 그렇게 불린 것이다.

779) āturasseva bhesajjaṃ | bhojanaṃ'va jighacchato | parinibbāpaya maṃ bhadde | jalannam īva vārinā ‖ Smv. 701에 따르면, '누군가가 타오르는 불을 물병으로 끄듯, 이와 같이 그대를 원인으로 생겨난 나의 애욕의 불꽃을 꺼주십시오.'라는 뜻이다.

780) sītodakaṃ pokkharaṇiṃ | yuttaṃ kiñjakkhareṇunā | nāgo ghammābhitatto'va | ogāhe te thanūdaraṃ ‖ Smv. 701에 따르면, '코끼리가 연못에 뛰어들어 물을 마시고 코끝만으로 알아서

갈고리가 듣지 않는 코끼리처럼
나는 몰이창과 몰이막대를 부수고,
나는 그대의 아름다운 가슴에 취해
어찌할 바를 모릅니다.781)(40)

그대에게 마음이 묶였으니,
이미 잃어버린 마음은
되찾을 수 없습니다.
마치 낚시를 삼킨 물고기처럼.782)(41)

아름다운 각선미의 여인이여, 나를 안아주시오.
감미로운 시선을 지닌 여인이여, 나를 안아주시오.
착한 여인이여, 나를 품어주시오,
이것이야말로 나의 소망입니다.783)(42)

고수머리 여인이여, 나의 사랑은
참으로 작은 것이었지만,

잠수하여 안락과 희열을 발견하듯, 언제나 나는 그대의 유방 사이와 배에 뛰어들어 안락과 희열을 얻고 싶습니다.'라는 뜻이다.

781) accaṅkuso'va nāgo'va | jitamme tuttatomaraṃ | kāraṇaṃ nappajānāmi | sammatto lakkhaṇūruyā || Smv. 701에 따르면, 갈고리는 선단이 뾰족하고 굽어진 창을 말하고, 몰이창은 모퉁이 밑에 뾰족한 것이 있는 창을 말하고, 몰이막대는 발(足)에 뾰족한 막대가 있는 몰이막대를 말한다. '마치 미친 코끼리, 갈고리가 듣지 않는 코끼리처럼, 나는 몰이막대와 몰이창을 부수고, 특징을 갖춘 아름다운 모습에 미쳐서, 탐욕을 벗어날 길을 몰라 어찌할 바를 모른다. 왜냐하면, 나는 누군가 말해도 받아들이지 않기 때문이다.'라는 뜻이다.

782) tayi gedhitacitto'smi | cittaṃ vipariṇāmitaṃ | paṭigantuṃ na sakkomi | vaṅkaghasto'va ambujo || Smv. 701에 따르면, '그대의 아름다운 모습에 마음이 묶여, 본성을 잃은 마음은 다시 생겨나게 할 수 없다. 마치 낚싯바늘을 삼킨 물고기처럼'이라는 뜻이다.

783) vām'ūru saja maṃ bhadde | saja maṃ mandalocane | palissaja maṃ kalyāṇi | etamme abhipatthitaṃ || Smv. 701에 따르면, '각선미가 파초의 줄기처럼 아름다운 여인이여, 날카로운 시선으로 보지 않고 부드러운 시선으로 보는 여인이여, 모든 부분으로 나를 포용해 주시오.'라는 뜻이다.

무수하게 자라났습니다.
마치 거룩한 님에게 올린 보시처럼.[784](43)

참으로 그러한 거룩한 님에게
내가 지은 공덕이 있다면,
모두 아름다운 여인이여,
그 과보는 그대와 함께 누리길!785)(44)

참으로[267] 그러한 이 둥근 대지위에서
내가 지은 공덕이 있다면,
모두 아름다운 여인이여,
그 과보는 그대와 함께 누리길!786)(45)

싸끼야 족의 아들인 성자께서 선정을 통해
일념을 성취하고, 사유를 갖추어,
새김을 확립하고, 불사를 찾듯,
쑤리야밧차여, 나는 그대를 찾습니다.[787](46)

마치 성자가 최상의 원만한
깨달음을 이루어 기뻐하듯,
선한 여인이여, 그대와

---

784) appako vata me santo | kāmo vellitakesiyā | anekabhāvo samapādi | arahante'va dakkhiṇā ||

785) yamme atthi kataṃ puññaṃ | arahantesu tādisu | tamme sabbaṅgakalyāṇi | tayā saddhiṃ vipaccataṃ ||

786) yamme atthi kataṃ puññaṃ | asmiṃ paṭhavimaṇḍale | tamme sabbaṅgakalyāṇi | tayā saddhiṃ vipaccataṃ ||

787) sakyaputto'va jhānena | ekodi nipako sato | amataṃ muni jigiṃsāno | tamahaṃ suriyavacchase || Smv. 703에 따르면, 석가모니 부처님께서 마음을 통일하여 사유를 갖추고, 새김을 확립하여, 불사(不死)의 열반을 구하는 것처럼, 쑤리야밧차여, 나는 그대를 구한다. 또는 그대가 불사를 바라고 구하고 찾아 돌아다니는 것처럼 나도 또한 그대를 바라고 구하고 찾아 돌아다닌다.'는 뜻이다.

한 몸이 되어 기뻐하겠습니다.788)(47)

만약 서른셋 하늘나라의 제왕인 제석천께서
나에게 은혜를 베푼다면,
존귀한 여인이여, 나는 그대를 원하리니,
이처럼 나의 사랑은 견고합니다.789)(48)

아주 총명한 여인이여,
새롭게 꽃핀 쌀라 나무같은,
그대의 아버지께, 그의 자손을 위해
나는 경배하며 귀의합니다.'790)(49)

5. 이처럼 말하자 세존께서는 건달바의 아들 빤짜씨카에게 이와 같이 말씀하셨다.

[세존] "빤짜씨카여, 그대의 비파줄 소리는 노랫소리와 잘 어우러지고 노랫소리는 비파줄소리와 잘 어루러진다. 빤짜씨카여, 그대의 현소리는 노랫소리를 벗어나지 않고 노랫소리는 현소리를 벗어나지 않는다. 빤짜씨카여, 그대는 언제 부처님을 칭송하고 가르침을 칭송하고 참모임을 칭송하고 거룩한 님을 칭송하고 사랑을 칭송하는 싯구를 지었는가?"

[빤짜씨카] "세존이시여, 한 때 세존께서는 우루벨라 지역

---

788) yathāpi muni nandeyya | patvā sambodhimuttamaṃ | evaṃ nandeyyaṃ kalyāṇi | missībhāvaṅgato tayā || Smv. 703에 따르면, '마치 성자가 최상의 원만한 깨달음을 이루어 기뻐하듯'이라는 것은 '부처님께서 보리좌에 앉아 일체지지(一切知智)를 얻어 기뻐하듯'이라는 뜻이다.

789) sakko ce me varaṃ dajjā | tāvatiṃsānamissaro | tāhaṃ bhadde vareyyāhe | evaṃ kāmo daḷho mama || Smv. 703에 따르면, '아, 만약 존귀한 여인이여, 신들의 제왕 제석천이 '그대는 두 개의 하늘 나라에서 왕위를 얻을 것인가? 태양의 딸을 얻을 것인가?'라고 기회를 준다면, 나는 왕위를 버리고 태양의 딸을 얻고 싶다.'라는 뜻이다.

790) sālaṃ'va na ciraṃ phullaṃ | pitaraṃ te sumedhase | vandamāno namassāmi | yassa s'etā disī pajā ti || Smv. 703에 따르면, 당신의 아버지의 도시의 수문 근처에 만개한 쌀라 나무가 있는데, 대단히 아름다워 그와 같이 당신과 같은 당신의 아버지에게 경배한다는 뜻이다.

에서 네란자라 강변에서 아자빨라니그로다 나무 아래서 [268] 비로소 바르고 원만한 깨달음을 이루셨습니다. 세존이시여, 저는 그 무렵 쑤리야밧차, 건달바의 왕 띰바루의 딸을 연모하고 있었습니다. 세존이시여, 그러나 그녀는 다른 사람의 사랑을 받고 있었으니, 씨칸딘이라는 마부 마딸리의 아들이 그녀를 탐하고 있었습니다. 세존이시여, 저는 어떠한 수단으로도 그녀를 얻지 못했습니다. 그래서 노란 대나무 비파를 가지고 건달바의 왕 띰바루의 처소가 있는 곳을 찾아갔습니다. 가까이 다가가서 노란 대나무 비파를 연주하면서 부처님에 관한, 가르침에 관한, 참모임에 관한, 거룩한 님에 관한, 사랑에 관한 싯구를 읊었습니다.

[빤짜씨카]

'존귀한 여인이여, 쑤리야밧차여,
그대의 아버지 띰바루에게 경배합니다.
나에게 환희를 주는 아름다운 그대가
그 분에 의해서 태어났습니다.(50)

땀흘리는 자에게 바람처럼,
목마른 자에게 물처럼,
거룩한 님에게 가르침처럼,
빛나는 천녀여, 그대는 나의 님입니다.(51)

병든 자에게 약과 같고
배고픈 자에게 음식과 같습니다.
존귀한 여인이여,
타오르는 불을 물로 끄듯, 나를 꺼주시오.(52)

마치 열기로 달구어진 코끼리가

연꽃화사와 꽃가루가 떠다니는
차가운 물이 있는 연못에 뛰어드는 것처럼,
나는 그대의 풍만한 가슴으로 뛰어들리라.(53)

갈고리가 듣지 않는 코끼리처럼
나는 몰이창과 몰이막대를 부수고,
나는 그대의 아름다운 가슴에 취해
어찌할 바를 모릅니다.(54)

그대에게 마음이 묶였으니,
이미 잃어버린 마음은
되찾을 수 없습니다.
마치 낚시를 삼킨 물고기처럼.(55)

아름다운 각선미의 여인이여, 나를 안아주시오.
감미로운 시선을 지닌 여인이여, 나를 안아주시오.
착한 여인이여, 나를 품어주시오,
이것이야말로 나의 소망입니다.(56)

고수머리 여인이여, 나의 사랑은
참으로 작은 것이었지만,
무수하게 자라났습니다.
마치 거룩한 님에게 올린 보시처럼.(57)

참으로 그러한 거룩한 님에게
내가 지은 공덕이 있다면,
모두 아름다운 여인이여,
그 과보는 그대와 함께 누리길!(58)

참으로 그러한 이 둥근 대지위에서

내가 지은 공덕이 있다면,
모두 아름다운 여인이여,
그 과보는 그대와 함께 누리길!(59)

싸끼야 족의 아들인 성자께서 선정을 통해
일념을 성취하고, 사유를 갖추어,
새김을 확립하고, 불사를 찾듯,
쑤리야밧차여, 나는 그대를 찾습니다.(60)

마치 성자가 최상의 원만한
깨달음을 이루어 기뻐하듯,
선한 여인이여, 그대와
한 몸이 되어 기뻐하겠습니다.(61)

만약 서른셋 하늘나라의 제왕인 제석천께서
나에게 은혜를 베푼다면
존귀한 여인이여, 나는 그대를 원하리니,
이처럼 나의 사랑은 견고합니다.(62)

아주 총명한 여인이여,
새롭게 꽃핀 쌀라 나무같은,
그대의 아버지께, 그의 자손을 위해
나는 경배하며 귀의합니다.'(63)

6. 세존이시여, 이렇게 읊조리자 쑤리야밧차가 나에게 말했습니다.

[쑤리야밧차] '존자여, 나는 그분 세존을 직접 뵙지는 못했습니다. 그러나 나는 서른셋 하늘나라의 쑤담마 강당에서 춤을 추러가서 세존의 명성을 들었습니다.[791] 오늘 그대가

세존을 칭송하다니 오늘 우리 함께 지냅시다.'

세존이시여,[269] 그래서 저는 그 존귀한 여인과 함께 지냈습니다. 그 후에는 오늘날까지 만나지 못했습니다."

(제석천의 접근)

7. 그러자 신들의 제왕 제석천은 이와 같이 '건달바의 아들 빤짜씨카는 세존과 환담을 나누고 세존께서는 건달바의 아들 빤짜씨카와 환담을 나누고 있다.'라고 생각했다. 그래서 신들의 제왕 제석천은 건달바의 아들 빤짜씨카에게 알렸다.[792)]

[제석천] "얘야, 빤짜씨카여, 세존께 나를 대신해서 '세존이시여, 신들의 제왕 제석천이 세존께 머리를 조아리고 절을 올립니다.'라고 인사를 드려라."

[빤짜씨카] "존자여, 알겠습니다."

건달바의 아들 빤짜씨카는 신들의 제왕 제석천에게 대답하고 세존께 인사를 드렸다.

[빤짜씨카] "세존이시여, 신들의 제왕 제석천께서 대신들과 수행원들과 함께 세존께 머리를 조아리고 절을 올립니다."

[세존] "빤짜씨카여, 신들의 제왕 제석천과 대신들과 수행원들은 행복하길 바란다. 신들과 인간들과 아수라들과 용들

---

791) api ca suto yeva me so bhagavā devānaṃ tāvatiṃsānaṃ sudhammāyaṃ sabhāyaṃ upanaccantiyā : Smv. 704에 따르면, 그녀는 네 위대한 하늘나라의 왕들(四大王天)과 함께 제석천에게 춤을 보여주기 위해 갔는데, 그 때 제석천은 여래의 여실한 덕성을 칭송하고 있었다. 그래서 춤추러 갔다가 부처님에 대한 칭송을 들은 것이다.

792) atha kho sakko devānamindo pañcasikhaṃ gandhabbadevaputtaṃ āmantesi : Smv. 704에 따르면, 제석천은 이와 같이 '이 빤짜씨카는 나의 일로 파견되었는데, 자신의 일을 하고 있다. 그는 스승 앞에 서서 감각적 쾌락의 욕망을 수반하는 적당하지 않은 이야기를 하고 있다. 무용수라는 것은 부끄러움을 모르는 자이다. 차츰 이야기 하면서 결점을 보여주자. 자 그에게 나의 일을 알려주자.'라고 생각했다.

과 건달바들과 다른 어떤 다양한 무리들이라도 실로 행복하기를 바란다."

여래들이 이러한 큰 위력을 가진 야차들을 환영하는 방식은 이와 같았다.[793] 신들의 제왕 제석천도 세존으로부터 환영받고 인다쌀라 동굴로 들어가서 세존께 인사를 드리고 한쪽으로 물러나 섰다. 서른셋 하늘나라의 신들도 인다쌀라 동굴로 들어가서 세존께 인사를 드리고 한쪽으로 물러나 섰다. 건달바의 아들 빤짜씨카도 세존께 인사를 드리고 한쪽으로 물러나 섰다.

8. 그 때 인다쌀라 동굴은 울퉁불퉁한 곳은 평평하게 되었고 좁은 곳은 넓게 되었고 동굴에서 어둠은 사라지고 광명이 생겨났다.[794] 그것은[270] 신들의 위신력으로 인한 것이었다. 그러자 세존께서는 신들의 제왕 제석천에게 이와 같이 말씀하셨다.

[세존] "존자 꼬씨야께서 다망하시고 해야 할 일이 많은데도 이렇게 오시다니 아주 놀라운 일이고 예전에 없었던 일입니다."

[제석천] "세존이시여, 저는 오랫동안 세존을 친견하러 오고 싶었습니다. 그러나 서른셋 하늘나라의 신들이 이런 저런 일로 바쁘다보니 세존을 친견하러 올 수가 없었습니다.[795] 세존이시여, 그런데 한 때 세존께서는 싸밧티 시에

793) evañca pana tathāgatā evarūpe mahesakkhe yakkhe abhivadanti : Smv. 705에 따르면, 이 말은 가르침을 결집한 장로들에 의해서 삽입된 것이다.

794) tena kho pana samayena indasālaguhā visamā santī samā samapādi, sambādhā santī urund āsamapādi : Smv. 705에 따르면, 이 말은 가르침을 결집한 장로들에 의해서 안치된 것이다.

795) api ca devānaṃ tāvatiṃsānaṃ kehici kehici kiccakaraṇīyehi byāvaṭo evāhaṃ nāsakkhiṃ bhagavantaṃ dassanāya upasaṅkamituṃ : Smv. 705에 따르면, 신들의 딸과 아들은 무릎에서

있는 쌀랄라 향실에796) 계셨는데, 그때 저는 싸밧티 시로 세존을 친견하러 갔었습니다. 그러나 그 때 세존께서는 어떤 삼매에 들어 계셨습니다.797) 분자띠798)라는 벳싸바나799) 하늘나라의 대왕의 시녀가 세존께 합장한 채로 시중을 들고 있었습니다. 세존이시여, 그 때 저는 분자띠에게 이와 같이 말했습니다.

[제석천] '자매여, 세존께 나를 대신해서 '세존이시여, 신들의 제왕 제석천이 세존께 머리를 조아리고 절을 올립니다.'라고 인사를 드리시오.'

세존이시여, 이렇게 말하자 그 분자띠는 이와 같이 말했습니다.

[분자띠] '존자여, 세존을 뵐 적당한 때가 아닙니다. 세존께서는 홀로 명상에 드셨습니다.'

[제석천] '자매여,[271] 세존께서 삼매에서 나오시면, 나

태어난다. 처들은 침실에서 태어난다. 집사들은 천궁 안에서 태어난다. 그들에게는 소송이라는 것은 없다. 그러나 경계의 중간에 태어난 자들은 나의 소유인가 당신의 소유인가를 결정할 수가 없으므로 소송을 한다. 제석천에게 묻는다. 그는 '천궁에 보다 가까운 자의 소유이다.'라고 대답한다. 만약 두 신이 동일한 장소에 있으면, '천궁을 바라보고 서있는 자의 소유이다.'라고 말한다. 만약 한 신도 바라보고 있지 않다면, 양자의 싸움을 끊기 위해 그를 자신의 소유로 한다. 유희 등도 해야 할 일이다. 그러한 용무 때문에 이런 저런 일로 바쁜 것이다.

796) sāvatthiyaṃ viharati saḷalāgārake : Smv. 705에 따르면, 쌀랄라 나무가 있는 향실(gandhakuṭi : 香室)을 말한다.

797) tena kho pana bhante samayena bhagavā aññatarena samādhinā nisinno hoti : Smv. 705에 따르면, 그 때 부처님께서는 제석천의 지혜가 아직 익지 않은 것을 알고 기회를 주고자 생각하지 않고 경지의 성취(phalasamāpatti)에 들었다. 그 자는 그것을 알지 못하고, '어떤 선정에 들었다.'라고 말한 것이다.

798) Bhuñjatī : 여기서 보듯, 벳싸바나(Vessavaṇa)의 시녀이다. Smv. 705에 따르면, 그녀는 두 개의 경지를 획득했다. 그녀는 하늘나라의 환희는 누리지 않고 항상 부처님에게 시중을 들고 합장하여 머리에 대고 부처님께 예배하며 서있었다고 한다.

799) Vessavaṇa : 네 하늘나라의 대왕 가운데 북쪽 하늘의 대왕이다. 전집(DN. II. 221)과 그 주석을 참조하라.

의 이름으로 '세존이시여, 신들의 제왕 제석천이 세존께 머리를 조아리고 절을 올립니다.'라고 인사를 드리시오.'

[제석천] "세존이시여, 그런데 그 자매가 저를 대신해서 세존께 인사를 드렸습니까? 세존께서는 그 자매의 말을 기억하십니까?"

[세존] "신들의 제왕이여, 그 자매는 나에게 인사를 했습니다. 나는 그 자매의 말을 기억합니다. 그리고 나는 차륜소리를 듣고 그 삼매에서 일어났습니다."

[제석천] "세존이시여, 우리보다 먼저 서른셋 신들의 하늘나라에 태어난 신들이 있는데, 저는 그들의 앞에서 이와 같이 '이렇게 오신 님, 거룩한 님, 올바로 원만히 깨달은 님들께서 세상에 출현하면, 신들의 무리는 증가하고 아수라의 무리는 줄어든다.'라고 직접 듣고 직접 파악했습니다. 세존이시여, 저는 '이렇게 오신 님, 거룩한 님, 올바로 원만히 깨달은 님들께서 세상에 출현하면, 신들의 무리는 증가하고 아수라의 무리는 줄어든다.'라는 사실을 제 눈으로 보았습니다. 세존이시여, 여기 까삘라밧투 시에 부처님에 대하여 청정한 믿음을 갖고 가르침에 대하여 청정한 믿음을 갖고 참모임에 청정한 믿음을 갖고 계행을 구족한 고빠까라는 싸끼야 족의 딸이 있었습니다. 그녀는 여성의 상태를 버리고 남성의 상태를 닦아서[800] 몸이 파괴되고 죽은 뒤에 좋은

800) itthittaṃ virājetvā purisattaṃ bhāvetvā : Smv. 706에 따르면, 여성의 마음을 버린다는 뜻이데, 왜냐하면, '여성의 상태에 머문다면, 전륜왕의 광명도 제석천 · 악마 · 하느님의 광명도 누릴 수 없다. 연각불로 깨닫는 것도, 올바로 원만히 깨달은 님의 깨달음을 증득할 수가 없다.'라고 이와 같이 해서 여성의 상태를 버리고, 또한 '남성의 상태라는 것은 위대하고 우월하고 최상이다. 그 상태에 있으면, 선정을 얻을 수가 있다.'라고 이와 같이 해서 남성의 상태를 일으킨다.

곳, 하늘의 세계, 서른셋 하늘나라의 신들의 동료로 태어나 저의 아들의 지위를 얻었습니다. 거기서 '신의 아들 고빠까[801]이다. 신의 아들 고빠까이다.'라고 알려졌습니다.

9. 세존이시여, 다른 세 수행승도 세존의 아래서 청정한 삶을 닦아서 열등한 건달바의 무리로[802] 태어났습니다. 그들은 다섯 가지 감각적 쾌락의 욕망의 대상을 갖추고[803] 구족하여 즐기면서 저의 시중을 들러[804] 저의 시자실로 왔습니다. 그들이 저의 시중을 들러 저의 시자실에 오면, 고빠까라는 하늘아들은[272] 그들을 질책했습니다.[805]

---

801) Gopaka : 이 경에만 나오는 하늘아들(天子)의 이름이다.

802) hīnaṃ gandhabbakāyaṃ : Smv. 706에 따르면, 열등한 건달바의 무리인데, 그러나 왜 그들은 청정계를 지닌 자로서 거기에 태어난 것일까? 이전의 소망 때문이다. 이전에 실로 그들이 살았던 장소였기 때문에 소망에 의해서 거기에 태어난 것이다.

803) pañca kāmaguṇā : 한역의 오묘욕(五妙欲)을 말한다. ① 시각에 의해서 인식되는, 원하는 것이고 사랑스럽고 마음에 들고 아름답고 감각적 쾌락을 유발하고 탐욕을 야기하는 형상. ② 청각에 의해서 인식되는, 원하는 것이고 사랑스럽고 마음에 들고 아름답고 감각적 쾌락을 유발하고 탐욕을 야기하는 소리. ③ 후각에 의해서 인식되는, 원하는 것이고 사랑스럽고 마음에 들고 아름답고 감각적 쾌락을 유발하고 탐욕을 야기하는 냄새. ④ 미각에 의해서 인식되는, 원하는 것이고 사랑스럽고 마음에 들고 아름답고 감각적 쾌락을 유발하고 탐욕을 야기하는 맛. ⑤ 촉각에 의해서 인식되는, 원하는 것이고 사랑스럽고 마음에 들고 아름답고 감각적 쾌락을 유발하고 탐욕을 야기하는 감촉을 말한다.

804) amhākaṃ pāricariyaṃ : Smv. 706에 따르면, '우리는 노래와 음악으로 봉사하자.'라고 그들이 왔다.

805) paṭicodesi : Smv. 706-707에 따르면, 고빠까는 그들을 보고 '이 하늘아들들은 대단히 빛나는 용모를 갖추어 빛나고 있다. '어떠한 업을 쌓고 온 것일까?'라고 회상하여 '수행승이었다.'라고 알았다. '정말 수행승이라면, 계행을 갖추었을까?'라고 생각하고는 '갖추고 있다.'고 알았다. '확실히 갖추고 있다면, 다른 덕성은 있을까 없을까?'라고 생각하여 '확실히 선정을 얻었다.'라고 알았다. '확실히 선정을 얻었다면, 어디에 사는 것일까?'라고 생각하여 '우리의 가계에 있는 자이다.'라고 알았다. 그래서 '청정계를 갖춘 자는 여섯 감각적 쾌락의 욕망계에서 원하는 곳에 태어나지만, 그자들은 상부의 천상계에도 태어나지 못했다. 선정을 얻은 자들은 하느님 세계에 태어나지만, 이자들은 하느님 세계에도 태어나지 못했다. 그러나 나는 그자들을 교계하여 하늘나라의 주인이자 신들의 제왕인 제석천의 보좌에서 아들이 되어 태어났다. 그자들은 열등한 건달바의 몸으로 태어났다.'라고 생각하여 이와 같이 질책한 것이다.

[고빠까] '존자들이여, 그대들은 그분 세존으로부터 가르침을 듣지 않고 어디로 얼굴을 향하고 있었는가? 나는 여성의 상태를 버리고, 남성의 상태를 닦아서 몸이 파괴되고 죽은 뒤에 좋은 곳, 하늘의 세계, 서른셋 하늘나라의 신들의 동료로 태어나 신들의 제왕 제석천의 아들의 지위를 얻었습니다. 거기서 나는 '신의 아들 고빠까, 신의 아들 고빠까'라고 알려졌습니다. 존자들이여, 그대들은 세존의 아래서 청정한 삶을 닦아서 열등한 건달바의 무리에 태어났습니다. 존자들이여, 같은 가르침을 닦는 동료가 열등한 건달바의 무리에 태어난 것을 우리가 보는 것은 참으로 민망합니다.'

세존이시여, 그들은 신의 아들 고빠까의 질책을 받았고, 그들 가운데 두 명의 신은 즉시 새김을 확립하고 하느님을 보좌하는 신들의 하느님의 세계[806]에 태어났지만, 한 신은 여전히 감각적 쾌락의 욕망에 빠져 있었습니다."

10. [고빠까]

"'눈을 갖춘 님의 여자 신도였으니,
나의 이름은 고빠까였습니다.
부처님과 가르침에 청정한 믿음이 있었고
청정한 마음으로 참모임을 섬겼습니다.[807](64)

그분 부처님의 좋은 가르침 때문에
나는 제석천의 아들로서 큰 능력을 갖게 되었고
큰 광명이 빛나는 서른셋 하늘나라에 태어났으니

---

806) Brahmapurohitā devā : 한역의 범보천(梵輔天)을 말한다. 상세한 것은 이 책의 부록 「존재의 세계」를 보라.

807) upāsikā cakkhumato ahosiṃ | nāmampi mayhaṃ ahu gopikā ti | buddhe ca dhamme abhippasannā | saṅghañcupaṭṭhāsiṃ pasannacittā ||

여기서 고빠까라고 나는 알려져 있습니다.808)(65)

전에 본적이 있는 수행승들이
건달바 무리에 태어나 사는데,
우리가 예전에 사람이었을 때,
그들은 고따마의 제자들이었습니다.809)(66)

자신의 집에서 두 발에 공양한 뒤에
먹을 것과 마실 것을 제공했는데,
이 존자들이 어디로 얼굴을 돌려
부처님의[273] 가르침을 받았겠습니까?810)(67)

눈을 갖춘 님에 의해 깨달아지고 잘 설해진
가르침은 각자 알아야 하는 것.
나는 그대 또한 섬겼지만,
고귀한 님들의 잘 설해진 가르침을 들었으니.811)(68)

제석천의 아들이 되어 큰 능력을 갖고
큰 광명을 놓는 서른셋 하늘나라를 얻었습니다.
그러나 그대들은 뛰어난 님을 섬겼고
위없는 청정한 삶을 닦았습니다.812)(69)

---

808) tasseva buddhassa sudhammatāya | sakkassa puttomhi mahānubhāvo | mahājutiko tidivū papanto | jānanti maṃ idhāpi gopako ti ||

809) athaddasaṃ bhikkhavo diṭṭhapubbe | gandhabbakāyūpagate' vasine | imehi te gotamasāv akā se | ye ca mayaṃ pubbe manussabhūtā ||

810) annena pānena upaṭṭhahimhā | pādūpasaṃgayha sake nivesane | kutomukhā nāma ime bhavanto | buddhassa dhammāni paṭiggahesuṃ || '두 발에 공양한 뒤에'는 '두 발을 섭수하고(pādūpasaṃgayha)'라는 뜻을 주석에 따라 의역한 것이다. 그것은 Smv. 708에 따르면, 두 발을 씻고, 발에 기름을 바르는 것 등의 보시를 행하는 것을 의미한다.

811) paccattaṃ veditabbo hi dhammo | sudesito cakkhumatānubuddho | ahaṃ hi tumheva upās amāno | sutvā ariyānaṃ subhāsitāni || Smv. 708에 따르면, '고귀한 님들'은 부처님들을 말한다.

812) sakkassa putto'mhi mahānubhāvo | mahājutīko tidivūpapanno | tumhe pana seṭṭhamupās

그대들은 낮은 몸을 받아
적당한 존재로 태어나지 못했으니
가르침을 닦는 도반들이
낮은 몸으로 태어난 것을 보고
민망스러워 했습니다.[813](70)

그대들은 건달바 무리로 태어나
신들에게 시중을 들러 옵니다.
재가의 집에 살았던
저의 이 수승함을 보시오.
여인이었지만 이제 남성의 신이 되어
천상의 감각적 쾌락을 누리고 있습니다.'[814](71)

고따마의 제자 고빠까를 만나
그들은 질책받고 두려움을 일으켰습니다.
'오! 정진하고 또 정진합시다.
더 이상 남의 노예가 되지 맙시다.'라고.[815](72)

고따마의[274] 가르침을 명심하며
그들 가운데 두 신은 정진을 시작하였습니다.
세상에서 감각적 쾌락의 욕망에 대하여
그 상념들을 제거하고 그 위험을 보았습니다.[816](73)

---

amānā | anuttaraṃ brahmacariyaṃ caritvā ||

813) hīnaṃ kāyaṃ upapannā bhavanto | anānulomā bhavatopapatti | duddiṭṭharūpaṃ vata addasāma | sahadhammike hīnakāyūpapanne ||

814) gandhabbakāyupagatā bhavanto | devānamāgacchatha pāricariyaṃ | agāre vasako mayhaṃ imaṃ | passa visesataṃ | itthi hutvā svajja pūmā'mhi devo | dibbehi kāmehi samaṅgibhūto ||

815) te coditā gotamasāvakena | saṃvegamāpāduṃ samecca gopakaṃ | 'handa byāyamāma viyāyamāma | mā no mayaṃ parapessā ahumha ||

감각적 쾌락의 욕망의 결박과 속박은
뛰어넘기 힘든 악마의 구속이었습니다.
마치 코끼리가 여러 겹의 밧줄을 끊듯 자르고
그들은 서른셋 신들의
하늘나라로 뛰어넘어 갔습니다.[817](74)

인드라, 빠자빠띠와 함께 하는 신들 모두는
쑤담마 강당에 모여 있었습니다.
탐욕을 여의고 티끌을 여읜 영웅들은
앉아 있는 그들에게 다가갔습니다.[818](75)

그들을 보자 신들의 지배자인 바싸바는
신들의 무리 가운데 두려움을 일으켰습니다.
'이들은 낮은 무리로 태어났는데,
서른셋 하늘나라의 신들을 능가합니다.'[819](76)

두려움에 떠는 말을 듣고
그 고빠까는 바싸바에게 말했습니다.
'부처님께서는 인간 세상에서 욕망의 극복자,
싸끼야 족의 성자로 알려진, 인간의 제왕입니다.
그의 제자들은 새김을 잃었다가

---

816) tesaṃ duve viriyaṃ ārabhiṃsu | anussaraṃ gotamasāsanāni | idhe va cittāni virājayitvā | kāmesu ādīnavamaddasaṃsu ||

817) te kāmasaṃyojanabandhanāni | pāpimayogāni duraccayāni | nāgo'va sandānaguṇāni chetvā | deve tāvatiṃse atikkamiṃsu ||

818) saindā devā sapajāpatikā | sabbe sudhammāya sabhāyupaviṭṭhā | te saṃnisinnānaṃ atikkamiṃsu | vīrā virāgā virajaṃ karontā || Smv. 709에 따르면, 제석천과 함께하는 자들은 제석천을 수장으로 해서 앉았고, 빠자빠띠 신과 함께하는 자들은 빠자빠띠 신을 수장으로 해서 앉았다.

819) te disvā saṃvegamakāsi vāsavo | devābhibhū devagaṇassa majjhe | ime hi te hīnakāyūpapannā | devetāvatiṃse atikkamanti || 바싸바는 제석천(Sakka)의 별칭이다.

저의 질책을 받아 새김을 다시 확립했습니다.[820](77)

그들 셋[275] 가운데 여기 있는 한 명은
건달바의 무리에 있으면서 살지만
두 명은 올바른 깨달음의 길을 따르니,
삼매에 들어 그들은 신들마저 경멸합니다.[821](78)

여기 이처럼 가르침의 설명이 있으니,
어떠한 제자도 그것을 의심하지 않습니다.
거센 흐름을 건너고 의혹을 끊은 승리자,
인간의 제왕에게 우리는 귀의합니다.'[822](79)

그들은 당신의 가르침을 알고서
여기서 특별한 것을 얻어
하느님을 보좌하는 신들의 무리가 되었으니

---

820) saṃvegajātassa vaco nisamma | so gopako vāsavamajjhabhāsi | buddho janindatthi manu ssaloke | kāmābhibhū sakyamunīti ñāyati | tassete puttā satiyā vihīnā | coditā mayā te satimaj jhalatthuṃ || Smv. 709에 따르면, '욕망의 극복자'라는 것은 두 가지 욕망 즉, 물질적 욕망(vatthuk āma)과 정신적 욕망(kilesakāma)을 극복한 자를 말한다. '새김'은 선정에 대한 새김(jhānasati)을 말한다.

821) tiṇṇaṃ tesaṃ vasīnettha eko | gandhabbakāyūpagato vasīno | dve ceva sambodhipathānu sārino | devepi hīḷenti samāhitattā || Smv. 709에 따르면, '올바른 깨달음의 길을 따른다.'는 것은 돌아오지 않는 길(anagamimagga : 不還道)을 간다는 것을 말하고, '신들도 경멸한다.'라는 것은 두 천상계를 경멸한다는 것인데, '근접삼매(upacārasamādhi)와 본삼매(appaṇāsamādhi)에 들어 자신의 발의 먼지를 신들의 머리에 털고 하늘을 날아갔다.'라는 뜻이다.

822) etādisī dhammappakāsanettha | na tathe kiṃ kaṅkhati koci sāvako | nittiṇṇa oghaṃ vicikic chāchinnaṃ | buddhaṃ namassāma jinaṃ janindaṃ || '여기 이처럼 가르침의 설명이 있으니, 어떠한 제자도 그것을 의심하지 않는다.'는 것은 Smv. 709-710에 따르면, '그 가르침에는 그 제자들이 그러한 덕을 갖춘 자가 되는 가르침의 설명이 있으므로, 부처님 등의 방향성 - 부처님의 대자비성(大慈悲性 : mahākāruṇatā), 무애지성(無碍智性 : anāvaraṇañāṇatā), 최상지족성(最上知足性 : paramasantuṭṭhatā), 가르침의 선설성(善說性 : dhammaratanasvākkhātatā), 참모임의 선행성(善行性 : saṅgharatanasuppaṭipannatā)[Daṭ. II. 319] - 에 대하여 의심하지 않는다.'라는 뜻이다.

그 둘은 수승한 지위에 도달하였습니다.[823](80)

존자여, 우리는 그 가르침을
얻기 위해 왔습니다.
존자여, 세존께서 허락하신다면
우리는 질문을 드리겠습니다.'[824](81)

11. 그러자 세존께서는 이와 같이 생각하셨다.

[세존] '이 제석천은 오랜 세월 청정하게 살았다.[825] 그러므로 그가 나에게 어떠한 질문을 하든지 모두가 의미있는 질문을 하지 무의미한 질문을 하지는 않을 것이다. 내가 질문을 받고 대답하면, 그것을 즉시 이해할 것이다.'

---

823) yante dhammaṃ idh'aññāya | visesaṃ ajjhagaṃsu te | kāyaṃ brahmapurohitaṃ | duve tesaṃ visesagū || Smv. 710에 따르면, '특별한 것'이란 하늘아들(天子)가 되는 것을 말한다.

824) tassa dhammassa pattiyā | āgat'amhāse mārisa | katāvakāsā bhagavatā | pañhaṃ puccheमu mārisāti ||

825) dīgharattaṃ visuddho kho ayaṃ sakko : Smv. 710-718은 부처님께서 출현하시기 전에 마가다 국의 마짤라(Macala) 마을의 바라문 청년 마가(Magha) 였을 때부터의 제석천의 오랜 세월 전부터의 선행에 대해 기록하고 있다. 마가 청년으로서의 선행, 마가 처들의 선행, 제석천으로서의 선행 등이 기록되어 있다. 마가 청년으로서의 선행의 예를 들면 다음과 같다. 어느날 그는 아침 일찍 일어나 마을 중앙에 사람들이 마을 일을 하는 장소로 갔다. 거기서 그는 자신이 서있던 장소를 발끝으로 먼지를 털어내고 쾌적하게 했다. 다른 사람이 와서 그 자리에 섰다. 그는 그것만으로도 새김을 획득하여 중앙에 있는 마을의 원형탈곡장 등의 장소를 청소하고 모래를 뿌리고 땔감을 가져와서 추울 때 불을 지폈다. 그러자 어린아이와 노인들이 와서 그 자리에 앉았다. 그래서 어느날 그는 이와 같이 '나는 도시로 가서 왕과 왕의 대신 등을 만나보자. 일월에도 달의 신과 해의 신이 있다고 하는데, 무엇을 해서 이들은 이러한 성취를 이룬 것일까?'라고 생각했다. 그래서 '다른 것은 없다. 공덕을 지은 것뿐이다.'라고 생각했다. 그리고 '나도 이와 같은 하늘의 성취를 가져오는 공덕을 지어야겠다.'라고 생각했다. 그는 아침 일찍 일어나 죽을 먹고 손에 작은 칼, 손도끼, 삽, 곤봉을 들고 네거리로 나아가서 곤봉으로 돌을 들어올려 움직여서, 수레의 차축을 망가뜨리는 나무들을 제거하여 울퉁불퉁한 장소를 평평하게 만들었다. 그리고 네거리에 강당을 만들고, 연못을 파고, 다리를 놓았다. 이와 같이 낮에는 공사를 했고, 해가 지면 집으로 돌아왔다. 어떤 자가 그에게 '벗이여 마가여, 그대는 아침 일찍 나아가서 저녁에 숲으로 온다. 무엇을 한 것인가?'라고 하자 '공덕을 지었다. 하늘로 가는 길을 닦은 것이다.'라고 대답했다.

그러자 세존께서는 신들의 제왕 제석천에게 싯구로서 말씀하셨다.

[세존]
"마음에 원하는 것이 있다면
바싸바여, 나에게 질문해 보시오.
그 때 그 때의 질문에
내가 일단락을 짓겠습니다."[826](82)

(원한과 폭력의 이유)

12. 세존의 허락을 받자[276] 신들의 제왕 제석천은 세존께 이와 같은 첫 번째 질문을 드렸다.

[신들의 제왕] "존자여, 신들과 인간들과 아수라들과 용들과 건달바들과 다른 다양한 무리들이 있는데, 그들은 '우리는 원한을 여의고 폭력을 여의고 적을 만들지 않고 분노 없이 증오 없이 지내고 싶다.'라고 생각하지만 그렇지 못하는데, 무엇에 결박되어 원한에 매이고 폭력에 매이고 적을 만들고 분노하고 증오하며 지내는 것입니까?"

이와 같이 신들의 제왕 제석천은 세존께 질문을 드렸다. 세존께서는 그 질문을 받고 대답하셨다.

[세존] '신들의 제왕이여, 신들과 인간들과 아수라들과 용들과 건달바들과 다른 다양한 무리들이 있는데, 그들은 '우리는 원한을 여의고 폭력을 여의고 적을 만들지 않고 분노 없이 증오 없이 지내고 싶다.'라고 생각하지만 그렇지 못하는데, 질투와

826) puccha vāsava maṃ pañhaṃ | yaṃ kiñci manasicchasi | tassa tasseva pañhassa | ahaṃ antaṃ karomi te'ti ||

인색에 결박되어[827] 원한에 매이고 폭력에 매이고 적을 만들고 분노하고 증오하며 지내는 것입니다.'

이와 같이 세존께서는 신들의 제왕 제석천의 질문을 받고 대답하셨다. 신들의 제왕 제석천은 만족하여 세존께서 하신 말씀에 환희하고 기뻐했다.

[제석천] '세상에 존귀하신 님이시여, 그렇습니다. 올바른 길로 가신 님이시여, 그렇습니다. 세존께서 질문을 받고 하신 답변을 듣고 저는 의심을 건넜고 의혹을 떠났습니다.'

13. 이와 같이 신들의 제왕 제석천은 세존께서 하신 말씀에 [277] 환희하고 기뻐하며 세존께 다른 질문을 드렸다.

[제석천] "존자여, 질투와 인색은 무엇을 조건으로 하고 무엇을 발생으로 하고 무엇을 산출로 하고 무엇을 기원으로 합니까? 무엇이 있으면, 질투와 인색이 있고, 무엇이 없으면, 질투와 인색이 없습니까?"

[세존] "신들의 제왕이여, 질투와 인색은 좋아하고 싫어함을[828] 조건으로 하고 좋아하고 싫어함을 발생으로 하고 좋아하고 싫어함을 산출로 하고 좋아하고 싫어함을 기원으로 합니다. 좋아하고 싫어함이 있으면, 질투와 인색이 있고, 좋

---

827) Issāmacchariyasaññojanā: Smv. 718에 따르면, 타인의 성공에 화내는 것이 질투이고, 자신의 성공을 남과 나누는 것을 참지 못하는 것이 인색이다. 인색에는 ① 처소에 대한 인색(āvāsamacchariya): 처소나 자구 등의 안락의 제공에 대한 인색 ② 가문에 대한 인색(kulamacchariya): 다른 가문의 이득에 대한 인색 ③ 이득에 대한 인색(lābhamacchariya) ④ 몸의 칭찬에 대한 인색(sarīravaṇṇamacchariya)과 덕의 칭찬에 대한 인색(guṇavaṇṇamacchariya) ⑤ 교법에 대한 인색(pariyattidhammamacchariya)이 있다. 이러한 인색은 흐름에 드는 길(sotāpattimagga)에서 제거된다. 이러한 것이 끊어지지 않는 한, 신들이나 인간들이 원망의 여읨 등을 원해도 원망 등에서 벗어날 수 없다.

828) issāmacchariyaṃ … piyāppiyasidānaṃ : Smv. 719에 따르면, 질투는 싫어함이라는 뭇삶의 형성력을 원인으로 하고, 인색은 좋아함이라는 뭇삶의 형성력을 원인으로 한다.

아하고 싫어함이 없으면, 질투와 인색이 없습니다.

14. [제석천] "존자여, 좋아하고 싫어함은 무엇을 조건으로 하고 무엇을 발생으로 하고 무엇을 산출로 하고 무엇을 기원으로 합니까? 무엇이 있으면, 좋아하고 싫어함이 있고, 무엇이 없으면, 좋아하고 싫어함이 없습니까?"

[세존] "신들의 제왕이여, 좋아하고 싫어함은 욕망을[829] 조건으로 하고 욕망을 발생으로 하고 욕망을 산출로 하고 욕망을 기원으로 합니다. 욕망이 있으면, 좋아하고 싫어함이 있고, 욕망이 없으면, 좋아하고 싫어함이 없습니다."

15. [제석천] "존자여, 욕망은 무엇을 조건으로 하고 무엇을 발생으로 하고 무엇을 산출로 하고 무엇을 기원으로 합니까? 무엇이 있으면, 욕망이 있고, 무엇이 없으면, 욕망이 없습니까?"

[세존] "신들의 제왕이여, 욕망은 사유를 조건으로 하고[830] 사유를 발생으로 하고 사유를 산출로 하고 사유를

---

829) piyāppiya … chandanidānaṃ : Smv. 719에 따르면, 욕망에는 다섯 가지의 욕망이 있다. ① 추구의 욕망(pariyesanachanda): 어떤 자가 만족하지 않고 욕망이 생겨 형상, 소리, 냄새, 맛, 감촉을 구하고 재물을 구하는 것을 말한다. ② 획득의 욕망(paṭilābhachanda): 어떤 자가 만족하지 않고 욕망이 생겨 형상, 소리, 냄새, 맛, 감촉을 획득하고 재물을 획득하는 것을 말한다. ③ 수용의 욕망(paribhogachanda): 어떤 자가 만족하지 않고 욕망이 생겨 형상, 소리, 냄새, 맛, 감촉을 누리고 재물을 누리는 것을 말한다. ④ 저축의 욕망(sannidhichanda): 어떤 자가 만족하지 않고 욕망이 생겨 형상, 소리, 냄새, 맛, 감촉을 저축하고 재물을 저축하는 것을 말한다. ⑤ 시여의 욕망(vissajjanachanda): 어떤 자가 만족하지 않고 욕망이 생겨 코끼리 타는 자들, 말을 타는 자들, 활을 쏘는 자들에게 '이 자들은 나를 지킬 것이다, 나를 수호할 것이다. 나의 것으로 할 것이다. 시중들 것이다.'라고 재물을 나누어 주는 것이다.

830) chando … vitakkanidāno : Smv. 719에 따르면, 사유라는 것은 획득에 의해서 결정하는 결정의 사유를 말한다. 그 결정에는 두 가지가 있다. ① 갈애에 의한 결정(taṇhāvinicchayo) : 108가지 갈애행(taṇhāvicarita[= 108 번뇌]) – 세 가지 갈애(DN. III. 216 참조) × 여섯 가지 외적 감역 × 과거 · 미래 · 현재 × 자신 · 타인(안 · 밖) – 을 말한다. ② 견해에 의한 결정(diṭṭhivinicchayo) : 62가지 견해(DN. I. 1~46참조)를 말한다.

기원으로 합니다. 사유가 있으면, 욕망이 있고, 사유가 없으면, 욕망이 없습니다.”

16. [제석천] “존자여, 사유는 무엇을 조건으로 하고 무엇을 발생으로 하고 무엇을 산출로 하고 무엇을 기원으로 합니까? 무엇이 있으면, 사유가 있고, 무엇이 없으면, 사유가 없습니까?”

[세존] “신들의 제왕이여, 사유는 희론에 의해 생겨난 지각과 관념[831]을 조건으로 하고 희론에 의해 생겨난 지각과 관념을 발생으로 하고 희론에 의해 생겨난 지각과 관념을 산출로 하고 희론에 의해 생겨난 지각과 관념을 기원으로 합니다. 희론에 의해 생겨난 지각과 관념이 있으면, 사유가 있고, 희론에 의해 생겨난 지각과 관념이 없으면, 사유가 없습니다.”

---

831) vitakko … papañcasaññāsaṅkhā : Smv. 719에 따르면, 희론에는 세 가지 희론 즉, ① 갈애에 의한 희론(taṇhāpapañca) : 108가지 갈애행(앞의 주석 참조)을 말한다. ② 자만에 의한 희론(mānapapañca) : 9가지 자만(DN. III. 216의 주석참조)을 말한다. ③ 견해에 의한 희론(diṭṭhipapañca) : 62가지 견해(DN. I. 1~46참조)를 말한다. 역자주 : 빠빤짜쌍냐쌍카(papañcasaññāsaṅkhā)를 ‘희론에 오염된 지각과 관념’이라고 번역한다. 사유(尋 : vitakka)는 사고의 도입단계에 적용되는 다듬어지지 않은 생각이며, 경전상에서 보다 섬세한 반성적 사유인 숙고(伺 : vicāra)와 늘 함께 쓰인다. 그런데 사유와 숙고는 정신적 영역에서 어떤 질서와 관계되지만 희론(戱論 : papañca)은 카오스적인 혼돈을 암시해서 한역경전에서는 망상이라고도 번역된다. 희론을 의미하는 빠빤짜(papañca)란 말은 원래 ‘확장, 발산, 다양화’의 의미를 가지며, 사실에 근거하지 않은 이율배반적인 사유의 개념적 확장이다. 이 경(MN. I. 112)에 등장하듯, 조건적으로 발생한 느낌은 지각의 대상이 되고 지각은 사유의 대상이 되고 마침내 사유는 희론의 대상이 되어버린다. 그래서 희론은 궁극적으로 지각과정을 지배하게 된다. 이것은 단순히 우연적 과정이나 임의적인 활동이 아니라 주관적인 것이 객관적인 사실의 냉혹한 질서 속에 종속되는 것을 의미한다. 그래서 ‘희론에 오염된 지각과 관념(papañcasaññasaṅkhā)’은 감각기관에 의해 식별되는 감각대상을 공략하여 인간을 지배하게 된다. 이러한 현상은 『법구의석(法句義釋)』에 의하면 마술사가 뼈다귀에 생명을 불어넣어서 부활한 호랑이가 오히려 마술사를 잡아먹는 형식을 취하고 있다. 경전상에서는 자아의식과 깊이 연관되어 있는 사유의 희론적 성격을 간파하고 희론의 소멸은 곧 자아의식의 소멸을 통해 이루어진다고 진술하고 있다. Stn. 916에서 붓다는 ‘나는 생각하는 자이다.’라는 희론적 관념(papañcasaṅkhā)의 뿌리를 완전히 잘라버리라고 말했다.

(희론에 의해 생겨난 지각과 관념의 소멸로 이끄는 길)

17. [제석천] "존자여, 어떻게 길을 닦으면, 수행승이 희론에 의해 생겨난 지각과 관념의 소멸로 이끄는 길을 닦는 것입니까?"

[세존] "신들의 제왕이여,[278] 쾌락에는 두 가지가 있다고 나는 말합니다. 섬겨야 할 것과 섬기지 말아야 할 것입니다. 신들의 제왕이여, 불쾌에는 두 가지가 있다고 나는 말합니다. 섬겨야 할 것과 섬기지 말아야 할 것입니다. 신들의 제왕이여, 평정에는 두 가지가 있다고 나는 말합니다. 섬겨야 할 것과 섬기지 말아야 할 것입니다.832)

1) 신들의 제왕이여, '쾌락에는 두 가지가 있다고 나는 말합니다. 섬겨야 할 것과 섬기지 말아야 할 것입니다.'라고 말한 것은 무엇을 조건으로 말한 것입니까? 그 가운데 '내가 쾌락을 섬길 때에 악하고 불건전한 것이 증가하고 착하고 건전한 것이 줄어든다.'라고 안다면, 그와 같은 쾌락은 섬기지 말아야 합니다.833) 그 가운데 '내가 쾌락을 섬길 때에 악하고 불건전한 것이 줄어들고 착하고 건전한 것이 증가한다.'라고 안다면, 그와 같은 쾌락은 섬겨야 합니다.834) 그 경우에 사유와 숙고를 수반하기도835) 하고 사

832) somanassa … domanassa … upekkha : 쾌락(somanassa)과 불쾌(domanassa)와 평정(upekkha)은 희열과 근심과 평정이라고 번역할 수 있다.

833) evarūpaṃ somanassaṃ na sevitabbaṃ : Smv. 724에 따르면, 여섯 가지 재가적인 쾌락 – 일반적으로는 다섯 가지 감각적 쾌락의 욕망의 대상(五欲樂 : pañca kāmaguṇā)을 의미하지만 –은 섬기지 말아야 한다는 것을 의미한다. 여섯 가지 재가적 쾌락이란 시각・청각・후각・미각・촉각・정신에 의해서 인식되는, 원하는 것이고 사랑스럽고 마음에 들고 아름답고 감각적 쾌락을 유발하고 탐욕을 야기하는, 형상・소리・냄새・맛・감촉・사실에 대한 욕망에 기초하는 쾌락을 말한다.

834) evarūpaṃ somanassaṃ sevitabbaṃ : Smv. 724-725에 따르면, 출가적인 쾌락은 섬겨야

유와 숙고를 여의기[836]도 하다면, 사유와 숙고를 여읜 것이 더 탁월한 것입니다. 신들의 제왕이여, '쾌락에는 두 가지가 있다고 나는 말합니다. 섬겨야 할 것과 섬기지 말아야 할 것입니다.'라고 말한 것은 이것을 조건으로 말한 것입니다.

2) 신들의 제왕이여, '불쾌에는 두 가지가 있다고 나는 말합니다. 섬겨야 할 것과 섬기지 말아야 할 것입니다.'라고 말한 것은 무엇을 조건으로 말한 것입니까? 그 가운데 '내가 불쾌를 섬길 때에 악하고 불건전한 것이 증가하고 착하고 건전한 것이 줄어든다.'라고 안다면, 그와 같은 불쾌는 섬기지 말아야 합니다.[837] 그 가운데 '내가 불쾌를 섬길 때에 악하고 불건전한 것이 줄어들고 착하고 건전한 것이 증가한다.'라고 안다면, 그와 같은 불쾌는 섬겨야 합니다.[838] 그 경우에 사유와 숙고를 수반하기도[839] 하고 사

한다. 그것은 욕망의 여읨에 입각한 쾌락을 의미한다. 여섯 가지 욕망의 여읨에 입각한 쾌락이 있다. 변화· 사라짐·소멸, 예전의 형상 등뿐만 아니라 지금의 모든 형상 등이 무상하고 괴롭고 변화하는 것이라고 있는 그대로 올바른 지혜로 보기 때문에 생겨나는 쾌락을 말한다. 이것은 욕망의 여읨(nekamma)을 통해서, 통찰(vipassana)을 통해서, 관찰(anussati)을 통해서, 첫 번째 선정(paṭhamajhāna) 등을 통해서 생겨나는 쾌락은 섬겨야 한다는 것을 의미한다.

835) savitakkaṃ savicāraṃ : Smv. 725에 따르면, 욕망의 여읨을 통해서, 통찰을 통해서, 관찰을 통해서, 첫 번째 선정 등을 통해서 생겨나는 사유와 숙고를 수반하는 희열을 말한다.

836) avitakkaṃ avicāraṃ : Smv. 725에 따르면, 두 번째 선정이나 세 번째 선정에 의해서 생겨나는 사유와 숙고를 여읜 희열을 말한다.

837) evarūpaṃ domanassaṃ na sevitabbaṃ : Smv. 725-726에 따르면, 재가적인 불쾌는 섬겨서는 안 된다. 여섯 가지 재가적인 불쾌가 있다. 여섯 가지 재가적 불쾌란 시각·청각·후각·미각·촉각·정신에 의해서 인식되는, 원하는 것이고 사랑스럽고 마음에 들고 아름답고 감각적 쾌락을 유발하고 탐욕을 야기하는, 형상·소리·냄새·맛·감촉·사실을 얻지 못한 것을 회상하고 이미 얻은 것이 괴멸하는 것을 회상하여 생겨나는 불쾌를 말한다.

838) evarūpaṃ domanassaṃ sevitabbaṃ : Smv. 726에 따르면, 출가적인 불쾌는 섬겨야 한다. 그것은 욕망의 여읨에 입각한 불쾌를 말한다. 여섯 가지 욕망의 여읨에 입각한 불쾌가 있다. 형상·소리·냄새·맛·감촉·사실에서 무상을 보고 변화하고 사라지고 소멸하는 것이라고,

유와 숙고를 여의기[840]도 하다면, 사유와 숙고를 여읜 것이 더 탁월한 것입니다. 신들의 제왕이여, '불쾌에는 두 가지가 있다고 나는 말합니다.[279] 섬겨야 할 것과 섬기지 말아야 할 것입니다.'라고 말한 것은 이것을 조건으로 말한 것입니다.

3) 신들의 제왕이여, '평정에는 두 가지가 있다고 나는 말합니다. 섬겨야 할 것과 섬기지 말아야 할 것입니다.'라고 말한 것은 무엇을 조건으로 말한 것입니까? 그 가운데 '내가 평정을 섬길 때에 악하고 불건전한 것이 증가하고 착하고 건전한 것이 줄어든다.'라고 안다면, 그와 같은 평정은 섬기지 말아야 합니다.[841] 그 가운데 '내가 평정을 섬길 때에 악하고 불건전한 것이 줄어들고 착하고 건전한 것이 증가한다.'라고 안다면, 그와 같은 평정은 섬겨야 합니다.[842] 그 경우에 사유와 숙고를 수반하기도 하고[843] 사

예전의 형상 등뿐만 아니라 지금의 모든 형상 등이 무상하고 괴롭고 변화하는 것이라고 있는 그대로 올바른 지혜로 보고, 위없는 해탈에 대한 선망을 일으키게 되는데, 그러한 선망 때문에 불쾌가 생겨난다. 그러한 불쾌는 섬겨야 한다는 것을 의미한다.

839) savitakkaṃ savicāraṃ : Smv. 726에 따르면, 재가적인 불쾌로 사유와 숙고를 수반하는 불쾌이다.

840) avitakkaṃ avicāraṃ : Smv. 726에 따르면, 출가적인 불쾌로, 욕망의 여읨을 통해서, 통찰을 통해서, 관찰을 통해서, 첫 번째 선정과 두 번째 선정을 통해서 생겨나는, 사유와 숙고를 여읜 불쾌를 말한다. 그러나 절대적으로는 사유와 숙고를 여읜 불쾌는 존재하지 않는다. 왜냐하면, 불쾌의 기능은 궁극적으로 악하고 불건전한 것이고 사유와 숙고를 수반하기 때문이다.

841) evarūpā upekkhā na sevitabbā : Smv. 731에 따르면, 재가적 의미의 평정을 말한다. 여섯 가지 재가적 평정이 있다. 시각 · 청각 · 후각 · 미각 · 촉각 · 정신으로 형상 · 소리 · 냄새 · 맛 · 감촉 · 사실을 보고 어리석고 둔한 범부, 한계를 극복하지 못하고, 결과를 얻지 못하고, 위험을 보지 못하고, 배움을 획득하지 못한 범부의 평정을 말한다.

842) evarūpā upekkhā sevitabbā : Smv. 731에 따르면, 출가적인 평정으로, 욕망의 여읨에 입각한 평정을 말한다. 여섯 가지 욕망의 여읨에 입각한 평정이 있다. 형상 · 소리 · 냄새 · 맛 · 감촉 · 사실에서 무상하고 변화하고 사라지고 소멸하는 것이라고, 예전의 형상 등뿐만 아니라 지금의 모든 형상 등이 무상하고 괴롭고 변화하는 것이라고 있는 그대로 올바른 지혜로 보면 평정이

유와 숙고를 여의기[844]도 하다면, 사유와 숙고를 여읜 것이 더 탁월한 것입니다. 신들의 제왕이여, '평정에는 두 가지가 있다고 나는 말합니다. 섬겨야 할 것과 섬기지 말아야 할 것입니다.'라고 말한 것은 이것을 조건으로 말한 것입니다.

신들의 제왕이여, 이와 같이 길을 닦으면, 수행승이 희론에 의해 생겨난 지각과 관념의 소멸로 이끄는 길을 닦는 것입니다."

이와 같이 세존께서는 신들의 제왕 제석천의 질문을 받고 대답하셨다. 신들의 제왕 제석천은 만족하여 세존께서 하신 말씀에 환희하고 기뻐했다.

[제석천] '세상에 존귀하신 님이시여, 그렇습니다. 올바른 길로 가신 님이시여, 그렇습니다. 세존께서 질문을 받고 하신 답변을 듣고 저는 의심을 건넜고 의혹을 떠났습니다.'

(의무계율의 수호)

18. 이와 같이 신들의 제왕 제석천은 세존께서 하신 말씀에 환희하고 기뻐하며 세존께 또 다른 질문을 드렸다.

[제석천] "존자여, 어떻게 길을 닦으면, 수행승이 의무계율을 수호하는 것입니까?"

[세존] "신들의 제왕이여, 신체적인 행위에는 두 가지가

생겨난다. 그러한 평정은 섬겨야 한다는 것을 의미한다.

843) savitakkaṃ savicāraṃ : Smv. 731에 따르면, 출가적인 평정으로, 욕망의 여읨을 통해서, 통찰을 통해서, 관찰을 통해서, 첫 번째 선정 등을 통해서 생겨나는 사유와 숙고를 수반하는 평정을 말한다.

844) avitakkaṃ avicāraṃ : Smv. 731에 따르면, 두 번째 선정 등에 의해서 생겨나는, 사유와 숙고를 여읜 평정을 말한다.

있다고 나는 말합니다. 섬겨야 할 것과 섬기지 말아야 할 것입니다. 신들의 제왕이여, 언어적인 행위에는 두 가지가 있다고 나는 말합니다. 섬겨야 할 것과 섬기지 말아야 할 것입니다. 신들의 제왕이여, 목표의 추구에는 두 가지가 있다고 나는 말합니다. 섬겨야 할 것과 섬기지 말아야 할 것입니다.

1) 신들의 제왕이여,[280] '신체적인 행위에는 두 가지가 있다고 나는 말합니다. 섬겨야 할 것과 섬기지 말아야 할 것입니다.'[845]라고 말한 것은 무엇을 조건으로 말한 것입니까? 그 가운데 '내가 신체적인 행위를 섬길 때에 악하고 불건전한 것이 증가하고 착하고 건전한 것이 줄어든다.'라고 안다면, 그와 같은 신체적인 행위는 섬기지 말아야 합니다. 그 가운데 '내가 신체적인 행위를 섬길 때에 악하고 불건전한 것이 줄어들고 착하고 건전한 것이 증가한다.'라고 안다면, 그와 같은 신체적인 행위는 섬겨야 합니다. 그 경우에 사유와 숙고를 수반하기도 하고 사유와 숙고를 여의기도 한다면, 사유와 숙고를 여읜 것이 더 탁월한 것입니다. 신들의 제왕이여, '신체적인 행위에는 두 가지가 있다고 나는 말합니다. 섬겨야 할 것과 섬기지 말아야 할 것입니다.'라고 말한 것은 이것을 조건

---

845) kāyasamācārampāhaṃ devānaminda duvidhena vadāmi. sevitabbampi asevitabbampī ti : Smv. 733에 따르면, 섬겨져야 하는 신체의 행위 등에 의해서 의무계율을 수호하기위해 언급되었다. 계행에 대한 논의라는 것은 업도(kammaptha) 혹은 제정(paṇṇatti)을 통해서 논의되는 것이다. 그 가운데 업도를 통한 논의에서 '섬겨지지 말아야 하는 신체적 행위'는 살아있는 생명을 죽이는 것, 주지 않는 것을 빼앗는 것, 사랑을 나눔에 잘못을 범하는 것을 통해서 논의되어야 한다. 제정을 통한 논의에서는 신체기관에 대해서 제정된, 학습계율의 위반을 통해 논의되어야 한다. '섬겨야 하는 신체적 행위'는 살아있는 생명을 죽이는 짓 등에 대해서, 학습계율의 불범을 통해 논의되어야 한다.

으로 말한 것입니다.

2) 신들의 제왕이여, '언어적인 행위에는 두 가지가 있다고 나는 말합니다. 섬겨야 할 것과 섬기지 말아야 할 것입니다.'라고[846] 말한 것은 무엇을 조건으로 말한 것입니까? 그 가운데 '내가 언어적인 행위를 섬길 때에 악하고 불건전한 것이 증가하고 착하고 건전한 것이 줄어든다.'라고 안다면, 그와 같은 언어적인 행위는 섬기지 말아야 합니다. 그 가운데 '내가 언어적인 행위를 섬길 때에 악하고 불건전한 것이 줄어들고 착하고 건전한 것이 증가한다.'라고 안다면, 그와 같은 언어적인 행위는 섬겨야 합니다. 그 경우에 사유와 숙고를 수반하기도 하고 사유와 숙고를 여의기도 한다면, 사유와 숙고를 여읜 것이 더 탁월한 것입니다. 신들의 제왕이여, '언어적인 행위에는 두 가지가 있다고 나는 말합니다. 섬겨야 할 것과 섬기지 말아야 할 것입니다.'라고 말한 것은 이것을 조건으로 말한 것입니다.

3) 신들의 제왕이여, '목표의 추구에는 두 가지가 있다고 나는 말합니다. 섬겨야 할 것과 섬기지 말아야 할 것입니다.' 라고[847] 말한 것은 무엇을 조건으로 말한 것입니까? 그

---

846) Vacīsamācārampāhaṃ devānaminda duvidhena vadāmi sevitabbampi asevitabbampī ti : Smv. 733에 따르면, '섬겨지지 말아야 하는 언어적 행위'는 거짓말을 하는 것 등의 언어적 악행을 통해서, 또는 언어기관에 대해서 제정된, 학습계율의 위반을 통해서 논의되어야 한다. '섬겨야 하는 언어적 행위'는 거짓말을 하는 것을 삼가는 것을 통해서 또는 언어기관에 대해서 제정된, 학습계율의 불범을 통해 논의되어야 한다.

847) pariyesanampāhaṃ devānaminda duvidhena vadāmi sevitabbampi asevitabbampī ti : Smv. 733에 따르면, 목표의 추구는 신체·언어를 통한 목표의 추구이다. 그것은 신체적·언어적 행위의 파악을 통해서 포착되더라도 생활계를 여덟 번째로 하는 계행(ājīvaṭṭhasīla : 八命界)은 이러한 두 가지 기관 즉, 신체·언어기관에서만 일어나며, 허공에서는 일어나지 않기 때문에, 생활계를 여덟 번째로 하는 계행을 나타내기 위해 별도로 언급한 것이다. 그 가운데 '섬기지 말아야

가운데 '내가 목표의 추구를 섬길 때에 악하고 불건전한 것이 증가하고 착하고 건전한 것이 줄어든다.'라고 안다면, 그와 같은 목표의 추구는 섬기지 말아야 합니다. 그 가운데 '내가 목표의 추구를 섬길 때에 악하고 불건전한 것이 줄어들고 착하고 건전한 것이 증가한다.'라고 안다면, 그와 같은 목표의 추구는 섬겨야 합니다. 그 경우에 사유와 숙고를 수반하기도 하고 사유와 숙고를 여의기도 한다면, 사유와 숙고를 여읜 것이 더 탁월한 것입니다. 신들의 제왕이여, '목표의 추구에는 두 가지가 있다고 나는 말합니다. 섬겨야 할 것과 섬기지 말아야 할 것입니다.' 라고 말한 것은 이것을 조건으로 말한 것입니다.

신들의 제왕이여,[281] 이렇게 길을 닦으면, 수행승이 의무계율을 수호하는 것입니다."848)

할 목표의 추구'는 비속한 목표의 추구이고, '섬겨야 할 목표의 추구'는 고귀한 목표의 추구이다. 비속한 목표의 추구는 '세상에 어떤 사람이 스스로 생겨남에 묶여 있으면서 생겨남에 묶여 있는 것을 구하며, 스스로 늙음에 묶여 있으면서 늙음에 묶여 있는 것을 구하며, 스스로 병듦에 묶여 있으면서 병듦에 묶여 있는 것을 구하며, 스스로 죽음에 묶여 있으면서 죽음에 묶여 있는 것을 구하고, 스스로 슬픔에 묶여 있으면서 슬픔에 묶여 있는 것을 구하고, 스스로 오염에 묶여 있으면서 오염에 묶여 있는 것을 구한다.'라는 것을 말한다. 그리고 고귀한 목표의 추구는 '스스로 생겨남에 묶여 있지만 생겨남에 묶여 있는 것의 위험을 알고, 생겨남에 묶여 있지 않은 위없는 안온인 열반을 구한다. 스스로 늙음에 묶여 있지만 늙음에 묶여 있는 것의 위험을 알고, 늙음에 묶여 있지 않은 위없는 안온인 열반을 구한다. 스스로 병듦에 묶여 있지만 병듦에 묶여 있는 것의 위험을 알고, 병듦에 묶여 있지 않은 위없는 안온인 열반을 구한다. 스스로 죽음에 묶여 있지만 죽음에 묶여 있는 것의 위험을 알고, 죽음에 묶여 있지 않은 위없는 안온인 열반을 구한다. 스스로 슬픔에 묶여 있지만 슬픔에 묶여 있는 것의 위험을 알고, 슬픔에 묶여 있지 않은 위없는 안온인 열반을 구한다. 스스로 오염에 묶여 있지만 오염에 묶여 있는 것의 위험을 알고, 오염에 묶여 있지 않은 위없는 안온인 열반을 구한다.'라는 것을 말한다. 이것에 대한 상세한 내용은 ≪맛지마니까야≫(MN. 26)를 참조하라.

848) evaṃ paṭipanno kho devānaminda bhikkhu pātimokkhasaṃvarāya paṭipanno hotī ti : Smv. 735에 따르면, 이와 같이 섬겨서는 안 될 신체적 행위 · 언어적 행위 · 목표의 추구를 끊고 섬겨야 할 신체적 행위 · 언어적 행위 · 목표의 추구를 원만하게 실천하는 수행승은 최상의 수승한 의무

이와 같이 세존께서는 신들의 제왕 제석천의 질문을 받고 대답하셨다. 신들의 제왕 제석천은 만족하여 세존께서 하신 말씀에 환희하고 기뻐했다.

[제석천] "세상에 존귀하신 님이시여, 그렇습니다. 올바른 길로 가신 님이시여, 그렇습니다. 세존께서 질문을 받고 하신 답변을 듣고 저는 의심을 건넜고 의혹을 떠났습니다."

(감관의 수호)

19. 이와 같이 신들의 제왕 제석천은 세존께서 하신 말씀에 환희하고 기뻐하며 세존께 또 다른 질문을 드렸다.

[제석천] "존자여, 어떻게 길을 닦으면, 수행승이 감관의 수호[849]를 닦는 것입니까?"

[세존] "신들의 제왕이여, 시각에 의해 인식되는 형상에는 두 가지가 있다고 나는 말합니다. 섬겨야 할 것과 섬기지 말아야 할 것입니다. 신들의 제왕이여, 청각에 의해 인식되는 소리에는 두 가지가 있다고 나는 말합니다. 섬겨야 할 것과 섬기지 말아야 할 것입니다. 신들의 제왕이여, 후각에 의해 인식되는 냄새에는 두 가지가 있다고 나는 말합니다. 섬겨야 할 것과 섬기지 말아야 할 것입니다. 신들의 제왕이여, 미각에 의해 인식되는 맛에는 두 가지가 있다고 나는 말합니다. 섬겨야 할 것과 섬기지 말아야 할 것입니다. 신들의 제왕이여, 촉각에 의해 인식되는 감촉에는 두 가지가 있다고 나는 말합니다. 섬겨야 할 것과 섬기지 말아야 할 것입

계율의 수호를 위해 실천을 하고 있는 자라고 불린다.

849) indriyasaṃvara : Smv. 735에 따르면, 감관을 닫는 것(indriyapidhāna), 또는 감관의 문의 수호하는 것(guttadvāratā), 감관을 방호하는 것(saṃvutadvāratā)을 의미한다.

니다. 신들의 제왕이여, 정신에 의해 인식되는 사실에는 두 가지가 있다고 나는 말합니다. 섬겨야 할 것과 섬기지 말아야 할 것입니다."

이처럼 말씀하시자 신들의 제왕 제석천은 세존께 이와 같이 말씀드렸다.850)

[제석천] "세존이시여,851) 저는 세존께서 간략하게 설명하신 의취를 이와 같이 상세히 잘 알고 있습니다.

1) 세존이시여, 시각에 의해 인식되는 형상을 섬길 때에 악하고 불건전한 것이 증가하고 착하고 건전한 것이 줄어든다면, 그와 같은 시각에 의해 인식되는 형상은 섬기지 말아야 합니다.852) 세존이시여, 시각에 의해 인식되는 형상을 섬길 때에 악하고 불건전한 것이 줄어들고 착하고 건전한 것이 증가한다면, 그와 같은 시각에 의해 인식되는 형상은[282] 섬겨야 합니다.

2) 세존이시여, 청각에 의해 인식되는 소리를 섬길 때에 악하고 불건전한 것이 증가하고 착하고 건전한 것이 줄어든다면, 그와 같은 청각에 의해 인식되는 소리는 섬기지 말

---

850) evaṃ vutte sakko devānamindo bhagavantaṃ etadavoca : Smv. 735에 따르면, 여기서 세존께서는 그에게 기회를 주기위해서 침묵하셨다. 말하고자 하는 생각이 있어도 목적을 완성할 수 없는 경우, 또는 목적을 완성할 수 있어도 말하고자 하는 생각이 없는 경우, 세존께서는 그에게 기회를 주지 않는다. 그러나 그가 말하고 싶다고 생각하고, 또한 목적을 완성할 수 있기 때문에 세존께서 그에게 기회를 주었다.

851) bhante : 여기서 제석천의 부처님에 대한 호칭이 '존자여(mārisa)'에서 '세존이시여(bhante)'라고 바뀌었다.

852) yathārūpaṃ bhante cakkhuviññeyyaṃ rūpaṃ sevato akusalā dhammā abhivaḍḍhanti kusalā dhammā parihāyantī ti, evarūpaṃ cakkhuviññeyyaṃ rūpaṃ na sevitabbaṃ : Smv. 736에 따르면, 형상을 보고 탐욕 등이 일어나면, 그러한 형상은 섬기져서는 안 되고 보아져서는 안 되고 쳐다보아져서도 안 된다는 뜻이다. 그러나 형상을 보아서 부정(不淨)의 지각이 확립되고, 청정한 믿음이 생겨나고, 무상(無常)의 지각이 획득되면, 그러한 형상은 섬겨져야 한다.

아야 합니다.853) 세존이시여, 청각에 의해 인식되는 소리를 섬길 때에 악하고 불건전한 것이 줄어들고 착하고 건전한 것이 증가한다면, 그와 같은 청각에 의해 인식되는 소리는 섬겨야 합니다.

3) 세존이시여, 후각에 의해 인식되는 냄새를 섬길 때에 악하고 불건전한 것이 증가하고 착하고 건전한 것이 줄어든다면, 그와 같은 후각에 의해 인식되는 냄새는 섬기지 말아야 합니다.854) 세존이시여, 후각에 의해 인식되는 냄새를 섬길 때에 악하고 불건전한 것이 줄어들고 착하고 건전한 것이 증가한다면, 그와 같은 후각에 의해 인식되는 냄새는 섬겨야 합니다.

4) 세존이시여, 미각에 의해 인식되는 맛을 섬길 때에 악하고 불건전한 것이 증가하고 착하고 건전한 것이 줄어든다면, 그와 같은 미각에 의해 인식되는 맛은 섬기지 말아야 합니다.855) 세존이시여, 미각에 의해 인식되는 맛을 섬길

---

853) yathārūpañca kho bhante sotaviññeyyaṃ saddaṃ sevato akusalā dhammā abhivaḍḍhanti kusalā dhammā parihāyantī ti, evarūpaṃ sotaviññeyyaṃ saddaṃ na sevitabbaṃ : Smv. 736에 따르면, 여러 가지 소리나 여러 가지 표현의 소리를 듣고 탐욕 등이 일어나면, 그러한 소리는 섬겨서는 안 된다. 그러나 목적을 위하여 물병을 운반하는 여성노예의 노래를 듣고, 청정한 믿음이 생기고, 욕망의 여읨이 일어난다면, 그러한 소리는 섬겨져야 한다.

854) yathārūpañca kho bhante ghānaviññeyyaṃ gandhaṃ sevato akusalā dhammā abhivaḍḍhan ti kusalā dhammā parihāyantī ti, evarūpaṃ ghānaviññeyyaṃ gandhaṃ na sevitabbaṃ : Smv. 736에 따르면, 냄새를 맡고 탐욕 등이 생겨난다면, 그러한 냄새는 섬겨져서는 안 된다. 그러나 냄새를 맡고 부정(不淨)의 지각이 확립되고, 청정한 믿음이 생겨나고, 무상(無常)의 지각이 획득되면, 그러한 냄새는 섬겨져야 한다.

855) yathārūpañca kho bhante jivhāviññeyyaṃ rasaṃ sevato akusalā dhammā abhivaḍḍhanti kusalā dhammā parihāyanti ti, evarūpaṃ jivhāviññeyyaṃ rasaṃ na sevitabbaṃ : Smv. 736에 따르면, 맛을 맛보고 탐욕 등이 생겨난다면, 그러한 맛은 섬겨져서는 안 된다. 그러나 맛을 맛보고 음식에 대한 혐오의 지각(paṭikulasaññā)이 생겨나고 오염의 부숨이 일어나면, 그러한 맛은 섬겨져야 한다.

때에 악하고 불건전한 것이 줄어들고 착하고 건전한 것이 증가한다면, 그와 같은 미각에 의해 인식되는 맛은 섬겨야 합니다.

5) 세존이시여, 촉각에 의해 인식되는 감촉을 섬길 때에 악하고 불건전한 것이 증가하고 착하고 건전한 것이 줄어든다면, 그와 같은 촉각에 의해 인식되는 감촉은 섬기지 말아야 합니다.[856] 세존이시여, 촉각에 의해 인식되는 감촉을 섬길 때에 악하고 불건전한 것이 줄어들고 착하고 건전한 것이 증가한다면, 그와 같은 촉각에 의해 인식되는 감촉은 섬겨야 합니다.

6) 세존이시여, 정신에 의해 인식되는 사실을 섬길 때에 악하고 불건전한 것이 증가하고 착하고 건전한 것이 줄어든다면, 그와 같은 정신에 의해 인식되는 사실은 섬기지 말아야 합니다.[857] 세존이시여, 정신에 의해 인식되는 사실을 섬길 때에 악하고 불건전한 것이 줄어들고 착하고 건전한 것이 증가한다면, 그와 같은 정신에 의해 인식되는 사실은 섬겨야 합니다.

---

856) yathārūpañca kho bhante kāyaviññeyyaṃ phoṭṭhabbaṃ sevato akusalā dhammā abhivaḍḍhanti kusalā dhammā parihāyanti ti, evarūpaṃ kāyaviññeyyaṃ phoṭṭhabbaṃ na sevitabbaṃ : Smv. 736에 따르면, 감촉에 접촉하여 탐욕 등이 일어나면, 그러한 감촉은 섬겨져서는 안 된다. 그러나 감촉에 접촉하여 사리뿟따 장로 등처럼 번뇌가 부수어지고 정진이 잘 이루어지고, 나중에 사람들이 견해에 따라 애호할 수 있는 것이 된다면, 그와 같은 감촉은 섬겨져야 한다.

857) yathārūpañca kho bhante manoviññeyyaṃ dhammā sevato akusalā dhammā abhivaḍḍhanti kusalā dhammā parihāyanti ti evarūpo manoviññeyyo dhammo na sevitabbo : Smv. 736에 따르면, 정신에 의해서 인식되는 사실을 사유하면서 탐욕 등이 생겨나거나, 혹은 '아아 다른 자들의 행복과 이익이 나의 것이 되기를!' 등의 탐욕 등의 길을 간다면, 이와 같은 사실은 섬겨져서는 안 된다. 그러나 '모든 뭇삶은 원한을 여의길!' 등의 자애 등과 관련되거나, 혹은 세 장로들 ― 싸리뿟따, 마하 목갈라나, 마하 깟싸빠 ―의 정신에 의해서 인식되는 사실은 섬겨져야 한다.

세존이시여, 저는 세존께서 간략하게 설명하신 의취를 이와 같이 상세히 잘 알고 있습니다. 그래서 저는 세존께서 질문에 답변하신 것을 듣고 거기에 대하여 의심을 떠났고 의혹을 여의었습니다.

(수행자들이나 성직자들의 목적)

20. 이와 같이 신들의 제왕 제석천은 세존께서 하신 말씀에 환희하고 기뻐하며 세존께 또 다른 질문을 드렸다.

[제석천] "세존이시여, 모든 수행자들이나 성직자들이 동일한 이론, 동일한 계행, 동일한 의도, 동일한 목적을 지녔습니까?"858)

[세존] "신들의 제왕이여, 모든 수행자들이나 성직자들이 동일한 이론, 동일한 계행, 동일한 의도, 동일한 목적을 지닌 것이 아닙니다."

[제석천] "세존이시여, 그러면 왜 모든 수행자들이나 성직자들이 동일한 이론, 동일한 계행, 동일한 의도, 동일한 목적을 지닌 것이 아닙니까?"

[세존] "신들의 제왕이여, 세상은 여러 가지 세계, 다양한 세계로 이루어져 있습니다.859) 그 여러 가지 세계, 다양한

---

858) sabbeva nu kho mārisa samaṇabrāhmaṇā ekantavādā ekantasīlā ekantachandā ekantaajjhosānā'ti : Smv. 737에 따르면, '동일한 이론'이란 거기에는 하나의 이론만이 있고 두 종류의 이론이 없는 그러한 이론을 말한다. '동일한 계행'은 유일한 행위를 뜻하고, '동일한 의도'는 동일한 의견을 말하고, '동일한 목적'은 동일한 종결을 말한다.

859) anekadhātunānādhātu kho devānaminda loko : Smv. 737에 따르면, 이 세상은 여러 가지 지향성(ajjhāsaya), 다양한 지향성을 지닌 세상이다. 어떤 자가 가고자 생각할 때, 어떤 자는 서있고자 한다. 어떤 자가 서있고자 할때 어떤 자는 눕고자 한다. 두 사람이 하나의 지향성을 갖는다는 것은 어렵다.

세계로 이루어져 있는 세상에서 뭇삶들은 어떠한 세계에 기울든 그것에 강하고 완강하게 집착하여 '이것이야 말로 진리이고 다른 것은 거짓이다.'라고[860] 주장합니다. 그러므로 모든 수행자들이나 성직자들이 결코 동일한 이론, 동일한 계행, 동일한 의도, 동일한 목적을 지닌 것이 아닙니다."

[제석천] "세존이시여, 모든 수행자들이나 성직자들이 [283] 구경의 완성, 구경의 안온, 구경의 범행, 구경의 궁극을 얻는 것이 아닙니까?"[861]

[세존] "신들의 제왕이여, 결코 모든 수행자들이나 성직자들이 구경의 완성, 구경의 안온, 구경의 범행, 구경의 궁극을 얻는 것이 아닙니다."

[제석천] "세존이시여, 그러면 왜 모든 수행자들이나 성직자들이 구경의 완성, 구경의 안온, 구경의 범행, 구경의 궁극을 얻는 것이 아닙니까?"

[세존] "신들의 제왕이여, 갈애를 부수고 해탈한[862] 수행승들만이 구경의 완성, 구경의 안온, 구경의 범행, 구경의 궁극을 얻는 것입니다."

이와 같이 세존께서는 신들의 제왕 제석천의 질문을 받고 대답하셨다.[863] 신들의 제왕 제석천은 만족하여 세존께서

---

860) idameva saccaṃ moghamaññanti : Smv. 737에 따르면, '이 우리가 말하는 것만이 진리이고 다른 사람이 말하는 것은 거짓이고 공허하고 무의미하다.'는 뜻이다.

861) accantaniṭṭhā accantayogakkhemī accantabrahmacārī accantapariyosānā : Smv. 737에 따르면, '구경의 완성'은 멸망을 뛰어넘는 궁극의 목적을 의미하고, '구경의 안온'은 멸망을 뛰어넘는 열반을 의미하고, '구경의 범행(梵行)'은 수승한 의미의 하느님의 고귀한 길을 가는, 멸망을 뛰어넘는 범행을 의미하고, '구경의 궁극'도 멸망을 뛰어넘는 열반을 의미한다.

862) taṇhāsaṅkhayavimuttā : Smv. 738에 따르면, 갈애의 부숨은 길이자 열반이다. 길은 갈애를 부수고, 없애 주므로 갈애의 부수어진 것이 열반이다. 갈애를 부수는 길에 의해서 해탈하거나 갈애가 부수어진 열반에서 해탈함으로 '갈애를 부수고 해탈한'이라고 표현한 것이다.

하신 말씀에 환희하고 기뻐했다.

[제석천] '세상에 존귀하신 님이시여, 그렇습니다. 올바른 길로 가신 님이시여, 그렇습니다. 세존께서 질문을 받고 하신 답변을 듣고 저는 의심을 건넜고 의혹을 떠났습니다.'

21. 이와 같이 신들의 제왕 제석천은 세존께서 하신 말씀에 환희하고 기뻐하며 세존께 이와 같이 말씀드렸다.

[제석천] "세존이시여, 동요는 질병이요, 동요는 종기요, 동요는 화살이요, 동요는 이러저러한 존재로 사람을 태어나도록 끌고 다닙니다.864) 그래서 사람은 높고 낮은 곳에 도달합니다.865) 세존이시여, 이교도의 수행자들이나 성직자들은 질문의 기회조차 얻지 못했는데, 장시간에 걸쳐 세존께서는 저의 질문에 대하여 대답해주셨습니다. 그래서 저의 의심과 의혹의 화살이 세존에 의해서 뽑혀졌습니다."

22. [세존] "신들의 제왕이여,[284] 그대는 다른 수행자들

---

863) itthaṃ bhagavā sakkassa devānamindassa pañhaṃ puṭṭho byākāsi : Smv. 738에 따르면, 이상으로서 세존께서는 14개의 커다란 질문에 대해서 대답하셨다. 질투와 인색에 대한 것이 하나이고, 좋아하고 싫어함에 대한 것이 하나이고, 욕망에 대한 것이 하나이고, 사유에 대한 것이 하나이고, 희론에 대한 것이 하나이고, 쾌락에 대한 것이 하나이고, 불쾌에 대한 것이 하나이고, 평정에 대한 것이 하나이고, 신체적 행위에 대한 것이 하나이고, 언어적 행위에 대한 것이 하나이고, 목적의 추구에 대한 것이 하나이고, 감관의 수호에 대한 것이 하나이고, 여러 가지 세계에 대한 것이 하나이고, 궁극의 완성에 대한 것이 하나이다.

864) ejā bhante rogo ejā gaṇḍo ejā sallaṃ ejā imaṃ purisaṃ parikaḍḍhati tassa tasseva bhavassa abhinibbattiyā : Smv. 738에 따르면, '동요'는 움직임이라는 의미에서 갈애라고 불린다. 그것은 괴롭힘(pīlana)이라는 의미에서 질병이라고 불리고, 내부를 오염시킨다는 의미에서 종양이라고 부리고, 파고든다는 의미에서 화살이라고 불린다.

865) tasmā ayaṃ puriso uccāvacamāpajjati : Smv. 738에 따르면, 동요는 스스로 만든 업을 따라서 사람을 그 때 그 때의 장소에 다시 태어나도록 이끈다. 그래서 그 사람은 각각의 존재에 따라 위·아래에 도달한다. 하느님 세계(梵天界)가 위에 있으면, 하늘나라(天界)는 아래에 있고, 하늘나라가 위에 있으면, 인간계가 아래에 있고, 인간계가 위에 있으면, 나쁜 곳(惡趣)은 아래에 있다.

이나 성직자들에게도 이러한 질문들을 한 것을 기억합니까?”

[제석천] “세존이시여. 저는 다른 수행자들이나 성직자들에게도 이러한 질문들을 한 것을 기억합니다.”

[세존] “신들의 제왕이여, 그대에게 부담이 되지 않는다면, 그들은 어떻게 대답했는지 말해줄 수 있겠습니까?”

[제석천] “세존이시여, 세존께서나 세존과 같은 분께서 앉아계시면, 부담이 될 것이 없습니다.”

[세존] “신들의 제왕이여, 그렇다면 말씀해보시오.”

[제석천] “세존이시여, 저는 한가한 숲의 외딴 곳에 거처를 마련했다면, 수행자들이나 성직자들일 것이라고 생각하고 그들에게 다가가서 그러한 질문을 한 적이 있습니다. 그러나 그들은 제가 묻자 대답을 하지 못하였습니다. 대답하지 못하고 ‘존자는 누구십니까?’라고 제게 반문했습니다. 저는 그들의 질문을 받고 ‘나는 신들의 제왕 제석천이다.’라고 대답했습니다. 그들은 제게 또한 이와 같이 ‘신들의 제왕이여, 존자는 어떠한 업을 지어서 이러한 지위를 얻었습니까?’라고 질문을 했습니다. 그래서 저는 그들에게 들은 대로 배운 대로 가르침을 설해주었습니다.[866] 그들은 그 정도로 ‘우리는 신들의 제왕 제석천을 친견하였다. 우리가 질문한 것은

---

866) tesāhaṃ yathāsutaṃ yathāpariyattaṃ dhammaṃ desemi : Smv. 738에 따르면, 그가 배운 대로 가르친 원리는 일곱 가지 서원의 원리를 말한다. SN. I. 229에 따르면, 제석천은 예전에 사람이었을 때 일곱 가지 서원을 받아 지켰다. 그것들을 지켰기 때문에 제석천은 제석천의 지위를 얻었다. 일곱 가지 서원이란 무엇인가? ‘① 살아 있는 한 아버지와 어머니를 부양하리라. ② 살아 있는 한 가문의 연장자를 공경하리라. ③ 살아 있는 한 온화하게 말하리라. ④ 살아 있는 한 모함하지 않으리라. ⑤ 살아있는 한 번뇌와 인색에서 벗어난 마음과 관대하고 청정한 손으로 주는 것을 좋아하고 탁발하는 자가 접근하기 쉽게 보시하는 것을 즐거워하며 집에서 살리라. ⑥ 살아 있는 한 진실을 말하리라. ⑦ 살아 있는 한 화내지 않으며 만약 나에게 화가 나면 곧바로 그것을 제거하리라.’라는 것이었다.

모두 대답하셨다.'라고 만족했습니다. 제가 그들의 제자가 된 것이 아니라 오히려 그들이 저의 제자가 되었습니다. 세존이시여, 저는 세존의 제자로서 악도에 떨어지지 않고 삶의 길이 정초되어 올바른 깨달음으로 나아가는 흐름에 든 님[867]입니다."

(환희의 획득)

23. [세존] "신들의 제왕이여, 그대는 이전에도 이와 같은 감동을 얻고 환희를 얻은 적이 있었습니까?"

[제석천] "세존이시여,[285] 저는 이전에도 이와 같은 감동을 얻고 환희를 얻은 적이 있었습니다."

[세존] "신들의 제왕이여, 어떻게 그대는 이전에도 이와 같은 감동을 얻고 환희를 얻은 것입니까?"

[제석천] "세존이시여, 예전에 신들과 아수라들의 전쟁이 일어났습니다.[868] 세존이시여, 그 전쟁에서 신들이 승리하였고, 아수라들은 패배했습니다. 세존이시여, 그 전쟁에서 승리를 얻은 뒤에 저는 이와 같이 '이제 천상의 음식과 아수라의 음식을 둘 다 즐길 수 있겠다.'라고 생각했습니다.[869]

---

867) ariyasāvako sotāpanno hoti avinīpātadhammo niyato sambodhiparāyano : 이 진술은 흐름에 든 님을 규정하는 고유한 정의이다. 흐름에 든 님은 삶의 길은 결정되어(niyato) 인간계나 천상계에서 최대한 7생애를 윤회하더라도 마침내 올바른 깨달음에 이른다.

868) bhūtapubbaṃ bhante devāsurasaṅgāmo samupabbūḷho ahosi : Smv. 738에 따르면, 이마를 맞대고 서로 타격을 가하는 상황이었다. 그들은 그 후 대해의 수면에서 전쟁을 벌였다. 거기서 도륙과 찌름 등으로 서로 살해하는 것은 없었다. 나무막대나 수양의 뿔에 의한 싸움과 같은 승패만이 있었다. 어떤 때에는 신들이 이겼고, 어떤 때에는 아수라들이 이겼다. 그러다가 어떤 싸움에서 신들은 복귀할 수 없도록 아수라들을 싸워서 이겼다. SN. I. 216-240을 참조하라.

869) etadahosi: yā ceva dāni dibbā ojā yā ca asurā ojā ubhayamettha devā paribhuñjissantantī ti : Smv. 739에 따르면, '천상계의 신들이 두 가지 음식을 모두 즐길 수 있게 되었다.'라는 생각에

세존이시여, 제가 그러한 감동을 얻고 환희를 얻은 것은 폭력을 수반하고 무력을 수반한 것이어서, 싫어하여 떠남으로 이끌지 못하고, 사라짐으로 이끌지 못하고, 소멸로 이끌지 못하고, 지멸로 이끌지 못하고, 곧바른 앎으로 이끌지 못하고, 올바른 깨달음으로 이끌지 못하고, 열반으로 이끌지 못하는 것입니다. 세존이시여, 그러나 세존의 가르침을 듣고 감동을 얻고 환희를 얻은 것은 폭력을 여의고 무력을 여읜 것이어서, 오로지 싫어하여 떠남으로 이끌고, 사라짐으로 이끌고, 소멸로 이끌고, 지멸로 이끌고, 곧바른 앎으로 이끌고, 올바른 깨달음으로 이끌고, 열반으로 이끄는 것이었습니다.

24. [세존] "신들의 제왕이여, 그대는 어떠한 유익한 점을 보고 이와 같이 감동을 얻고 환희를 얻었다고 말하는 것입니까?"

[제석천] "세존이시여, 저는 이러한 여섯 가지 유익한 점을 보고 이와 같이 감동을 얻고 환희를 얻었다고 말하는 것입니다.

이곳에서 살고 있는 저는
신의 지위에 있으면서
저는 다시 목숨을 얻었습니다.
존자여, 그와 같이 아십시오."[870](83)

세존이시여, 저는 이러한 첫 번째 유익한 점을 보고[286] 이와 같이 감동을 얻고 환희를 얻었다고 말하는 것입니다.

미치자 강한 희열이 생겨났다.

870) idheva tiṭṭhamānassa | devabhūtassa me sato | punarāyu ca me laddho | evaṃ jānāhi māri sā'ti ‖ Smv. 739에 따르면, 이 장소에 살면서 다른 업의 과보에 의해서 다시 나의 수명을 얻었다는 것이다. 이것으로 스스로 죽었다가 다시 태어난 것이 분명해졌다.

비인으로서의 목숨을 버리고
저는 천상의 무리에서 죽어서
제 마음이 좋아하는 곳에
미혹을 여의고 모태에 들 것입니다.[871](84)

세존이시여, 저는 이러한 두 번째 유익한 점을 보고 이와 같이 감동을 얻고 환희를 얻었다고 말하는 것입니다.

그러한 저는 미혹을 여읜 지혜로운 님의
가르침에 기뻐하며
올바른 알아차림을 갖추고 새김을 확립하여
바른 길로 나아갈 것입니다.[872](85)

세존이시여, 저는 이러한 세 번째 유익한 점을 보고 이와 같이 감동을 얻고 환희를 얻었다고 말하는 것입니다.

제가 바른 길로 가서
올바른 깨달음을 얻는다면,
완전한 지혜를 갖추리니
참으로 끝이 될 것입니다.[873](86)

세존이시여, 저는 이러한 네 번째 유익한 점을 보고 이와 같이 감동을 얻고 환희를 얻었다고 말하는 것입니다.

---

871) cuto'haṃ diviyā kāyā | āyuṃ hitvā amānusaṃ | amūḷho gabbhamessāmi | yattha me ramatī mano || Smv. 739에 따르면, '비인(非人) 즉, 천신의 목숨을 버리고 나의 마음이 가는 곳 즉, 왕족 등과 같은 모태에 들 것이다.'라는 뜻이다.

872) svāhaṃ amūḷhapaññassa | viharaṃ sāsane rato | ñāyena viharissāmi | sampajāno patissato || Smv. 739에 따르면, 인간으로 태어나 어머니의 목숨을 빼앗는 등의 악행이 없을 것이기 때문에 '바른 길로 나아갈 것'이라고 했다.

873) ñāyena me carato ca | sambodhi ce bhavissati | aññātā viharissāmi | sveva-m-anto bhavissati || Smv. 739에 따르면, '끝이 된다.'는 것은 인간계에서 마지막이 될 것이다라는 뜻이다.

저는 인간의 몸에서 죽어
인간의 목숨을 버리고
다시 천상의 세계에서 신으로 태어나
위없는 자가 될 것입니다.[874](87)

세존이시여, 저는 이러한 다섯 번째 유익한 점을 보고 이와 같이 감동을 얻고 환희를 얻었다고 말하는 것입니다.

더욱 수승한 신들은 저 유명한
궁극적인 미세한 물질로 이루어진 천신들이니
제가 최후로 존재할 때에
그것이 주처가 될 것입니다.[875](88)

세존이시여,[287] 저는 이러한 여섯 번째 유익한 점을 보고 이와 같이 감동을 얻고 환희를 얻었다고 말하는 것입니다. 세존이시여, 저는 이러한 여섯 가지 유익한 점을 보고 이와 같이 감동을 얻고 환희를 얻었다고 말하는 것입니다."

25. [제석천]

"사유를 완결하지 못하고
의심과 의혹을 품고

874) cuto'haṃ mānusā kāyā | āyuṃ hitvāna mānusaṃ | puna devo bhavissāmi | devalokamhi uttamo || Smv. 739에 따르면, '위없는 자가 될 것이다.'는 것은 하늘나라(三十三天)에서 신들의 제왕인 제석천이 될 것이다라는 뜻이다.

875) te paṇītatarā devā | akaniṭṭhā yasassino | antime vattamānamhi | so nivāso bhavissati || 궁극적인 미세한 물질로 이루어진 신들은 색구경천(色究竟天=有頂天)을 말한다. 이 책의 부록 「존재의 세계」를 참조하라. Smv. 739-740에 따르면, 제석천의 몸에서 죽어서, 돌아오지 않는 길을 얻고 있었기 때문에 상류의 궁극적인 미세한 물질로 이루어진 신들의 하느님 세계로 가는 자가 되어 성공으로 타락하지 않는 신들의 하느님 세계(Avihā devā : 無煩天) 등의 청정한 삶을 사는 신들의 하느님 세계(Suddhāvāsā devā : 淨居天)에 차례로 태어나 궁극적인 미세한 물질로 이루어진 신들의 하느님 세계(Akaniṭṭhā devā : 色究竟天=有頂天)에 태어난다.

오랜 세월 동안
여래를 찾아 방황하였습니다.[876](89)

외딴 곳에 사는
수행자들을 생각건대
깨달은 님들이라고 여기면서
그들을 섬기러 다녔습니다.[877](90)

어떻게 성취하고
어떻게 실패하는지
질문을 받고도 길과 방도에 대해
그들은 대답하지 못했습니다.[878](91)

신들의 제왕 제석천이 왔다고
그들은 저를 알아보고
'무엇을 행해서 이를 성취한 것입니까?'
오히려 저에게 물었습니다.[879](92)

들은 대로 사람들이 알고 있는 대로
그들에게 가르침을 주었습니다.
그러자 '우리는 바싸바를 보았다.'라고
그들은 대단히 만족하였습니다.[880](93)

---

876) apariyositasaṅkappo | vicikicchi kathaṃkathi | vicariṃ dīghamaddhānaṃ | anvesanto tathāgataṃ ||

877) yyāssu maññāmi samaṇe | pavivittavihārino | samabuddhā iti maññāno | gacchāmi te upāsituṃ ||

878) kathaṃ ārādhanā hoti | kathaṃ hoti virādhanā | iti puṭṭhā na sambhonti | magge paṭipadāsu ca ||

879) tyāssu yadā maṃ jānanti | sakko devānamāgato | tyāssu mameva pucchanti | kiṃ katvā pāpuṇī idaṃ ||

880) tesaṃ yathā sutaṃ dhammaṃ | desayāmi janesuta | tena attamanā honti | diṭṭho no vāsav

그러나 부처님을 뵈었을 때,
의심을 건넜습니다.
올바로 깨달은 님을 섬기며
오늘 모든 두려움이 사라졌습니다.881)(94)

갈애의 화살을 뽑으신 님,
비할데 없는 님, 깨달은 님,
위대한 영웅, 태양의 후예이신
부처님께 예경합니다.882)(95)

존자여,[288] 마치 신들이
하느님을 공경하듯,
오늘 우리는 당신에게
오, 당신께 예경합니다.883)(96)

당신만이 올바로 깨달았으니
당신께서 위없는 스승입니다.
신들을 포함하는 세상에서
당신과 대적할 자는 없습니다."884)(97)

26. 그러자 신들의 제왕 제석천은 건달바의 아들 빤짜씨카를

---

o'ti ca ||

881) yadā ca buddhamaddakkhiṃ | vicikicchāvitāraṇaṃ | so'mbhi vītabhayo ajja | sambuddhaṃ payirupāsiya ||

882) taṇhāsallassa hantāraṃ | buddhamappaṭipuggalaṃ | ahaṃ vande mahāvīraṃ | buddhamādiccabandhunaṃ || Smv. 740에 따르면, 태양은 고따마의 성(Gotamagotta)이다. 세존도 고따마의 성이다. 그러므로 이렇게 '태양의 후예'라고 말한 것이다.

883) yaṃ karomase brahmuno | sāmaṃ devehi mārisa | tadajja tuyhaṃ kassāma | handa sāmaṃ karoma te ||

884) tvameva asi sambuddho | tuvaṃ satthā anuttaro | sadevakasmiṃ lokasmiṃ | natthi te paṭipuggalo'ti ||

불러 말했다.

[제석천] "애야 빤짜씨카야, 네가 먼저 세존을 기쁘게 해드린 것이 많은 도움이 되었다. 네가 기쁘게 해 드린 연후에 내가 그분 세상에 존귀한 님, 거룩한 님, 올바로 원만히 깨달은 님을 친견하러 가까이 다가갔던 것이다. 나는 너의 아버지가 될 것이고 너는 건달바의 왕이 될 것이다. 그리고 자네가 그토록 원하던 쑤리야밧차를 자네에게 주겠다."

그러자 신들의 제왕 제석천은 손으로 땅을 치고,885) 세 번 감흥어린 싯구를 읊었다.

[제석천]

"그분 세상에 존귀한 님, 거룩한 님, 올바로 원만히 깨달은 님께 귀의합니다.886)

그분 세상에 존귀한 님, 거룩한 님, 올바로 원만히 깨달은 님께 귀의합니다.

그분 세상에 존귀한 님, 거룩한 님, 올바로 원만히 깨달은 님께 귀의합니다."

그런데 이러한 설명이 설해지자 신들의 제왕 제석천에게 '어떠한 생겨난 것이든 소멸하기 마련이다.'라는 티 없고 때 없는 진리의 눈이 생겨났다. 다른 팔만 명의[289] 신들에게도 '어떠한 생겨난 것이든 소멸하기 마련이다.'라는 티없고 때없는 진리의 눈이 생겨났다.

---

885) paṭhaviṃ parāmasitvā : Smv. 740에 따르면, '마음으로 흡족하여 친구의 손을 손으로 치는 것처럼 땅을 치고, 혹은 당신이 흔들림이 없는 것처럼 나도 세존에 대해서 흔들림이 없다고 증거하듯, 땅을 치고'라는 뜻이다.

886) namo tassa bhagavato arahato sammāsambuddhassa : 한역으로 '세존(世尊), 아라한(阿羅漢), 정등각자(正等覺者)에게 귀의한다.'는 것을 말한다.

27. 이와 같이 신들의 제왕 제석천에게서 그가 원했던 질문을 받고, 세존께서는 대답을 하셨다. 그러므로 이 상세한 설명은 제석천의 질문이라고 불린다.

7. 어떻게 새김의 토대를 닦을 것인가?

[Mahāsatipaṭṭhānasutta][887]

(네 가지 새김의 토대)

1. 이와 같이[290] 나는 들었다. 한 때 세존께서 꾸루 국의 깜맛싸담마라고 하는 꾸루 족의 마을에 계셨다.[888] 그 때 세존께서는 "수행승들이여"라고 수행승들을 부르셨다. 그 수행승들은 "세존이시여"라고 대답했다.

2. [세존] "수행승들이여, 뭇삶을 청정하게 하고,[889] 슬픔과 비탄을 뛰어넘게 하고,[890] 고통과 근심을 소멸하게 하고,[891] 바른 방도를[892] 얻게 하고, 열반을[893] 실현시키는

---

887) DN. II. 290 : 새김의 토대의 큰 경(Mahāsatipaṭṭhānasutta); 중아함24(98) 念處經(大正 1. 582b-584b), 중아함7(31) 分別聖諦經(大正 1. 467a-469c) MN. I. 55, 증일아함 12・1(大正2, 568) 참조. 이것은 빠알리니까야에서 가장 중요한 경전 가운데 하나이다. 불교가 지향하는 목표를 성취하는 데 가장 빠르고 직접적인 길을 제시하는 설득력 있는 경전이다. MN. I. 55의 「새김의 토대에 대한 경」에는 단지 네 가지 거룩한 길에 대한 분석 등이 누락되어 있을 뿐이다. 이 경전에 대한 자세한 설명은 쏘마(Soma) 장로의 『The Way of Mindfulness』이나 냐나뽀니까(Nyanaponika) 장로의 『The Heart of Buddhist Meditation』을 보라.

888) ekaṃ samayaṃ bhagavā kurūsu viharati kammāsadammaṃ nāma kurūnaṃ nigamo : 이 책(DN. II. 55)의 주석을 보라.

889) sattānaṃ visuddhiyā : Smv. 746에 따르면, '탐욕 등의 티끌에 의해서 탐욕・사탐(邪貪) 등의 오염에 의해서 오염된 마음의 뭇삶을 깨끗하게 하기 위하여'라는 뜻이다.

890) sokapariddavānaṃ samatikkamāya : Smv. 746에 따르면, '슬픔과 비탄을 끊게 하기 위해서'라는 뜻이다.

891) dukkhadomanassānaṃ atthaṅgamāya : Smv. 746에 따르면, '신체적 고통과 정신적 근심을 사라지게 하기 위하여'라는 뜻이다.

892) ñāya : '방법, 진리, 체계'를 의미한다. Srp. III. 177에 따르면 여덟 가지 고귀한 길(ariyo

하나의 길[894])이 있으니 곧, 네 가지 새김의 토대[895])이다. 네 가지란 어떠한 것인가?

수행승들이여, 세상에서 수행승은[896])

1) 열심히 노력하고 올바른 알아차림을 갖추고 새김을 확립하여 세상의[897]) 탐욕과 근심을 제거하며,[898]) 몸에 대해

---

aṭṭhaṅgiko maggo : 八正道)이다.

893) nibbāna : Pps. I. 236에서는 열반을 '불이 꺼짐'이라는 의미 이외에 '탐욕(vāna)의 결여'라는 뜻으로도 해석하고 있다.

894) ekāyano ayam maggo : ekāyano maggo란 '하나의 행선지로 통하는 길'을 말하는데 한역에서는 일승도(一乘道)라고 한다. MN. I. 55의 ekāyano ayaṃ maggo도 유명한 말이다. 그런데 이것을 영역할 때에 Soma는 'This is the only way'로, Nyanaponika는 'This is the sole way'로 했다. 이 두 표현은 모두 해탈에 이르는 유일한 독점적인 길이라는 인상을 준다. Smv. III. 743~744와 Psm. I. 229~230에 따르면, 그것은 오로지 다섯 가지 설명방식 가운데 하나이다. Srp. III. 177도 그 첫 번째 설명방식만을 따르고 있다: '수행승이여, 이것은 하나의 길인데, 이 길은 갈림길이 아니다.(ekamaggo ayaṃ bhikkhave maggo na dvedhāpathabhūto)' MN. I. 74에 나오는 ekāyano maggo란 곧바로 행선지로 이르는 가장 가까운 길, 지름길을 말한다. 그러므로 대승불교 특히 묘법연화경(Saddharmapuṇḍarikasūtra)에서 말하는 일승(ekayāna)이라는 것과는 다르다.

895) cattāro satipaṭṭhānā : 한역의 사념처(四念處)를 말한다. Pps. I. 238, Smv. III. 741~61과 Pts. II. 244~266에 의하면, 싸띠빳타나(satipaṭṭhāna)란 복합어는 싸띠-우빳타나(sati-upaṭṭhāna)나 싸띠-빳타나(sati-paṭṭhāna)의 두 가지로 분석이 가능한데, 전자일 경우는 '새김의 생성'으로 새김의 장치에, 후자일 경우는 '새김의 토대'로 새김의 대상이라고 해석할 수 있다. 복합어의 첫 부분인 싸띠(sati)는 원래는 기억이라는 뜻이다. 그러나 빠알리니까야에서는 '현재와 관련된 주의(注意) 또는 마음챙김'이란 뜻으로 더 많이 쓰인다. 역자는 둘 다를 종합할 수 있는 '새김'이라는 말로 번역한다. 실제로 기억을 통한 새김 없이는 마음챙김이 가능하지 않기 때문이다. 참고로 Cdb. 1915에서 빅쿠 보디는 '새김의 토대'라는 입장을 취하는 주석가들과는 달리 그 범어 표현(sk. smṛtyupasthāna)과 빠알리어에서도 우빳티따싸띠(upaṭṭhitasati : SN. V. 331)라는 표현이 있으므로 '새김의 생성'이라는 입장을 취해서 번역해야 한다고 보고 있다. SN. V. 148에서는 네 가지 새김의 토대가 수행승의 풀뜯는 곳 또는 행경(gocara : 行徑)이라고 불린다.

896) bhikkhu : Pps. I. 241에 따르면, 수행승은 가르침의 실천을 성취하기 위하여 진지하게 노력하는 사람을 말한다.

897) loke : Pps. I. 243-244에서는 '몸에(kāye)'로 설명한다. Srp. III. 180에 따르면 '바로 그 세상에(tasmiṃ yeva loke)'이다. Vbh. 195에 따르면, 세계나 바다라는 표현은 감역을 나타내는데 쓰인다.

898) vineyya : Srp. III. 180에 따르면, '특수한 관점에서의 제어나 억제에 의한 진압를 통해서 제거하고(tadaṅgavinayena vā vikkhambhanavinayena vā vinayitvā)'의 뜻이다. '특수한 관점에서 제어'는 신중한 제어나 통찰을 통해 일시적으로 제거하는 것을 말하고 '진압에 의한 제어'는

몸을 관찰한다.899)

2) 열심히 노력하고 올바른 알아차림을 갖추고 새김을 확립하여 세상의 탐욕과 근심을 제거하며, 느낌에 대해 느낌을 관찰한다.900)

3) 열심히 노력하고 올바른 알아차림을 갖추고 새김을 확립하여 세상의 탐욕과 근심을 제거하며, 마음에 대해 마음을 관찰한다.901)

4) 열심히 노력하고 올바른 알아차림을 갖추고 새김을 확립하여 세상의 탐욕과 근심을 제거하며, 사실에 대해 사실을 관찰한다.902)

[1. 몸에 대한 새김의 확립]
(호흡새김)

3. [세존] "수행승들이여,[291] 수행승이 몸에 대해 몸을 관찰한다는 것은 어떠한 것인가?

선정의 성취를 통한 일시적인 제거를 말한다.

899) kāye kāyānupassī : Smv. 756; Pps. I. 241에 따르면, 여기서 몸은 물질적인 몸으로 지체와 머리 등의 것들의 집합을 의미한다. 그리고 '몸에 대해 몸을 관찰하여'라는 반복적인 표현은 그것과 혼동되어서는 안 될 다른 대상과 분리하여 명상의 대상을 정확히 규정할 목적을 갖고 있다. 그래서 이 수행에서 몸은 단지 그러한 것으로 새겨져야지 그것과 관련된 느낌이나 마음이나 사실로 새겨져서는 안 된다. 이 구절은 또한 몸은 단지 몸으로 새겨져야지 남자나 여자나 자아나 중생으로 새겨져서는 안 된다. 이러한 방식은 다른 네 가지 새김의 토대에 대해서도 똑같이 적용된다.

900) vedanāsu vedanānupassī : Smv. 760에 따르면, 여기서 세간적인 느낌으로 세 가지 느낌, 즉 즐거운 느낌, 괴로운 느낌, 즐겁지도 괴롭지도 않은 느낌을 말한다. 이 느낌에 대해서도 반복적 표현은 앞의 몸에서처럼 이해되어야 한다.

901) citte cittānupassī : Smv. 760에 따르면, 여기서 마음은 세간적인 마음이다. 이 마음에 대해서도 반복적 표현은 앞의 몸에서처럼 이해되어야 한다.

902) dhammesu dhammānupassī : Smv. 760에 따르면, 여기서 사실(dhamma)는 세간적인 사실이다. 이 사실에 대해서도 반복적 표현은 앞의 몸에서처럼 이해되어야 한다.

여기 수행승이 숲으로 가고 나무 밑으로 가고 한가한 곳으로 가서 앉아 가부좌를 틀고 몸을 바로 세우고 얼굴 앞으로 새김을 확립하여903) 새김을 확립하여 숨을 들이쉬고 새김을 확립하여 숨을 내쉰다.904)

1) 길게 숨을 들이쉴 때는 나는 길게 숨을 들이쉰다고 분명히 알고905) 길게 숨을 내쉴 때는 나는 길게 숨을 내쉰다고 분명히 안다.

2) 짧게 숨을 들이쉴 때는 나는 짧게 숨을 들이쉰다고 분명히 알고 짧게 숨을 내쉴 때는 나는 짧게 숨을 내쉰다고 분명히 안다.

3) 신체의 전신을 경험하면서906) 나는 숨을 들이쉰다고 전

---

903) parimukhaṃ satiṃ upaṭṭhapetvā : 역자주 : '얼굴 앞으로 새김을 확립하여'라는 관례적인 번역을 따른 것이나 '얼굴 앞으로'라는 말은 어원대로 해석하자면 '얼굴 둘레로'라는 뜻이다. 이것을 논서(Vibh. 252)에서 '새김이 정립되었는데, 코끝이나 윗입술의 가운데 잘 정립된 것'이라고 해석하였으나, 이는 틀린 것이다. 코끝은 윗입술 쪽이 아니라 코의 뿌리로 실제로는 코의 근원이 되는 부분으로 두뇌 한 가운데를 가리킨 것이다. 그곳을 기점으로 '얼굴 둘레로'(=머리둘레로) 새김을 확립한다는 뜻이다.

904) so satova assasati, sato passasati : 역자주 : 부처님의 호흡새김은 요가에서처럼 호흡을 조절하려는 의도적인 시도를 하지 않는다. 단지 자연적인 리듬 속에서 드나드는 숨을 지속적으로 올바른 알아차림을 갖추고 새기는 것이다. 여기서는 신체에 관한 것까지의 네 단계의 호흡새김을 설명하고 있지만, MN. 62와 MN. 118에는 16가지의 호흡의 단계에 관해서 설명하고 있다. Vism. 267-291에 더욱 상세한 설명이 있다. 이 호흡에 관해서는 냐나몰리(Ñāṇamoli)의 책 '호흡새김(Mindfulness of breathing)'을 보라. 그는 Vism.와 Paṭs. 및 빠알리 경전을 대조하여 잘 설명하고 있다. 이 경전의 16가지 호흡의 단계는 네 가지 새김의 토대와 연관된 네 가지 방식으로 분류된다.

905) pajānāti : 역자주 : '분명히 안다.'라는 동사는 지혜(paññā)라는 말의 어원이다. 이 말은 단순히 '알아챈다.'라는 말과는 다르다. 예를 들어, 이 경의 뒷 문단에 나오지만 대소변 등은 '올바른 알아차림을 갖추는 것'이 중요하지만 호흡에는 '분명히 아는 것'이 중요한 것으로 알아차림뿐만 아니라 호흡에 대한 지식을 필요로 하는 것임을 암시하고 있다. 이 새김의 토대에 대한 경에서는 부처님께서는 '분명히 아는 것'과 '올바른 알아차림을 갖추는 것'을 구분하여 설명하고 있다.

906) sabbakāyapaṭisaṃvedī : SN. IV. 293에 따르면, '숨을 들이쉬고 내쉬는 것이 신체적 형성이다.(assāsapassāsā kho gahapati kāyasaṅkhāro)' Vism. 273에 따르면, 경험하며(paṭisaṁvedī)의 뜻은 '지혜를 수반하는 마음으로, 알려지게 하고, 명백히 하며(viditaṁ karonto, pākaṭaṁ karonto

념하고 신체의 전신을 경험하면서 나는 숨을 내쉰다고 전념한다.907)

4) 신체의 형성을 그치면서 나는 숨을 들이쉰다고 전념하고 신체의 형성을 그치면서 나는 숨을 내쉰다고 전념한다.908)

4. 수행승들이여, 곧, 유능한 도공이나 도공의 도제가 길게 돌릴 때는 나는 길게 돌린다고 분명히 알고, 짧게 돌릴 때는 나는 짧게 돌린다고 분명히 알듯, 수행승들이여, 이와 같이

1) 길게 숨을 들이쉴 때는 나는 길게 숨을 들이쉰다고 분명히 알고 길게 숨을 내쉴 때는 나는 길게 숨을 내쉰다고 분명히 안다.

2) 짧게 숨을 들이쉴 때는 나는 짧게 숨을 들이쉰다고 분명히 알고 짧게 숨을 내쉴 때는 나는 짧게 숨을 내쉰다고 분명히 안다.

ñāṇasampayuttacittena)'의 뜻이다. Dgi. IIb. 232에 따르면, '신체의 전신을 경험하면서'라는 뜻은 모든 호흡의 시작과 중간과 끝의 세 단계를 통해 온몸을 느끼면서 숨을 들이쉬고 내쉬는 것을 관찰하는 것을 말한다.

907) sikkhati : 원래 '배운다.'는 뜻이지만 역자는 '전념한다.'로 번역한다. Dgi. IIb. 232에 따르면, 여기서는 '노력한다(ghaṭati), 정진한다(vāyamati)'라는 의미로 쓰인 것이다. 호흡하는 자의 수호(saṃvara)는 보다 높은 윤리에 대한 수행(adhisīlasikkhā : 增上戒學)이고, 호흡을 하는 자의 선정은 보다 높은 마음에 대한 수행(adhicittasikkhā : 增上心學)이고, 호흡을 하는 자의 지혜는 보다 높은 지혜에 대한 수행(adhipaññāsikkhā : 增上慧學)이기 때문에, 이러한 세 가지 배움(三學)과 관련하여 호흡새김에 의해서, 그러한 사유를 통해서 배우고 익히고 닦는 것을 말한다.

908) passambhayaṃ kāyasaṅkhāraṃ assasissāmīti sikkhati, passambhayaṃ kāyasaṅkhāraṃ passasissāmīti sikkhati : 실라난다(Sīlananda)는 『네 가지 새김의 토대』(The Four Foundation of Mindfulness: 22 쪽)에서 '몸의 형성'을 '신체에 의해서 조건지어진 것'이라고 번역했다. 역자 주 : '신체의 형성'은 이것이 거친 호흡에 영향을 미치는 신체적 형성 즉, 신체의 활동이나 생리적 기능의 총체뿐만 아니라 넓게는 거친 호흡에 영향을 미치는 언어적 · 정신적 형성까지도 염두에 두고 있는 것이라고 볼 수 있다. Dgi. IIb. 232에 따르면, 거친 날숨과 거친 들숨을 고요히 한다는 뜻이다.

3) 신체의 전신을 경험하면서 나는 숨을 들이쉰다고 전념하고 신체의 전신을 경험하면서 나는 숨을 내쉰다고 전념한다.
4) 신체의 형성을 그치면서 나는 숨을 들이쉰다고 전념하고 신체의 형성을 그치면서 나는 숨을 내쉰다고 전념한다.

이와 같은[292] 방식으로 그는 몸에 대해 몸을 안으로 관찰하거나, 몸에 대해 몸을 밖으로 관찰하거나, 몸에 대해 몸을 안팎으로909) 관찰한다. 또는 몸에 대해 생성의 현상을 관찰하거나, 몸에 대해 소멸의 현상을 관찰하거나, 몸에 대해 생성과 소멸의 현상을 관찰한다.910) 단지 그에게 순수한 앎과 순수한 새김이 있는 정도만큼 '몸이 있다.'라는 새김이 이루어진다.911) 그는 세상의 어느 것에도 의존하지 않고 세상의 어느 것에도 집착하지 않는다.912) 수행승들이여, 수행승은 이와 같이 몸에 대해 몸을 관찰한다."913)

---

909) ajjhattabahiddhā : Smv. 765에 따르면, '안으로'는 자신의 몸 속에서 숨쉬는 것을 새기는 것을 말하고 '밖으로'는 타자의 몸 속에서 일어나는 숨쉬기를 새기는 것이다. '안팎으로'는 자신의 몸과 타자의 몸에서 일어나는 숨쉬기를 새기는 것이다. 이와 유사하게 이러한 설명을 모든 네 가지 새김의 토대에 적용할 수 있다.

910) samudayavayadhammānupassī : Smv. 765에 따르면, 몸에서 일어나는 생성의 현상들은 무지, 갈애, 업, 자양 등을 조건으로 몸에서 일어나는 순간적인 물질적 현상의 원인과 더불어 일어난다. 호흡새김의 경우 추가적인 생성요소는 호흡의 생리적 기관에 대한 것이다. 몸에서 '소멸의 현상(vayadhammā)'은 몸에서 원인적 조건의 멈춤과 물질적 현상의 순간적인 사라짐이다.

911) yāvad eva ñāṇamattāya patissatimattāya : Smv. 765에 따르면, '영속적인 보다 높은 앎과 새김의 한도에서(aparāparaṃ uttaruttari ñāṇapamāṇatthāya c'eva satipamāṇatthāya), '몸이 있다.'라는 새김이 이루어진다. 단지 '몸이 있다.'라는 새김은 '뭇삶도 없고, 사람도 없고, 여자도 없고, 남자도 없고, 자아도 없고, 자아의 것도 없고, 나도 없고, 나의 것도 없고, 어떠한 자도 없고, 어떠한 자의 것도 없다.'라는 이와 같은 새김의 현전을 말한다.

912) anissito ca viharati, na ca kiñci loke upādiyati : Smv. 766에 따르면, 갈애에 대한 의존과 견해에 대한 의존에 의존하지 않고, 세상에 어떠한 형상 등을 '이것은 나이다.'라든가 '이것은 나의 것이다.'라고 집착하지 않는 것을 말한다.

913) evampi kho bhikkhave bhikkhu kāye kāyānupassī viharati : Smv. 766에 따르면, 호흡을 파악하는 새김(assāsapassāsaparigāhikā sati)이 괴로움의 거룩한 진리(dukkhasacca : 苦諦)이

(네 가지 행동양식에 대한 관찰)

5. [세존] "또한 수행승들이여, 수행승이 걸어가면 걸어간다고 분명히 알거나, 서있으면 서있다고 분명히 알거나, 앉아있다면 앉아있다고 분명히 알거나, 누워있다면 누워있다고 분명히 알거나, 신체적으로 어떠한 자세를 취하든지 그 자세를 그대로 분명히 안다.914)

이와 같은 방식으로 그는 몸에 대해 몸을 안으로 관찰하거나, 몸에 대해 몸을 밖으로 관찰하거나, 몸에 대해 몸을 안팎으로 관찰한다. 또는 몸에 대해 생성의 현상을 관찰하거나,

---

고, 그것을 생기시키는 이전의 갈애가 괴로움의 발생의 거룩한 진리(samudayasacca : 集諦)이고, 그러한 양자가 생기하지 않는 것이 괴로움의 소멸의 거룩한 진리(nirodhasacca : 滅諦)이고, 괴로움을 완전히 알고, 그 발생을 끊어버리고, 소멸을 목표로 하는 고귀한 길이 괴로움의 소멸로 이끄는 길(maggasacca : 道諦)이다. 이러한 네 가지 거룩한 진리에 의해서 노력하여 적멸을 성취한다. 이것이 네 가지 올바른 알아차림을 통해 들어가는, 한 수행승의 거룩한 경지에 이르는 출리(niyyāna : 出離)의 문이다.

914) puna ca paraṃ bhikkhave bhikkhu gacchanto vā gacchāmīti pajānāti. ṭhito vā ṭhitomhīti pajānāti. nisinno vā nisinnomhīti pajānāti. sayāno vā sayānomhīti pajānāti. yathā yathā vā panassa kāyo paṇihito hoti tathā tathā naṃ pajānāti : 이것은 네 가지 행동양식(四威儀路 : 行・住・坐・臥)에 대한 관찰을 말한다. Smv. 766에 따르면, 개나 승냥이 등이 걷는 경우 '우리는 걷는다.'라고 안다. 그러나 그와 같은 앎을 말하는 것이 아니다. 그러한 앎은 뭇삶의 망상을 끊지 못하고, 자아가 있다는 지각을 제거하지 못하고, 명상수행이나 새김의 확립에 대한 닦음이 되지 않기 때문이다. 그러나 수행승의 앎은 뭇삶의 망상을 끊고, 자아가 있다는 지각을 제거하고, 명상수행이나 새김의 확립에 대한 닦음이 된다. 여기서는 '누가 가는 것인가?' '누구의 감인가?' '어떠한 원인으로 가는가?'라는 알아차림에 대한 것을 말하는 것이다. 그 가운데 누가 가는가? 어떠한 뭇삶도 가는 것은 아니다. 어떠한 사람도 가는 것은 아니다. 누구의 감인가? 어떤 뭇삶의 감도 아니고 어떤 사람의 감도 아니다. 어떠한 원인으로 가는가? 마음의 작용과 운동(風)의 요소의 침투(cittakiriyavāyodhātuvipphāra)에 의해서만 간다. 그러므로 그는 이와 같이 '나는 가겠다.'라고 마음이 일어나고, 그것이 운동을 발현시킨다. 운동은 표현을 야기한다.'라고 분명히 안다. 마음의 작용과 운동의 요소의 침투에 의해서 전신이 앞으로 이끌어져서 감이라고 불린다. Mdb. 1191에 의하면, 이 몸의 자세와 관련된 새김은 우리의 신체의 행동에 대한 일상적인 앎을 의미하는 것이 아니라 몸의 모든 동작에 대한 세밀하고 지속적이고 올바른 알아차림과 몸의 대리자로서의 분석적 검토-자아의 환상을 몰아내려는 의도를 가진 - 를 포함하는 것이다.

몸에 대해 소멸의 현상을 관찰하거나, 몸에 대해 생성과 소멸의 현상을 관찰한다. 단지 그에게 순수한 앎과 순수한 새김이 있는 정도만큼 '몸이 있다.'라는 새김이 이루어진다. 그는 세상의 어느 것에도 의존하지 않고 세상의 어느 것에도 집착하지 않는다. 수행승들이여, 수행승은 이와 같이 몸에 대해 몸을 관찰한다."915)

(몸에 대한 올바른 알아차림)

6. [세존] "또한 수행승들이여, 수행승은 나아가고 돌아오는 것에 대해 올바른 알아차림을 갖추고, 앞을 보고 뒤를 보는 것에 대하여 올바른 알아차림을 갖추고, 굽히고 펴는 것에 대하여 올바른 알아차림을 갖추고, 옷을 입고 발우와 가사를 드는 것에 대하여 올바른 알아차림을 갖추고, 먹고 마시고 소화시키고 맛보는 것에 대하여 올바른 알아차림을 갖추고, 대변보고 소변보는 것에 대하여 올바른 알아차림을 갖추고, 가고 서고 앉고 잠들고 깨어 있고 말하고 침묵하는 것에 대하여 올바른 알아차림을 갖춘다.916)

---

915) evampi kho bhikkhave bhikkhu kāye kāyānupassī viharati : Smv. 768에 따르면, 네 가지 행동양식(catuiriyāpathaparigāhikā sati)을 파악하는 새김이 괴로움의 거룩한 진리(dukkhasacca : 苦諦)이고, 그것을 생기시키는 이전의 갈애가 괴로움의 발생의 거룩한 진리(samudayasacca : 集諦)이고, 그러한 양자가 생기하지 않는 것이 괴로움의 소멸의 거룩한 진리(nirodhasacca : 滅諦)이고, 괴로움을 완전히 알고, 그 발생을 끊어버리고, 소멸을 목표로 하는 고귀한 길이 괴로움의 소멸로 이끄는 길(maggasacca : 道諦)이다. 이러한 네 가지 거룩한 진리에 의해서 노력하여 적멸을 성취한다. 이것이 네 가지 행동양식을 통해 들어가는, 한 수행승의 거룩한 경지에 이르는 출리(niyyāna : 出離)의 문이다.

916) puna ca paraṃ bhikkhave bhikkhu abhikkante paṭikkante sampajānakārī hoti. ālokite vilokite sampajānakārī hoti. samiñjite pasārite sampajānakārī hoti. saṅghāṭipattacīvaradhāraṇe sampajānakārī hoti. asite pīte khāyite sāyite sampajānakārī hoti. uccārapassāvakamme sampajānakārī hoti. gate ṭhite nisinne sutte jāgarite bhāsite tuṇhībhāve sampajānakārī hoti : '몸에 대한 올바른

이와 같은[293] 방식으로 그는 몸에 대해 몸을 안으로 관찰하거나, 몸에 대해 몸을 밖으로 관찰하거나, 몸에 대해 몸을 안팎으로 관찰한다. 또는 몸에 대해 생성의 현상을 관찰하거나, 몸에 대해 소멸의 현상을 관찰하거나, 몸에 대해 생성과 소멸의 현상을 관찰한다. 단지 그에게 순수한 앎과 순수한 새김이 있는 정도만큼 '몸이 있다.'라는 새김이 이루어진다. 그는 세상의 어느 것에도 의존하지 않고 세상의 어느 것에도 집착하지 않는다. 수행승들이여, 수행승은 이와 같이 몸에 대해 몸을 관찰한다."917)

(서른두 가지 양상에 대한 혐오)

7. [세존] "또한 수행승들이여, 수행승은 이 몸을 이와 같이 '이 몸 속에는 머리카락, 몸털, 손톱, 이빨, 피부, 살, 근육, 뼈, 골수, 신장, 심장, 간장, 늑막, 비장, 폐, 창자, 장간막, 위장, 배설물, 뇌수, 담즙, 가래, 고름, 피, 땀, 지방, 눈물,

---

알아차림'에서 알아차림은 앞의 네 가지 행동양식에 대한 관찰에서 '분명히 안다(pajānāti)'와는 다른 뉘앙스를 풍긴다. Pps. I. 253에 따르면, 올바른 알아차림에는 네 가지 종류가 있다. ① 행동의 목적에 대한 올바른 알아차림(sātthakasampajaññaṃ) ② 수단의 적합성에 대한 올바른 알아차림(sappāyasampajaññaṃ) ③ 활동반경에 대한 올바른 알아차림(gocarasampajaññaṃ) ④ 실재에 대한 올바른 알아차림(asammohasampajaññan). 이 가운데 마지막 실재에 대한 알아차림은 행동의 배후에 주체가 없다는 것에 대한 인식을 말한다.

917) evampi kho bhikkhave bhikkhu kāye kāyānupassī viharati : Smv. 768에 따르면, 네 가지 올바른 알아차림을 파악하는 새김(catusampajaññaparigāhikā sati)이 괴로움의 거룩한 진리(dukkhasacca : 苦諦)이고, 그것을 생기시키는 이전의 갈애가 괴로움의 발생의 거룩한 진리(samudayasacca : 集諦)이고, 그러한 양자가 생기하지 않는 것이 괴로움의 소멸의 거룩한 진리(nirodhasacca : 滅諦)이고, 괴로움을 완전히 알고, 그 발생을 끊어버리고, 소멸을 목표로 하는 고귀한 길이 괴로움의 소멸로 이끄는 길(maggasacca : 道諦)이다. 이러한 네 가지 거룩한 진리에 의해서 노력하여 적멸을 성취한다. 이것이 네 가지 올바른 알아차림을 통해 들어가는, 한 수행승의 거룩한 경지에 이르는 출리(niyyāna : 出離)의 문이다.

임파액, 침, 점액, 관절액, 오줌이 있다.'라고[918] 발가락 위에서부터 머리카락 아래에 이르고 피부의 표피에 이르기까지 여러 가지의 오물로 가득한 것으로 개별적으로 관찰한다. 예를 들어, 수행승들이여, 양쪽 입구로[919] 육도, 적미, 강낭콩, 완두콩, 기장, 백미와 같은 여러 종류의 곡식으로 가득 채운 푸대 자루가 있는데 그것을 열어서 사람이 눈으로 '이것은 육도, 이것은 적미, 이것은 강낭콩, 이것은 완두콩, 이것은 기장, 이것은 백미라고 관찰하듯, 수행승은 이 몸을 이와 같이 '이 몸 속에는 머리카락, 몸털, 손톱, 이빨, 피부, 살,[294] 근육, 뼈, 골수, 신장, 심장, 간장, 늑막, 비장, 폐, 창자, 장간막, 위장, 똥, 뇌수, 담즙, 가래, 고름, 피, 땀, 지방, 눈물, 임파액, 침, 점액, 관절액, 오줌이 있다.'라고 발가락 위에서부터 머리카락 아래에 이르고 피부의 표피에 이르기까지 여러 가지의 오물로 가득한 것으로 개별적으로 관찰한다.

이와 같은 방식으로 그는 몸에 대해 몸을 안으로 관찰하거나, 몸에 대해 몸을 밖으로 관찰하거나, 몸에 대해 몸을 안팎으로 관찰한다. 또는 몸에 대해 생성의 현상을 관찰하거나,

---

918) atthi imasmiṁ kaye : 빠알리니까야에서는 일반적으로 우리 신체를 다음과 같이 서른두 가지 양상(dvattiṃsākāra)으로 말하고 있다. 피부까지의 다섯 종류(1. kesā 2. lomā 3. nakhā 4. dantā 5. taco), 신장까지의 다섯 종류(6. mamsaṁ 7. nahāru 8. aṭṭhī 9. aṭṭhimiñjā 10. vakkaṁ), 폐까지의 다섯 종류(11. hadayaṁ 12. yakanaṁ 13. kilomakaṁ 14. pihakaṁ 15. papphāsaṁ), 뇌수까지의 다섯 종류(16. antaṁ 17. antagunaṁ 18. udariyaṁ 19. karīsaṁ 20. matthaluṅgaṁ), 지방까지의 여섯 종류(21. pittaṁ 22. semhaṁ 23. pubbo 24. lohitaṁ 25. sedo 26. medo), 오줌까지의 여섯 종류(27. assu 28. vasā 29. khelo 30. siṅghānikā 31. lasikā 32. muttaṁ) 이에 대한 상세한 새김은 Vism. VIII. 42-144에 등장한다. 그러나 이 경에서는 20. matthaluṅgaṁ(뇌수)가 누락되어 있는데 역자가 삽입한 것이다.

919) ubhato mukhā puṭoḷī : Smv. 769에 따르면, '양쪽 입구가 결합된 푸대자루'는 '아래·위가 입구로 연결된 것'으로 우리의 몸을 상징한다.

몸에 대해 소멸의 현상을 관찰하거나, 몸에 대해 생성과 소멸의 현상을 관찰한다. 단지 그에게 순수한 앎과 순수한 새김이 있는 정도만큼 '몸이 있다.'라는 새김이 이루어진다. 그는 세상의 어느 것에도 의존하지 않고 세상의 어느 것에도 집착하지 않는다. 수행승들이여, 수행승은 이와 같이 몸에 대해 몸을 관찰한다."[920]

(광대한 세계에 대한 정신활동)

8. [세존] "또한 수행승들이여, 수행승은 이 몸을 이와 같이 '이 몸속에는 땅의 세계, 물의 세계, 불의 세계, 바람의 세계가 있다.'라고[921] 세계로서, 놓여있고 구성된 대로 관찰한다. 예를 들어, 수행승들이여, 숙련된 도축업자나 그의 도제가 소를 도살하여 사거리에 따로따로 나누어 놓고, 앉아 있는 것처럼, 수행승들이여, 수행승은 이 몸을 이와 같이 '이 몸속에는 땅의 세계, 물의 세계, 불의 세계, 바람의 세계가 있다.'라고 세계로서, 놓여있고 구성된 대로 개별적으로 관찰한다.[922]

---

920) evampi kho bhikkhave bhikkhu kāye kāyānupassī viharati : Smv. 768에 따르면, 서른두 가지 양상에 대한 새김(dvatiṃsākāraparigāhikā sati)이 괴로움의 거룩한 진리(dukkhasacca : 苦諦)이고, 그것을 생기시키는 이전의 갈애가 괴로움의 발생의 거룩한 진리(samudayasacca : 集諦)이고, 그러한 양자가 생기하지 않는 것이 괴로움의 소멸의 거룩한 진리(nirodhasacca : 滅諦)이고, 괴로움을 완전히 알고, 그 발생을 끊어버리고, 소멸을 목표로 하는 고귀한 길이 괴로움의 소멸로 이끄는 길(maggasacca : 道諦)이다. 이러한 네 가지 거룩한 진리에 의해서 노력하여 적멸을 성취한다. 이것이 서른두 가지 양상을 통해 들어가는, 한 수행승의 거룩한 경지에 이르는 출리(niyyāna : 出離)의 문이다.

921) atthi imasmiṃ kāye paṭhavīdhātu āpodhātu tejodhātu vāyodhātū'ti : 네 가지 광대한 존재(cattāri mahābhūtāni : 四大)는 지수화풍(地・水・火・風)을 말하지만, 또한 물질의 일차적 속성으로 각각 견고성, 유동성, 열성, 확산성을 말한다. 상세한 설명은 Vism. XI. 27-117을 참고하기 바란다.

이와 같은 방식으로 그는 몸에 대해 몸을 안으로 관찰하거나, 몸에 대해 몸을 밖으로 관찰하거나, 몸에 대해 몸을 안팎으로 관찰한다. 또는 몸에 대해 생성의 현상을 관찰하거나, 몸에 대해 소멸의 현상을 관찰하거나,[295] 몸에 대해 생성과 소멸의 현상을 관찰한다. 단지 그에게 순수한 앎과 순수한 새김이 있는 정도만큼 '몸이 있다.'라는 새김이 이루어진다. 그는 세상의 어느 것에도 의존하지 않고 세상의 어느 것에도 집착하지 않는다. 수행승들이여, 수행승은 이와 같이 몸에 대해 몸을 관찰한다."923)

---

922) seyyathāpi bhikkhave dakkho goghātako vā goghātakantevāsī vā gāviṃ vadhitvā cātummahāpathe bilaso vibhajitvā nisinno assa, evameva kho bhikkhave bhikkhu imameva kāyaṃ yathāṭhitaṃ yathāpaṇihitaṃ dhātuso paccavekkhati: atthi imasmiṃ kāye paṭhavīdhātu āpodhātu tejodhātu vāyodhātū ti. : Smv. 770에 따르면, 여기서 '도살자'는 '수행자', '사대로'는 '네 가지 행동양식(四威儀路 : 行·住·坐·臥)', '고깃조각으로 나누어 놓고 앉아있는 것'은 '요소의 세계로 관찰하는 것'을 의미한다. 무엇을 말한 것인가? 도살자의 소를, 사육하는 자에게도, 도살자에게 끌려가는 자에게도, 끌려가 거기에 묶여 있는 자에게도, 도살하는 자에게도 살해된 시체를 보는 자에게도, 그것을 잘라서 고깃조각으로 나누지 않는 한, '소이다.'라는 생각이 사라지지 않는다. 그러나 나누어놓고 앉아 있는 자에게는 '소이다.'라는 생각은 사라지고 '고기이다.'라는 생각이 생겨난다. 그는 '나는 고기를 팔고 있다. 이 자들은 고기를 가져가고 있다.'라고 생각하지 '나는 소를 팔고 있다. 이 자들은 소를 데려간다.'라고 생각하지 않는다. 이와 같이 그 수행승은 이전에 어리석은 범부였을 때에는 재가자였건 출가자였건 이 몸에 관하여, 성립한 대로, 바라는 대로 '덩어리로의 식별(ghanavinibbhogam)'을 해서 요소의 세계로 관찰하지 않는 한, '뭇삶이다.'라든가 '사람이다.'라든가 하는 생각이 사라지지 않는다. 그러나 요소의 세계로 관찰하면, 뭇삶에 대한 지각은 사라진다. 요소의 세계를 통해서만 마음이 확립된다.

923) evampi kho bhikkhave bhikkhu kāye kāyānupassī viharati : Smv. 768에 따르면, '네 가지 요소의 세계에 대한 새김(catudhāthiparigāhikā sati)'이 괴로움의 거룩한 진리(dukkhasacca : 苦諦)이고, 그것을 생기시키는 이전의 갈애가 괴로움의 발생의 거룩한 진리(samudayasacca : 集諦)이고, 그러한 양자가 생기하지 않는 것이 괴로움의 소멸의 거룩한 진리(nirodhasacca : 滅諦)이고, 괴로움을 완전히 알고, 그 발생을 끊어버리고, 소멸을 목표로 하는 고귀한 길이 괴로움의 소멸로 이끄는 길(maggasacca : 道諦)이다. 이러한 네 가지 거룩한 진리에 의해서 노력하여 적멸을 성취한다. 이것이 네 가지 요소의 세계를 통해 들어가는, 한 수행승의 거룩한 경지에 이르는 출리(niyyāna : 出離)의 문이다.

[아홉 가지 묘지의 시체의 분류][924)]

(첫 번째 묘지의 시체에 관한 관찰)

9. [세존] "또한 수행승들이여, 수행승은 묘지에 던져져, 하루나 이틀이나 사흘이나 나흘이 지나 부풀어 오르고 푸르게 멍들고 고름이 흘러나오는 시체를 보듯, 이 몸에 대하여 이와 같이 '이 몸도 이와 같은 성질을 가지고 있고 이와 같은 존재가 되고 이와 같은 운명을 벗어나지 못할 것이다.'라고 비교하여 관찰한다.[925)]

이와 같은 방식으로 그는 몸에 대해 몸을 안으로 관찰하거나, 몸에 대해 몸을 밖으로 관찰하거나, 몸에 대해 몸을 안팎으로 관찰한다. 또는 몸에 대해 생성의 현상을 관찰하거나, 몸에 대해 소멸의 현상을 관찰하거나, 몸에 대해 생성과 소멸의 현상을 관찰한다. 단지 그에게 순수한 앎과 순수한 새김이 있는 정도만큼 '몸이 있다.'라는 새김이 이루어진다. 그는 세상의 어느 것에도 의존하지 않고 세상의 어느 것에도 집착하지 않는다. 수행승들이여, 수행승은 이와 같이 몸에 대해 몸을 관찰한다."

(두 번째 묘지의 시체에 관한 관찰)

---

924) navasīvathikapabba : 분류방식이 다르지만 참고로 Vism. 110의 시체에 관한 명상은 다음과 같은 열 가지가 거론된다. 팽창상(膨脹想 : uddhumātaka), 청어상(青瘀想 : vinīlaka), 농란상(膿爛想 : vipubbaka), 단괴상(斷壞想 : vicchiddaka), 식잔상(食殘想 : vikkhāyitaka), 산란상(散亂想 : vikkhittaka), 참작이산상(斬斫離散想 : hatavikkhittaka), 혈도상(血塗想 : lohitaka), 충취상(蟲聚想 : puḷuvaka), 해골상(骸骨想 : aṭṭhika).

925) so imameva kāyaṃ upasaṃharati: ayampi kho kāyo evaṃdhammo evaṃbhāvī etaṃ anatīto ti : Smv. 771-772에 따르면, 수명・열기・의식이라고 하는 세 가지 원리의 존재에 의해서 이 몸이 서고, 가는 등 지속한다. 그러나 그들이 소멸하면, 그 몸도 그러한 성질의 것으로, 그러한 부패의 상태에 종속된다.

10. [세존] "또한 수행승들이여, 수행승은 묘지에 던져져, 까마귀에 먹히고 매에게 먹히고 독수리에 먹히고 개에게 먹히고 승냥이에게 먹히고 여러 가지 벌레에게 먹히는 시체를 보듯, 이 몸에 대하여 이와 같이 '이 몸도 이와 같은 성질을 가지고 있고 이와 같은 존재가 되고 이와 같은 운명을 벗어나지 못할 것이다.'라고 비교하여 관찰한다.

이와 같은[296] 방식으로 그는 몸에 대해 몸을 안으로 관찰하거나, 몸에 대해 몸을 밖으로 관찰하거나, 몸에 대해 몸을 안팎으로 관찰한다. 또는 몸에 대해 생성의 현상을 관찰하거나, 몸에 대해 소멸의 현상을 관찰하거나, 몸에 대해 생성과 소멸의 현상을 관찰한다. 단지 그에게 순수한 앎과 순수한 새김이 있는 정도만큼 '몸이 있다.'라는 새김이 이루어진다. 그는 세상의 어느 것에도 의존하지 않고 세상의 어느 것에도 집착하지 않는다. 수행승들이여, 수행승은 이와 같이 몸에 대해 몸을 관찰한다."

(세 번째 묘지의 시체에 관한 관찰)

11. [세존] "또한 수행승들이여, 수행승은 묘지에 던져져, 아직 살점과 피가 묻은 힘줄로 연결된 해골로 이루어진 시체를 보듯, 이 몸에 대하여 이와 같이 '이 몸도 이와 같은 성질을 가지고 있고 이와 같은 존재가 되고 이와 같은 운명을 벗어나지 못할 것이다.'라고 비교하여 관찰한다.

이와 같은 방식으로 그는 몸에 대해 몸을 안으로 관찰하거나, 몸에 대해 몸을 밖으로 관찰하거나, 몸에 대해 몸을 안팎으로 관찰한다. 또는 몸에 대해 생성의 현상을 관찰하거나,

몸에 대해 소멸의 현상을 관찰하거나, 몸에 대해 생성과 소멸의 현상을 관찰한다. 단지 그에게 순수한 앎과 순수한 새김이 있는 정도만큼 '몸이 있다.'라는 새김이 이루어진다. 그는 세상의 어느 것에도 의존하지 않고 세상의 어느 것에도 집착하지 않는다. 수행승들이여, 수행승은 이와 같이 몸에 대해 몸을 관찰한다."

(네 번째 묘지의 시체에 관한 관찰)

12. [세존] "또한 수행승들이여, 수행승은 묘지에 던져져, 살점은 없지만 피가 묻은 힘줄로 연결된 해골로 이루어진 시체를 보듯, 이 몸에 대하여 이와 같이 '이 몸도 이와 같은 성질을 가지고 있고 이와 같은 존재가 되고 이와 같은 운명을 벗어나지 못할 것이다.'라고 비교하여 관찰한다.

이와 같은 방식으로 그는 몸에 대해 몸을 안으로 관찰하거나, 몸에 대해 몸을 밖으로 관찰하거나, 몸에 대해 몸을 안팎으로 관찰한다. 또는 몸에 대해 생성의 현상을 관찰하거나, 몸에 대해 소멸의 현상을 관찰하거나, 몸에 대해 생성과 소멸의 현상을 관찰한다. 단지 그에게 순수한 앎과 순수한 새김이 있는 정도만큼 '몸이 있다.'라는 새김이 이루어진다. 그는 세상의 어느 것에도 의존하지 않고 세상의 어느 것에도 집착하지 않는다. 수행승들이여, 수행승은 이와 같이 몸에 대해 몸을 관찰한다."

(다섯 번째 묘지의 시체에 관한 관찰)

13. [세존] "또한 수행승들이여, 수행승은 묘지에 던져져, 살점

도 없고 피도 없는 힘줄로 연결된 해골로 이루어진 시체를 보듯, 이 몸에 대하여 이와 같이 '이 몸도 이와 같은 성질을 가지고 있고 이와 같은 존재가 되고 이와 같은 운명을 벗어나지 못할 것이다.'라고 비교하여 관찰한다.

이와 같은 방식으로 그는 몸에 대해 몸을 안으로 관찰하거나, 몸에 대해 몸을 밖으로 관찰하거나, 몸에 대해 몸을 안팎으로 관찰한다. 또는 몸에 대해 생성의 현상을 관찰하거나, 몸에 대해 소멸의 현상을 관찰하거나, 몸에 대해 생성과 소멸의 현상을 관찰한다. 단지 그에게 순수한 앎과 순수한 새김이 있는 정도만큼 '몸이 있다.'라는 새김이 이루어진다. 그는 세상의 어느 것에도 의존하지 않고 세상의 어느 것에도 집착하지 않는다. 수행승들이여, 수행승은 이와 같이 몸에 대해 몸을 관찰한다."

(여섯 번째 묘지의 시체에 관한 관찰)

14. [세존] "또한 수행승들이여, 수행승은 묘지에 던져져, 결합이 풀려 사방팔방으로, 곧 어떤 곳에는 손뼈, 어떤 곳에는 발뼈, 어떤 곳에는 정강이뼈, 어떤 곳에는 넓적다리뼈, 어떤 곳에는 골반뼈, 어떤 곳에는 척추뼈, 어떤 곳에는 갈비뼈, 어떤 곳에는 가슴뼈, 어떤 곳에는 팔뼈, 어떤 곳에는 어깨뼈, 어떤 곳에는 목뼈,[297] 어떤 곳에는 턱뼈, 어떤 곳에는 이빨뼈, 어떤 곳에는 두개골뼈가 흩어진 해골로 이루어진 시체를 보듯, 이 몸에 대하여 이와 같이 '이 몸도 이와 같은 성질을 가지고 있고 이와 같은 존재가 되고 이와 같은 운명을 벗어나지 못할 것이다.'라고 비교하여 관찰한다.

이와 같은 방식으로 그는 몸에 대해 몸을 안으로 관찰하거나, 몸에 대해 몸을 밖으로 관찰하거나, 몸에 대해 몸을 안팎으로 관찰한다. 또는 몸에 대해 생성의 현상을 관찰하거나, 몸에 대해 소멸의 현상을 관찰하거나, 몸에 대해 생성과 소멸의 현상을 관찰한다. 단지 그에게 순수한 앎과 순수한 새김이 있는 정도만큼 '몸이 있다.'라는 새김이 이루어진다. 그는 세상의 어느 것에도 의존하지 않고 세상의 어느 것에도 집착하지 않는다. 수행승들이여, 수행승은 이와 같이 몸에 대해 몸을 관찰한다."

(일곱 번째 묘지의 시체에 관한 관찰)

15. [세존] "또한 수행승들이여, 수행승은 묘지에 던져져, 조개빛처럼 빛나는 흰뼈들로 이루어진 시체를 보듯, 이 몸에 대하여 이와 같이 '이 몸도 이와 같은 성질을 가지고 있고 이와 같은 존재가 되고 이와 같은 운명을 벗어나지 못할 것이다.'라고 비교하여 관찰한다.

이와 같은 방식으로 그는 몸에 대해 몸을 안으로 관찰하거나, 몸에 대해 몸을 밖으로 관찰하거나, 몸에 대해[298] 몸을 안팎으로 관찰한다. 또는 몸에 대해 생성의 현상을 관찰하거나, 몸에 대해 소멸의 현상을 관찰하거나, 몸에 대해 생성과 소멸의 현상을 관찰한다. 단지 그에게 순수한 앎과 순수한 새김이 있는 정도만큼 '몸이 있다.'라는 새김이 이루어진다. 그는 세상의 어느 것에도 의존하지 않고 세상의 어느 것에도 집착하지 않는다. 수행승들이여, 수행승은 이와 같이 몸에 대해 몸을 관찰한다."

(여덟 번째 묘지의 시체에 관한 관찰)

16. [세존] "또한 수행승들이여, 수행승은 해를 넘기며 쌓인 뼈무더기로 이루어진 시체를 보듯, 이 몸에 대하여 이와 같이 '이 몸도 이와 같은 성질을 가지고 있고 이와 같은 존재가 되고 이와 같은 운명을 벗어나지 못할 것이다.'라고 비교하여 관찰한다.

이와 같은 방식으로 그는 몸에 대해 몸을 안으로 관찰하거나, 몸에 대해 몸을 밖으로 관찰하거나, 몸에 대해 몸을 안팎으로 관찰한다. 또는 몸에 대해 생성의 현상을 관찰하거나, 몸에 대해 소멸의 현상을 관찰하거나, 몸에 대해 생성과 소멸의 현상을 관찰한다. 단지 그에게 순수한 앎과 순수한 새김이 있는 정도만큼 '몸이 있다.'라는 새김이 이루어진다. 그는 세상의 어느 것에도 의존하지 않고 세상의 어느 것에도 집착하지 않는다. 수행승들이여, 수행승은 이와 같이 몸에 대해 몸을 관찰한다."

(아홉 번째 묘지의 시체에 관한 관찰)

17. [세존] "또한 수행승들이여, 수행승은 묘지에 버려져, 썩어 가루가 된 뼈들로 이루어진 시체를 보듯, 이 몸에 대하여 이와 같이 '이 몸도 이와 같은 성질을 가지고 있고 이와 같은 존재가 되고 이와 같은 운명을 벗어나지 못할 것이다.'라고 비교하여 관찰한다.

이와 같은 방식으로 그는 몸에 대해 몸을 안으로 관찰하거나, 몸에 대해 몸을 밖으로 관찰하거나, 몸에 대해 몸을 안팎으로 관찰한다. 또는 몸에 대해 생성의 현상을 관찰하거나,

몸에 대해 소멸의 현상을 관찰하거나, 몸에 대해 생성과 소멸의 현상을 관찰한다. 단지 그에게 순수한 앎과 순수한 새김이 있는 정도만큼 '몸이 있다.'라는 새김이 이루어진다. 그는 세상의 어느 것에도 의존하지 않고 세상의 어느 것에도 집착하지 않는다. 수행승들이여, 수행승은 이와 같이 몸에 대해 몸을 관찰한다."926)

[2. 느낌에 대한 새김의 확립]

18. [세존] "수행승들이여, 그리고 수행승이 느낌에 대해 느낌을 관찰한다는 것은927) 어떠한 것인가? 수행승들이여, 세

926) evampi bhikkhave bhikkhu kāye kāyānupassī viharati : Smv. 772-773에 따르면, '아홉 가지 묘지의 시체를 파악하는 새김(navasīvathikā parigāhikā sati)'이 이 괴로움의 거룩한 진리(dukkhasacca : 苦諦)이고, 그것을 생기시키는 이전의 갈애가 괴로움의 발생의 거룩한 진리(samudayasacca : 集諦)이고, 그러한 양자가 생기하지 않는 것이 괴로움의 소멸의 거룩한 진리(nirodhasacca : 滅諦)이고, 괴로움을 완전히 알고, 그 발생을 끊어버리고, 소멸을 목표로 하는 고귀한 길이 괴로움의 소멸로 이끄는 길(maggasacca : 道諦)이다. 이러한 네 가지 거룩한 진리에 의해서 노력하여 적멸을 성취한다. 이것이 아홉 가지 묘지의 시체를 파악을 통해 들어가는, 한 수행승의 거룩한 경지에 이르는 출리(niyyāna : 出離)의 문이다. 이상으로 이전의 호흡, 이전의 네 가지 행동양식, 이전의 네 가지 올바른 알아차림, 이전의 싫어하여 꺼림, 이전의 요소의 세계에 정신활동을 기울임, 이전의 아홉 가지 묘지의 사체 등의 열네 가지 몸에 대한 관찰이 끝났다.

927) kathañca bhikkhave bhikkhu vedanāsu vedanānupassī viharati : Smv. 766에 따르면, 침대에 누워있는 유아가 모유를 빨 때에는 즐거운 느낌을 느끼므로 '즐거운 느낌을 느낀다.'라고 안다. 그러나 그와 같은 앎을 말하는 것이 아니다. 그러한 앎은 뭇삶의 망상을 끊지 못하고, 자아가 있다는 지각을 제거하지 못하고, 명상수행이나 새김의 확립에 대한 닦음이 되지 않기 때문이다. 그러나 수행승의 앎은 뭇삶의 망상을 끊고, 자아가 있다는 지각을 제거하고, 명상수행이나 새김의 확립에 대한 닦음이 된다. 여기서는 '누가 느끼는 것인가?' '누구의 느낌인가?' '어떠한 원인으로 느끼는가?'라는 느낌의 알아차림에 대한 것을 말하는 것이다. 그 가운데 누가 느끼는가? 어떠한 뭇삶도 느끼는 것은 아니다. 어떠한 사람도 느끼는 것은 아니다. 누구의 느낌인가? 어떤 뭇삶의 느낌도 아니고 어떤 사람의 느낌도 아니다. 기체의 소연(vatthuārammaṇa : 基體의 所緣) - 시각기관 등의 기체의 대상이 되는 형상 등을 지칭 - 에 의해서만 느낌이라는 것이 성립한다. 그러므로 그는 이와 같이 '그 때 그 때의 기체를 소연으로 즐거움 등의 느낌이 감수된다. 단지 그 느낌의 생기에 의해서 나는 느낌을 느낀다.'라고 분명히 안다. 이와 같이 기체를 소연으로

상에서 수행승이

1) 즐거운 느낌을 경험하면,[928] '나는 즐거운 느낌을 경험한다.'라고 분명히 알고,
2) 괴로운 느낌을 경험하면, '나는 괴로운 느낌을 경험한다.'라고 분명히 알고,
3) 즐겁지도 않고 괴롭지도 않은 느낌을 경험하면 '나는 즐겁지도 않고 괴롭지도 않은 느낌을 경험한다.'라고 분명히 알고,
4) 자양이 있는 즐거운 느낌을 경험하면 '나는 자양이 있는 즐거운 느낌을 경험한다.'라고 분명히 알고,
5) 자양이 없는 즐거운 느낌을 경험하면 '나는 자양이 없는 즐거운 없는 느낌을 경험한다.'라고 분명히 알고,
6) 자양이 있는 괴로운 느낌을 경험하면 '나는 자양이 있는 괴로운 느낌을 경험한다.'라고 분명히 알고,
7) 자양이 없는 괴로운 느낌을 경험하면 '나는 자양이 없는 괴로운 느낌을 경험한다.'라고 분명히 알고,
8) 자양이 있는 즐겁지도 않고 괴롭지도 않은 느낌을 경험하면 '나는 자양이 있는 즐겁지도 않고 괴롭지도 않은 느낌을 경험한다.'라고 분명히 알고,
9) 자양이 없는 즐겁지도 않고 괴롭지도 않은 느낌을 경험하면 '나는 자양이 없는 즐겁지도 않고 괴롭지도 않은 느낌을 경험한다.'라고 분명히 아는 것이다.

해서 '느낌이 느껴진다.'라고 이해하면서 그는 '나는 즐거움의 느낌을 느낀다.'라고 분명히 안다고 알 수 있다.

928) vedanaṃ vediyamāno : 원문은 '느낌을 느끼면'의 뜻인데, 빠알리 문장에서는 이와 같이 목적어와 술어가 동일한 의미를 가지고 반복되는 경우가 많다.

이와 같은 방식으로 그는 느낌에 대해 느낌을 안으로 관찰하거나, 느낌에 대해 느낌을 밖으로 관찰하거나, 느낌에 대해 느낌을 안팎으로 관찰한다.929) 또는 느낌에 대해 생성의 현상을 관찰하거나, 느낌에 대해 소멸의 현상을 관찰하거나,[299] 느낌에 대해 생성과 소멸의 현상을 관찰한다.930) 단지 그에게 순수한 앎과 순수한 새김이 있는 정도만큼 '느낌이 있다.'라는 새김이 이루어진다. 그는 세상의 어느 것에도 의존하지 않고 세상의 어느 것에도 집착하지 않는다. 수행승들이여, 수행승은 이와 같이 느낌에 대해 느낌을 관찰한다."931)

[3. 마음에 대한 새김의 확립]

19. [세존] "수행승들이여, 그리고 마음에 대해 마음을 관찰하는 것은932) 어떠한 것인가?

---

929) iti ajjhattaṃ vā vedanāsu vedanānupassī viharati, bahiddhā vā vedanāsu vedanānupassī viharati, ajjhattabahiddhā vā vedanāsu vedanānupassī viharati : Smv. 775에 따르면, 이와 같이 즐거움의 느낌 등을 포착하는 것에 의해서 자기의 느낌들에 대하여, 타자의 느낌들에 대하여, 때로는 자신의 느낌, 때로는 타자의 느낌에 대하여 느낌을 관찰한다는 뜻이다.

930) samudayadhammānupassī vā vedanāsu viharati, vayadhammānupassī vā vedanāsu viharat i, samudayavayadhammānupassī vā vedanāsu viharati : Smv. 775에 따르면, 여기서 '무명이 일어나므로 느낌이 일어난다.'는 등의 각각 다섯 가지 양상에 의해서 느낌들의 생성과 소멸을 보면서 '느낌들에 대해서 생성의 원리를 관찰하고 느낌들에 대해서 소멸의 원리를 관찰하고, 때때로 느낌들에 대해서 생성과 소멸의 원리를 관찰한다.'고 해석할 수 있다. 그밖에 다른 것도 이와 같이 설명될 수 있다.

931) evampi kho bhikkhave bhikkhu vedanāsu vedanānupassī viharati : Smv. 776에 따르면, '느낌을 파악하는 새김(vedanāparigāhikā sati)'이 괴로움의 거룩한 진리(dukkhasacca : 苦諦)이고, 그것을 생기시키는 이전의 갈애가 괴로움의 발생의 거룩한 진리(samudayasacca : 集諦)이고, 그러한 양자가 생기하지 않는 것이 괴로움의 소멸의 거룩한 진리(nirodhasacca : 滅諦)이고, 괴로움을 완전히 알고, 그 발생을 끊어버리고, 소멸을 목표로 하는 고귀한 길이 괴로움의 소멸로 이끄는 길(maggasacca : 道諦)이다. 이러한 네 가지 거룩한 진리에 의해서 노력하여 적멸을 성취한다.

932) citte cittānupassī : Smv. 776에 따르면, 여기까지 아홉 가지 느낌에 대한 관찰의 새김의

수행승들이여, 세상에서 수행승이
1) 탐욕에 매인 마음을 탐욕에 매인 마음이라고 분명히 알고,
2) 탐욕에서 벗어난 마음을 탐욕에서 벗어난 마음이라고 분명히 알고,
3) 성냄에 매인 마음을 성냄에 매인 마음이라고 분명히 알고,
4) 성냄에서 벗어난 마음을 성냄에서 벗어난 마음이라고 분명히 알고,
5) 어리석음으로 가득 찬 마음을 어리석음으로 가득 찬 마음이라고 분명히 알고,
6) 어리석음에서 벗어난 마음을 어리석음에서 벗어난 마음이라고 분명히 알고,
7) 위축된 마음을 위축된 마음이라고 분명히 알고,
8) 산만한 마음을 산만한 마음이라고 분명히 알고,
9) 계발된 마음을 계발된 마음이라고 분명히 알고,
10) 계발되지 않은 마음을 계발되지 않은 마음이라고 분명히 알고,
11) 탁월한 마음을 탁월한 마음이라고 분명히 알고,
12) 저열한 마음을 저열한 마음이라고 분명히 알고,
13) 집중된 마음을 집중된 마음이라고 분명히 알고,
14) 집중에 들지 않은 마음을 집중에 들지 않은 마음이라고 분명히 알고,
15) 해탈된 마음을 해탈된 마음이라고 분명히 알고,
16) 해탈되지 않은 마음을 해탈되지 않은 마음이라고 분명히 아는 것이다.[933]

토대를 설명하고 이제는 열여섯 가지의 마음의 관찰에 대하여 설한다.

이와 같은 방식으로 그는 마음에 대해 마음을 안으로 관찰하거나, 마음에 대해 마음을 밖으로 관찰하거나, 마음에 대해 마음을 안팎으로 관찰한다. 또는 마음에 대해 생성의 현상을 관찰하거나, 마음에 대해 소멸의 현상을 관찰하거나, 마음에 대해 생성과 소멸의 현상을 관찰한다.934) 단지 그에게[300] 순수한 앎과 순수한 새김이 있는 정도만큼 '마음이 있다.'라는 새김이 이루어진다. 그는 세상의 어느 것에도 의존하지 않고 세상의 어느 것에도 집착하지 않는다. 수행승들이여, 수행승은 이와 같이 마음에 대해 마음을 관찰한다."935)

---

933) mahaggataṃ … amahaggataṃ … sauttaraṃ … anuttaraṃ … samāhitaṃ … asamāhitaṃ … vimuttaṃ avimuttaṃ : Smv. 776에 따르면, 탐욕에 매인 마음은 여덟 가지 탐욕을 수반하는 마음이고, 탐욕을 벗어난 마음은 세간의 착하고 건전한 것과 선악도 아닌 것(無記)을 말하고, 성냄에 매인 마음은 두 가지 근심을 수반하는 마음이고, 성냄을 벗어난 마음은 세간의 착하고 건전한 것과 선악도 아닌 것(無記)을 말하고, 어리석음에 매인 마음은 의혹을 수반하는 마음과 자기정당화를 수반하는 마음이다. 어리석음을 벗어난 마음은 세간의 착하고 건전한 것과 선악도 아닌 것(無記)을 말하고, 위축된 마음은 해태와 혼침(thīnamiddhānupatitaṃ)을, 흩어진 마음은 흥분과 회한(uddhaccasahagataṃ), 계발된 마음과 탁월한 마음은 선정에서 성취되는 미세한 물질의 세계(色界 : rūpāvacaraṃ)와 비물질의 세계(無色界 : arupāvacaraṃ)와 관계되고, 계발되지 못한 마음과 저열한 마음은 감각적인 쾌락의 세계(kāmāvacaraṃ)와 관계된다. 집중된 마음은 근접삼매(upacārasamādhi)와 본삼매(appaṇāsamādhi)를 말하고 집중되지 않은 마음은 그러한 삼매가 없는 것을 뜻한다. 해탈된 마음은 피분해탈(tadaṅgavimutti : 彼分解脫), 진복해탈(vikkhambhanavimutti : 鎭伏解脫)에 의한 해탈을 말하고, 해탈하지 않은 마음은 피분해탈과 진복해탈이 없는 것, 물론 정단(samuccheda : 正斷)·안식(paṭippassaddhi : 安息)·출리(nissaraṇa : 出離)에 의한 해탈도 없는 것을 말한다. 그리고 Mdb. 1192에 따르면, 여기서 해탈된 마음은 통찰이나 선정을 통해 일시적으로 마음이 해탈된 것으로 이해되어야 한다. 새김의 토대에 대한 명상은 출세간적인 궁극적인 해탈을 목표로 한 길의 준비단계와 관계가 있다. 이것은 출세간적인 길의 성취를 통한 궁극적인 해탈로 오해되어서는 안 된다.

934) samudayadhammānupassī vā cittasmiṃ viharati, vayadhammānupassī vā cittasmiṃ viharati samudayavayadhammānupassī vā cittasmiṃ viharati : Smv. 777에 따르면, 여기서 '무명이 일어나므로 의식이 일어난다.'는 등의 각각 다섯 가지 양상에 의해서 의식의 생성과 소멸이 인출될 수 있다. 그밖에 다른 것도 이와 같이 설명될 수 있다.

935) evampi kho bhikkhave bhikkhu citte cittānupassī viharati : Smv. 777에 따르면, '마음을 파악하는 새김(cittapariggāhikā sati)'이 괴로움의 거룩한 진리(dukkhasacca : 苦諦)이고, 그것을

[4. 사실에 대한 새김의 확립]
(다섯 가지 장애)

20. [세존] "수행승들이여, 그리고936) 사실에 대해 사실을 관찰하는 것은937) 어떠한 것인가? 수행승들이여, 세상에서 수행승은 다섯 가지 장애938) 가운데 사실에 대해 사실을

생기시키는 이전의 갈애가 괴로움의 발생의 거룩한 진리(samudayasacca : 集諦)이고, 그러한 양자가 생기하지 않는 것이 괴로움의 소멸의 거룩한 진리(nirodhasacca : 滅諦)이고, 괴로움을 완전히 알고, 그 발생을 끊어버리고, 소멸을 목표로 하는 고귀한 길이 괴로움의 소멸로 이끄는 길(maggasacca : 道諦)이다. 이러한 네 가지 거룩한 진리에 의해서 노력하여 적멸을 성취한다. 이상의 16가지로 마음에 대한 관찰의 새김의 토대를 언급했다.

936) ca bhikkhave : Smv. 777에 따르면, 지금 다섯 가지에 대한 관찰을 말하기 위해 다음과 같이 '수행승들이여, 그리고'라고 말했다. 또한 부처님에 의해서 몸에 대한 관찰을 통해서 청정한 신체의 파악이 설해졌고, 느낌과 마음에 대한 관찰을 통해서 청정한 비물질에 대한 파악이 설해졌다. 지금은 물질과 비물질의 혼합의 파악을 말하기 위해 '수행승들이여, 그리고'라고 말했다. 혹은 몸에 대한 관찰을 통해서 물질의 다발이, 느낌에 대한 관찰을 통해서 느낌의 다발이, 마음에 대한 관찰을 통해서 의식의 다발만이 언급되었다. 지각의 다발과 형성의 다발을 파악하기 위해 '수행승들이여, 그리고'라고 말했다.

937) dhammesu dhammānupassī : 여기서 역자는 담마(dhammā)를 사실로 번역했다. 사실은 모든 사실이나 정신현상을 포괄하기 때문이다. '사건'이라고 번역하면 인과적인 현상을 반영한다는 데서 더 좋은 번역이 될 수도 있으나 너무 사회적인 특수성을 띠기 때문에 여기서는 사실로 번역한다. 부처님의 가르침인 네 가지 거룩한 진리(四聖諦 : cattāri ariyasaccāni)도 사실에 대한 관찰에 포함된다.

938) pañca nīvaraṇā : 다섯 가지 장애(五障)는 다음과 같다. ① 감각적 쾌락의 욕망(愛貪 kāmacchanda) ② 분노(惡意 byāpāda) ③ 해태와 혼침(昏寢睡眠 thīnamiddha) ④ 흥분과 회한(悼擧惡作 uddhaccakukkucca) ⑤ 의심(疑 vicikicchā). 앞의 두 가지 장애, 감각적 쾌락의 욕망과 분노는 가장 강력한 것으로 선정이나 삼매의 수행에 가장 장애가 되는 것인데, 그것들은 탐욕과 성냄을 수반하고 있다. 다른 세 가지 장애는 비교적 덜하지만 장애적인 요소가 강한 것으로 어리석음을 수반하고 있다. 감각적 쾌락의 욕망은 두 가지로 해석된다. 일반적으로 색깔, 소리, 냄새, 맛, 감촉의 다섯 가지 감각의 장에서 일어나는 감각적 쾌락(五欲樂)을 말하지만 때로는 넓은 의미로 감각적인 쾌락뿐 아니라 부, 권력, 지위, 명예 등에서 발생하는 욕망도 의미한다. 두 번째의 장애인 분노 또는 악의는 첫 번째 장애와 다른 극단적 형태의 성냄을 수반하는 것으로 자타에 대한 증오, 화냄, 원한, 혐오 등을 속성으로 한다. 세 번째 장애는 해태와 혼침이다. 해태는 정신적으로 아둔한 것을 의미하고 혼침은 마음이 무겁고 가라앉아 졸리는 것을 뜻한다. 네 번째의 장애는 흥분과 회한인데 흥분은 마음의 흥분, 불안정을 의미하고 회한은 거정으로 과거에 대한 후회와 원하지 않았던 결과에 대한 근심을 뜻한다. 이것은 어리석음을 바탕으로 하고 있다. 다섯 번째

관찰한다. 수행승들이여, 어떻게 세상에서 수행승은 다섯 가지 장애 가운데 사실에 대해 사실을 관찰하는가?

수행승들이여, 세상에서 수행승은

1) 안으로 감각적 쾌락의 욕망이 존재하면 '나에게는 안으로 감각적 쾌락의 욕망이 있다.'라고 분명히 알고,[939] 안으로 감각적 쾌락의 욕망이 존재하지 않는다면 '나에게는 안으로 감각적 쾌락의 욕망이 없다.'라고 분명히 알고, 아직 생겨나지 않은 감각적 쾌락의 욕망이 생겨난다면 생겨나는 대로 그것을 분명히 알고, 이미 생겨난 감각적 쾌락의 욕망을 버리면 버리는 대로 그것을 분명히 알고 이미 버려진 감각적 쾌락의 욕망이 미래에 생겨나지 않는다면 생겨나지 않는 대로 그것을 분명히 안다.

장애는 의심이다. 의심은 어리석음에 수반하는 상습적인 미결정과 미해결, 신뢰의 결여 등을 뜻한다. 각각의 장애에 대한 비유에 대해서는 이 책(DN. I. 73)의 주석을 보라. 또 다른 비유로 AN. V. 193에 재미있는 비유가 있다. 감각적 쾌락의 욕망은 다섯 가지 색깔로 물든 물에 비유되고, 분노는 부글부글 끓는 물에 비유되며, 해태와 혼침은 이끼가 낀 물, 흥분과 회한은 바람이 불어 파도치는 물, 의심은 흐린 흙탕물에 비유된다. 이러한 장애의 물을 버리고 명경지수와 같은 마음의 상태가 되지 않으면 안 된다. 다섯 가지 마음의 장애가 소멸되면서 다섯 가지 선정의 고리가 나타나기 시작한다. ① 해태와 혼침 → 사유(尋 vitakka) ② 의심 → 熟考(伺 vicāra), ③ 분노 → 희열(喜 pīti) ④ 흥분과 회한 → 행복(樂 sukha) ⑤ 감각적 쾌락의 욕망 → 심일경성(心一境性 ekaggata). Vism. 142-145에 따르면 사유는 명상의 대상이라는 종을 치는 것과 같으며, 숙고는 그 종의 반향을 관찰하는 것이고, 희열은 명상의 대상에 대한 관심과 흥미에 따르는 기쁨으로 사막을 여행하는 자가 멀리서 오아시스를 발견한 기쁨에 해당하며, 행복은 오아시스에 도착하여 물을 마시고 쉬는 것과 같다. 그리고 심일경성은 마음과 대상을 통일시키는 역할을 한다.

939) santaṃ vā ajjhattaṃ kāmacchandaṃ 'atthi me ajjhattaṃ kāmacchando'ti pajānāti : Smv. 777에 따르면, 아름다운 인상(subhanimitta : 淨相)에 대한 이치에 맞지 않는 정신활동(ayonisom ansikāra)에 의해서 탐욕의 일어남이 있다. 그러나 아름답지 않은 인상(asubhanimitta : 不淨相)에 대한 이치에 맞는 정신활동(ayonisomansikāra)에 의해서 탐욕의 여읨이 있다. 또한 그 탐욕의 여읨을 위해서는 ① 아름답지 않은 인상에 대한 배움 ② 아름답지 않은 인상에 대한 익힘 ③ 감관을 수호하는 것 ④ 식사의 분량을 아는 것 ⑤ 선우와의 사귀는 것 ⑥ 적절한 대화의 여섯 가지 원리(六法)가 도움이 된다. 이러한 여섯 가지 원리에 의해서 탐욕을 버리는 자에게는 거룩한 길(arahattamagga : 阿羅漢道)에 의해서 미래에 탐욕이 일어나지 않는다고 안다.

2) 안으로 분노가 존재하면 '나에게는 안으로 분노가 있다.'라고 분명히 알고,[940] 안으로 분노가 존재하지 않는다면 '나에게는 안으로 분노가 없다.'라고 분명히 알고, 아직 생겨나지 않은 분노가 생겨난다면 생겨나는 대로 그것을 분명히 알고, 이미 생겨난 분노를 버리면 버리는 대로 그것을 분명히 알고, 이미 버려진 분노가 미래에 생겨나지 않는다면 생겨나지 않는 대로 그것을 분명히 안다.

3) 안으로 해태와 혼침이 존재하면 '나에게는 안으로 해태와 혼침이 있다.'라고 분명히 알고,[941] 안으로 해태와 혼침이 존재하지 않는다면 '나에게는 안으로 해태와 혼침이 없다.'라고 분명히 알고, 아직 생겨나지 않은 해태와 혼침이 생겨난다면 생겨나는 대로 그것을 분명히 알고, 이미 생겨난 해태와 혼침을 버리면 버리는 대로 그것을 분명히 알고, 이미 버려진 해태와 혼침이 미래에 생겨나지 않는다

---

940) santaṃ vā ajjhattaṃ byāpādaṃ 'atthi me ajjhattaṃ byāpādo'ti pajānāti : Smv. 779-780에 따르면, 저촉의 인상(paṭighanimitta : 瞋恚相)에 대한 이치에 맞지 않는 정신활동(ayonisomansikāra)에 의해서 분노의 일어남이 있다. 그러나 자애(mattā : 慈愛)의 마음에 의한 해탈(cetovimutti)에 의한 이치에 맞는 정신활동(ayonisomansikāra)에 의해서 분노의 여읨이 있다. 또한 그 분노의 여읨을 위해서는 ① 자애의 인상에 대한 배움 ② 자애에 대한 익힘 ③ 업의 자성에 대한 관찰 ③ 성찰의 반복 ⑤ 선우와의 사귀는 것 ⑥ 적절한 대화의 여섯 가지 원리(六法)가 도움이 된다. 이러한 여섯 가지 원리에 의해서 분노를 버리는 자는 돌아오지 않는 길(anāgāmimagga : 不還道)에 의해서 미래에 분노가 일어나지 않는다고 안다.

941) santaṃ vā ajjhattaṃ thīnamiddhaṃ atthi me ajjhattaṃ thīnamiddhanti pajānāti : Smv. 780-781에 따르면, 불쾌(arati : 不快) 등에 대한 이치에 맞지 않는 정신활동(ayonisomansikāra)에 의해서 해태와 혼침의 일어남이 있다. 그러나 노력의 세계(ārambhadhātu)에 의한 이치에 맞는 정신활동(ayonisomansikāra)에 의해서 해태와 혼침에 대한 여읨이 있다. 또한 그 해태와 혼침에 대한 여읨을 위해서는 ① 과식의 인상에 대한 파악 ② 네 가지 행동양식(四威儀路 : 行·住·坐·臥)의 전환 ③ 광명의 명상에 정신활동을 기울임 ④ 확 트인 곳에 머무는 것 ⑤ 선우와의 사귀는 것 ⑥ 적절한 대화의 여섯 가지 원리(六法)가 도움이 된다. 이러한 여섯 가지 원리에 의해서 해태와 혼침을 버리는 자는 거룩한 길(arahattamagga : 阿羅漢道)에 의해서 미래에 해태와 혼침이 일어나지 않는다고 안다.

면 생겨나지 않는 대로 그것을 분명히 안다.

4) 안으로 흥분과 회한이 존재하면 '나에게는 안으로[301] 흥분과 회한이 있다.'라고 분명히 알고,942) 안으로 흥분과 회한이 존재하지 않는다면 '나에게는 안으로 흥분과 회한이 없다.'라고 분명히 알고, 아직 생겨나지 않은 흥분과 회한이 생겨난다면 생겨나는 대로 그것을 분명히 알고, 이미 생겨난 흥분과 회한을 버리면 버리는 대로 그것을 분명히 알고, 이미 버려진 흥분과 회한이 미래에 생겨나지 않는다면 생겨나지 않는 대로 그것을 분명히 안다.

5) 안으로 의심이 존재하면 '나에게는 안으로 의심이 있다.'라고 분명히 알고,943) 안으로 의심이 존재하지 않는다면 '나에게는 안으로 의심이 없다.'라고 분명히 알고, 아직 생겨나지 않은 의심이 생겨난다면 생겨나는 대로 그것을 분명히 알고, 이미 생겨난 의심을 버리면 버리는 대로 그

942) santaṃ vā ajjhattaṃ uddhaccakukkuccaṃ 'atthi me ajjhattaṃ uddhaccakukkuccanti pajānāti : Smv. 781-782에 따르면, 마음의 불안(cetaso avūpasama : 心不寂靜)에 대한 이치에 맞지 않는 정신활동(ayonisomansikāra)에 의해서 흥분과 회한의 일어남이 있다. 그러나 삼매(samādhi)라고 부르는 마음의 적정(cetaso vūpasama)에 의한 이치에 맞는 정신활동(ayonisomansikāra)에 의해서 흥분과 회한에 대한 여읨이 있다. 또한 그 흥분과 회한에 대한 여읨을 위해서는 ① 많이 배우는 것 ② 두루 묻는 것 ③ 계율에 대한 익힘 ④ 장로에 대한 섬김 ⑤ 선우와 사귀는 것 ⑥ 적절한 대화의 여섯 가지 원리(六法)가 도움이 된다. 이러한 여섯 가지 원리에 의해서 흥분과 회한을 버리는 자는 돌아오지 않는 길(anāgāmimagga : 不還道)에 의해서 미래에 흥분과 회한이 일어나지 않는다고 안다.

943) santaṃ vā ajjhattaṃ vivikicchaṃ 'atthi me ajjhattaṃ vicikicchā'ti pajānāti : Smv. 782에 따르면, 의심의 기초가 되는 현상(vicikicchāṭhānīyadhamma)에 대한 이치에 맞지 않는 정신활동(ayonisomansikāra)에 의해서 의심의 일어남이 있다. 그러나 착하고 건전한 것(kusaladhamma)에 대한 이치에 맞는 정신활동(ayonisomansikāra)에 의해서 의심에 대한 여읨이 있다. 또한 그 의심에 대한 여읨을 위해서는 ① 많이 배우는 것 ② 두루 묻는 것 ③ 계율에 대한 익힘 ④ (삼보에 대한) 확신의 심화 ⑤ 선우와 사귀는 것 ⑥ 적절한 대화의 여섯 가지 원리(六法)가 도움이 된다. 이러한 여섯 가지 원리에 의해서 의심을 버리는 자는 흐름에 드는 길(sotāpattimagga : 預流道)에 의해서 미래에 의심이 일어나지 않는다고 안다.

것을 분명히 알고, 이미 버려진 의심이 미래에 생겨나지 않는다면 생겨나지 않는 대로 그것을 분명히 안다.

이와 같은 방식으로 그는 사실에 대해 사실을 안으로 관찰하거나, 사실에 대해 사실을 밖으로 관찰하거나, 사실에 대해 사실을 안팎으로 관찰한다. 또는 사실에 대해 생성의 현상을 관찰하거나, 사실에 대해 소멸의 현상을 관찰하거나, 사실에 대해 생성과 소멸의 현상을 관찰한다. 단지 그에게 순수한 앎과 순수한 새김이 있는 정도만큼 '사실이 있다.'라는 새김이 이루어진다. 그는 세상의 어느 것에도 의존하지 않고 세상의 어느 것에도 집착하지 않는다. 수행승들이여, 수행승은 이와 같이 다섯 가지 장애가운데 사실에 대해 사실을 관찰한다."

(다섯 가지 존재의 집착 다발)

21. [세존] "수행승들이여, 또한 세상에서 수행승은 다섯 가지 존재의 집착다발 가운데 사실에 대해 사실을 관찰한다.[944] 수행승들이여, 어떻게 세상에서 수행승은 다섯 가지 존재의 집착다발가운데 사실에 대해 사실을 관찰하는가?

944) puna ca paraṃ bhikkhave bhikkhu dhammesu dhammānupassī viharati pañcasu upādānakkhandhesu : Smv. 783에 따르면, 이상 다섯 가지 장애로 사실에 대한 사실의 관찰을 설했고, 이제 다섯 가지 존재의 다발(pañcakkhandha : 五蘊)을 통해서 설명하기 위해 '또한'이라고 언급한 것이다. 또한 집착다발(upādānakkhandha : 取蘊)은 집착을 조건으로 하는 사실의 집적(paccaya bhūtadhammapuñja) 또는 사실의 더미(dhammarāsi)을 뜻한다. 역자주 : 존재의 집착다발이란 의미는 다섯 가지 존재의 다발 – 물질(rūpa : 色), 느낌(vedanā : 受), 지각(saññā : 想), 형성(saṅkhārā : 行), 의식(viññāṇa : 識) – 이 '나의 소유, 나의 존재, 나의 자아'라는 유위법적 사유의 근본구조 속에서 나타날 때 성립한다. 존재의 다발과 존재의 집착다발에 대해서는 이 책의 해제나 SN. III. 47을 참조하라. 그리고 존재의 집착다발에 관해서는 MN. 28에 다음과 같이 잘 나타나 있다.

수행승들이여, 세상에서 수행승은

1) '물질은 이와 같고 물질의 발생은 이와 같고 물질의 소멸은 이와 같다.'라고[945] 분명히 안다.

2) '느낌은 이와 같고 느낌의 발생은 이와 같고 느낌의 소멸은 이와 같다.'라고 분명히 안다.

3) '지각은 이와 같고 지각의 발생은 이와 같고 지각의 소멸은 이와 같다.'라고 분명히 안다.

4) '형성은 이와 같고[302] 형성의 발생은 이와 같고 형성의 소멸은 이와 같다.'라고 분명히 안다.

5) '의식은 이와 같고 의식의 발생은 이와 같고 의식의 소멸은 이와 같다.'라고 분명히 안다.

이와 같은 방식으로 그는 사실에 대해 사실을 안으로 관찰하거나, 사실에 대해 사실을 밖으로 관찰하거나, 사실에 대해 사실을 안팎으로 관찰한다. 또는 사실에 대해 생성의 현상을 관찰하거나, 사실에 대해 소멸의 현상을 관찰하거나, 사실에 대해 생성과 소멸의 현상을 관찰한다.[946] 단지 그에

---

945) iti rūpaṃ, iti rūpassa samudayo, iti rūpassa atthaṅgamo : Smv. 783에 따르면, '물질은 이와 같고'라는 것은 '이와 같이 '이것이 물질이다. 이것만이 물질이다. 이것과 다른 물질은 존재하지 않는다.'라는 자성에 의해서 물질을 안다.'라는 뜻이다. '물질의 발생은 이와 같고'라는 것은 '이와 같이 무명의 생기 등에 의해서 다섯 가지 양상에 의한 물질의 생기가 있다.'라는 뜻이다. '물질의 소멸은 이와 같고'라는 것은 '이와 같이 무명의 소멸 등에 의해서 다섯 가지 양상에 의한 물질의 소멸이 있다.'라는 뜻이다. 이하의 느낌, 지각, 형성, 의식에 대해서도 마찬가지로 설명된다.

946) iti ajjhattaṃ vā dhammesu dhammānupassī viharati, bahiddhā vā dhammesu dhammānupassī viharati, ajjhattabahiddhā vā dhammesu dhammānupassī viharati. Samudaya dhammānupassī vā dhammesu viharati, vayadhammānupassī vā dhammesu viharati, samudayavayadhammānupassī vā dhammesu viharati : Smv. 783에 따르면, 이와 같이 다섯 가지 존재의 다발을 포착하는 것에 의해서 자기의 사실들에 대하여, 타자의 사실들에 대하여, 때로는 자신의 사실, 때로는 타자의 사실에 대하여 사실을 관찰한다는 뜻이다. 그러나 생성과 소멸은 '무명이 일어나므로 물질 등이 일어난다.'는 등의 각각 다섯 가지 존재의 다발에 의해서 언급된 오십 가지 특징에

게 순수한 앎과 순수한 새김이 있는 정도만큼 '사실이 있다.' 라는 새김이 이루어진다. 그는 세상의 어느 것에도 의존하지 않고 세상의 어느 것에도 집착하지 않는다. 수행승들이여, 수행승은 이와 같이 다섯 가지 존재의 집착다발가운데 사실에 대해 사실을 관찰한다."[947]

(여섯 가지 안팎의 감역)

22. [세존] "수행승들이여, 또한 세상에서 수행승은 여섯 가지 안팎의 감역 가운데 사실에 대해 사실을 관찰한다.[948] 수행승들이여, 어떻게 세상에서 수행승은 여섯 가지 안팎의 감역 가운데 사실에 대해 사실을 관찰하는가?

수행승들이여, 세상에서 수행승은

1) 시각을 분명히 알고 형상을 분명히 알고 그 양자를 조건으로 속박이 생겨나면 그것을 분명히 알고, 아직 생겨나지 않은 속박이 생겨나면 생겨나는 대로 그것을 분명히 알고, 이미 생겨난 속박을 버리게 되면 버리는 대로 그것을 분명

의해서 도출될 수 있다. 이 밖에 다른 것도 이와 같은 방식으로 말해진다.

947) evampi kho bhikkhave bhikkhu citte cittānupassī viharati : Smv. 778에 따르면, '존재의 다발을 파악하는 새김(khandhaparigāhikā sati)'이 괴로움의 거룩한 진리(dukkhasacca : 苦諦)이고, 그것을 생기시키는 이전의 갈애가 괴로움의 발생의 거룩한 진리(samudayasacca : 集諦)이고, 그러한 양자가 생기하지 않는 것이 괴로움의 소멸의 거룩한 진리(nirodhasacca : 滅諦)이고, 괴로움을 완전히 알고, 그 발생을 끊어버리고, 그 소멸을 목표로 하는 고귀한 길이 괴로움의 소멸로 이끄는 길(maggasacca : 道諦)이다.

948) puna ca paraṃ bhikkhave bhikkhu dhammesu dhammānupassī viharati chasu ajjhattikabāhiresu āyatanesu. : Smv. 784에 따르면, 이상으로 다섯 가지 존재의 다발을 통해서 사실에 대한 관찰을 설명하고, 이제 감각의 영역(āyatana)에 대하여 설명한다. 여섯 가지 내적 · 외적 감역(cha ajjhattikabāhirā āyatanā : 六內外處)은 시각(cakkhu : 眼)과 형상(rūpa : 色), 청각(sota : 耳)과 소리(saddha : 聲), 후각(ghāna : 鼻)과 냄새(gandha : 香), 미각(jivhā : 舌)과 맛(rasa : 味), 촉각(kāya : 身)과 감촉(phoṭṭhabba : 觸), 정신(mano : 意)과 사실(dhamma : 法)을 말한다.

히 알고, 이미 버려진 속박이 미래에 생겨나지 않는다면 생겨나지 않는 대로 그것을 분명히 안다.949)

2) 청각을 분명히 알고 소리를 분명히 알고 그 양자를 조건으로 속박이 생겨나면 그것을 분명히 알고, 아직 생겨나지 않은 속박이 생겨나면 생겨나는 대로 그것을 분명히 알고, 이미 생겨난 속박을 버리게 되면 버리는 대로 그것을 분명

---

949) idha bhikkhave bhikkhu cakkhuñca pajānāti, rūpe ca pajānāti, yañca tadubhayaṃ paṭicca uppajjati saññojanaṃ tañca pajānāti. yathā ca anuppannassa saññojanassa uppādo hoti tañca pajānāti. yathā ca uppannassasaññojanassa pahānaṃ hoti tañca pajānāti. yathā ca pahīnassa saññojanassa āyatiṃ anuppādo hoti tañca pajānāti : Smv. 784에 따르면, '시각을 분명히 알고'는 시각의 감관을 있는 그대로의 자기작용(sarasa)과 특징(lakkhaṇa)에 의해서 분명히 안다는 뜻이고, '형상을 분명히 알고'는 밖의 네 가지(업 · 마음 · 시절 · 자양)에 의해서 함께 생겨나는 형상을 있는 그대로의 자기작용과 특징에 의해서 분명히 아는 것을 뜻하고, '그 양자를 조건으로 속박이 생겨나면 그것을 분명히 알고'라는 것은 시각과 형상의 양자에 의해서 생겨나는 감각적 쾌락에 대한 탐욕의 속박과 분노 · 자만 · 견해 · 의심 · 규범과 금계에 대한 집착(戒禁取) · 존재에 대한 탐욕 · 질투 · 인색 · 무명이라고 하는 열 가지 속박을 있는 그대로의 자기작용과 특징에 의해서 분명히 아는 것을 뜻하고, '아직 생겨나지 않은 속박이 생겨나면 생겨나는 대로 그것을 분명히 알고'라는 것은 "시각의 감관을 통해 시야에 들어온 원하는 대상에 대하여 감각적 쾌락의 탐욕의 유혹을 통해서 매혹되어 환희하면, 감각적 쾌락의 탐욕의 속박이 생겨나고, 원하지 않는 대상에 대하여 분노하면, 분노의 속박이 생겨난다. '그와 같은 형상의 대상을 영원하고 견고한 것이다.'라고 파악하면, 견해의 속박이 생겨나고, '그와 같은 형상의 대상이 뭇삶인가 뭇삶의 것인가?'라고 의심하면, 의심의 속박이 생겨나고, '성취의 존재에 대하여 우리에게 이와 같은 획득이 생겨난다.'라고 존재를 바라면 존재의 탐욕이 생겨나고, '미래에도 이와 같은 규범과 금계를 지키고 얻을 것이다.'라고 규범과 금계를 고수하면, 규범과 금계에 대한 집착의 속박이 생겨나고, '아! 이 형상의 대상을 다른 자가 얻을 것이다.'라고 질투하면, 질투의 속박이 생겨난다. 자기가 얻은 형상의 대상을 다른 자에게 아끼면, 인색의 속박이 생겨나고, 이 모든 것과 함께 생겨나는 무지에 의해서 무명의 속박이 생겨난다."라고 분명히 아는 것을 뜻하고, '이미 생겨난 속박을 버리게 되면 버리는 대로 그것을 분명히 알고'라는 것은 '피분과 진복에 의한 버림(tadaṅgavikkhambhanappahāna)'을 통해서 그 열 가지 속박이 어떠한 원인으로 생겨나지 않는가를 분명히 아는 것을 뜻한다. 어떠한 원인에 의해서 미래에 생겨나지 않는 것일까? 견해 · 의심 · 규범과 금계에 대한 집착(戒禁取) · 질투 · 인색이라는 다섯 가지 속박은 흐름에 드는 길에 의해서, 미래에 생겨나지 않는다. 감각적 쾌락에 대한 탐욕과 분노라는 두 가지의 거친 속박은 한번 돌아오는 길에 의해서, 그 미세한 것은 돌아오지 않는 길에 의해서, 자만 · 존재에 대한 탐욕 · 무명이라는 세 가지 속박은 거룩한 길에 의해서 미래에 생겨나지 않는다.'라고 분명히 아는 것을 뜻한다. 후각 등에 대해서도 마찬가지 방식으로 적용한다.

히 알고, 이미 버려진 속박이 미래에 생겨나지 않는다면 생겨나지 않는 대로 그것을 분명히 안다.

3) 후각을 분명히 알고 냄새를 분명히 알고 그 양자를 조건으로 속박이 생겨나면 그것을 분명히 알고, 아직 생겨나지 않은 속박이 생겨나면 생겨나는 대로 그것을 분명히 알고, 이미 생겨난 속박을 버리게 되면 버리는 대로 그것을 분명히 알고, 이미 버려진 속박이 미래에 생겨나지 않는다면 생겨나지 않는 대로 그것을 분명히 안다.

4) 미각을 분명히 알고 맛을 분명히 알고 그 양자를 조건으로 속박이 생겨나면 그것을 분명히 알고, 아직 생겨나지 않은 속박이 생겨나면 생겨나는 대로 그것을 분명히 알고, 이미 생겨난 속박을 버리게 되면 버리는 대로 그것을 분명히 알고, 이미 버려진 속박이 미래에 생겨나지 않는다면 생겨나지 않는 대로 그것을 분명히 안다.

5) 촉각을 분명히 알고 감촉을 분명히 알고 그 양자를 조건으로 속박이 생겨나면 그것을 분명히 알고, 아직 생겨나지 않은 속박이 생겨나면 생겨나는 대로 그것을 분명히 알고, 이미 생겨난 속박을 버리게 되면 버리는 대로 그것을 분명히 알고, 이미 버려진 속박이 미래에 생겨나지 않는다면 생겨나지 않는 대로 그것을 분명히 안다.

6) 정신을 분명히 알고 사실을 분명히 알고 그 양자를[303] 조건으로 속박이 생겨나면 그것을 분명히 알고, 아직 생겨나지 않은 속박이 생겨나면 생겨나는 대로 그것을 분명히 알고, 이미 생겨난 속박을 버리게 되면 버리는 대로 그것을 분명히 알고, 이미 버려진 속박이 미래에 생겨나지 않

는다면 생겨나지 않는 대로 그것을 분명히 안다.

이와 같은 방식으로 그는 사실에 대해 사실을 안으로 관찰하거나, 사실에 대해 사실을 밖으로 관찰하거나, 사실에 대해 사실을 안팎으로 관찰한다. 또는 사실에 대해 생성의 현상을 관찰하거나, 사실에 대해 소멸의 현상을 관찰하거나, 사실에 대해 생성과 소멸의 현상을 관찰한다.950) 단지 그에게 순수한 앎과 순수한 새김이 있는 정도만큼 '사실이 있다.'라는 새김이 이루어진다. 그는 세상의 어느 것에도 의존하지 않고 세상의 어느 것에도 집착하지 않는다. 수행승들이여, 수행승은 이와 같이 여섯 가지 안팎의 감역 가운데 사실에 대해 사실을 관찰한다."951)

(일곱 가지 깨달음의 고리)

23. [세존] "수행승들이여, 또한 세상에서 수행승은 일곱 가

---

950) iti ajjhattaṃ vā dhammesu dhammānupassī viharati, bahiddhā vā dhammesu dhammānupassī viharati, ajjhattabahiddhā vā dhammesu dhammānupassī viharati. Samudaya dhammānupassī vā dhammesu viharati, vayadhammānupassī vā dhammesu viharati, samudayavayadhammānupassī vā dhammesu viharati : Smv. 783에 따르면, 이와 같이 안의 감각의 영역을 포착하는 것에 의해서 자기의 사실들에 대하여, 밖의 감각의 영역을 포착하는 것에 의해서 타자의 사실들에 대하여, 때로는 자신의 사실, 때로는 타자의 사실에 대하여 사실을 관찰한다는 뜻이다. 그러나 생성과 소멸은 '무명이 일어나므로 시각 등이 일어난다.'라고 물질의 영역 등은 물질의 다발에 대해서, 비물질의 영역인 정신의 영역은 의식의 다발에 대해서, 사실의 영역은 남은 존재의 다발 – 느낌·지각·형성 – 에 대하여, 언급된 방식대로 도출될 수 있다. 이 밖에 다른 것도 이와 같은 방식으로 말해진다.

951) evampi kho bhikkhave bhikkhu citte cittānupassī viharati : Smv. 778에 따르면, '감각의 영역을 파악하는 새김(āyatanaparigāhikā sati)'이 괴로움의 거룩한 진리(dukkhasacca : 苦諦)이고, 그것을 생기시키는 이전의 갈애가 괴로움의 발생의 거룩한 진리(samudayasacca : 集諦)이고, 그러한 양자가 생기하지 않는 것이 괴로움의 소멸의 거룩한 진리(nirodhasacca : 滅諦)이고, 괴로움을 완전히 알고, 그 발생을 끊어버리고, 소멸을 목표로 하는 고귀한 길이 괴로움의 소멸로 이끄는 길(maggasacca : 道諦)이다.

지 깨달음의 고리 가운데 사실에 대해 사실을 관찰한다.952) 수행승들이여, 어떻게 세상에서 수행승은 일곱 가지 깨달음의 고리가운데 사실에 대해 사실을 관찰하는가? 수행승들이여, 세상에서 수행승이

1) 안으로 새김의 깨달음의 고리953)가 있다면 '나에게 안으로 새김의 깨달음의 고리가 있다.'라고 분명히 알고, 안으로 새김의 깨달음의 고리가 없다면 '나에게 안으로 새김의 깨달음의 고리가 없다.'라고 분명히 알고, 아직 생겨나지 않은 새김의 깨달음의 고리가 생겨난다면 생겨나는 대로 그것을 분명히 알고, 이미 생겨난 새김의 깨달음의 고리가 닦여져 원만해지면 닦여져 원만해지는 대로 그것을 분명히 안다.

2) 안으로 탐구의 깨달음의 고리954)가 있다면 '나에게 안으

---

952) puna ca paraṃ bhikkhave bhikkhu dhammesu dhammānupassī viharati sattasu bojjhaṅgesu : 이상으로 안팎의 감각의 영역에 대한 사실의 관찰을 설명하고, 이제 일곱 가지 깨달음의 고리(satta bojjhaṅgā : 七覺支)로 설명한다. 역자주: ① 새김(念 sati)의 깨달음 고리 : 신체적・언어적・정신적인 모든 행위와 움직임을 세밀히 기억하고 관찰하는 것을 말한다. ② 탐구(dhamma vicaya : 擇法)의 깨달음 고리 : 교리의 여러 가지 문제에 관해 조사하고 연구하는 것을 말한다. 여기에는 종교적・윤리적・철학적 연구, 독서, 탐구, 논의, 대화를 비롯해서 교리문제에 관한 강연에 참가하는 것까지 포함한다. ③ 정진(viriya : 精進)의 깨달음 고리 : 끝까지 결의를 다지고 밀고 나아가는 것을 말한다. ④ 희열(pīti : 喜)의 깨달음 고리 : 마음이 염세적이고 우울한 것과는 정반대로 경이와 희열에 넘친 상태를 지향한다. ⑤ 안온(passaddhi : 輕安)의 깨달음 고리 : 신체와 정신이 휴식을 취하는 상태로 신체적 정신적인 괴로움의 소멸을 지향한다. ⑥ 집중(samādhi : 定)의 깨달음 고리 : 정신집중이 되어 삼매에 든 상태를 지향한다. ⑦ 평정(upekkha : 捨)의 깨달음 고리 : 인생의 파란곡절에서 침착한 마음을 유지하는 것으로 근심이 없고 평온한 마음의 상태를 말한다. 이에 대해 MN. 10과 MN. 118과 Smv. 785-797에서 상세히 거론되고 있다.

953) satisambojjhaṅga : 한역의 염각지(念覺支)를 말한다. Smv. 785-786에 따르면, 새김의 깨달음 고리는 새김이라고 하는 깨달음 고리를 말하며, 통찰의 노력 이후에 실천자가 깨닫기 때문에 깨달음이다. 새김의 깨달음 고리가 생겨나는데 도움을 주는 것으로 ① 새김에 대한 올바른 알아차림 ② 새김을 잃어버린 자에 대한 회피 ③ 새김을 확립한 사람의 섬김 ④ 그것에 전념하는 것의 네 가지 원리가 있다.

로 탐구의 깨달음의 고리가 있다.'라고 분명히 알고, 안으로 탐구의 깨달음의 고리가 없다면 '나에게 안으로 탐구의 깨달음의 고리가 없다.'라고 분명히 알고, 아직 생겨나지 않은 탐구의 깨달음의 고리가 생겨난다면 생겨나는 대로 그것을 분명히 알고, 이미 생겨난 탐구의 깨달음의 고리가 닦여져 원만해지면 닦여져 원만해지는 대로 그것을 분명히 안다.

3) 안으로 정진의 깨달음의 고리[955]가 있다면 '나에게 안으로 정진의 깨달음의 고리가 있다.'라고 분명히 알고, 안으로 정진의 깨달음의 고리가 없다면 '나에게 안으로 정진의 깨달음의 고리가 없다.'라고 분명히 알고, 아직 생겨나지 않은 정진의 깨달음의 고리가 생겨난다면 생겨나는 대로 그것을 분명히 알고, 이미 생겨난 정진의 깨달음의 고리가 닦여져 원만해지면 닦여져 원만해지는 대로 그것을 분명

954) dhammavicayasambojjhaṅga : 한역의 택법각지(擇法覺支)를 말한다. Smv. 787에 따르면, 탐구의 깨달음 고리는 탐구라고 하는 깨달음 고리를 말하며, 탐구의 깨달음 고리가 생겨나는데 도움을 주는 것으로 ① 두루 질문하는 것 ② 기체(vatthu : 基體)를 청정하게 하는 것 : 내적인 기체는 머리카락·손톱·몸 등을 뜻하고 외적인 기체는 옷·깔개·처소 등을 말한다. ③ 능력(indriya : 根)을 조화의 상태로 이끄는 것 : 믿음의 능력 등의 다섯 가지 능력(pañca indiyāni : 五根)을 조화롭게 만드는 것이다. ④ 지혜롭지 못한 자에 대한 회피 ⑤ 지혜로운 자에 대한 섬김 ⑥ 심오한 궁극적 앎과 실천에 대한 관찰 ⑦ 그것에 전념하는 것의 일곱 가지 원리가 있다.

955) viriyasambojjhaṅga : 한역의 정진각지(精進覺支)를 말한다. Smv. 789에 따르면, 정진의 깨달음 고리는 정진이라고 하는 깨달음 고리를 말하며, 정진의 깨달음 고리가 생겨나는데 도움을 주는 것으로 ① 괴로운 곳(苦處 : apāya)에 대한 두려움을 성찰하는 것 : 지옥·축생·아귀·아수라가 겪는 고통에 대한 두려움을 성찰하는 것이다. ② 공덕을 보는 것 ③ 행로(gamana)를 성찰하는 것 : 부처님·연각불·위대한 제자들의 행로를 성찰하는 것이다. ④ 탁발식을 존중하는 것 ⑤ 고귀한 유산(dāyajja : 구족계를 받은 것)의 위대성을 성찰하는 것 ⑥ 스승의 위대함을 성찰하는 것 ⑦ 태어남(jāti)의 위대함을 성찰하는 것 ⑧ 동료수행자의 위대함을 성찰하는 것 ⑨ 게으른 사람에 대한 회피 ⑩ 노력정진하는 사람에 대한 섬김 ⑪ 그것에 전념하는 것의 열한 가지 원리가 있다.

히 안다.

4) 안으로 희열의 깨달음의 고리[956]가 있다면 '나에게 안으로 희열의 깨달음의 고리가 있다.'라고 분명히 알고, 안으로 희열의 깨달음의 고리가 없다면 '나에게 안으로 희열의 깨달음의 고리가 없다.'라고 분명히 알고, 아직 생겨나지 않은 희열의 깨달음의 고리가 생겨난다면 생겨나는 대로 그것을 분명히 알고, 이미 생겨난 희열의 깨달음의 고리가 닦여져 원만해지면 닦여져 원만해지는 대로 그것을 분명히 안다.

5) 안으로[304] 안온의 깨달음의 고리[957]가 있다면 '나에게 안으로 안온의 깨달음의 고리가 있다.'라고 분명히 알고, 안으로 안온의 깨달음의 고리가 없다면 '나에게 안으로 안온의 깨달음의 고리가 없다.'라고 분명히 알고, 아직 생겨나지 않은 안온의 깨달음의 고리가 생겨난다면 생겨나는 대로 그것을 분명히 알고, 이미 생겨난 안온의 깨달음의 고리가 닦여져 원만해지면 닦여져 원만해지는 대로 그것을 분명히 안다.

---

956) pītisambojjhaṅga : 한역의 희각지(喜覺支)를 말한다. Smv. 792-793에 따르면, 희열의 깨달음 고리는 희열이라고 하는 깨달음 고리를 말하며, 희열의 깨달음 고리가 생겨나는데 도움을 주는 것으로 ① 부처님을 새기는 것 ② 가르침을 새기는 것 ③ 참모임을 새기는 것 ④ 계율을 지키는 것 ⑤ 보시를 행하는 것 ⑥ 천신을 새기는 것 ⑦ 적멸을 새기는 것 ⑧ 조악한 사람에 대한 회피 ⑨ 온화한 사람에 대한 섬김 ⑩ 청정한 믿음을 일으키는 법문을 성찰하는 것 ⑪ 그것에 전념하는 것의 열한 가지 원리가 있다.

957) passaddhisambojjhaṅga : 한역의 경안각지(輕安覺支)를 말한다. Smv. 793에 따르면, 안온의 깨달음 고리는 안온이라고 하는 깨달음 고리를 말하며, 안온의 깨달음 고리가 생겨나는데 도움을 주는 것으로 ① 알맞은 음식의 섭취 ② 계절의 즐거움을 누리는 것 ③ 네 가지 행동양식의 즐거움을 누리는 것 ④ 중도를 닦는 것(majjhatta-payogatā) : 자기와 타자에 대한 업의 자성(kammassakatā) - 업을 자기로 삼는 것 - 을 성찰하는 것이다. ⑤ 조악한 몸을 지닌 사람에 대한 회피 ⑥ 온화한 몸을 지닌 사람에 대한 섬김 ⑦ 그것에 전념하는 것의 일곱 가지 원리가 있다.

6) 안으로 집중의 깨달음의 고리[958]가 있다면 '나에게 안으로 집중의 깨달음의 고리가 있다.'라고 분명히 알고, 안으로 집중의 깨달음의 고리가 없다면 '나에게 안으로 집중의 깨달음의 고리가 없다.'라고 분명히 알고, 아직 생겨나지 않은 집중의 깨달음의 고리가 생겨난다면 생겨나는 대로 그것을 분명히 알고, 이미 생겨난 집중의 깨달음의 고리가 닦여져 원만해지면 닦여져 원만해지는 대로 그것을 분명히 안다.

7) 안으로 평정의 깨달음의 고리[959]가 있다면 '나에게 안으로 평정의 깨달음의 고리가 있다.'라고 분명히 알고, 안으로 평정의 깨달음의 고리가 없다면 '나에게 안으로 평정의 깨달음의 고리가 없다.'라고 분명히 알고, 아직 생겨나지

---

958) samādhisambojjhaṅga : 한역의 정각지(定覺支)를 말한다. Smv. 794에 따르면, 집중의 깨달음 고리는 집중이라고 하는 깨달음 고리를 말하며, 집중의 깨달음 고리가 생겨나는데 도움을 주는 것으로 ① 기체(vatthu : 基體)를 청정하게 하는 것 : 내적인 기체는 머리카락 · 손톱 · 몸 등을 뜻하고 외적인 기체는 옷 · 깔개 · 처소 등을 말한다. ② 능력(indriya : 根)을 조화의 상태로 이끄는 것 : 믿음의 능력 등의 다섯 가지 능력(pañca indiyāni : 五根)을 조화롭게 만드는 것이다. ③ 인상에 밝은 것 : 두루채움(kasiṇa : 遍處) 등의 인상을 배우는데 밝은 것이다. ④ 시간에 맞추어 마음을 책려하는 것 : 너무 나태한 정진에 의해서 마음이 위축되었을 때에는 탐구 · 정진 · 희열의 께달음 고리를 일으킨다. ⑤ 시간에 맞추어 마음을 억지하는 것 : 용맹정진에 의해서 마음이 흥분되었을 때는 안온 · 집중 · 평정의 깨달음 고리를 일으킨다. ⑥ 시간에 맞추어 기쁨을 일으키는 것 ⑦ 시간에 맞추어 무관심한 것 ⑧ 불안정한 사람에 대한 회피 ⑨ 안정된 사람에 대한 섬김 ⑩ 선정에 의한 해탈을 관찰하는 것 ⑪ 그것에 전념하는 것의 열한 가지 원리가 있다.

959) upekkhāsambojjhaṅga : 한역의 사각지(捨覺支)를 말한다. Smv. 795-786에 따르면, 평정의 깨달음 고리는 평정이라고 하는 깨달음 고리를 말하며, 평정의 깨달음 고리가 생겨나는데 도움을 주는 것으로 ① 뭇삶에 대한 중도인 것 : 자기와 타자에 대한 업의 자성 – 업을 자기로 삼는 것 – 과 뭇삶의 비실체성(nissatta)을 성찰하는 것을 통해 이루어진다. ② 형성(saṅkhāra)에 대한 중도인 것 : 형성의 무지배성(assāmika)과 잠시성(muhutta)을 성찰하는 것으로 이루어진다. ③ 뭇삶의 형성에 애착하는 사람을 회피하는 것 : 뭇삶의 형성이란 두 가지 기체(vatthu : 基體)를 말한다. 내적인 기체는 머리카락 · 손톱 · 몸 등을 뜻하고 외적인 기체는 옷 · 깔개 · 처소 등을 말한다. ④ 뭇삶의 형성에 대해 중도인 사람을 섬기는 것 ⑤ 그것에 전념하는 것의 다섯 가지 원리가 있다.

않은 평정의 깨달음의 고리가 생겨난다면 생겨나는 대로 그것을 분명히 알고, 이미 생겨난 평정의 깨달음의 고리가 닦여져 원만해지면 닦여져 원만해지는 대로 그것을 분명히 안다.

이와 같은 방식으로 그는 사실에 대해 사실을 안으로 관찰하거나, 사실에 대해 사실을 밖으로 관찰하거나, 사실에 대해 사실을 안팎으로 관찰한다. 또는 사실에 대해 생성의 현상을 관찰하거나, 사실에 대해 소멸의 현상을 관찰하거나, 사실에 대해 생성과 소멸의 현상을 관찰한다.[960] 단지 그에게 순수한 앎과 순수한 새김이 있는 정도만큼 '사실이 있다.'라는 새김이 이루어진다. 그는 세상의 어느 것에도 의존하지 않고 세상의 어느 것에도 집착하지 않는다. 수행승들이여, 수행승은 이와 같이 일곱 가지 깨달음의 고리가운데 사실에 대해 사실을 관찰한다."[961]

---

960) iti ajjhattaṃ vā dhammesu dhammānupassī viharati, bahiddhā vā dhammesu dhammānupassī viharati, ajjhattabahiddhā vā dhammesu dhammānupassī viharati. samudaya dhammānupassī vā dhammesu viharati, vayadhammānupassī vā dhammesu viharati, samudayavayadhammānupassī vā dhammesu viharati : Smv. 783에 따르면, 이와 같이 자기의 혹은 타자의 일곱 가지 깨달음 고리(satta bojjhaṅgā : 七覺支 : 상세한 것은 이 책 DN. II. 79; 전집 III. 252의 주석을 보라)를 포착하는 것에 의해서 자기의 사실들에 대하여, 타자의 사실들에 대하여, 때로는 자신의 사실, 때로는 타자의 사실에 대하여 사실을 관찰한다는 뜻이다. 그러나 생성과 소멸은 깨달음 고리들의 생성과 소멸에 의해서 알려질 수 있다. 이 밖에 다른 것도 이와 같은 방식으로 말해진다.

961) evampi kho bhikkhave bhikkhu citte cittānupassī viharati : Smv. 778에 따르면, '깨달음 고리를 파악하는 새김(sambhojhaṅgparigāhikā sati)'이 괴로움의 거룩한 진리(dukkhasacca : 苦諦)이고, 그것을 생기시키는 이전의 갈애가 괴로움의 발생의 거룩한 진리(samudayasacca : 集諦)이고, 그러한 양자가 생기하지 않는 것이 괴로움의 소멸의 거룩한 진리(nirodhasacca : 滅諦)이고, 괴로움을 완전히 알고, 그 발생을 끊어버리고, 소멸을 목표로 하는 고귀한 길이 괴로움의 소멸로 이끄는 길(maggasacca : 道諦)이다.

[네 가지 거룩한 진리]

24. [세존] "수행승들이여, 또한 세상에서 수행승은 네 가지 거룩한 진리 가운데 사실에 대해 사실을 관찰한다.962) 수행승들이여, 어떻게 세상에서 수행승은 네 가지 거룩한 진리가운데 사실에 대해 사실을 관찰하는가? 수행승들이여, 세상에서 수행승은

1) '이것이 괴로움이다.'라고 있는 그대로 분명히 알고,963)

2) '이것이 괴로움의 발생이다.'라고 있는 그대로 분명히 알고,964)

3) '이것이 괴로움의 소멸이다.'라고 있는 그대로 분명히 알고,965)

4) '이것이 괴로움의 소멸에 이르는 길이다.'라고 있는 그대로 분명히 안다.966)

---

962) puna ca paraṃ bhikkhave bhikkhu dhammesu dhammānupassī viharati catūsu ariyasacces u : Smv. 797에 따르면, 이상으로 일곱 가지 깨달음 고리(satta bojjhaṅgā : 七覺支 : 상세한 것은 이 책 DN. II. 79; 전집 III. 252의 주석을 보라)를 통해서 사실에 대한 관찰을 설명한 뒤에, 이제는 네 가지 거룩한 진리(四聖諦)를 통해서 사실에 대한 관찰을 설명한다.

963) idaṃ dukkhanti yathā bhūtaṃ pajānāti : 괴로움의 진리(dukkhasacca : 苦諦) 또는 괴로움의 거룩한 진리(dukkha ariyasacca : 苦聖諦)를 나타내는데, Smv. 797에 따르면, 갈애를 제외한 삼계의 모든 현상에 대하여 '이것은 괴롭다.'라고 분명히 아는 것을 뜻이다.

964) ayaṃ dukkhasamudayo ti yathābhūtaṃ pajānāti : 발생의 진리(samudayasacca : 集諦) 또는 괴로움의 발생의 거룩한 진리(dukkhasamudaya ariyasacca : 苦集聖諦)인데, Smv. 797에 따르면, 괴로움을 발생시키는 앞선 갈애에 대하여 '이것이 괴로움의 발생이다.'라고 분명히 아는 것을 뜻한다.

965) ayaṃ dukkhanirodho ti yathābhūtaṃ pajānāti : 소멸의 진리(nirodhasacca : 滅諦) 또는 괴로움의 소멸의 거룩한 진리(dukkhanirodha ariyasacca : 苦滅聖諦)를 나타내는데, Smv. 797에 따르면, 그러한 양자가 생겨나지 않는 열반에 대하여 '이것이 괴로움의 소멸이다.'라고 분명히 아는 것을 뜻한다.

966) ayaṃ dukkhanirodhagāminī paṭipadā ti yathābhūtaṃ pajānāti : 길의 진리(maggasacca : 道諦) 또는 괴로움의 소멸로 이끄는 길의 거룩한 진리(dukkhanirodhagāminī paṭipadā ariyasacc a : 苦滅道聖諦)를 나타내는데, Smv. 797에 따르면, 괴로움을 두루 알아 그 발생을 끊고 멸진을

(괴로움의 거룩한 진리)

25. [세존] "수행승들이여,[305] 괴로움의 거룩한 진리[967]란 어떠한 것인가? 태어남도, 늙음도, 병듦도, 죽음도 괴로움이고, 슬픔, 비탄, 고통, 근심, 절망도 괴로움이고, 사랑하지 않는 것과 만나고, 사랑하는 것과 헤어지고, 원하는 것을 얻지 못하는 것도 괴로움이고, 간략히 말해서 다섯 가지 집착다발[968]이 괴로움이다. 수행승들이여, 이것이 괴로움이다.

1) 수행승들이여, 태어남이란 어떠한 것인가? 낱낱의 뭇삶의 유형에 따라 낱낱의 뭇삶이 출생하고 탄생하고[969] 강생하고[970] 전생하고[971] 모든 존재의 다발들이 나타나고 감역을 얻는다. 수행승들이여, 이것을 태어남이라고 한다.[972]

2) 수행승들이여, 늙음이란 어떠한 것인가? 낱낱의 뭇삶의 유형에 따라 낱낱의 뭇삶이 늙고 노쇠하고 쇠약해지

깨닫는 고귀한 길에 대하여, '이것이 괴로움의 소멸로 이끄는 길이다.'라고 분명히 아는 것이다.

967) dukkha ariyasacca : 한역은 고성제(苦聖諦)이다.

968) pañcupādānakkhandha : '다섯 가지 집착다발'은 오취온(五取蘊)이라고 한역된다. 상세한 설명은 이 책(DN. II. 301)과 그 주석을 보라.

969) jāti sañjati : 여기서 역자는 '출생하고 탄생하고'라고 번역했다. Srp. II. 13에 따르면, 'jāti sañjati ti ādisu jāyan'aṭṭhena jāti. sa aparipuṇṇāyatanavasena vutta. sañjayan'aṭṭhena sañjāti. sa paripuṇṇāyatanavasena vuttā'라고 해석하여 출생, 즉 'jāti'는 '불완전한 태어남'을 뜻하고 탄생, 즉 'sañjāti'는 '완전한 태어남'을 뜻한다고 했다.

970) okkanti : 강생으로 번역했는데, 이 말은 Srp. II. 13에 따르면, 알이나 태에 들어가서 태어나는 존재의 태어남을 의미한다.(okkam'aṭṭhena okkanti, sā aṇḍajajalābujavasena vuttā)

971) abhinibbati : 역자는 이를 전생(轉生)이라고 번역했다. 물론 여기서는 윤회전생을 의미하는 것이 아니다. Srp. II. 13에 의하면 이 전생은 습기에서 태어나거나(濕生), 초자연적인 방법으로 태어나는 것(化生)을 말한다.(abhinibbat'aṭṭhena abhinibbaṭṭi, sā saṁsedajaopapātikavasena vuttā)

972) yā tesaṁ tesaṁ sattānaṁ tamhi tamhi sattanikāye jāti sañjāti okkanti nibbatti abhinibbatti, khandhānaṁ pātubhāvo āyatanānaṁ paṭilābho, ayaṁ vuccati bhikkhave, jāti : Srp. II. 14에 따르면, '출생하고 탄생하고 강생하고 전생한다.'는 것은 '관용적 가르침(vohāradesanā)'이고 '존재의 다발들이 나타나고 감역을 얻는다.'는 것은 '궁극적 의미의 가르침(paramatthadesanā)'이다.

고973) 백발이 되고 주름살이 지고 목숨이 줄어들고 감역이 노화되는데, 수행승들이여, 이것을 늙음이라고 한다.

3) 수행승들이여, 죽음이란 어떠한 것인가? 낱낱의 뭇삶의 유형에 따라 낱낱의 뭇삶이 죽고 멸망하고 파괴되고 사멸하고974) 목숨을 다하고 모든 존재의 다발이975) 파괴되고 유해가 내던져진다. 수행승들이여, 이것을 죽음이라고 한다.976)

4) 수행승들이여, 슬픔이란 어떠한 것인가? 수행승들이여, 이러저러한 불행을 만나고 이러저러한[306] 괴로운 것에 접촉하면, 걱정하고, 걱정해서 우울에 빠져서, 안으로 걱정하고 안으로 울적해 한다. 수행승들이여, 이것을 슬픔이라고 한다.

5) 수행승들이여, 비탄이란 어떠한 것인가? 수행승들이여, 이러저러한 불행을 만나고 이러저러한 괴로운 것에 접촉하면,

---

973) khaṇḍiccaṁ : Srp. II. 11에 따르면, 손톱이나 발톱 또는 이빨이 허약해지고 부서지는 것을 뜻한다.

974) maccumaraṇaṁ : 붓다고싸는 Srp. II. 13에서 '이것은 [윤회를 관장하는] 사마(死魔)에 의해 정해진 죽음이다. 이로써 완전한 단멸로서의 죽음은 부정되었다.(maccusaṅkhātaṁ maraṇaṁ, tena samucchedamaraṇādini nesedheti)'라고 한다. 여기서 언급된 죽음은 결코 유물론자의 허무주의의 범주에 들어가지 않으며 윤회 속의 죽음을 의미한다고 볼 수 있다.

975) khandha : 한역에서 온(蘊)이라 번역하는 것으로 존재의 구성요소인 오온(五蘊 : pañcakkhandha)을 뜻한다. 이 단어는 근육이 뭉쳐 있는 어깨나 몸통, 덩어리, 줄기, 근간(根幹)의 의미를 지닌다. 여기서 존재의 다발이라고 번역하는 이유는 현대철학에서도 '인식의 다발' 등의 용어가 흔히 사용되기 때문이다.

976) tesaṁ tesaṁ sattānaṁ tamhā tamhā sattanikāyā cuti cavanatā bhedo antaradhānaṁ maccu maraṇaṁ kālakiriyā khandhānaṁ bhedo kalebarassa nikkhepo, idaṁ vuccati maraṇaṁ. : 이 죽음에 대한 정의에서 타이나 캄보디아본에는 죽음에 대한 정의 마지막 항목에 명명능력의 근절(命根의 根絶 : jīvitindriyassa upacchedo)이 추가되어 있다. Srp. II. 13에 따르면, '죽고 멸망하고 파괴되고 사멸하고 목숨을 다 한다.'는 것은 세간적 통칭(lokasammutiya)에 따라서 죽음을 표현한 것이고 '존재의 다발들이 파괴되고 유해가 내던져진다.'는 것은 궁극적 의미(paramattha)로 죽음을 표현한 것이다.

한탄하고 비통해하고, 한탄하고 비통해하여 한탄에 빠지고 비통함에 빠진다. 수행승들이여, 이것을 비탄이라고 한다.

6) 수행승들이여, 고통이란 어떠한 것인가? 수행승들이여, 신체적인 고통, 신체적인 불쾌, 신체의 접촉에서 생겨나는 괴롭고 불쾌한 느낌이 있다. 수행승들이여, 이것을 고통이라고 한다.

7) 수행승들이여, 근심이란 어떠한 것인가? 수행승들이여, 정신적인 고통, 정신적인 불쾌, 정신의 접촉에서 생겨나는 괴롭고 불쾌한 느낌이 있다. 수행승들이여, 이것을 근심이라고 한다.

8) 수행승들이여, 절망이란 어떠한 것인가? 수행승들이여, 이러저러한 불행을 만나고 이러저러한 괴로운 것에 접촉하면, 실망하고 낙담하고 실망에 빠지고 낙담에 빠진다. 수행승들이여, 이것을 절망이라고 한다.

9) 수행승들이여, 사랑스럽지 않는 것과 만나는 괴로움이란 어떠한 것인가? 수행승들이여, 세상에 원하지 않고, 마음에 들지 않는 형상들, 소리들, 냄새들, 맛들, 감촉들, 사실들이 있거나, 또는 불행을 원하는 자들, 불익을 원하는 자들, 불편을 원하는 자들, 불안을 원하는 자들이 있는데, 그러한 것들과 만나고 교류하고 합류하고 결합하는 것이다. 수행승들이여, 이것을 사랑스럽지 않는 것과 만나는 괴로움이라고 한다.

10) 수행승들이여, 사랑스러운 것과 헤어지는 괴로움이란 어떠한 것인가? 수행승들이여, 세상에 원하고, 마음에 드는 형상들, 소리들, 냄새들, 맛들, 감촉들, 사실들이 있거나,

또는 행복을 원하는 자들, 이익을 원하는 자들, 편안을 원하는 자들, 안온을 원하는 자들. 어머니, 아버지, 형제, 자매, 형님, 아우, 친구, 동료, 친척이 있는데, 그러한 것들과 만나지 못하고 교류하지 못하고 합류하지 못하고 결합하지 못하는 것이다. 수행승들이여, 이것을 사랑스러운 것과 헤어지는 괴로움이라고 한다.

11) 수행승들이여,[307] 원하는 것을 얻지 못하는 괴로움이란 어떠한 것인가? ① 수행승들이여, 태어날 수밖에 없는 뭇삶들에게 '오! 우리는 태어나지 말아야지! 오! 우리는 태어남을 만나지 말기를!'이라는 바램이 생겨나지만, 그것을 원한다고 얻어지는 것이 아니다. 수행승들이여, 이것을 원하는 것을 얻지 못하는 괴로움이라고 한다. ② 수행승들이여, 늙을 수밖에 없는 뭇삶들에게 '오! 우리는 늙지 말아야지! 오! 우리는 늙음을 만나지 말기를!'이라는 바램이 생겨나지만, 그것을 원한다고 얻어지는 것이 아니다. 수행승들이여, 이것을 원하는 것을 얻지 못하는 괴로움이라고 한다. ③ 수행승들이여, 병들 수밖에 없는 뭇삶들에게 '오! 우리는 병들지 말아야지! 오! 우리는 질병을 만나지 말기를!'이라는 바램이 생겨나지만, 그것을 원한다고 얻어지는 것이 아니다. 수행승들이여, 이것을 원하는 것을 얻지 못하는 괴로움이라고 한다. ④ 수행승들이여, 죽을 수밖에 없는 뭇삶들에게 '오! 우리는 죽지 말아야지! 오! 우리는 죽음을 만나지 말기를!'이라는 바램이 생겨나지만, 그것을 원한다고 얻어지는 것이 아니다. 수행승들이여, 이것을 원하는 것을 얻지 못하는 괴로움이라고 한다.

⑤ 수행승들이여, 근심할 수밖에 없는 뭇삶들에게 '오! 우리는 근심하지 말아야지! 오! 우리는 근심을 만나지 말기를!'이라는 바램이 생겨나지만, 그것을 원한다고 얻어지는 것이 아니다. 수행승들이여, 이것을 원하는 것을 얻지 못하는 괴로움이라고 한다. ⑥ 수행승들이여, 비탄해할 수밖에 없는 뭇삶들에게 '오! 우리는 비탄해지 말아야지! 오! 우리는 비탄을 만나지 말기를!'이라는 바램이 생겨나지만, 그것을 원한다고 얻어지는 것이 아니다. 수행승들이여, 이것을 원하는 것을 얻지 못하는 괴로움이라고 한다. ⑦ 수행승들이여, 고통을 겪을 수밖에 없는 뭇삶들에게 '오! 우리는 고통스러워하지 말아야지! 오! 우리는 고통을 만나지 말기를!'이라는 바램이 생겨나지만, 그것을 원한다고 얻어지는 것이 아니다. 수행승들이여, 이것을 원하는 것을 얻지 못하는 괴로움이라고 한다. ⑧ 수행승들이여, 근심할 수밖에 없는 뭇삶들에게 '오! 우리는 근심하지 말아야지! 오! 우리는 근심을 만나지 말기를!'이라는 바램이 생겨나지만, 그것을 원한다고 얻어지는 것이 아니다. 수행승들이여, 이것을 원하는 것을 얻지 못하는 괴로움이라고 한다. ⑨ 수행승들이여, 절망할 수밖에 없는 뭇삶들에게 '오! 우리는 절망하지 말아야지! 오! 우리는 절망을 만나지 말기를!'이라는 바램이 생겨나지만, 그것을 원한다고 얻어지는 것이 아니다. 수행승들이여, 이것을 원하는 것을 얻지 못하는 괴로움이라고 한다.

12) 수행승들이여, 간략히 말한 다섯 가지 집착다발이란 어떠한 것인가? 수행승들이여, 예를 들어 물질의 집착다발, 느낌

의 집착다발, 지각의 집착다발, 형성의 집착다발, 의식의 집착다발이 있는데, 간략히 말해서 이러한 다섯 가지 집착다발을 괴로움이라고 한다. 수행승들이여, 이것이 괴로움의 거룩한 진리이다."977)

(괴로움의 발생의 거룩한 진리)

26. [세존] "수행승들이여,[308] 괴로움의 발생의 거룩한 진리978)란 어떠한 것인가? 그것은 바로 다시 태어남을 가져오고979) 향락과 탐욕을 수반하며 여기저기에서 환희하는 갈애 곧, 감각적 쾌락의 욕망에 대한 갈애, 존재에 대한 갈애, 비존재에 대한 갈애980)이다. 수행승들이여, 이러한 갈애는 어디서 일어나 어디에 안주하는가? 세상에서 사랑스러운 것, 즐거운 것이 있다면, 갈애는 그곳에서 일어나 그곳에서 안착한다.

1) 시각은 세상에서 사랑스러운 것, 즐거운 것이므로, 갈애는 그곳에서 일어나 그곳에서 안착한다.

---

977) ime vuccanti bhikkhave saṅkhittena pañcupādānakkhandhāpi dukkhā, idaṃ vuccati bhikkhave dukkhaṃ ariyasaccaṃ : Dgi. IIb. 246에 따르면, 여덟 번째 괴로움(第八苦)에서 '다섯 가지 집착다발이 괴로움이다.'라는 경우의 괴로움은 공허의 의미에서의 괴로움이다. 괴로움은 ① 고통・혐오의 의미와 ② 공허의 의미가 있다. 앞의 일곱 괴로움(前七苦)은 ①의 의미이고 여덟 번째 괴로움은 ②의 의미를 지닌다.

978) dukkhasamudaya ariyasacca : 한역은 고집성제(苦集聖諦)이다.

979) ponobhavikā : Srp. II. 264에 따르면, '다시 존재로 태어나는 것(punabbhavanibbattikā)'을 뜻한다.

980) bhavataṇhā vibhavataṇhā : Smv. 800에 따르면, '존재에 대한 갈애'는 존재에의 소망에 의해서 생기는 영원주의(sassatadiṭṭhi : 常見)를 수반하는 미세한 물질계의 존재・비물질계의 존재에 대한 탐욕과 선정에의 욕구를 말하고, '비존재에 대한 갈애'는 '허무주의(ucchedadiṭṭhi : 斷見)를 수반하는 갈애를 말한다.

2) 청각은 세상에서 사랑스러운 것, 즐거운 것이므로, 갈애는 그곳에서 일어나 그곳에서 안착한다.
3) 후각은 세상에서 사랑스러운 것, 즐거운 것이므로, 갈애는 그곳에서 일어나 그곳에서 안착한다.
4) 미각은 세상에서 사랑스러운 것, 즐거운 것이므로, 갈애는 그곳에서 일어나 그곳에서 안착한다.
5) 촉각은 세상에서 사랑스러운 것, 즐거운 것이므로, 갈애는 그곳에서 일어나 그곳에서 안착한다.
6) 정신은 세상에서 사랑스러운 것, 즐거운 것이므로, 갈애는 그곳에서 일어나 그곳에서 안착한다.[981)]

1) 형상은 세상에서 사랑스러운 것, 즐거운 것이므로, 갈애는 그곳에서 일어나 그곳에서 안착한다.
2) 소리는 세상에서 사랑스러운 것, 즐거운 것이므로, 갈애는 그곳에서 일어나 그곳에서 안착한다.
3) 냄새는 세상에서 사랑스러운 것, 즐거운 것이므로, 갈애는 그곳에서 일어나 그곳에서 안착한다.
4) 맛은 세상에서 사랑스러운 것, 즐거운 것이므로, 갈애는 그곳에서 일어나 그곳에서 안착한다.

---

981) cakkhuṃ …sota … ghānaṃ … jivhā … kāyo … mano loke piyarūpaṃ sātarūpaṃ, etthesā taṇhā uppajjamānā uppajjati, ettha nivisamānā nivisati : Smv. 800에 따르면, 세상에서 눈 등을 자신의 것이라고 집착하는 자들은 영화에 빠져, 자신의 눈을 거울면 등에서 인상으로 파악하여, 청정한 오색(青·黃·赤·黑·白)의 황금궁전의 열린 보석의 창과 같다고 망상한다. 자신의 귀를 거울면 등에서 인상으로 파악하여, 은관(銀管)과 같다고 망상한다. 자신의 코를 거울면 등에서 인상으로 파악하여, 웅황(雄黃)의 소용돌이와 같다고 망상한다. 자신의 혀를 거울면 등에서 인상으로 파악하여, 붉은 모포처럼 부드럽고 윤기있고 감미로운 것이다고 망상한다. 자신의 몸을 거울면 등에서 인상으로 파악하여, 쌀라 나무의 가지와 같기도 하고, 아치형의 황금문과 같기도 하다고 망상한다. 그리고 정신에 대해서는 자신의 정신은 다른 사람에 비해서 광대한 것이다라고 망상한다.

5) 감촉은 세상에서 사랑스러운 것, 즐거운 것이므로, 갈애는 그곳에서 일어나 그곳에서 안착한다.
6) 사실은 세상에서 사랑스러운 것, 즐거운 것이므로, 갈애는 그곳에서 일어나 그곳에서 안착한다.[982]

1) 시각의식은 세상에서 사랑스러운 것, 즐거운 것이므로, 갈애는 그곳에서 일어나 그곳에서 안착한다.
2) 청각의식은 세상에서 사랑스러운 것, 즐거운 것이므로, 갈애는 그곳에서 일어나 그곳에서 안착한다.
3) 후각의식은 세상에서 사랑스러운 것, 즐거운 것이므로, 갈애는 그곳에서 일어나 그곳에서 안착한다.
4) 미각의식은 세상에서 사랑스러운 것, 즐거운 것이므로, 갈애는 그곳에서 일어나 그곳에서 안착한다.
5) 촉각의식은 세상에서 사랑스러운 것, 즐거운 것이므로, 갈애는 그곳에서 일어나 그곳에서 안착한다.
6) 정신의식은 세상에서 사랑스러운 것, 즐거운 것이므로, 갈애는 그곳에서 일어나 그곳에서 안착한다.[983]

1) 시각접촉은 세상에서 사랑스러운 것, 즐거운 것이므로, 갈애는 그곳에서 일어나 그곳에서 안착한다.

---

982) rūpā … saddā … gandhā … rasā … phoṭṭhabbā … dhammā loke piyarūpaṃ sātarūpaṃ, etthesā taṇahā uppajjamānā uppajjati, ettha nivisamānā nivisati : Smv. 800에 따르면, 세상에서 눈 등을 자신의 것이라고 집착하는 자들은 영화에 빠져, 자신의 형상은 황금의 황화수의 꽃과 같다고 망상하고, 자신의 소리는 가릉빈가나 뻐꾸기처럼 사랑스럽게 울리는 마니피리의 소리와 같다고 망상한다. 다른 네 가지의 냄새 등의 대상에 대해서도 유사한 방식으로 망상한다.

983) cakkhuviññāṇaṃ … sotaviññāṇaṃ … ghānaviññāṇaṃ … jivhāviññāṇaṃ … kāyaviññāṇaṃ… manoviññāṇaṃ loke piyarūpaṃ sātarūpaṃ, etthesā taṇhā uppajjamānā uppajjati, ettha nivisamānā nivisati : 한역의 안식(眼識), 이식(耳識), 비식(鼻識), 설식(舌識), 신식(身識), 의식(意識)을 말한다.

2) 청각접촉은 세상에서 사랑스러운 것, 즐거운 것이므로, 갈애는 그곳에서 일어나 그곳에서 안착한다.
3) 후각접촉은 세상에서 사랑스러운 것, 즐거운 것이므로, 갈애는 그곳에서 일어나 그곳에서 안착한다.
4) 미각접촉은[309] 세상에서 사랑스러운 것, 즐거운 것이므로, 갈애는 그곳에서 일어나 그곳에서 안착한다.
5) 촉각접촉은 세상에서 사랑스러운 것, 즐거운 것이므로, 갈애는 그곳에서 일어나 그곳에서 안착한다.
6) 정신접촉은 세상에서 사랑스러운 것, 즐거운 것이므로, 갈애는 그곳에서 일어나 그곳에서 안착한다.984)

1) 시각접촉에서 생겨난 느낌은 세상에서 사랑스러운 것, 즐거운 것이므로, 갈애는 그곳에서 일어나 그곳에서 안착한다.
2) 청각접촉에서 생겨난 느낌은 세상에서 사랑스러운 것, 즐거운 것이므로, 갈애는 그곳에서 일어나 그곳에서 안착한다.
3) 후각접촉에서 생겨난 느낌은 세상에서 사랑스러운 것, 즐거운 것이므로, 갈애는 그곳에서 일어나 그곳에서 안착한다.
4) 미각접촉에서 생겨난 느낌은 세상에서 사랑스러운 것, 즐거운 것이므로, 갈애는 그곳에서 일어나 그곳에서 안착한다.
5) 촉각접촉에서 생겨난 느낌은 세상에서 사랑스러운 것, 즐거운 것이므로, 갈애는 그곳에서 일어나 그곳에서 안착한다.
6) 정신접촉에서 생겨난 느낌은 세상에서 사랑스러운 것, 즐거운 것이므로, 갈애는 그곳에서 일어나 그곳에서 안

984) cakkhusamphasso … sotasamphasso … ghānasamphasso … jivhāsamphasso … kāyasamphasso… manosamphasso loke piyarūpaṃ sātarūpaṃ, etthesā taṇhā uppajjamānā uppajjati, ettha nivisamānā nivisati : 한역의 안촉(眼觸), 이촉(耳觸), 비촉(鼻觸), 설촉(舌觸), 신촉(身觸), 의촉(意觸)을 말한다.

착한다.[985]

1) 형상에 대한 지각은 세상에서 사랑스러운 것, 즐거운 것이므로, 갈애는 그곳에서 일어나 그곳에서 안착한다.
2) 소리에 대한 지각은 세상에서 사랑스러운 것, 즐거운 것이므로, 갈애는 그곳에서 일어나 그곳에서 안착한다.
3) 냄새에 대한 지각은 세상에서 사랑스러운 것, 즐거운 것이므로, 갈애는 그곳에서 일어나 그곳에서 안착한다.
4) 맛에 대한 지각은 세상에서 사랑스러운 것, 즐거운 것이므로, 갈애는 그곳에서 일어나 그곳에서 안착한다.
5) 감촉에 대한 지각은 세상에서 사랑스러운 것, 즐거운 것이므로, 갈애는 그곳에서 일어나 그곳에서 안착한다.
6) 사실에 대한 지각은 세상에서 사랑스러운 것, 즐거운 것이므로, 갈애는 그곳에서 일어나 그곳에서 안착한다.[986]

1) 형상에 대한 의도는 세상에서 사랑스러운 것, 즐거운 것이므로, 갈애는 그곳에서 일어나 그곳에서 안착한다.
2) 소리에 대한 의도는 세상에서 사랑스러운 것, 즐거운 것이므로, 갈애는 그곳에서 일어나 그곳에서 안착한다.
3) 냄새에 대한 의도는 세상에서 사랑스러운 것, 즐거운 것이므로, 갈애는 그곳에서 일어나 그곳에서 안착한다.

985) cakkhusamphassajā vedanā … sotasamphassajā vedanā … ghānasamphassajā vedanā … jivhāsamphassajā vedanā … kāyasamphassajā vedanā … manosamphassajā vedanā loke piyarūpaṃ sātarūpaṃ, etthesā taṇhā uppajjamānā uppajjati, ettha nivisamānā nivisati : 한역의 안촉소생수(眼觸所生受), 이촉소생수(耳觸所生受), 비촉소생수(鼻觸所生受), 설촉소생수(舌觸所生受), 신촉소생수(身觸所生受), 의촉소생수(意觸所生受)를 말한다.

986) rūpāsaññā … saddāsaññā … gandhāsaññā … rasāsaññā … phoṭṭhabbāsaññā … dhammāsaññā loke piyarūpaṃ sātarūpaṃ, etthesā taṇahā uppajjamānā uppajjati, ettha nivisamānā nivisati : 한역의 색상(色想), 성상(聲想), 향상(香想), 미상(味想), 촉상(觸想), 법상(法想)을 말한다.

4) 맛에 대한 의도는 세상에서 사랑스러운 것, 즐거운 것이므로, 갈애는 그곳에서 일어나 그곳에서 안착한다.
5) 감촉에 대한 의도는 세상에서 사랑스러운 것, 즐거운 것이므로, 갈애는 그곳에서 일어나 그곳에서 안착한다.
6) 사실에 대한 의도는 세상에서 사랑스러운 것, 즐거운 것이므로, 갈애는 그곳에서 일어나 그곳에서 안착한다.987)

1) 형상에 대한 갈애는 세상에서 사랑스러운 것, 즐거운 것이므로, 갈애는 그곳에서 일어나 그곳에서 안착한다.
2) 소리에 대한 갈애는 세상에서 사랑스러운 것, 즐거운 것이므로, 갈애는 그곳에서 일어나 그곳에서 안착한다.
3) 냄새에 대한 갈애는 세상에서 사랑스러운 것, 즐거운 것이므로, 갈애는 그곳에서 일어나 그곳에서 안착한다.
4) 맛에 대한 갈애는 세상에서 사랑스러운 것, 즐거운 것이므로, 갈애는 그곳에서 일어나 그곳에서 안착한다.
5) 감촉에 대한 갈애는 세상에서 사랑스러운 것, 즐거운 것이므로, 갈애는 그곳에서 일어나 그곳에서 안착한다.
6) 사실에 대한 갈애는 세상에서 사랑스러운 것, 즐거운 것이므로, 갈애는 그곳에서 일어나 그곳에서 안착한다.988)

1) 형상에 대한 사유는 세상에서 사랑스러운 것, 즐거운 것이

---

987) rūpāsañcetanā … saddāsañcetanā … gandhāsañcetanā … rasāsañcetanā … phoṭṭhabbāsañcetanā … dhammāsañcetanā loke piyarūpaṃ sātarūpaṃ, etthesā taṇahā uppajjamānā uppajjati, ettha nivisamānā nivisati : 한역의 색사(色思), 성사(聲思), 향사(香思), 미사(味思), 촉사(觸思), 법사(法思)을 말한다.

988) rūpātaṇhā … saddātaṇhā … gandhātaṇhā … rasātaṇhā … phoṭṭhabbātaṇhā … dhammātaṇhā loke piyarūpaṃ sātarūpaṃ, etthesā taṇahā uppajjamānā uppajjati, ettha nivisamānā nivisati : 한역의 색애(色愛), 성애(聲愛), 향애(香愛), 미애(味愛), 촉애(觸愛), 법애(法愛)을 말한다.

므로, 갈애는 그곳에서 일어나 그곳에서 안착한다.
2) 소리에 대한 사유는 세상에서 사랑스러운 것, 즐거운 것이므로, 갈애는 그곳에서 일어나 그곳에서 안착한다.
3) 냄새에 대한 사유는 세상에서 사랑스러운 것, 즐거운 것이므로, 갈애는 그곳에서 일어나 그곳에서 안착한다.
4) 맛에 대한 사유는 세상에서 사랑스러운 것, 즐거운 것이므로, 갈애는 그곳에서 일어나 그곳에서 안착한다.
5) 감촉에 대한 사유는 세상에서 사랑스러운 것, 즐거운 것이므로, 갈애는 그곳에서 일어나 그곳에서 안착한다.
6) 사실에 대한 사유는 세상에서 사랑스러운 것, 즐거운 것이므로, 갈애는 그곳에서 일어나 그곳에서 안착한다.[989)]

1) 형상에 대한 숙고는 세상에서 사랑스러운 것, 즐거운 것이므로, 갈애는 그곳에서 일어나 그곳에서 안착한다.
2) 소리에 대한 숙고는 세상에서 사랑스러운 것, 즐거운 것이므로, 갈애는 그곳에서 일어나 그곳에서 안착한다.
3) 냄새에 대한 숙고는 세상에서 사랑스러운 것, 즐거운 것이므로, 갈애는 그곳에서 일어나 그곳에서 안착한다.
4) 맛에 대한 숙고는 세상에서 사랑스러운 것, 즐거운 것이므로, 갈애는 그곳에서 일어나 그곳에서 안착한다.
5) 감촉에 대한 숙고는 세상에서 사랑스러운 것, 즐거운 것이므로, 갈애는 그곳에서 일어나 그곳에서 안착한다.
6) 사실에 대한 숙고는 세상에서 사랑스러운 것, 즐거운 것이므

---

989) rūpāvitakko … saddāvitakko … gandhāvitakko … rasāvitakko … phoṭṭhabbāvitakko … dhammāvitakko loke piyarūpaṃ sātarūpaṃ, etthesā taṇahā uppajjamānā uppajjati, ettha nivisamānā nivisati : 한역의 색심(色尋), 성심(聲尋), 향심(香尋), 미심(味尋), 촉심(觸尋), 법심(法尋)을 말한다.

로, 갈애는 그곳에서[310] 일어나 그곳에서 안착한다.[990] 수행승들이여, 이것을 괴로움의 발생의 거룩한 진리라고 부른다.”

(괴로움의 소멸의 거룩한 진리)

27. [세존] “수행승들이여, 괴로움의 소멸의 거룩한 진리[991]란 어떠한 것인가? 갈애가 남김없이 사라지고 소멸되고 포기되고 방기되면, 집착 없이 해탈한다. 수행승들이여, 이러한 갈애는 어디에서 끊어지고 어디에서 소멸하는가? 세상에서 사랑스러운 것, 즐거운 것이 있다면, 갈애는 그곳에서 끊어져 그곳에서 소멸한다.

1) 시각은 세상에서 사랑스러운 것, 즐거운 것이므로, 갈애는 그곳에서 끊어져 그곳에서 소멸한다.
2) 청각은 세상에서 사랑스러운 것, 즐거운 것이므로, 갈애는 그곳에서 끊어져 그곳에서 소멸한다.
3) 후각은 세상에서 사랑스러운 것, 즐거운 것이므로, 갈애는 그곳에서 끊어져 그곳에서 소멸한다.
4) 미각은 세상에서 사랑스러운 것, 즐거운 것이므로, 갈애는 그곳에서 끊어져 그곳에서 소멸한다.
5) 촉각은 세상에서 사랑스러운 것, 즐거운 것이므로, 갈애는 그곳에서 끊어져 그곳에서 소멸한다.

---

990) rūpāvicāro … saddāvicāro … gandhāvicāro … rasāvicāro … phoṭṭhabbāvicāro … dhammāvicāro loke piyarūpaṃ sātarūpaṃ, etthesā taṇahā uppajjamānā uppajjati, ettha nivisamānā nivisati : 한역의 색사(色伺), 성사(聲伺), 향사(香伺), 미사(味伺), 촉사(觸伺), 법사(法伺)를 말한다.

991) dukkhanirodha ariyasacca : 한역으로 고멸성제(苦滅聖諦)이다.

6) 정신은 세상에서 사랑스러운 것, 즐거운 것이므로, 갈애는 그곳에서 끊어져 그곳에서 소멸한다.

1) 형상은 세상에서 사랑스러운 것, 즐거운 것이므로, 갈애는 그곳에서 끊어져 그곳에서 소멸한다.
2) 소리는 세상에서 사랑스러운 것, 즐거운 것이므로, 갈애는 그곳에서 끊어져 그곳에서 소멸한다.
3) 냄새는 세상에서 사랑스러운 것, 즐거운 것이므로, 갈애는 그곳에서 끊어져 그곳에서 소멸한다.
4) 맛은 세상에서 사랑스러운 것, 즐거운 것이므로, 갈애는 그곳에서 끊어져 그곳에서 소멸한다.
5) 감촉은 세상에서 사랑스러운 것, 즐거운 것이므로, 갈애는 그곳에서 끊어져 그곳에서 소멸한다.
6) 사실은 세상에서 사랑스러운 것, 즐거운 것이므로, 갈애는 그곳에서 끊어져 그곳에서 소멸한다.

1) 시각의식은 세상에서 사랑스러운 것, 즐거운 것이므로, 갈애는 그곳에서 끊어져 그곳에서 소멸한다.
2) 청각의식은 세상에서 사랑스러운 것, 즐거운 것이므로, 갈애는 그곳에서 끊어져 그곳에서 소멸한다.
3) 후각의식은 세상에서 사랑스러운 것, 즐거운 것이므로, 갈애는 그곳에서 끊어져 그곳에서 소멸한다.
4) 미각의식은 세상에서 사랑스러운 것, 즐거운 것이므로, 갈애는 그곳에서 끊어져 그곳에서 소멸한다.
5) 촉각의식은 세상에서 사랑스러운 것, 즐거운 것이므로, 갈애는 그곳에서 끊어져 그곳에서 소멸한다.
6) 정신의식은 세상에서 사랑스러운 것, 즐거운 것이므로,

갈애는 그곳에서 끊어져 그곳에서 소멸한다.

1) 시각접촉은 세상에서 사랑스러운 것, 즐거운 것이므로, 갈애는 그곳에서 끊어져 그곳에서 소멸한다.
2) 청각접촉은 세상에서 사랑스러운 것, 즐거운 것이므로, 갈애는 그곳에서 끊어져 그곳에서 소멸한다.
3) 후각접촉은 세상에서 사랑스러운 것, 즐거운 것이므로, 갈애는 그곳에서 끊어져 그곳에서 소멸한다.
4) 미각접촉은 세상에서 사랑스러운 것, 즐거운 것이므로, 갈애는 그곳에서 끊어져 그곳에서 소멸한다.
5) 촉각접촉은 세상에서 사랑스러운 것, 즐거운 것이므로, 갈애는 그곳에서 끊어져 그곳에서 소멸한다.
6) 정신접촉은[311] 세상에서 사랑스러운 것, 즐거운 것이므로, 갈애는 그곳에서 끊어져 그곳에서 소멸한다.

1) 시각접촉에 의한 느낌은 세상에서 사랑스러운 것, 즐거운 것이므로, 갈애는 그곳에서 끊어져 그곳에서 소멸한다.
2) 청각접촉에 의한 느낌은 세상에서 사랑스러운 것, 즐거운 것이므로, 갈애는 그곳에서 끊어져 그곳에서 소멸한다.
3) 후각접촉에 의한 느낌은 세상에서 사랑스러운 것, 즐거운 것이므로, 갈애는 그곳에서 끊어져 그곳에서 소멸한다.
4) 미각접촉에 의한 느낌은 세상에서 사랑스러운 것, 즐거운 것이므로, 갈애는 그곳에서 끊어져 그곳에서 소멸한다.
5) 촉각접촉에 의한 느낌은 세상에서 사랑스러운 것, 즐거운 것이므로, 갈애는 그곳에서 끊어져 그곳에서 소멸한다.
6) 정신접촉에 의한 느낌은 세상에서 사랑스러운 것, 즐거운 것이므로, 갈애는 그곳에서 끊어져 그곳에서 소멸한다.

1) 형상에 대한 지각은 세상에서 사랑스러운 것, 즐거운 것이므로, 갈애는 그곳에서 끊어져 그곳에서 소멸한다.
2) 소리에 대한 지각은 세상에서 사랑스러운 것, 즐거운 것이므로, 갈애는 그곳에서 끊어져 그곳에서 소멸한다.
3) 냄새에 대한 지각은 세상에서 사랑스러운 것, 즐거운 것이므로, 갈애는 그곳에서 끊어져 그곳에서 소멸한다.
4) 맛에 대한 지각은 세상에서 사랑스러운 것, 즐거운 것이므로, 갈애는 그곳에서 끊어져 그곳에서 소멸한다.
5) 감촉에 대한 지각은 세상에서 사랑스러운 것, 즐거운 것이므로, 갈애는 그곳에서 끊어져 그곳에서 소멸한다.
6) 사실에 대한 지각은 세상에서 사랑스러운 것, 즐거운 것이므로, 갈애는 그곳에서 끊어져 그곳에서 소멸한다.

1) 형상에 대한 의도는 세상에서 사랑스러운 것, 즐거운 것이므로, 갈애는 그곳에서 끊어져 그곳에서 소멸한다.
2) 소리에 대한 의도는 세상에서 사랑스러운 것, 즐거운 것이므로, 갈애는 그곳에서 끊어져 그곳에서 소멸한다.
3) 냄새에 대한 의도는 세상에서 사랑스러운 것, 즐거운 것이므로, 갈애는 그곳에서 끊어져 그곳에서 소멸한다.
4) 맛에 대한 의도는 세상에서 사랑스러운 것, 즐거운 것이므로, 갈애는 그곳에서 끊어져 그곳에서 소멸한다.
5) 감촉에 대한 의도는 세상에서 사랑스러운 것, 즐거운 것이므로, 갈애는 그곳에서 끊어져 그곳에서 소멸한다.
6) 사실에 대한 의도는 세상에서 사랑스러운 것, 즐거운 것이므로, 갈애는 그곳에서 끊어져 그곳에서 소멸한다.

1) 형상에 대한 갈애는 세상에서 사랑스러운 것, 즐거운 것이므로, 갈애는 그곳에서 끊어져 그곳에서 소멸한다.
2) 소리에 대한 갈애는 세상에서 사랑스러운 것, 즐거운 것이므로, 갈애는 그곳에서 끊어져 그곳에서 소멸한다.
3) 냄새에 대한 갈애는 세상에서 사랑스러운 것, 즐거운 것이므로, 갈애는 그곳에서 끊어져 그곳에서 소멸한다.
4) 맛에 대한 갈애는 세상에서 사랑스러운 것, 즐거운 것이므로, 갈애는 그곳에서 끊어져 그곳에서 소멸한다.
5) 감촉에 대한 갈애는 세상에서 사랑스러운 것, 즐거운 것이므로, 갈애는 그곳에서 끊어져 그곳에서 소멸한다.
6) 사실에 대한 갈애는 세상에서 사랑스러운 것, 즐거운 것이므로, 갈애는 그곳에서 끊어져 그곳에서 소멸한다.

1) 형상에 대한 사유는 세상에서 사랑스러운 것, 즐거운 것이므로, 갈애는 그곳에서 끊어져 그곳에서 소멸한다.
2) 소리에 대한 사유는 세상에서 사랑스러운 것, 즐거운 것이므로, 갈애는 그곳에서 끊어져 그곳에서 소멸한다.
3) 냄새에 대한 사유는 세상에서 사랑스러운 것, 즐거운 것이므로, 갈애는 그곳에서 끊어져 그곳에서 소멸한다.
4) 맛에 대한 사유는 세상에서 사랑스러운 것, 즐거운 것이므로, 갈애는 그곳에서 끊어져 그곳에서 소멸한다.
5) 감촉에 대한 사유는 세상에서 사랑스러운 것, 즐거운 것이므로, 갈애는 그곳에서 끊어져 그곳에서 소멸한다.
6) 사실에 대한 사유는 세상에서 사랑스러운 것, 즐거운 것이므로, 갈애는 그곳에서 끊어져 그곳에서 소멸한다.

1) 형상에 대한 숙고는 세상에서 사랑스러운 것, 즐거운 것이

므로, 갈애는 그곳에서 끊어져 그곳에서 소멸한다.
2) 소리에 대한 숙고는 세상에서 사랑스러운 것, 즐거운 것이므로, 갈애는 그곳에서 끊어져 그곳에서 소멸한다.
3) 냄새에 대한 숙고는 세상에서 사랑스러운 것, 즐거운 것이므로, 갈애는 그곳에서 끊어져 그곳에서 소멸한다.
4) 맛에 대한 숙고는 세상에서 사랑스러운 것, 즐거운 것이므로, 갈애는 그곳에서 끊어져 그곳에서 소멸한다.
5) 감촉에 대한 숙고는 세상에서 사랑스러운 것, 즐거운 것이므로, 갈애는 그곳에서 끊어져 그곳에서 소멸한다.
6) 사실에 대한 숙고는 세상에서 사랑스러운 것, 즐거운 것이므로, 갈애는 그곳에서 끊어져 그곳에서 소멸한다.

수행승들이여, 이것을 괴로움의 소멸의 거룩한 진리라고 부른다."

(괴로움의 소멸에 이르는 길의 거룩한 진리)

28. [세존] "수행승들이여, 괴로움의 소멸에 이르는 길의 거룩한 진리[992]란 어떠한 것인가? 그것은 여덟 가지 고귀한 길이니 곧, 올바른 견해, 올바른 사유, 올바른 언어, 올바른 행위, 올바른 생활, 올바른 정진, 올바른 새김, 올바른 집중이다.[993]

---

992) dukkhanirodhagāminī-paṭipadā-ariyasacca : 한역의 고멸도성제(苦滅道聖諦)이다.
993) ariyo aṭṭhaṅgiko maggo, seyyathīdaṃ: sammādiṭṭhi sammāsaṅkappo sammāvācā sammākammanto sammāājīvo sammāvāyāmo sammāsati sammāsamādhi : 한역의 정견(正見 : sammādiṭṭhi)·정사유(正思惟 : sammāsaṅkappo)·정어(正語 : sammāvācā)·정업(定業 : sammākammanto)·정명(正命 : sammā-ājīvo)·정정진(正精進 : sammāvāyāmo)·정념(正念 : sammāsati)·정정(正定 : sammāsamādhi). 이하의 팔정도(八正道)에 관하여 상세한 것은 역자의 『초기불교의 연기사상』 403-493쪽 참조하라.

1) 수행승들이여, 올바른 견해란 무엇인가?

수행승들이여,[312] ① 괴로움에 대하여 알고 ② 괴로움의 발생에 대하여 알고 ③ 괴로움의 소멸에 대하여 알고 ④ 괴로움의 소멸로 이끄는 길에 대하여 알면, 수행승들이여, 이것을 올바른 견해라고 한다.[994]

2) 수행승들이여, 올바른 사유란 무엇인가?

수행승들이여, ① 욕망을 여읜 사유를 하고 ② 분노를 여읜 사유를 하고 ③ 폭력을 여읜 사유를 하면,[995] 수행승들이여, 이것을 올바른 사유라고 한다.

3) 수행승들이여, 올바른 언어란 무엇인가?

수행승들이여, ① 거짓말을 하지 않고 ② 이간질을 하지 않고 ③ 욕지거리를 하지 않고 ④ 꾸며대는 말을 하지 않으면,[996] 수행승들이여, 이것을 올바른 언어라고 한다.

4) 수행승들이여, 올바른 행위란 무엇인가?

수행승들이여, ① 살아있는 생명을 해치지 않고 ② 주지 않은 것을 빼앗지 않고 ③ 순결하지 못한 삶을 살지 않는다면,[997] 수행승들이여, 이것을 올바른 행위라고 한다.

---

994) yaṁ kho bhikkhave dukkhe(苦) ñāṇaṁ dukkhasamudaye(苦集) ñāṇaṁ dukkhanirodhe(苦滅) ñāṇaṁ dukkhanirodhagāminiyā paṭipadāya(苦滅道) ñāṇaṁ, ayaṁ vuccati bhikkhave sammādiṭṭhi : 네 가지 거룩한 진리(四聖諦 : cattāri ariyasaccāni)에 대하여 아는 것을 말한다. 상세한 것은 이 책(DN. I. 189)과 그 주석을 보라. DN. III. 312에서도 동일하게 되풀이 된다. 그러나 이것은 출세간적 올바른 견해를 말한다. 세간적인 올바른 견해는 우리 자신이 업의 소유자이고 업의 상속자라는 사실을 아는 것이다.

995) yo kho bhikkhave nekkhammasaṅkappo abyāpādasaṅkappo avihiṁsasaṅkappo : 출리사유(出離思惟 : nekkhammasaṅkappa), 무에사유(無恚思惟 : abyāpādasaṅkappa), 무해사유(無害思惟 : avihiṁsasaṅkappa)를 말한다.

996) 한역의 불망어(不妄語 : musāvāda veramaṇī), 불양설(不兩舌 : pisuṇāya vācāya veramaṇī), 불악구(不惡口 : pharusāya vācāya veramaṇī), 불기어(不綺語 : samphappalāpā veramaṇī)를 말한다.

5) 수행승들이여, 올바른 생활이란 무엇인가?

수행승들이여, 세상에 고귀한 제자가 ① 잘못된 생계를 버리고 ② 올바른 생계로 생활을 유지한다면,[998] 수행승들이여, 이것을 올바른 생활이라고 한다.

6) 수행승들이여, 올바른 정진이란 무엇인가?

수행승들이여, 세상에 수행승이 ① 아직 생겨나지 않은 악하고 불건전한 것들은 생겨나지 않도록, 의욕을 일으켜 정진하고 정근하고 마음을 책려하고 노력하고, ② 이미 생겨난 악하고 불건전한 것들은 버리도록, 의욕을 일으켜 정진하고 정근하고 마음을 책려하여 노력하고, ③ 아직 일어나지 않은 건전한 상태를 일으키기 위하여 의욕을 일으키고 정진하고 정근하고 마음을 책려하여 노력하고, ④ 이미 생겨난 건전한 상태를 유지하여 잊어버리지 않고[999] 증가시키고[313] 확대시키고 계발시키고 충만하도록, 의욕을 일으켜 정진하고 정근하고 마음을 책려하여 노력한다면[1000], 수행승들이여, 이것을 올바른 정진이라고 한다.

7) 수행승들이여, 올바른 새김이란 무엇인가?

수행승들이여, 세상에 수행승이 ① 올바른 알아차림을 갖

---

997) 불살생(不殺生 : pāṇātipātā veramaṇī), 불투도(不偸盜 : adinnādānā veramaṇī), 청정행(淸淨行 : abrahmacariyā veramaṇī)을 말한다. 여기서 청정행은 출가자에게 해당하고 재가신도에게는 대신에 불사음(不邪淫 : kāmesu micchācārā veramaṇī)이 들어간다. Cdb. 1893에 따르면, 이 자리에 원래 DN. II. 312; MN. III. 74; III. 251; Vibh. 235에서처럼 불사음이 와야 한다.

998) idha bhikkhave ariyasāvako micchāājīvaṃ pahāya sammāājīvena jīvikaṃ kappeti : Smv. 803에 따르면, 잘못된 생계라는 것은 단단하거나 부드러운 음식 등을 위해서 행하는 신체적 · 언어적 악행을 말한다.

999) asammosāya : '당황하지 않는, 혼란스럽지 않은'의 뜻을 지니고 있다.

1000) ① saṁvarappadhāna : 방지의 노력(律儀勤)을 말한다. ② pahānappadhāna : 버림의 노력(斷勤)을 말한다. ③ bhāvanāppadhāna : 수행의 노력(修勤)을 말한다. ④ anurakkhaṇāppadhāna : 수호의 노력(守護勤)을 말한다.

추고 새김을 확립하여 세상의 탐욕과 근심을 제거하며, 몸에 대하여 몸을 관찰하고 ② 올바른 알아차림을 갖추고 새김을 확립하여 세상의 탐욕과 근심을 제거하며, 느낌에 대하여 느낌을 관찰하고 ③ 올바른 알아차림을 갖추고 새김을 확립하여 세상의 탐욕과 근심을 제거하며, 마음에 대하여 마음을 관찰하고 ④ 올바른 알아차림을 갖추고 새김을 확립하여 세상의 탐욕과 근심을 제거하며, 사실에 대하여 사실을 관찰한다면,[1001] 수행승들이여, 이것을 올바른 새김이라고 한다.

8) 수행승들이여, 올바른 집중이란 무엇인가?

수행승들이여, 세상에 수행승이 ① 감각적 쾌락의 욕망을 여의고 악하고 불건전한 상태에서 떠난 뒤, 사유와 숙고를 갖추고 멀리 여읨에서 생겨나는 희열과 행복을 갖춘 첫 번째 선정에 들고 ② 사유와 숙고가 멈추어진 뒤, 내적인 평온과 마음의 통일을 이루고, 사유와 숙고를 여의어, 삼매에서 생겨나는 희열과 행복을 갖춘 두 번째 선정에 들고 ③ 희열이 사라진 뒤, 평정하고 새김이 있고 올바른 알아차림을 갖추며 신체적으로 행복을 느끼며 고귀한 님들이 '평정하고 새김이 있고 행복하다.'고 표현하는 세 번째 선정에 들고 ④ 행복도 고통도 버려지고, 기쁨도 근심도 사라진 뒤, 괴로움도 없고 즐거움도 없는 평정하고 새김이 있고 청정한 네 번째 선정에[1002] 든다면,

---

1001) 이 책(DN. II. 298~)을 보라. ① 몸에 대한 관찰(kāyânupassanā : 身隨觀)을 말한다. 호흡이나 행주좌와에 대한 관찰이나 부정관등을 말한다. ② 느낌에 대한 관찰(vedanânupassanā : 受隨觀)을 말한다. ③ 마음에 대한 관찰(cittânupassanā : 心隨觀)을 말한다. ④ 사실에 대한 관찰(dhammânupassanā : 法隨觀)을 말한다.

1002) ① pathamaṁ jhānaṁ : 첫 번째 선정[初禪]을 말한다. ② dutiyaṁ jhānaṁ : 두 번째 선정[二禪]을 말한다. ③ tatiyaṁ jhānaṁ : 세 번째 선정[三禪]을 말한다. ④ catutthaṁ jhānaṁ : 네 번째 선정(四禪)을 말한다.

수행승들이여, 이것을 올바른 집중이라고 한다."

29. 이와 같이[1003] 그는 사실에 대해 사실을 안으로 관찰하거나,[314] 사실에 대해 사실을 밖으로 관찰하거나, 사실에 대해 사실을 안팎으로 관찰한다. 또는 사실에 대해 생성의 현상을 관찰하거나, 사실에 대해 소멸의 현상을 관찰하거나, 사실에 대해 생성과 소멸의 현상을 관찰한다. 단지 그에게 순수한 앎과 순수한 새김이 있는 정도만큼 '사실이 있다.'라는 새김이 이루어진다. 그는 세상의 어느 것에도 의존하지 않고 세상의 어느 것에도 집착하지 않는다. 수행승들이여, 수행승은 이와 같이 네 가지 거룩한 진리 가운데 사실에 대해 사실을 관찰한다.

30. 수행승들이여, 누구든지 이 네 가지 새김의 토대를 칠 년 동안 이와 같이 닦으면, 지금 여기에서의 궁극적인 앎이나, 집착의 흔적이 남아 있다면 돌아오지 않는 경지라는 두 가지 열매 가운데 하나의 열매가 기대된다.[1004] 수행승들이여, 칠 년 동안이 아니더라도, 수행승들이여, 누구든지 이 네 가지 새김의 토대를 육 년, 오 년, 사 년, 삼 년, 이 년, 일 년 동안만이라도 이와 같이 닦으면, 아니 수행승들이여,

1003) iti : 이상으로 ① 호흡 ② 네 가지 행동양식 ③ 네 가지 올바른 알아차림 ④ 서른두 가지 양상 ⑤ 네 가지 요소의 세계 ⑥ ~ ⑭ 신체에 대한 관찰; 아홉 가지 묘지의 시체 ⑮ 느낌에 대한 관찰 ⑯ 마음에 대한 관찰 ⑰ 장애에 대한 파악 ⑱ 존재의 다발에 대한 파악 ⑲ 감각영역에 대한 파악 ⑳ 깨달음 고리에 대한 파악 ㉑ 거룩한 진리에 대한 파악의 스물한 가지 명상수행의 기초가 언급되었다. 그 가운데 ①·④·⑥ ~ ⑭는 열한 가지 명상수행의 근본적 기초이다.

1004) yo hi ko ci bhikkhave ime cattāro satipaṭṭhāne evaṃ bhāveyya satta vassāni, tassa dvinnaṃ phalānaṃ aññataraṃ phalaṃ pāṭikaṅkhaṃ: diṭṭheva dhamme aññā, sati vā upādisese anāgāmitā : Smv. 805에 따르면, '궁극적인 앎'은 거룩한 경지(arahatta)의 궁극적인 앎을 말하고, '돌아오지 않는 상태(anāgāmitā)'는 돌아오지 않는 경지를 말한다.

누구든지 이 네 가지 새김의 토대를 칠 개월 동안만이라도 이와 같이 닦으면, 지금 여기에서의 궁극적인 앎이나 집착의 흔적이 남아 있다면 돌아오지 않는 경지라는 두 가지 열매 가운데 하나의 열매가 기대된다. 수행승들이여, 칠 개월 동안까지 못하더라도, 수행승들이여, 누구든지 이 네 가지 새김의 토대를 육 개월, 오 개월, 사 개월, 삼 개월, 이 개월, 일 개월,[315] 반 달 동안만이라도 이와 같이 닦으면, 아니, 수행승들이여, 누구든지 이 네 가지 새김의 토대를 칠일 동안만이라도[1005] 이와 같이 닦는다면, 지금 여기에서의 궁극적인 앎이나 집착의 흔적이 남아 있다면 돌아오지 않는 경지라는 두 가지 열매 가운데 하나의 열매가 기대된다."

(결론)

31. [세존] "이것과 관련해서 '수행승들이여, 뭇삶을 청정하게 하고, 슬픔과 비탄을 뛰어넘게 하고, 고통과 근심을 소멸하게 하고, 바른 방도를 얻게 하고, 열반을 실현시키는 하나의 길이 있으니, 곧 네 가지 새김의 토대이다.'라고 말한 것은 이것에 근거해서 설한 것이다."

32. 이와 같이 세존께서 말씀하시자, 그 수행승들은 세존께서 하신 말씀에 만족하며 기뻐했다.

1005) yo hi ko ci bhikkhave ime cattāro satipaṭṭhāne evaṃ bhāveyya sattāhaṃ, tassa dvinnaṃ phalānaṃ aññataraṃ phalaṃ pāṭikaṅkhaṃ: diṭṭheva dhamme aññā, sati vā upādisese anāgāmitā : Brm. 41에 따르면, 이 '육 개월, 오 개월, 사 개월, 삼 개월, 이 개월, 일 개월, 반달 동안만이라도 이와 같이 닦으면, 아니 수행승들이여, 누구든지 이 네 가지 새김의 토대를 칠일 동안만이라도'라는 구절은 부처님께서 한 말이 아닌데 삽입된 것이다.

8. 세계의 기원은 어떻게 시작되었는가?

[Aggaññasutta][1006]

(바쎗타와 바라드와자의 견습)

1. 이와 같이[80] 나는 들었다. 한 때 세존께서 싸밧티 시의 뿝바라마 승원[1007]에 있는 미가라마뚜 강당[1008]에 계셨다. 그런데 그 때 바쎗타[1009]와 바라드와자[1010]는 수행승이 되기 위하여 수행승들 사이에서 견습기간을 거치고 있었다.

그 때 세존께서는 저녁 무렵 명상에서 일어나 강당에서 내려와 강당의 그늘이 드리워진 노지에서 걷고 계셨다. 바쎗타는 세존께서 저녁 무렵 홀로 명상에서 일어나 강당에서

1006) DN. III. 91 : 세계의 기원에 대한 경(Aggaññasutta); 장아함 6(5) 所緣經(大正 1. 36b-39a); 중아함 39(154) 婆羅婆堂經(大正 1. 673b-677a), 白衣金幢二婆羅門緣起經(大正 1. 216b-222a) 참조

1007) Pubbārāma : 싸밧티 시의 동문 밖의 승원[東園]이었다. 세존께서는 아나타삔디까의 승원에서 시간을 보내신 뒤에는 여기서 오후를 보냈다.

1008) Migāramātupāsāda : 한역에서 녹자모강당(鹿子母講堂)이라고 한다. 미가라마따(Migāra mātā) 강당은 불교승단의 시주자로 유명한 재가의 여자 신도 비싸카 미가라마따(Visākhā Migāra mātā)가 지어 부처님께 바친 것이다. 비싸카는 뿝빠라마를 9천만 까하빠나로 사들여 다시 9천만 까하빠나를 들여 각층에 500개의 방사가 있는 중각(重閣)의 미가라마뚜 강당을 지었고, 6개월 만에 완성되자 다시 9천만 까하빠나를 들여 4개월간 낙성축제를 했다. 부처님은 생애의 후반부에 20년간 싸밧티 시에 머물 때에 하루를 아나타삔디까 승원에서 보내면, 이곳에서 그 다음 날을 보냈다. 그래서 많은 경들이 이곳을 무대로 한다. 비싸카에 대해서는 이 책의 1 : 267 경을 보라.

1009) Vāseṭṭha : 전집(DN. II. 235)에 등장하는 바라문 학인과 동일인물이다. 바라드와자와는 친구지간이다. Smv. 860에 따르면, 이 때에 사미(沙彌)였다.

1010) Bhāradvājā : 전집(DN. II. 235)에 등장하는 바라문 학인과 동일인물이다. 바쎗타와는 친구지간이다. Smv. 860에 따르면, 이 때에 사미(沙彌)였다.

내려와 강당의 그늘이 드리워진 노지에서 걷고 계신 것을 보았다. 보고나서 바라드와자에게 말했다.

[바쎗타] '벗이여 바라드와자여, 세존께서 저녁 무렵 명상에서 일어나 강당에서 내려와 강당의 그늘이 드리워진 노지에서 걷고 계십니다. 벗이여 바라드와자여, 세존께서 계신 곳으로 갑시다. 아마도 세존께 법문을 들을 수 있을 것입니다.'

[바라드와자] '벗이여, 좋습니다.'

바라드와자는 바쎗타에게 대답했다. 그래서 바쎗타와 바라드와자는 세존께서 계신 곳을 찾아가셨다. 가까이 다가가서 세존께 인사를 드리고 세존께서 걷고 계신 곳에 따라서 걸었다.

2 그러자 세존께서는 바쎗타를 불러 말씀하셨다.

[세존] "바쎗타여,[81] 그대들은 바라문 태생으로, 바라문 신분으로, 바라문 가문으로 집에서 집 없는 곳으로 출가했다. 바쎗타여, 바라문들이 혹시 그대들을 비웃고 욕하지 않던가?"

[바쎗타] "세존이시여, 그렇습니다. 바라문들은 자신들의 특징적인 욕설을 담고 가득 채워서 비웃고 욕합니다."

[세존] "바쎗타여, 그렇다면 어떻게 바라문들은 자신들의 특징적인 욕설을 담고 가득 채워서 비웃고 욕하는가?"

[바쎗타] "세존이시여, 바라문들은 이와 같이 '바라문들이야말로 최상의 계급이고, 다른 계급은 저열하다. 바라문들이야말로 밝은 계급이고, 다른 계급은 어둡다. 바라문들이야말로 청정하고, 다른 계급은 그렇지 못하다. 바라문들이야말로 하느님의 적자이고, 그의 입에서 태어난 자이고, 하느님이

만든 자이고, 하느님의 상속자이다.1011) 그런데 그대들은 최상의 계급을 버리고, 범천의 다리에서 생겨나 비천하고 검은 저열한 계급의 까까머리 수행자가 되었다. 그대들이 최상의 계급을 버리고, 범천의 다리에서 생겨나 비천하고 검은 저열한 계급의 까까머리 수행자가 된 것은 옳지 않고 어울리지도 않는다.'라고 말합니다. 세존이시여, 이와 같이 바라문들은 자신들의 특징적인 욕설을 담고 가득 채워서 비웃고 욕합니다.

1011) brāhmaṇāva seṭṭho vaṇṇo, hīno añño vaṇṇo, brāhmaṇāva sukko vaṇṇo, kaṇho añño vaṇṇo. brāhmaṇāva sujjhanti no abrāhmaṇā, brahmaṇāva brahmuno puttā orasā mukhato jātā brahmaj ā brahmanimmitā brahmadāyādā'ti : 『리그 베다(Ṛg-veda)』의 「뿌루샤찬가 (puruṣa sukta)」를 보면 창조신에 의한 사회제도의 기원에 관해 다음과 같이 언급하고 있다. '그 [절대신]의 입이 성직자계급(바라문)이고 두 팔은 왕족계급(끄샤뜨리야)이고 두 다리는 평민계급(바이샤)이고 두 발은 노예계급(수드라)이다.(Ṛg. X. 90. 12 brahmaṇo'sya mukham āsīd, bāhū rājaniaḥ kṛtaḥ, ūrū tad asya yad vaiśyaḥ padbhyāmṁ śudro ajāyata)' 이것은 바라문교에서 절대적 권위를 갖는 『리그 베다』에 언급되어 있는 최초의 명문화된 계급의 서열이다. 여기서 절대신은 범신론적인 신—'뿌루샤신은 과거에 존재했고 또 앞으로 존재할 모든 것이다(puruṣa evedaṁ sarvaṁ yad bhūtaṁ yac ca bhaviaṁ)'—으로 사회현상이 그에게서 인과동일적으로 유출되어 나왔음을 나타내고 있다.베다 시대 이후에 형성된 『마누법전(Manusmṛti : BC 200~AD 200년경)』은 이 『리그 베다』의 찬가를 계승하지만 계급현상을 자연현상과 동일시해서 절대신 브라흐만에서부터 생성된 것으로 각 계급은 다음과 같은 고유한 의무를 지니고 있음을 명시하고 있다.(Bharga, D., 『Manusmṛti』(Jaipur : Ashok Bhargava Rajendra Printers, 1989, pp. 33~39) ① 성직자계급 : 절대신의 입으로 바라문계급이 생겨났으며 그들의 의무는 자신 또는 타인을 위해 제사를 행하고 베다성전을 학습하고 교수하며 보시와 수시를 하는 것이다. ② 왕족계급 : 절대신의 두 팔로부터 왕족계급이 생겨났으며 그들의 의무는 정치나 전투를 통해서 백성을 보호하고 또는 처벌하며 자신을 위한 제사를 행하고 베다성전을 학습하고 보시를 행하는 것이다. ③ 평민계급 : 절대신의 두 다리로부터 평민계급이 생겨났으며 그들의 의무는 사회에 필요한 물질적 부를 생산하는 것으로 농업, 목축, 산업, 금융에 종사하며 자신을 위한 제사를 행하고 베다성전을 학습하고 보시를 행하는 것이다.④ 노예계급 : 노예계급은 절대신의 발에서 태어났으며 다른 세 신분에 봉사하는 것이 의무이다. 이러한 계급에 대한 정의는 불교경전인 『본생경』에서도 베다성전에 언급되어 있다고 말한 정의와 일치한다.공부를 위해서 바라문 계급이, 국토를 위해서 왕족계급이, 농사를 위해 평민계급이, 봉사를 위해 노예계급이 창조되었네. 이렇게 신은 누구에게나 삶의 지위를 부여했네.(Jātaka, 543. vi. p.207 ajjhenaṁ ariyā paṭhaviṁ janindā vessā kasiṁ pāricariya ñ ca suddā upāgu paccekaṁ yathā padesaṁ katāhu ete vasinā ti āhu)

[세존] "바쎗타여, 참으로 바라문들은 옛일을 잊고 이와 같이 '바라문들이야말로 최상의 계급이고, 다른 계급은 저열하다. 바라문들이야말로 밝은 계급이고, 다른 계급은 어둡다. 바라문들이야말로 청정하고, 다른 계급은 그렇지 못하다. 바라문들이야말로 하느님의 적자이고, 그의 입에서 태어난 자이고, 하느님이 만든 자이고, 하느님의 상속자이다.'라고 말한다. 바쎗타여, 그러나 그 바라문들의 바라문 아내에게도 월경, 임신,[82] 출산, 수유가 존재한다.[1012] 이렇게 그 바라문들이 동일한 자궁으로부터 태어났는데도,[1013] '바라문들이야말로 최상의 계급이고, 다른 계급은 저열하다. 바라문들이야말로 밝은 계급이고, 다른 계급은 어둡다. 바라문들이야말로 청정하고, 다른 계급은 그렇지 못하다. 바라문들이야말로 하느님의 적자이고, 그의 입에서 태어난 자이고, 하느님이 만든 자이고, 하느님의 상속자이다.'라고 말한다. 그들은 바라문조차도 잘못 대변하는 것이고, 거짓말을 하는 것이고, 많은 박복을 낳는 것이다."

1012) dissante kho pana assalāyana, brāhmaṇānaṃ brāhmaṇiyo utuniyopi gabhiniyopi vijāyamā nāpi pāyamānāpi : Pps. III. 408에 따르면, 바라문의 여인들도 바라문 아들을 얻기 위해서는 결혼을 하지 않으면 안 된다. 역자는 이것이 곧 생물학적인 계급평등의 사상을 논증하는 것이라고 본다. 바라문교에서는 월경, 임신, 출산, 수유 등을 부정(不淨)한 것이라고 보아서 심지어 여아를 초조 이전에 더럽혀지기 전에 시집을 보냈다. 붓다가 '월경, 임신, 출산, 수유를 갖는 여인'이란 말을 강조한 것은 당시 바라문교의 정·부정(淨・不淨)의 사상의 부당성을 지적하고 그것이 인간적인 현상임을 강조한 것이다. 또한 인간은 누구나 여인에게서 태어난다는 주장은 상층계급의 성직권의 신수설이나 왕권신수설을 부인하는 것이다. 인간은 결코 신으로부터 태어나지 않는다. 아무도 그것을 본 사람이 없다. 따라서 범신론적 영구법적 자연법사상은 허구이며 거기에 근거하는 상층계급의 특권적, 또는 선민적인 사상은 거짓이다. 인간은 신으로부터 자유롭다. 명백한 것은 인간은 어느 계급이건 인간적인 여인에게서 태어난다는 사실이다. 따라서 출생에 의한 사회적 불평등은 있을 수가 없다. 이것은 누구든 부정할 수 없는 경험적 사실이다.

1013) te ca brāhmaṇā yonijā'va samānā evamāhaṃsu : Smv. 862에 따르면, '바라문들이 바라문 여성들의 자궁에서 태어났다는데도'라는 뜻이다.

(네 가지 계급의 평등)

3. [세존] "바쎗타여, 이러한 네 가지 계급 곧, 왕족, 바라문, 평민, 노예가 있다.

1) 바쎗타여, 왕족이라도 세상에 어떤 자는 살아있는 생명을 죽이고, 주지 않는 것을 빼앗고, 사랑을 나눔에 잘못된 행위를 하고, 거짓말을 하고, 이간질하고, 욕지거리하고, 꾸며대는 말을 하고, 탐욕을 부리고, 분노하는 마음을 지니고, 잘못된 견해를 지니고 있다. 바쎗타여, 이러한 것들은 악하고 불건전한 것이고, 악하고 불건전한 것이라 여겨지는 것이고, 비난받을만한 것이고, 비난받을만한 것이라 여겨지는 것이고, 섬겨서는 안 될 것이고, 섬겨서는 안 될 것이라 여겨지는 것이고, 고귀한 자에게 맞지 않는 것들이고, 고귀한 자에게 맞지 않는 것이라고 여겨지는 것이고, 어두운 것이고, 어두운 결과를 가져오는 것이고, 현자가 꾸짖는 것이다. 바쎗타여, 왕족이라도 세상에 어떤 자에게는 이와 같은 것들이 있다.

2) 바쎗타여, 바라문이라도 세상에 어떤 자는 살아있는 생명을 죽이고, 주지 않는 것을 빼앗고, 사랑을 나눔에 잘못된 행위를 하고, 거짓말을 하고, 이간질하고, 욕지거리하고, 꾸며대는 말을 하고, 탐욕을 부리고, 분노하는 마음을 지니고, 잘못된 견해를 지니고 있다. 바쎗타여, 이러한 것들은 악하고 불건전한 것이고, 악하고 불건전한 것이라 여겨지는 것이고, 비난받을만한 것이고, 비난받을만한 것이라 여겨지는 것이고, 섬겨서는 안 될 것이고, 섬겨서는 안 될 것이라 여겨지는 것이고, 고귀한 자에게 맞지 않는 것

들이고, 고귀한 자에게 맞지 않는 것이라고 여겨지는 것이고, 어두운 것이고, 어두운 결과를 가져오는 것이고, 현자가 꾸짖는 것이다. 바쎗타여, 바라문이라도 세상에 어떤 자에게는 이와 같은 것들이 있다.

3) 바쎗타여, 평민이라도 세상에 어떤 자는 살아있는 생명을 죽이고, 주지 않는 것을 빼앗고, 사랑을 나눔에 잘못된 행위를 하고, 거짓말을 하고, 이간질하고, 욕지거리하고, 꾸며대는 말을 하고, 탐욕을 부리고, 분노하는 마음을 지니고, 잘못된 견해를 지니고 있다. 바쎗타여, 이러한 것들은 악하고 불건전한 것이고, 악하고 불건전한 것이라 여겨지는 것이고, 비난받을만한 것이고, 비난받을만한 것이라 여겨지는 것이고, 섬겨서는 안 될 것이고, 섬겨서는 안 될 것이라 여겨지는 것이고, 고귀한 자에게 맞지 않는 것들이고, 고귀한 자에게 맞지 않는 것이라고 여겨지는 것이고, 어두운 것이고, 어두운 결과를 가져오는 것이고, 현자가 꾸짖는 것이다. 바쎗타여, 평민이라도 세상에 어떤 자에게는 이와 같은 것들이 있다.

4) 바쎗타여, 노예라도 세상에 어떤 자는 살아있는 생명을 죽이고, 주지 않는 것을 빼앗고, 사랑을 나눔에 잘못된 행위를 하고, 거짓말을 하고, 이간질하고, 욕지거리하고, 꾸며대는 말을 하고, 탐욕을 부리고, 분노하는 마음을 지니고, 잘못된 견해를 지니고 있다. 바쎗타여, 이러한 것들은 악하고 불건전한 것이고, 악하고 불건전한 것이라 여겨지는 것이고, 비난받을만한 것이고, 비난받을만한 것이라 여겨지는 것이고, 섬겨서는 안 될 것이고, 섬겨서는 안

될 것이라 여겨지는 것이고, 고귀한 자에게 맞지 않는 것들이고, 고귀한 자에게 맞지 않는 것이라고 여겨지는 것이고, 어두운 것이고, 어두운 결과를 가져오는 것이고, 현자가 꾸짖는 것이다. 바쎗타여, 노예라도 세상에 어떤 자에게는 이와 같은 것들이 있다.

5) 바쎗타여, 왕족이라도 세상에 어떤 자는 살아있는 생명을 죽이는 것을 삼가고, 주지 않는 것을 빼앗는 것을 삼가고, 사랑을 나눔에 잘못된 행위를 하는 것을 삼가고, 거짓말을 하는 것을 삼가고, 이간질하는 것을 삼가고, 욕지거리하는 것을 삼가고, 꾸며대는 말을 하는 것을 삼가고, 탐욕을 부리는 것을 삼가고, 분노하는 마음을 지니는 것을 삼가고, 올바른 견해를 지니고 있다. 바쎗타여, 이러한 것들은 착하고 건전한 것이고, 착하고 건전한 것이라 여겨지는 것이고, 비난받을 필요가 없는 것이고, 비난받을 필요가 없는 것이라 여겨지는 것이고, 섬겨야 될 것이고, 섬겨야 될 것이라 여겨지는 것이고, 고귀한 자에게 맞는 것이고, 고귀한 자에게 맞는 것이라고 여겨지는 것이고, 밝은 것이고, 밝은 결과를 가져오는 것이고, 현자가 칭찬하는 것이다. 바쎗타여, 왕족이라도 세상에 어떤 자에게는 이와 같은 것들이 있다.

6) 바쎗타여, 바라문이라도 세상에 어떤 자는 살아있는 생명을 죽이는 것을 삼가고, 주지 않는 것을 빼앗는 것을 삼가고, 사랑을 나눔에 잘못된 행위를 하는 것을 삼가고, 거짓말을 하는 것을 삼가고, 이간질하는 것을 삼가고, 욕지거리하는 것을 삼가고, 꾸며대는 말을 하는 것을 삼가고,

탐욕을 부리는 것을 삼가고, 분노하는 마음을 지니는 것을 삼가고, 올바른 견해를 지니고 있다. 바쎗타여, 이러한 것들은 착하고 건전한 것이고, 착하고 건전한 것이라 여겨지는 것이고, 비난받을 필요가 없는 것이고, 비난받을 필요가 없는 것이라 여겨지는 것이고, 섬겨야 될 것이고, 섬겨야 될 것이라 여겨지는 것이고, 고귀한 자에게 맞는 것이고, 고귀한 자에게 맞는 것이라고 여겨지는 것이고, 밝은 것이고, 밝은 결과를 가져오는 것이고, 현자가 칭찬하는 것이다. 바쎗타여, 바라문이라도 세상에 어떤 자에게는 이와 같은 것들이 있다.

7) 바쎗타여, 평민이라도 세상에 어떤 자는 살아있는 생명을 죽이는 것을 삼가고, 주지 않는 것을 빼앗는 것을 삼가고, 사랑을 나눔에 잘못된 행위를 하는 것을 삼가고, 거짓말을 하는 것을 삼가고, 이간질하는 것을 삼가고, 욕지거리하는 것을 삼가고, 꾸며대는 말을 하는 것을 삼가고, 탐욕을 부리는 것을 삼가고, 분노하는 마음을 지니는 것을 삼가고, 올바른 견해를 지니고 있다. 바쎗타여, 이러한 것들은 착하고 건전한 것이고, 착하고 건전한 것이라 여겨지는 것이고, 비난받을 필요가 없는 것이고, 비난받을 필요가 없는 것이라 여겨지는 것이고, 섬겨야 될 것이고, 섬겨야 될 것이라 여겨지는 것이고, 고귀한 자에게 맞는 것이고, 고귀한 자에게 맞는 것이라고 여겨지는 것이고, 밝은 것이고, 밝은 결과를 가져오는 것이고, 현자가 칭찬하는 것이다. 바쎗타여, 평민이라도 세상에 어떤 자에게는 이와 같은 것들이 있다.

8) 바쎗타여, 노예라도 세상에 어떤 자는 살아있는 생명을 죽이는 것을 삼가고, 주지 않는 것을 빼앗는 것을 삼가고, 사랑을 나눔에 잘못된 행위를 하는 것을 삼가고, 거짓말을 하는 것을 삼가고, 이간질하는 것을 삼가고, 욕지거리하는 것을 삼가고, 꾸며대는 말을 하는 것을 삼가고, 탐욕을 [83] 부리는 것을 삼가고, 분노하는 마음을 지니는 것을 삼가고, 올바른 견해를 지니고 있다. 바쎗타여, 이러한 것들은 착하고 건전한 것이고, 착하고 건전한 것이라 여겨지는 것이고, 비난받을 필요가 없는 것이고, 비난받을 필요가 없는 것이라 여겨지는 것이고, 섬겨야 될 것이고, 섬겨야 될 것이라 여겨지는 것이고, 고귀한 자에게 맞는 것이고, 고귀한 자에게 맞는 것이라고 여겨지는 것이고, 밝은 것이고, 밝은 결과를 가져오는 것이고, 현자가 칭찬하는 것이다. 바쎗타여, 노예라도 세상에 어떤 자에게는 이와 같은 것들이 있다.

바쎗타여, 이러한 네 종류의 계급에게는 어둡고 밝은 것들과 현자들이 꾸짖고 칭찬하는 두 가지가 섞여 있는데도, 세상에서 바라문들은 이와 같이 '사제들이야말로 최상의 계급이고 다른 계급은 저열하다. 사제들이야말로 밝은 계급이고 다른 계급은 어둡다. 사제들이야말로 청정하고 다른 계급들은 그렇지 못하다. 사제들이야말로 하느님의 적자이고, 그의 얼굴에서 태어난 자이고, 하느님으로부터 생겨난 자이고, 하느님이 만든 자이고, 하느님의 상속자이다.'라고 말한다. 그러나 현자들은 그것을 인정하지 않는다. 그것은 무슨 까닭인가? 바쎗타여, 이 네 가지 계급들 가운데 번뇌를 부수고 청정한 삶을 성취하고, 해야 할 일을 마치고, 짐을 내려 놓고, 이상을 실현하고, 존재의 결박을 끊고, 올바른 궁극적 앎으로 해탈한 거룩한 님인 수행승이 있다면, 그가 그들 가운데 최상이라고 불리기 때문이다.1014) 그것은 진리에 의한 것이지 비법에 의한 것이 아니다. 바쎗타여, 진리야말로 현세에서도 내세에서도 최상의 것이기 때문이다.

4. 바쎗타여, 이러한 이유로 진리야말로 현세에서도 내세에서도 최상의 것이라고 알아야 한다. 바쎗타여, 꼬쌀라 국의 왕 빠쎄나디는 '수행자 고따마는 최상의 싸끼야 가문에서 출가했다.'라고 알고 있다. 바쎗타여, 그런데 싸끼야 족은 꼬쌀라 국의 왕 빠쎄나디에게 병합되었다. 바쎗타여, 싸끼야 족들은 꼬쌀라 국의 왕 빠쎄나디에게 경의를 표하고, 인사를 하고, 일어나 맞이하고, 합장하여 공경한다. 바쎗타여, 싸끼야 족들이 경의를 표하고, 인사를 하고, 일어나 맞이하고, 합장하여 공경하는 꼬쌀라 국의 왕 빠쎄나디는[84] 여래에게 경의를 표하고, 인사를 하고, 일어나 맞이하고, 합장하여 공경한다. 그는 '수행자 고따마는 훌륭한 태생이지만, 나는 저열한 태생이다. 수행자 고따마는 강력하지만, 나는 강력하지 못하다. 수행자 고따마는 수려하지만, 나는 수려

1014) imesaṃ hi vāseṭṭhā, catunnaṃ vaṇṇānaṃ yo hoti bhikkhu arahaṃ khīṇāsavo vusitavā katakaraṇīyo ohitabhāro anuppattasadattho parikkhīṇabhavasaṃyojano sammadaññāvimutto, sonesaṃ aggamakkhāyati : Smv. 863에 따르면, '번뇌가 부수어지고'는 번뇌가 멸진되었다는 뜻이고, '청정한 삶을 성취하고'는 일곱 종류의 학인과 범부의 선인은 청정한 삶을 산다고 하는데, 그러한 삶을 끝마친 자를 뜻하며, '해야 할 일을 마치고'는 네 가지 길(四道=四向 : catumagga)을 통해서 네 가지 진리(四諦 : catusacca)에 대한 두루 앎 등이 이루어진 것을 말하고, '짐을 내려 놓고'는 번뇌의 짐과 다섯 존재의 다발의 짐을 내려 놓은 것을 말한다. '이상을 실현하고'는 올바른 목적에 도달한 것을 뜻하고, '존재의 결박을 끊고'는 갈애의 결박을 끊은 것을 뜻하고, '올바른 궁극적 앎으로 해탈했다.'는 것은 '올바른 원인에 의해서 근거를 통해서 알고 해탈했다.'는 뜻이다.

하지 못하다. 수행자 고따마는 커다란 능력을 지녔지만, 나는 커다란 능력을 지니지 못하다.'라고 생각하기 때문이다. 진리를 존경하고 진리를 존중하고 진리를 숭상하고 진리를 공경하고 진리를 경외하는 꼬쌀라 국의 왕 빠쎄나디는 여래에게 경의를 표하고, 인사를 하고, 일어나 맞이하고, 합장하여 공경한다. 바쎗타여, 바쎗타여, 진리야말로 현세에서도 내세에서도 최상의 것이기 때문이다.

5. 바쎗타여, 그대들은 상이한 태생, 상이한 이름, 상이한 성, 상이한 가문을 지니고 집에서 집 없는 곳으로 출가했다. '그대들은 누구인가?'라는 질문을 받으면 '우리는 수행자 고따마의 아들이다.'라고 선언한다. 바쎗타여, 여래에 대하여 믿음이 정착되고 뿌리내리고 확립되고 견고해지면, 세상에서 어떠한 수행자이든 성직자이든 신들이든 악마이든 하느님이든 누구든지 그것을 빼앗을 수 없다. 그에게는 '나는 세존의 아들, 그의 적자, 그의 입에서 태어난 자, 진리에서 생겨난 자, 진리에 의해 만들어진 자, 진리의 상속자이다.'라고[1015] 말하는 것이 어울린다. 그것은 무슨 까닭인가? 바쎗타여, 여래에게는 '진리의 몸'이라든가 '하느님의 몸'이라든가 '진리의 존재'라든가 '하느님의 존재'라든가 하는 명칭이 있기 때문이다.[1016]

1015) bhagavato'mhi putto oraso mukhato jāto dhammajo dhammanimmito dhammadāyādo'ti : Smv. 865에 따르면, '세존의 아들'이라는 것은 '세존에 의지해서 성스러운 경지에 태어난 것'을 뜻하고, '적자'라는 것은 '그의 가슴에서 사는 자'를 뜻하고, '입에서 태어난 자'는 입에서 나온 가르침의 소리에 의해서 길과 경지를 확립한 자를 뜻하고, '진리에서 생겨난 자, 진리에 의해 만들어진 자'라는 것은 고귀한 가르침에 의해 생겨나고 고귀한 가르침에 의해 창조된 자를 뜻하고, '진리의 상속자'라는 아홉 가지 출세간의 원리(四向四果 또는 四道四果와 涅槃)의 상속자이라는 뜻이다

6. 바쎗타여, 언제 어느 때인가 오랜 세월이 지나서 이 세계가 괴멸하는 시기가 있다.[1017] 세상이 괴멸할 때에 대부분 뭇삶들은 빛이 흐르는 신들의 하느님의 세계[1018]에 태어난다. 그들은 거기서 정신으로 이루어진 자로서, 기쁨을 먹고 지내고, 스스로 빛을 내고, 허공을 날며, 영광스럽게 오랜 세월을 산다. 바쎗타여, 언제 어느 때인가 오랜 세월이 지나서 이 세계가 생성하는 시기가 있다. 세상이 생성될 때에 대부분 뭇삶들은 빛이 흐르는 신들의 하느님의 세계에서 [85] 사멸하여 이러한 곳에 온다. 그들은 이 세상에서 정신으로 이루어진 자로서, 기쁨을 먹고 지내고, 스스로 빛을 내고, 허공을 날며, 영광스럽게 오랜 세월을 산다."

(맛있는 땅의 출현)

7. [세존] "바쎗타여, 그 때에 암흑, 칠흑같은 어둠의 오로지 물의 존재[1019]가 있었다. 달과 태양도 나타나지 않았고, 별자리도 별빛도 나타나지 않았고, 밤과 낮도 나타나지 않았고 한 달과 보름도 나타나지 않았고, 계절과 일 년도 나타나지 않았고,

---

1016) tathāgatassa hetaṃ vāseṭṭhā, adhivacanaṃ dhammakāyo itipi, brahmakāyo itipi, dhamma bhuto iti pi, brahmabhuto iti pi : 한역으로 표현하자면, 법신(法身), 범신(梵身), 법성(法性), 범성(梵性)을 말한다. Smv. 865에 따르면, '진리의 몸'은 가르침이 여래의 몸이라는 뜻이고, '하느님의 몸'은 '진리의 몸이 바로 하느님의 몸'인데, 진리(dhamma)가 최상의 의미에서 하느님이기 때문이다. 그리고 '진리의 존재'라는 것은 가르침을 자성(自性)으로 하는 자를 뜻하고, '하느님의 존재'는 '진리의 존재가 바로 하느님의 존재'인데, 진리가 최상의 의미에서 하느님이기 때문이다.

1017) hoti kho so vāseṭṭhā, samayo yaṃ kadāci karahaci dīghassa addhuno accayena ayaṃ loko saṃvaṭṭati : 이하의 세계의 괴멸과 생성에 대해서는 이 책(DN. I. 17)과 그 주석을 보라.

1018) Ābhāssarā devā : 한역에서 극광천(極光天) 또는 광음천(光音天)이라고 한다. 이 책의 부록 「존재의 세계」를 보라.

1019) ekodakībhūtaṃ : Smv. 865에 따르면, 일체의 철위산이 단지 일수(一水)로서 생겨난 것이다.

여자와 남자도 나타나지 않았고, 뭇삶은 단지 뭇삶이라고 여겨졌을 뿐이었다. 바쎗타여, 언제 어느 때인가 오랜 세월이 지나서, 마치 끓인 우유가 식으면 그 위에 엷은 막이 생기는 것처럼, 맛있는 땅조각이 물 위에 막을 형성하며 나타났다. 그것은 아름답고 향기롭고 맛이 있었다. 마치 정제된 버터와 정제된 생버터와 같은 색깔을 지녔고, 순수한 야생꿀처럼 맛이 있었다. 바쎗타여, 그러자 어떤 뭇삶에게 '어참, 이것이야말로 무엇일까?'라고 동요가 생겨나 맛있는 땅조각을 손으로 맛보았다. 맛있는 땅조각을 손으로 맛보자 그것에 매료되어 갈애가 그를 엄습했다.[1020] 바쎗타여, 다른 뭇삶들도 그 뭇삶을 모방하여 맛있는 땅조각을 손으로 맛보았다. 맛있는 땅조각을 손으로 맛보자 그것에 매료되어 갈애가 그들을 엄습했다."

(달과 태양의 출현)

8. [세존] "바쎗타여, 그 뭇삶들은 맛있는 땅조각을 손으로 한 덩어리씩 깨어서 먹었다. 바쎗타여, 그 뭇삶들이[86] 맛있는 땅조각을 손으로 한 덩어리씩 깨어서 먹자, 바쎗타여, 그 뭇삶들의 스스로 빛나던 광명은 사라졌다. 스스로 빛나던 광명이 사라지자 달과 태양이 나타났다. 달과 태양이 나타나자 별자리와 별빛이 나타났다. 별자리와 별빛이 나타나자 밤과 낮이 나타났다. 밤과 낮이 나타나자 한 달과 보름이 나타났다, 한 달과 보름이 나타나자 계절과 일 년이 나타났다. 바쎗타여, 이와 같이 해서 이 세상은 다시 생성된다. 바

1020) tassa rasaṃ paṭhaviṃ aṅguliyā sāyato acchādesi, taṇhā c'assa okkami. : Smv. 865에 따르면, '혀 끝에 놓인 것만으로 칠천 개의 미각신경이 펴져나가 마음에 드는 상태가 되어 갈애가 생겨났다.'는 뜻이다.

쎗타여, 그러자 그 뭇삶들은 맛있는 땅조각을 먹으면서 그것을 먹거리로 삼고 그것을 음식으로 삼아 오랜 세월을 보냈다. 바쎗타여, 그 뭇삶들이 맛있는 땅조각을 먹으면서 그것을 먹거리로 삼고 그것을 음식으로 삼아 오랜 세월을 보낼수록, 바쎗타여, 그럴수록 더욱 더 그들의 몸은 거칠게 되어 아름답고 추한 것을 드러냈고, 어떤 뭇삶들은 잘 생기고 어떤 뭇삶들은 못 생기게 되었다. 그러자 잘 생긴 뭇삶들은 못 생긴 뭇삶들을 깔보고 '우리가 이들보다 더욱 잘 생겼고, 이들은 우리보다 못 생겼다.'라고 경멸했다. 잘 생긴 것의 교만을 조건으로 자만과 오만이 생겨나자 그들에게 맛있는 땅이 사라졌다. 맛있는 땅이 사라지자 그들은 함께 모였다. 함께 모여서 '오 이 맛! 오 이 맛!'이라고 슬퍼했다. 지금도 사람들은 무엇인가 아주 맛있는 것을 얻으면, '오 이 맛! 오 이 맛!'이라고 말한다. 그들은 고대의 세계의 기원과 관계된 이야기1021)를 기억하지만, 그 의미를 알지 못한다."

(균류의 출현)

9. [세존] "바쎗타여, 그렇게 점차 그 뭇삶들에게 맛있는 땅조각이[87] 사라지자 땅위에 균류가 나타났다. 마치 버섯이 생겨나듯, 그것은 그와 같이 나타났다. 그것은 아름답고 향기롭고 맛이 있었다. 마치 버터나 생버터처럼, 그것은 그와 같이 색깔을 지녔고, 마치 순수한 야생벌꿀처럼, 그것은 그와 같은 맛을 지녔다. 바셋타여, 그러자 그 뭇삶들은 균류를

1021) tadeva porāṇaṃ aggaññaṃ akkharaṃ anusaranti natvevassa atthaṃ ājānanti : Smv. 868에 따르면, '고대의 세계의 생성과 전통에 대한 이야기를 기억하지만 그 의미를 모른다.'는 뜻이다.

먹기위해 가까이 다가갔다. 그들은 그것을 먹으면서 그것을 먹거리로 삼고 그것을 음식으로 삼아 오랜 세월을 보냈다. 바쎗타여, 그 뭇삶들이 균류를 먹으면서 그것을 먹거리로 삼고 그것을 음식으로 삼아 오랜 세월을 보낼수록, 바쎗타여, 그럴수록 더욱 더 그들의 몸은 거칠게 되어 아름답고 추한 것을 드러냈고, 어떤 뭇삶들은 잘 생기고 어떤 뭇삶들은 못 생기게 되었다. 그러자 잘 생긴 뭇삶들은 못 생긴 뭇삶들을 깔보고 '우리가 이들보다 더욱 잘 생겼고, 이들은 우리보다 못 생겼다.'라고 경멸했다. 잘 생긴 것의 교만을 조건으로 자만과 오만이 생겨나자 그들에게 균류가 사라졌다."

(바달라따초가 생겨남)

10. [세존] "바쎗타여, 균류가 사라지자 바달라따초[1022]이 나타났다. 마치 넝쿨이 생겨나듯, 그것은 그와 같이 나타났다. 그것은 아름답고 향기롭고 맛이 있었다. 마치 버터나 생버터처럼, 그것은 그와 같이 색깔을 지녔고, 마치 순수한 야생벌꿀처럼, 그것은 그와 같은 맛을 지녔다. 바쎗타여, 그러자 그 뭇삶들은 바달라따초를 먹기위해 가까이 다가갔다. 그들은 그것을 먹으면서 그것을 먹거리로 삼고 그것을 음식으로 삼아 오랜 세월을 보냈다. 바쎗타여, 그 뭇삶들이 바달라따초를 먹으면서 그것을 먹거리로 삼고 그것을 음식으로 삼아 오랜 세월을 보낼수록, 바쎗타여, 그렇게 해서 더욱 더 그들의 몸은 거칠게 되어 아름답고 추한 것을 드러냈고, 어떤

1022) badālatā : 바달라따 초(草)는 빠달라따(padālatā)초라고도 읽으며, Smv. 868에 따르면, 맛있는 길상의 넝쿨식물이다.

뭇삶들은[88] 잘 생기고 어떤 뭇삶들은 못 생기게 되었다. 그러자 잘 생긴 뭇삶들은 못 생긴 뭇삶들을 깔보고 '우리가 이들보다 더욱 잘 생겼고, 이들은 우리보다 못 생겼다.'라고 경멸했다. 잘 생긴 것의 교만을 조건으로 자만과 오만이 생겨나자 그들에게 바달라따초가 사라졌다. 바달라따초가 사라지자 그들은 함께 모였다. 함께 모여서 '바달라따초여! 오, 우리는 어쩌란 말인가! 오, 참으로 우리는 망했다!'라고 슬퍼했다. 지금도 사람들은 무엇인가 아주 맛있는 것을 얻으면, '오, 우리는 어쩌란 말인가! 오, 참으로 우리는 망했다!'라고 말한다. 그들은 고대의 세계의 기원과 관계된 이야기를 기억하지만, 그 의미를 알지 못한다."

(경작하지 않고도 여무는 쌀이 나타남)

11. [세존] "바쎗타여, 뭇삶들에게 바달라따초가 사라지자 경작하지 않고도 여무는 쌀이 나타났다. 그것은 속겨도 왕겨도 없고 깨끗하고 향기로운 쌀이었다. 그것은 저녁에 저녁식사를 위하여 가져가면, 아침에 자라나 다시 성장해 있었고, 아침에 아침식사를 위하여 가져가면, 저녁에 자라나 다시 성장해 있었고, 버릴 것이라고는 없었다. 바쎗타여, 그 뭇삶들이 경작하지 않고도 여무는 쌀을 먹으면서 그것을 먹거리로 삼고 그것을 음식으로 삼아 오랜 세월을 보냈다."

(남녀의 특징의 나타남)

12. [세존] "바쎗타여, 그 뭇삶들이 경작하지 않고도 여무는 쌀을 먹으면서 그것을 먹거리로 삼고 그것을 음식으로 삼아

오랜 세월을 보낼수록, 바쎗타여, 그럴수록 더욱 더 그들의 몸은 거칠게 되어 아름답고 추한 것을 드러냈고, 여자에게는 여자의 특징이 나타나고 남자에게는 남자의 특징이 나타났다.[1023] 그러자 여자는 남자에게 지나치게 몰두하게 되었고 남자는 여자에게 지나치게 몰두하게 되었다. 그들은 서로 지나치게 서로 몰두하면서 탐애가 생겨났고 몸이 달아올랐다. 그들은 몸이 달아올라 성적인 교섭을 행했다. 바쎗타여, 그 당시에 뭇삶들이 성적인 교섭을 행하면, '짐승같은 놈아, 꺼져라! 어찌 뭇삶이 뭇삶에게 그럴 수가 있는가?'라고 말하며 [89] 어떤 자들은 흙먼지를 던지고 어떤 자들은 재를 던지고 어떤 자들은 쇠똥을 던졌다. 그래서 오늘날에도 사람들은 어떤 지방에서는 신부를 데리고 갈 때에 어떤 자들은 흙먼지를 던지고 어떤 자들은 재를 던지고 어떤 자들은 쇠똥을 던진다. 그들은 고대의 세계의 기원과 관계된 이야기를 기억하지만, 그 의미를 알지 못한다."

(성적 교섭과 생활)

13. [세존] "바쎗타여, 그 당시에 비법이었던 것이 지금은 정법이 되었다. 바쎗타여, 그 당시에 뭇삶들이 성적 교섭을 행하면, 한 달이건 두 달이건 마을이나 도시로 들어가지 못했다. 바쎗타여, 그러나 그 당시에 뭇삶들은 그러한 비법에 지나치게 빠져들어 그 비법을 가리기 위해 집을 짓기 시작했다.

바쎗타여, 그런데 어떤 게으른 뭇삶에게 이와 같은 생각이

1023) itthiyā ca itthiliṅgaṃ pāturahosi, purisassa ca purisaliṅgaṃ : Smv. 868에 따르면, 이 이전에는 성이 없었으나 전생에 여성이었던 자에게 여성의 특징이 나타나고 전생에 남성이었던 자에게 남성의 특징이 나타난다는 뜻이다.

들었다.

[게으른 자] '자, 내가 왜 아침에는 아침식사분의 쌀을 수집하고 저녁에는 저녁식사분의 쌀을 수집해야 하는가? 내가 한꺼번에 아침저녁분의 쌀을 수집하면 어떨까?'

1) 바쎗타여, 그래서 그 뭇삶은 한꺼번에 아침저녁분의 쌀을 수집했다.

바쎗타여, 그런데 어떤 뭇삶이 그가 있는 곳으로 찾아왔다. 가까이 다가와서 그 뭇삶에게 말했다.

[어떤 자] '여보시오, 와서 쌀을 수집하러 갑시다.'

[게으른 자] '여보시오, 나는 충분합니다. 나는 한꺼번에 아침저녁분의 쌀을 수집했습니다.'

바쎗타여, 그러자 그 뭇삶은 '여보시오, 그렇게 하니 정말 좋군요.'하면서 그 뭇삶의 본보기를 따라하면서 한꺼번에 이틀분의 쌀을 수집했다.

2) 바쎗타여, 그러자 어떤 뭇삶이 그가 있는 곳으로 찾아왔다. 가까이 다가와서[90] 그 뭇삶에게 말했다.

[어떤 자] '여보시오, 와서 쌀을 수집하러 갑시다.'

[게으른 자] '여보시오, 나는 충분합니다. 나는 한꺼번에 이틀분의 쌀을 수집했습니다.'

바쎗타여, 그러자 그 뭇삶은 '여보시오, 그렇게 하니 정말 좋군요.'하면서 그 뭇삶의 본보기를 따라하면서 한꺼번에 사흘분의 쌀을 수집했다.

3) 바쎗타여, 그러자 어떤 뭇삶이 그가 있는 곳으로 찾아왔다. 가까이 다가와서 그 뭇삶에게 말했다.

[어떤 자] '여보시오, 와서 쌀을 수집하러 갑시다.'

[게으른 자] '여보시오, 나는 충분합니다. 나는 한꺼번에 사흘분의 쌀을 수집했습니다.'

바쎗타여, 그러자 그 뭇삶은 '여보시오, 그렇게 하니 정말 좋군요.'하면서 그 뭇삶의 본보기를 따라하면서 한꺼번에 여드레분의 쌀을 수집했다.

바쎗타여, 그러자 그 뭇삶들이 쌀을 축적하면서 먹기 시작하자 속겨가 흰쌀을 둘러쌌고, 왕겨가 흰쌀을 둘러쌌고, 베어버리면 다시 자라지 않게 되었고, 베어낸 자리가 드러났고, 포기지어 벼들이 자라게 되었다."

(쌀을 둘러싼 나툼)

14. [세존] "바쎗타여, 그러자 그 뭇삶들은 모여서 슬퍼했다.

[뭇삶들] '존자들이여, 나쁜 악하고 불건전한 것들이 뭇삶들에게 생겨났습니다. 우리는 이 세상에서 정신으로 이루어진 자로서, 기쁨을 먹고 지내고, 스스로 빛을 내고, 허공을 날며, 영광스럽게 오랜 세월을 살았습니다. 그러한 우리에게 맛있는 땅이 물위에 나타났습니다. 그것은 아름답고 향기롭고 맛이 있었습니다. 그런 우리는 맛있는 땅조각을 손으로 맛있는 땅조각을 손으로 한 덩어리씩 깨어서 먹었습니다. 우리가 맛있는 땅조각을 손으로 한 덩어리씩 깨어서 먹자, 우리의 스스로 빛나던 광명은 사라졌다. 스스로 빛나던 광명이 사라지자 달과 태양이 나타났습니다. 달과 태양이 나타나자 별자리와 별빛이[91] 나타났습니다. 별자리와 별빛이 나타나자 밤과 낮이 나타났습다. 밤과 낮이 나타나자 한 달과 보름이 나타났습니다, 한 달과 보름이 나타나자 계절과 일

년이 나타났습니다. 우리는 맛있는 땅조각을 먹으면서 그것을 먹거리로 삼고 그것을 음식으로 삼아 오랜 세월을 보냈습니다. 그러한 우리에게 나쁜 악하고 불건전한 원리가 생겨나자 맛있는 땅은 사라졌습니다. 맛있는 땅조각이 사라지자 땅위에 균류가 나타났습니다. 그것은 아름답고 향기롭고 맛이 있었습니다. 그러자 우리는 균류를 먹기 위해 가까이 다가갔습니다. 우리는 그것을 먹으면서 그것을 먹거리로 삼고 그것을 음식으로 삼아 오랜 세월을 보냈습니다. 그러한 우리에게 나쁜 악하고 불건전한 원리가 생겨나자 맛있는 균류는 사라졌습니다. 균류가 사라지자 바달라따초가 나타났습니다. 그것은 아름답고 향기롭고 맛이 있었습니다. 그러자 우리는 바달라따초를 먹기 위해 가까이 다가갔습니다. 그들은 그것을 먹으면서 그것을 먹거리로 삼고 그것을 음식으로 삼아 오랜 세월을 보냈습니다. 그러한 우리에게 나쁜 악하고 불건전한 원리가 생겨나자 맛있는 바달라따초는 사라졌습니다. 바달라따초가 사라지자 경작하지 않고도 여무는 쌀이 나타났습니다. 그것은 속겨도 왕겨도 없고 깨끗하고 향기로운 쌀이었다. 그것은 저녁에 저녁식사를 위하여 가져가면, 아침에 자라나 다시 성장해 있었고, 아침에 아침식사를 위하여 가져가면, 저녁에 자라나 다시 성장해 있었고, 버릴 것이라고는 없었습니다. 우리는 경작하지 않고도 여무는 쌀을 먹으면서 그것을 먹거리로 삼고 그것을 음식으로 삼아 오랜 세월을 보냈습니다. 그러한 우리에게 나쁜 악하고 불건전한 원리가 생겨나면서 속겨가 흰쌀을 둘러쌌고, 왕겨가 흰쌀을 둘러쌌고, 베어버리면 다시 자라지 않게 되었고, 베어낸 자리가 드러났고, 포기지어[92] 벼들이 자라게 되었습니다. 이제 우리는 벼들을 구분지어 경계를 설정하면 어떨까?'

바쎗타여, 그러자 뭇삶들은 벼들을 구분지어 경계를 설정했다.

15. 그러자

1) 바쎗타여, 어떤 뭇삶이 탐욕을 내어 자신의 몫은 잘 챙겨두고 타자의 몫은 주지 않은데도 빼앗아 먹었다. 뭇삶들은 그 뭇삶을 붙잡았다. 붙잡아서 이와 같이 '이보시오. 참으로 나쁜 일을 저질렀소. 자신의 몫은 잘 챙겨두고 타자의 몫은 주지 않은데도 빼앗아 먹다니. 이보게, 다시는 그런 짓을 하지 마시오.'라고 말했다. 바쎗타여, 그 뭇삶은 '존자들이여, 알겠소.'라고 그 뭇삶들에게 대답했다.

2) 바쎗타여, 두 번째에도 그 뭇삶은 탐욕을 내어 자신의 몫은 잘 챙겨두고 타자의 몫은 주지 않은데도 빼앗아 먹었다. 뭇삶들은 그 자를 붙잡았다. 붙잡아서 이와 같이 '이보시오. 참으로 나쁜 일을 저질렀소. 자신의 몫은 잘 챙겨두고 타자의 몫은 주지 않은데도 빼앗아 먹다니. 이보게, 다시는 그런 짓을 하지 마시오.'라고 말했다. 바쎗타여, 그 뭇삶은 '존자들이여, 알겠소.'라고 그 뭇삶들에게 대답했다.

3) 바쎗타여, 세 번째에도 그 뭇삶은 탐욕을 내어 자신의 몫은 잘 챙겨두고 타자의 몫은 주지 않은데도 빼앗아 먹었다. 뭇삶들은 그 자를 붙잡았다. 붙잡아서 이와 같이 '이보시오. 참으로 나쁜 일을 저질렀소. 자신의 몫은 잘 챙겨두고 타자의 몫은 주지 않은데도 빼앗아 먹다니. 이보게,

다시는 그런 짓을 하지 마시오.'라고 말했다.

그리고 어떤 자들은 손으로 때리고, 어떤 자들은 흙덩이로 때리고, 어떤 자들은 몽둥이로 때렸다. 바쎗타여, 그 때부터 주지 않는 것을 빼앗는 것이 나타났고, 비난이 나타났고, 거짓말이 나타났고, 처벌이 나타났다."

(마하쌈마따 왕의 출현)

16. [세존] "바쎗타여, 그러자 뭇삶들은 함께 모였다. 함께 모여서 슬퍼했다.

[뭇삶들] '존자들이여, 나쁜 원리가 뭇삶들에게 나타나서, 주지 않는 것을 빼앗는 것이 나타날 것이고, 비난하는 것이 나타날 것이고, 거짓말이 나타날 것이고, 처벌이 나타날 것입니다. 우리가 꾸짖어야 할 자를 바르게 꾸짖을 수 있고, 비난해야할 자를 바르게 비난할 수 있고, 추방해야 할 자를 바르게 추방할 수 있는 한 사람을 선정하면 어떨까? 우리는 그에게 쌀을 몫으로 나누어줍시다.'1024)

바쎗타여,[93] 그러자 뭇삶들은 그들 가운데 더 출중하고, 더 보기에 좋고, 더 사랑스럽고, 더 능력이 있는 뭇삶에게 다가가서 이와 같이 말했다.

[뭇삶들] '존자여, 오시오. 꾸짖어야 할 자를 바르게 꾸짖고, 비난해야할 자를 바르게 비난하고, 추방해야 할 자를 바르게 추방해 주시오, 우리가 당신에게 쌀을 몫으로 나누어 주겠습니다.'

1024) mayaṃ panassa sālīnaṃ bhāgaṃ anuppadassāmā'ti : Smv. 870에 따르면, '한 논에서 각자 암마나(ammaṇa) 분량을 가져와 당신에게 쌀을 몫으로 나누어 주겠습니다. 당신은 어떠한 일도 할 필요가 없습니다. 당신은 우리의 가장 높은 자리에 있습니다.'라는 뜻이다.

[출중한 자] '존자여, 알겠습니다.'

바쎗타여, 그 뭇삶은 그 뭇삶들에게 대답하고 꾸짖어야 할 자를 바르게 꾸짖었고, 비난해야할 자를 바르게 비난했고, 추방해야 할 자를 바르게 추방했다. 사람들은 그에게 쌀을 몫으로 나누어 주었다.

바쎗타여, '많은 사람에 의해서 뽑힌 자'이기 때문에 '마하쌈마따, 마하쌈마따.'라는 첫 번째 칭호가 생겨났다. 바쎗타여, '토지의 주인'이라고 해서 '캇띠야, 캇띠야.'라는 두 번째 칭호가 생겨났다. 바쎗타여, '법으로 남을 다스린다.'라고 해서 '라자, 라자.'라는 세 번째 칭호가 생겨났다.1025)

바쎗타여, 이와 같이 왕족의 집단의 기원은 이러한 태고의 칭호에 의해서 만들어진 것이다. 그들의 기원은 우리와 같은 뭇삶들로부터 생겨난 것이지 다른 자들에게서 생겨난 것이 아니고, 동등한 자들에게서 생겨난 것이지 동등하지 않은 자들에게서 생겨난 것이 아니고, 원칙에 따라 생겨난 것이지 무원칙하게 생겨난 것이 아니다. 바쎗타여, 참으로 진리야말로 현세에서도 내세에서도 사람들 가운데 최상의 것이기 때문이다."

(바라문 집단의 기원)

17. [세존] "바쎗타여, 그들 뭇삶들 가운데 어떤 자들은 이와

1025) mahāsammato … khattiyo … rājā : 이 경에서 보듯, '마하쌈마따(Mahāsammata)'는 싸끼야 족의 최초의 왕이자 인류 최초의 왕이었다. 그리고 '캇띠야(khattiya)'는 범어의 '크샤트리야' 즉, 왕족을 의미하고, '라자(rājā)'는 왕을 의미한다. 캇띠야는 Smv. 870에 따르면, 국토의 주인으로 세 가지 조작 - 세 가지 계급에 의해서 섭수된 것 - 에 의해서 왕위를 부여받은 자를 의미한다.

같이 생각했다.

[뭇삶들] '존자들이여, 악한 것들이 뭇삶들에게 나타나서, 주지 않는 것을 빼앗는 것이 나타날 것이고, 비난하는 것이 나타날 것이고, 거짓말이 나타날 것이고, 처벌이 나타날 것입니다. 우리가 악하고 불건전한 것들을 제거하면 어떨까?'

그들은 악하고 불건전한 것들을[94] 제거했다. 바쎗타여, '악하고 불건전한 것들을 없앤다.'고 해서 '바라문, 바라문'이라는 첫 번째 칭호가 생겨났다. 그들은 한적한 숲속에 초막을 짓고 초막에서 명상에 들었습니다. 그들은 숯불을 피우지 않고 연기를 내지 않고[1026] 절굿공이를 내려 놓았고[1027]저녁에는 저녁식사를 위해 아침에는 아침식사를 위해 탁발을 하여[1028] 마을과 도시와 수도로 내려와서 음식을 얻은 뒤에 다시 한적한 숲 속 초막에서 명상을 했다.

뭇삶들이 이러한 그들을 보고 이와 같이 말했다.

[뭇삶들] '존자들이여, 이 뭇삶들은 한적한 숲속에 초막을 짓고 초막에서 명상에 듭니다. 그들은 숯불을 피우지 않고 연기를 내지 않고 절굿공이를 내려 놓았고 저녁에는 저녁식사를 위해 아침에는 아침식사를 위해 마을과 도시와 수도로 내려와서 탁발을 하여 음식을 얻은 뒤에 다시 한적한 숲 속 초막에서 명상을 합니다.'

바쎗타여, '명상을 한다.'고 해서 '자야까,[1029] 자야까.'라

1026) vitaṅgārā vītadhūmā : Smv. 871에 따르면, 요리해서 먹는 것이 아니기 때문에 '숯불을 피우지 않고 연기를 내지 않는 것'이다.

1027) pannamūsalā : Smv. 871에 따르면, 찧어서 요리하는 것이 아니기 때문에 '절굿공이를 내려 놓는 것'이다.

1028) ghāsam esānā : Smv. 871에 따르면, '탁발을 통해 죽식(粥食)을 구하여'라는 뜻이다.

1029) jhāyakā : '선정(禪定)에 드는 자' 또는 '명상하는 자, 사유(思惟)하는 자'를 뜻한다.

는 두 번째 칭호가 생겨났다. 바쎗타여, 그들 뭇삶들 가운데 어떤 자들은 한적한 숲속의 초막에서 명상하는 것을 감당할 수 없어 마을 근처나 도시근처에 내려와 책을 만들며[1030] 지냈다. 뭇삶들은 그러한 그들을 보고 이와 같이 말했다.

[뭇삶들] '이 뭇삶들은 한적한 숲속의 초막에서 명상하는 것을 감당할 수 없어 마을 근처나 도시근처에 내려와 책을 만들며 지낸다. 이제는 명상을 하지 않는다.'

바쎗타여 '이제는 명상하지 않는다.'라고 해서 '앗자야까,[1031] 앗자야까.'라는 세 번째 칭호가 생겨났다. 바쎗타여, 그런데 그 당시에 저열한 것으로 여겨진 것이 지금은 최상의 것으로 여겨진다. 바쎗타여, 이와 같이 바라문의 집단의 기원은 이러한 태고의 칭호에 의해서 만들어진 것이다. 그들의[95] 기원은 우리와 같은 뭇삶들로부터 생겨난 것이지 다른 자들에게서 생겨난 것이 아니고, 동등한 자들에게서 생겨난 것이지 동등하지 않은 자들에게서 생겨난 것이 아니고, 원칙에 따라 생겨난 것이지 무원칙하게 생겨난 것이 아니다. 바쎗타여, 참으로 진리야말로 현세에서도 내세에서도 사람들 가운데 최상의 것이기 때문이다."

(평민의 집단의 기원)

18. [세존] "바쎗타여, 뭇삶들 가운데 어떤 뭇삶들은 결혼하여[1032] 여러 가지 일에 종사했다. 바쎗타여, 결혼하여 여러 가지 일에 종사한다고 해서 '벳싸,[1033] 벳싸'라는 칭호가 생

1030) ganthe karontā : Smv. 870에 따르면, 여기서 책이란 삼베다를 말한다.
1031) ajjhāyakā : Smv. 870에 따르면, '베다를 학습하는 자'라는 뜻이 있다.
1032) methunaṃ dhammaṃ samādāya : 원래는 '음법(淫法)을 받아들여'라는 뜻이다.

겨났다. 바쎗타여, 이와 같이 평민의 집단의 기원은 이러한 태고의 칭호에 의해서 만들어진 것이다. 그들의 기원은 우리와 같은 뭇삶들로부터 생겨난 것이지 다른 자들에게서 생겨난 것이 아니고, 동등한 자들에게서 생겨난 것이지 동등하지 않은 자들에게서 생겨난 것이 아니고, 원칙에 따라 생겨난 것이지 무원칙하게 생겨난 것이 아니다. 바쎗타여, 참으로 진리야말로 현세에서도 내세에서도 사람들 가운데 최상의 것이기 때문이다.

(노예의 집단의 기원)

19. [세존] "바쎗타여, 그 뭇삶들 가운데 나머지 뭇삶들은 사냥을 하거나 잡일을 했다. 바쎗타여, '사냥을 하거나 잡일을 한다고 해서 '쑷다, 쑷다'라는 명칭이 생겨났다.[1034] 바쎗타여, 이와 같이 노예의 집단의 기원은 이러한 태고의 칭호에 의해서 만들어진 것이다. 그들의 기원은 우리와 같은 뭇삶들로부터 생겨난 것이지 다른 자들에게서 생겨난 것이 아니고, 동등한 자들에게서 생겨난 것이지 동등하지 않은 자들에게서 생겨난 것이 아니고, 원칙에 따라 생겨난 것이지 무원칙하게 생겨난 것이 아니다. 바쎗타여, 참으로 진리야말로 현세에서도 내세에서도 사람들 가운데 최상의 것이기 때문이다."

1033) vessā : Smv. 871에 따르면, 목축이나 상업 등의 일반에 널리 알려진 일에 종사하는 자이다. 역자주: 여기서 널리 알려진 일(vissuttakammanta)이라는 것은 'vessā'를 유추한 유사언어학적인 설명이다.

1034) ḷuddācārā khuddācārā ti kho vāseṭṭhā suddā suddātveva akkharaṃ upanibbattaṃ : Smv. 871에 따르면, 흉포한 일을 행하고 비속한 일을 하기 때문에 점점 흉포하게 점점 급격하게 비난을 받고 망한다는 의미에서 노예라고 한다. 역자주 : 여기서 suddā(노예)를 '흉포한 일을 행하는 자(ḷuddācāra)'와 '비속한 일을 행하는 자(khuddācāra)'로 설명하는 것은 유사언어학적인 해석이다.

(수행자 집단의 기원)

20. [세존] "바쎗타여, 왕족도 자신의 속성을 경멸하면서[1035] 집에서 집 없는 곳으로 '수행자가 되리라.'라고 출가하는 때가 있었다. 바쎗타여, 바라문도 자신의 속성을 경멸하면서 집에서 집 없는 곳으로 '수행자가 되리라.'라고 출가하는 때가 있었다. 바쎗타여, 평민도 자신의 속성을 경멸하면서 [96] 집에서 집 없는 곳으로 '수행자가 되리라.'라고 출가하는 때가 있었다. 바쎗타여, 노예도 자신의 속성을 경멸하면서 집에서 집 없는 곳으로 '수행자가 되리라.'라고 출가하는 때가 있었다. 바쎗타여, 이러한 네 가지 집단에 의해서 수행자의 집단이 생겨났다. 바쎗타여, 이와 같이 수행자의 집단의 기원은 이러한 태고의 칭호에 의해서 만들어진 것이다. 그들의 기원은 우리와 같은 뭇삶들로부터 생겨난 것이지 다른 자들에게서 생겨난 것이 아니고, 동등한 자들에게서 생겨난 것이지 동등하지 않은 자들에게서 생겨난 것이 아니고, 원칙에 따라 생겨난 것이지 무원칙하게 생겨난 것이 아니다. 바쎗타여, 참으로 진리야말로 현세에서도 내세에서도 사람들 가운데 최상의 것이기 때문이다."

(악행과 선행에 대한 이야기)

21. [세존]

1) "바쎗타여, 왕족도 신체적으로 악행을 하고, 언어적으로 악행을 하고, 정신적으로 악행을 하고, 잘못된 견해에 따라 업을

1035) sakaṃ dhammaṃ garahamāno : Smv. 871에 따르면, '흰 우산을 세우는 것 – 왕위의 상징 – 만으로는 청정해질 수 없다.'고 자신의 왕족법을 경멸하고'라는 뜻이다.

짓는다면, 몸이 파괴되고 죽은 뒤에 괴로운 곳, 나쁜 곳, 비참한 곳, 지옥에 태어난다.

2) 바쎗타여, 바라문도 신체적으로 악행을 하고, 언어적으로 악행을 하고, 정신적으로 악행을 하고, 잘못된 견해에 따라 업을 짓는다면, 몸이 파괴되고 죽은 뒤에 괴로운 곳, 나쁜 곳, 비참한 곳, 지옥에 태어난다.

3) 바쎗타여, 평민도 신체적으로 악행을 하고, 언어적으로 악행을 하고, 정신적으로 악행을 하고, 잘못된 견해에 따라 업을 짓는다면, 몸이 파괴되고 죽은 뒤에 괴로운 곳, 나쁜 곳, 비참한 곳, 지옥에 태어난다.

4) 바쎗타여, 노예도 신체적으로 악행을 하고, 언어적으로 악행을 하고, 정신적으로 악행을 하고, 잘못된 견해에 따라 업을 짓는다면, 몸이 파괴되고 죽은 뒤에 괴로운 곳, 나쁜 곳, 비참한 곳, 지옥에 태어난다.

5) 바쎗타여, 수행자도 신체적으로 악행을 하고, 언어적으로 악행을 하고, 정신적으로 악행을 하고, 잘못된 견해에 따라 업을 짓는다면, 몸이 파괴되고 죽은 뒤에 괴로운 곳, 나쁜 곳, 비참한 곳, 지옥에 태어난다.

6) 바쎗타여, 왕족도 신체적으로 선행을 하고, 언어적으로 선행을 하고, 정신적으로 선행을 하고, 올바른 견해에 따라 업을 짓는다면, 몸이 파괴되고 죽은 뒤에 좋은 곳, 하늘나라에 태어난다.

7) 바쎗타여, 바라문도 신체적으로 선행을 하고, 언어적으로 선행을 하고, 정신적으로 선행을 하고, 올바른 견해에 따라 업을 짓는다면, 몸이 파괴되고 죽은 뒤에 좋은 곳, 하늘

나라에 태어난다.

8) 바쎗타여, 평민도 신체적으로 선행을 하고, 언어적으로 선행을 하고, 정신적으로 선행을 하고, 올바른 견해에 따라 업을 짓는다면, 몸이 파괴되고 죽은 뒤에 좋은 곳, 하늘나라에 태어난다.

9) 바쎗타여, 노예도 신체적으로 선행을 하고, 언어적으로 선행을 하고, 정신적으로 선행을 하고, 올바른 견해에 따라 업을 짓는다면, 몸이 파괴되고 죽은 뒤에 좋은 곳, 하늘나라에 태어난다.

10) 바쎗타여, 수행자도 신체적으로 선행을 하고, 언어적으로 선행을 하고, 정신적으로 선행을 하고, 올바른 견해에 따라 업을 짓는다면, 몸이 파괴되고 죽은 뒤에 좋은 곳, 하늘나라에 태어난다.

11) 바쎗타여, 왕족도 신체적으로 선악의 두 가지 행위를 하고, 언어적으로 선악의 두 가지 행위를 하고, 정신적으로 선악의 두 가지 행위를 하고, 선악이 뒤섞인 견해에 따라 업을 짓는다면, 몸이 파괴되고 죽은 뒤에 즐거움과 괴로움을 다 경험한다.

12) 바쎗타여, 바라문도[97] 신체적으로 선악의 두 가지 행위를 하고, 언어적으로 선악의 두 가지 행위를 하고, 정신적으로 선악의 두 가지 행위를 하고, 선악이 뒤섞인 견해에 따라 업을 짓는다면, 몸이 파괴되고 죽은 뒤에 즐거움과 괴로움을 다 경험한다.

13) 바쎗타여, 평민도 신체적으로 선악의 두 가지 행위를 하고, 언어적으로 선악의 두 가지 행위를 하고, 정신적으로

선악의 두 가지 행위를 하고, 선악이 뒤섞인 견해에 따라 업을 짓는다면, 몸이 파괴되고 죽은 뒤에 즐거움과 괴로움을 다 경험한다.

14) 바셋타여, 노예도 신체적으로 선악의 두 가지 행위를 하고, 언어적으로 선악의 두 가지 행위를 하고, 정신적으로 선악의 두 가지 행위를 하고, 선악이 뒤섞인 견해에 따라 업을 짓는다면, 몸이 파괴되고 죽은 뒤에 즐거움과 괴로움을 다 경험한다.

15) 바셋타여, 수행자도 신체적으로 선악의 두 가지 행위를 하고, 언어적으로 선악의 두 가지 행위를 하고, 정신적으로 선악의 두 가지 행위를 하고, 선악이 뒤섞인 견해에 따라 업을 짓는다면, 몸이 파괴되고 죽은 뒤에 즐거움과 괴로움을 다 경험한다."

(깨달음에 도움이 되는 원리의 수행)

22. [세존]

1) "바셋타여, 왕족도 신체적으로 자제를 하고, 언어적으로 자제를 하고, 정신적으로 자제를 하고, 일곱 가지 깨달음에 도움이 되는 원리[1036]를 닦으면, 현세에서 완전한 열

1036) satta bodhipakkhiyā dhammā : 일곱 가지 깨달음에 도움이 되는 원리는 서른 일곱 가지 깨달음에 도움이 되는 원리(sattatiṁsa bodhipakkhiyā dhammā : 三十七助道品, 三十七菩提分法)를 일곱 가지로 분류한 것이다. 1) 네 가지 새김의 토대(cattāro satipaṭṭhānā : 四念處) ① 몸에 대한 관찰(kāyānupassanā : 身隨觀) ② 느낌에 대한 관찰(vedanānupassanā : 受隨觀) ③ 마음에 대한 관찰(cittānupassanā : 心隨觀) ④ 사실에 대한 관찰(dhammānupassanā : 法隨觀) 2) 네 가지 바른 노력(cattāro sammappadhānā : 四正勤) ① 제어의 노력(saṁvarappadhāna : 律儀勤) ② 버림의 노력(pahānappadhāna : 斷勤) ③ 수행의 노력(bhāvanappadhāna : 修勤) ④ 수호의 노력(anurakkhaṇappadhāna : 守護勤) 3) 네 가지 신통의 기초(四神足 : cattāro iddhipādā): ① 의욕의 집중에 기반한 노력의 형성을 갖춘 신통의 기초(chandasamādhipadhānasaṅkhārasam

반에 든다.

2) 바쎗타여, 바라문도 신체적으로 자제를 하고, 언어적으로 자제를 하고, 정신적으로 자제를 하고, 일곱 가지 깨달음에 도움이 되는 원리를 닦으면, 현세에서 완전한 열반에 든다.

3) 바쎗타여, 평민도 신체적으로 자제를 하고, 언어적으로 자제를 하고, 정신적으로 자제를 하고, 일곱 가지 깨달음에 도움이 되는 원리를 닦으면, 현세에서 완전한 열반에 든다.

4) 바쎗타여, 노예도 신체적으로 자제를 하고, 언어적으로 자제를 하고, 정신적으로 자제를 하고, 일곱 가지 깨달음에 도움이 되는 원리를 닦으면, 현세에서 완전한 열반에

---

annāgatam iddhipādaṁ : 欲三摩地勤行成就神足) ② 정진의 집중에 기반한 노력의 형성을 갖춘 신통의 기초(viriyasamādhipadhānasaṅkhārasamannāgatam iddhipādaṁ : 勤三摩地勤行成就神足) ③ 마음의 집중에 기반한 노력의 형성을 갖춘 신통의 기초(cittasamādhipadhānasaṅkhārasamannāgatam iddhipādaṁ : 心三摩地勤行成就神足) ④ 탐구의 집중에 기반한 노력의 형성을 갖춘 신통의 기초(vīmaṁsasamādhipadhānasaṅkhārasamannāgatam iddhipādaṁ : 觀三摩地勤行成就神足) 4) 다섯 가지 능력(pañca indiyāni : 五根) ① 믿음의 능력(saddh'indriya : 信根) ② 정진의 능력(viriy'indriya : 精進根) ③ 새김의 능력(sat'indriya : 念根) ④ 집중의 능력(samādh'indriya : 定根) ⑤ 지혜의 능력(paññ'indriya : 慧根) 5) 다섯 가지 힘(pañca balāni : 五力) ① 믿음의 힘(saddhābala : 信力) ② 정진의 힘(viriyabala : 精進力) ③ 새김의 힘(satibala : 念力) ④ 집중의 힘(samādhibala : 定力) ⑤ 지혜의 힘(paññābala : 慧力) 6) 일곱 가지 깨달음 고리(satta bojjhaṅgā : 七覺支) ① 새김의 깨달음 고리(satisambojjhaṅga : 念覺支) ② 탐구의 깨달음 고리(dhammavicayasambojjhaṅga : 擇法覺支) ③ 정진의 깨달음 고리(viriyasambojjhaṅga : 精進覺支) ④ 희열의 깨달음 고리(pītisambojjhaṅga : 喜覺支) ⑤ 안온의 깨달음 고리(: passaddhisambojjhaṅga : 輕安覺支) ⑥ 집중의 깨달음 고리(samādhisambojjhaṅga : 定覺支) ⑦ 평정의 깨달음 고리(upekhāsambojjhaṅga : 捨覺支) 7) 여덟 가지 고귀한 길(ariya aṭṭhaṅgika magga : 八聖道) ① 올바른 견해(sammādiṭṭhi : 正見) ② 올바른 사유(sammāsaṅkappa : 正思惟) ③ 올바른 언어(sammāvācā : 正語) ④ 올바른 행위(sammākammanto : 正業) ⑤ 올바른 생활(sammāājīvo : 正命) ⑥ 올바른 정진(sammāvāyāmo : 精精進) ⑦ 올바른 새김(sammāsati : 正念) ⑨ 올바른 집중(sammāsamādhi : 正定)

든다.

5) 바쎗타여, 수행자도 신체적으로 자제를 하고, 언어적으로 자제를 하고, 정신적으로 자제를 하고, 일곱 가지 깨달음에 도움이 되는 원리를 닦으면, 현세에서 완전한 열반에 든다.

바쎗타여, 이 네 가지 계급 가운데 수행승으로서 번뇌를 부수고 청정한 삶을 성취하고 짐을 내려 놓고 이상을 실현하고 존재의 결박을 끊고 올바른 궁극적 앎으로 해탈한 거룩한 님이 있다면,[1037] 그가 그들 가운데 최상자라고 불린다. 바쎗타여, 이것은 원칙에 따라 생겨난 것이지 무원칙하게 생겨난 것이 아니다. 바쎗타여, 진리야말로 현세에서도 내세에

1037) arahaṃ khīṇāsavo vusitavā katakaraṇīyo ohitabhāro anuppattasadattho parikkhīṇabhava saṃyojano sammadaññā vimutto : 이 표현은 거룩한 님을 정의하는 정형화된 구절이다. Pps. I. 43에 따르면, 번뇌를 부순 님(khīṇāsavo)은 네 가지 번뇌[四漏 : cattāro āsavā] - Sdk. 55에 따르면, 네 가지 번뇌에는 ① 감각적 쾌락의 욕망에 의한 번뇌[欲漏] ② 존재에 의한 번뇌[有漏] ③ 견해에 의한 번뇌[見漏] ④ 무명에 의한 번뇌[無明漏]를 말한다. -를 부순 님을 말하고, 청정한 삶을 사는 님(vusitavā)은 열 가지 고귀한 님의 주처(dasariyavasa: 十聖居) - AN. V. 26 참조. - 을 구현한 님이고, 할 일을 해 마친 님(katakaraṇīyo)은 네 가지 길(四道=四向 : catumagga)에서 해야 할 일을 해 마친 님이고, 자신의 이상을 실현한 님(anuppattasadattho)은 거룩한 경지(arahattaphala)의 실현한 님이고, 짐을 내려 놓은 님(ohitabhāro)은 존재의 다발(khandha)의 짐, 오염(kilesa)의 짐, '이것은 나의 것이고, 이것은 나이고, 이것은 나의 자아이다.'라는 유위법적 조작(abhisaṅkhāra)의 짐을 내려 놓은 님이고, 윤회의 결박을 끊어버린 님(parikkhīṇabhavasaññojano)은 열 가지 결박(dasa saṁyojjanāni : 十結; 해제의 쌉뿌리싸와 참사람의 항목을 보라)에 묶인 존재를 얽어매는 그 결박을 끊어버린 님이고, 올바른 궁극적 앎에 의해서 해탈한 님(sammadaññā vimutto)은 존재의 다발(khandha: 蘊)을 존재의 다발로, 감각의 영역(āyatana : 處)을 감각의 영역으로, 인식의 세계(dhātu : 界)를 인식의 세계로, 괴로움을 고통으로, 생성을 발생으로, 소멸을 적멸로, 길을 관찰로, 일체의 형성된 것들은 무상하다라고 있는 그대로 올바로 아는 님이고, 해탈한 님은 두 가지 해탈 곧, 마음에 의한 해탈을 이루고 열반에 의한 해탈을 이루었다. 거룩한 님은 일체의 번뇌에서 마음을 해탈시켰으므로 마음에 의한 해탈을 이루었고 열반에 몰입함으로써 열반 안에서도 해탈했다. 그러므로 해탈한 님이다. 그러나 Mrp. II. 235에 따르면, 올바른 궁극적 앎에 의해서 해탈한 님(sammadaññā vimutto)은 원인(hetu) ·논리(naya) ·이유(kāraṇa)를 통해 앎으로써 해탈한 님을 말한다.

서도 사람들 가운데 최상의 것이기 때문이다."

23. 바쎗타여, 하느님 싸낭꾸마라가 이와 같은 싯구를 읊었다.

[하느님 싸낭꾸마라]
'가문에 의지하는 사람들 가운데
왕족이 최상이고
명지와 덕행을 지닌 자가
신들과 인간들 가운데 최상이다.'

바쎗타여, 하느님 싸낭꾸마라는 싯구를 잘 읊었지, 잘못 읊지는 않았고, 잘 설했지 잘못 설하지는 않았고. 의미를 갖추었지 의미를 갖추지 못한 것은 아니었다. 바쎗타여, 나도 이와 같이 말한다.

[세존]
'가문에[98] 의지하는 사람들 가운데
왕족이 최상이고
명지와 덕행을 지닌 자가
신들과 인간들 가운데 최상이다.'라고."

24. 이와 같이 세존께서 말씀하시자,1038) 바쎗타와 바라드와자는 만족하여1039) 세존께서 말씀하신 것에 대해 기뻐했다.

세계의 기원에 대한 경이 끝났다.

1038) idamavoca bhagavā : Smv. 872에 따르면, 세존께서는 이와 같은 화제로 최상의 단설 -바라문이 최상이라는 주장에 대한 부정 - 만을 표현하고 경으로 전향하여 거룩한 경지를 정점으로 설시를 끝냈다.

1039) attamanā vāseṭṭhabhāradvājā : Smv. 872에 따르면, 바쎗타와 바라드와자는 비록 사미일지라도 세존의 이야기에 '훌륭하십니다. 훌륭하십니다.'라고 환영했다. 이 경에 주의를 기울여 잘 의미를 고찰하면, 분별적인 이해(無碍解)와 더불어 거룩한 경지를 얻는다.

9. 재가자의 윤리는 어떻게 정립될 수 있는가?

[Siṅgalakovādasutta][1040]

(씽갈라까의 절하기)

1. 이와 같이[180] 나는 들었다. 한 때 세존께서 라자가하 시의 벨루 숲[1041]에 있는 깔란다까니바빠[1042]에 계셨다. 그 때 장자의 아들 씽갈라까[1043]가 아침 일찍 일어나 라자

1040) DN. III. 180 : 이 제목에 대해서는 많은 빠알리어 표기가 있다. 씽갈라의 경(Siṅgalasutta), 씨갈라의 경(Sigālasutta), 씽갈라까의 경(Siṅgalakasutta), 씽갈라에 대한 훈계의 경(Siṅgalovādasutta), 씽갈라까에 대한 훈계의 경(Siṅgalakovādasutta)이다. 미얀마나 태국의 경전에는 훈계라는 말이 빠져 있다. 역자는 스리랑카의 경전 가운데 씽갈라까에 대한 훈계의 경이란 제목을 택한다. 장아함 11(16) 善生經(大正 1. 70a-72c); 중아함 33(135) 善生經(大正 1. 638c-642a); 尸迦羅越六方禮敬(大正 1. 250c-252b); 佛說善生子經(大正 1. 252b-255a) 참조

1041) Veḷuvana : 한역으로 죽림(竹林)이다. 이것은 빔비싸라(Bimbisāra) 왕이 부처님과 승단에 보시한 것이다.

1042) Veḷuvane Kalandakanivāpe : 벨루 숲은 한역으로 죽림(竹林)이다. 마가다 국왕 빔비싸라(Bimbisāra) 왕이 부처님과 승단에 기증한 정사의 이름이다. 이 숲의 승원 가운데 한 부분의 지명이 '다람쥐를 키우는 곳(栗鼠飼養處)'이란 뜻의 깔란다까니바빠(Kalandakanivāpa)이다.

1043) Siṅgalaka : 씽갈라까의 부친인 장자는 대부호였고, 그의 집에는 4억금의 재산이 있었다. 그는 부처님에게 완전히 귀의하여 재가의 재자로서 흐름에 든 님이 되었다. 그의 아내도 흐름에 든 님이 되었다. 그러나 그의 아들은 신심이 없었다. 그래서 부모는 그에게 반복해서 '너는 스승을 찾아가라. 싸리뿟따와 마하 목갈라나와 마하 깟싸빠와 팔십 명의 대제자들을 찾아가라.'라고 충고했다. 그는 '저에게는 부모님이 아시는 수행자에게 찾아갈 의무가 없습니다. 수행자들 앞에 가면 인사를 해야 하고, 굽혀서 절을 해야 하고, 등을 괴롭혀야 합니다. 무릎이 아프게 되고 땅바닥에 앉아야 합니다. 그렇게 앉으면 옷이 더러워지고 낡아집니다. 가까이 앉으면, 대화가 생겨나게 되고, 그러면 친교가 생겨나고, 그렇게 되면, 초대하여 의복과 탁발음식 등을 보시해야 합니다. 그러면 이득이 되지 않습니다, 저는 부모님이 아시는 수행자를 찾아갈 필요가 없습니다.' 라고 말했다. 그렇게 살아 있는 동안, 충고했지만 부모는 가르침을 줄 수가 없었다. 그래서 아버지는 죽음의 침상에 누워서 '아들에게 훈계를 해야 마땅하다.'라고 생각했다. 그리고 그는 "그에게

가하 시에서 나와 옷을 적시고 머리를 적시고 합장하여 각 방향 곧, 동쪽 방향, 남쪽 방향, 서쪽 방향, 북쪽 방향, 아랫 방향, 윗 방향으로 절했다.

2. 그 때 세존께서는 아침 일찍 옷을 입고 발우와 가사를 가지고 라자가하 시로 탁발하러 들어가셨다. 마침 세존께서는 장자의 아들 씽갈라까가 아침 일찍 일어나 라자가하 시에서 나와 옷을 적시고 머리를 적시고 합장하여 각 방향 곧, 동쪽 방향, 남쪽 방향, 서쪽 방향, 북쪽 방향, 아랫 방향, 윗 방향으로 절하는 것을 보셨다.1044) 보고나서 그는 장자의 아들 씽갈라까에게 이와 같이 말씀하셨다.

[세존] "장자의 아들이여, 왜 그대는 아침 일찍 일어나 라자가하 시에서 나와 옷을 적시고 머리를 적시고 합장하여 각 방향[181] 곧, 동쪽 방향, 남쪽 방향, 서쪽 방향, 북쪽 방향, 아랫 방향, 윗 방향으로 절을 하십니까?"

'이러이러한 방향으로 예배하라.'라고 훈계를 해보자. 그는 의미를 알지 못한 채 예배를 할 것이다. 스승의 제자들이 그들 보고 '무엇을 하고 있는가?'라고 물을 것이다. 그러면 '나의 아버지가 이러이러한 방향으로 예배하라.'고 저에게 훈계했다고 말할 것이다. 그러면, 그들은 그에게 '당신의 부친은 그러한 방향에 예배하지 않았다. 그것이 아니라 이러한 방향에 예배해야 한다.'라고 가르침을 설할 것이다. 그러면 그는 부처님의 가르침의 덕을 알고 공덕행을 할 것이다."라고 생각했다. 그래서 그를 불러 '너는 아침 일찍 일어나 여섯 방향에 예배를 하라.'라고 말했다. 죽음의 침상에서 한 말은 평생 마음에 남아있기 마련이다. 그래서 그 장자의 아들은 부친의 말을 기억하고 그것을 실천한 것이다.

1044) addasā kho bhagavā sigālakaṃ gahapatiputtaṃ kālasseva vuṭṭhāya rājagahā nikkhamitvā allavattaṃ allakesaṃ pañjalikaṃ puthudadisā namassantaṃ, puratthimaṃ disaṃ dakkhiṇaṃ disaṃ pacchimaṃ disaṃ uttaraṃ disaṃ heṭṭhimaṃ disaṃ uparimaṃ disaṃ : Smv. 942에 따르면, 그 때 당시에 본 것이 아니라 아침 일찍 부처님의 눈(佛眼)으로 세계를 둘러보고, 그 자가 각 방면으로 절하는 것을 보고 "오늘 나는 장자의 아들 씽갈라까에게 재가의 계율인 「씽갈라까에 대한 훈계의 경」을 설해야겠다. 이 이야기는 대중들에게 효과적인 것이 될 것이다. 나는 그곳에 가야 한다."라고 생각했다. 그래서 그는 아침에 나와서 라자가하 시로 탁발하러 들어갔던 것이다. 들어갈 때 이와 같이 본 것이다.

[씽갈라까] "세존이시여, 아버지께서 저에게 임종하시면서 '얘야, 방향을 향해 절을 해야 한다.'라고 말하였습니다. 세존이시여, 저는 아버지의 말을 존경하고, 존중하고, 공경하고, 숭상하면서 아침 일찍 일어나 라자가하 시에서 나와 옷을 적시고 머리를 적시고 합장하여 각 방향 곧, 동쪽 방향, 남쪽 방향, 서쪽 방향, 북쪽 방향, 아랫 방향, 윗 방향으로 절을 합니다."

[세존] "장자의 아들이여, 고귀한 님의 계율에서는 그와 같이 여섯 방향으로 절을 해서는 안 됩니다."

[씽갈라까] "세존이시여, 고귀한 님의 계율에서는 어떻게 여섯 방향으로 절을 해야 합니까? 세존이시여, 세존께서는 어떻게 고귀한 님의 계율에서는 여섯 방향으로 절을 해야 하는지 가르침을 설해 주시면 감사하겠습니다."

(여섯 방향의 수호)

3. [세존] "장자의 아들이여, 그렇다면, 듣고 마음에 잘 새기십시오. 내가 설하겠습니다."

[씽갈라까] "세존이시여, 알겠습니다."

장자의 아들 씽갈라까는 세존께 대답했다.

세존께서는 이와 같이 말씀하셨다.

[세존] "장자의 아들이여, 고귀한 제자는 네 가지 행위의 오염[1045]을 제거하고, 네 가지 동기[1046]로 악업을 짓지 않고, 여섯 가지 재물의 파멸문[1047]을 따르지 않음으로써, 이

1045) cattāro kammakilesā : 한역에서는 사업번뇌(四業煩惱)라고 한다. Smv. 943에 따르면, 업에 의해서 뭇삶들이 물들므로 오염이라고 한다.
1046) catu-ṭhāna : 네 가지 동기(動機 : catu-kāraṇa)를 말한다.

와 같이 열네 가지 악한 길1048)을 떠나고, 여섯 방향을 수호하고,1049) 두 세계를 정복하기 위해1050) 길을 갑니다. 그는 이 세상과 저 세상에서 만족하게 됩니다.1051) 그는 몸이 파괴되고 죽은 후에 좋은 곳, 천상세계에 태어납니다."

(행위의 오염에 대한 제거)

4. [세존] "어떠한 네 가지 행위의 오염을 제거한다는 것입니까? 장자의 아들이여,
1) 살아있는 생명을 죽이는 것이 행위의 오염이고,
2) 주지 않는 것을 빼앗는 것이 행위의 오염이고,
3) 사랑을 나눔에 잘못을 행하는 것이 행위의 오염이고,
4) 거짓말을 하는 것이 행위의 오염입니다.
이러한 네 가지 행위의 오염을 제거한다는 것입니다."

세상에 존귀한 님께서는 이와 같이 말씀하셨다. 이처럼 말씀하신 뒤에 바른 길로 잘 가신 님께서는 또한 스승으로서 이와 같이 말씀하셨다.

[세존] "살아있는[182] 생명을 죽이고,
주지 않는 것을 빼앗고,

1047) cha ca bhogānaṃ apāyamukhāni : Smv. 943에 따르면, 여섯 가지 재물의 파멸문(破滅門: vināsamukhāni)을 말한다.
1048) cuddasapāpaka : Smv. 943에 따르면, 열네 가지 악한 죄악(pāpalāmaka)을 말한다.
1049) chaddisāpaṭicchādī : Smv. 943에 따르면, 여섯 방향을 수호하는 것(paṭicchadento)을 말한다.
1050) ubhayalokavijayāya : Smv. 943에 따르면, '이 세상과 저 세상을 보호하기 위해'라는 뜻이다.
1051) tassa ayaṃ ceva loko āraddho hoti paro ca loko : Smv. 943에 따르면, 왜냐하면, 그에게는 이 세상에서 다섯 가지 원망이 생겨나지 않기 때문이다. 그러므로 그에게는 이 세상이 만족되고 만족스럽고 또한 성취감이 있게 된다. 또한 저 세상에서 다섯 가지 원망이 생겨나지 않는다. 그러므로 저 세상에서도 만족스럽다.

거짓말을 하고, 남의 아내를 범하는 것을
현자는 칭찬하지 않습니다."[1052] (98)

(악업을 짓지 않음)

5. [세존] "어떠한 네 가지 동기로 악업을 짓지 않는가? 욕망에 의한 비도(非道)를 동기로 악업을 짓고,[1053] 분노에 의한 비도를 동기로 악업을 짓고,[1054] 어리석음에 의한 비도를 동기로 악업을 짓고,[1055] 두려움에 의한 비도를 동기로 악업을 짓습니다.[1056] 장자의 아들이여, 고귀한 제자는

1052) pāṇātipātaṃ adinnādānaṃ | musāvādo ca vuccati | paradāragamanañceva | nappasaṃsanti paṇḍitā'ti ||

1053) chandāgatiṃ gacchanto pāpakammaṃ karoti : Smv. 944에 따르면, '욕망에 의해서, 애정에 의해서 비도(非道)를 행하는 자, 행해서는 안 될 것을 행하는 자'를 말한다. '분노' 등의 다른 것도 마찬가지 방식이다. 그 가운데 '나의 친구이다. 혹은 동료이다. 혹은 아는 자이다. 혹은 친족이다. 혹은 봉인을 하여 나의 것이다.'라고 욕망에 의해서 비소유자(assāmika)를 소유자(sāmika)로 만드는 자를 '욕망에 의한 비도를 동기로 악업을 짓는 자'라고 한다. 그리고 무엇인가를 분배하는 경우, '이 자는 내가 아는 자이다. 혹은 동료이다.'라고 애정에 의해서 과다하게 주는 자도 '욕망에 의한 비도를 동기로 악업을 짓는 자'이다.

1054) dosāgatiṃ gacchanto pāpakammaṃ karoti : Smv. 944에 따르면, '그 자는 나의 원적이다.'라고, 본래부터의 원한에 의해서 혹은 순간적인 분노에 의해서 소유자를 비소유자로 만드는 자를 '분노에 의한 비도를 동기로 악업을 짓는 자'라고 한다. 그리고 무엇인가를 분배하는 경우, '이 자는 나의 원적이다.'라고 분노에 의해서 과소하게 주는 자도 '분노에 의한 비도를 동기로 악업을 짓는 자'이다.

1055) mohāgataṃ gacchanto pāpakammaṃ karoti : Smv. 944에 따르면, 우둔하고 몽매하기 때문에 비소유자를 소유자로 만드는 자를 '어리석음에 의한 비도를 동기로 악업을 짓는 자'라고 한다. 또한 '이 사람은 왕이 총애하는 자 혹은 아첨자이다. 그리고 무엇인가를 분배하는 경우, 우둔하기 때문에 주어진 것과 주어지지 않은 것을 알지 못하고 누구는 많이 주고 누구는 적게 주는 자도 '욕망에 의한 비도를 동기로 악업을 짓는 자'이다.

1056) bhayāgatiṃ gacchanto pāpakammaṃ karoti : Smv. 944에 따르면, '나에게 불익을 가져올 것이다.'라고 두려워하여 비소유자를 소유자로 만드는 자를 '두려움에 의한 비도를 동기로 악업을 짓는 자'라고 한다. 그리고 무엇인가를 분배하는 경우, '이 자는 내가 주지 않으면 나에게 불익을 줄 것이다.'라고 두려움에 의해서 과다하게 주는 자도 '두려움에 의한 비도를 동기로 악업을 짓는 자'이다.

1) 욕망에 의한 비도를 짓지 않고,
2) 분노에 의한 비도를 짓지 않고,
3) 어리석음에 의한 비도를 짓지 않고,
4) 두려움에 의한 비도를 짓지 않습니다.
이러한 네 가지 동기로 악업을 짓지 않습니다."

세상에 존귀한 님께서는 이와 같이 말씀하셨다. 이처럼 말씀하신 뒤에 바른 길로 잘 가신 님께서는 또한 스승으로서 이와 같이 말씀하셨다.

[세존]
"욕망, 분노, 어리석음, 두려움
그 때문에 진리를 어기면,
흑분(黑分)에 지는 달처럼,
그의 명성이 이지러져 버립니다.1057)(99)

욕망, 분노, 어리석음, 두려움
그 때문에 진리를 어기지 않으면,
백분(白分)에 차는 달처럼,
그의 명성이 차오릅니다."1058)(100)

(여섯 가지 재물의 파멸문)

6. [세존] "어떠한 여섯 가지 재물의 파멸문으로 들어가지 않습니까?

1057) chandā dosā bhayā mohā | yo dhammaṃ ativattati | nihīyati tassa yaso | kāḷapakkhe'va candimā || Smv. 944에 따르면, 비도(非道)를 행하는 자에게는 칭찬의 명성도, 권속의 명성도 버려지고 쇠퇴한다.

1058) chandā dosā bhayā mohā | yo dhammaṃ nātivattati | āpūrati tassa yaso | sukkapakkhe'v a candimā'ti ||

장자의 아들이여,

1) 방일의 근본이 되는 곡주나 과일주 등의 취기 있는 것에 취하는 것은[1059] 재물의 파멸문입니다.

2) 때가 아닌 때에 거리를 배회하는 것도 재물의 파멸문입니다.

3) 흥행거리를 찾아다니는 것도 재물의 파멸문입니다.

4) 방일의 근본이 되는 놀음에 미치는 것도 재물의 파멸문입니다.

5) 악한 친구를 사귀는 것도 재물의 파멸문입니다.

6) 나태에 빠지는 것도 재물의 파멸문입니다."

(1. 취하는 것의 위험)

7. [세존] "장자의 아들이여, 이와 같이 방일의 근본이 되는 곡주나 과일주 등의 취기 있는 것에 취하는 것에는 여섯 가지 위험이 있습니다.

1) 현세에서 재산을 손실하고,

2) 불화를 조장하고,

3) 질병의 소지가 되고,[1060]

4) 불명예를 낳고,[1061]

1059) surāmerayamajjapamādaṭṭhānānuyogo : 곡주(surā)는 소맥주(小麥酒 : piṭṭhasurā), 병주(餠酒 : pūvasurā), 미주(米酒 : odanasurā), 효모주(酵母酒 : kiṇṇasurā), 합성주(合成酒 : sambhārasurā)의 다섯 가지가 있고, 과일주(meraya)에는 화주(花酒 : pupphāsava), 과주(果酒 : phalāsava), 밀주(蜜酒 : madhvāsava), 당주(糖酒 : guḷāsava), 합성주(合成酒 : sambhārāsava)의 다섯 가지가 있다. 취기있는 것(majja)은 이러한 모든 취기를 유발하는 것을 말한다.

1060) rogānaṃ āyatanaṃ : Smv. 945에 따르면, 눈병 등의 밭이 된다는 뜻이다.

1061) akittisañjananī : Smv. 945에 따르면, 술을 먹고 어머니를 구타하고 아버지를 구타하고 다른 많은, 말해서는 안 될 말을 말하고 행해서는 안 될 일을 저지르기 때문이다. 그 때문에 비난을 얻거나 처벌을 받거나 손발이 잘리기도 한다. 그래서 이 세상에서나 저 세상에서나 불명예를 얻는다.

5) 뻔뻔스럽게[183] 되고,[1062]
6) 지혜를 약화시키는[1063]
여섯 가지 경우가 생겨납니다.
장자의 아들이여, 이와 같이 방일의 근본이 되는 곡주나 과일주 등의 취기 있는 것에 취하는 것에는 여섯 가지 위험이 있습니다."

(2. 때가 아닌 때에 거리를 배회하는 것의 위험)

8. [세존] "장자의 아들이여, 이와 같이 여섯 가지 때가 아닌 때에 거리를 배회하는 것의 위험이 있습니다.
1) 자신을 보호하지 못하고 수호하지 못하고,[1064]
2) 처자식을 보호하지 못하고 수호하지 못하고,[1065]
3) 재산을 보호하지 못하고 수호하지 못하고,[1066]
4) 범죄의 의심을 받고,[1067]

1062) kopīnanidaṃsanī : 원래 성기를 가리는 옷을 제거한 상태를 말한다. Smv. 945에 따르면, 왜냐하면, 음부(淫婦)를 노출하여도 창피함을 모르고 잃어버리기 때문이다.

1063) paññāyadubbalīkaraṇa : Smv. 945에 따르면, 싸가따(Sāgata) 장로의 경우처럼, 업자성(業自性)을 아는 지혜(kammassakatājānapaññā)가 약화된 것을 '지혜가 약화된다.'고 한 것이다. 그렇다고 해서 길의 지혜(maggapaññā)가 약화될 수는 없다. 왜냐하면, 취기있는 것이 길을 획득한 자들(adhigatamagga)의 내부로 들어갈 수는 없기 때문이다.

1064) attā'pi'ssa agutto arakkhito hoti : Smv. 945에 따르면, 왜냐하면 때 아닌 때에 걷는 자는 그루터기나 가시 등을 밟고 뱀이나 야차 등을 만나기 때문이다. 또한 그가 그러한 장소에 간다고 알면, 원적들이 몰래 숨었다가 그를 포박하고 살해하기 때문이다. 그렇게 되면, 자신을 수호하지 못하고 보호하지 못한다.

1065) puttadāro'pi'ssa agutto arakkhito hoti : Smv. 945-6에 따르면, 처자식도 나의 아내, 나의 아버지가 밤에 돌아다니면, 우리가 어찌 할 것인가라고 아들딸들도 아내와 함께 희망을 버리고 밤에 돌아다니다 불의의 사고를 당한다.

1066) sāpateyyampi'ssa aguttaṃ arakkhitaṃ hoti : Smv. 946에 따르면, 처자식과 하인들이 밤에 돌아다니는 것을 알고 도적들이 빈집을 털어 원하는 것을 가져간다.

1067) saṅkiyo ca hoti pāpakesu ṭhānesu : Smv. 946에 따르면, 다른 사람이 행한 범죄이더라고

5) 헛소문이 퍼지고,1068)
6) 많은 괴로운 것들이 앞에 놓입니다.1069)
장자의 아들이여, 이와 같이 여섯 가지 때가 아닌 때에 거리를 배회하는 것의 위험이 있습니다."

(3. 흥행거리를 찾아다니는 것의 위험)

9. [세존] "장자의 아들이여, 이와 같이 여섯 가지 흥행거리를 찾아다니는 것의 위험이 있습니다.
1) '어디에 춤판이 있을까?
2) 어디에 가요가 있을까?
3) 어디에 음악이 있을까?
4) 어디에 낭송이 있을까?
5) 어디에 동라(銅鑼)의 연주가 있을까?
6) 어디에 태고(太鼓)의 연주가 있을까?'라고,1070)
장자의 아들이여, 이와 같이 여섯 가지 흥행거리를 찾아다니는 것의 위험이 있습니다."

'이 자가 행한 것이 틀림없을 것이다.'라고 의심을 받는다.

1068) abhūtavacanaṃ ca tasmiṃ rūhati : Smv. 946에 따르면, 이집 저집 문을 지나갈 때에 다른 자에 의한 도적질이나 강간을 '이 자가 한 것이다.'라고 헛소문을 듣는다.

1069) bahūnañca dukkhadhammānaṃ purakkhato hoti : Smv. 946에 따르면, 다른 사람이 없다면, 모두가 때가 아닌 때에 돌아다니는 사람이 행한 것이 된다. 그래서 그는 많은 고통스러운 일을 앞에 두고, 앞으로 가는 자가 된다.

1070) kva naccaṃ, kva gītaṃ, kva vāditaṃ, kva akkhānaṃ, kva pāṇissaraṃ, kva kumbhathūṇan ti : Smv. 946에 따르면, '어떤 장소에 춤추는 자나 배우 등의 무용이 있을까.'하고 물어서 마을이나 도시가 있다면, 그곳으로 가야 하기 때문이다. 그는 '내일 춤을 보러가자.'라고 오늘은 종일 의복·향료·화만 등을 준비하는 일을 끝내야 한다. 춤을 보는 것으로 하루나 이틀이나 삼일을 그렇게 보내야 한다. 비가 와도 파종시에 파종을 하지 않으면, 그에게 아직 생겨나지 않은 재물이 생겨나지 않는다. 그는 밖으로 나돌아다니는 것에 밝고 집을 지키지 않아 도둑에게 좋은 일을 시킨다. 그래서 그는 이미 생겨난 재산을 잃어버린다. 기타 다른 여섯 가지도 마찬가지 방식으로 위험이다.

(4. 도박에 미치는 것의 위험)

10. [세존] "장자의 아들이여, 이와 같이 여섯 가지 도박에 미치는 것의 위험이 있습니다.

1) 이기면 원한을 낳고,[1071]

2) 지면 잃은 것을 한탄하고,[1072]

3) 현재의 돈을 낭비하고,

4) 모임에서 진술에 효과가 없으며,[1073]

5) 친구와 동료의 경멸을 사고,

6) '도박꾼이다. 이런 자는 아내를 부양할 자격이 없다.'라고 결혼상대로 원하는 자가 없습니다.[1074]

장자의 아들이여, 이와 같이 여섯 가지 노름에 미치는 것의 위험이 있습니다."

(5. 악한 친구를 사귀는 것의 위험)

11. [세존] "장자의 아들이여, 이와 같이 여섯 가지 악한 친구를 사귀는 것의 위험이 있습니다.

1071) jayaṃ veraṃ pasavati : Smv. 946에 따르면, '내가 이겼다.'라고 무리 가운데 상대방의 의복이나 터어반을 빼앗는다. 그는 무리 가운데 '나를 모멸했다. 그에게 본때를 보여주겠다.'라고 원한을 품는다. 이와 같이 이겼으면서도 원한을 낳는다.

1072) jito vittamanusocati : Smv. 946에 따르면, 다른 사람에게 지면, 그 때문에 의복이나 터어반, 다른 황금이나 금화를 잃고 슬퍼한다. 그는 '나에게 이것마저도 없어졌다. 아무것도 없다.'라고 한탄한다.

1073) sabhāgatassa vacanaṃ na rūhati : Smv. 946에 따르면, 재판소에서 증인으로 심문을 받아도 그의 말은 '이 자는 도박꾼이다. 이 자는 믿을 수가 없다.'라고 인정되지 않는다.

1074) āvāhavivāhakānaṃ apatthito hoti : akkhadhutto ayaṃ purisapuggalo nālaṃ dārabharaṇā yā'ti : Smv. 947에 따르면, 원래는 '장가들고 시집가는 자들에게 환영받지 못한다.'라는 뜻인데, Smv. 947에 따르면, 그 집에서 딸을 얻는다고 생각하는 자들과 그 집에 딸을 보낸다고 생각하는 자들을 말한다.

1) 어떤 도박꾼이든지,
2) 어떤 도락가이든지,
3) 어떤 음주가이든지,
4) 어떤 사기꾼이든지,
5) 어떤 협잡꾼이든지,
6) 어떤 폭력배이든지,

그들이 그의 친구가 되고 그의 동료가 됩니다.[1075] 장자의 아들이여,[184] 이와 같이 여섯 가지 악한 친구를 사귀는 것의 위험이 있습니다."

(6. 게으름에 빠지는 것의 위험)

12. [세존] "장자의 아들이여, 이와 같이 여섯 가지 게으름에 빠지는 것의 위험이 있습니다.
1) 너무 춥다고 일을 하지 않고,
2) 너무 덥다고 일을 하지 않고,
3) 너무 이르다고 일을 하지 않고,
4) 너무 늦다고 일을 하지 않고,
5) 너무 배고프다고 일을 하지 않고,
6) 너무 배부르다고 일을 하지 않습니다.[1076]

1075) ye dhuttā, ye soṇḍā, ye pipāsā, ye nekatikā, ye cañcanikā, ye sāhasikā, tyāssa mittā honti : Smv. 947에 따르면, 도박꾼(dhuttā)은 주사위놀이 도박꾼을 말하고, 도락가(soṇḍā)에는 여자도락, 식도락, 과자도락, 금전도락이 있고, 음주가(pipāsā)는 마시는 것의 도락가를 말하고, 사기꾼(nekatikā)은 유사한 것으로 속이는 자를 말하고, 협잡꾼(cañcanikā)은 면전에 돌아서서 기만하는 자를 말하고, 폭력배(sāhasikā)는 집 등에서 난동을 부리는 자를 말한다. 이들은 다른 착한 사람들과 함께 기뻐하지 않는다. 그들은 향이나 화만으로 장식하고, 훌륭한 침상위에 돼지가 똥구덩이에 다가가는 것처럼, 악한 친구에게 다가간다. 그래서 그들은 현세에서나 미래에서나 불익을 겪는다.

1076) atisītanti kammaṃ na karoti, atiuṇhanti kammaṃ na karoti, atisāyanti kammaṃ na karoti,

장자의 아들이여, 이와 같이 여섯 가지 게으름에 빠지는 것의 위험이 있습니다."

13. 세상에 존귀한 님께서는 이와 같이 말씀하셨다. 이처럼 말씀하신 뒤에 바른 길로 잘 가신 님께서는 또한 스승으로서 이와 같이 말씀하셨다.

[세존]
"술친구가 있지만,
친구라고, 친구라고 말만할 뿐입니다.
친구가 필요할 때에
친구가 되어주는 자가 친구입니다.[1077](101)

해 뜬 뒤에도 잠자는 것, 남의 아내를 범하는 것,
원한에 집착하는 것, 손해를 끼치는 것,
악한 친구들이 있는 것, 인색한 것
이러한 여섯 가지는 사람을 파멸시킵니다.[1078](102)

악한 친구이자 악한 동료,
악한 활동영역을 가진 자라면,
이 세상으로부터 저 세상으로부터
양자로부터 그 사람은 파멸합니다.[1079](103)

---

atipāto'ti kammaṃ na karoti, atichāto'smīti kammaṃ na karoti, atidhāto'smīti kammaṃ na karoti : Smv. 947에 따르면, 적시에 일어나 '이보게, 일하러 가자.'라는 말을 듣고도 '너무 춥다. 뼈가 시린다. 그대는 가라. 나중에 보자.'라고 하면서 불을 지피고 앉는다. 그들은 가서 일하고, 그에게는 일이 줄어든다. 너무 더운 경우 등도 마찬가지이다.

1077) hoti pānasakhā nāma | hoti sammiyasammiyo | yo ca atthesu jātesu | sahāyo hoti so sakhā ||

1078) ussūraseyyā paradārasevanā | verappasaṅgo ca anatthatā ca | pāpā ca mittā sukadariyatā ca | ete cha ṭhānā purisaṃ dhaṃsayanti ||

1079) pāpamitto pāpasakho | pāpācāragocaro | asmā lokā paramhā ca | ubhayā dhaṃsate naro ||

도박과 여자, 술, 춤과 노래,
낮에 잠자고 때 아닌 때 돌아다니는 것,
악한 친구들이 있는 것, 인색한 것
이러한 여섯 가지는 사람을 파멸시킵니다.1080)(104)

주사위를 던지고 술을 마시고
남에게 목숨같은 여자를 범하고
저열한[185] 자를 섬기고, 존경스런 자를 섬기지 않는 자는
흑분의 달처럼 이지러집니다.1081)(105)

술꾼이 재산도 없고 아무것도 없이,
목마른 자가 물마시듯, 악을 행하면,
물속처럼 빚더미 속으로 가라 앉아
곧바로 자신의 가문조차 사라지게 할 것입니다.1082)(106)

낮에 자는 버릇을 가진 자와
밤에 일어나 돌아다니는 자와
술에 취해 주정하는 자는
가정에 결코 정착할 수 없습니다.1083)(107)

너무 춥다, 너무 덥다,
너무 늦다고 말하면서
일을 팽개쳐버리면,

1080) akkhitthiyo vāruṇī naccagītaṃ | divāsappaṃ pāricariyā akāle | pāpā ca mittā sukadariyatā ca | ete cha ṭhānā purisaṃ dhaṃsayanti ||

1081) akkhehi dibbanti suraṃ pīvanti | yantitthiyo pāṇasamā paresaṃ | nihīnasevī na ca vuddhasevī | nihīyati kāḷapakkhe'va cando ||

1082) yo vāruṇī adhano akiñcano | pipāso pivaṃ pāpaṃ gato | udakamiva iṇaṃ vigāhati | akulaṃ kāhiti khippam attano ||

1083) na divāsuppanāsīlena | ratti-m-uṭṭhānadassinā | niccaṃ mattena soṇḍena | sakkā āvasituṃ gharaṃ ||

젊었을 때 기회를 놓칩니다.1084)(108)
이 세상에 춥고 더움을
건초보다 중요시 여기지 않고
사람으로서 해야 할 일을 하면,
그는 행복을 잃지 않습니다."1085)(109)

(친구인 척하는 자)

14. [세존] "장자의 아들이여, 이와 같은 이와 같은 네 종류의 사람은 친구가 아니면서 친구인 척하는 자라고 알아야 합니다. ① 무엇이든 가져가기만 하는 사람은1086) 친구가 아니면서 친구인 척하는 자라고 알아야 합니다. ② 말만 앞세우는 사람은1087) 친구가 아니면서 친구인 척하는 자라고 알아야 합니다. ③ 듣기 좋은 말만하는 사람은1088) 친구가 아니면서 친구인 척하는 자라고 알아야 합니다. ④ 나쁜 짓거리에 동료가 되어주는 사람은1089) 친구가 아니면서 친구인 척하는 자라고 알아야 합니다.

1) 장자의 아들이여, 다음과 같은 네 가지 경우를 통해서 무엇이든 가져가지만[186] 하는 사람은 친구가 아니면서

1084) atisītaṃ atiuṇhaṃ | atisāyam idaṃ ahū | iti vissaṭṭhakammante | atthā accenti māṇave ||
1085) yo'dha sītañca uṇhañca | tīṇā bhiyyo na maññati | karaṃ purisakiccāni | so sukhā na vihāyatī'ti || Smv. 948에 따르면, 이러한 화도(話道)에 의해서 다음과 같은 것을 나타내고 있다. 재가자로서 지어서는 안 될 이러한 업들이 있다. 그것을 짓는 사람에게는 번영이 없다. 이 세상과 저 세상에서 비난을 면하기 어렵다.
1086) aññadatthuharo : Smv. 948에 따르면, 자신은 빈손으로 와서 일방적으로 무엇인가를 취하는 자를 말한다.
1087) vacīparamo : Smv. 948에 따르면, 말을 최상으로 여기고 말만으로 시주하는 자를 말한다.
1088) anuppiyabhāṇī : Smv. 948에 따르면, 달콤한 말만을 하는 자를 말한다.
1089) apāyasahāyo : Smv. 948에 따르면, 재물을 파멸시키는 데, 친구가 되는 자를 말한다.

친구인 척하는 자라고 알아야 합니다. ① 무엇이든 가져가기만 하고, ② 적은 것으로 많은 것을 원하고, ③ 두려움 때문에 해야 할 일을 행하고, ④ 이익을 챙기기 위해 봉사합니다.[1090] 장자의 아들이여, 이와 같은 네 가지 경우를 통해서 무엇이든 가져가기만 하는 사람은 친구가 아니면서 친구인 척하는 자라고 알아야 합니다.

2) 장자의 아들이여, 다음과 같은 네 가지 경우를 통해서 말만 앞세우는 사람은 친구가 아니면서 친구인 척하는 자라고 알아야 합니다. ① 과거의 일로서 친절하게 대하고, ② 미래의 일로서 친절하게 대하고, ③ 무익한 말로 호의를 얻으려하고, ④ 현재의 해야 할 일에는 난색을 보입니다.[1091] 장자의 아들이여, 이와 같은 네 가지 경우를 통해

1090) aññadatthuharo hoti | appena bahumicchati | bhayassa kiccaṃ karoti | sevati atthakāraṇā ‖ Smv. 948-949에 따르면, ① '무엇이든 가져가기만 하는 자'는 동료의 집에 빈손으로 가서 입고 있는 옷 등을 찬양한다. 그는 '친구여, 그대는 이것을 극찬했다.'라고 다른 것을 입고 그것을 내준다. ② '적은 것으로 많은 것을 원하는 자'는 적은 것을 주고 그것보다 많은 것을 요구한다. ③ '두려움 때문에 해야 할 일을 행하는 자'는 자신이 두려울 때는 친구의 노예처럼 되어 그때그때의 할 일을 하지만, 항상 그런 것은 아니다. 두려움에 의해서는 하지만 애정에 의해서는 하지 않기 때문에 친구라고 할 수 없다. ④ '이익을 챙기기 위해 봉사하는 자'는 친구에 대한 면식을 통해서는 친구에게 봉사하지 않고, 자신의 이익만을 기대하고 봉사한다.

1091) atītena paṭisantharati anāgatena paṭisantharatiṃ, niratthakena saṅgaṇhāti, paccuppannesu kivecasu byasanaṃ dasseti : Smv. 949에 따르면, ① '과거의 일로서 친절하게 대하는 자'는 친구가 오면 '그대는 어제도 다른 날도 오지 않았다. 우리 이번의 곡물은 아주 많이 산출되어 많은 쌀과 보리 종자 등을 쌓아두고, 길을 보며 앉아있었다. 그러나 오늘은 모두 소모되었다.'라고 과거의 일로서 섭수하는 자를 말한다. ② '미래의 일로서 친절하게 대하는 자'는 '이번에 우리의 수확은 흡족하게 될 것이다. 쌀 등의 결실의 화물로 가득 차게 수확하여 거두어들이면, 그대들에게도 이익이 되는 일이 될 것이다.'라고 미래의 일로서 섭수하는 자를 말한다. ③ '무익한 말로 호의를 얻으려하는 자'는 코끼리어깨나 말등에 앉아 '이보게 여기에 앉게.'라고 말하거나, 좋은 옷을 입고 '실로 나의 친구에게 어울린다. 나에게 다른 자는 없다.'라고 말한다. 이와 같은 자가 무익한 말로 호의를 얻으려는 자이다. ④ '현재의 해야 할 일에는 난색을 보이는 자'는 '나에게 수레가 필요하다.'라고 하면, '그 수레는 부서졌다. 그 수레는 망가졌다.'등 말하는 자이다.

서 말만 앞세우는 사람은 친구가 아니면서 친구인 척하는 자라고 알아야 합니다.

3) 장자의 아들이여, 다음과 같은 네 가지 경우를 통해서 듣기 좋은 말만하는 사람은 친구가 아니면서 친구인 척하는 자라고 알아야 합니다. ① 악한 일에는 동의하고, ② 선한 일에는 동의하지 않고, ③ 눈 앞에서는 칭찬하고, ④ 등 뒤에서는 비난합니다.1092) 장자의 아들이여, 이와 같은 네 가지 경우를 통해서 듣기 좋은 말만하는 사람은 친구가 아니면서 친구인 척하는 자라고 알아야 합니다.

4) 장자의 아들이여, 다음과 같은 네 가지 경우를 통해서 나쁜 짓거리에 동료가 되어주는 사람은 친구가 아니면서 친구인 척하는 자라고 알아야 합니다. ① 방일의 근본이 되는 곡주나 과일주 등의 취기 있는 것에 취할 때에 동료가 되어주고, ② 때가 아닌 때에 거리를 배회할 때에 동료가 되어주고, ③ 흥행거리를 찾아다닐 때에 동료가 되어주고, ④ 방일의 근본이 되는 놀음에 미칠 때에 동료가 되어줍니다. 장자의 아들이여, 이와 같은 네 가지 경우를 통해서 나쁜 짓거리에 동료가 되어주는 사람은 친구가 아니면서 친구인 척하는 자라고 알아야 합니다."

15. 세상에 존귀한 님께서는 이와 같이 말씀하셨다. 이처럼 말씀하신 뒤에 바른 길로 잘 가신 님께서는 또한 스승으로서

1092) pāpakampi'ssaṃ anujānāti, kalyāṇampi'ssa anujānāti, sammukhā'ssa vaṇṇaṃ bhāsati, parammukhā'ssa avaṇṇaṃ bhāsati : Smv. 949에 따르면, ① '악한 일에는 동의하는 자'는 '살생 등의 일 가운데 어떤 것에 대하여 '우리가 하자.'라고 말하면 '친구여, 좋다. 하자.'라고 거기에 동의하는 자를 말한다. ② '선한 일에는 동의하지 않는 자'는 '보시 등의 일 가운데 어떤 것에 대하여 '우리가 하자.'라고 말하면 '친구여, 좋다. 하자.'라고 말하지 않고 거기에 동의하지 않는 자를 말한다.

이와 같이 말씀하셨다.

[세존]
"무엇이든 가져가기만 하는 친구,
말만 앞세우는 친구,
듣기 좋은 말만하는 자,
나쁜 짓거리에 동료가 되어주는 자.[1093](110)

이들 네 부류의 사람은
친구가 아니라고 알고서
현자라면, 두려운 길을 피하듯,
그들을 멀리 피해야 합니다."[1094](111)

(좋은 친구)

16. [세존] "장자의 아들이여,[187] 이와 같은 이와 같은 네 종류의 사람은 좋은 친구라고 알아야 합니다. ① 도움을 주는 사람은 좋은 친구라고 알아야 하고, ② 즐거우나 괴로우나 한결같은 사람은 좋은 친구라고 알아야 하고, ③ 유익한 것을 가르쳐 주는 사람은 좋은 친구라고 알아야 하고, ④ 연민할 줄 아는 사람은 좋은 친구라고 알아야 합니다.

1) 장자의 아들이여, 이와 같은 네 가지 경우를 통해서 도움을 주는 사람은 좋은 친구라고 알아야 합니다. ① 취했을 때에 보살펴주고, ② 취했을 때에 재물을 돌보아주고, ③ 두려울 때에 피난처가 되어주고, ④ 요청한 것의 두 배로

1093) aññadatthuharo mitto | yo ca mitto vacīparo | anuppiyañca yo āha | apāyesu ca yo sakhā ||
1094) ete amitte cattāro | iti viññāya paṇḍito | ārakā parivajjeyya | maggaṃ paṭibhayaṃ yathā'ti ||

서 시물을 줍니다.[1095] 장자의 아들이여, 이와 같은 네 가지 경우를 통해서 도움을 주는 사람은 좋은 친구라고 알아야 합니다.

2) 장자의 아들이여, 이와 같은 네 가지 경우를 통해서 즐거우나 괴로우나 한결같은 사람은 좋은 친구라고 알아야 합니다. ① 비밀을 털어놓고, ② 비밀을 지켜주고, ③ 불행에 처했을 때에 버리지 않고, ④ 목숨도 그를 위해 버립니다.[1096] 장자의 아들이여, 이와 같은 네 가지 경우를 통해서 즐거우나 괴로우나 한결같은 사람은 좋은 친구라고 알아야 합니다.

3) 장자의 아들이여, 이와 같은 네 가지 경우를 통해서 유익한 것을 가르쳐 주는 사람은 좋은 친구라고 알아야 합니다. ① 사악한 것으로부터 보호하고 ② 선한 것에 들게 하고, ③ 배우지 못한 것을 배우게 하고, ④ 천상으로 가는

1095) pamattaṃ rakkhati, pamattassa sāpateyyaṃ rakkhati, bhītassa saraṇaṃ hoti, uppanne kiccakaraṇīye taddiguṇaṃ bhogaṃ anuppadeti : Smv. 949-950에 따르면, ① '취했을 때에 보살펴주는 자'는 술을 마시고 마을 가운데나 마을 입구나 길 위에 쓰러져 있는 것을 보고 '이렇게 누워있으면, 누군가가 상의나 외투를 훔쳐갈지 모른다.'라고 생각하여 그 옆에 앉아서 그가 깨어나면 데리고 간다. ② '취했을 때에 재물을 돌보아주는 자'는 친구가 외출하여 술을 마시고 취해서 집을 지키지 못하면, '누가 무엇을 훔쳐갈지 모른다.'라고 생각하여 집에 들어가 그의 재물을 지켜준다. ③ '두려울 때에 피난처가 되어주는 자'는 '두려울 것이 없다. 나와 같은 친구가 있는데 무엇이 두려운가?'라고 두려움을 제거하고 의지처가 되어주는 자이다. ④ '요청한 것의 두 배로서 시물을 주는 자'는 예를 들어, 볼일이 생겨 친구가 자기 앞에 온 것을 보고 '어쩐 일인가.' '왕가의 일이 있다.' '얼마나 필요한가?' '1까하빠나이다.' '도시의 공사라는 것이 1까하빠나로 충분하지 않다. 2까하빠나를 가져가게.'라고 말하면서 두 배를 주는 자이다.

1096) guyhamassa ācikkhati, guyhamassa parigūhati, āpadāsu na vijahati, jīvitampi'ssa atthāya pariccattaṃ hoti : Smv. 950에 따르면, ① '비밀을 털어놓는 자'는 자신의 비밀을 감출 필요가 있을 때에 타인에게 말하지 않고 그에게만 알리는 자이다. ② '비밀을 지켜주는 자'는 그에게 말한 비밀을 타인에게 알리지 않는 자를 말한다. ③ '불행에 처했을 때에 버리지 않는 자'는 두려운 일이 생길 때에 그를 버리지 않는 자이다. ④ '목숨도 그를 위해 버라는 자'는 자신의 목숨도 친구를 위해 버리는 자로 목숨을 헤아리지 않고 그에게 할 일을 행하는 자이다.

길을 가르쳐 줍니다.1097) 장자의 아들이여, 이와 같은 네 가지 경우를 통해서 유익한 것을 가르쳐 주는 사람은 좋은 친구라고 알아야 합니다.

4) 장자의 아들이여, 이와 같은 네 가지 경우를 통해서 연민할 줄 아는 사람은 좋은 친구라고 알아야 합니다. ① 불행에 대하여 기뻐하지 않고, ② 행운에 대하여 기뻐하고, ③ 비난하는 자로부터 보호해주고, ④ 칭찬하는 자와 같이 칭찬해 줍니다.1098) 장자의 아들이여, 이와 같은 네 가지 경우를 통해서 연민할 줄 아는 사람은 좋은 친구라고 알아야 합니다."

17. 세상에 존귀한 님께서는 이와 같이 말씀하셨다. 이처럼 말씀하신 뒤에 바른 길로 잘 가신 님께서는 또한 스승으로서

1097) pāpā nivāreti, kalyāṇe niveseti, assutaṃ sāveti, saggassa maggaṃ ācikkhati : Smv. 950에 따르면, ① '사악한 것으로부터 보호하는 자'는 다섯 가지 원한을 사는 일(五恨事)이나 열 가지 악하고 불건전한 행위의 길(十不善業道)을 가서는 안 된다고 방지하는 자이다. ② '선한 것에 들게 하는 자'는 여러 가지 선업인 삼귀의를 비롯한 오계(五戒), 열 가지 착하고 건전한 행위의 길(十善業道)를 행하고 가르침을 들어라라고 선한 것을 권유하는 자이다. ③ '배우지 못한 것을 배우게 하는 자'는 이전에 배운 적이 없는 미묘하고 수승한 근거를 배우도록 하는 자이다. ④ '천상으로 가는 길을 가르쳐주는 자'는 '이러이러한 업을 지으면, 천상에 태어난다.'라고 알려주는 자이다.

1098) abhavenassa na nandati, bhavenassa nandati, avaṇṇaṃ bhaṇamānaṃ nivāreti, vaṇṇaṃ bhaṇamānaṃ pasaṃsati : Smv. 950-951에 따르면, ① '불행에 대하여 기뻐하지 않는 자'는 친구의 몰락과 파멸에 대하여, 처자와 하인 등의 동일한 파멸을 보고 듣는 것처럼, 기뻐하지 않는 자이다. ② '행운에 대하여 기뻐하는 자'는 친구의 번영에 대하여, 그와 같은 자신의 성공이나 권세의 획득을 보고 듣는 것처럼, 기뻐하고 유쾌하게 생각하는 자이다. ③ '비난하는 자로부터 보호해주는 자'는 '그는 추하고, 청결하지 않고, 태생이 천하고, 계행을 지키지 않는다.'라고 하면 '그렇게 말해서는 안 된다. 그는 아름답고 청결하고 태생이 좋고, 계행을 지킨다.'라고 말해서 다른 자가 자신의 친구에 대하여 비방하는 것을 막는 자이다. ④ '칭찬하는 자와 같이 칭찬해주는 자'는 '이 사람은 아름답고 청결하고 태생이 좋고, 계행을 지킨다.'라고 말하면, '정말 잘 말했다. 그대는 그가 아름답고 청결하고 태생이 좋고, 계행을 지킨다라고 잘 말했다.'라고 자신의 친구를 칭찬하는 자가 칭찬하여 말하는 것을 칭찬하는 자이다.

이와 같이 말씀하셨다.[188]

[세존] "도움을 주는 친구,
즐거우나 괴로우나 한결같은 친구,
유익한 것을 가르쳐 주는 친구,
연민할 줄 아는 친구.[1099](112)

이러한 네 친구가 있다고
현자라면 그 가치를 알고서
어머니가 친자식을 대하듯,
성실하게 섬겨야 하리.
계행을 갖춘 현자는
타오르는 불꽃처럼 빛납니다.[1100](113)

벌들이 행동하는 것처럼
부지런히 재물을 모으면,
개미집이 쌓아올려지듯.
재물이 모여 쌓아집니다.[1101](114)

이처럼 재물을 모아서
재가자는 가문에 유익하게 사용합니다.
재물은 네 등분으로 나누는 것이 좋다.
그는 실로 이렇게 친구들을 결속합니다.[1102](115)

1099) upakāro ca yo mitto | yo ca mitto sukhe dukkhe | atthakkhāyī ca yo mitto | yo ca mitto'nu kampako ||

1100) etepi mitte cattāro | iti viññāya paṇḍito | sakkaccaṃ payirupāseyya | mātā puttaṃ'va orasaṃ | paṇḍito sīlasampanno | jalaṃ aggīva bhāsati ||

1101) bhoge saṃharamānassa | bhamarass'eva irīyato | bhogā sannicayaṃ yanti | vammiko v'upacīyati || Smv. 951에 따르면, 벌이 꽃의 색깔과 향기에 상처를 주지 않고 주둥이와 날개로 즙을 취하여 차츰 벌집 등의 밀납막을 만들 듯, 이처럼 차츰 많은 재물을 모은다.

1102) evaṃ bhoge samāhantvā | alamattho kule gihī | catudhā vibhaje bhoge | sa ve mittāni

한 몫으로는 생계를 누리고,
두 몫으로는 사업에 쓰고
남은 네 번째 몫으로는 저축을 합니다.
재난의 시기에 대처해야 합니다."[1103](116)

(여섯 방향의 수호)

18. [세존] "장자의 아들이여, 어떻게 고귀한 제자에게 여섯 가지 방향이 수호됩니까? 장자의 아들이여, 이러한 여섯 가지 방향을 알아야 합니다.[1104] ① 동쪽 방향은 부모라고 알아야 하고, ② 남쪽 방향은[189] 스승이라고 알아야 하고, ③ 서쪽 방향은 처자식이라고 알아야 하고, ④ 북쪽 방향은 친구와 동료라고 알아야 합니다. ⑤ 아랫 방향은 하인과 고용인이라고 알아야 하고, ⑥ 윗 방향은 수행자와 성직자라고 알아야 합니다.[1105]

---

ganthati ‖ Smv. 951에 따르면, '이렇게 나누어서 친구들을 결속한다. 즉, 깨어지지 않도록 유지한다. 재물이 있으면, 그는 친구를 유지할 수 있다.'라는 뜻이다.

1103) ekena bhoge bhuñjeyya | dvīhi kammaṃ payojaye | catutthañca nidhāpeyya | āpadāsu bhavissatī'ti ‖ 수입을 네 몫으로 나누어서 쓰는 것의 몫을 말한다. Smv. 951에 따르면, 1/4로는 음식을 먹고, 2/4는 농사·상업 등에 쓰고, 나머지 1/4은 저축한다.

1104) chayimā gahapatiputta disā veditabbā : Smv. 951에 따르면, 여섯 가지 방향에서 오는 공포가 없어 안온·무외(無畏)로서 지내면, 여섯 방향을 수호하는 자라고 불린다.

1105) puratthimā disā mātāpitaro veditabbā. dakkhiṇā disā ācariyā veditabbā. pacchimā disā puttadārā veditabbā. uttarā disā mittāmaccā veditabbā. heṭṭhimā disā dāsakammakarā veditabbā. uparimā disā samaṇabrāhmaṇā veditabbā : Smv. 952에 따르면, ① 부모가 앞선 원조자이므로 '동쪽 방향은 부모라고 알아야 한다.' ② 스승은 공양받아야 할 자이므로 '남쪽 방향은 스승이라고 알아야 한다.' ③ 처자는 배후에서 추종하므로 '서쪽 방향은 처자식이라고 알아야 한다.' ④ 친구와 동료는 친구와 동료에 의지해서 특수한 고통을 초월하므로 '북쪽 방향은 친구와 동료라고 알아야 한다.' ⑤ 노예와 하인은 발에 의해서 확립되므로 '아랫 방향은 노예와 하인이라고 알아야 한다.' ⑥ 수행자와 성직자는 덕행에 의해서 위에 있기 때문에 '윗 방향은 수행자와 성직자라고 알아야 한다.'

1) 장자의 아들이여, 자식은 이러한 다섯 가지 경우를 통하여 동쪽 방향인 부모를 섬겨야 합니다. '① 나는 양육되었으므로 그분들을 봉양하리라. ② 나는 그분들에게 의무를 다하리라. ③ 나는 가문의 전통을 이으리라. ④ 나는 상속을 잘 승계하리라, ⑤ 돌아가신 다음에는 그분들을 위해 공양을 올리리라.'라고[1106] 부모를 섬겨야 합니다. 장자의 아들이여, 자식은 이러한 다섯 가지 경우를 통하여 동쪽 방향인 부모를 섬겨야 합니다. 그리고 부모는 이러한 다섯 가지 경우를 통하여 자식을 잘 돌보아야 합니다. ① 악한 것으로부터 보호하고, ② 선한 것을 확립하게 하고, ③ 기술을 배우게 하고, ④ 어울리는 아내와 맺어주고, ⑤ 적당한 때에 유산을 물려 줍니다.[1107] 장자의 아들이

1106) bhato nesambharissāmi, kiccaṃ nesaṃ karissāmi, kulavaṃsaṃ ṭhapessāmi, dāyajjaṃ paṭipacchāmi, atha vā pana petānaṃ kālakatānaṃ dakkhiṇaṃ anuppadassāmī'ti : Smv. 952-953에 따르면, 다음과 같은 뜻이 있다 : ① 나는 부모에 의해서 모유를 먹으며, 수족 가운데 성장하여, 얼굴에 콧물을 닦아내고, 목욕하고, 치장하고, 키워지고, 자라나서, 부양되었다. 그러므로 나는 오늘 그 연로하신 분들을 세족시키고, 목욕시키고, 죽식 등으로 그분들을 봉양하리라. ② 나의 일을 그만두고 부모를 위하여 왕가 등에서 생겨난 의무를 다하리라. ③ 부모의 재산인 토지, 대지, 황금, 금화 등이 소실되지 않도록 지키는 것도 가문의 전통을 잇는 것이고, 부모를 잘못된 가계의 계통에서 삭제하고 올바른 가계의 계통을 세우는 것도, 가계에 의해 유지되던 음식의 보시 등을 끊지 않고 유지하는 것도 가문의 전통을 있는 것이다. ④ 부모는 자신의 교훈을 따르지 않는 후레자식을 결단하여 아들이 아닌 것으로 만든다. 그들은 상속의 가치가 없다. 교훈을 따르는 자가 가계의 상속의 주인인데, 나는 그것을 따르리라. ⑤ 돌아가신 다음에는 그분들의 공덕을 회향하기 위해 삼일 째가 되는 날부터 공양을 올리리라.'

1107) pāpā nivārenti, kaḷyāṇe nivesenti, sippaṃ sikkhāpenti, patirūpena dārena saṃyojenti, samaye dāyajjaṃ niyyātenti : Smv. 954에 따르면, ① 살생 등의 현세와 내세에서의 위험에 대해서 말하고 '이와 같이 해서는 안 된다.'라고 보호하고 행하면, 질책한다. ② 아나따삔디까처럼 번 것을 베풀고, 계행을 지키는 것 등을 확립하게 한다. ③ 자신이 교훈을 지키는 것을 자각하고 전통에 따른 지산(指算)·계산 등의 기술을 배우게 한다. ④ 가문·계행·자태 등이 어울리는 아내와 맺어준다. ⑤ 적당한 때에 재산을 물려주되, 적당한 때에는 상시(常時)와 적시(適時)의 두 가지가 있다. 상시에 물려주는 것은 '일어서기 위해, 발전하기 위해 이것을 가져라. 이것을 너의 비용으로 삼아라. 이것을 착하고 건전한 일을 하라.'라고 주는 것이고, 적시에 주는 것은 공부할 때나 결혼할

여, 자식은 이러한 다섯 가지 경우를 통하여 동쪽 방향인 부모를 섬겨야 하고, 부모는 이러한 다섯 가지 경우를 통하여 자식을 잘 돌보아야 합니다. 이렇게 해서 동쪽 방향은 안온하게 두려움 없이 수호됩니다.1108)

2) 장자의 아들이여, 제자는 이러한 다섯 가지 경우를 통하여 남쪽 방향인 스승을 섬겨야 합니다. ① 일어나 맞이하고, ② 시중들고, ③ 열의를 보이고, ④ 봉사하고, ⑤ 성실하게 기술을 습득합니다.1109) 장자의 아들이여, 제자는 이러한 다섯 가지 경우를 통하여 남쪽 방향인 스승을 섬겨야 합니다. 그리고 스승은 이러한 다섯 가지 경우를 통하여 제자를 잘 돌보아야 합니다. ① 잘 훈련받도록 훈련하고, ② 잘 이해하도록 이해시키고, ③ 기술을 모두 배우도록 가르치고, ④ 친구와 동료를 잘 소개시켜 주고, ⑤ 모든 방향에서 안전을 강구해 줍니다.1110) 장자의 아들이여, 제자는 이

때나 주는 것과, 또한 최후의 순간에 죽음의 침대에 누워서 '이것으로 착하고 건전한 것을 하라.'라고 주는 것이다.

1108) evamassa esā puratthimā disā paṭicchannā hoti khemā appaṭibhayā : Smv. 953에 따르면, 동쪽에서 올지 모르는 두려움이 오지 않는 것처럼, 그처럼 수호된다. 만약 자식이 악행을 해도 부모가 어릴 때부터 불침번 등으로 교정하지 않았다면, 그 자식은 부모에게 적당한 자가 아니라 두려움이 올 것이다. 자식이 올바로 행했고 부모가 악행을 했다면, 부모는 자식에게 적당한 자가 아니라 두려움이 올 것이다. 양자의 악행으로 두 가지 두려움이 생겨난다. 올바로 행한다면 일체가 사라진다.

1109) uṭṭhānena, upaṭṭhānena, sussūsāya, pāricariyāya, sakkaccaṃ sippapaṭiggahaṇena : Smv. 954에 따르면, ① 제자는 스승이 멀리서 오는 것을 보고 자리에서 일어나 환영하고 손에 있는 물건을 받아 들고 자리를 마련하여 모시고 부채를 부쳐주고 발을 씻기우고, 발에 기름을 발라준다. ② 매일 세 번 수시로 시중들고 학예를 습득할 때에 반드시 행해야 한다. ③ 믿음으로 경청하는 것에 의해서 열의를 보인다. ④ 남은 작은 봉사에 의해서 즉, 제자는 스승을 위해 아침 일찍 일어나 세면수와 칫솔을 준비하고, 식사할 때는 음료수를 가지고 섬기는 것 등을 행하고, 절을 하고, 더러워진 옷을 세탁하고 저녁에는 목욕물을 준비해 주고, 불편할 때에는 간호한다. 이처럼 봉사한다. ⑤ 작은 것을 얻어도 몇 번이고 배워서 성실하게 기술을 습득한다.

1110) suvinītaṃ vinenti, suggahitaṃ gāhāpenti, sabbasippasutaṃ samakkhāyino bhavanti, mitt

러한 다섯 가지 경우를 통하여 [190] 남쪽 방향인 스승을 섬겨야 하고, 스승은 이러한 다섯 가지 경우를 통하여 제자를 잘 돌보아야 합니다. 이렇게 해서 남쪽 방향은 안온하게 두려움 없이 수호됩니다.

3) 장자의 아들이여, 남편은 이러한 다섯 가지 경우를 통하여 서쪽 방향인 아내를 섬겨야 합니다. ① 존중하고, ② 멸시하지 말고, ③ 신의를 저버리지 말고, ④ 권한을 부여하고, ⑤ 장신구를 제공합니다.1111) 장자의 아들이여, 남편은 이러한 다섯 가지 경우를 통하여 서쪽 방향인 아내를 섬겨야 합니다. 그리고 아내는 이러한 다섯 가지 경우를 통하여 남편을 잘 돌보아야 합니다. ① 맡은 일을 잘 처리하고, ② 주변사람들에게 친절하고, ③ 신의를 저버리지 말고, ④ 재물을 잘 보관하고, ⑤ 모든 해야 할 일에 유능하고 게으르지 않습니다.1112) 장자의 아들이여, 남편은 이러

āmaccesu paṭiyādenti, disāsu parittānaṃ karonti : Smv. 954-955에 따르면, ① '그대는 이와 같이 앉아야 한다. 이와 같이 서야 한다. 이와 같이 씹어야 한다. 이와 같이 먹어야 한다. 악한 친구를 멀리 해야 한다. 선한 친구를 사귀어야 한다.'라고 행동을 배우도록 훈련한다. ② 의미와 표현을 명확히 하고 적용을 밝혀 이해시킨다. ③ 기술을 모두 배우도록 가르치고, ④ 이 자는 나의 제자로서 현명하고 박학하고 나와 같은 자이니 잘 알아두라.'라고 덕을 말하고 친구와 동료 가운데 소개시킨다. ⑤ 학예를 배우도록 하여 그가 모든 방향을 수호하도록 한다. 왜냐하면 학예를 배운 자는 가는 곳마다 학예를 보여주고 그곳에서 이득과 명예를 얻기 때문이다. 그는 스승에 의해서 만들어진 자라고 불리고, 그의 덕을 말하는 경우에도 대중들은 '이 분은 스승의 두 발을 씻은 제자이다.'라고 먼저 스승의 덕을 말한다. 그에게 하느님 세계 만큼의 이익이 생겨도 그것은 스승의 재산이 된다.

1111) sammānanāya, anavamānanāya, anaticariyāya, issariyavossaggena, alaṅkārānuppadānena : Smv. 955에 따르면, ① '마누라여, 대비여'라고 존중을 표시한다. ② 노예나 하인을 때리고 학대하며 말하는 것처럼 경멸하고 모멸하여 말하지 않는다. ③ 그녀를 넘어서서 밖으로 다른 여성에게 믿음을 주고 사귀는 경우, 신의를 저버린다고 하는데, 그렇게 하지 않는다. ④ 여성들은 큰 등나무와 같은 장신구를 얻어도 식사를 관장할 수 없다면 분노한다. 스푼을 손에 쥐어주고 '좋을 대로 하시오.'라고 식당을 맡기면 모든 권한이 부여된 것이다. ⑤ 자신의 부에 알맞은 장신구를 제공한다.

한 다섯 가지 경우를 통하여 서쪽 방향인 아내를 섬겨야 하고, 아내는 이러한 다섯 가지 경우를 통하여 남편을 잘 돌보아야 합니다. 이렇게 해서 서쪽 방향은 안온하게 두려움 없이 수호됩니다.

4) 장자의 아들이여, 훌륭한 가문의 아들은 이러한 다섯 가지 경우를 통하여 북쪽 방향인 친구와 동료를 섬겨야 합니다. ① 보시하고, ② 사랑스러운 말을 하고, ③ 유익한 행위를 하고, ④ 협동하여 행하고, ⑤ 정직한 말을 합니다.[1113] 장자의 아들이여, 훌륭한 가문의 아들은 이러한 다섯 가지 경우를 통하여 북쪽 방향인 친구와 동료를 섬겨야 합니다. 그리고 친구와 동료는 이러한 다섯 가지 경우를 통하여 훌륭한 가문의 아들을 잘 돌보아야 합니다. ① 술 취했을 때에 보살펴주고, ② 술 취했을 때에 재물을 지켜주고, ③ 두려울 때에 피난처가 되어주고, ④ 재난에 처했을 때에 버리지 않고, ⑤ 그의 자손들을 존중합니다.[1114] 장자

1112) susaṃvihitakammantā ca hoti, susaṃgahitaparijanā ca, anaticārinī ca, sambhataṃ anurakkhati, dakkhā ca hoti analasā sabbakiccesu : Smv. 955에 따르면, ① 죽이나 음식을 요리하는 시간 등을 어기지 않고 그때그때 잘 처리하고 잘 안배한다. ② 존경에 의해서 선물에 의해서 심부름 등을 통해서 주변사람에게 친절한 것을 말하는데, 주변사람이라는 것은 주인과 자신과 친족을 말한다. ③ 남편 이외에 다른 남자를 마음으로 구하지 않는다. ④ (남편이) 농사나 장사 등으로 벌어들인 재산을 잘 보관한다. ⑤ 모든 해야 할 일에 유능하고 게으르지 않아야 한다.

1113) dānena, peyyavajjena, atthacariyāya, samānattatāya, avisavādanatāya : Smv. 955에 따르면, '① 보시하고, ② 사랑스런 말을 하고, ③ 이익을 주고, ④ 협동하여 행하고'는 네 가지 섭수의 토대(四攝事 : catu-saṅgahavatthu)를 말하는데, 이것에 대해서는 전집(DN. III. 152)과 그 주석을 보라. ⑤ 그때그때에 얻은 명분을 기만하지 말고 '이것도 우리 집에 있다. 이것도 있다. 가지고 가라.'라고 기만하지 말고 주는 것으로 정직해야 한다.

1114) pamattaṃ rakkhanti, pamattassa sāpateyyaṃ rakkhanti, bhītassa saraṇaṃ honti, āpadāsu na vijahanti, aparapajā cassa paṭipūjenti : Smv. 955에 따르면, ① 술 취했을 때에 보살펴주고, ② 술 취했을 때에 재물을 지켜주고, ③ 두려울 때에 피난처가 되어주고, ④ 재난에 처했을 때에 버리지 않고, ⑤ 친구의 자식과 딸의 손자나 증손자를 자손이라고 하는데, 그들을 존중하고 애호하

의 아들이여, 훌륭한 가문의 아들은 이러한 다섯 가지 경우를 통하여 북쪽 방향인 친구와 동료를 섬겨야 하고, 친구와 동료는 이러한 다섯 가지 경우를 통하여 훌륭한 가문의 아들을 잘 돌보아야 합니다. 이렇게 해서 북쪽 방향은 안온하게 두려움 없이 수호됩니다.

5) 장자의 아들이여, 주인은 이러한 다섯 가지 경우를 통하여 [191] 아랫 방향인 하인이나 일꾼을 섬겨야 합니다. ① 능력에 맞게 일을 안배하고, ② 음식과 임금을 지불하고, ③ 병이 들면 보살펴주고, ④ 아주 맛있는 것은 함께 나누고, ⑤ 적당한 때에 휴식을 취하게 합니다.1115) 장자의 아들이여, 주인은 이러한 다섯 가지 경우를 통하여 아랫 방향인 하인이나 일꾼을 섬겨야 합니다. 그리고 하인이나 일꾼은 이러한 다섯 가지 경우를 통하여 주인을 잘 돌보아야 합니다. ① 먼저 일어나고, ② 늦게 자고, ③ 주어진 것에 만족하고, ④ 일을 잘 처리하고, ⑤ 명성을 날리게 하고 칭송합니다.1116) 장자의 아들이여, 주인은 이러한

고 자신의 자식처럼 대하고 축복 등을 해야 할 경우에는 축복 등을 행한다.

1115) yathābalaṃ kammantasaṃvidhānena, bhattavetanānuppadānena, gilānupaṭṭhānena, acchariyānaṃ rasānaṃ saṃvibhāgena, samaye vossaggena : Smv. 956에 따르면, ① 젊은이가 해야 할 일을 노인에게, 노인이 할 일을 젊은이에게 맡겨서는 안 된다. 여성이 해야 할 일을 남성에게, 남성이 해야 할 일을 여성에게 맡겨서도 안 된다. 각각의 능력에 맞게 일을 안배한다. ② '이 사람은 적다. 이 사람은 혼자 산다.'라고 각각의 사람에게 맞도록 관찰하여 음식과 임금을 지불한다. ③ 아플 때에 일을 시키지 않고, 적절한 약 등을 주어 보살핀다. ④ 희유하고 아주 맛있는 음식을 얻으면, 혼자 먹지 말고 함께 나눈다. ⑤ 상시(常時)와 적시(適時)의 휴식에 의해서 휴식을 취하게 한다. 상시의 휴식은 하루 가운데 일을 하다가 피곤할 때가 있는데, 피곤할 때를 알아서 휴식을 취하게 하는 것이고, 적시의 휴식은 축제나 성제(星祭)의 놀이 등에 즈음하여 장식이나 물건이나 단단하거나 부드러운 음식 등을 주어서 휴식을 취하게 하는 것이다.

1116) pubbuṭṭhāyino ca honti, pacchānipātino ca, dinnādāyino ca, sukatakammakarā ca, kittivaṇṇaharā ca : Smv. 956-957에 따르면, ① 먼저 일어나고, ② 늦게 자고, ③ 도둑질한 것은 어떠한 것이든 받지 않고 주인들이 준 것만을 받아들이고, ④ '이 일을 어떻게 하는가 아무도 할 수 없다.'라

다섯 가지 경우를 통하여 아랫 방향인 하인이나 일꾼을 섬겨야 하고, 하인이나 일꾼은 이러한 여섯 가지 경우를 통하여 주인을 잘 돌보아야 합니다. 이렇게 해서 아랫 방향은 안온하게 두려움 없이 수호됩니다.

6) 장자의 아들이여, 훌륭한 가문의 아들은 이러한 다섯 가지 경우를 통하여 윗 방향인 수행자나 성직자를 섬겨야 한다. ① 자애로운 신체적 행위로 대하고, ② 자애로운 언어적 행위로 대하고, ③ 자애로운 정신적 행위로 대하고, ④ 문을 열어 맞이하고, ⑤ 음식을 보시해야 합니다.[1117] 장자의 아들이여, 훌륭한 가문의 아들은 이러한 다섯 가지 경우를 통하여 윗 방향인 수행자나 성직자를 섬겨야 합니다. 그리고 수행자나 성직자는 이러한 여섯 가지 경우를 통하여 훌륭한 가문의 아들을 잘 돌보아야 합니다. ① 악한 것으로부터 보호하고, ② 선한 것에 들게 하고, ③ 선한 마음으로 돌보아주고, ④ 배우지 못한 것을 가르쳐주고, ⑤ 이미 배운 것을 정화시키고, ⑥ 천상에 가는 길을 가르

고 불평하지 말고 만족한 마음으로 그 일을 잘 처리하고, ⑤ 명성을 날리게 하고 칭송해야 한다.

1117) mettena kāyakammena, mettena vacīkammena, mettena manokammena, anāvaṭadvaratāya, āmisānuppadānena : Smv. 957에 따르면, ① 자애의 마음을 일으켜 만든 신체적 행위 등이 자애이다. 그 가운데 수행승 등을 초대하기 위하여 승원으로 가는 것, 수병에 담기위해 녹수낭에 물을 거르는 것, 등을 안마하는 것, 발을 주무르는 것 등의 행위가 자애로운 행위이다. ② 수행승들이 탁발하러 갈 때, 보고 '공손히 죽을 주십시오. 음식을 주십시오.' 라고 하는 말이나 또는 칭송을 하며 가르침을 듣는 것, 공경하여 질문하는 것 등이 자애로운 언어적 행위이다. ③ 우리 가정에 방문하는 장로들은 원한을 여의고 폭력을 여의었다라고 생각한다면, 그러한 것이 자애로운 정신적 행위이다. ④ 모든 문을 열어놓고 계행을 지키는 자에게 보시하지 않고 아무것도 행하지 않으면, 문을 잠가놓은 것과 마찬가지이다. 그러나 모든 문을 잠가놓고 있더라도 보시하고 무엇인가 행한다면, 문을 열어놓은 것과 마찬가지다. 그러므로 계행을 갖춘 자가 집문앞에 오면, '지금은 없다.'라고 말하지 말고 주어야 한다. 이와 같이 문을 열고 맞이해야 한다. ⑤ 계행이 갖춘 자에게 오전 중에 죽이나 음식을 갖추어 보시해야 한다.

쳐 줍니다.[1118] 장자의 아들이여, 훌륭한 가문의 아들은 이러한 다섯 가지 경우를 통하여 윗 방향인 수행자나 성직자를 섬겨야 하고, 수행자나 성직자는 이러한 여섯 가지 경우를 통하여 훌륭한 가문의 아들을 잘 돌보아야 합니다. 이렇게 해서 윗 방향은 안온하게 두려움 없이 수호됩니다.

19. 세상에 존귀한 님께서는 이와 같이 말씀하셨다. 이처럼 말씀하신 뒤에 바른 길로 잘 가신 님께서는 또한 스승으로서 이와 같이 말씀하셨다.

[세존] "부모는 동쪽 방향이고
스승은 남쪽 방향이고
처자식은[192] 서쪽 방향이고
친구나 동료는 북쪽 방향입니다.[1119](117)

하인과 일꾼은 아랫 방향이고
수행자와 성직자는 윗 방향이다.
훌륭한 가문의 재가자라면
이러한 방향으로 예배하여야 합니다.[1120](118)

현명하고 계행을 갖추고
온유하고 재치있고

1118) pāpā nivārenti, kalyāṇe nivesenti, kalyāṇena manasā anukampanti, assutaṃ sāventi, sutaṃ pariyodapenti, saggassa maggaṃ ācikkhanti : Smv. 957-958에 따르면, ① 악한 것으로부터 보호하고, ② 선한 것에 들게 하고, ③ '모든 뭇삶들은 행복하고 건강하고 상해를 여의길 바랍니다.' 라고 이와 같이 안녕이 충만하도록 선한 마음으로 돌보아준다. ④ 배우지 못한 것을 가르쳐주고, ⑤ 원래 배운 것에 대하여 의미를 논의하고 의심을 제거하고 여실하게 실천하여 이미 배운 것을 정화시킨다. ⑥ 천상에 가는 길을 가르쳐 주어야 한다.

1119) mātāpitā disā pubbā | ācariyā dakkhiṇā disā | puttadārā disā paccā | mittāmaccā ca uttarā ||

1120) dāsakammakarā heṭṭhā | uddhaṃ samaṇabrāhmaṇā | etā disā namasseyya | alam attho kule gihī ||

겸손하고 유연한 자,
이러한 자는 명성을 얻습니다.[1121](119)

용맹정진하고, 게으르지 않고
재난에 처했을 때 동요하지 않고
흠없는 삶을 사는, 슬기로운 자,
이러한 자는 명성을 얻습니다.[1122](120)

친절히 대하고 친구가 되어 주고
관대하고 인색하지 않고
이끌고, 안내하고, 화해시키는 자,
이러한 자는 명성을 얻습니다.[1123](121)

보시를 행하고 사랑스런 말을 하고
세상에 이익을 베푸는 삶을 살고
모든 것에 협동하여 행하고,
어디서든지 가치 있는 것을 행합니다.

1121) paṇḍito sīlasampanno | saṇho ca paṭibhānavā | nivātavutti atthaddho | tādiso labhate yasaṃ || Smv. 958에 따르면, 미세한 의미를 나타내거나 또는 부드러운 말을 하는 것이 온유한 자이고, 여기서 방향에 대한 예배의 도리에 밝은 자가 재치가 있는 자이다. 겸허한 자가 겸손한 자이고 고집이 없는 자가 유연한 자이다.

1122) uṭṭhānako analaso | āpadāsu na vedhati | acchiddavutti medhāvī | tādiso labhate yasaṃ ||

1123) saṅgāhako mittakaro | vadaññū vītamaccharo | netā vinetā anunetā | tādiso labhate yasaṃ || Smv. 958에 따르면, 여기서 '친절히 대하는 것(攝受)'이라는 것은 네 가지 섭수의 토대(四攝事)를 말하고, '관대하고'는 먼저 행한 것에 의해서 진술된 언어를 이해하는 것이다. 동료의 집에 갔을 때 '나의 동료에게 터어반을 주겠다. 의복을 주겠다. 사람들에게 음식과 임금을 주어야겠다.'라고 한 말을 기억하여 집에 돌아와서 그것들이나 그 이상을 행하는 것을 의미하고, 또한 동료의 집에 가서 '나는 이것을 얻고 싶다.'라고 온 친구가 부끄러워서 말하지 못하고 원하지 않고 소리를 내지 않더라도 그의 말을 알아채고 그가 온 목적을 만족시키는 것과 또한 동료들의 그때그때의 부족한 것을 알아서 주는 것도 관대한 것이다. '이끌고'는 그때그때의 취지를 밝히고 이끄는 자를 말하고, '안내하고'는 여러 가지 근거를 밝혀서 이끄는 것을 말하고, '교도하는' 것은 몇 번이고 이끄는 것을 말한다.

마치 수레의 차축의 쐐기처럼,
이러한 것들이 세상을 돌아가게 합니다.1124)(122)

이러한 것들이 없다면
어머니도 아버지도
자식 때문에 자식으로부터
존경과 공경을 받지 못합니다.1125)(123)

현자는 이러한 것들을
올바로 관찰하기 때문에
위대성을[193] 얻고
또한 칭송을 얻습니다."1126)(124)

20. 이와 같이 말씀하시자1127) 장자의 아들 씽갈라까는 세존께 이와 같이 말씀드렸다.

[씽갈라까] "세존이시여, 훌륭하십니다. 세존이시여, 훌륭하십니다. 마치 넘어진 것을 일으켜 세우듯, 가려진 것을

1124) dānañca peyyavajjañca | atthacariyā ca yā idha | samānattatā ca dhammesu | tattha tattha yathā'rahaṃ | ete kho saṅgahā loke | rathass'āṇī'va yāyato || Smv. 958에 따르면, 수레의 바퀴를 고정시키는 쐐기가 있으면 나아가고 그렇지 못하면 나아가지 못한다. 그러한 섭수가 있으면, 세계는 작동하고 없으면 작동하지 않는다.

1125) ete ca saṅgahā nāssu | na mātā puttakāraṇā | labhetha mānaṃ pūjaṃ | vā pitā vā puttakā raṇā || Smv. 958에 따르면, 만약 어머니가 자식을 위해 섭수를 행하지 않으면, 자식의 존경이나 공양을 얻을 수가 없다.

1126) yasmā ca saṅgahe ete | samavekkhanti paṇḍitā | tasmā mahattaṃ papponti | pāsaṃsā ca bhavanti te' ti ||

1127) evaṃ vutte : Smv. 958-959에 따르면, 이와 같이 세존께서 말씀하신 것이다 : '장자의 아들이여, 그대에게 부친이 여러 방향으로 예배하라고 말한 것은 여섯 가지 방향이다. 만약 그대가 부친의 말을 따른다면, 그러한 방향을 예배하라고 한 것이다.' 씽갈라까가 질문하고 가르침이 정점에 이르자 세존께서는 라자가하 시로 탁발하러 들어갔다. 씽갈라까는 귀의를 확립하여 사억의 재산을 부처님의 가르침을 위해 보시했다. 이 경에는 재가자로서 행해야 할 것이 설해지지 않은 것이 없다. 그러므로 이 경은 재가자의 계율이라고 불린다. 이것을 듣고 교계에 따라 실천하는 자는 번영을 기대할 뿐 그에게 퇴전은 없다.

열어 보이듯, 어리석은 자에게 길을 가리켜주듯, 눈 있는 자가 형상을 보라고 어둠 속에 등불을 들어 올리듯, 세존께서는 이와 같이 여러 가지 방법으로 진리를 밝혀 주셨습니다. 그러므로 이제 세존께 귀의합니다. 또한 그 가르침에 귀의합니다. 또한 그 수행승의 모임에 귀의합니다. 세존께서는 재가신자로서 저를 받아주십시오. 오늘부터 목숨 바쳐 귀의하겠습니다.”

부 록

약 어 표
참 고 문 헌
빠알리어 한글표기법
불교의 세계관
주요번역술어
고유명사색인
빠알리성전협회안내
기출간본교정
빠알리대장경

약 어 표

AN.	Aṅguttara Nikāya
Dgi.	『パーリ佛典 長部』片山一郎
Dob.	Dialogues of Buddha trs. by Rhys. Davids
Dp.	Dharmapada pradīpaya
Dhp.	The Dhammapada, PTS. edition.
DhpA.	Dhammapadaṭṭhakathā
DN.	Dīgha Nikāya
Daṭ.	Dīghanikāyaṭṭhakathāṭīkā : Līnatthappakāsinī
Ldb.	The Long Discourses of the Buddha trs. by Maurice Walshe.
MN.	Majjhima Nikāya
Mrp.	Manorathapūraṇī(Aṅguttara-Aṭṭhakathā)
Nidd. I.	Mahāniddesa
Nidd. II.	Cūḷaniddesa
Pps.	Papañcasūdani(Majjhimanikāya-Aṭṭhakathā)
Prj.	Paramatthajotikā(Suttanipāta-Aṭṭhakathā)
PTS.	Pali Text Society, London
Rgb.	Die Reden Gotamo Buddhos. von Karl Eugen Neumann
SN.	Saṁyutta Nikāya
Srp.	Sāratthappakāsinī(Saṁyutta-Aṭṭhakathā)
Stn.	Suttanipāta
StnA.	Suttanipāta-Aṭṭhakathā
Smv.	Sumaṅgalavilāsinī(Dighanikāya-Aṭṭhakathā)
Thag.	Theragathā
ThagA.	Theragathā-Aṭṭhakathā
Thig.	Therīgātha
ThigA.	Therīgathā-Aṭṭhakathā
Ud.	Udāna
UdA.	Udānaṭṭhakathā
Uv.	Udānavarga
Vin.	Vinaya Piṭaka
Vism.	Visuddhimagga

참 고 문 헌

● 디가니까야와 주석서 및 복주서와 빠알리원전

『Dīgha Nikāya』 ed. by T. W. Rhys Davids & J. Estin Carpenter, 3vols(London : PTS, 1890-1911)

『Sumaṅgalavilāsinī』 ed. by T. W. Rhys Davids & J. Estin Carpenter, W. Stede 3vols (London : PTS, 1886-1932)

『Dīghanikāyaṭṭhakathāṭīkā : Līnatthappakāsinī』(Daṭ.)d. by Lily De Silva, 3vols(London : PTS, 1970)

● 디가니까야의 근현대적 번역

『Die Reden Gotamo Buddhos』 aus der längeren Sammlung Dīghanikāyo des Pālikanons zum Erstenmal Übersetzt von Karl Eugen Neumann, Artemis Verlag Zürich. 3Vol. 1te Aufl. 1896-1902., 2te Aufl. 1921. 3te Aufl. 1956. :Beyerlein-Steinschulte Verlag Herrnschrot 7.-8.Aufl. 1996

『Dialogues of Buddha』 trs. by Rhys. Davids: London, Pali Text Society 1899-1910.

『Dīghanikāya,』 Das Buch der Langen Texte des Buddhistischen Kanons in Auswahl Übersetzt von Dr. R. Otto Franke. Göttingen Vandenhoeck & Ruprecht 1913.

『パーリ佛典 長部』 1-3권, 片山一郎 2003年 東京 大藏出版株式會社

『長部經典』 1-3권, 日本의 南傳大藏經 6-9경, 宇井伯壽, 木村泰賢 等譯, 昭和十年~十一年 大正新修大藏經刊行會

『The Long Discourses of the Buddha』 A Translation of the Dīgha Nikāya, trs. by Maurice Walshe. Wisdom Publication. Boston. 1987, 1995

『Über das Brahmajālasūtra』 Asia Major, Herausgeber Bruno Shindler unter Mitwirkung von Friedlich Weller vol. IX. Leipzig Verlag Asia Majot GMBH 1933.

『Das Mahāparinirvāṇasūtra』 Text in Sanskrit und Tibetisch, verglichen mot der Pāli nebst einer Übersetzung der Chinesischen Entsprechung im Vinaya der Mūlasarvāstivādins. Auf Grund von Turfan-Handschriften und bearbeitet von Ernst Waldschmidt: Akademic Verlag Berlin 1950.

『Die Überlieferung vom Lebensende des Buddha』 Eine Vergleichende Analyse des Mahāparinirvāṇasūtra und seiner Textensprechungen von Ernst Waldschmidt: Göttingen Vandenhoeck & Ruprecht 1948.

『The Four Foundation of Mindfulness』 by Ven. Silananda. Boston 1990

● 기타 참고문헌 원전류

『Aṅguttara Nikāya』 ed. by R. Moms & E. Hardy, 5vols(London : PTS, 1885-1900) tr. by F. L. Woodward & E. M. Hare,

『The Book of the Gradual Sayings(Aṅguttara Nikāya)』5vols(London : PTS, 1932-1936), trans. by F. L. Woodward, M. A./Mrs. Rhys Davids D.Litt., M. A.

『Buddhist Legends』 trs. by Eugene Watson Burlingame, from original Pali Text of Dhammapada Commentary. (London : PTS, 1995)

『Die Lehrreden des Buddha aus Angereihten Sammlung : Aṅguttara Nikāya』 übersetzt von

Nyanatiloka. 5vols (Braunschweig Aurum Verlag : 1993),
『Numerical Discourses of The Buddha』(An Anthology of Suttas from Aṅguttaranikāya) tr. by Nyanaponika & Nhikkhu Bodhi. (Vistaar Publications. New Dhelhi 2000)
『Manorathapūraṇī』 ed. by M. Walleser & H. Kopp, 5vols(London : PTS, 1924-1926)
『Abhidhammatthasaṅgaha(Comprehensive Manual of Abhidhamma)』 tr.by Bodhi Bhikkhu.(Kandy : Buddhist Publication Society, 1993)
『Abhidharmakośabhasyam of Vasubandhu』 ed. by Pradhan, P.(Patna : K. P. Jayaswal Research Institute, 1975) tr. by Louis de la Vallée Poussin, 4vols, eng. tr. by Pruden, L. M.(Berkeley : Asian Humanities Press, 1988)
『Abhidharmasamuccayabhāṣya』 ed. by Tatia, N. Tibetan Sanskrit Works Series, 17(Patna : 1976)
『Avadānaśataka 2vols.』 Bibliotheca Buddhica 3. ed. by Speyer, J. S.(St. Petesburg : PTS, 1902-1909)
『Āyuṁparyantasūtra』 ed. by Enomoto, F. Hartman, J-U. and Matsumura, H. Sanskrit-Texte aus dem buddhistischen Kanon : Neuentdeckungen und Neueditionen, 1.(Göttingen : 1989)
『Catuṣpariṣatsūtra』(Abhandlung der Deutschen Akademie der Wissenschaften zu Berlin, Kalsse für Sprachen, Literatur, und Kunst) ed. and tr. by Waldschmidt, E.(Berlin : 1952-1962)
『Chandrasūtra-Buddha Frees the Disc of the Moon』 ed. and tr. by Waldschmidt, E. (Bulletin of the School of Oriental and African Studies. 33 : 1 1976)
『Dhammapada(法句經)』 ed. by Sūriyagoḍa Sumangala(London : PTS, 1914)
『Dhammapada(法句經)[Khuddakanikāya vol. I.』 ed. by J. Kashyap. Nālandā-Devanāgarī Pali Series.
『Dhamapadaṭṭhakathā(法句義釋)』 The Commentary of Dhammapada, 4vols. ed. by H. C. Norman, M. A.(London : PTS, 1906-1915; 1993)
『Dīgha Nikāya』 ed. by T. W. Rhys Davids & J. E. Carpenter, 3vols(London : PTS, 1890-1911) tr. by T. W. & C. A. F. Rhys Davids, 『Dialogues of the Buddha』 3vols(London : PTS, 1899-1921)
『Divyāvadāna』 ed. by Cowell. E. B. and R. A. Neil. (London : PTS, 1914)
『The Gilgit Manuscript of Saṅghabhedavastu』 ed. Gnoli, R. Serie Orientale Roma, 49 2parts. (Rom e : 1077-1978)
『Gāndhārī Dhammapada』 ed. by Brough. John(London : Oxford University, 1962)
『Itivuttaka』 ed. by E. Windish(London : PTS, 1889)
『Khuddakanikāya』 vol. 1. Chaṭṭhasaṅgāyana ed. of Tipitaka 1956.
『The Jātakas or Stories of the Buddha's Former Births 6vols.』 ed. by Cowell. E. B.(London : PTS, 1969)
『Majjhima Nikāya』 ed. by V. Trenckner & R. Chalmers, 3vols(London : PTS, 1887-1901)
『Papañcasūdanī』 ed. by J. H. Woods, D. Kosambi & I. B. Horner, 5vols (London : PTS, 1922-1938)
『Middle Length Sayings』 tr. I. B. Homer, 3vols(London : PTS, 1954-1959),
『Die Reden Gotamo Buddhos aus der Mittleren Sammlung Majjhimanikāyo des Pālikanons zum Erstenmal Übersetzt von Karl Eugen Neumann, Artemis Verlag Zürich. 3Vol. 1te Aufl. 1896-1902., 2te Aufl. 1921. 3te Aufl. 1956.
『Further Dialogues of the Buddha』 Trs. by Lord Chalmers: Sacred Books of Buddhists Series vols. V, VI. 1926, 1927.
『中部經典』 1-4권, 日本의 南傳大藏經 9-10경, 千潟龍祥, 青原慶哉, 渡邊楳雄譯, 昭和十年. 大正新修

大藏經刊行會
『The Collection Of The Middle Length Sayings』 vol. 1-3 : Tr. by I. B. Horner; The Pali Text Society London, First ed. 1954, Second ed. 1976
『Buddhas Reden, Majjhimanikāya, Die Sammlung der mittleren Texte des buddhistischen Pali-Kanons』 Übersetzt von Kurt Schmidt. Werner Kristkeitz Verlag. 1989.
『The Middle Length Discourses of the Buddha, A New Translation of Majjhima Nikāya』 Tr. by Bikkhu Ñāṇamoli and Bikhu Bodhi. Wisdom Publication. Boston. 1995
『Mahāvastu』 ed. by Senart, E. 3 parts. (Paris 1882-1897); tr. by John, J. J., 3vols(London : Luzac, 1949-1956)
『Maha Pirit Pota(The Great Book of Protection)』 tr. by Lokuliyana, Lionel.(Colombo : Mrs. H. M. Gunasekera Trust, n.d)
『Mahāparinirvāṇasūtra』(Abhandlungen der Deutschen Akademie der Wissenschaften zu Berlin, Kalsse für Sprachen, Literatur, und Kunst) ed. and tr. by Waldschmidt, E.(Berlin : 1950-1951)
『Mahāsamājasūtra』 inclided in 『Central Asian Sūtra Fragments and their Relations to the Chinese Āgamas』 in Bechert 1980.
『Milindapañha』 ed. by V Trenckner(London : PTS, 1928) tr. by I. B. Horner, 『Milinda's Questions』 2vols(London : PTS, 1963-1964)
『Mūlasarvāstivādavinayavastu』 Part III of Gilgit Manuscript. ed. by Dutt, Nalinaksha.(Calcutta, Srinagar : 1939-1959)
『Niddesa I = Mahāniddesa I. II』 ed. by De La Vallée Poussin and E. J. Thomas (London : PTS, 1916, 1917)
『Niddesa II = Cullaniddesa』 ed. by W. Stede (London : PTS, 1918)
『On a Sanskrit Version of the Verahaccāni Sutta of the Saṁyuttanikāya』(Nachrichten der Akademie der Wissenschaften in Göttingen : Vandenhoeck and Ruprecht, 1980)
『Paramatthadīpanī』 ed. by Frank L. Woodward.(London : PTS, 1977)
『Paramatthajotikā I.(= The Khuddakapāṭha)』 ed. by Helmer Smith (London : PTS, 1978)
『Paramatthajotikā II.』 ed. by Helmer Smith vols. I. II. III(London : PTS, 1989)
『Patna-Dhammapada』 ed. by Cone, Margaret. Journal of the Pali Text Society 13 : 101-217(London : PTS, 1989)
『Paṭisambhidāmagga I. II』 ed. by Taylor. (London : PTS, 1905-1907)
『Saṁyutta Nikāya』 ① Roman Script. ed. by L. Feer, 6vols(Ee4 : London : PTS, 1884-1904; Ee2 : 1998) ② Burmese Script. Chaṭṭhasaṅgāyana-edition, 3 vols. Ranggoon : Buddhasāsana Samiti, 1954.
『The Connected Discourse of the Buddha(A New Translation of the Saṃyuttanikāya)2vols.』 tr. by Bodhi Bhikkhu, (Boston : Wisdom Publication, 2000)
『The Book of the Kindered Sayings, 5vols.』 tr. by C. A. F. Rhys Davids & F. L. Woodward, (London : PTS, 1917-1930)
『Die in Gruppen geordnete Sammlung(Saṁyuttanikāya) aus dem Pāli-Kanon der Buddhisten. 2vols.』 übersetzt von W. Geiger. (Munich-Neubiberg. Oskar Schloss Verlag. 1925)
『Die Reden des Buddha-Gruppierte Sammlung aus dem Pāli-Kanon』 übersetzt von W. Geiger, Nyāponika Mahāthera, H. Hecker. (Herrnschrott. Verlag Beyerlein & Steinschulte 2003)
『On a Sanskrit Version of the Verahaccāni Sutta of the Saṁyuttanikāya』 by E. Waldschmidt.

Nachrichiten der Akademie der Wissenschaften in Göttingen Philologisch-Historische Klasse. Göttingen : Vandenhoeck and Ruprecht, 1980.
『Nidāna Saṁyutta』 edited by Myanmar Pitaka Association, Yangon, 1992.
『相應部經典(南傳大藏經 第12-17卷)』 赤沼智善 外 譯 (大正新修大藏經刊行會 昭和12年)
『Sanskithandschriften aus den Turfanfunden』(Verzeichnis der Orientalischen Handschriften in Deutschland, 10)(Wiesbaden, Stuttgart : 1965)
『Sāratthappakāsinī : Saṁyuttanikāyaṭṭhakathā』 ed. by Woodward, F. L. 3vols.(London : PTS, 1977)
『Sputārthā Abhidharmakośavākhyā』 ed. by Wogihara und Yaśomitra 2parts.(Tokyo : 1032-1936)
『Sumaṅgalavilāsini』 ed. by T. W. Rhys Davids, J. E. Carpenter & W. Stede, 3vols(London : PTS, 1886-1932)
『Suttanipata』 ed. by Andersen, D. & Smith, H.(London : PTS, 1984)
『Suttanipāta Aṭṭhakathā』 ed. by H. Smith, 2vols(London : PTS, 1916-1917)
『Suttanipāta』, edited by Dines Andersen& Helmer Smith. first published in 1913. published for PTS. by Routledge & Kegan Paul. 1965. London.
『Suttanipāta』, edited by Ven. Suriya Sumangala P. V. Bapat, Devanagari characters. Bibliotheca Indo Buddhica 75, Sri Satguru Publications, Poona 1924, Delhi, 1990.
『Suttanipāta』 Pali Text with Translation into English and notes by N. A. Jayawickrama Post-Graduate Institude of Pali & Buddhist Studies. University of Kelaniya, Srilanka. 2001.
『The Suttanipāta』. tr. by Saddhatissa Ven. H. Curzon Press Ltd. London 1985.
『Śrāvakabhūmi』 ed. by Shukla, K. Tibetan Sanskrit Works Series, 14(Patna : 1973)
『Thera-Theri-Gathā』 tr. by A. F. Rhys Davids, 『Psalms of the Early Buddhists』 2vols(London : PTS, 1903-1913); tr. by Norman. K. P. 『Elders' Verses I. II』(London : PTS, 1969-1971)
『Śarīrārthagāthā of the Yogācārabhūmi』 in F. Enomoto, J-U Hartman, and Matsumura, Sanskrit Texte aus dem buddhistischen Kanaon : Neuentdeckung und Neuedition, 1. (Göttingen. 1989)
『Vimānavatthu』 ed. by Jayawickrama, N. A.(London : PTS, 1977)
『Visuddhimagga of Buddhaghosa』 ed. by Rhcys Davids, C. A. F.(London : PTS, 1975)
『Vibhaṅga』 tr. by Thittila, Ashin 『The Book of Analysis』(London : PTS, 1969)
『Udāna』 ed. by Steinthal, P.(London : PTS, 1885)
『The Udāna』(The solemn Utterances of the Buddha) tr. by D. M. Strong(London : Luzac 1902)
『The Udāna』 tr. by Frank L. Woodward. in Monor Anthologies of Pali Canon II. Sacred Books of the Buddhists. Vol.8(London : PTS, 1935)
『The Udāna』 tr. by John D. Irland(Kandy : Budddhist Publication Society 1990)
『The Udāna』 tr. by Masefield, P.(London : PTS, 1994)
『Upanisads』 ed. & tr. by S. Radhakrishnan, 『The Principal Upaniṣads』 2nd ed.(London : George Allen & Unwin, 1953) : tr. by R. E. Hume, 『The Thirteen Principal Upaniṣads』 2nd ed.(London : Oxford University Press, 1934)
『長阿含經』 22권 大正新修大藏經 一卷
『中阿含經』 60권 大正新修大藏經 一卷
『雜阿含經』 50권 大正新修大藏經 二卷
『增一阿含經』 51권 大正新修大藏經 二卷
『別譯雜阿含經』 16권 大正新修大藏經 二卷

● 기타 불교학일반참고문헌

Barua, D. K. 『An Analytical Study of Four Nikāyas』(Delhi : Munshiram Manoharlal Publisher. 2003)

Basham, A. L. 『History and Doctrine of the Ājīvikas』(Delhi : Motilal Banarsidass. 1981)

Bodhi Bhikkhu. 『The Noble Eightfold Path』(Kandy : Buddhist Publication Society, 1984)

Bodhi Bhikkhu. 『Transcendental Dependent Arising』(Kandy : Buddhist Publication Society, 1980)

Bechert, Heinz. 『Buddhism in Ceylon and Studies in Religious Syncretism in Buddist Countries』(Göttingen : Vandenhoeck and Ruprecht, 1978)

Bunge, M. 『Causality and Modern Science』(New York : Dover Publications Inc., 1986)

Enomoto, Fumio. A Comprehensive Study of the Chinese Saṁyuktāgama (Kyoto 1994)

Fahs, A. 『Grammatik des Pali』(Leipzig : Verlag Enzyklopädie, 1989)

Frauwallner, E. 『Die Philosophie des Buddhismus』(Berlin : Akademie Verlag, 1958)

Gethin, R. M. L. 『The Buddhist Path to Awakening : A Study of the Bodhipakkhiyā Dhammā』 Leiden : Brill, 1992.

Gombrich, Richard F. 『How Buddhism Began : The Conditioned Genesis of the Early Teachings』(Athlone : London & Atlantic Highlands, N. J. 1996.)

Glasenapp, H. V. 『Pfad zur Erleuchtung(Das Kleine, das Grosse und das Diamant-Fahrzeug)』(Köln : Eugen Diederichs Verlag, 1956)

Goleman, D. 『The Buddha on Meditation and Higher States of Consciousness』 The Wheel Publication no.189/190(Kandy : Buddhist Publication Society, 1980)

Hamilton, Sue. 『Identity and Experience : The Constitution of the Human Being according to Early Buddhism』(London : Luzac, 1996)

Hinüber, Oskar von. 『A Handbook of Pāli Literature』(Berlin,New York : Walter de Guyter, 1996)

Hiriyanna, M. 『Outlines of Indian Philosophy』(London : George Allen &Unwin, 1932)

Hoffman, F. J. 『Rationality and Mind in Early Buddhism』(Delhi : Motilal Banarsidass, 1987)

Htoon, U. C. 『Buddhism and the Age of Science』 『The Wheel』 Publication no.36/37(Kandy : Buddhist Publication Society, 1981)

Jayatilleke, K. N. 『Early Buddhist Theory of Knowlege』(Delhi : Motilal Banarsidass, 1963)

Jayatilleke, K. N. etc, 『Buddhism and Science』 『The Wheel』 Publication no.3(Kandy : Buddhist Publication Society, 1980)

Johansson, R. E. A. 『The Dynamic Psychology of Early Buddhism』(London : Curzon Press Ltd., 1979)

Johansson, R. E. A. 『The Psychology of Nirvana』(London : George Allen & Unwin Ltd., 1969)

Kalupahana, D. J. 『Causality : The Central philosophy of Buddhism』(Honolulu : The University Press of Hawai, 1975)

Kalupahana, D. J. 『Buddhist Philosophy, A Historical Analysis』(Honolulu : The University Press of Hawaii, 1976)

Karunaratne, W. S. 『The Theory of Causality in Early Buddhism』(Colombo : Indumati Karunaratne, 1988)

Kim, Jaegwon. 『Supervenience and Mind』(New York : Cambridge Press, 1933)

Kirfel, W. 『Die Kosmographie der Inder』(Bonn : Schroeder, 1920)

Knight, C. F. etc, 『Concept and Meaning』 『The Wheel』 Publication no.250(Kandy : Buddhist Publication Society, 1977)

Malalasekera, G. P. & Jayatilleke, K. N. 『Buddhism and Race Question』(Paris : UNESCO, 1958)
Macdonell, A. A. 『A Vedic Reader for Students』(Oxford : Oxford University Press, 1917)
Macy, J. 『Mutual Causality in Buddhism and General Systems Theory』(New York : State University of New York Press, 1992)
Narada, Maha Thera. 『The Buddha and His Teaching』(Kuala Lumpur : Buddhist Missionary Society, 1964)
Murti, T. R. V. 『The Central Philosophy of Buddhism』(London : George Allen & Unwin Ltd., 1955)
Nyanoponika Thera, 『The Heart of Buddhist Meditation』(London : Rider, 1962)
Nyanaponika. 『The Five Mental Hindrances and their Conquest』 Wheel no. 26(Kandy : Buddhist Publication Society, 1961)
Nyanaponika. 『The Four Nutritments of Life』 Wheel no. 105/106 (Kandy : Buddhist Publication Society, 1961)
Nyanaponika Thera & Helmut Hecker. 『Great Disciples of the Buddha : Their Lives, Their Works, Their Legacy』 (Boston : Wisdom Publication, 1997)
Norman, K. R. 『Pāli Literature, including the Canonical Literature in Prakrit and Sanskrit of the Hīnayāna Schools of Buddhism』(Wiesbaden : Otto Harrassowitz, 1983)
Norman, K. R. 『The Group of Discourses』 – Revised Translation with Introduction and Notes. PTS. London. 1992
Oldenberg, H. 『Buddha : sein Leben, seine Lehre, seine Gemeinde』 (Stuttgart : Magnus Verlag, 1881)
Oldenberg, H. 『Religion des Veda』 3Aufl. (Stuttgart und Berlin : Magnus Verlag. 1923)
Oskar von Hinüber 『A Handbook of Pāli Literature』 (Berlin und New York : Walter de Gruyter. 1996)
Chakravarti, U. 『The Social Dimensions of Early Buddhism』(Oxford : Oxford University Press, 1987)
Ñāṇamoli, Bhikkhu. 『The Life of Buddha according to the Pāli Canon』 (Kandy : Buddhist Publication Society, 1992)
Ñāṇananda, Bhikkhu. 『Concept and Reality in Early Buddhist Thought』 (Kandy : Buddhist Publication Society, 1971)
Pande, G. C. 『Studies in the Origins of Buddhism』(Allahabad : University of Allahabad, 1957)
Piyananda, D. 『The Concept of Mind in Early Buddhism』(Cathoric University of America, 1974)
Rahula, W. S. 『What the Buddha Taught』(London & Bedford : Gardon Fraser, 1978)
Rahula, W. S. 『History of Budddism in Ceylon』 (Colombo, 1956)
Sayādaw, Mahāsi, 『The Great Discourse on the Wheel of Dhamma』 tr. by U Ko Lay(Rangoon : Buddhasāsana Nuggaha Organization, 1981)
Sayādaw, Mahāsi, 『Pāticcāsamuppāda(A Discourse)』 tr. by U Aye Maung(Rangoon : Buddasāsana Nuggaha Organization, 1982)
Schumann, H. W. 『The Historical Buddha』 tr. by M. O'C Walshe Arkana(London : Penguin Group, 1989)
Stebbing, L. S. 『A Modern Introduction to Logic』(London : Metuen & Co, 1962)
Soma Thera, 『The Way of Mindfulness : The Satipaṭṭhāna Sutta and its Commentary』(Kandy : BPS, 1975)
Story, F. 『Dimensions of Buddhist Thought』 『The Wheel』 Publication no.212/213/214(Kandy :

Buddhist Publication Society)
Varma, V. P. 『Early Buddhism and It's Origin』(Delhi : Munshiram Monoharlal, 1973)
Watanabe, F. 『Philosophy and Its Development in the Nikāyas and Abhidhamma』(Delhi : Motilal Banarsidass, 1983)
Wettimuny, R. G. de S. 『The Buddha's Teaching』(Colombo : M. D. Gunasena & Co. Ltd., 1977)
Wettimuny, R. G. de S. 『The Buddha's Teaching and the Ambiguity of Existence』(Colombo : M. D. Gunasena & Co. Ltd., 1977)
Wijesekera, O. H. 『Knowledge & Conduct : Buddhist Contributions to Philosophy and Ethics』(Kandy : Buddhist Publication Society, 1977)
Wijesekera, O. H. 『Buddhist and Vedic Studies』(Delhi : Motilal Banarsidass, 1994)
Wittgenstein, L. 『Philosophische Untersuchungen』 『Ludwig Wittgenstein Werkausgabe』 Band,I (Frankfurt am Main, 1984)
Winternitz, M. 『History of Indian Literature』 vol.2(Dheli : Motilal Banarsidass, 1963)

● 일반단행본(한국, 일본)
김동화, 『원시불교사상』(서울 : 보련각, 1988)
김재권 외, 『수반의 형이상학』(서울 : 철학과 현실사, 1994)
김재권, 『수반과 심리철학』(서울 : 철학과 현실사, 1994)
길희성, 『인도철학사』(서울 : 민음사, 1984)
원의범, 『인도철학사상』(서울 : 집문당, 1980)
이중표, 『아함의 중도체계』(서울 : 불광출판부, 1991)
전재성, 『범어문법학』(서울 : 한국빠알리성전협회, 2002)
정태혁, 『인도철학』(서울 : 학연사, 1988)
정태혁, 『인도종교철학사』(서울 : 김영사, 1985)
中村元, 『原始佛教の思想』上,下(東京 : 春秋社, 昭和45)
中村元, 『原始佛教の生活倫理』(東京 : 春秋社, 昭和47)
中村元, 『ブッダの ことば』, 東京 岩波書店, 1981年
和什哲郎, 『原始佛教の實踐哲學』(東京 : 岩波書店, 昭和15)
木村泰賢, 『原始佛教思想論』(東京 : 大法倫閣, 昭和43)
木村泰賢, 『印度六派哲學』 『木村泰賢全集』第2卷(昭和43)
舟橋一哉, 『原始佛教思想の硏究』(京都 : 法藏館, 昭和27)
水野弘元, 『原始佛教』(京都 : 平樂寺書店, 1956)

● 논문잡지류(동서양)
Buddhist Studies Review 9. 1(1992)
Chatallian, G., 「Early Buddhism and the Nature of Philosophy」 『Journal of Indian philosophy』 vol.11 no.2(1983)
Franke, R. O., 「Das einheitliche Thema des Dighanikāya : Gotama Buddha ist ein Tathāgata」 「Die Verknüpfung der Dīghanikāya-Suttas untereinander」 「Majjhimanikāya und Suttanipāta, Die Zusammenhänge der Majjhimanikāyasuttas」 「Der einheitliche Grundgedanke des Majjhimanikāya : Die Erziehung gemass der Lehre (Dhamma-Vinaya)」 「Der Dogmatische Buddha nach dem Dīghanikāya」 「Die Buddhalehre in ihrer erreichbarältesten Gestalt im Dīghanikāya」 「Die Buddhlehre in ihrer erreichbarältesten Gestalt」 『Kleine Schliften』

(Wiesbaden : Franz Steiner Verlag, 1978)
Fryba, M., 「Suññatā : Experience of Void in Buddhist Mind Training」 SJBS. vol.11(1988)
Geiger, W., 「Pāli Dhamma」 『Kleine Schriften』(Wiesbaden : Franz Steiner Verlag, 1973)
Gethin, R., 「The Five Khandhas : Their Treatment in the Nikāyas and Early Abhidhamma」 『Journal of Indian Philosophy』 vol.14 no.1(1986)
Heimann, B., 「The Significance of Prefixes in Sanskrit Philosophical Terminology」 RASM vol.25(1951)
Hoffman, E. J., 「Rationablity in Early Buddhist Four Fold Logic」 『Journal of Indian Philosophy』 vol.10 no.4(1982)
Karunadasa, Y., 「Buddhist Doctrine of Anicca」 『The Basic Facts of Existence』(Kandy : Buddhist Publication Society, 1981)
Premasiri, P. D., 「Early Buddhist Analysis of Varieties of Cognition」 SJBS vol.1(1981)
Wijesekera, O. H. de A., 「Vedic Gandharva and Pali Gandhabba」『Ceyron University Review』 vol.3 no.1(April, 1945)

● 사전류

Childers, R. C., 『A Dictionary of the Pali Language』(London : 1875)
Anderson, D., 『A Pāli Reader with Notes and Glossary』 2parts(London & Leipzig : Copenhagen, 1901-1907)
Rhys Davids, T. W. and Stede, W., 『Pali-English Dictionary』(London : PTS, 1921-1925)
Buddhadatta, A. P., 『Concise Pāli-English Dictionary』(Colombo : 1955)
Malalasekera, G. P., 『Dictionary of Pāli Proper Names』 vol.1, 2 (London : PTS, 1974)
雲井昭善, 『巴和小辭典』(京都 : 法藏館, 1961)
水野弘元, 『パーリ語辭典』(東京 : 春秋社, 1968, 二訂版 1981)
全在星, 『개정판 빠알리-한글사전』(서울 : 한국빠알리성전협회, 2005)
Bothlingk, O. und Roth, R., 『Sanskrit-Wörterbuch』 7Bande(St. Petersburg : Kaiserischen Akademie der Wissenschaften, 1872-1875)
Monier Williams, M., 『A Sanskrit-English Dictionary』(Oxford, 1899)
Uhlenbeck, C. C., 『Etymologisches Wörterbuch des Alt-Indischen Sprache』(Osnabrück, 1973)
Edgerton, F., 『Buddhist Hybrid Sanskrit Grammar and Dictionary』 2vols(New Haven : Yale Univ., 1953)
V. S. Apte, 『The Practical Sanskrit-English Dictionary』(Poona : Prasad Prakshan, 1957)
鈴木學術財團, 『梵和大辭典』(東京 : 講談社, 1974, 增補改訂版 1979)
織田得能, 『佛教大辭典』(東京 : 大藏出版株式會社, 1953)
耘虛龍夏, 『佛敎辭典』(서울 : 東國譯經院, 1961)
中村元, 『佛敎語大辭典』(東京 : 東京書籍, 1971)
弘法院 編輯部, 『佛敎學大辭典』(서울 : 弘法院, 1988)
Nyanatiloka, 『Buddhistisches Wörterbuch』(Konstanz : Christiani Konstanz, 1989)
Malalasekera, G. P. 『Encyclopadia of Buddhism』 (Ceylon : The Government of Sri Lanka, 1970-)
Glare 『Oxford Latin Dictionary』 (Oxford : The Clarendon Press, 1983)
Hermann Krings usw. 『Handbuch Philosophischer Grundbegriffe』 (München : Kösel Verlag, 1973)

● 문법류

Buddhadatta, A P. : The New Pali Course I, II, Colombo, 1974
Buddhadatta, A P. : Aids to Pali Conversation and Translation, Colombo, 1974
Childers, R. C. A : Dictionary of the Pali Language, London 1875
Anderson, D. A : Pāli Reader with Notes and Glossary, 2 parts, London and Leipzig. Copenhagen, 1901-1907
Rhys Davids, T. W. and Stede, W. : Pali-English Dictionary, P.T.S London , 1921-1925
Buddhadatta, A. P. : Concise Pāli-English Dictionary, Colombo 1955.
Malalasekera, G. P. : Dictionary of Pāli Proper Names Vol. I. II, London P.T.S. 1974.
Fahs, A. : Grammatik des Pali, Verlag Enzyklopädie, Leipzig, 1989 1989
Allen, W. S. : Phonetic in Ancient India, Oxford University Press, London, 1965
Oskar von Hinüber : Das Buddhistische Recht und die Phonetik, Studien zur Indologie und Iranistik Heft 13-14. Reinbek, 1987
Allen, W. S. : The Theoretica Phonetic and Historical Bases of Wordjuntion in Sanskrit : The Hague, Paris, 1965
Whitney, W. D. : Indische Grammatik, übersetzt von Heinlich Zimmer : Leipzig, 1979
Weber, A. : Pāṇiniyaśikṣā, Indische Studien IV. pp. 345-371, 1858
Weber, A. : Vājasaneyiprātiśākhya, Indische Studien IV. pp. 65-171, pp. 177-331, 1858
Franke, A. D. : Sarvasammataśikṣā, Göttingen, 1866
Böthlingk, O. : Pāṇini's Grammatik. Georg Olms Verlagsbuchhanddun, Hildesheim, 1964
Warder, A.K. : Introduction to Pali, PTS. London. 1963
Geiger, W. : Pali Literatur und Sprache, Straßburg. 1916.

빠알리어 한글표기법

빠알리어는 구전되어 오다가 각 나라 문자로 정착되었으므로 고유한 문자가 없다. 그러므로 일반적으로 빠알리성전협회(Pali Text Society)의 표기에 따라 영어 알파벳을 보완하여 사용한다. 빠알리어의 알파벳은 41개이며, 33개의 자음과 8개의 모음으로 되어 있다.

자음(子音)	폐쇄음(閉鎖音)				비음(鼻音)
	무성음(無聲音)		유성음(有聲音)		
	무기음	대기음	무기음	대기음	무기음
① 후음(喉音)	ka 까	kha 카	ga 가	gha 가	ṅa 나
② 구개음(口蓋音)	ca 짜	cha 차	ja 자	jha 자	ña 냐
③ 권설음(捲舌音)	ṭa 따	ṭha 타	ḍa 다	ḍha 다	ṇa 나
④ 치음(齒音)	ta 따	tha 타	da 다	dha 다	na 나
⑤ 순음(脣音)	pa 빠	pha 파	ba 바	bha 바	ma 마
⑥ 반모음(半母音)	ya 야, 이야 va 바, 봐, 와				
⑦ 유활음(流滑音)	ra 라 la ㄹ라 ḷa ㄹ라				
⑧ 마찰음(摩擦音)	sa 싸				
⑨ 기식음(氣息音)	ha 하				
⑩ 억제음(抑制音)	ṃ -ㅇ, -ㅁ, -ㄴ				

모음에는 단모음과 장모음이 있다. a, ā, i, ī, u, ū, e, o 모음의 발음은 영어와 같다. 단 단음은 영어나 우리말의 발음보다 짧고, 장음은 영어나 우리말보다 약간 길다. 단음에는 a, i, u가 있고, 장음에는 ā, ī, ū, e, o가 있다. 유의할 점은 e와 o는 장모음이지만 종종 복자음 앞에서 짧게 발음된다 : metta, okkamati.

자음의 발음과 한글표기는 위의 도표와 같다.

자음의 발음과 한글표기는 위의 도표와 같다. ka는 '까'에 가깝게 발음되고, kha는 '카'에 가깝게 소리나므로 그대로 표기한다. ga, gha는 하나는 무기음이고 하나는 대기음이지만 우리말에는 구별이 없으므로 모두 '가'으로 표기한다. 발음에서 특히 유의해야 할 것은 aṅ은 '앙'으로, añ은 '얀'으로, aṇ은 '안, 언'으로, an은 '안'으로, aṃ은 그 다음에 오는 소리가 ① ② ③ ④ ⑤일 경우에는 각각 aṅ, añ, aṇ, an, am으로 소리나며, 모음일 경우에는 '암', 그 밖의 다른 소리일 경우에는 '앙'으로 소리난다. 그리고 y와 v일 경우에는 일반적으로 영어처럼 발음되지만 그 앞에 자음이 올 경우와 모음이 올 경우 각각 발음이 달라진다. 예를 들어 aya는 '아야'로 tya는 '띠야'로 소리나며, 표기에서도 그대로 적용하여 표기한다. 그리고 ava는 일반적으로 '아바'로, 좀더 정확히 발음 하면 '아봐'로 소리나는데, 일반적 표기에서는 번거로움을 피해서 '아바'로 적고, 독송용표기에서는 정확히 '아봐'로 적는다. 이때에 그 원칙을 적용하면, 예를 들어, viveka는 일반적 표기로는 '비베까' 정확한 독송용 표기로는 '뷔붸까'가 되어야 한다. tva는 '뜨와'로 그리고 añña는 '안냐'로, ayya는 '아이야'로 표기된다. 그리고 폐모음 ② ③ ④가 묵음화되어 받침이 될 경우에는 ㅅ, ①은 ㄱ ⑤는 ㅂ으로 표기한다.

글자의 사전적 순서는 위의 모음과 자음의 왼쪽부터 오른쪽으로의 순서와 일치한다. 단지 ṁ은 항상 모음과 결합하여 비모음에 소속되므로 해당 모음의 뒤에 배치된다.

불교의 세계관

불교의 세계관은 일반적으로 알려진 것처럼 단순히 신화적인 비합리성에 근거하는 것이 아니라 인간의 정신세계인 명상 수행의 차제에 대응하는 방식으로 합리적으로 조직되었다. 물론 고대 인도의 세계관을 반영하고 있는 것은 사실이지만 언어의 한계를 넘어선다면 보편적인 우주의 정신세계를 다루고 있다고 볼 수 있다.

여기서 세계의 존재(有 : bhavo)라고 하는 것은, 엄밀히 말하면 육도윤회하는 무상한 존재를 의미하며, 감각적 쾌락의 욕망의 세계(欲界), 미세한 물질의 세계(色界), 비물질의 세계(無色界)라는 세 가지 세계의 존재가 언급되고 있다. 감각적 쾌락의 욕망의 세계, 즉 감각적 욕망계의 존재(欲有 : kāmabhava)는 지옥, 축생, 아귀, 수라, 인간뿐만 아니라 욕계의 하늘에 사는 거친 신체를 지닌 존재들을 의미한다.

미세한 물질의 세계, 즉 색계에 사는 존재(色有 : rūpabhava)는 하느님 세계의 하느님의 권속인 신들의 하느님 세계(梵衆天)에서 궁극적인 미세한 물질로 이루어진 신들의 하느님 세계(色究竟天=有頂天)에 이르기까지 첫 번째 선정에서 네 번째 선정에 이르기까지 명상의 깊이를 조건으로 화생되는 세계를 말한다. 따라서 이 세계들은 첫 번째 선정의 하느님 세계(初禪天)에서부터 청정한 삶을 사는 신들의 하느님 세계(Suddhāvāsakāyikā devā : 淨居天은 無煩天, 無熱天, 善現天, 善見天, 色究竟天)까지의 이름으로도 불린다. 첫 번째 선정의 하느님 세계부터는 하느님 세계에 소속된다.

가장 높은 단계의 세계인 비물질의 세계, 즉 무색계에 사는 존재(無色有 : arūpabhava)에는 '무한공간의 하느님 세계의 신들'(空無邊處天), '무한의식의 하느님 세계의 신들'(識無邊處天), '아무 것도 없는 하느님 세계의 신들'(無所有處天), '지각하는 것도 아니고 지각하지 않는 것도 아닌 하느님 세계의 신들'(非想非非想處天)이 있다. '무한공간의 신들의 하느님 세계'에서 '지각하는 것도 아니고 지각하지 않는 것도 아닌 신들의 하느님 세계'에 이르기까지는 첫 번째 비물질계의 선정에서 네 번째의 비물질계의 선정에 이르기까지의 명상의 깊이를 조건으로 화현하는 비물질의 세계이다.

이들 하늘나라(天上界)나 하느님 세계(梵天界)에 사는 존재들은 화생, 인간은 태생, 축생은 태생 · 난생 · 습생 · 화생의 발생방식을 일반적으로 택하고 있다. 그것들의 형성조건은 윤리적이고 명상적인 경지를 얼마만큼 성취했는지에 달려 있다.

하늘나라의 감각적 쾌락의 욕망의 세계에 태어나려면 믿음과 보시와 지계와 같은 윤리적인 덕목을 지켜야 한다. 인간으로 태어나기 위해서는 오계에 대한 인식이 있어야 한다. 그리고 아수라는 분노에 의해서, 아귀는 인색함과 집착에 의해서, 축생은 어리석음과 탐욕에 의해서, 지옥은 잔인함과 살생을 저지르는 것에 의해서 태어난다.

미세한 물질의 세계에 속해 있는 존재들은 첫 번째 선정[初禪]에서부터 네 번째 선정[四禪]에 이르기까지 명상의 깊이에 따라 차별적으로 하느님 세계에 태어난다. 미세한 물질의 세계의 최상층에 태어나는 존재들은 돌아오지 않는 님[不還者]의 경지를 조건으로 한다. 물질이 소멸한 비물질적 세계의 존재들은 '무한공간의 신들의 하느님 세계'에서 '지각하는 것도 아니고 지각하지 않는 것도 아닌 신들의 하느님 세계'에 이르기까지 비물질적 세계의 선정의 깊이에 따라 차별적으로 각각의 세계에 태어난다.

불교에서 여섯 갈래의 길(六道)은 천상계, 인간, 아수라, 아귀. 축생, 지옥을 말하는데, 이 때 하늘나라(天上界)는 감각적 쾌락의 욕망이 있는 하늘나라(欲界天)와 하느님 세계(梵天界)로 나뉘며, 하느님 세계는 다시 미세한 물질의 세계와 비물질의 세계로 나뉜다. 그리고 부처님은 이러한 육도윤회의 세계를 뛰어넘어 불생불멸하는 자이다. 여기 소개된 천상의 세계, 즉. 하늘의 세계에 대하여 이 책에서는 다음과 같이 번역한다.

1) 감각적 쾌락의 욕망의 세계의 여섯 하늘나라: ① 네 위대한 왕들의 하늘나라(Cātummahārājikā devā : 四王天) ② 서른셋 신들의 하늘나라(Tāvatiṁsā devā : 三十三天=忉利天) ③ 축복 받는 신들의 하늘나라(Yāmā devā : 耶摩天) ④ 만족을 아는 신들의 하늘나라(Tusitā devā : 兜率天) ⑤ 창조하고 기뻐하는 신들의 하늘나라(Nimmānaratī devā : 化樂天) ⑥ 다른 신들이 만든 존재를 향유하는 신들의 하늘나라(Paranimmitavasavattino devā : 他化自在天),

2) 첫 번째 선정의 세계의 세 하느님 세계: ⑦ 하느님의 권속인 신들의 하느님 세계(Brahmapārisajjā devā : 梵衆天) ⑧ 하느님을 보좌하는 신들의 하느님 세계(Brahmapurohitā devā : 梵輔天) ⑨ 위대한 신들의 하느님 세계(Mahābrahmā devā : 大梵天). 그리고 이들 ⑦ — ⑨ 하느님 세계를 '하느님의 무리인 신들의 하느님 세계(Brahmakāyikā devā : 梵身天)'라고 한다.

3) 두 번째 선정의 세계의 세 하느님 세계: ⑩ 작게 빛나는 신들의 하느님 세계(Parittābhā devā : 小光天) ⑪ 한량없이 빛나는 신들의 하느님 세계(Appamāṇābhā devā : 無量光天) ⑫ 빛이 흐르는 신들의 하느님 세계(Ābhāssarā devā : 極光天, 光音天)

4) 세 번째 선정의 세계의 세 하느님 세계: ⑬ 작은 영광의 신들의 하느님 세계(Parittasubhā devā : 小淨天) ⑭ 한량없는 영광의 신들의 하느님 세계(Appamāṇasubhā devā : 無量淨天) ⑮ 영광으로 충만한 신들의 하느님 세계(Subhakiṇṇā devā : 遍淨天)

5) 네 번째 선정의 세계의 아홉 하느님 세계: ⑯ 번뇌의 구름이 없는 신들의 하느님 세계(Anabbhakā devā : 無雲天「大乘佛敎」) ⑰ 공덕이 생겨나는 신들의 하느님 세계(Puññappasavā devā : 福生天「大乘佛敎」) ⑱ 탁월한 과보를 갖춘 신들의 하느님 세계(Vehapphalā devā : 廣果天) ⑲ 지각을 초월한 신들의 하느님 세계(Asaññasattā devā : 無想有情天) = 승리하는 신들의 하느님 세계(Abhibhū devā : 勝者天) ⑳ 성공으로 타락하지 않는 신들의 하느님 세계(Avihā devā : 無煩天) ㉑ 타는 듯한 고뇌를 여읜 신들의 하느님 세계(Atappā devā : 無熱天) ㉒ 선정이 잘 이루어지는 신들의 하느님 세계(Sudassā devā : 善現天) ㉓ 관찰이 잘 이루어지는 신들의 하느님 세계(Sudassī devā : 善見天) ㉔ 궁극적인 미세한 물질로 이루어진 신들의 하느님 세계(Akaniṭṭhā devā : 色究竟天=有頂天) 그리고 이 가운데 ⑳—㉔의 다섯 하느님 세계는 청정한 삶을 사는 신들의 하느님 세계(Suddhāvāsā devā : 淨居天)이라고도 한다.

6) 비물질적 세계에서의 네 하느님 세계: ㉕ 무한공간의 세계의 하느님 세계(Ākāsānañcāyatanabrahmaloka : 空無邊處天) ㉖ 무한의식의 세계의 하느님 세계(Viññā-

ṇañcāyatanabrahmaloka : 識無邊處天) ㉗ 아무 것도 없는 세계의 하느님 세계(Ākiñcaññā-yatanabrahmaloka : 無所有處天) ㉘ 지각하는 것도 아니고 지각하지 않는 것도 아닌 세계의 하느님 세계(Nevasaññānāsaññāyatanabrahmaloka : 非想非非想處天)

<table>
<tr><th>형성조건</th><th>발생방식</th><th colspan="2">명 칭(漢譯 : 수명)</th><th colspan="4">분 류</th></tr>
<tr><td>無形象</td><td>化生</td><td colspan="2">nevasaññanāsaññāyatana(非想非非想處天 : 84,000劫)
akiñcaññāyatana (無所有處天 : 60,000劫)
viññāṇañcāyatana(識無邊處天 : 40,000劫)
ākāsānañcāyatana(空無邊處天 : 20,000劫)</td><td rowspan="7">梵
天
界</td><td>無
色
界</td><td rowspan="9">天
上
界</td><td rowspan="10">善
業
報
界</td></tr>
<tr><td colspan="4">형 상 또는 물질의 소 멸</td><td></td></tr>
<tr><td>不還者의
淸淨
(四禪)</td><td>化生</td><td>akaniṭṭha(色究竟天=有頂天 : 16000劫)
sudassin(善見天 : 8,000劫)
sudassa(善現天 : 4,000劫)
atappa(無熱天 : 2,000劫)
aviha(無煩天 : 1,000劫)</td><td>suddhāvāsa
(淨居天)</td><td rowspan="5">色
界</td></tr>
<tr><td>四禪</td><td>化生</td><td colspan="2">asaññasatta(無想有情天)=abhibhū(勝者天 : 500劫)
vehapphala(廣果天 : 500劫)
puññappasava(福生天 : 大乘佛敎에서)
anabhaka(無雲天 : 大乘佛敎에서)</td></tr>
<tr><td>三禪</td><td>化生</td><td colspan="2">subhakiṇṇa(遍淨天 : 64劫)
appamāṇasubha(無量淨天 : 32劫)
parittasubha(小淨天 : 16劫)</td></tr>
<tr><td>二禪</td><td>化生</td><td colspan="2">ābhassara(極光天 : 8劫)
appamāṇābha(無量光天 : 4劫)
parittābha(小光天 : 2劫)</td></tr>
<tr><td>初禪</td><td>化生</td><td colspan="2">mahābrahmā(大梵天 : 1劫)
brahmapurohita(梵輔天 : 1/2劫)
brahmapārisajja(梵衆天 : 1/3劫)</td></tr>
<tr><td colspan="6">다섯 가지 장애(五障)의 소멸</td></tr>
<tr><td>信
布施
持戒</td><td>化生</td><td colspan="2">paranimmitavasavattī
(他化自在天 : 16,000天上年=9,216百萬年)
nimmāṇarati(化樂天 : 8,000天上年=2,304百萬年)
tusita(兜率天 : 4,000天上年=576百萬年)
yāma(耶麻天 : 2,000天上年=144百萬年)
tāvatiṁsa(三十三天 : 1,000天上年=36百萬年)
cātumāharājikā(四天王 : 500天上年=9百萬年)</td><td>天
上
의
欲
界</td><td rowspan="6">欲
界</td></tr>
<tr><td>五戒</td><td>胎生</td><td colspan="3">manussa(人間 : 非決定)</td><td>人間</td></tr>
<tr><td>瞋恚</td><td>化生</td><td colspan="3">asura(阿修羅 : 非決定)</td><td>修羅</td><td rowspan="4">惡
業
報
界</td></tr>
<tr><td>吝嗇
執著</td><td>化生</td><td colspan="3">peta(餓鬼 : 非決定)</td><td>餓鬼</td></tr>
<tr><td>愚癡
貪欲</td><td>胎生 卵生
濕生 化生</td><td colspan="3">tiracchāna(畜生 : 非決定)</td><td>畜生</td></tr>
<tr><td>殘忍
殺害</td><td>化生</td><td colspan="3">niraya(地獄 : 非決定)</td><td>地獄</td></tr>
<tr><td colspan="8">※ 天上의 欲界의 하루는 四天王부터 他化自在天까지 각각 인간의 50년, 100년, 200년, 400년, 800년, 1,600년에 해당하고 人間이하의 수명은 결정되어 있지 않다.</td></tr>
</table>

주요번역술어

[ㄱ]

갈애(渴愛 : taṇhā)
감각적 쾌락(欲 : kāma)
감각적 쾌락의 욕망에 관한 갈애(欲愛 : kāmataṇhā)
감각적 쾌락의 욕망(欲貪 : kāmarāga)
감각적 쾌락의 욕망에 관한 집착(愛取 : kām'upadhi)
감각적 쾌락의 욕망의 거센 흐름(欲流 : kām'ogha)
감각적 쾌락의 욕망의 세계(欲界 : kāmaloka)
감촉(觸 : phoṭṭhabba)
강생(降生 : okkanti)
개체(有身 : sakkāya)
개체가 있다는 견해(有身見 : sakkāyadiṭṭhi)
거룩한 님, 하느님(梵天 : Brāhmaṇa)
거룩한 님, 아라한(阿羅漢 : Arahant)
거룩한 경지의 님(阿羅漢果 : arahattaphala)
거룩한 길의 사람(阿羅漢向 : arahattamagga)
거센 흐름(暴流 : ogha)
거짓말을 삼감(不妄語 : musāvāda veramaṇī)
거칠거나 미세한 물질의 자양(麤細摶食 : kabaliṅkāro āhāro oḷāriko sukhumo)
겁(劫 : kappa)
견해에 대한 이해(見審諦忍 : diṭṭhinijjhānakhanti)
견해의 거센 흐름(見流 : diṭṭh'ogha)
경장(經藏 : suttapiṭaka)
경지, 과보, 공덕(果 : phala)
계율의 다발(戒蘊 : sīlakkhandha)
고요한 몸(寂靜身 : santikāya)
고요함, 적정(寂靜 : santi)
곧바른 앎, 초월적 지혜 : 신통(神通 : abhiññā). 초범지(超凡智 : abhiññā)
공무변처천(空無邊處天 : Ākāsānañcāyatanūpagā devā)
곡주나 과일주 등 취하게 하는 것을 마시지 않음(不飮酒 : surāmerayamajjapamādaṭṭhānā veramaṇī)
과보, 경지(果 : phala)
관찰이 잘 이루어지는 신들의 하느님 세계(善見天 : Sudassī devā)
광과천(廣果天 : Vehapphalā devā)
괴로운 곳, 괴로운 세계(苦處 : upāya)
괴로움에 대한 진리(苦聖諦 : dukkhâriyasaccāni)
괴로움의 소멸에 대한 진리(滅聖諦 : dukkhanirodhâriyasaccāni)
괴로움의 소멸에 이르는 진리(道聖諦 : dukkhanirodhagāminīpaṭipadāariyasaccāni)
괴로움의 발생에 대한 진리(集聖諦 : dukkhasamudayâriyasaccāni)
교만(慢 : māna)
규범과 금계에 대한 집착(戒禁取 : sīlabhatapatāmāsa)
기마부대(馬軍 : assakāya)
긴자까바싸타(煉瓦堂, 繁耆迦精舍 : Giñjakāvasatha)
깃자꾸따 산(靈鷲山 : Gijjhakūṭapabhata)
깔란다까니바빠(栗鼠飼養園 : Kalandakanivāpa)
깨달은 님, 부처님(佛 : Buddha)
꿰뚫는 지혜(明達慧 : nibbedhikapañña)
공무변처(空無邊處天 : Ākāsānañcāyatana)
공무변처천(空無邊處天 : Ākāsānañcāyatanūpagā devā)
궁극적인 미세한 물질로 이루어진 신들의 하느님 세계(色究竟天 : Akaniṭṭhā devā)
극광천(極光天 : Ābhāssarānā devā)

[ㄴ]

나쁜 곳, 나쁜 세계(惡處 : duggati)
난생(卵生 : aṇḍaja)
냄새(香 : gandha)

넓은 지혜(廣慧 : puthupañña)
네 가지 새김의 토대(四念處 : cattaro satipaṭṭhānā)
네 가지 거룩한 진리(四聖諦 : cattāri ariyasaccāni)
네 가지 신통의 기초(四神足 또는 四如意足 : cattāro iddhipādā)
네 가지 자양(四食 : cāttāro āhārā)
네 가지 광대한 존재(四大 : cattāro mahābhūtāni)
네 쌍으로 여덟이 되는 참사람(四雙八輩 : cattāri purisayugāni aṭṭhapurisapugalā)
네 번째 선정(四禪 : catutthajjhāna)
네 위대한 왕들의 하늘나라(cātummahārājikā devā : 四天王)
논장(論藏 : abhidhammapiṭaka)
누진통(漏盡通 : āsavakkhayâbhiñña)
느낌(受 : vedāna)
느낌에 대한 관찰(受隨觀 : vedanānupassanā)
느낌의 다발(受蘊 : vedanākkhandha)
늙음과 죽음(老死 : jarāmaraṇa)
니간타(尼乾陀徒 : nigaṇṭhā[자이나교도])
니그로다라마 승원(尼倶律園 : Nigrodhārāma)

[ㄷ]

다른 신들이 만든 존재를 향유하는 신들의 하늘나라(他化自在天 : paranimmitavasavattino devā)
다섯 가지 감각적 쾌락(五欲樂 : pañcakāmaguṇa)
다섯 가지 계행, 오계(五戒 : pañcasīla)
다섯 가지 능력(五根 : pañca indriyāni)
다섯 가지 낮은 단계의 결박(五下分結 : orambhāgiyāni saṁyojjanāni)
다섯 가지 높은 단계의 결박(五上分結 : uddhambhāgiyāni saṁyojjanāni)
다섯 가지 장애(五障 : pañca nīvaraṇāni)
다섯 가지 존재의 다발(五蘊 : pañcakkhandha)
다섯 가지 존재의 집착다발(五取蘊 : pañca upādānakkhandā)
도리천(忉利天 : tāvatiṁsā)
도솔천(兜率天 : tusitā devā)
돌아오지 않는 경지의 님(不還果 : anāgāmīphala)
돌아오지 않는 길을 가는 님(不還向 : anāgāmīmagga)
두 번째 선정(二禪 : dutiyajjhāna)
따뽀다 온천 승원(Tapodārāma)

[ㄹ]

라자가하(王舍城 : Rājagaha)

[ㅁ]

마음(心 : citta)
마음에 대한 관찰(心隨觀 : cittānupassanā)
마음에 의한 해탈(心解脫 : cetovimutti)
마음의 저촉(有對 : paṭigha)
마음의 통일, 한마음(心一境性 : ekaggacitta)
만족(欲 : ruci)
만족을 아는 신들의 하늘나라(tusitā devā : 兜率天)
맛(味 : rasa)
멀리 여읨(遠離 : viveka)
명색(名色 : nāmarūpa)
명예를 주는 보시(yasadāyakaṁ)
명쾌한 지혜(疾慧 : hāsapañña)
몸에 대한 관찰(身隨觀 : kāyānupassanā)
무량광천(無量光天 : Appamāṇābhānā devā)
무량정천(無量淨天 : Appamāṇasubhānā devā)
무명, 무지, 진리를 모르는 것(無明 : avijjā)
무번천(無煩天 : Avihā devā)
무소유처(無所有處 : Ākiñcaññāyata devā)
무소유처천(無所有處天 : Ākiñcaññāyatanūpagā devā)
무열천(無熱天 : Atappā devā)
무명의 거센 흐름(無明流 : avijj'ogha)
무한공간의 세계(空無邊處 : ākāsānañcāyatana)
무한공간의 신들의 하느님 세계(Ākāsānañcāyatanūpagā devā : 空無邊處天)
무한의식의 세계(識無邊處 : viññāṇānañcāyatana)
무한의식의 신들의 하느님 세계(識無邊處天 : Viññāṇañcāyatanūpagā devā)
물질, 형상(色 : rūpa)
물질에 대한 지각(色想 : rūpasañña)
물질의 다발(色蘊 : rūpakkhandha)
뭇삶, 생명, 존재, 사람(衆生 : satta)
미가다야(鹿野園 : Migadāya)
미가라마뚜 강당(鹿子母講堂 : Migāramatu)
미각(舌 : jihvā)
미각의 접촉(舌觸 : jihvāsamphassa)
미각의 접촉에서 생겨난 의식의 영역(舌觸識處 : jihvāsamphassaviññāṇāyatana)
미각의식(舌識 : jivhāviññāṇa)
미세한 물질의 세계(色界 : rūpaloka)
믿음(信 : saddhā)

[ㅂ]

바라문, 성직자(婆羅門 : brāhmaṇa)
방지의 노력(律儀勤 : saṁvarappadhāna)
배움(聞 : anussava)
버림의 노력(斷勤 : pahānappadhāna)
번뇌(煩惱 : āsavā)
번뇌를 소멸하는 능력(漏盡通 : āsavakkhaya)
번뇌에 대한 집착(煩惱取 : kiles'upadhi)
번뇌의 끊음에 관한 완전한 이해(斷遍知 : pahāna pariññā)
범보천(梵輔天 : Brahmapurohitā devā)
범중천(梵衆天 : brahmakāyikā devā)
법, 원리, 성품, 사실, 가르침, 진리, 현상(法 : dhamma)
벨루 숲(竹林 : Veḷuvana)
변정천(遍淨天 : Subhakiṇṇā devā)
보다 높은 계행 배움(增上戒學 : adhisīlasikkhā)
보다 높은 마음의 배움(增上心學 : adhicittasikkha)
보다 높은 지혜 배움(增上慧學 : adhipaññasikkhā)
보살(菩薩 : Bodhisatta)
보편에 대한 지식(類智 : anvaye ñāṇaṁ)
부끄러움(愧 : otappa)
분노(瞋恚 : vyāpāda)
비물질계에 대한 탐욕(無色貪 : arūparāga)
비물질의 세계(無色界 : arūpaloka)
불사(不死 : amaraṁ)
비상비비상처(非想非非想處 : Nevasaññānāsaññā yatana)
비상비비상처천(非想非非想處天 : Nevasaññān āsaññāyatanūpagā devā)
비존재(無 : natthi)
비존재에 대한 갈애(無有愛 : vibhavataṇhā)
빛이 흐르는 신들의 하느님 세계(極光天 : Ābhās sarānā devā)
빠른 지혜(速慧 : javanapañña)
빠쎄나디(波斯匿王 : 빠쎄나디)
뿝바라마 승원(東園 : Pubbārāma)

[ㅅ]

사라짐(離貪 : virāga)
사람, 참사람(補特伽羅 : puggala)
사람을 길들이는 님(調御丈夫 : Purisadammasā rathī)
사랑을 나눔에 잘못을 범하는 것을 삼감(不邪婬 : kāmesu micchācārā veramaṇī)
사건, 사실, 사실, 현상(法 : dhamma)
사실에 대한 관찰(法隨觀 : dhammānupassanā)
사실에 대한 관찰(法隨觀 : dhammānupassanā)
사실에 대한 지식(法智 : dhamme ñāṇaṁ)
사실의 상태에 대한 지식(法住智 : dhammaṭṭhiti ñāṇaṁ)
사천왕(四天王 : cātummahārājikā devā)
사유(尋 : vitakka)
살아있는 생명을 해치지 않음(不殺生戒 : pāṇāti pātaveramaṇī)
삼매(定 : sāmadhi)
삼매의 다발(定蘊 : sāmadhikkhandha)
삼십삼천(三十三天 : tāvatiṁsā)
삼장(三藏 : tripiṭaka, tipiṭaka)
잘못된 길(邪道 : micchāpatipadā)
상태에 대한 숙고(行覺想 : ākāraparivitakka)
새김(念 : sati)
색(色 : rūpa)
색구경천(色究竟天 : Akaniṭṭhā devā)
생물, 존재, 귀신(鬼神 : bhūta)
서른셋 신들의 하늘나라(tāvatiṁsā devā : 三十三天)
선녀(仙女 : accharā)
선정(禪定 : dhyāna)
선정이 잘 이루어지는 신들의 하느님 세계(善現天 : Sudassā devā)
선견천(善見天 : Sudassī devā)
선현천(善現天 : Sudassā devā)
성냄(瞋 : dosa)
성공으로 타락하지 않는 신들의 하느님 세계(無煩天 : Avihā devā)
성취를 주는 보시(sampattidāyakaṁ)
세 가지 배움(三學 : tayo sikkhā)
세 번째 선정(三禪 : tatiyajjhāna)
세상의 존귀한 님(世尊 : Bhagavant)
세상을 아는 님(世間解 : Lokavidū)
세존(世尊 : bhagavant)
소광천(小光天 : Parittābhānā devā)
소정천(小淨天 : Parittasubhānā devā)
소리(聲 : sadda)
수행승(比丘 : bhikhhu)
수행의 노력(修勤 : bhāvanāppadhāna)
수행자(沙門 : samaṇā)
수호의 노력(守護勤 : anurakkhaṇāppadhāna)

숙고(伺 : vicāra)
숙명통(宿命通 : pubbenivasānussati)
스승(師 : satthā)
습생(濕生 : saṁsedaja)
승리자(勝者 : jina)
시각(眼 : cakkhu)
시각의 접촉(眼觸 : cakkhusamphassa)
시각의 접촉에서 생겨난 의식의 영역(眼觸識處 : cakkhusamphassaviññāṇāyatana)
시각의식(眼識 : cakkhuviññāṇa)
시간을 초월하는(akālika)
신족통(神足通 : iddhi)
신통, 앎, 초월적 지혜, 초범지(超凡智, 神通 : abhiññā)
신체적 형성(身行 : kāyasaṁkhāra)
개체가 있다는 견해(有身見 : sakkāyadiṭṭhi)
싫어하여 떠남(厭離 : nibbidā)
싸끼야 족의 성자, 석가모니(釋迦牟尼 : Sākyamuni)
싸밧티(舍衛城 : Sāvatthī)
쓸 데 없는 말을 삼감(不綺語 : samphappalāpā veramaṇī)

[ㅇ]

아나타삔디까 승원(給孤獨園 : Anāthapiṇḍikārāma)
아나타삔디까(給孤獨 : Anāthapiṇḍīka)
아무 것도 없는 세계(無所有處 : ākiṁcaññāyatana)
아무 것도 없는 신들의 하느님 세계(無所有處天 : Ākiñcaññāyatanūpagā devā)
아자따쌋뚜(Ajātasattu)
악마, 귀신(非人 : amanussā)
악하고 불건전한 것들, 불건전한 상태 (不善法 : akusalā dhammā)
알려진 것에 대한 완전한 이해(知遍知 : ñātapariññā)
야차(夜叉 : yakkha)
야마천(yāmā devā : 耶摩天)
양면에 의한 해탈(俱分解脫 : ubhato bhāgavimuttā)
어리석음(痴 : moha)
언어적 형성(口行 : vacīsaṁkhāra)
업, 행위(業 : kamma)
여덟 가지 고귀한 길(八正道 : ariyâṭṭhaṅgikamagga)
여리작의(如理作意 : yoniso manasikāra)
여섯 가지 감각능력(六根 : chaindriya)
여섯 가지 감각대상(六境 : chavisaya)
여섯 가지 의식(六識 : chaviññāṇa)
여섯 감역, 여섯 가지 감역(六入 : saḷāyatana)
연기(緣起 : paṭiccasamuppāda)
열반(涅槃 : nibbāna)
열여덟 가지 세계(十八界 : aṭṭhadasa dhātuyo)
영광으로 충만한 신들의 하느님 세계(遍淨天 : Subhakiṇṇā devā)
영원주의(常見 : sassatadiṭṭhi)
예리한 지혜(利慧 : tikkhapañña)
올바로 원만히 깨달은 님(正等覺者 : Sammāsambudha)
올바른 가르침(正法 : saddhamma)
올바른 견해(正見 : sammādiṭṭhi)
올바른 길(正道 : sammāpaṭipadā)
올바른 길로 잘 가신 님(善逝 : Sugata)
올바른 사유(正思惟 : sammasaṅkappa)
올바른 새김(正念 : sammāsati)
올바른 생활(正命 : sammāājīva)
올바른 언어(正言 : sammāvācā)
올바른 정진(正精進 : sammāvāyāma)
올바른 집중(正定 : sammāsamādhi)
올바른 행위(正業 : sammākammanta)
와서 보라고 할 만한(ehipassika)
완전한 이해(遍知 : pariññā)
완전한 버림, 포기(捨遣 : vossagga)
요정(accharā)
위대한 영웅(大雄 : mahāvira)
위대한 신들의 하느님 세계(大梵天 : Mahābrahmā devā)
탁월한 과보로 얻은 신들의 하느님 세계(廣果天 : Vehapphalā devā)
위대한 하느님(大梵天 : Mahābrahmā devā)
위없이 높으신 님(無上師 : Anuttaro)
유령(pisācā)
유신(有身 : sakkāya)
유신견(有身見 : sakkāyadiṭṭhi)
윤회(輪廻 : saṁsāra)
윤회의 바다를 건넘에 관한 완전한 이해(度遍知 : tīraṇapariññā)
율장(律藏 : vinayapiṭaka)
의도의 자양(意思食 : manosañcetanā āhāro)
의식(識 : viññāṇa)

의식의 다발(識蘊 : viññāṇakkhandha)
의식의 자양(識食 : viññāṇa āhāro)
의심, 의심(疑 : vicikicchā)
의지(欲 : chanda)
이간질을 삼감(不兩舌 : pisuṇāya vācāya veramaṇī)
이렇게 오신 님, 여래(如來 : Tathāgata)
이씨빠따나 승원(仙人墮處 : Isipatanārāma)
이치에 맞게 정신활동을 기울임(如理作意 : yoniso masikāra)
이치에 맞지 않게 정신활동을 기울임,(非如理作意 : ayoniso masikāra)
인간의 네 가지 행동양식(威儀路 : iriyāpathā)
일시적 마음에 의한 해탈(samadhikā cetovimutti)

[ㅈ]

자따까(本生譚 : Jātaka)
자만(慢 : māna)
자유(自由 : pamokkha)
작게 빛나는 신들의 하느님 세계(小光天 : Parittābhānā devā)
작은 영광의 신들의 하느님 세계(小淨天 : Parittasubhānā devā)
잘못된 견해(邪見 : diṭṭhi)
장미사과나무(閻浮樹 : jambu)
장애(對 : paṭigha)
재가신도, 청신사(淸信士, 居士, 優婆塞 : Upāsaka)
재가의 여신자, 재가의 여자신도(靑信女, 優婆夷 : Upāsikā)
재생의식(結生識 : paṭisandhiviññāṇa)
전개(展開 : okkanti)
전생(轉生 : abhinibbatti)
전지자(全知者 : sabbaññu)
접촉(觸 : phassa, samphassa)
접촉의 자양(細觸食 : phasso āhāro)
정신(意 : mano)
정신의 접촉(意觸 : manosamphassa)
정신의 접촉에서 생겨난 의식의 영역(意觸識處 : manosamphassaviññāṇāyatana)
정신의식(意識 : manoviññāṇa)
정신적 형성(意行 : manosaṁkhāra)
정진(精進 : viriya)
제따 숲(祇陀林, 祇樹 : Jetavana)
제석천(帝釋天 : sakka)
조건적 발생(緣起 : paṭiccasamuppāda)
존재(有 : atthi, bhava)
존재에 대한 갈애(有愛 : bhavataṇhā)
존재의 거센 흐름(有流 : bhav'ogha)
존재의 다발들에 대한 집착(蘊取 : khandh'upadhi)
주지 않은 것을 빼앗지 않음(不偸盜 : adinnādānā veramaṇī)
죽음의 신, 야마의 세계(死神 : yama)
중도(中道 : majjhimapaṭipadā)
지각(想 : saññā)
지각과 느낌의 소멸(想受滅 : saññāvedayitanirodha)
지각의 다발(想蘊 : saññākkhanda)
지각하는 것도 아니고 지각하지 않는 것도 아닌 세계(非想非非想處 : nevasaññanāsaññāyatana)
지각하는 것도 아니고 지각하지 않는 것도 아닌 신들의 하느님 세계(非想非非想處天 : Nevasaññānāsaññāyatanūpagā devā)
지멸, 소멸(止滅 : nirodha)
지혜(慧 : paññā)
지혜에 의한 해탈(慧解脫 : paññāvimutti)
지혜와 덕행을 갖춘 님(明行足 : Vijjācaraṇasampanna)
지혜의 다발(慧蘊 : paññakkhandha)
진리의 제왕(法王, Dammarāja)
집중(三昧 : samādhi)
집착(染著 : saṅgā, 取, 執着 : upādāna)
집착의 대상(取著 : upadhi)

[ㅊ]

참사람(善人, 善男子, 正人, 正士, 善士 : sappurisa)
창피함(愧 : ottappa)
창조하고 기뻐하는 신의 하늘나라(化樂天 : nimmānaratī devā)
천안통(天眼通 : dibbacakkhu)
천이통(天耳通 : dibbasota)
첫 번째 선정(初禪 : paṭhamajjhāna)
청각(耳 : sota)
청각의 접촉(耳觸 : sotasamphassa)
청각의 접촉에서 생겨난 의식영역(耳觸識處 : sotasamphassaviññāṇāyatana)
청각의식(耳識 : sotaviññāṇa)
청정한 삶(梵行 : brahmacariya)
초월적 능력(神足通 : iddhi)

초월적 지혜, 신통, 초범지(神通, 超凡智 : abhiññā)
초선(初禪 : paṭhamajjhāna)
촉각(身 : kāya)
촉각의 접촉(身觸 : kāyasamphassa)
촉각의 접촉에서 생겨난 의식영역(身觸識處 : kāyasamphassaviññāṇāyatana)
촉각의식(身識 : kāyaviññāṇa)
추악한 말을 삼감(不惡口 : pharusāya vācāya veramaṇī)
축복의 신의 하늘나라(耶摩天 : yāmā devā)

[ㅋ]

커다란 지혜(大慧 : mahāpañña)

[ㅌ]

타는 듯한 고뇌를 여읜 신들의 하느님 세계(無熱天 : Atappā devā)
타락한 곳(無樂處, 墮處 : vinipāta)
타인의 마음을 꿰뚫어 보는 능력(他心通 : parassa cetopariyañāṇa)
타화자재천(他化自在天 : paranimmitavasavattino devā)
탄생(誕生 : sañjāti)
탐구(思惟 : vimaṁsā)
탐욕(貪 : rāga)
태생(胎生 : jalābuja)
태어남(生 : jāti)

[ㅎ]

하느님과 함께 하는 삶(梵行 : brahmacariya)
하느님을 보좌하는 신들의 하늘(梵輔天 : Brahmapurohitā devā)
하느님의 권속인 신들의 하늘(梵衆天 : brahmakāyikā devā)
하늘귀(天耳通 : dibbasota)
하늘눈(天眼通 : dibbacakkhu)
하늘사람(天人, 天神 : devatā)
신들과 인간의 스승이신 님(天人師 : Satthā devamanussānaṁ)
하늘아들(神子 : devaputtā)
하늘의 딸(神女 : devadhītaro)
학인(學人 : sekhā)
한번 돌아오는 님(一來果 : sakadāgāmīphala)
한번 돌아오는 길을 가는 님(一來向 : sakadāgāmī magga)
한량없이 빛나는 신들의 하느님 세계(無量光天 : Appamāṇābhānā devā)
한량 없는 영광의 신들의 하느님 세계(Appamāṇa subhānā devā : 無量淨天)
해탈(解脫 : vimutti, nimokkha)
'해탈되었다.'는 지견의 다발(解脫知見 : vimittiññāṇadassanakkhandha)
해탈의 다발(解脫蘊 : vimittikkhandha)
행복을 주는 보시(sukhadāyakaṁ)
행복한 곳(善趣 : sugati)
허무주의(斷見 : ucchedadiṭṭhi)
형상에 대한 욕망(色貪 : rūparāga)
형성(行 : saṅkhārā)
형성의 다발(行蘊 : saṇkhārakkhandha)
성냄(瞋 : dosa)
화락천(化樂天 : nimmānaratī devā)
화생(化生 : opapātika)
홀로 연기법을 깨달은 님(辟支佛, 獨覺, 緣覺 : paccekabuddha)
홀연히 생겨남(化生 : opapātika)
후각(鼻 : ghāna)
후각의 접촉(鼻觸 : ghānasamphassa)
후각의 접촉에서 생겨난 의식의 영역(鼻觸識處 : ghānasamphassaviññāṇāyatana)
후각의식(鼻識 : ghānaviññāṇa)
흐름에 든 님(sottāpattiphala : 豫流果)
흐름에 드는 길을 가는 님(sottāpattimagga : 豫流向)
흥분과 회한(掉擧惡作 : uddhaccakukkucca)
자기정당화(掉擧 : uddhacca)

[A]

abhidhammapiṭaka : 논장(論藏)
abhinibbatti : 전생(轉生)
abhiññā : 곧바른 앎, 초월적 지혜. 신통(神通). 초범지(超凡智).
accharā : 선녀(仙女)
accharā : 요정
adhicittasikkha : 보다 높은 마음의 배움(增上心學)
adhipaññasikkhā : 보다 높은 지혜의 배움(增上慧學)
adhisīlasikkhā : 보다 높은 계행의 배움(增上戒學)
adinnādānā veramaṇī : 주지 않은 것을 빼앗지 않음(不偸盜)

Ajātasattu : 아자따삿뚜
akusalā dhammā : 악하고 불건전한 것들(不善法)
Akaniṭṭhā devā : 궁극적인 미세한 물질로 이루어진 신들의 하느님 세계(色究竟天)
akālika : 시간을 초월하는
amanussā : 악마, 귀신(非人)
amaraṁ : 불사(不死)
anāgāmīmagga : 돌아오지 않는 길을 가는 님(不還向)
anāgāmīphala : 돌아오지 않는 경지의 님(不還果)
Anāthapiṇḍikārāma : 아나타삔디까 승원(給孤獨園)
Anāthapiṇḍīka : 아나타삔디까(給孤獨)
anurakkhaṇāppadhāna : 수호의 노력(守護勤)
anussava : 배움(聞)
Anuttaro : 위없이 높으신 님(無上師)
anvaye ñāṇaṁ : 보편에 대한 지식(類智)
aṇḍaja : 난생(卵生)
Appamāṇābhānā devā : 한량없이 빛나는 신들의 하느님 세계(無量光天)
Appamāṇasubhānā devā : 한량없는 영광의 신들의 하느님 세계(無量淨天)
Arahant : 거룩한 님, 아라한(阿羅漢)
arahattamagga : 거룩한 길을 가는 님(阿羅漢向)
arahattaphala : 거룩한 경지의 님(阿羅漢果)
ariyaṭṭhaṅgikamagga : 여덟 가지 고귀한 길(八正道)
arūpaloka : 비물질의 세계(無色界)
arūparāga : 비물질계에 대한 탐욕(無色貪)
assakāya : 기마부대(馬軍)
Atappā devā : 타는 듯한 고뇌를 여읜 신들의 하느님 세계(無熱天)
atthi, bhava : 존재(有)
aṭṭhadasa dhātuyo : 열여덟 가지 세계(十八界)
ayoniso masikāra : 이치에 맞게 정신활동을 기울임(如理作意)
avijj'ogha : 무명의 거센 흐름(無明流)
avijjā : 무명(無明), 진리를 모르는 것
Avihā devā : 성공으로 타락하지 않는 신들의 하느님 세계(無煩天)
ākāraparivitakka : 상태에 대한 숙고(行覺想)
ākāsānañcāyatana : 무한공간의 세계(空無邊處)
Ākāsānañcāyatanūpagā devā : 무한공간의 신들의 하느님 세계(空無邊處天)
ākiṁcaññāyatana : 아무 것도 없는 세계(無所有處)
Ākiñcaññāyatanūpagā devā : 아무 것도 없는 신들의 하느님 세계(無所有處天)
āsavakkhaya : 번뇌의 부숨(漏盡通)
āsavā : 번뇌(煩惱)
Ābhāssarānā devā : 빛이 흐르는 신들의 하느님 세계(極光天)

[B]

Bhagavant : 세상의 존귀한 님, 세존(世尊)
bhav'ogha : 존재의 거센 흐름(有流)
bhavataṇhā : 존재에 대한 갈애(有愛)
bhāvanāppadhāna : 수행의 노력(修勤)
bhikhhu : 수행승(比丘)
bhūta : 생물, 존재, 귀신(鬼神)
Bodhisatta : 보살(菩薩)
Brahma : 거룩한 님, 하느님(梵天)
brahmacariya : 하느님과 함께 하는 삶, 청정한 삶, 범행(梵行).
brahmakāyikā devā : 하느님 세계의 하느님의 권속인 신들의 하늘(梵衆天)
Brahmapurohitā devā : 하느님 세계에서 하느님을 보좌하는 신들의 하늘(梵輔天)
brāhmaṇa : 바라문(婆羅門), 성직자
Buddha : 부처님, 깨달은 님(佛)

[C]

cakkhusamphassaviññāṇāyatana : 시각의 접촉에서 생겨난 의식의 영역(眼觸識處)
cakkhusamphassa : 시각의 접촉(眼觸)
cakkhuviññāṇa : 시각의식(眼識)
cakkhu : 시각(眼)
cattaro satipaṭṭhānā : 네 가지 새김의 토대(四念處)
cattāri ariyasaccāni : 네 가지 거룩한 진리(四聖諦)
cattāri purisayugāni atthapurisapugalā : 네 쌍으로 여덟이 되는 참사람(四雙八輩)
cattāro iddhipādā : 네 가지 신통력의 토대(四神足, 四如意足)
cattāro mahābhūtāni : 네 가지 광대한 존재(四大)
catutthajjhāna : 네 번째 선정(四禪)
cāttāro āhārā : 네 가지 자양(四食)
cātummahārājikā devā : 네 위대한 왕들의 하늘나라(四天王)
cetovimutti : 마음에 의한 해탈, 마음에 의한 해탈(心解脫)

chaindriya : 여섯 가지 감각능력(六根)
chavisaya : 여섯 가지 감각대상(六境)
chaviññāṇa : 여섯 가지 의식(六識)
chanda : 의지(欲)
citta : 마음(心)
cittānupassanā : 마음에 대한 관찰(心隨觀)

[D]

dammarāja : 진리의 제왕(法王)
devadhītaro : 하늘의 딸(神女)
devaputtā : 하늘아들(神子)
devatā : 하늘사람(天人, 天神)
dhammaṭṭhitiñāṇaṁ : 사실의 상태에 대한 지식(法住智)
dhamma : 법, 현상, 성품, 사실, 원리, 가르침, 진리(法)
dhamme ñāṇaṁ : 사실에 대한 지식(法智)
dhammānupassanā : 사실에 대한 관찰, 사실에 대한 관찰(法隨觀)
dhyāna : 선정(禪定)
dibbacakkhu : 하늘눈(天眼通)
dibbasota : 하늘귀(天耳通)
diṭṭhi : 잘못된 견해(邪見)
diṭṭhinijjhānakhanti : 견해에 대한 이해(見審諦忍)
diṭṭh'ogha : 견해의 거센 흐름(見流)
dosa : 분노, 성냄(瞋)
duggati : 나쁜 곳, 나쁜 세계(惡處)
dukkhâriyasaccāni : 괴로움의 거룩한 진리(苦聖諦)
dukkhanirodhâriyasaccāni : 괴로움의 소멸에 대한 진리(滅聖諦)
dukkhanirodhagāminīpaṭipadāariyasaccāni : 괴로움의 소멸에 이르는 진리(道聖諦)
dukkhasamudayâriyasaccāni : 괴로움의 발생에 대한 진리(集聖諦)
dutiyajjhāna : 두 번째 선정(二禪)

[E]

ehipassika : 와서 보라고 할 만한
ekaggacitta : 한마음, 마음의 통일(心一境性)

[G]

gandha : 냄새(香)
ghāna : 후각(鼻)
ghānasamphassaviññāṇāyatana : 후각의 접촉에서 생겨난 의식의 영역(鼻觸識處)
ghānasamphassa : 후각의 접촉(鼻觸)
ghānaviññāṇa : 후각의식(鼻識)
Gijjhakūṭapabhata : 깃자꾸따 산(靈鷲山)
Giñjakāvasatha : 긴자까바싸타(煉瓦堂, 繁耆迦精舍)

[H]

hāsapañña : 명쾌한 지혜(疾慧)

[I]

iddhi : 초월적 능력, 신족통(神足通)
iriyāpathā : 인간의 네 가지 행동양식(威儀路)
Isipatanārāma : 이씨빠따나 승원(仙人墮處)

[J]

jalābuja : 태생(胎生)
jambu : 장미사과나무(閻浮樹)
jarāmaraṇa : 늙음과 죽음(老死)
javanapañña : 빠른 지혜(速慧)
Jātaka : 자따까(本生譚)
jāti : 태어남(生)
Jetavana : 제따 숲(祇陀林, 祇樹)
jihvāsamphassaviññāṇāyatana : 미각의 접촉에서 생겨난 의식의 영역(舌觸識處)
jihvāsamphassa : 미각의 접촉(舌觸)
jihvā : 미각(舌)
jina : 승리자(勝者)
jivhāviññāṇa : 미각의식(舌識)

[K]

kabaliṅkāro āhāro oḷāriko sukhumo : 거칠거나 미세한 물질의 자양(麤細摶食)
Kalandakanivāpa : 깔란다까니바빠(栗鼠飼養園)
kappa : 겁(劫)
kamma : 업, 행위(業)
kāma : 감각적 쾌락(欲)
kāmaloka : 감각적 쾌락의 욕망의 세계(欲界)
kāmarāga : 감각적 쾌락의 욕망(欲貪)
kāmataṇhā : 감각적 쾌락의 욕망에 관한 갈애(欲愛)
kāmesu micchācārā veramaṇī : 사랑을 나눔에 잘못을 범하는 것을 삼감(不邪婬)
kām'ogha : 감각적 쾌락의 욕망의 거센 흐름(欲流)
kām'upadhi : 감각적 쾌락의 욕망에 관한 집착(愛取)
kāya : 촉각(身)
kāyasamphassaviññāṇāyatana : 촉각의 접촉에

서 생겨난 의식영역(身觸識處)
kāyasamphassa : 촉각의 접촉(身觸)
kāyasaṁkhāra : 신체적 형성(身行)
kāyaviññāṇa : 촉각의식(身識)
kāyānupassanā : 몸에 대한 관찰(身隨觀)
khandh'upadhi : 존재의 다발들에 대한 집착(蘊取)
kiles'upadhi : 오염에 대한 집착(煩惱取)

[L]

lokavidū : 세상을 아는 님(世間解)

[M]

mahāpañña : 커다란 지혜(大慧)
Mahābrahmā devā : 위대한 신들의 하느님 세계(大梵天)
mahāvira : 위대한 영웅(大雄)
majjhimapaṭipadā : 중도(中道)
mano : 정신(意)
manosañcetanā āhāro : 의도의 자양(意思食)
manosamphassaviññāṇāyatana : 정신의 접촉에서 생겨난 의식의 영역(意觸識處)
manosamphassa : 정신의 접촉(意觸)
manosaṁkhāra : 정신적 형성(意行)
manoviññāṇa : 정신의식(意識)
māna : 자만, 교만(慢)
micchāpatipadā : 잘못된 길(邪道)
Migadāya : 미가다야(鹿野園)
Migāramatu : 미가라마뚜 강당(鹿子母講堂)
moha : 어리석음(痴)
musāvāda veramaṇī : 거짓말을 삼감(不妄語)

[N]

natthi : 비존재(無)
nāmarūpa : 명색(名色)
nibbedhikapañña : 꿰뚫는 지혜(明達慧)
nibbidā : 싫어하여 떠남(厭離)
nibbāna : 열반(涅槃)
nigaṇṭhā : 니간타(尼乾陀徒[자이나교도])
Nigrodhārāma : 니그로다라마 승원(尼俱律園)
nimmānaratī devā : 창조하고 기뻐하는 신의 하늘나라(化樂天)
nirodha : 지멸, 소멸(止滅)
nevasaññānāsaññāyatana : 지각하는 것도 아니고 지각하지 않는 것도 아닌 세계(非想非非想處)
nevasaññānāsaññāyatanūpagā devā : 지각하는 것도 아니고 지각하지 않는 것도 아닌 신들의 하느님 세계(非想非非想處天)
ñātapariññā : 알려진 것에 대한 완전한 이해(知遍知)

[O]

ogha : 거센 흐름(暴流)
okkanti : 강생(降生), 전개(展開, 들어섬.)
opapātika : 홀연히 생겨남, 화생(化生·者)
orambhāgiyāni saṁyojjanāni : 다섯 가지 낮은 단계의 결박(五下分結)
ottappa : 창피함(愧)

[P]

paccekabuddha : 홀로 연기법을 깨달은 님(辟支佛, 獨覺, 緣覺)
pahānapariññā : 번뇌의 끊음에 관한 완전한 이해(斷遍知)
pahānappadhāna : 버림의 노력(斷勤)
pañca indriyāni : 다섯 가지 능력(五根)
pañca nīvaraṇāni : 다섯 가지 장애(五障)
pañca upādānakkhandā : 다섯 가지 존재의 집착다발(五取蘊)
pañcakāmaguṇa : 다섯 가지 감각적 쾌락의 대상(五欲樂)
pañcakkhandha : 다섯 가지 존재의 다발(五蘊)
pañcasīla : 다섯 가지 계행, 오계(五戒)
paññā : 지혜(慧)
paññakkhandha : 여러 가지 지혜(慧蘊)
paññāvimutti : 지혜에 의한 해탈(慧解脫)
pamokkha : 자유(自由)
paranimmitavasavattino devā : 다른 신들이 만든 존재를 누리는 신의 하늘나라(他化自在天)
parassa cetopariyañāṇa : 타인의 마음을 꿰뚫어 보는 능력(他心通)
pariññā : 완전한 이해(遍知)
Parittābhānā devā : 작게 빛나는 신들의 하느님 세계(小光天)
Parittasubhānā devā : 작은 영광의 신들의 하느님 세계(小淨天)
Pasenadi : 빠쎄나디(波斯匿王)
paṭhamajjhāna : 첫 번째 선정(初禪)
paṭiccasamuppāda : 조건적 발생, 연기(緣起)
paṭigha : 마음의 분노, 마음의 저항(有對)
paṭigha : 장애(對)

paṭisandhiviññāṇa : 재생의식(結生識)
pāṇātipātaveramaṇī : 살아있는 생명을 해치지 않음(不殺生戒)
phala : 경지, 과보, 공덕(果)
pharusāya vācāya veramaṇī : 추악한 말을 삼감(不惡口)
phassa, samphassa : 접촉(觸)
phasso āhāro : 접촉의 자양(細觸食)
phoṭṭhabba 감촉(觸)
pisuṇāya vācāya veramaṇī : 이간질을 삼감(不兩舌)
pisācā : 유령
pubbenivasānussati : 숙명통(宿命通)
Pubbārāma : 뿝바라마 승원(東園)
puggala : 참사람, 사람(補特伽羅)
Purisadammasārathī : 사람을 길들이는 님(調御丈夫)
puthupañña : 넓은 지혜(廣慧)

[R]

rasa : 맛(味)
rāga : 탐욕(貪)
Rājagaha : 라자가하(王舍城)
ruci : 만족(欲)
rūpa : 물질, 형상(色)
rūpakkhandha : 물질의 다발(色蘊)
rūpaloka : 미세한 물질의 세계(色界)
rūparāga : 형상에 대한 욕망(色貪)
rūpasañña : 형상에 대한 지각(色想)

[S]

sabbaññu : 전지자(全知者)
sadda : 소리(聲)
saddhamma : 올바른 가르침(正法)
saddhā : 믿음(信)
sakadāgāmīmagga : 한 번 돌아오는 길을 가는 님(一來向)
sakadāgāmīphala : 한 번 돌아오는 경지의 님(一來果)
sakka : 제석천(帝釋天)
sakkāyadiṭṭhi : 개체가 있다는 견해(有身見)
saḷāyatana : 여섯 가지 감역, 여섯 감역(六入)
samadhikā cetovimutti : 일시적인 마음에 의한 해탈
samaṇā : 수행자(沙門)
samādhi : 집중(三昧)
sammasaṅkappa : 올바른 사유(正思惟)
sammāājīva : 올바른 생활(正命)
sammādiṭṭhi : 올바른 견해(正見)
sammākammanta : 올바른 행위(正業)
sammāpaṭipadā : 올바른 길(正道)
sammāsamādhi : 올바른 집중(正定)
Sammāsambudha : 올바로 원만히 깨달은 님(正等覺者)
sammāsati : 올바른 새김(正念)
sammāvācā : 올바른 언어(正言)
sammāvāyāma : 올바른 정진(正精進)
sampattidāyakaṁ : 성취를 주는 보시
samphappalāpā veramaṇī : 쓸모없는 말을 삼감(不綺語)
saṁsāra : 윤회(輪廻)
saṁvarappadhāna : 방지의 노력(律儀勤)
saṁsedaja : 습생(濕生)
santi : 고요함, 적정(寂靜)
santikāya : 고요한 몸(寂靜身)
sañjāti : 탄생(誕生)
saññā : 지각(想)
saññākkhanda : 지각의 다발(想蘊)
saññāvedayitanirodha : 지각과 느낌이 소멸하는 선정(想受滅定)
saṅgā : 집착(染著, 取, 取著)
saṅkhārā :형성(行)
saṇkhārakkhandha : 형성의 다발(行蘊)
sappurisa : 참사람(善人, 善男子, 正人, 正士, 善士)
sassatadiṭṭhi : 영원주의(常見)
sati : 새김(念)
satta : 뭇삶, 생명, 존재, 사람(衆生)
satthā : 스승(師)
Satthā devamanussānaṁ : 신들과 인간의 스승(天人師)
Sākyamuni : 싸끼야 족의 성자, 석가모니(釋迦牟尼)
sāmadhikkhandha : 여러 가지 삼매(定蘊)
Sāvatthī 싸밧티(舍衛城)
sekhā : 학인(學人)
sīlabhatapatāmāsa : 규범과 금계에 대한 집착(戒禁取)
sīlakkhandha : 여러 가지 계율(戒蘊)

sota : 청각(耳)
sotasamphassaviññāṇāyatana : 청각의 접촉에서 생겨난 의식영역(耳觸識處)
sotasamphassa : 청각의 접촉(耳觸)
sotaviññāṇa : 청각의식(耳識)
sottāpattimagga : 흐름에 드는 길을 가는 사람(豫流向)
sottāpattiphala : 흐름에 든 경지의 님(豫流果)
Subhakiṇṇā devā : 영광으로 충만한 신들의 하느님 세계(遍淨天)
Sugata : 올바른 길로 잘 가신 님, 행복하신 분(善逝)
sugati : 행복한 곳(善趣)
sukhadāyakaṁ : 행복을 주는 보시
Sudassā devā : 선정이 잘 이루어지는 신들의 하느님 세계(善現天)
Sudassī devā : 관찰이 잘 이루어지는 신들의 하느님 세계(善見天)
surāmerayamajjapamādaṭṭhānā veramaṇī : 곡주나 과일주 등 취하게 하는 것을 마시지 않음(不飮酒)

[T]

taṇhā : 갈애(渴愛)
Tapodārāma : 따뽀다 온천 승원
Tathāgata : 이렇게 오신 님, 여래(如來)
tatiyajjhāna : 세 번째 선정(三禪)
tayo sikkhā : 세 가지 배움(三學)
Tāvatiṁsā : 서른셋 신들의 하늘나라, 도리천(忉利天), 삼십삼천(三十三天)
tikkhapañña : 예리한 지혜(利慧)
tipiṭaka : 삼장(三藏)
tīraṇapariññā : 윤회의 바다에서 건넘에 관한 완전한 이해(度遍知)
Tusitā devā : 만족을 아는 신들의 하늘나라(兜率天)

[U]

ubhato bhāgavimuttā : 양자에 의한 해탈(俱分解脫)
ucchedadiṭṭhi : 허무주의(斷見)
uddhacca : 자기정당화(掉擧)
uddhaccakukkucca : 흥분과 회한(掉擧惡作)
uddhambhāgiyāni saṁyojjanāni : 다섯 가지 높은 단계의 결박(五上分結)
upadhi : 집착(取, 取著)
upādāna : 집착(取著)
upāsaka : 재가신도, 청신사(淸信士), 우바새(優婆塞)
upāsikā : 재가의 여신자, 재가의 여자신도(靑信女), 우바이(優婆夷)
upāya : 괴로운 곳, 괴로운 세계(苦處)

[V]

vacīsaṁkhāra : 언어적 형성(口行)
vedanākkhandha : 느낌의 다발(受蘊)
vedanānupassanā : 느낌에 대한 관찰(受隨觀)
vedāna : 느낌(受)
Veḷuvana : 벨루 숲(竹林)
vibhavataṇhā : 비존재에 대한 갈애(無有愛)
vicāra : 숙고(伺)
vicikicchā : 의심, 의심(疑)
Vijjācaraṇasampanna : 지혜와 덕행을 갖춘 님(明行足)
vimaṁsā : 탐구(思惟)
vimittikkhandha : 여러 가지 해탈(解脫蘊)
vimittiññāṇadassanakkhandha : 여러 가지 '해탈되었다.'는 지견(解脫知見)
vimutti, nimokkha : 해탈(解脫)
vinayapiṭaka : 율장(律藏)
vinipāta : 비참한 곳, 비참한 세계(無樂處, 墮處)
viññāṇa āhāro : 의식의 자양(識食)
viññāṇakkhandha : 의식의 다발(識蘊)
viññāṇa : 의식(識)
viññāṇānañcāyatana : 무한의식의 세계(識無邊處)
Viññāṇañcāyatanūpagā devā : 무한의식의 신들의 하느님 세계(識無邊處天)
virāga : 사라짐(離貪)
viriya : 정진(精進)
vitakka : 사유(尋)
viveka : 멀리 여윔
Vehapphalā devā : 탁월한 과보로 얻은 신들의 하느님 세계(廣果天)
vossagga : 완전한 버림, 포기(捨遣)
vyāpāda : 분노(瞋恚)

[Y]

yakkha : 야차(夜叉)
yama : 죽음의 신, 야마의 세계(死神)
yasadāyakaṁ : 명예를 주는 보시
yāmā devā : 축복의 신의 하늘나라(耶摩天)
yoniso masikāra : 이치에 맞게 정신활동을 기울임(如理作意)

고유명사 및 법수·비유색인

(ㄱ)

간다라뿌라 ············ 468
감각 능력에 대한 수호 ············ 160, 208
감관의 수호 ············ 503
감옥에 묶인 자의 비유 ············ 167, 212
거울의 비유 ············ 178, 221
게으름에 빠지는 것의 위험 ············ 624
견해에 의한 유전연기론 ············ 102
경작하시 않고도 여무는 쌀이 나타남 ······ 596
계행의 다발 ············ 21, 150, 198
고따마까 ············ 342, 382
고빠까 ············ 484, 486
광대한 세계에 대한 정신활동 ············ 529
광대한 존재의 행방을 구하는 수행승 ······ 228
괴로움의 거룩한 진리 ············ 558
괴로움의 발생의 거룩한 진리 ············ 563
괴로움의 소멸에 이르는 길의 거룩한 진리575
괴로움의 소멸의 거룩한 진리 ············ 570
교계의 기적 ············ 192, 196
균류의 출현 ············ 594
금세공사의 비유 ············ 176, 219
금세공사의 아들 쭌다의 이야기 ············ 398
기녀 암바빨리의 영접 ············ 331
긴 크기의 계행 ············ 31, 156, 204
긴자까바싸타 ············ 321, 329
깃자꾸따 ············ 281, 303
까꿋타 ············ 411
까니까라 ············ 361
까떳싸하 ············ 323
까링까 ············ 468
까빌라밧투 ············ 467
까삘라밧투 ············ 463, 467, 484
깔란다까니바빠 ············ 614
깔링가 ············ 323
깜맛싸담마 ············ 246, 519
깨달음에 도움이 되는 원리의 수행 ········ 610
께밧따 ············ 190
꼬띠가마 ············ 321
꼬쌀라 ············ 590
꼬쌈비, ············ 430
꼴리야 ············ 464, 467
꾸따가라 ············ 387
꾸루 ············ 246, 519
꾸씨나라 ············ 401, 405, 414, 431, 432
············ 434, 451, 458, 463, 465, 468

(ㄴ)

나팔수의 비유 ············ 177, 220
난다 ············ 322
날란다 ············ 190, 305
남녀의 특징의 나타남 ············ 596
남자 재가신자들에 대한 설법 ············ 310
냐띠까 ············ 321, 329
네 가지 거룩한 진리 ············ 557
네 가지 거룩한 진리의 꿰뚫음 ············ 318
네 가지 계급의 평등 ············ 585
네 가지 고귀한 원리 ············ 389
네 가지 새김의 토대 ············ 520, 579, 580
네 가지 영험한 장소 ············ 419
네 가지 정통성 ············ 392
네 가지 행동양식에 대한 관찰 ············ 525
네 번째 선정 ············ 91, 172, 215
네 종류의 탑묘를 조성할 가치있는 님 ····· 423
네란자라 ············ 364
노예의 비유 ············ 167, 212
노예의 집단의 기원 ············ 606

느낌에 대한 새김의 확립 ························ 537
니간타 나따뿟따 ···························· 113, 135
니간타 나따뿟따의 금계제어론 ················ 135
니간타 나타뿟따 ···································· 437
니그로다 ·· 373

(ㄷ)

다섯 가지 장애 ············· 168, 169, 213, 542
다섯 가지 존재의 집착다발 ····················· 546
다양한 신통에 대한 앎 ·················· 175, 218
달과 태양의 출현 ·································· 593
대지의 진동 ································ 352, 353
도공의 비유 ························· 176, 219, 523
도나 ·· 465, 468
도박에 미치는 것의 위험 ························ 623
두 가지 공양의 동일한 과보 ··················· 413
두 번째 선정 ························· 90, 170, 214
때가 아닌 때에 거리를 배회하는 것의 위험 ··
·· 621
뜻타 ··· 323
띰바루 ··· 478

(ㄹ)

라마가마 ···························· 464, 467, 468
라자가하 ································ 17, 109, 281
································· 303, 374, 470, 614
라자가하, ··· 430
릿차비 ······························ 333, 463, 467

(ㅁ)

마가다 ······························· 313, 463, 470
마노빠도씨까 ··· 52
마을에서 마을로 여행의 비유 ········· 180, 223
마음에 대한 관찰 ·································· 539
마음에 의한 해탈 ························· 279, 323
마하 깟싸빠 ··· 460
마하 깟싸빠의 등장 ······························· 457
마하 숲 ·· 387
마하쌈마따 왕의 출현 ···························· 602
마하쑤닷싸나 ······································· 431
마하쑤닷싸나 왕의 교시 ························· 430
막칼리 고쌀라 ······················ 111, 122, 437
막칼리 꼬쌀라의 윤회청정설 ··················· 122
만다라바 ··· 415
말라 ···························· 404, 410, 415, 432
························· 434, 451, 461, 465, 468
말라 족의 예배 ···································· 432
말라족의 아들 뿍꾸싸 ··························· 404
맛다꿋치 ·· 380
맛있는 땅의 출현 ································· 592
망고 숲에서 ·· 411
모래와 자갈의 비유 ······················ 185, 227
모리야 ······································ 466, 468
목욕용 분말의 비유 ······················ 169, 213
몸에 대한 새김의 확립 ·························· 521
묘지의 시체에 관한 관찰 ······· 531, 533, 536
묘지의 시체의 분류 ······························ 530
문자풀과 갈대의 비유 ··················· 174, 217
물고기의 비유 ····························· 185, 227
미가다야 ·· 380
미가라마뚜 ··· 581

(ㅂ)

바달라따초가 생겨남 ····························· 595
바라나씨 ·· 430
바라드와자 ··· 581
바라문 집단의 기원 ······························ 603
바싸바 ··· 489
바쎗타 ··················· 432, 451, 460, 581, 585
바쎗타와 바라드와자의 견습 ·················· 581
바후뿟따 ·· 384
바후뿟따까 ··· 342
밧싸까라 ······················ 282, 289, 313, 315
밧지 ·· 283, 313
밧지족의 일곱 가지 불퇴전의 원리 ········· 283
뱀과 뱀껍질의 비유 ······················ 175, 218
번뇌의 부숨에 대한 궁극의 앎 ······· 184, 226
번민과 동요 ··· 93
베데히 ······································· 281, 467
베디야 ··· 470
베쌀리329, 332, 342, 381, 390, 393, 463, 467
베타디빠 ···································· 464, 467

벨루 ··· 614
벨루 숲 ··· 614
벨루바가마까 ··· 336
벨루바가마까 마을의 안거 ··· 336
병든 환자의 비유 ··· 166, 211
보가나가라 ··· 393
보리수 ··· 364
보물 ··· 431
부분적 영원주의·부분적 비영원주의 ··· 47
분자띠 ··· 483
불리 ··· 464, 467
브라흐마닷따 ··· 17
빚을 낸 사업의 비유 ··· 166, 211
빠꾸다 깟짜야나 ··· 112, 131, 437
빠꾸다 깟짜야나의 칠요소설 ··· 131
빠딸리가마 ··· 310, 313
빠딸리가마 시의 건설 ··· 313
빠바 ··· 398, 405, 458, 465, 468
빠바리깜바 ··· 305
빠바리깜바 숲 ··· 190
빠삐만 ··· 346, 364
빠쎄나디 ··· 590
빠자빠띠 ··· 489
빤짜씨카 ··· 471, 473, 477, 481, 516
빤짜씨카의 삼보에 대한 찬양 ··· 470
뿌라나 깟싸빠 ··· 111, 119, 437
뿌라나 깟싸빠의 무작설 ··· 119
뿍꾸싸 ··· 404, 410
뿝바라마 ··· 581
뻽팔리바나 ··· 466, 468

(ㅅ)

사리의 분배 ··· 463
사막의 여행자의 비유 ··· 167, 212
사실에 대한 새김의 확립 ··· 542
사후무지각론 ··· 78
사후비유비무지각론 ··· 80
사후유지각론 ··· 75
삼매의 다발 ··· 160, 208
상아세공사의 비유] ··· 176, 219
새김의 확립과 올바른 알아차림 ··· 162
··· 209, 526
샘솟는 호수의 비유 ··· 170, 214
서른두 가지 양상에 대한 혐오 ··· 527
성적 교섭과 생활 ··· 597
세 번째 선정 ··· 90, 171, 215
세존의 완전한 열반 ··· 445
소라껍질의 비유 ··· 149, 197
수명의 형성을 놓아버림 ··· 341
수행승들을 위한 설법 ··· 303
수행승의 일곱 가지 불퇴전의 원리 ··· 289
··· 292, 295, 297, 299, 301
수행자 집단의 기원 ··· 607
수행자들이나 성직자들의 목적 ··· 507
수행생활에서의 만족 ··· 164, 210
승자 ··· 114, 326
신통의 기적 ··· 192
심일경성 ··· 543
싸께따, ··· 430
싸끼야 ··· 463, 467, 484
싸란다다 ··· 342, 384
싸리뿟따 ··· 305, 613
싸리뿟따 존자의 사자후 ··· 305
싸밧티 ··· 581
싸밧티, ··· 430
싼뚜타 ··· 323
싼자야 벨랏티뿟따 ··· 113, 137, 437
싼자야 벨랏티뿟따의 회의주의론 ··· 137
쌀라 ··· 321, 331, 415, 434
쌀라 쌍수 아래서의 설법 ··· 414
쌀을 둘러싼 다툼 ··· 599
쌋땀바 ··· 342, 383
쎄니야 ··· 440
쑤까라맛다바 ··· 399
쑤니다 ··· 313, 315
쑤닷따 ··· 322
쑤리야밧차 ··· 478, 480
쑤밧다 ··· 434, 459
쑤자따 ··· 322
쑵삐야 ··· 17
씽갈라까 ··· 614
씽갈라까의 절하기 ··· 614

(ㅇ)
아난다 ·· 246, 336, 342, 359, 362, 364, 370
············ 410, 413, 421, 425, 430, 434, 450
아난다와 마실 물 ································· 402
아난다의 질문 ······································ 421
아난다의 청원 ······································ 370
아누룻다 ································· 450, 460
아뚜마 ·· 407
아마라빅케빠 ······································· 59
아자따쌋뚜 ···················· 110, 114, 119, 144
···························· 187, 281, 288, 463, 467
아자따쌋뚜 왕과 대신의 이야기 ············· 109
아자따쌋뚜 왕의 귀의 ··························· 187
아자따쌋뚜왕과 밧지족 ·························· 281
아자빨라 ·· 364
아지따 께싸깜발린 ················ 112, 128, 437
아지따 께싸깜발린의 허무주의론 ············ 128
악마의 청원 ·· 364
악업을 짓지 않음 ································· 618
악한 친구를 사귀는 것의 위험 ··············· 623
악행과 선행에 대한 이야기 ···················· 607
알라까만다 ··· 431
알라깝빠 ································· 464, 467
알라라 깔라마 ····································· 404
암바랏티까 ··· 18
암바빨리 ·· 332
암바빨리 숲 ························· 329, 332, 336
암바빨리 숲에서 새김의 토대에 대한 설법 329
암바싼다 ·· 470
암발랏티까 ·························· 304, 305, 308
··························· 309, 329, 392, 393, 398
어부의 비유 ·· 105
에메랄드의 비유 ·································· 173
여덟 가지 고귀한 길 ············· 388, 438, 575
여덟 가지 모임 ···································· 355
여덟 가지 초극의 단계 ·························· 359
여덟 가지 해탈 ··························· 278, 362
여래의 마지막 유훈 ······························ 442
여섯 가지 안팎의 감역 ·························· 548
여섯 가지 재물의 파멸문 ······················· 619
여섯 방향의 수호 ························ 616, 634
연못의 차가운 물의 비유 ················ 171, 215
영원주의 ··· 39
예지의 기적 ······························· 192, 194
우데나 ······································· 342, 381
우루벨라 ·· 364
우빠바나 ·· 416
우연론 ··· 71
원한과 폭력의 이유 ······························ 492
유한무한론 ··· 55
유행자 쑤밧다의 이야기 ························· 434
윤회의 환멸론 ····································· 104
의무계율의 수호 ·································· 499
인다쌀라 ·· 470
일곱 가지 깨달음의 고리 ······················· 551
일곱가지 의식의 주처 ··························· 272

(ㅈ)
자아를 인식하는 자 ······························ 267
자아를 주장하는 자 ······························ 262
자아를 주장하지 않는 자 ······················· 265
장로 아난다와 부사의법 ························ 425
장로 우빠바나 ····································· 416
장애의 제거 ································ 165, 210
장자의 아들 께밧따의 이야기 ················· 190
전생의 삶의 기억에 대한 앎 ·········· 180, 222
접촉을 조건으로 ···································· 97
접촉이 없는 인지의 불가능 ····················· 99
정신으로 이루어진 몸에 대한 앎 ···· 174, 217
제석천 ················· 231, 232, 448, 470, 471
··········· 481, 491, 493, 503, 507, 511, 516
조개류의 비유 ····························· 185, 227
조건적 발생의 법칙인 연기 ···················· 246
좋은 친구 ··· 630
중간 크기의 계행 ···················· 25, 153, 200
지각과 느낌의 소멸 ······························ 279
지바까 꼬마라밧짜 ························ 109, 114
지혜에 의한 해탈 ························· 279, 323
지혜의 다발 ································ 172, 216
진리의 거울 ·· 321
짜빨라 ································ 342, 343, 385
짧은 크기의 계행 ···················· 21, 150, 198

짬빠, ··· 430
쪼라 ··· 374
쭌다 ··· 401, 413
쭌다까 ··· 411

(ㅊ)
찬나 ··· 442
첫 번째 선정 ··· 89, 169, 213
청정한 삶이 오래 지속되도록 ··· 387
취기있는 것의 위험 ··· 620
친구인 척하는 자 ··· 627

(ㅋ)
칼과 칼집의 비유 ··· 174, 218
킷다빠도씨까 ··· 51

(ㅌ)
타자의 마음에 대한 앎 ··· 177, 220
탑묘의 건설 ··· 467
통찰에 대한 앎 ··· 172, 216

(ㅍ)
평민의 집단의 기원 ··· 605
피가 나오는 이질 ··· 401

(ㅎ)
하늘귀 ··· 177, 220
하늘귀에 대한 앎 ··· 177, 219
하늘눈 ··· 182, 183, 224, 225, 226
하늘눈에 대한 앎 ··· 181, 224
하이비스커스 ··· 361
핫티가마 ··· 393
해안을 찾는 새의 비유 ··· 242
행위의 오염에 대한 제거 ··· 617
허무주의 ··· 82
현세에서의 수행자의 삶의 두 번째 결실 · 146
현세에서의 수행자의 삶의 첫 번째 결실 · 143
현세열반론 ··· 88
호수를 바라보는 자의 비유 ··· 185, 227
호흡새김 ··· 521
환희의 획득 ··· 511
회의주의 ··· 50
흥행거리를 찾아다니는 것의 위험 ··· 622
희론에 의해 생겨난 지각과 관념의 소멸로 이끄는 길 ··· 496
흰 옷의 비유 ··· 172, 216
히란냐바띠 ··· 414

한국빠알리성전협회

Korea Pali Text Society

Founded 1997 by Cheon, Jae Seong

한국빠알리성전협회는 빠알리성전협회의 한국대표인 전재성 박사가 빠알리성전, 즉 불교의 근본경전인 빠알리 삼장의 대장경을 우리말로 옮겨 널리 알리기 위한 목적으로, 세계빠알리성전협회 회장인 리챠드 곰브리지 박사의 승인을 맡아 1997년 설립하였습니다. 그 구체적 사업으로써 빠알리성전을 우리말로 옮기는 한편, 부처님께서 사용하신 빠알리어의 이해를 돕기 위하여, 사전, 문법서를 발간하였으며, 기타 연구서, 잡지, 팜프렛, 등을 출판합니다. 부처님의 가르침을 빠알리어에서 직접 우리말로 옮겨 보급함으로써 부처님의 가르침이 누구에게나 쉽게 다가가고, 명료하게 이해될 수 있도록 더욱 노력할 것입니다. 한국빠알리성전협회는 부처님의 가르침이 널리 퍼짐으로써, 이 세상이 지혜와 자비가 가득한 사회로 나아가게 되기를 바랍니다.

한국빠알리성전협회 120-090 서울 서대문구 모래내길 430. #102-102

TEL : 02-2631-1381, 070-7767-8437 FAX : 735-8832

홈페이지 www. kptsoc. org

Pali Text Society

세계빠알리성전협회는 1881년 리스 데이비드 박사가 '빠알리성전의 연구를 촉진시키고 발전시키기 위해' 영국의 옥스포드에 만든 협회로 한 세기가 넘도록 동남아 각국에 보관되어 있는 빠알리 성전을 로마자로 표기하고, 교열 출판한 뒤에 영어로 옮기고 있습니다. 또한 사전, 색인, 문법서, 연구서, 잡지 등의 보조서적을 출판하여 부처님 말씀의 세계적인 전파에 불멸의 공헌을 하고 있습니다.

President: Dr. R. M. L. Gethinn, Pali Text Society

73 Lime Walk Headington Oxford Ox3 7AD, England

신한은행 313-04-195605	국민은행 752-21-0363-543	예금주 : 전재성
우리은행 1002-403-195868	농 협 023-02-417420	

명예 발간인을 초빙합니다.

빠알리성전협회에서는 경전은 기본적으로 천권 단위로 출간을 합니다. 새로 번역되는 경전의 출간뿐만 아니라 이미 역출하여 발간된 경전도 지속적으로 재간하여 가르침의 혈맥이 법계에 끊이지 않고 전파되도록 개인이나 가족단위로 기부가 이루어지고 있습니다. 본 협회에서는 한 번에 천권 단위의 경전을 출간할 때에 필요한 최소한의 출판비를 전액 기부하시는 분에게는 그 경전의 명예 발간인으로 초대되어 발간사를 헌정하는 전통을 갖고 있습니다. 이미 출간된 많은 경전이 오 년 내지 칠 년이 지나 재출간을 기다리고 있습니다. 명예발간인은 역경된 빠알리성전의 출간뿐만 아니라 그러한 재출간이나 개정본 출간에도 발간사를 헌정할 수 있습니다. 또한 원한다면, 명예발간인은 본협회 발행의 경전들 가운데 어떤 특정한 경전을 지정하여 출간비를 보시할 수도 있습니다. 단, 그럴 경우 경전에 따라서 재출간되기까지 상당한 시일이 소요될 수 있습니다.

빠알리대장경 구성

빠알리삼장	주석서
Vinaya Piṭaka(律藏)	Samantapāsādikā(善見律毘婆沙疏) Kaṅkhāvitaraṇī(on Pātimokkha) (解疑疏 : 戒本에 대한 것)
Sutta Piṭaka(經藏);	
Dīgha Nikāya(長部阿含)	Sumaṅgalavilāsinī(妙吉祥讚)
Majjhima Nikāya(中部阿含)	Papañcasūdanī(滅戲論疏)
Saṁyutta Nikāya(相應阿含)	Sāratthappakāsinī(要義解疏)
Aṅguttara Nikāya(增部阿含)	Manorathapūraṇī(如意成就)
Khuddaka Nikāya(小部阿含);	
Khuddakapāṭha(小誦經)	Paramatthajotikā(I)(勝義明疏)
Dhammapada(法句經)	Dhamapadaṭṭhakathā(法句義釋)
Udāna(自說經)	Paramatthadīpanī(I)(勝義燈疏)
Itivuttaka(如是語經)	Paramatthadīpanī(II)(勝義燈疏)
Suttanipāta(經集)	Paramatthajotikā(II)(勝義明疏)
Vimānavatthu(天宮事)	Paramatthadīpanī(III)(勝義燈疏)
Petavatthu(餓鬼事)	Paramatthadīpanī(IV)(勝義燈疏)
Theragāthā(長老偈)	Paramatthadīpanī(V)(勝義燈疏)
Therīgāthā(長老尼偈)	
Jātaka(本生經)	Jātakaṭṭhavaṇṇanā(本生經讚)
Niddesa(義釋)	Saddhammapajotikā(妙法解疏)
Paṭisambhidāmagga(無碍解道)	Saddhammappakāsinī(妙法明釋)
Apadāna(譬喩經)	Visuddhajanavilāsinī(淨人贊疏)
Buddhavaṁsa(佛種姓經)	Madhuratthavilāsinī(如蜜義讚)
Cariyāpiṭaka(所行藏)	Paramatthadīpanī(VII)(勝義燈疏)
Abhidhamma Piṭaka(論藏);	
Dhammasaṅgaṇi(法集論)	Aṭṭhasālinī(勝義論疏)
Vibhaṅga(分別論)	Sammohavinodani(除迷妄疏)
Dhātukathā(界論)	Pañcappakaraññatthakathā(五論義疏)
Puggalapaññatti(人施設論)	Pañcappakaraññatthakathā(五論義疏)
Kathavatthu(論事)	Pañcappakaraṇatthakathā(五論義疏)
Yamaka(雙論)	Pañcappakaraṇatthakathā(五論義疏)
Tika-paṭṭhāna(發趣論)	Pañcappakaraṇatthakathā(五論義疏)
Duka-paṭṭhāna(發趣論)	Pañcappakaraṇatthakathā(五論義疏)

KĀLI GAN
MORI
Kapilavatthu I
Sāvatthi
SAKIYA
Lumbinī
Kapilavatthu II
KOLIYA
ACIRAVATĪ
Sāketa
(Ayojjhā)
Kusināra
Lucknow
Gorakhpur
KOSALA
GHĀGARA
GOMATI
KĀLĀMA
VAMSĀ
GANGES
KĀSI
GANGES
YAMUNĀ
Prayāga
(Allāhabād)
Sārnāth
Kosambī
Benares
AVANTI
M
부처님 당시의 도시들
부처님 이후의 도시들
네팔 국경선
부처님 당시의 강줄기
무역로

Kathmandu
SUN KOSI
ARUN
VIDEHA
Mithilā
NEPAL
INDIA
VAJJI
Darbhanga
Muzaffarpur
Vesāli
LICCHAVI
BĀGHMATI
SAPTI KOSI
utta(Patna)
SONA
Monghyr
Bhāgalpur
Campā
Nālandā
Rājagaha
AṄGA
GADHA
Gayā
Uruvelā
NERAN-JARĀ
PHALGU